中国近现代稀见史料丛刊典藏本

# 张佩纶日记

（清）张佩纶　著

谢海林　整理

凤凰出版社

图书在版编目（ＣＩＰ）数据

张佩纶日记 / （清）张佩纶著 ；谢海林整理. -- 南京 ：凤凰出版社，2023.4
　（中国近现代稀见史料丛刊典藏本）
　ISBN 978-7-5506-3854-9

Ⅰ．①张… Ⅱ．①张… ②谢… Ⅲ．①张佩纶（1848-1903）－日记 Ⅳ．①K825.4

中国国家版本馆CIP数据核字(2023)第028594号

| | |
|---|---|
| 书　　　　名 | 张佩纶日记 |
| 著　　　者 | (清)张佩纶 著　谢海林 整理 |
| 责 任 编 辑 | 王淳航 |
| 装 帧 设 计 | 姜　嵩 |
| 出 版 发 行 | 凤凰出版社(原江苏古籍出版社) |
| | 发行部电话025-83223462 |
| 出版社地址 | 江苏省南京市中央路165号,邮编:210009 |
| 照　　　排 | 南京凯建文化发展有限公司 |
| 印　　　刷 | 江苏凤凰通达印刷有限公司 |
| | 江苏省南京市六合区冶山镇,邮编:211523 |
| 开　　　本 | 880毫米×1230毫米　1/32 |
| 印　　　张 | 21.625 |
| 字　　　数 | 562千字 |
| 版　　　次 | 2023年4月第1版 |
| 印　　　次 | 2023年4月第1次印刷 |
| 标 准 书 号 | ISBN 978-7-5506-3854-9 |
| 定　　　价 | 128.00元 |

(本书凡印装错误可向承印厂调换,电话:025-57572508)

张佩纶（1848—1903）

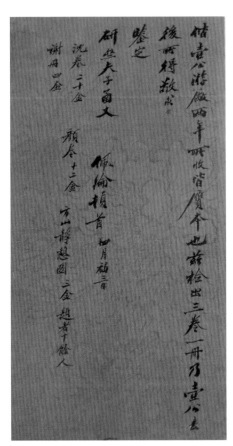

储壹公游徽两年眛收省价今也辞检出三卷一册乃壹八五

後两得教求

鉴定

研北大子画文　　佩纶顿首　四月祐三年

沈卷二十金　　　颜卷十二金

谢册四金　　方山静想图二金　题著十馀人

张佩纶致军机大臣李鸿藻信

张佩纶致戴恒信

# 前　言

　　2013 年初，中国科学院院士、著名数学家、北京大学教授张恭庆先生，与胞妹张怡、胞弟张恭慈向上海图书馆捐赠曾祖张佩纶尺牍、日记手稿等珍贵历史文献。所捐文献含有张佩纶、李鸿章、李鸿藻、张之洞、王懿荣、柯逢时、陈宝琛、黄国瑾、于式枚等数十人来往信札计 100 余册 4800 余通。这批尺牍，揭示了晚清中政坛大量内部运作的秘密，如北洋海军的筹划、朝鲜壬午事变和琉球问题的处理等等，对后人深刻了解晚清政治势力纵横捭阖的格局、洋务运动的艰难曲折、近代海军和海防的建设，都提供了极其重要的第一手资料。这是改革开放以来，上海图书馆所接受的数量最大、价值最高的历史文献捐赠。这批文献当中，就有一直为学人所珍视的《涧于日记》底稿。

　　人生在世，因缘际会。也就在这个时节，母校南京大学徐雁平老师来电，称中国社科院张剑先生主持的"中国近现代稀见史料丛刊"第一辑已顺利交稿，第二辑即将上马，便嘱我点校一部近人日记，以拓展学术研究的视阈。当时我已大体完成了国家社科基金项目"清代宋诗选本与宋诗学研究"，可腾出手来做一些事情。因课题的关系，我也阅读了近人部分尺牍、日记等，愈发体悟到这些比诗文集私密性较强的材料，或许更接"地气"，故而不揣浅陋应允下来。我当时注意到了两类人：一类是像张佩纶那样身历荣辱瞬变的"清流"，另一类是像郭曾炘那样经受山河陵替的"遗民"。

　　选择张佩纶的《涧于日记》，或许是冥冥之中的注定。张佩纶终老之地正是六朝金陵，而此前读过本系老师余彬教授的大作《张爱玲传》,对其祖张佩纶有些微的了解。孙女在现代文学史上显赫有名,而祖父的沉寂更刺激着我的好奇心与考据癖。这一点张佩纶是无法料及的。但事实上,张佩纶在近代史上的声名丝毫不逊于孙女张爱玲。

张佩纶(1848.11.24－1903.2.4),字幼樵,又字绳庵,号篑斋,又号言如、赞思。直隶丰润县齐家陀人(今河北唐山丰润)。同治十年(1871)进士,改庶吉士,散馆,授编修。光绪元年(1875)擢侍讲,充日讲起居注官。后为李鸿章延佐军幕。八年(1882),升都察院左副都御史。与吴大澂、陈宝琛、陈宝廷、黄体芳等议论时政,上疏言事,主张外御列强,内整纪纲,号为"清流党",尤以纠弹大臣名震一时,不避权贵亲友,与张之洞并称为"青牛角"。中法战争事起,力言主战,擢侍讲学士,命在总理各国事务衙门行走。十年(1884),派赴福建会办海疆事宜,驻守马尾港。马尾之役败绩,被革职遣戍。期满回京,复入李鸿章幕,李以女经璹(鞠耦,又作菊耦)妻之。甲午(1894)之战时,被劾干预公事,命逐回籍,寓居南京。庚子(1900)事变,奉命以编修入都襄助李鸿章谈判和约,因对俄条约与李意见不合,折回金陵,称病不出,卒于白下府第。佩纶有诗才,早岁曾为李商隐诗作注,尤雅慕苏轼,曾取苏诗诸家注本,有所匡正,诗亦得力于李、苏二家。官京朝时,不甚致力于诗,"及沦谪边远,则身世之感,家国之故,一于诗发之"(陈宝琛《涧于诗序》)。或谓其诗"抑塞无俚,语多愁苦,忧时之言,回肠荡气"(汪国垣《光宣以来诗坛旁记》)。钱仲联《近百年诗坛点将录》将之誉为"天损星浪里白条张顺",与"天竞星船火儿张横"的张之洞并称。张佩纶尤工隶事,使材既富,用典稳切,"文深而意远"(徐世昌《晚晴簃诗汇》卷一六五),与张之洞并称"北派二巨子"。著述颇丰,有《涧于集》《涧于日记》《管子学》等。

《涧于日记》,由六部分组成:(一)篑斋日记,光绪四年(1878)至光绪五年(1879)。(二)嘉禾乡人日记暨见君子日笺,光绪六年

（1880）。（三）出塞日记,光绪十一年（1885）至光绪十二年（1886）。
（四）易窗日记,光绪十三年（1887）至光绪十四年（1888）。（五）津
门日记,光绪十五年（1889）。（六）兰骈馆日记,光绪十六年（1890）
至光绪二十一年（1895）。各年并非每日皆有记录,偶有脱略,如第二
部分,残缺尤为严重。

《涧于日记》底稿现藏上海图书馆。原由丰润涧于草堂石印,
凡四册。1966 年台湾学生书局据清宫藏本,影印入吴相湘教授主
编的《中国史学丛书》。李德龙、俞冰主编,学苑出版社 2006 年出
版的《历代日记丛钞》亦收录。《涧于日记》尽管有多处断层,但仍
富有史料价值。祁龙威先生《读〈涧于日记〉随笔》（《扬州大学学
报》（人文社会科学版）2010 年第 5 期）对此有所论述,兹不赘言。
到目前为止,迄无完整之整理本,虽然其中也出现过节选本,如郑
逸梅、陈左高主编《中国近代文学大系・书信日记集（2）》（上海书
店出版社 1993 年版,第 382－394 页）选录《涧于日记》数则。

此次整理校勘《涧于日记》,主要依据手稿影印本。按照《中国近
现代稀见史料丛刊》体例要求,标点印行。此稿卷帙浩繁,内容丰富,
书写中时有难识或漫漶之处,限于点校者的水平,自知疏误难免,敬
请方家不吝赐教,频加匡补。

大致体例如下:

（一）在原年、月、日后增加公元纪年,以圆括号标注于后。原稿
中自然段落另起行者一概照旧。

（二）原稿中有避讳字,如“玄”写作“元”,或缺笔;“弘”作“宏”
等,一并改正。所示敬之抬头,如“今上”“先考功”之类所空格、余行,
一概删去,改为接排。

（三）根据《丛书》的体例要求,除涉及辨义处和其他特殊情况,
所有文字,包括人名、地名等尽量改用简化字,如人名字号中的“菴”
改作“庵”、“褚”改作“褚”、“筦子”作“管子”等;他如异体字、古今字、
手写体等等,也一并改正。

（四）原稿空缺待补处，约略可计字数者用符号"□"，不能计字数者用省略符号"……"；因日记涉及四部典籍较夥，引用、摘录之处多有省略、节录现象，为了明晓其义，根据原文酌情增补之文字，用"〔　〕"标记。

（五）原稿确定误字者，以圆括号"（）"括出误字，后继以方括号"〔〕"标明改字，形近讹误者径改；有脱字者，所补亦用方括号"〔〕"括出；有衍字者，用"【】"括出；漫漶难识者，用"■"标明。

（六）正文标点与夹注标点各自独立，夹注原为双行小字，今改为小五字体单行排印；注中之注，用圆括号"（　）"标出；日记中所录眉批，一律前加"整理者按"，移入脚注。

在此并向中国社科院文学所张剑先生、南京大学徐雁平先生以及凤凰出版社王淳航先生谨致由衷的谢意。

整理者　谨识

2014 年 3 月于南海梦鸿轩

岁月不居，距初次整理已九度春秋，重印也逾五年。张佩纶日记内容繁富，抄本字体稍草，整理实属不易。当年才疏学浅，闯入晚清，全靠无畏，一笑。故而自我安慰，以练代学，先求完成，再谈完美。近读阮元题毛奇龄全集序，其曰："余谓善论人者，略其短而著其功，表其长而正其误，若苛论之，虽孟、荀无完书矣。"诚哉斯言！三年前入榕，路经马尾港，心中感慨万千，因为这曾是张佩纶"战斗"过的地方。细思量，倘无折戟马江、流放塞外，哪有张佩纶的浴火重生。人生何尝不是一场与己斗的过程！哪一次成长成熟不伴随阵痛呢？正所谓誉我谤我，皆成过往；无负今日，方是修行。值此修订翻印之际，衷心感谢所有关心与帮助过我的师长、亲人和朋友们！

2022 年 10 月补记于京郊沙河，二百公里之外即张家口

# 目　录

目　录

# 簋斋日记
## （光绪四年—光绪五年 1878—1879）

**簋斋日记**　子曰："譬如为山，未成一篑，止，吾止也。譬如平地，虽覆一篑，进，吾（径）［往］也。"主人以篑名斋，盖取此意。

## 光绪四年戊寅（1878）

十月初一日（10月26日）　晴。晨起，洪文卿过访，话西山华阳洞之胜，盖吾辈展齿未经者。茗笙少宗伯至，新得湘阴书，赒圭盒三百金。旁午，林侍御拱枢来，皞民、实孚踵至。余往答清卿，不值。过孝达前辈略话。之厂肆，得田端肃文镜《抚豫宣化录》、那恪勤苏图《畿辅义仓图》二书。夜，伯潜前辈来谈。校《文文忠祥传》。

初二日（10月27日）　雨，夜大风。复赵菁衫司马书。午后，之赵氏斋。

初三日（10月28日）　晴，有风。安圃为甥女作伐，受顾氏聘。午后，延汝翼，定生母方。解星垣来。夜，作洪修撰母潘太恭人七十寿文一首竟，读王文勤《奏议》五卷。

初四日（10月29日）　晴。早过伯潜前辈、实孚、汝翼，均少谭即返。午后，柳门司成、介轩同来。是日，邸抄传寿彤降调。

初五日（10月30日）　晴。叔涛师来。旁晚伯潜前辈至，饭后孝达来话，二君去已月午矣。许南台应镕由赣南道擢豫臬。

初六日（10月31日）　晴。文卿来。午后，之赵氏斋。夜以《义仓图》勘《（营田水利）［水利营田］图说》，阅丰润县一页，已多疏脱，《营田图》与《说》地名尤互歧异，不甚豁目。

初七日（11月1日）　晴。午后，答廖氏昆仲。晤仲山。之长椿寺，吊刘雅宾同年继室朱孺人。谢黄觐虞，林心北，均未晤。夜读《通鉴》一卷，校王文勤《奏议》竟。文勤官京朝时，与倭文端、吕文节、曾文正相友善，世所称"四君子"者也。以忤穆相意，积资久不迁。丁未大考，受知慕陵，由编修擢学士。咸丰朝，署大京兆，贰农部，以劲直慑权贵，以综核察疆臣，出秉节钺，历秦、晋、蜀三省，均有治绩。同治初再起，未入都而卒，海内惜之。余择其言之可法者，著于读书记中。

初八日（11月2日）　晴。晨，过伯潜、可庄、旭庄。午后，返院。吏送俸米票来。晚偕安圃过孝达，同造柳门，以清卿迁居兵马司中街也。与杨鹤峰、顾皥民、李玉舟同酌。

初九日（11月3日）　晴。阅《营田图说》，用《义仓图》证之。夜，大风。

初十日（11月4日）　晴。四鼓起，侍慈宁门，班贺万寿节，退过子腾前辈、介轩同年。饭奎乐山，许。乐山时迁居什锦花园。谒常师母归，汝翼、伯潜在坐，与伯潜夜谭。

介轩颇致箴言，谓余自圭盦殁后，出言多谐谑处，识之。是日，在车中甚不乐，念圭盦也。圭盦五月将归，赠一字与余，曰木。君谓余须做到木字方好，孝达于山中频赏斯言，以为真砭到余病根。余自问病实在褊、在急、在弇陋、在懒惰、在无恒、在不能事，然友人誉余者，则曰通敏，曰高明；即其谤我者，亦曰好事，曰多诳语。誉者非余志也，谤者则均是从不能木来。拟作木字说，以识吾友遗意。

十一日（11月5日）　阴，晚微雨。今日未能课一事。暮，再同来，伯潜继至，夜二鼓始去。再同言子寿先生为莲池师，命士子日有记录，积久成帙，佳者选刻之，此可为读书楷范。

十二日（11月6日）　晴。早过潜史。午后之赵氏斋，夜潜史、可庄、旭庄昆仲来话，安圃时过窈斋，客将散始归。

十三日（11月7日）　大风。午后，贺吴清卿前辈太夫人岁生，香涛来谭，夜同孝达、缉廷、鹤巢、康民集清卿斋中，柳门出《史晨碑》

精拓见示。论近日人材，清卿以无材为慨，孝达、安圃以为人材抑塞，余是孝达、安圃说。

十四日(11月8日)　晴。入城，吊宝东山师珣。午刻，与邓莲裳、李济卿、楼子通、樊介轩、张晓蕃、赵仪宣酒楼小叙，边门弟子也。介轩同车至厂肆，别得《畿辅七家诗选》。七家者，文安纪胐庵炅、中山郝复阳浴、钜鹿杨犹龙思圣、永年申凫盟涵光、雄山王茨庵炘、清苑郭快圃棻、任丘庞雪岩垲，茨庵子中丞公企埥选刊者。夜孝达招饮，暂过伯潜，至孝达斋已月上矣。同集者汪柳门、吴清卿、顾皞民及余叔侄，曾君表后至，观清卿所藏薛氏钟鼎款识拓本，凡廿六段，卅五叶。

十五日(11月9日)　晴。十四日有谕饬廷臣，恭录之。谕曰：上年十一月间，曾经降旨，谕令各部院堂官进署不得后时，为司员率。近来召见各部院堂官，屡经询问，每以逐日到署奏对，乃详加访察，仍复因循，或数日进署一次，或到仅止片刻，虚应故事，漫不经心，遇有应办稿件，辄令司员奔走私宅，或在朝房呈画。俄顷之际，岂能详细讲求？该堂官等皆受国厚恩，洊陟崇阶，理宜激发天良，力图报称，乃竟怠惰自甘，不知振作，朝廷训谕视为具文，以致公事仍多积压，弊窦未能尽除，玩愒成风，殊堪痛恨。嗣后，各部院堂官务当懔遵节次谕旨，破除积习，奋勉从公，常川进署，将应办事宜互相商榷，期于措置咸宜，庶无负朝廷勤求治理，诰诫谆谆至意。

读史一卷。

十六日(11月10日)　晴，夜雪。晨起，访伯潜、可庄、刚侯，略谈。午后，之赵氏斋。夜赵笙陔、张孝达来话。

十七日(11月11日)　晴。诗孙来谈，夜伯潜、可庄、旭庄招同觏虞、诗孙酒楼小酌，取醉而返，复过潜公处，品普洱，茶甚清，乃李君雨农赠可庄者。

十八日(11月12日)　晴。得容舫书，是日访汝翼、伯潜，作闲谭遣闷，其念圭盦也。

十九日(11月13日) 晴。夜,校《水利营田图说》,孝达前辈来话。

二十日(11月14日) 晴。得四兄书,即作复笺,寄清湖。

二十一日(11月15日) 晴。过伯潜少话,夜柳门、伯潜两前辈、诗孙舍人均来,八弟将行,饮酒甚闷。

二十二日(11月16日) 晴。八弟之浙江。弟来都求官不得,甚郁郁,送之凄然,许武笑人哉。过伯潜,归饭,至香涛处略谭,假郎亭《乾隆府厅州县图志》来。夜校《营田图说》。

二十三日(11月17日) 晴。郎亭邀过谭,叔涛丈在坐,旋去,遂与郎亭、安圃入厂肆购书,过潘[芸阁]。《畿辅水利四案》一书,较吴先生邦庆《丛书》尤详。

二十四日(11月18日) 晴。吴赞诚病免,裕宽擢闽抚,成孚擢豫藩,德馨调豫臬,许应锵调苏臬,金国琛补粤臬,夏献馨授粤粮道。

二十五日(11月19日) 晴。入城吊全相冢妇丧,过乐山、介轩略话,即返,作《水利营田私议》一首,呈伯潜。

二十六日(11月20日) 晴,大风。过赵氏斋,傍晚访伯潜、可庄昆季。闻伯潜言林方伯颖叔能治河,惜不见用,因纵论及直隶吏材。闻王朴臣炳燮甚诚笃,劳玉初乃宣刚正爱民,均可任。孝达前辈至,乃归询读书之法,谈至夜分始散。

二十七日(11月21日) 晴。过香涛略话,漱兰来谈。

二十八日(11月22日) 晴。夜过潜史话,遇再同。

二十九日(11月23日) 晴,早阴。到椒山祠祭,先生讳日也。主事者介香涛,延余叔侄入会与祭,勉应之。忠愍之精气充塞宇宙,原不独乡人当祭,独恶夫祭之者之以忠愍为名也。过再同、茗笙略话,归。

十一月初一日(11月24日) 晴。

初二日(11月25日) 晴。邓莲裳同年邀食鱼脍,柳门、寅臣来。

初三日(11 月 26 日)　晴。缉廷、伯潜、可庄来,往吊恤予内艰。

初四日(11 月 27 日)　晴。出门,过柳门、香涛话。

初五日(11 月 28 日)　晴。夜,清卿来话,自津沽归,将引见矣。

初六日(11 月 29 日)　晴。到赵氏斋。是日财盛馆再奠叶母。

初七日(11 月 30 日)　大风。伯潜来话,傍晚香涛来。安圃至清卿处,柳门置酒来招,不果往。安圃入夜始返。

初八日(12 月 1 日)　晴。清卿来招,应之,坐客(镏)[刘]叔涛先生,席阑与汪、吴同诣香涛,未得雅谭,匆匆而别。

初九日(12 月 2 日)　晴。夜延潜史来话,以所作合肥太夫人寿序请正。

初十日(12 月 3 日)　晴。访汝翼、实孚,谈。午后潜史暨二庄来,潜史独留夜话,论文甚有理致。

十一日(12 月 4 日)　晴,大风。诗孙来话,与安圃论篆书,终日校地里志。

十二日(12 月 5 日)　晴。

十三日(12 月 6 日)　晴。

十四日(12 月 7 日)　晴。同乡公钱丁廉访,并延张中丞香涛约同去,勉赴松筠庵,坐客谭笑甚鄙。

十五日(12 月 8 日)　晴。

十六日(12 月 9 日)　晴。

十七日(12 月 10 日)　晴。吴清卿自津归,送部引见,是日召对便殿。

十八日(12 月 11 日)　晴。议刊圭盦诗,伯潜谓当手写一册,古谊可感可佩。江苏学政林天龄卒于松江,赏子开菜举人,命毓庆宫授读。侍郎夏同善视学江苏,吴大澂以道员发山西,交曾国荃委用。

十九日(12 月 12 日)　晴。

二十日(12 月 13 日)　晴。

二十一日(12 月 14 日)　晴。

二十二日(**12 月 15 日**)　晴。召见截取道给事中张观准、截取府御史孔宪毂。

二十三日(**12 月 16 日**)　晴。

二十四日(**12 月 17 日**)　晴。谕旨申饬疆臣偏袒同乡,护庇年世交谊;将弁虚报名粮,冒销军火;枢臣勿避嫌怨,部院大臣力戒因循,仰见圣人求治之切,一二具臣其知愧悚否耶?

二十五日(**12 月 18 日**)　晴。入城祝常师母寿,饭后始散。皂师因病请开缺,闻明日疏陈矣。

二十六日(**12 月 19 日**)　晴。皂师以病免。

二十七日(**12 月 20 日**)　雪。合肥以潘霨之母捐振请额,不允。

二十八日(**12 月 21 日**)　晴。

二十九日(**12 月 22 日**)　晴。

三十日(**12 月 23 日**)　晴。

十二月初一日(**12 月 24 日**)　晴。

初二日(**12 月 25 日**)　晴。廖氏昆仲召同清卿、香涛、铁生诸前辈、午桥庶子小集广和居,散后,香涛、清卿过我少谈。

初三日(**12 月 26 日**)　晴。

初四日(**12 月 27 日**)　晴。

初五日(**12 月 28 日**)　晴。读香涛前辈樊口议。

初六日(**12 月 29 日**)　晴。

初七日(**12 月 30 日**)　晴。御史孔宪毂以樊口建闸筑堤有关农田水利,请派大员覆勘,不允。附劾方武昌大湜,命潘霨查办。

初八日(**12 月 31 日**)　晴。

初九日(**1879 年 1 月 1 日**)　晴。

初十日(**1 月 2 日**)　晴。

十一日(**1 月 3 日**)　晴。

十二日(**1 月 4 日**)　晴。

安圃为友人招饮,密缮疏怀之,有客至,纵谈,近夜分始去,初不知余将待漏也。二更后驱车入朝，论大臣子弟不宜破格保荐。

十三日(1月5日)　晴。上谕：翰林院侍讲张佩纶奏大臣子弟不宜破格保荐一折，据称四川候补道宝森系大学士宝鋆之弟，特膺保荐，恐以虚誉邀恩。刑部郎中翁曾桂系都察院左都御史翁同龢之兄子，并非正途出身，不由提调坐办，而京察列入一等，恐为奔竞夤缘口实等语，所陈绝无瞻顾，尚属敢言。丁宝桢特荐宝森，着有何项实迹，着该督据实奏闻，毋稍回护。所称宝森前官直隶并无才能一节，并着李鸿章查明，宝森在直隶时，官声政绩究竟如何，详细具奏。刑部郎中翁曾桂平日差使若何，此次京察因何列入一等，着该部堂官据实复奏，至司员不由正途出身，京察保送一等，是否与例相符，并着吏部查明具奏，钦此。

何廷谦病免，祁世长衔命督学直隶。午睡，醒，出门，过彀庵。晚，朱茗笙召饮长谭。

十四日(1月6日)　晴。何铁生、张子腾过谈。

十五日(1月7日)　晴。孝达邀饭，以余疏太辣，亦颇称其胆。

十六日(1月8日)　晴。奉旨停捐。

十七日(1月9日)　晴。

十八日(1月10日)　晴。上谕，吏部遵查捐纳人员京察保送一等，曾于嘉庆年间钦奉谕旨，载在例文，惟应分别年资，统计历俸试俸，并无不准保送之条。刑部奏郎中翁曾桂在部行走十馀年，才具优长，实堪一等，向无不由提调坐办不列一等各一折，翁曾桂既据该部奏称列入一等并无不合。张佩纶所奏，著毋庸议。

起居注书成，送内阁。子腾召饮，闻清卿授河北道，归睡。

十九日(1月11日)　晴，连日颇有春意。御史楼誉普疏劾抽查漕粮，御史英震营私舞弊，命仓场侍郎查办。

二十日(1月12日)　晴。

二十一日(1月13日)　晴。得吴子备书，王庆来询悉子俊眷爱消息，太夫人甚怜惜之也。

二十二日(1月14日)　晴。

二十三日(1月15日)　晴。夜过携雪侍御略话。

二十四日(1月16日)　晴。邀同人小酌,以豁烦闷。

二十五日(1月17日)　晴。鹤巢招同清卿、皞民、蒋迪甫户部小酌义胜酒楼。

二十六日(1月18日)　晴。寄南中书。

二十七日(1月19日)　晴。夜,伯潜前辈招同孝达、可庄、旭庄及余叔伾同酌,可庄以林夫人沈幼丹制军妇,林文忠女也。所书联,分赠坐客。盖文勤出使时浼幼丹所作,而夫人代幼丹操管也。四坐赞叹,以为胜幼丹书倍蓰。

二十八日(1月20日)　晴。是日,宝竹坡学士有封事,得旨嘉纳,以宝鋆、荣禄差务较繁,宝鋆开国史馆总裁、阅兵大臣,荣禄开工部尚书、总管内务府大臣,全庆调工部,文煜调刑部,崇厚擢总宪,未到任,以志和署理。入城辞岁,夜同人小集。

二十九日(1月21日)　雪。同安圃,过孝达,削鹿脯下酒,得高丽使者书。名赵同熙,字东石,官内翰直殿。薄暮归。

## 光绪五年己卯(1879)

正月朔日(1月22日)　晴。三鼓入内,辰初与桂杏村少詹、庆云桥学士、张子腾侍读侍慈宁门,班礼成,辰正二刻百官于太和殿下行朝贺礼,出城为诸知己贺岁,何铁生、张孝达、王可庄、旭庄、陈伯潜前辈旋至。

初二日(1月23日)　晴。

初三日(1月24日)　晴。孝达招同伯潜前辈、可庄同年、再同编修、安圃舍侄同游慈仁寺,老松残雪殊有闲趣,晚饮于广雅堂,伯潜以宴客归,至已席散矣。

初四日(1月25日)　晴。夜,孝达来话。

初五日(1月26日)　晴。入城答客,过叔涛师。申刻柳门邀饮。

初六日(1月27日)　晴。安圃初四日小病,至今未愈,过潜公,小饮。

初七日(1月28日)　晴,微阴,有雪意。过孝达,略话,致吴子备书。黎抚部以贺长龄遗爱在民,请开复原官,予谥立传建祠,得旨,斥其冒昧并偏袒同乡,不允。所请仍交部议处。近年请谥过滥,得此足挽狂澜,论者或谓贺公贤者、黎亦边材为惜,不知贺之贤不在官之复不复,黎诚才,此举宁得为公乎?吾以为圣人严明,治象也。

初八日(1月29日)　晴。喜都护昌来辞行,询及吉林情形,言有瓦里霍屯地可耕,有黑金,人忠而强,宜致之,勿授敌,志之。茗翁邀话,闻柳门、伯潜过我,始返,夜诣孝达。

初九日(1月30日)　晴。钟编修德祥过访,谈台湾事,甚诋沈幼丹,亦议丁雨生。钟尝客张总兵其光幕,丁保之办台湾事务,广西人,丙子翰林。广西余惟识曹谨堂,极笃厚。钟云亦识谨堂,他日当问其人品何如也。过可庄兄弟,祝其太夫人生日,至辅臣同年处。

初十日(1月31日)　晴。香涛过谈,于次堂前辈继至,劝勉甚殷,质直可重。伯潜来话。未刻,香涛招同清卿、柳门、文卿、伯潜诸前辈、张吉人武部度、顾皥民观察小饮,安圃以疾未往。

十一日(2月1日)　晴。伯潜过话。缪小山编修见过,名荃孙,江苏人,香涛门下,能鉴别金石,校勘经史,时髦也。

十二日(2月2日)　晴。偕孝达游厂肆。

十三日(2月3日)　晴。偕孝达、健庵游厂肆,夜饮于孝达斋中,清卿亦至。

十四日(2月4日)　晴。约孝达、清卿、柳门同之厂肆。

十五日(2月5日)　晴。过唁皥民,初一生子,十四妻亡,子先期殇。代为扼腕。伯潜来谈。夜深始去。

十六日(2月6日)　晴。同孝达游厂肆。

十七日(**2月7日**) 晴。奎乐山观察过谈。

十八日(**2月8日**) 晴。子涵令妹加笄,约陪冰人,曰钟雨辰,曰楼子通。夜,香涛拉往张吉人处,看蜀石经残本。《周礼》《穀梁传》、《左传》。吴、汪二前辈在坐。

以英震一案迄今未复,饬仓部迅即具奏。

十九日(**2月9日**) 晴。过诗孙,得吴子俊眷属消息。之伯潜处,子恒年丈右体偏重,自昨日至今方略见效也。

二十日(**2月10日**) 晴。茗笙来,夜香涛过话,廖仲山授河南学政。

二十一日(**2月11日**) 晴。过伯潜,问子恒丈疾,夜诣孝达。

二十二日(**2月12日**) 晴。江西按察使国英开缺,入城答客。

二十三日(**2月13日**) 晴。孝达前辈过话,夜漱兰前辈招同李芯园、许仙屏、吴清卿、汪柳门、张香涛诸前辈小集宴宾斋。是日,闻潘伯寅调户部左侍郎,知察典颇有除汰,未得其详。从友人假得李雨苍都护论西域文三首,读之。

二十四日(**2月14日**) 晴。伯潜招同清卿、孝达、柳门、文卿、润生、可庄饮。读邸抄,知枢臣开复处分,左、李、沈优叙,殷侍郎以户部改礼部,仍直上斋。侍郎惠泉、德椿、阁学载庆均原品休致。自同治初元后,察典有甄无别,至是观听为之一悚。当戊寅求言诏下,子俊疏陈十事,曾及察典,留中不报,岁莫竹坡学士闻亦论此,殆天心早定,二臣之议偶契宸衷也。

二十五日(**2月15日**) 晴。张兆栋以忧去,裕宽调广东,李明墀擢闽抚,黎培敬以前案降三级调用,以张树声代之。

二十六日(**2月16日**) 晴。清卿、文卿、柳门、伯潜、孝达及张叔宪武选斋中小饮。

桑伯侪师开缺,三品以下京堂察典,休致太医二人。

二十七日(**2月17日**) 晴。叔宪招饮。潘祖荫擢总宪,翁同龢升刑部尚书,王文韶调户部,祁世长擢礼部。

二十八日(**2 月 18 日**)　晴。柳门来话,夜过孝达。

二十九日(**2 月 19 日**)　晴,早雪。早起,过郭廉翁,孝达来,与柳翁晤谈,过伯潜,与仲献谈。

三十日(**2 月 20 日**)　晴,有风。饭后答客。夜皞民、安圃集清卿斋小饮,文卿至,旋去。入夜,二鼓许,香涛就谈。

二月初一日(**2 月 21 日**)　晴,风甚大。辅臣召饮,客伯潜及赵铁山水部,借《楞严经》阅之。是日,王之翰因昨日召见,不称旨,开署礼部侍郎缺,以许庚身署理。

初二日(**2 月 22 日**)　晴。子涵令妹受王氏聘,邀余陪媒。

初三日(**2 月 23 日**)　晴。至朱处贺喜。子涵妹嫁王夔石世兄庆桢。

初四日(**2 月 24 日**)　晴。

初五日(**2 月 25 日**)　晴。昨日唁皞民于广惠寺,归,知李兰荪师见招,清晨赴之,论会馆事,过朱宅陪新郎,缉庭过我少话,文卿邀清卿、缉庭、孝达、伯潜、张叔宪、汪柳门小集。

初六日(**2 月 26 日**)　晴。晚,孝达招同人集斋中小饮。

初七日(**2 月 27 日**)　晴。同乡集议松筠庵,到者沈、李、焦祐瀛、郭长清、桑彬及孝达与余耳。桂侍郎清卒。

初八日(**2 月 28 日**)　晴。送清卿,贺何铁生娶妇。

初九日(**3 月 1 日**)　晴。伯潜写圭[盦]诗告成。孝达来话。

初十日(**3 月 2 日**)　晴。何铁生前辈招饮,赴之。王宅会亲。答文叔平前辈,黄侍御请复河运,殊谬。

十一日(**3 月 3 日**)　晴。段鼎燿以冒销振银四千两,曾、阎请斩监候,特旨正法,原参官司业汪鸣銮也。大哉圣人! 杀一贪吏,足以儆动百寮,彼姑息者第恐一家哭耳。

十二日(**3 月 4 日**)　晴。过孝达略话,知东乡案已奏入。郑溥元劾山东抚臣文格,命广寿、钱宝廉往治之。于是,汉侍郎仅实任三人矣。使星络绎,亦近年所罕有也。

十三日(3月5日) 晴。东乡之狱,李有恒忽认忽翻,命严行审讯。灌县堤工丁宝桢欺饰乖方,与丁士彬、陆葆德均交部议处。夜过孝达谈。

十四日(3月6日) 晴。孝达来话,伯潜踵至,小酌。

十五日(3月7日) 晴。

十六日(3月8日) 晴。兰师约孝达与余同话,过柳门。

十七日(3月9日) 晴。茗笙招陪张振轩。

十八日(3月10日) 晴。王夔石、朱缉甫、伯潜均来。

十九日(3月11日) 晴。丁宝桢革任处分,改为三品顶戴留任。丁士彬、陆葆德均革职。孝达、伯潜来话。

二十日(3月12日) 晴。张蔼青来访。

二十一日(3月13日) 晴。许竹篔来。午后,袁子久、赵寅臣、陆蔚庭、朱茗笙见过。

二十二日(3月14日) 晴。贺柳门得中允之喜。唁笆仙兄丧。

二十三日(3月15日) 晴。

二十四日(3月16日) 晴。张子腾来,时奉命在毓庆宫学习行走。

二十五日(3月17日) 晴。过李兰[苏]师,时将扶榇归也。坐中遇香涛。是日,柳门、文卿均来。

二十六日(3月18日) 晴。上《河运费钜弊深万难规复疏》。商人李钟铭开设宝名斋书铺,工部尚书贺寿慈妻以义女,与之因缘,为奸利。长西台时,科道率引李为援,干求差使,杨玉科、方浚颐等贿通权要,李实主之,声势赫甚。余因附片,请旨驱逐,命都察院讯奏,其捏称贺寿慈亲戚,诘问该尚书,其人手眼甚大,不知能得其要领否。待漏下直,至三藐庵奠送李太夫人。午后,伯潜、香涛均来。

二十七日(3月19日) 晴。驻藏大臣锡缜奏请开缺,其人觊觎京秩,惮远引疴,可恨。伯潜在坐。

二十八日(3月20日) 晴。贺寿慈以商人李钟铭并无真正戚谊,素日亦无往来覆奏,得旨,都察院确切查究,据实具奏。

二十九日(3月21日) 晴。伯潜、香涛前辈来话。

三十日(3月22日) 晴。闻香涛得司业,甚喜。伯潜来话,孝达亦至。

三月初一日(3月23日) 晴。健庵至院署,接见。香涛托书谢表,倩朱景庵写之,鹤巢来话,伯潜得撰文。

初二日(3月24日) 晴。袁子久侍读招同吴柳堂侍御、端木子畴舍人、何铁生编修、张孝达司业、黄霁川比部小饮,以子畴欲见孝达及余,而孝达欲与柳堂接也。柳门来谈。夕,孝达、羧庵过我,闻漱兰得学士。

初三日(3月25日) 晴。子涵招同辅臣,陪王稚夔公子行反马礼也。贺徐季和阁学娶子妇。夜,孝达来话。

初四日(3月26日) 晴。内子震将九月,忽吐血升馀,时方归宁,迓之。归,委顿殊甚。可庄来话,端木子畴过访。夕,柳门、孝达均来。漱兰以贺寿慈覆奏欺罔,抗疏纠之,得旨,著该尚书据实覆奏,并著都察院堂官会同刑部严讯该商。学士此疏深得词臣之体,视李御史之毛举该商劣迹者固佳,即余之避实击虚,亦自愧勿如矣。

初五日(3月27日) 晴。作楷数百字。

初六日(3月28日) 晴。贺尚书覆奏,以曾向李钟铭所开宝名斋买书,并于演龙辂车时,顺道至该铺查阅书本。上以该尚书此次所奏各节,前奏未据实陈明,且恭演龙辂车系承办要务,所称顺道查阅书本,殊属非是,贺寿慈著先行交部议处。佩纶于友人坐中读此旨,谓进退大臣有体矣。

初七日(3月29日) 晴。派出随扈,同行五人,贵午桥恒、黄漱兰体芳、福振亭锟、英和卿煦、刘小甫烽。夜,柳门来。

初八日(3月30日) 晴。过伯潜饮,其夫人生朝也。

初九日(3月31日) 晴。合肥来;余答拜之。

初十日(4月1日) 晴。伯潜招饮。贺尚书降三级调用。

十一日（**4月2日**）　晴。夜，饮孝达处。

十二日（**4月3日**）　晴。

十三日（**4月4日**）　晴。

十四日（**4月5日**）　晴。皞民归自天津，来此夜话，伯潜亦至。

十五日（**4月6日**）　阴。伯潜来，贺茗笙得兵部侍郎。

十六日（**4月7日**）　晴。至下斜街估工。午后，孝达斋中作课。

十七日（**4月8日**）　雪。忆庚申暮春雪中光景，胸次作恶数刻。伯潜、黄济川、贵午桥均来。

十八日（**4月9日**）　雪霁。孝达斋中作课，大女生。

十九日（**4月10日**）　晴。内子患儿枕痛，号叫彻夜，晨始安帖。

二十日（**4月11日**）　晴。详东陵行纪。至廿九，凡十日，其初一以后事附见。

**闰月十七日（5月7日）**　晴。陵上归来，人甚疲茶，又遭柳翁之变，意兴阑珊，久不理日课，而半月来慈亲及内子均日延医诊治，令人终夜不得安枕，闷急之至。

是日柳翁疏入奏。懿旨令王大臣、大学士、六部、九卿、翰詹、科道妥议具奏，适蓟使已归，乃知柳翁于初五日卯刻仰药自尽。读其与庙中周道五纸，上有血疏，盖初拟自刎，复拟自缢，以白绫三尺馀环结，书十四字，曰"九重懿德双慈圣，千古忠魂一惠陵"。旋以无梁可悬，一板庋门上，动摇易坠，恐有声致救，乃服洋药以终，可谓百折不回矣。

王稚夔公子来访，讯慈侍疾，适服秦春帆户部药，已见痊可矣。夜，柳门前辈来，香涛司成踵至，与论会议事，余以为惟有请明降懿旨，嗣后传授大统之皇子，即系穆宗毅皇帝之嗣，最为直捷痛快。香涛则主兼祧之说，而又恐涉于趋时。余于兼祧之说亦以为是，而以为臣下直不必论，亦直不可论，故俟香涛言及"趋时"一语，甚赞叹之。香涛甚愠，疑余诮其作张璁、桂萼，忿争良久。余尝谓南皮人甚虚怀，而貌似拒谏；人甚爱士，而貌似侮慢，皆此类也。彼此皆以正直自信，岂有因其一言而疑为谄附者乎？他日当再亟谏之，以尽朋友之道，亦足见君子和衷，且颇不易，而望与小人共事耶！余其休矣。

十八日(5月8日) 晴。晨起，有投一书于门者，曰粤东布衣古铭猷，其词曰："前左迁侍御吴柳堂先生以身殉谏。识者悲之。公直声震天下，九重褒美，海内倾心，伸侍御未伸之志，非公而谁？会议时，但当据理直言，不可稍有惕疚，以失朝野之望，以辜皋兰之知。天下幸甚，士林幸甚。猷伏而不出，人微言轻，未识荆州，冒昧上启，踟蹰之至，拙作四首录呈：国是谁能以命争？乌台禄重豸冠轻。不图一死从容甚，我为先生热泪倾。白发霜飞年七十，青枫燐啸月三更。料应仰药人含笑，从此年年侍惠陵。 清时节不尚龙干，恩重何容一死拌。地下竟从先帝去，人间早当古人看。文如韩愈回澜久，事比朱云折槛难。可惜史鳅生太早，不知隔代有皋兰。 三间老屋夕阳村，烟树凄迷莽蓟门。仁裕不【辞】归光泽里，牧之竟葬乐游原。绝无凄恋识儿女，直以心肝奉至尊。一样征夫沙碛死，模糊敢信是忠魂。

非夫人恸而谁为，公吊他人我吊公。此老居然追古直，旁人未免惜愚忠。生无前辈谁知己，死果留芳即考终。莫上金台高处望，五更风雨蓟门东。"诗格不甚高，而大致尚合。其人知重柳翁，且致余书中规劝数语，亦见直道。斯真不愧姓古矣。余裁答以讲读不预议告之。

春帆来谈，是日大女弥月。午后过高阳师，得见皋兰疏。答子久、济川、香涛、柳门。归，润生在坐，皞民寄一书来，并以诗哭柳堂侍御："尸谏从容竟叩阍，疑君真有戴盆冤。求仙不悔金丹误，铸错还思铁案翻。共说贾生能痛哭，独从望帝化春魂。工愁更念张平子，寂寂邻春合闭门。"用玉溪生《哭刘司户》韵也。

十九日(5月9日) 晴。柳门约孝达、伯潜及余叔侄同话，云孙在坐。午后归，偕伯潜访再同，不值。夜，再同编修、孝达司业集殁庵处，余后至，论柳翁疏意，与再同意不合，以其引证甚博，嘿然未有应之。

二十日(5月10日)　晴。午后,过伯潜处,遇再同。

二十一日(5月11日)　晴。大祫。奉派陪祀,是日到迟不克入。午后,与仲献、孝达集羖庵处略话。

二十二日(5月12日)　晴,夜大风。闷甚,不能作书,过香涛、柳门两处略话。

二十三日(5月13日)　晴。延春帆为慈亲定方,慈亲意在南行,但病中断难就道。余自东陵归,用世之志锐减,重以亲病,益欲抽簪养志,侍奉南征,但菽水无资,不能自决耳。枯坐瞑[冥]想,万念奔驰,至华佗庙求圣方,亲命也。

午后,春帆又来,子久踵至。春帆言有三河查君愿舍地十馀亩为柳翁葬地。子久言内阁定稿主驳,引高宗不建储圣训中有汉臣虽舍死沽名者亦不允云云为证。主稿者王宪曾,陕西人也。朝议、舆评何大悬绝耶?

闻左恪靖有疏,请将吴编修事实宣付史馆,附见者三人,不知圣恩若何。

昨夜不能成寐,借柳门《北江年谱》、《晓读书[斋杂]录》诸书读之。

二十四日(5月14日)　晴。

二十五日(5月15日)　晴。

二十六日(5月16日)　晴。

二十七日(5月17日)　晴。

二十八日(5月18日)　晴。

二十九日(5月19日)　晴。

三十日(5月20日)　晴,夜雨。

七月二十日(9月6日)　晴。自四月初六酉刻,遭生妣毛太恭人大故,苫块偷生,不啻死灰槁木。二十八日,奉灵榇暂寄官菜园上街观音寺,倚庐伴宿,亲友均以礼规戒,不得不延息以求胜丧。时内子已病剧,旋于五月五日巳时下世,哀痛中不复觉丧妇之痛,惟忆坡公《亡妻墓铭》"君得从先夫人于九原,余不能"两语不置,二十五日以其枢附厝佛舍。七月五日,所生女韵苏小名簪儿殇。四兄、九弟亦自浙奔丧,至十六日,百日设祭,谢客三日,人如梦如疑,其酸恻悲凉,非笔墨所能尽者。

苍、潜两儿暂寄舅家,月以十金资之,不得已而出此下策,如何如何。

清晨,驱车出门,孝达赠酱菜,常师母赠素羊裘,师友之谊可感,至庙中灵前敏辞,较三月间随扈就道时,真如隔世,不觉血泪沾裳,酸凄填臆。至筱棠京兆苫次略话,周亦以内艰在庙也。出齐化门,赴通。去年今日正为圭盦执绋,忆及增痛。张君文虎《舒艺(堂)[室]随笔》六卷,为朱景庵编修所赠,久镉内闺笥中,行箧取以自随,书眉略有朱恭人遗墨,低帏浅学,轻易涉笔,本不足取,幸皆就前辈所言与相订证,可免孟浪之讥,而酒底灯前,吟声在耳,又触我几许悲怀矣。

住韩家客店。

**二十一日(9月7日)**　晴。未刻,微雨一阵,旋止。通州晓发,历马坊、马头两镇市,夜泊香河,行一百五十里,逆风故也。阅《庄子》一卷。

**二十二日(9月8日)**　晴雨相间。过河西务,小泊,询秋成分数,沿河大熟,近城均苦潦,以沿河有河泄水也。甚矣,吾民之惰于沟(恤)[洫]。河西务属香河,天津有关,别有一局,咫尺相望。舟人云,属工部,不知其详,俟考。是日,天时雨时晴,舟时行时止,行一百八十里,泊韩口。河西务属武清,舟人误以为香河,香河至河西务五十里,河西务至蔡村五十里,蔡村至杨村五十里,杨村至韩口三十里。

**二十三日(9月9日)**　晴。辰刻,微雨,津沽水益大,通商大臣署前浮桥圮,改作之。午刻,抵三岔河,泊舟,暂寓针市街大伙巷,顾皥民观察许。往谢合肥相国,相国初有书与张蔼青,欲邀余入幕,至是面订辞之。与论事，颇承肯可，而忧谗畏讥之心正复不免。闻高阳师以余南下，嘱合肥加意相待，可感也。归寓，与皞民相见，谈次涕泪交颐，不堪回首。

二十四日(9月10日)　晴，时雨。申刻，合肥来答拜，承假白金千两，为营葬之需，并委四兄充津捐局绅士，月领三十六金，先世交情之耐久如是，孤儿真感德衔悲也。寄家书及宗书，孙子授书。

二十五日(9月11日)　晴雨相间。坐丰顺轮船赴上海，夜到招商局，以合肥托其支应行人也。叶同知送至舟，洁官舱一间，为余设卧具始去。

二十六日(9月12日)　晴。夜漏四下，放舟，有风，甚颠簸。余以忧劳馀命，复历重洋，气体不支，呕吐大作，向夜万念环起，热泪纵横，几不知置身在何许，转无复摇荡倾侧之苦矣。

二十七日(9月13日)　晴。至烟台，巳刻就泊，夜始放行。轮船司事以所居官舱多风，复易一间，果较宽绰，亦会风定涛平，了无所苦。皞民假《南宋杂事诗》两册，阅其注中琐闻碎录，以资消遣，未暇记也。

二十八日(9月14日)　晴。天色轩明，黑水洋亦平静可渡。

二十九日(9月15日)　晴。未刻，抵上海吴淞，二炮台已成，殊不得势。坐小舟，寓裕通恒，叶子晋许。入城，拜夏寿人师，师益衰老矣，谈次凄然。时肄业龙门书院，因就见院长刘融斋先生熙载，承以所著《持志塾言》《艺概》两书相赠，时年六十有七，强饭健步。念吾母甫及大董，使人子谨于扶持，何遽及此，坐不成酬对，遂退。寿人师留饭，谈两家事，增悲益痛耳。见世兄元燿，年二十。夜，失眠。

八月初一日(9月16日)　晴。买舟赴南汇，叶君送至舟，询以招商局弊窦，云二唐因缘为奸利。顺风渡黄浦，夜泊新场，距南汇廿四里。是日更换学政，不知诸知己及安圃有司文衡者否？

初二日(9月17日)　晴。晨，抵南汇，吴子备闻信，先来少谭，同入城，拜圭盦之母，见圭盦夫人及公子毓煃，甚苗壮秀静，子备留素饭。未刻,返舟。子备又来送。子备声音形貌与圭盦有张氏二啮之似,眷念亡朋,殊多感触,而余处此艰遭,九原知已亦当为我酸咽也。子备言崇明辖洋面太宽,有阳山、石硅礨两处渔户械斗,宁波往往搀越,宜设营汛,以专责成,并言接日本海中数百里辄有小岛,云幸民贫地瘠,日本不占据,姑录之备考。

由南汇回舟,至新场已更鼓动矣。十二里至航头,十二里至罗家汇,舟未至汇,因潮来,野泊,四鼓过罗家汇,又十二里至闸港,顺风过黄浦。

**初三日(9 月 18 日)**　晴。余昨不适,服子备药即就枕,醒则已达闸港矣。使非风利,则逆潮不能过浦,又须候至午后,此天怜也。读《朱子家礼》,吴督部棠刊本。案王懋竑《白田杂著》以《家礼》非朱子之书,纪文达辑《四库书目》,深韪其说。特以从宜从俗,录而存之。然《家礼》实亦不合于今之宜、协乎今之俗。士夫平日既以讲求丧礼为大忌,临事瞀乱,无所适从,实多负疚。今年惠陵会葬,致礼臣不娴仪节,耆臣全无戚容,一切草率,深可痛哭。及遭毛太恭人之丧,不孝学既空疏,性又迷罔,欲思略存古意,勉尽人子之心,赖孝达博雅、伯潜果决,资为考核,而习染已深,仍不免牵于流俗,安得博雅君子纂《家礼》一篇,得古人之精,合时王之制,简而可行,使人人临变不乱乎?

读《汉书·韩信传》,班氏将蒯通说词删去,较《史记·淮阴侯列传》相去霄壤。

舟行一百里,宿青浦北门外。闸港至豆腐浜六十里,至青浦又四十里,实则四九三十六里,四九者,吴人土语也。

**初四日(9 月 19 日)**　晴。读《公孙弘卜式兒宽传》。入卜式,似不类,赞中云"质直则汲黯、卜式",长孺社稷臣,乃视之与牧羊儿等乎? 孟坚殊无识。《平当传》,汉兴唯韦、平父子至宰相。案绛侯、条侯亦父子宰相也,班氏何以遗之?

夜抵苏州,自癸酉至今七年矣。

初五日(9月20日) 晴。晨起,至金太史场寓,朝叔母及大嫂,均健,诸孙林立矣。与容舫谭,抚今追昔,益觉凄然。寄八弟及宗五书。

初六日(9月21日) 晴。至仁寿庵谒田淑人厝所,告迁,迁五兄枢于培德堂。

初七日(9月22日) 晴雨间。秋成殊损。至玄妙观。《清河书画舫》:伯骕高宗时尝奉诏写天庆观样,命吴中依样造之。今之玄妙观是也。赵伯骕,仕至观察使。《妮古录》:赵伯驹与弟伯骕并以画名。《清河书画舫》谓是伯驹之兄。

初八日(9月23日) 大雨。寄八弟书。

初九日(9月24日) 阴雨。容舫出二兄遗著,共读。其成书者,曰《周易增正》、《孝经注》,又有手校《管公明别传》、《风俗通》两册。二兄少有足疾,读书养疴,所藏秘籍三五千卷,兵火中均入劫灰,仅存此吉光片羽,可悲也。

初十日(9月25日) 晴。出门谢客。在京来吊者吴广安刺史承潞,寄赙者沈渚云履庆、吴谊卿大衡、陶笠亭怀达、同年生徐景福、李文燿、张庭兰、典史张沅辰。午后,至莲溪谒大兄及诸兄姊弟灵,入目惨然,泪不可遏。敬迁庶母李太恭人灵轴于外舟中。容舫言刘园已属盛旭人康,木石重新矣,改名留园,俞樾有记,时顾子山新创怡园于尚书里。盛、顾均以道员解组,坐拥巨赀者也。盛方入都候简。

十一日(9月26日) 晴。迁李太恭人枢于舟。

十二日(9月27日) 晓雾渐晴。奉迁先妣田淑人灵椁至舟,即日拟解维而北,而佩纶头眩殊甚,叔母暂留之养疴,舟泊葑门外。寄孝达书。

十三日(9月28日) 晴。得都门二侄书,知未衔使命。十一日吴君承潞来访也,见学政全单矣。谋进止之策,夜与容舫作书复之,劝其挈妇子南旋,亦无聊极思耳。

十四日(9月29日) 晴。得四兄书,知于初四日到天津,即住津捐总局。九弟寓旅店，措置殊未妥。此心怦然，欲急北发，芷乡百日适在中秋，必以今日设祭，度儿辈呱呱正哭母也。

十五日(9月30日)　晴。毛太恭人生日，不孝何以为心。

十六日(10月1日)　晴。同容舫至直隶会馆一游，故拙政园也。张子青先生抚吴时，率乡人割俸建，长康司事，今已渐形荒落。在都时，与李兰荪师、张孝达前辈方营畿辅先贤祠，当作书告之，务慎选司馆之人，以为鉴也。

十七日(10月2日)　晴。寄番钱一饼，属六姊遣奠邵香岩丈。时薄暮，得八弟与容舫书，不果来。

十八日(10月3日)　晴。晨起，放舟，留苏逾十日，叔母、大嫂怜之甚至，容舫夫妇均贤，诸孙亦依依，殆难为别。买段《说文》及陈氏奂《毛诗疏》，舟中读之。余幼从师读，至十三岁避兵即弃书，于小学茫然，遑论治经，早知穷达有命，恨不十年读书，噫！逆风，泊昆山，作寄八弟书。

《说文·王部》："琚，佩玉石也。"段注各本作"琼，琚也"，今正。《诗·郑风正义》释文皆引《说文》"琚，佩玉名"，《卫风》释文又引"琚，佩玉名"。"按，杂佩谓之佩玉，见《周礼》《大戴礼》《玉藻》《诗·郑风》《秦风》《卫风》《尚书大传》。赘以'名'字，语不可通。琚乃佩玉之一物，不得云'佩玉名'也。毛公、《大戴》皆云'琚、瑀以纳间'，许君以'瑀'字厕于'石次玉'之类，然则'名'字为'石'之字误无疑。'佩玉石'者，谓佩玉纳间之石也，《木瓜》毛传云：'琚，佩玉石也。'许君用之。今毛传'石'讹为'名'，莫能是正。"陈奂亲受业于若膺先生，其《木瓜疏》不改"名"字，后笺以段为误，不知段云"《木瓜》毛传云'琚【美】，佩玉石'"，所据何本，余浅人不敢妄定。

十九日(10月4日)　晴。昨夜睡不安，午眠始酣。逆风行九十里，泊黄渡。圭盦有《黄渡寄弟寄内》诗。上海辖。

步(蔀)[部]：岁，木星也。越历二十八宿，宣遍阴阳，十二月一次，从步戍声，律历书名五星为五步。段注以释从步之意，近人张文虎以律历九字为后人妄增，殊(缪)［谬］。

二十日(10月5日)　晴。又(蔀)［部］：夒，老也，从又灾，铉本作从又从灾，阙。段注引《玄应》曰：又音手。手灾者，衰恶也，言脉之大候在于寸口。籀文夒，从寸。老人寸口脉衰，故从又从灾也。此说盖有所【说】受之。《韵会》引《说文》从双灾。灾者，衰恶也。盖古有此五字，而学者释之。张文虎曰：又部，夒，老也，从又从灾，阙。案，许列夒字于父字之下，当是从父，非从又，以不列父部，故以类坿此。《玉篇》别立父部，而夒字仍在又部，盖所见许书已误。其篆当作夒，从灾之义，不可考矣。姑以意说之。宀者，交覆深屋。老者所安居也。耳部耿字，解云耳箸颊垂，疑此亦象年老颊垂，从父者，家所尊也。《韵会》引有"灾者，衰恶也"五字，此妄人所增。玄应从为之辞鄙矣。佩纶案，从灾之意，不传，玄应说固未惬心贵当，张君支离附会，尤陋劣可笑，俟归取严、桂诸说考之，并质孝达也。逆风，午刻抵上海。

二十一日(10月6日)　午前雨，午后晴。寄容舫书。附复八弟书。

【写】定丰顺船票，得四兄书。

吴子备于余至南汇时，面赠百金为赙，缓且非礼也。余以子俊故，不欲作色峻拒，至是作书却之。略曰：佩纶航海而南，孤行三四千里，未肯轻见一人，惟买舟入境，践先友登堂之诺，其意君固知之矣。面赐赙金，岂敢固辞，但以义始，而以利终，质之先友，必曰非空。硜硜之私，尚乞垂鉴。番银百饼，遣使纳上。《孟子》曰："恭敬者，币之未将者也。"然则天下事在敬不在币，可知子备吏才甚勤敏，惜乎浮华不实，殆难与圭盦相提并论也。一家竞爽，岂易事哉？

二十二日(10月7日)　晴。午后，与夏寿人师晤谭。欲买桂《说文》，书贾以湖北局刻来售。孝达序在简耑，问其为谁？曰乾隆间人，洋泾仅书坊四处，可慨。

《申报》中见沈督部《漕项难以议拨海运难以议分疏》，与余官侍讲时，论河运难复，大致相同。沈公历事老练，所言自与新进不同，但专驳毕【河】仓部之疏,亦主复河运。而于黄御史所奏不一及,岂其疏未寄出耶?抑大臣论事不必照顾前后耶?不可解矣。明发之旨,不应未见,噫!直诏书挂壁而已。

廿三日(10月8日)　晴。未正恭奉灵柩上丰顺船,叶顾之、徐雨之两道相晤,告招商局情形,知今年较可支持,盖叶君粤人,与洋商熟悉,又家业已足,志在求荣,不若朱云甫之欲名利兼收也。寄苏州书。

廿四日(10月9日)　晴,大风。

二十五日(10月10日)　大风,微雨。两日舟中,苦状可想。

二十六日(10月11日)　晴。到烟台已未初矣。

二十七日(10月12日)　晴。至大沽口,水浅候潮。望见炮台对峙,假使两军相拒时,我伺其舟阁浅时,为简之师迫人于险,阿奴未【免】必为下策。耶稣教中人闻吾语亦怖否?

二十八日(10月13日)　晴。午刻潮至,舟已卸载及半。始入口,抵紫竹林已夜分矣。

二十九日(10月14日)　晴。清晨,招商局员叶同知邀至局中小坐,时已觅定冯姓船,即饬局中工役恭奉灵柩过舟。唐观察廷枢,局总办也,来谒。道饥渴,以小轮船送至三岔河,水大湍急,乃颇赖之。寄南中书。过皋民略话,至夜返舟,劳苦愁痛之馀,心气觉亏,虚阳发越,夜睡时中宫微张,苦甚。四兄觅舟,当同去也。

九月一日(10月15日)　晴。得安圃书,知侄女已于八月廿二日下世,为之泪下,仆本恨人,更多感触,因忆侄女来都,营嫁时如在目前,不堪回首。安圃出都之计不果,作书复之。夜读《吴竹如先生年谱》。竹如与倭文端师,以理学相切磋,卒年八十一。先生谓李文清德行粹然,惟学术尚未能纯一,论殊褊刻,讲学家习气也。古人讲学,严于律己。今人讲学,苛于责人。余最嫌之。反复不成寐,此心万念循生,不能自制。

初二日(10月16日)　晴。至皋民处,复安圃书,为寿人师事浼皞民,恳清卿作书致刘芝田。午后归,施叔隅来谭,七年未见矣。静坐遣闷。

**初三日**(10月17日) 晴。合肥相公命开矿之道员唐廷枢送行,以小火轮船带余舟而前,七里海、(揭)[塌]河淀与河连成一片,潮平湍急,顺风相送,行一百六十里至芦台泊。埭头距津三岔河三十里,新陀七十里,至芦台六十里。礼亲王《啸亭杂录》,外舅大理公盛称其书,然所纪如云张清恪与噶礼互劾之狱,为其母见上言子贪状,因置礼于法,语殊失实。《满洲名臣传》,噶礼因张清恪劾奏落职,其后为母所讼伏法,并非一事也。他若兆文襄谥作兆文毅,及谓钱宫詹所讲字书株守许氏《说文》,别解者皆遭排斥,则陋矣。然五朝逸事颇赖以传,亦稗史中之佳者。

**初四日**(10月18日) 晴。唐君舟乏煤,辞之,顺风行一百八十里至丰台丰乐桥下,族人佩续、佩纪、表弟孙履庆已候六日矣。

**初五日**(10月19日) 晨阴旋晴。丰台距齐家陀四十五里,道积潦不可行,奉灵舆过小舟,至青陀,水程三十里,过西淮沽、环庄、西济陀,舟行田埂上,水深四尺馀,抵青陀已申刻,扶灵舆宿王家店。

**初六日**(10月20日) 晴,晨微雾。奉灵舆还齐家陀,合族来奠,谨暂奉第二层芦舍中。

**初七日**(10月21日) 晴,夜大雷雨。至大王庄十八里,过李保寨、报喜陀今名抱子头、来临务今名杨家庄、高门口、坎上,过泥河,至庄,地洼于余村,与赵菁衫之兄宇香同知话。菁衫子恩澎,字丹来,曾执业门下,亦侍坐焉。归而雨至。

**初八日**(10月22日) 晴,大风。同四兄至缸窑舅氏,时母舅已下世,两表弟福长二十五岁,福鸿十九岁,奉其生母以居。逆风行五六十里,甚苦。

**初九日**(10月23日) 晴。午后,由缸窑至乔家屯,时唐廷枢承合肥檄,开矿唐山,立局于屯上。洋人七、工人数百群处。民初惊疑,近稍相安。唐君延江西李锡蕃昌言来局,精堪舆,特荐与余,因往迓之。时唐尚未至,留宿局中。

初十日(10月24日) 晴。唐君至,时已约李君行,遂归。李君,江西南丰人,年六十四,主蒋大鸿盘婺以三元旺气为说。唐山以唐太宗征高丽驻跸得名,有支山名晾甲石,开矿处俗名铁菩萨山。

十一日(10月25日) 晴。同李君至祖茔周历,以为局势甚大,合武曲金星格,步行十馀里,于庄东得一穴,又于欢喜庄东南得一穴,后有窑,前有水。然二穴一嫌逼近他姓墓,一嫌地势太窄,余及四兄意尚未惬也。李君人甚诚笃,蔼然可亲。吴前辈嘉善之兄死于上海,遗一女一子,李君胸之甚至,可愧士夫之浇薄者。

十二日(10月26日) 晴,大风。至八户庄东觅地。午后,归。安圃自都遣人至,以定计南下,促余回京。先是安圃决计明春再返苏州,以书告余,未十日而又改图,则余已四出觅地,颇有就绪不能兼顾矣。使者以昨夕来,即作书复之。

十三日(10月27日) 晴,大风。送李锡蕃还唐山,道出中门庄,询吴仁波家,则零落难言矣。为之立马踟蹰。先是唐山开矿,欲延公正绅士与居民联络,苦无其人,又欲开王兰庄故河以利运,合肥意属四兄,恐不屑就。唐观察屡以为请,兄勉允之,遂与司道公请入局筹浚水道。

十四日(10月28日) 晴。自唐山归。

十五日(10月29日) 晴。遇陀上梁氏买定梁艺林地三十亩,每亩东钱六十千,小租五千。梁氏昆仲四人,长麟祥绂廷,次文祥艺林,次兰祥瑞廷,次桂祥。月上始归。

十六日(10月30日) 晴。至前街族人处问候,从朱印甲早世,配乐氏,年十九,抚一孤女,织席三十馀年以完贞操,今岁以节孝旌。余入室倍致敬礼,庶乡人知所矜式乎?

十七日(10月31日) 晴。议地不成,信步至庙中,建福禅院,金时创建。双柏下读金乡贡进士李千都所撰碑文,庸劣不可录。明嘉靖碑,为术士孔经撰,术士殆经字,爵里不能考,上有"大阳郡"三字,其族望欤？详《浭小志》。

　　**十八日（11月1日）**　晴。李锡蕃暨唐景星之从侄来。

　　**十九日（11月2日）**　晴。买定梁文元官租地九亩，价东钱乙千千，至梁坨定券，梁艺林让户地三十亩，价每亩六十千，借《丰润县志》一部。

　　**二十日（11月3日）**　晴。又买地十九亩。午前至八户庄，定穴，庚山甲向，微带卯酉。先大夫弃养二十馀年始得吉卜，不孝之罪何以自赎耶？

　　**二十一日（11月4日）**　午后雨。送李锡蕃、唐郁君还唐山。

　　**二十二日（11月5日）**　晴。至八户庄量地，计梁艺林地二十七亩，东钱乙千六百二十串，梁文元官租地九亩，东钱乙千串，王福永福顺地十二亩三分八厘，东钱乙千二百三十八串，赵永利地六亩八分五厘三，东钱六百八十五千三百，复以安穴在梁文元地内，酬东钱一百五十千文，中人每千串酬三十串。凡为田五十五亩一分三厘三毫大钱。

　　**二十三日（11月6日）**　晴。至新军屯。

　　**二十四日（11月7日）**　微雨。四兄、九弟至矿局，余所觅车中变，借一薄笨车至屯，宿广顺永店。唐郁君赍银至，留之同宿，以与四兄左也。

　　**二十五日（11月8日）**　作雪不成，午后晴。送郁君还唐山，由屯启行六十五里，宿玉田。

　　**二十六日（11月9日）**　晴。晨起行五十里，别山午饭。忆乙亥恭送梓宫，归途绕道省墓，留齐家陀一夕，以九月二十五过别山，有《忆内》诗，时将临娩也。夜宿邦均，主人知余名姓，来问竹坡。余阳为不知，谢之。闻柳堂先生于十月初三安兆，惜咫尺不得往吊。夜坐，觉金华旧梦，茅店秋心，五中怅触，不能抑制。二十一日肠红，今日复然，甚馁。

　　**二十七日（11月10日）**　晴。五更起行七十里，住下店，早饭，过泃河，见盛京礼部差奏事官争渡，甚横，可叹。余叱之，始夺气去，然商民已有受其鞭笞者矣。及过渡,乃陷潦,众大快之。至烟郊,余车失道,过潮河已昏黑。

二十八日(11月11日)　晴。侵晨,由通州行。午后,至京。安圃已出都,寓观音院,闻香涛继室亦以娩逝,走慰之。至朱宅,两儿出见,依依,四姊病,归廉宅,甚窘。

二十九日(11月12日)　晴。过孝达、可庄,得安圃书。

三十日(11月13日)　晴。

十月一日(11月14日)　晴。

初二日(11月15日)　晴。李兰苏师、朱茗笙、袁子久诸公相继来。

初三日(11月16日)　晴。宿孝达处,得容舫书。

初四日(11月17日)　晴。

初五日(11月18日)　晴。命倪泰至通州觅舟。

初六日(11月19日)　晴。过朱宅,赁其东院,奉神主,迁两儿居之。

初七日(11月20日)　晴。有客至。夜,孝达、再同话。

初八日(11月21日)　晴。奉生妣及内人、殇女柩出都,夜乘月放舟。

初九日(11月22日)　晴。作致合肥书,夜放舟,过杨村破晓矣。

初十日(11月23日)　晴。午后,抵天津。吴观察毓兰来吊,张蔼青戚也。合肥遣人来,借炮船为卫管船,游击袁文彪。是日寄容舫、安圃书,孝达、伯潜书,唁胡介卿书,谢张子虞书,夜梦见圭盦。

十一日(11月24日)　晴。按,《直隶河渠志》:蓟运河至盛家庄,还乡河北支自东北来会,又东南至江潢口,还乡河南支自东北来入之,径梁城所北分流,环城仍合于城南,又东南径芦台、军粮城,会天津新河入海。此行由天津新河上沂蓟运入还乡河,举其所经者,列于左。

陈家沟。《河渠志》：塌河淀，上无来源，下通潮汐，以陈家沟、贾家沽二河为出纳焉。

塌河淀。今与河成一片。

七里海。今与河成一片。

精忠河。舟师以为在淀与海之间，舟所经由之道。《河渠志》：塌河淀东南有小河一道，出西堤头，径城儿上入七里海即此，得名之由则不可知，俟考。

俵口。吴邦庆《畿辅水道管见》：王家务引河径俵唐儿注于七里海即此，距芦台五十里。

河口入河。距芦台十二里。

夜宿河口，候潮放舟，以四更至芦台。

十二日（11月25日）　晴。午刻至宁河，过东窝田家庄等处，问稻地，均无存者，北人惰弛，可慨。宁河谚云：三湾九十五，如不信，问埋珠。九月间，河流横溢，一片汪洋。舟由埂上直行，至丰台才四十馀里，至是水涸，廉氏阡前又筑埝禁舟，迂回曲折，劳逸判然矣。埋珠村名不知何所取义，回忆亡妇尝言侍其大父宁河官署中，以能解春帖语意，赐以银锁。扁舟过此，附榇同归，虽忧居深痛，未暇言私，然梁城所何啻稠桑驿耶？珠者，朱也，埋珠之谶，为亡妇兆矣。泊江潢口。

十三日（11月26日）　晴。晨至丰台，遣炮船归，改舟赴青陀，仍宿王家店。南泊水仍未退，与油胡卢泊毗连，南北二十里，东西五十里，若泄水于王兰庄河，规为稻田，实上腴也，俟与四兄商之。

十四日（11月27日）　晴。晨起，奉生母灵榇并挈亡妇柩至家，入屋凄凉，人生至此，何堪设想。吊者甚众。

十五日（11月28日）　晴。

十六日（11月29日）　晴。入县，报扶柩到籍，邑令谌瑞卿命年留宿衙斋，谈至夜半始寝。谌君，上元人，壬戌进士，老吏也。

十七日（11月30日）　晴，大风。巳刻，由县归陀，过天宫寺，不暇一游，得牛鼎拓本。今日在衙斋遇陶作舟孝廉楣，乃寿人师同年，辛未曾在号舍一遇,今又萍水相值,亦缘也。造物何心,使与陌路之人每每巧合如此,而母子、夫妇间必强割之,何欤? 思之,怨愤痛恨,交集五中矣。

附自陀至县路程:齐家陀五里,山王寨又三里,西欢陀又七里,何家庄又三里,萧家庄又五里,崔家屯又十二里,女过庄有店可尖,又五里,白沫子近黑龙河,有水田,又五里,孙家庄又五里,南台又五里,丰润县,共六十五里。

十八日(12月1日) 晴。谨将灵樶及亡妇柩暂厝。

十九日(12月2日) 晴。过粮。梁名下,过粮每年银三钱四分四厘。王名下,过粮每年银壹钱三分壹厘。赵名下,过粮每年银六分,共银五钱三分四厘。官租地,壹两四钱八分八厘,共合银二两二分二厘。

二十日(12月3日) 晴。赵宇香来。

二十一日(12月4日) 晴。买驴一头代步,晨起,由陀起行,孙表兄履恒偕七十里,住玉田东关仁和店。

二十二日(12月5日) 晴雪相间。至玉田,启行三十里至燕山口,望燕山祠,不得上,又三十五里至马伸桥。时柳堂先生已葬镇之东侧,携只鸡、斗酒哭吊其墓,奠时雪势甚大,礼成雪止。因思柳堂出都时雪,今余至又雪,若雪媵与柳翁为缘者。堂名携雪,不虚也。乙亥冬,柳翁被召入都,是日得雪,都人谓之御史雪,今宜称为雪御史矣。行十余里,宿壕门。

车夫言油葫(卢)[芦]泊非官地,缘泊种苇甚获利息如此,恐泄水于河有阻之者,即不阻,水涸,又争种杂粮。营田之计,难因势利导矣。

是日至燕山口,行十馀里至张智河,渡梨河,桥为村人所建而不许人行。余至,村人皆携锄填土扶舆而过。余犒以钱,不受,因劝其勿再掘阱以便行旅,村人同应之,其意殊可感也。

二十三日(12月6日) 晴,有风。由壕门取道蓟州,四十五里至邦均早饭，夜宿枣林。

二十四日（12月7日）　晴。由枣林至烟郊，闻通州浮桥圮，改道平滩，五十馀里至通州栅栏店，已二更矣。夜梦伯潜。

二十五日（12月8日）　晴。晨至李村夫人处谢，少坐即入城，酉刻至北半节胡同，夜不成寐。

二十六日（12月9日）　晴。至孝达处少话。

二十七日（12月10日）　晴。至张蔼青、王可庄昆仲、蔡辅臣处道谢，朱茗笙过谈，得合肥书，作家言寄容舫、安圃。

二十八日（12月11日）　晴。阅《县志》，沙流河在县西四十里，出党峪山，下经两山口，又西南至姑嫂桥，合还乡河，引《方舆纪要》元致和初怀王袭位，上都兵自辽东入讨，撒敦等拒之于蓟州东沙流河。是也。佩纶考《金海陵纪》：贞元三年八月甲午，遣平章政事萧玉，迎祭祖宗梓宫于广宁。九月丁卯，上迎梓宫及皇太后于沙流河，命左右持杖二束，跽太后前，曰：亮不孝，久失温清，愿痛笞之。太后掖起之，曰：凡民有子克家犹爱之，况我有子如此，叱持杖者退。此事《县志》失引。

午后，过香涛，观其作书，至二鼓始返。

二十九日（12月12日）　晴。入城至王稚夔处谢，并谒常师母，诣奎乐山。午饭生日，而生我者不生。人生至此，《蓼莪》之诗何可再读哉？

十一月初一日（12月13日）　晴。稍洁书室以资憩息，风甚大，独坐不出户庭。蔡辅臣来话。

闻崇地山使俄，因伊犁事，许俄三事：一曰犒师，款二百六十八万；二曰通商，嘉峪关准出入，天山南北贸易免税，张家口设行栈，尼布楚、归化城通运道；三曰定界，伊、喀、塔三城重定界址。

初二日（12月14日）　晴。正欲假寐，漱兰前辈来话，知其于前月八日召对，圣人求谏綦切，臣下何以上副耶？晚，儿子辈来书舍嬉戏，真所谓焉能便嗔喝者。

是日居室苟完。午前与旭庄入厂市买书数册而归。

初三日(12月15日) 晴。晨起,往奠张孝达继室王恭人于龙树院,至赵寅臣处谢,寄边润民师书求贷,寄容舫书,得八弟书,并捐照一纸。午后,信步至澄秋阁,买旧白地磁盘四,又成化窑磁盘四,焚香洁茗,为生妣及亡妇设供,焄蒿相感,虽死如生。夜作致黄子寿笺。

初四日(12月16日) 晴。昨夕梦见亡妇缟衣而坐,悄无一语,惟有五律一首,亦不知为余作为妇作,姑录之。曰:魂远君尤远,魂归君未归。十年成断翮,五夜感元机。月冷空床簟,风寒客邸衣。梦中无一语,握手暂依依。复与倪泰渡海,有俞秀才邀之饮酒。坐甫定,内子自内招余,则凝妆如平生,然亦寂不言,梦中觉,是梦遽然而觉,惟诗历历可记,殆重眠故榻之因,果其魂魄重来,未应淡漠如此也。悲夫!

午后,乐山来。夜,可庄见召,商榷馆赋。

初五日(12月17日) 晴。傍晚,谢子龄来论时文。

初六日(12月18日) 晴,夜大风。忧闷不可遏抑。午后,至厂市买山谷题名数纸。诣潄兰,谈不畅。遇孝达,亦不能雄辨也。归,茗笙来两次,云有事见告,晤则议姻,焉有母丧未终、妻死未期而以此相干者,余自大故后阅历稍深,姑婉却之,不与之愤争也。归而感触弥甚,泪盈衫袖。夜,作致伯潜书。吴西白来谭。

初七日(12月19日) 晴。烦甚。往省四姊。归,买古铜炉,斋居焚香,庶召神魄。过旭庄,谈亦不畅。晚,孝达来,并载至其寓中,再同亦至,酒行而主人睡,遂归。作家书,未寄。

初八日(12月20日) 晴。蔡辅臣、廖谷士同年均至。夜静坐,过孝达。

初九日(12月21日) 晴。冬至先一日奠祭,怆然。午后张蔼青、王旭庄、赵寅臣均来。夜,感伤身世,不能自奋,有离群出世之想。谢子龄来论文。

初十日(12月22日) 晴。晚,孝达来话。是日冬至。

十一日(**12 月 23 日**)　晴。草府君及先妣、生妣、庶母行述。

十二日(**12 月 24 日**)　晴。晚，过孝达。

十三日(**12 月 25 日**)　晴。烦愁郁结。答康民，过辅臣。晚，又过孝达，许仙屏、李荇园来话，食馎饦，较南皮夫人存时风味顿减矣。得苏州书。

十四日(**12 月 26 日**)　晴。作墓铭，苦不能短。读汪容甫、曾文正所作，觉醇厚可佩，不及远矣。

沈督部卒，天下惜之。沈与余无一日之雅，苦块中承来吊唁，极可感佩，以未葬不能笺谢。何图老成遽陨，冥冥之中负此知己，如何如何！闻优诏赠恤，不知谁为替人也。

十五日(**12 月 27 日**)　晴，大风。夜，至龙树寺诣孝达，谈其夫人尽七也。孝达言余之为人如玉质间石，不加磨砻，未能成材。若抱质以游，必至无人相与款洽。其弊也，得无用之君子，有才之小人而已。闻之竦惕，俟他日得间，当求其痛加针砭，免为先人玷也。

刘岘庄调两江，张振轩调两广。刘长于吏治，在今日疆吏中尚是佼佼者，可庄云近亦老境颓唐矣。振轩殆因剿平李杨才功也。

十六日(**12 月 28 日**)　晴，大风。李荇园约至龙树寺，夜谈，坐有香涛诸君子，与再同并载归。

十七日(**12 月 29 日**)　晴。入城，诣郭廉夫，不值。

余自十七以来，终日惟藉书消遣，略观大意，可养心神，近则开卷纷驰矣。王晋卿"岂知忧患耗心力，读书懒去但欲眠"，洵非虚语也。

十八日(**12 月 30 日**)　晴。至厂市买书。过孝达，商榷墓志。夜，复过孝达论文字，嫌其太长为累。

十九日(**12 月 31 日**)　晴。蔡辅臣约谈论八弟验看事。午后，王夔石来，夜诣旭庄，孝达来约，遂去，因欲辑《畿辅先哲录》也。

二十日(**1880 年 1 月 1 日**)　晴。晨起，过孝达，辑《先哲录》，午后归，写墓志清稿一通。

二十一日(**1 月 2 日**)　晴。过孝达，辑《先哲录》。饭后，论道光

[以]来人才,当以陶文毅为第一。其源约分三派。讲求吏事,考订掌故,得之者在上则贺耦庚,在下则魏默深诸子,而曾文正集其成。综核名实,坚卓不回,得之者林文忠、蒋砺堂相国,而琦善窃其绪以自矜。以天下为己任,包罗万象,则胡、曾、左直凑单微,而陶实黄河之崐崘、大江之岷也。今左恪靖虽大功告成,而论才太刻,相度未宏,绝无传衍衣钵者。阎丹初得其精而规模太狭,李少荃学其大而举措未公,不知将来孰作嗣音也。

二十二日(1月3日)　晴。香涛订修《畿辅先哲录》。是日,坐客甚杂,以昨有旨将崇厚开缺严议也。详《见君子日笺》中。

二十三日(1月4日)　晴。

二十四日(1月5日)　晴。

二十五日(1月6日)　晴。

二十六日(1月7日)　晴。

二十七日(1月8日)　晴。

二十八日(1月9日)　晴。

二十九日(1月10日)　晴。

三十日(1月11日)　晴。

十二月初一日(1月12日)　晴。

初二日(1月13日)　晴。

初三日(1月14日)　晴。

初四日(1月15日)　晴。

初五日(1月16日)　雪。墓志写定。

初六日(1月17日)　晴。

初七日(1月18日)　晴。

初八日(1月19日)　雪。

初九日(1月20日)　晴。

初十日(1月21日)　大雪。

十一日(1月22日)　晴雪相间。

十二日（1 月 23 日）　恪靖寄百金为赙，作书却之。

十三日（1 月 24 日）　晴。

十四日（1 月 25 日）

十五日（1 月 26 日）

十六日（1 月 27 日）

十七日（1 月 28 日）

十八日（1 月 29 日）

十九日（1 月 30 日）　《畿辅先哲录》成，此一月中余心力疲乏极矣。天亦时有雪霰，为十馀年所罕见。

二十日（1 月 31 日）　晴。

二十一日（2 月 1 日）　晴。

二十二日（2 月 2 日）　晴。延黄漱兰少詹、再同编修、王可庄修撰祀灶，改题先大夫及庶母神主。

二十三日（2 月 3 日）　晴。

二十四日（2 月 4 日）　晴。

二十五日（2 月 5 日）　晴。

二十六日（2 月 6 日）　晴。

二十七日（2 月 7 日）　晴。

二十八日（2 月 8 日）　晴。

二十九日（2 月 9 日）　晴。斗室枯坐，万念俱灰。

# 嘉禾乡人日记 附见君子日笺
## （光绪六年 1880）

嘉禾乡人日记（光绪六年庚辰 1880）

**二月初一日(3月11日)** 晴。柳堂先生临命时所作家书,公子之桓装作卷子见示,余将还山负土,公子亦尽室将行,泣跋数行归之。己卯闰三月,先生就义蓟州,后一月佩纶遭母丧,横街邻屋,仅隔一墙,两家哭泣相闻也。(乌乎)[呜呼],先生为忠臣,佩纶为不孝子,冥冥之中何以教我？悲夫！先生甲戌谪官归里,恪靖优礼之,忌者或为谰间,先生家人颇闻其语。实则先生还朝后,恪靖使至,必问先生起居。生前聘书,殁后赙赗有加等焉,治命中恐公子惑于浮言,故一及之。览者幸勿以辞害意,成元白隙末之诮。家书缄封上有"吴子俊老骥诗宜善藏庋"语,宜补入。又有称道陈伯潜、王可庄两君语,亦宜补入。王即已卯十二月初五日上封事者,名仁堪。刘蓟州枝彦甚才。先生殁时衣行衣,刘自解端罩、朝珠敛之,豸补用采画,蓟门地僻,仓卒不免取办也。有富人自营柏椁,购为先生葬具,一时贤士大夫无不多刘者。先生甲戌西归,佩纶及吴望云、吴子俊、何诗孙饯之,何作《围炉话别图》纪其事,坐皆有诗,先生乐甚。两家眷属曾相往来,亡妇朱氏因亦赋一篇。先生谒惠陵日,犹携之行笥中,公子之桓并先生赠子俊诗装衍成卷,今藏余家,遗疏稿别装一卷子存公子处。书中所云契友阻止上疏者,乃粤东陈君。陈亦端士,因初稿有未确语耳。先生之丧,有壮士突入吊哭,留百金为赙,问姓名,不告而去。故旧贵人乃无一至者,不特薄【鄙】俗可鄙,亦可谓误用揣摩矣。公子既葬先生蓟州，庚辰二月将奉母归皋兰，出家书见示，【墨】苴经，相对诵书，辄泪下不止。哀哀父母，生我劬劳。愿与公子互相激励，无(队)[坠]家声，为异时相见地也。

孝达前辈命其子权及颐从余游。颐郎甫十二岁，余爱之。前辈因并命长嗣执业，抗颜为师，殊自愧赧耳。

漱兰前辈同在广雅堂，夜谈，知孙琴西先生有引疾之志。余通籍晚，不克见琴西，惟观其致外舅修伯先生书，知家藏图史甚富，学问亦淹贯古今。其论事则不免偏激，如曾文正将所募水师分布长江改为经制，先生以为特因安插湘军之地，乃文正败笔。其弟侍讲学士锵鸣为恪靖所劾，遂每论恪靖必用深文。沈文肃督两江，先生由湖北移藩江宁，夜入会城，即日受篆视事，以文肃乃学士门生，不无挟长之意也。然孝达前辈谓其吐属风雅，气息清高，犹有乾嘉诸老遗意。私冀就官闉阇，当因漱兰展谒，一亲謦咳，而先生乐永嘉山水，遂欲田居，复志遂初，朝衣懒著，令人怅惘久之。余友吴望云祭酒视学江西任满，乞假还里，闻亦欲买山而隐，录入《止足传》中，可愧今之钟鸣漏尽，夜行不休者。

孝达前辈临别拳拳，手《近思录》见赠，曰："君之才气，一时无两，但阅历尚浅，遇事可加一番讲求，加一番思索，然后出口，则万全无弊矣。"前辈爱余之深如此，谨当书绅以期进益。夜谈甚依恋，久之始退。

**初二日(3月12日)**　晴。凌晨，孝达来送，言此行可至太沽北唐各海一览形势，蚊子船、碰船式样亦宜留意。

夜，宿通州李问樵丈家，丈同母弟载文以举人大挑一等，发往广西，历马平、平南县知县，守平南七十馀日，为巡抚劳文毅公、侍郎王子怀先生论荐，擢桂林遗缺知府，命下而城已破，君不及闻矣。君巷战遇害，为贼支割。其家人觅忠骸不得，仅辫发存耳。诏赠太仆寺卿，云骑尉世职。同治中，谥壮烈。时同人辑《畿辅先哲录》，从丈索《壮烈传》，邮寄孝达以资考证。通州王侍讲大鹤供奉内廷，时和致斋当国。昌陵心不能平，侍讲辄于手书一"忍"字，上意始解。及和败，侍讲已解组，征召不出，事见州志。问樵丈为余言，它日当考之。

**初三日(3月13日)**　晴。逆风过马头，二十五里泊杨家湾。

**初四日(3月14日)**　晴。逆风，夜三鼓泊杨村。舟中携儿子寿苍归里，课之识字，顽劣可怜。

康熙五十四年，廷议屯田鄂尔坤、图拉裕军食，诏土谢图汗勘履所部可耕地，奏言附近鄂尔坤、图拉之苏呼图喀剌【呼】乌苏、明爱察罕格尔、库尔奇呼、札布堪河、察罕廆尔、布拉罕口、乌兰固木及额尔德尼招十馀处，俱可耕。雍正二年四月，振武将军穆克登奏，鄂尔坤一带尚有昔人耕种处，及故渠灌田踪迹，图拉等处现有大麦小麦，非不可耕之地，旋奏产瑞麦。九年，收获麦糜一万六百三十石有奇。十三年，平郡王福彭于鄂尔(昆)[坤]、额尔德尼招地北兴工建城。福彭奏，六月二十二日自乌里雅苏台启行，七月十二日抵鄂尔(昆)[坤]。五十四奏自张家口至鄂尔(昆)[坤]，大站二十九，腰站十六。节《蒙古游牧记》。

**初五日(3月15日)**　晴。至津河，方巳刻。闻陈家沟水浅，须改陆行，登岸觅车，价甚昂。午后，命舟人往探，云唯二丈许浅，可用人力助之，过此仍可行也。既觅车不得，始听舟人之策。

合肥已至津，闻余至，约午后谈。询海防及东北两路情形，意甚殷殷。余不知兵，唯主用人之说，谓清卿宜择贤员、战将辅之。北路须用边兵，海防须练水师，颇承肯可。闻北洋未与专饷，海防经费岁仅得三十一万，淮军饷岁仅支九个月，均无贫和无寡。是在枢臣计臣耳。

**初六日(3月16日)**　晴。易舟而行，至陈家沟，则河道淤浅，幸昨夜塌河淀土坝已开，舟行淀中，顺风甚驶。舟人武姓，静海人，不如前两次舟人之熟娴也。夜泊芦台。

静坐，检《近思录·改过克己篇》阅之，择数则录为韦弦。明道先生曰："治怒为难，治惧亦难。克己可以治怒，明理可以治惧。"王文勤公尝以"治惧"句对"止谤莫如自修"，书以自警。伯潜，文勤孙婿也，复书以勖余。窃谓余之病在怒不在惧，不如易克己可以治怒。属文勤公孙可庄修撰更书之。尧夫解他山之石可以攻玉，玉者，温润之物。若将两块玉来相磨，必磨不成，须是得他个粗砺底物方磨得出。譬如，君子与小人处，为小人侵陵，则修省畏避，动心忍性，增益豫防，如此便道理出来。阅此，觉尤怒俱消，寸衷冰释。谢子与伊川先生别一年，往见之。伊川曰："相别一年，做得甚功夫？"谢曰："也只去个'矜'字。"曰："何故？"曰："子细检点得来，病痛尽在这里，若按伏得这个罪过，方有向进处。"伊川点头，因语在坐同志者，曰："此人为学，切问近思者也。"问："上蔡才高，所以病痛在此。"朱子曰：此说是。谢氏谓去得"矜"字。后来"矜"依旧在，说道理爱扬扬地。"矜"字病根甚大，宜自克也。

初七日（3月17日）　晴。顺风，夜至丰台。表弟孙三履泰及车夫吴八已在镇相候。同孙三入街市，小步贸易之家，多（县）[悬]洋灯，商人无不以洋药劝客者。地近津沽，俗趋浮靡，可虑也。余为陈说先辈俭德用砭乡愚，坐徒面从而已。然亦姑存药石之言，以待有志之士相与挽障耳。

初八日（3月18日）　阴，午后微雪。由丰台车行四十里至家，于灵坐前行礼，悲泪难胜，少定，命苍儿行礼。四兄自都还唐山后，于初四日先归，故庐一切均布置井井矣。冒雪至各门尊长处问候。

初九日（3月19日）　晴。同四兄至八户庄新阡，敬阅一周始返。族中长幼相继过谈，至夜分始散。

初十日（3月20日）　晴。族叔印彬贾于建昌。询粮价，小米五千六百，高粱三千八百，麦四千，每石重四百二十斤，当二石之数。又有贾于赤峰者，云黍价每石钱八百，每斗重二十斤。建昌钱五百为一千，赤峰则足陌也。

十一日（3月21日）　晴。至新茔阅视，界地作栅，以便堆积木石。

闻崇文山作热河都统，操守甚清，而于整饬吏治殊不得法。兵米一事，延树南革去米局承揽之弊，以银一两四钱作一石米价，发兵自购。文山矫延之墨,亦奏复旧规,尤拂商情,此何异司马公之改差役哉?近年满洲、蒙古乏才已极,亟当储植以备干城腹心,否则殆矣。

十二日(3月22日)  雨,晴。寅时,开兆,延表兄玉田孙履恒祀土神,行礼时春风甚大,微雪洒空。佩纶随四兄敬诣墓左,礼成始返。乡间富厚之家丧事专务奢靡,题主祀土神,每延贵官巨绅当之,厚币往聘,舆从招摇过市,以为观美。兹与四兄议,均一遵礼而行,以孙君笃孝友爱,特延之莅祭,执事皆宗亲姻戚,皆乡望耆年,既合有事为荣之意,亦寓国奢示俭之心。吾乡后起庶不以为俭为非礼耶?归后,雨止。

十三日(3月23日)  晴。唐山送《新报》至,灯下阅之。择其与俄事有关系者录数则。外洋电报云,俄国近又有人聚众同谋,欲用棉花火药焚毁王宫,事随泄,人亦就获。德、俄两国于泊拉士地方会议因语言不合,竟至用武。俄已调兵数十万至波兰地方屯(剳)[扎]。己卯十二月十三日。《西报》言近接俄国西十二月来信,报称俄国现在派往霍萨克马军四队,约计三四千众,自阿仑伯克起程,前往中亚细亚所属各境。查阿仑伯克为通中亚细亚总汇之区,西南则至末尔弗,东南则至阿夫干,东路又通伊犁。此次调往之兵,正未知何往耳?十四日。昨阅《西报》,知俄人近在瑞典国船厂定造全钢轮船一只,机器马力一百匹,欲在昔比尔及中国库伦口外北海地方贸易,先将船料分造载入他船,运至北海,后年春初当可驶行云。查北海实则大湖,各河水汇入者二百馀处,其泄水则流入安加勒阿北,河流急,冬冰,货物须以冰车济渡,春夏始解冻也。十五日。吐谷曼,游牧部落,向处里海之东,其酋长则于末尔弗,俄兵往剿,为吐谷曼人所败。兹闻俄皇命大将考甫曼于明春攻其后,复派一军自里海攻其前,吐谷曼往驻阿夫干之英官乞援,倘事不济,即往印度求救,说见《西报》。二十日。

十四日(3月24日)  晴。修西门,葺墙垣,竣先茔,木石砖土均备。谷甥夜话家事,凄然相对者久之。

十五日(3月25日)  晴。袁升之子袁贵自都舁墓志石至。得南皮前辈书,闻南皮已升侍讲矣。

莹工始兴,请从兄佩续往督役作,土甚坚而润泽细致,土人均以为环村十数里无此土色也。

十六日(3月26日)　晴。

十七日(3月27日)　微阴。同四兄往阅莹工,掘土三尺馀,于指穴处得周元、熙宁钱各一枚。

十八日(3月28日)　雨。

十九日(3月29日)　晴。迁枢前期,族人设祭,吊客不期而至者众,连日悲泣劳乏,人甚不支。

二十日(3月30日)　大风。芦舍甚危,悚惕之至,先人游宦十馀年,敝庐如此清恐人知,思之良为怆然。家声负荷,殊难也。彻夜反复不能成寐。

二十一日(3月31日)　晴,无风。辰刻发引,奉府君及先妣枢合葬八户庄东新莹,生母暨庶母祔葬,亡妇窆于墓左第二穴。天气晴明,工作坚固,从形家言,庚山甲向兼酉卯一度,以戌正一刻三分三秒安位。终夜告封,愈则倚庐,起则负土,深恨不能相从九原,与四兄握手悲号,有怅怅无依之痛。

二十二日(4月1日)　晴。居墓旁芦舍中。

二十三日(4月2日)　晴。

二十四日(4月3日)　晴。至墓庐,归。之先祖莹,告窆,复至新阡,行再虞礼。遣苍儿先返都中。

二十五日(4月4日)　清明,晴。同族人至祖莹祭扫,叙六门谱系。

二十六日(4月5日)　晴。

二十七日(4月6日)　晴。四兄回唐山,同载,住矿局中。

附齐家陀至唐山所过村庄:大容各庄、皂心庄、于林庄有河、翟庄、后辛庄、小元庄、八心庄、刘户心庄过小黑龙河、张家达庄。

二十八日(4月7日)　晴。至缸窑田表弟处谢,宿东缸窑秦履安甥婿家中。缸窑距唐山十二里，家多业陶者，垒石为垣，覆以碎甓残甔，饶有野致。履安所居，曰东缸窑，去田氏又五六里。父寄商，年六十四，敦厚古拙。履安娶谷氏姊女，生四男，三世聚居，直率有味，令人深羡其人伦之乐，便觉桃源犹在人间。吾辈动遭忧患，欲买山而隐，作乐志之论，赋闲居之篇，岂可得乎？中怀枨触者久之。甥女请名其子，命之曰庠、度、廉、庚，四子之师曰王秀才荣森，劬于读，所讲《登瀛社稿文》有余作，曰：慕子久，读子文烂熟矣。余愕然，出文见示，则赝作也。余感其意，为论向学之道。秀才颇奋勉。余期秋后再过秦氏，证所业焉。

二十九日（4月8日） 阴，夜雨。巳刻饭，北米三舂，较南尤腴，恨吾乡富民不务耕稼耳。未刻还矿局，有曾溥者，因四兄来见。曾，粤人，在外国读书八年，己卯始返，甚有志于文翰，约之同至芦台。曾君精化学，有声于外国，日来携之同至山畔观西人机器，每事询其用法，答对均有条理。

三月初一日（4月9日） 晴，有风。启行，至津。四兄携曾溥送余，顺道测陡河。夜宿王兰庄客店，行六十里。

过韦家庄，有新修精舍一区，榜曰灵觉寺，为庄中赵举人万全及其侄钧鉴所重建者。赵氏于姚家油房两庄设义田赡族，立碑于庙以垂久远，有亭曰接仙，则赵尝扶乩于寺，亭为秘所，并树一石，刊先贤言子及吕仙乩语，可谓谬妄不经。钧鉴为富不仁，好讼欺弱，其建庙也，云有神降梦使然，或曰万全贤，而钧鉴不肖，故一寺之中邪正杂糅如此也。赵鉴新选广西一令，家固汉军豫邸庄头。

初二日（4月10日） 晴，有风。王兰庄五十里至芦台，欲至北塘，风大不可。晚，余登舟。

初三日（4月11日） 晴，守风。回芦台，换船，从矿务分局借《新报》阅之。四兄及曾溥归唐山。夜风定，放舟行三十里，宿小河口。

初四日（4月12日） 晴。泊埭头，日将暮矣。上岸闲行，测看水势。

去年今日芷乡自其母家吐血归,思之怆然。芷乡言将嫁,夕梦万骑环列,步上一高台,台上立一人,状貌肖余。戊寅冬,芷乡愁闷中倚画几,谓余:"君必贵,惜吾不及见矣。"余犹戏叱之,曾几何时,都成陈迹,悲夫!

**初五日(4月13日)**　晴,有风。巳刻到津,泊新浮桥侧。诣皞民谈,知蔼卿在津。夜,蔼卿来舟话,得家书,知容舫病,不能入都应试。

**初六日(4月14日)**　晴。谒合肥,邀住节署中。午后,合肥来话,张蔼卿来。盛旭人盐道康有密陈防务疏,大略言水师南北洋二路,每路铁甲船二,快船兼碰船四号,水雷船八号,自造根炮船八号,再益以蚊船、鱼雷,护守各口炮台,以为后路水师。就外海水师挑选,选宿将二人为统帅,延有名洋将为教习,优其廪禄,毋重其事权,馀参用出洋学生。北洋以大(莲)[连]湾为坐营,南洋于福州、厦门之间,凡船坞、炮台、水雷、阻桩皆须筹备。陆师三路,新疆、张家口、东三省张家口五六千人,东三省三万人,东三省用淮皖军二万,湖南、湖北、江西军五千,本地兵五千,而大致归于减兵增饷,其他节饷用人定限率多窒碍之说。饷,户部筹二百万,各省八百万,作购炮购船之用,又以五十万作沿海电线,募商捐百五十万足之。人才,东三省不分满汉,统兵大臣必有封疆之职。饷事,南北洋专派一员兼顾。东中两路采买,派一员会同李凤苞。定限,调勇二万五千人,一月限;饷,三月限。裁兵并饷,一月限复奏,半年限办成。饷一月,限解二百万;五月,限又二百万;十月,限又二百万,共二十月限解清。佩纶按,盛子宣怀官直隶,故于北洋事论之独详,陆路乃陪笔,馀皆兴到语耳。其疏中有云:"局中则拘守成法,局外则轻议朝章;事来则仓卒震惊,事遇则因循中止。"上二语有揣摩,下二语有讽谏矣。天下唯老吏之议论不可忽也。

**初七日(4月15日)**　晴,夜雨。蔼卿来。午后,合肥幕府薛叔耘福成、赵桐孙铭来话。薛通洋务,赵为学人。夜,合肥师来话。

直隶练军数及饷项,附录:保定练军步队中后两营,官弁兵夫一千一百四十一员名。

保定练军步队,前营马队,右营大名步队,中后右三营,共二千五百九十七员名。

保定练军步队,左营官弁兵夫五百七十员名。

正定马二营,步二营,一千七百七十三员名。

遵化练军步二营,一千一百四十一员名。

马队中营三百一十六员名。

古北口出防奉省马步各一营,一千一十员名。上年十月撤回两哨。

古北口练军前左步队两营,马队中营,一千四百五十七员名。

宣化出防军伦马队前营三百五十六员名。

宣化练军马队中左右后四营,一千二百六十五员名。

热河马队练兵一小队,官弁兵夫一百三十员名。

直字营练军勇,一千三百三十一员名。步队并小队。

义胜后营练勇七百三十员名。步队并小队。

保阳练勇步队六百二十五员名。

臬司亲军一百二十二员名。

护勇员弁勇夫,一百五十三员名。大建五百八十两五钱,小建五百六十二两五分。

乐字营出队,六百九十员名。

又马队四百一十二员名。

又马小队二百五十一员名。

又步小队一百二十员名。

凡练兵马队十一营,步队十四营,又练勇出队五营,马队一营,又马步六小队,共三十一营,六小队,一万六千一百九十员名。大建支银八万零四百九十五两八钱八分九厘,小建银七万八千一百四十二两一钱八分二厘七毫。

**初八日(4月16日)** 晴,午后雨。顾皞民、张蔼卿均来。夜作书寄孝达,借薛叔耘日记观之,即走答薛及赵桐孙,遣郭顺回唐山,寄四兄信。

**初九日(4月17日)** 晴。午后,合肥来话,论永属私盐骤难整治,以韩果靖公曾力止之,不忍苛于零星小贩也。韩之言,当不妄。

**初十日(4月18日)** 晴。午后,薛叔耘来,赵桐孙亦至。合肥约同至电线房,问大沽信,顷刻而至,电线旱路价省,水道较费。

**十一日(4月19日)** 阴。至皣民处谈。夜,合肥来话,询及水师将才。现在镇东、镇西、镇南、镇北四船统带,曰邱宝仁,曰邓世昌,曰刘步蟾,曰林泰曾,以刘为最优。丁雨生论张成近执,吕翰近猾,刘步蟾近粗,林泰曾近柔。蒋超英较为纯粹,而年过轻。伯潜称严宗光者,器识闳通,天资高朗。合肥已往闽调之来津矣。谈及俄事,以将士均气盛同心,犹堪一战,并以余能胜阃外,曰为将须心定气壮,子皆有之。余知合肥素喜荐举,因力拒焉,此皆余锋芒不敛之病也。

**十二日(4月20日)** 晴。潘晴轩来谈。

**十三日(4月21日)** 晴,午后微雨,大风。蔼卿来,订明日观海。合肥允以铁轮船见假。夜作孝达书。合肥来话,宣化王总兵请分防独石口及多伦诺尔。与合肥论军事,期以兼顾北路。合肥谦让未遑也。

**十四日(4月22日)** 晴。午刻,合肥来话,旋登舟,与蔼青同至大沽,二百二十里,一点钟行,七点钟到大沽。协副将罗荣光来话。

**十五日(4月23日)** 晴。晨起,至南岸炮台阅视。罗副将邀饭。饭后,渡至北炮台。大沽五炮台,南曰威、镇、海,北曰门、高。口门东向敌。船入拦港沙后,须由威字营曲折而镇而海。南岸较为吃重。口门宽八十馀丈,地势天险可扼。唯炮台均雉墙显露,用三合土而不用泥沙,外无斜坡,恐难受炮。罗协体肥,颇事酬应,亦恐非将材,临敌须用大将督阵也。炮则以后膛克鹿卜为最,大炮子来福二十四磅,次前膛瓦瓦司,中国聘马格里所造,铁炮不佳,铜炮尚可用。凡五营有炮二百三十馀尊,兵及炮手二千馀人,内有水勇二十人,能伏水中数刻之久。舟行折回唐儿沽，车行二十五里，至北塘南岸炮台通永镇，唐仁廉守之，试克鹿卜炮，甚震。唐与郭子美军门不协，有自危之意。

十六日(4月24日)　晴。晓起，登台观日出。渡至北炮台，总兵吴育仁守之。吴，淮人，不及唐之勇猛矣。阅毕，回唐炮台饭。至唐儿沽，三十里至新城，入北门，曰镇远门。有督臣行辕。合肥割奉建东西北三门，外皆有炮台，旋转而入，高七丈馀，周盛传屯田于此，南门外水田六万馀亩，均有规模。饭后回舟，七点钟回节署。蔼卿回天津道廨。夜，合肥来话。

十七日(4月25日)　晴。蔼青来，缉庭踵至。合肥来话，夜至蔼卿舟中送行，时将还都下也。曾劼刚书来，言出使俄国之难。吴清卿书来，知初九成行。铭鼎臣奏请于松花江造船板，调唐仁廉、郭长云，命杨岳斌保水师宿将。此君全不知兵，可叹也。

十八日(4月26日)　晴。丁雨生书来，有欲出之意，以为合肥办粮台为名，实在两江一席。又有致总理衙门书，多迎合之语、恫喝之词。余至合肥处略话。

十九日(4月27日)　晴。黎召民书来，以严宗光不能即到见覆。严，伯潜所荐士也。合肥来话。

二十日(4月28日)　晴。夜，与合肥论事，甚畅。薛叔耘以所作古文见示。

二十一日(4月29日)　晴。郭提督松林见过，词锋灵敏之至。

二十二日(4月30日)　晴。美领事云，俄人深以中国废约为耻，兵端必开。傍晚，合肥来话，粤匪之乱，创办团练之说，倡于吕文节公，于湖南则荐湘乡，于安徽则以合肥自随，卒之文节殉难，而平贼者皆由团练倡始。公亦可谓能以人事君者矣。文节以言事受知定陵。其时，祁文端秉政，貌托知交，心实忮刻，于曾、吕均多掣肘。吕之不获柄用，祁有力焉。辛亥试浙江，壬子典京兆，黄漱兰、张香涛均出其门。二君争大统，论俄约，一时直声赫然，不愧文节门下。而文节之暗中摸索,独具只眼,亦可想见。世多以黄、张为吴江门生,噫!岂知文节与吴江同使浙江,沿途相诋,早有微词耶?

二十三日(5月1日)　晴。晨起,甚闷。至皥民处略话。午后,得家书,知安侄妇于月之初七日下世。余与安圃一年之期,均有骑省之戚,亦奇矣。中怀怅触,不能自解,作书覆安圃。合肥来话,论用人得失,语不甚合。夜,大风。

二十四日(5月2日)　晴。薛叔耘、赵桐孙约同游海光寺。机器局局员王筱筠德均,中国已能自造电线、水雷、洋枪、铜冒各种枪子,学徒天津人多。余登台亲试水雷,二电线甫发,雷声已震,一瞬真可千里也。得孝达书。

二十五日(5月3日)　晴。余建议欲令曹克忠至张家口外募练边军,合肥然之。而曹昨日入谒力辞,合肥以余谋告。今日余甫起,曹至,人甚有权谋。余以忠义激发之,始诺。因与合肥参语定议,令曹先往审地势,宿将至提镇,非重臣即不能驱遣新出治军之儒臣,宜审之也。得孝达书。

二十六日(5月4日)　晴。余欲还都,合肥留待,清卿请合肥定北洋水师规模,以阻浮议,戒因循。合肥遂以相属谈,次及进退人才事。余以为此本朝强弱之机,未可委诸天数。合肥瞿然。

二十七日(5月5日)　晴。曹军门复来辞行,走答之。连日肝气发,夜不成寐。

二十八日(5月6日)　晴。清卿来谈吉林事。午后,诣合肥略话,以清卿欲邀余游吉林,而合肥期以明年就决行止,良久始定。至河北答清卿,遇皥民,夜登舟。

二十九日(5月7日)　晴。行一百七十五里,住王家浜,作寄夏寿人师书。

梦中为人作一联,甚奇特,醒而忘之。

三十日(5月8日)　晴。王家浜去河西务二十五里,沿途湾多水浅,舟行不驶,舟行至香河,作寄安圃书,节录之。

佺体耐辛劳,气亦壮往。天生此材,必将有用。然近年为境遇所折磨,豪情稍减,气体亦差。今天既割其儿女之私,正欲磨炼干将,使之出匣。若试之艰苦之地,盛气渐平,议论均踏实不乱,则所造正未可量。若遂萎靡不振,坐以待毙,固非所以处,已而徒恃血气之勇不能下,人亦未足以成才。海防自大沽北唐外,由丰润黑岩子至山海关,计十馀口,虽沙多水浅,吃水过重之洋船虽不能入,而无人扼守,随地可以上岸,兵分则力单,备疏则心怯。建议者或曰造小根钵轮船以梭巡,或曰创团练以保卫。但小轮船由外海行走,则敌舟在拦港沙外正可用炮轰击;由内河行则河皆淤浅不通,团练则沿海村落甚少,或七八里,或十馀里,有一二僻小庄户而已,设之镇市,俟敌登岸而击之,庸有济乎?佩纶之意,莫如沿海屯田浚河,河既设险,田可赡军,此策行则团练巡船可次第举办,前与合肥谈及,颇以无屯丁、无经费为辞。佩纶委曲进言,意为之移,但其后未敢竟言者,地在京东,事须绅士,欲求督理屯政之员。合肥意在吾族。佺于农工水利颇知綮要,以此议为然否?愿详计见复也。

## 见君子日笺(光绪六年1880)

### 见君子日笺卷八

**庚辰九月初一日(10月4日)** 漱兰过余,以将离阙下,欲极言时政得失,以副宵旰求治之意。余请其怡,少詹以变法储才立论,与余意合,其大端有七:曰变总理衙门之法,曰变沿海营汛之法,曰变关厘权税之法,曰变京官考试之法,曰变武科之法,曰变东三省专用旗员之法,曰变各官学之法。余甫游宣化归,因言君既论关东,左相亦议郡县西域,则北边亦宜亟矣。明防蒙古,故以宣大为重防,然论者犹以开平诸卫撤戍为非。我朝内外一家,与其近防宣大,不如远防塞外。孙文定公于乾隆间请于开平兴和添驻满兵,方望溪亦主复三卫,诚老成远识也。今俄人通市恰克图,以利诱四爱曼其汗,皆有贰心。其部落皆与深结,而我驻库伦大臣率以冗员谪官处之,无兵无饷,乌科两城仅宣大换防兵二百馀人,供将军以下使令犹且不足,此岂可以为常哉?诚增乌里雅苏台之成,则宜屯田推河以使军食,复于库伦设重镇,屯劲兵,河鱼山炭足应取求,近则购米于土谢图部之伊瑹各处,远则征粮于多伦诺尔、乌兰哈达,渐复三卫,招民垦田,督兵游牧,使汉北数千里郡邑相望,十年之后成效可睹也。少詹趑其说,拟采以入告,愿执政一审度之。

初三(10月6日)　夕,高阳师闻余将出都,约过师邸。时曾使方请俄主召回布策,而凯阳德以布策已至红海,难于折回。合肥致余书及之,译署未知也。师闻余言,愕然曰:"布策不归,奈何?"曰:"此国之利也。劼刚抗命畏俄,果于自用,使与布策定约,终不能存国体,餍人心明甚。佩纶唯惧布策不来,不惧布策之来也。"高阳壮之。

初四日(10月7日)　与蔡辅臣吉士、容舫侄出都,辅臣同载。至八里桥,顾辅臣曰:"此可守也。僧邸何以致败?"舆者曰:"君不见某公墓树乎?僧邸将战,先期命农家皆割新禾,守冢户皆刊林木。于是,十里之内一无障蔽,意欲便骑兵驰逐,反为英人所乘,遂致败绩。"今他冢均植新树,惟某公墓树皆截顶,望之惨然。

初七日(10月10日)　舟至天津三岔河。合肥遣戈什哈邀谈,时镇北各船均归提督丁汝昌管带,阴夺许钤身权,大沽炮台以总兵刘祺协守,潘抚部鼎新驻新城,李军门长乐驻芦台,铭、盛两军为游击之师,合各镇练军近二万人,津防较密。合肥以言者诋淮军,曾、鲍分守榆关、昌、滦,散而无纪,语涉忧愤。余以修己之说进,合肥趑之。因思余己卯十二月上合肥书,劝其以东北两路自任,使从余言,何至使曾、鲍挠其柄哉?鲍军新募乌合,久处畿东,恐将滋扰,曾威毅神采枯惫,两足痿疲,誓不出榆关一步,见者失望。合肥问余有何良策?余曰:"七月以后,政府言路议和议战,步骤均乱矣。以愚见论之,宜一以北洋全防责公,公宜促起刘军门铭传驻锦州,以固陪京。令曹军门克忠驻烟台,护三镇之兵汰弱留强,以固山东,罢威毅,归太原。鲍春霆宿将难制,宜请朝命改授古北口提督,阴受钤束,如此则临战犄角相卫,久防亦首尾相维,三口庶联为一气乎?"合肥曰:"如子言,春间行之,事集矣。"

初九日(**10 月 12 日**) 晤幕府薛叔耘,询镇北各船,测量各口水道深浅尺寸,沙垒田,无口水深四十八尺。清河口,水深十五尺。牛庄,口外拦港沙上水深九尺,口内外水深二十四尺至三十六尺不等。胡卢山,口门水深六十尺,口内外水深二十二尺。黄牛尾,水深二十二尺,在会湾口内。蚂蚁岛,水深二十五尺,在会湾口内。皮岛,无口门,水深三十尺。大二三羊头,水深二十四尺,有小洼名羊头,洼水极浅。旅顺口,口门水深十五尺,口内外水深三十六尺。小平岛,口门水深一百十四尺,口内外水深二十四尺。大连湾,口门水深九十尺,口内外水深二十七尺。海洋岛,口门水深四十八尺,口内外水深二十一尺。烟台。水深百六十尺至五六十尺不等。按测量口门水,则宜兼潮汐长落而言,此许钤身所禀,较郭军门榆关日记疏矣。薄暮,送辅臣、容舫至紫竹林,时保大轮船已至,因秋深潮浅,拦港沙水仅九尺,船受水十一尺,不得入,须候大泛。

十二日(**10 月 15 日**) 辅臣、容舫放舟。合肥招余节府小住,仍下榻旧处。时合肥奏设电报,由上海以达天津,北洋主之;由天津以至通州,总理衙门主之。余谓设电报当别立中国字,以杜漏泄。合肥曰劼刚已行之矣。其所纂电音可一(马)[码]数字,北洋、总署(马)[码]既不同,即难辨识。劼刚聪颖有余,惜乎急功利,喜攀援耳。合肥又欲开铁路,自镇江转漕后,由扬州直达京,通岁可节漕费百万。一旦海上有事,陆运捷便,无忧乏食,而征兵转粮亦益迅利,其款可贷之法人云。余以为果兴铁路,必自边境始。今日之势,西域为首,关东次之,漠北又次之,其地旷人稀,事前无绅民阻挠,事后使商贾利,赖屯兵四出应援,可免馈运之艰、风雪之苦。边境有效,然后推行腹地,事半功倍矣。合肥击节以为名论。

[十月]初四日(**11 月 6 日**) 孝达以吴清卿书见示,其略言:前月创练一营,亲督将士,服习劳苦,满山风雪,支帐而居,不敢自耽安逸。与鼎公商委三统领均尚得人,戴孝侯统马队二营、步队三营,驻

三姓之巴彦哈达；副将郭长云统马队二营、步队二营，以三营驻珲春，一营（劄）[扎]珲春塔适中之地；副将刘超佩统马队一营、步队二营，驻宁古塔，省中留（劄）[扎]马队一营，亦由孝侯分拨哨官数员，营制悉照湘淮旧章，勇则兼用西丹，官则兼选旗员，为东省开此风气。他日练成劲旅，必可为乌喇东边之屏蔽。军火费四万金，枪炮子药月内可到，不至茫无把握。喜桂亭参赞疏请募军五千，径（劄）[扎]珲春，年内断不能集事，于此中条理全不明白，徒糜饷糈，恐无实济，请饬各城副都统预选精壮及娴熟枪法之甲兵"苏拉"、"西丹"。其意专用旗兵，不知平日未经操演，亦并无器械，安有熟习枪法之人，其颟顸一也。不求将才而贪多务得，五千子弟非数十员不能统率，安得如许可用之才，其颟顸二也。近来军火舍洋枪洋炮无可操练，津局不能代购，沪上无从设法，神机营即有存械，至多拨枪一二千杆，器械不备，何以成军，其颟顸三也。珲春无粮可买，无钱可换，市上交易用布不用钱。无木植可采，山中大木极多，距珲春一百四十五里，非车驮不能运载。无车路可通，无驮骡可顾，不盖营房无以御风，不先运粮无以资军食。郭副将所募千数百人已有转馈维艰之势，若驱五千将士麇集偏隅，谈何容易！以吉林本地人而不知吉林之地势情形，其颟顸四也。鼎臣书亦虑彼此各树一帜，不能与我两人呵成一气，俟其到省会商办理，如专顾珲春，练军五千大可独当一面，拟将郭副将四营调（劄）[扎]宁古塔，刘副将三营调至三姓，则三姓亦有三千馀人。桂亭如能和衷商榷，固所愿也。松花江上下游浅深宽窄，夏间曾派专员由吉林顺流而下至黑河口，直抵乌苏里江口止，探量水势，造具清册，迨七月中，亲自泛舟按验江流深浅，亦不能准。两路浅滩甚广，中流节节沙洲，王语谓之通。数尺之间或深至丈馀，或浅至一二尺，如舵工不熟水道，驶入套流，虽小舟亦有（阁）[搁]浅之虑。论其大势，伯都讷城北至三岔口，有极浅之势十馀里，现在设立水关，之巴彦通江面最窄，其深处不过五六十丈之宽。拟于今冬封江以后，即就江边火石，搬运数十块堆积冰上，春融冻解，石沉江底，必可阻遏轮船。自此以下至黑河口，江面愈宽,夏秋水涨深至两丈有馀,更无险要可扼,每与营中赫哲人等细访水路情形,最为熟悉,但恐允其通商,俄人必以赫哲为向导,亦可无虞浅阻。或用小轮船上下驳运,亦不患无路可通。时人皆以俄人勾结金匪为可虑,其实金厂与俄界相距甚远,穷民本无可用,大半鸠形鹄面,或遇匪党入山,搜括一空,并此微利不保。密查三姓境内,太平沟、桦皮沟两处金苗不旺,偷挖无多,无烦亟抚。所可虑者,赫哲部落半隶俄境,其人骁健善骑,熟习鸟枪,称俄人为老羌,近年颇受老羌笼络。三姓旗官及铺户人等皆以赫哲为可愚,不免倚势欺凌,以货换货,无不大占便宜。大澂结以恩信,始为我用。敝营所调之赫哲不过二百人,拟为添设兵额,仿旗营披甲之例,酌选三四百名,设协领、佑领管辖之,无事听其渔猎,有事守望相助,为三姓(扦)[捍]卫,使界外赫哲闻风向慕,已商之鼎公,不日疏陈,当蒙俞允。三姓可垦荒地甚多,现与长润生都护商议,招垦酌留附城,百里以内为旗官旗民设屯之地,其余南路、东南路各处山沟,膏腴不少,已属皞民随带佐领二员前往履勘,惟距城较远,民必寥寥,恐其不甚踊跃。珲春弹丸地,距省一千四五百里,由省至宁古塔八百里,尚通车道。由塔至珲六百里,实有七八百里,无驿无店,重山叠嶂,中有居民两三户,林木蓊郁,无人刊伐。离珲百四十里,即无树木。车车简从,亦须裹粮。以吉林地势论之,珲春既不通海,亦与内地隔绝,即俄人有意侵占,尚与大局无关。伯都讷则为三省咽喉,四通八达,若松花江恣其出入,黑、吉两省无法防守,两害相权则从其权,此鄙人之私议,而未敢开诸奏牍者也。惟珲春与高丽唇齿,俄踞珲春,与高丽毗连,渐有蚕食之虞,患不在目前而在日后。至吉省之蕃[藩]篱,弃一珲春不足惜,弃一松花江不堪设想矣。佩纶观清卿此书,布置有远势,兴建有永图,良可钦佩,唯论喜桂亭四端殊失之苛。珲春屏蔽高丽,即所在屏蔽吉、黑。喜桂亭正洞悉形势,力为其难耳。调依克唐阿等,求将材矣。在津购来福枪三千杆,选军火矣。旗将专用旗兵,固丰镐之旧风,亦湘淮之近例也。安可以此而议其颟顸哉?

**初五日(11月7日)**　得薛叔耘书,知俄海部伊沙士基之至海参崴,实欲于此设一重镇,蓄谋在二三年之前,不仅因俄约而起,从此卧榻之前有人鼾睡,利则进,而退则守,东三省其岌岌乎?东防之论,圭盦最先倡之,惠陵上仙时尝上书高阳尚书,力言极论,高阳以示文文忠,文忠韪之,而觉其言之太亟也。第命崇朴山尚书莅陪京,无经略,混同左右意。文忠既逝,文勤亦亡,高阳复以忧去,言者不复措意关东矣。余以丁丑冬曾论边防及之,政府不省。屈指计之,圭盦立论之时,正俄人垂涎之始。曲突徙薪,真老成远识哉!闻圭盦太夫人之丧,念其家事,触我悲怀,为之低徊不置。

# 出塞日记
## （光绪十一年—光绪十二年 1885—1886）

光绪十一年乙酉（1885）

**四月初一日(5 月 14 日)**　宿宣化。

**初二日(5 月 15 日)**　至张家口敦升店，万全县知县张上和来见。浙江仁和人，字沚莼，难荫知县。

**初三日(5 月 16 日)**　往见署都统永德字峻峰，参领景祺字介臣。

**初四日(5 月 17 日)**　永都统来答，张口同知褚瑨来见。字文轩，湖北举人。

**初五日(5 月 18 日)**　景介臣来，派头台効力。察罕托落海。

**初六日(5 月 19 日)**　报出口，到台。

王粲《从军诗》："许历为完士，一言独败秦。"李善《选》注：完，谓全具也。言非有奇也。《论衡》曰西门豹、董安于，诚为完具之人，能纳韦弦之教也。《渊鉴类函》引此完士，今之四岁，刑士也。不知引五臣注否，记之备考。《汉书》张苍定律，诸当黥者，完为城旦舂，满三岁为鬼薪白粲。鬼薪白粲一岁，入于隶臣妾。隶臣妾一岁，免为庶人。完士似作刑士为得解。《说文》宽，古文完字，疑完为城旦之完，即宽宥之宽也。

**初七日(5 月 20 日)**　晴。

**初八日(5 月 21 日)**　往见绍都统祺字秋皋。绍以余不拜台员，颇致规讽，其意良厚，然余被谗以出，若尽改其素守，以求合于群不逞之徒，非艰贞之道也。

遣杨启泰、贾振胜回津。合肥、琴生均有书。附寄闽书二。伯潜寄牛乳饼，周子玉谢《韵会》。都下书四。高阳、醴陵、南北两宅。两弟书各一。

午后急雨一阵。

《晋书·和峤传》："太傅从事中郎庾颛见而叹曰：'峤森森如千丈松，虽碌碌多节目，施之大厦，有栋梁之用。'"《庾敳传》："(敳)聚敛积实，……都官从事温峤奏之，敳更器峤，目峤森森如千丈松，虽磥砢多节，施之大厦，有栋梁之用。"长舆、太真名同，以致复载，亦疏矣。

**初九日(5月22日)** 时雨时止。《晋书》疏误特甚，《直斋书录》案《唐艺文志》为《晋书》者，有王隐、虞预、臧荣绪、谢灵运、干宝诸家，太宗以为未善，今偶检陈志、裴注及《文选》李注所引各书，尚较房书详核。

**初十日(5月23日)** 晴。往答褚同知。庚辰偶游张堡，略识塞上情势，三厅改用满汉并补，即余议也。孝达推之于山西七厅，垦荒理讼，边人便之。嗣后，恪靖议治合河口。余据郡志力止。其后在西台，则撤游牧差。在译署，则禁俄栈地。八年，台站大旱，疏请振贷。此数事，余几忘之，而边城吏民犹能道其事。今日重来，为之慨喟不置，夜不成寐。

**十一日(5月24日)** 晴。寄家书，附张叔宪书。淀湖之别，感赋长句，录奉清鉴。塞上间有山寺可游。坡云：每出劳人，不如闭户有味。谪居，深味此言也。通惠河鱼颇美，犹去严濑松江远甚。边鄙求枯鳙不可得，正当以羊酪抵莼羹耳。

唐张鷟号浮休子，《宋史》张舜民字芸叟，自号浮休居士，何张氏之均悟浮休也。

**十二日(5月25日)** 晴。

**十三日(5月26日)** 晴。晚，龙松岑来，拟续李申耆《地理韵编》，借《口北三厅志》。

**十四日(5月27日)** 晴。作书甚艰窘。

十五日**(5月28日)**　晴。近人书有似雅实俗者，如言银钱三百则曰《毛诗》，廿四则曰花信之类。偶阅《山谷尺牍》，《致勾宗卨》一则："鲜自源，阆中文行之士。闻两三到门，昨乃幸一见，承有哀王孙之意。不识能割甫田岁取之数否？如不能，则自契至于成汤亦佳也。又不能，则盘庚徙民涉河犹可。若乃卫文公之骈牝，吾何望哉！"联篇谜语廋词，阅之喷饭。盖吝者啬财，贫士求助，文节不得已，而以妙语解颐耳。岂可据为典要哉？

十六日**(5月29日)**　晴。寄家书。南北各一函。

十七日**(5月30日)**　晴，午后阴。肆书无所得，学山谷，而病似坡不能双勾悬腕，奈何？

十八日**(5月31日)**　晴，午后风霾，作雨不成。得都下家书，内人病未愈十二日书，甚闷。

十九日**(6月1日)**　晴。捡阅邸报，朝邑乞病赏假十五日，闻和约犹未定议。寄家书。

欧阳公砚谱，凡瓦皆发墨，今见官府典吏以破盆甊片研墨作文，书尤快。近人率以铜合贮墨更快于破盆甊片，而馆阁及士人遇殿廷试率用程君房、方于鲁磨墨汁，一试，费墨不知几螺，亦松滋浩劫也。①

二十日**(6月2日)**　晴。

二十一日**(6月3日)**　晴。午后，倪泰来信，知粹玉病日增，遣褚福【书】归，并寄边润民师书，作家书南北宅各一，附寄合肥、高阳书。

二十二日**(6月4日)**　晴。褚福早行，是日见邸报，查办军台恩诏，兵部奏奉谕：佩纶军务获咎，毋庸查办。

二十三日**(6月5日)**　晴。

---

①　整理者按，此则有眉批：《栾城集·缸砚赋叙》：叙先蜀之老有姓滕者，能以药煮瓦石，使软可割如土，尝以破酿酒缸为砚，极美。子瞻游益州，有以其一遗之，授余，为赋。足补六一砚谱所不及也。

**二十四日（6月6日）**　晴。连日始有夏意，然犹裌衣也。

午后，龙松岑来谈，言玉皇阁有经幢，有字而无年月，乃宫昱署。张厅同知，时自塞外辇来者。龙去，张令至，言甚杂，惟言隋碑一通在完县，拟托劳玉初拓赠云。

晚得合肥书九日方到。知议已成，事由赫德电商法国定约。合肥及两使签字而已。

欧阳公有《辨左氏》一首，不取《外传》柯陵单襄论晋厉语，谓因容知心，圣人不能。反复读之，不解公命意所在。殆少作耳！①

**二十五日（6月7日）**　晴。往答张大令、龙户部，均小坐即返。

寄家书附九弟及许鹤巢书。

**二十六日（6月8日）**　薄暮雨连日天暖，可衫。寄复合肥书交驿递。

**二十七日（6月9日）**　晴。椿寿赐奠外部过此。

**二十八日（6月10日）**　晴。和欧阳文忠《班班林间鸠寄内》诗。

**二十九日（6月11日）**　晴。读《庄子》。《汉书·叙传》："嗣虽修儒学，然贵老、严之术。桓生欲借其书，嗣报曰：'若夫严子者，绝圣弃智，修生保真，清虚淡泊，归之自然，独师友造化，而不为造化所役者也。渔钓于一壑，则万物不奸其志；栖迟于一丘，则天下不易其乐。不绁圣人之（网）[罔]，不馕骄君之饵，荡然肆志，谈者不得而名焉，故可贵也。今吾子已贯仁（谊）[义]之羁绊，系名声之缰锁，伏周、孔之轨躅，驰颜、闵之极挚，既系挛于世教矣，何用大道为自眩曜？昔有学步于邯郸者，曾未得其仿佛，又复失其故步，遂匍匐而归耳！恐似此类，故不进。'"《叙传》称严子避上讳，而《艺文志》仍书《庄子》五十二篇不讳。

---

①　整理者按，此则有眉批：柳柳州亦驳之，曰："视远步高、犯、迂、伐、尽者，皆必乎死，则宜死者众矣！"柳久谪，多愤郁语，不足怪！欧公何为者，且既见于柳之《非国语》，则此文可删矣。

三十日(**6 月 12 日**)　晴。子涵临行,赠余《柳河东集》,附《龙城录》,明郭氏刻精本也。《直斋书录》谓《唐志》无此书,盖依托,或云王铚性之作。《山谷内集》,其甥洪氏兄弟所编,断自退听堂以后,而直斋曰进德堂以后,直斋不至误,聚珍板失校耳。

五月初一日(**6 月 13 日**)　晴。得家书,已刻褚福亦归,携瓜壶、巢碗甚丰。

晓帆书言,都下传言余赐(环)〔还〕,往勘珲春界,数日始已。

得八弟书,刘巡抚檄办台州海门厘捐。

初二日(**6 月 14 日**)　天烦热,午后雷雨。《离骚》:"吾令丰隆乘云兮,求宓妃之所在。"子建本之,作《洛神赋》。盛年莫当,良会永绝,皆自喻也。潜处太阴,寄心君王,明明道破矣。乃无端造感甄之说,诬谤陈思。在甄氏,虽再醮之妇,不可言贞,而鬼若有灵,以穄塞口,冤恨以没,亦何暇蒙羞自荐。陈思忧谗畏讥,明礼知义,即有恍忽梦寐之遇,亦安敢撰为词赋,自取诛夷耶? 记极庸妄,或即郭后等所造之谤,李善采以入注,可云无识。余故表而出之,以雪甄后地下之冤,以洗陈思不根之谤。是亦史迁于《陈平传》先叙逐嫂之意欤? 行箧携书不多,是说当有发之者,如无人拈出,当作一文辨之。①

初三日(**6 月 15 日**)　晴。枯坐甚闷,作《悼凤》诗。

初四日(**6 月 16 日**)　晴。得章琴生同年书,附诗六绝,李仲彭、孙闿如均有书。

初五日(**6 月 17 日**)　晴。赐儿山有泉两泓,上注者曰欵玉,仄出者曰泛珠,命仆汲泉,品龙井茶,味寒冽。

《后汉·王霸传》:卢芳与匈奴、乌桓连兵,寇盗尤数,缘边愁苦。诏霸将弛刑徒六千馀人,与杜茂治飞狐道,今蔚州飞狐县,北通妫州怀戎县,即古之飞狐口也。堆石布土,筑起亭障,自代至平城三百馀

---

①　整理者按,此则有眉批:张平子《思玄赋》:"载太华之玉女兮,召洛浦之宓妃。"谓明帝改洛神,岂赋中语上帝所改耶? 子云及《骚》亦有之。

里。凡与匈奴、乌桓大小数十百战，颇识边事，数上书言宜与匈奴结和亲，又陈委输可从温水漕，《水经注》曰：温馀水出上谷居庸关东，又东过(军)[运]都县南，又东过蓟县北，盖通以运漕也。以省陆转输之劳，事皆施行。赵氏一清论漯馀水，以此注为传写之讹，且以竹垞先生援此注，疑温水非无据，诋为不学之甚。博如竹翁，乃以不学诋之，措词亦太过矣。

初六日(**6月18日**) 晴。至米市街卜居不就。

复琴生、仲彭书。

郎颛七事，凡九二困者，众小人欲困害君子也。《经》曰："困而不失其所，其惟君子乎？"唯独贤圣之君，遭困遇险，能致命遂志，不去其道。章怀注：《易·困卦》曰：泽无水，困，君子以致命遂志。《困卦》：坎下兑上，坎为水，兑为泽，水在泽下，是为竭涸之象，故以喻困致命遂志，谓君子委命困穷，不离于道也。近孙渊如《集解》亦未及此，但史徵《口诀》尚引用章怀所注，必本旧说，似亦可采。

初七日(**6月19日**) 晴。都司王金荣自津来，言四月廿七日与法定约。

蔡邕徙朔方，上书奏其所著《十意》。章怀注：犹十志也。案，桓帝讳志之字，曰意耳，注未明。

得叶子晋书，又得倪仆等禀。

阎相初一病起。

初八日(**6月20日**) 晴。

初九日(**6月21日**) 晴，夜有风。得再同书。

初十日(**6月22日**) 晴。寄安圃书。

《庄子》："鲁有兀者叔山无趾，踵见仲尼。"仲尼曰："子不谨，前既犯患若是矣。虽今来，何及矣！"无趾曰："吾唯不知务而轻用吾身，吾是以无足。今吾来也，犹有尊足者存。夫天无不覆，地无不载，吾以夫子为天地，安知夫子之犹若是也！"孔子曰："某则陋矣。夫子胡不入乎？请讲以所闻！"无趾出。孔子曰："弟子勉之！ 夫无趾，兀者也，犹务学以复补前行之恶,而况全德之人乎!"读之,有感。

午后,张沚莼来,言锡、邓两使初二到都复命。

**十一日(6月23日)**　晴,午后微阴,甚燠。王都司为余赁一屋,在下堡南门内,地僻屋洁。余往视,甚惬意,不必如坡公之营雪堂矣。寄家书。

夜雨甚快。

**十二日(6月24日)**　晴,午后雷雨。得安圃书,知粹玉病愈。

锡、邓复命,知巴特诺于约定后报孤拔已死,托言病殁。各国言马江之役为陈英炮击死。初四、五间有日本人赫田顾内游历过此,踵门求见,言孤拔已毙于阵,张公何以在此? 余属仆辈以不见外客却之,咨嗟而去。

**十三日(6月25日)**　晴,夜大雨。胡守三寄百金来,作书却之,交琴生。

**十四日(6月26日)**　晴。叔涛祭酒五月端午卒于杭州,故交老辈,为之感慨。代安圃作祭文一篇,寄安圃书。十五夕发。

**十五日(6月27日)**　晴。晨起,得合肥书,言潘伯寅尚书过津入都,时有旨命李、左、曾、彭、张、杨筹议水师。合肥将以无人无财复奏云。

得伯潜书。四月廿二日寄。

偕仆人行菜畦中,晚眺。

**十六日(6月28日)**　晴。挈朱存、袁起两仆赴军台,出大境门东北,行倚郭朝阳村、黄土窑东西两村、陶赖庙廿里过一山坡、察罕托落三十里、五十家五十里、黄花坪上下两村过五十家,山路甚险仄、察罕托落海六十里。朝阳村,尝与乐山茗话,黄土窑两村缘山杂莳,莺粟花色如锦,卉毒如鸩。过陶赖庙,半山行矣,五十家皆山西榆次、五台民迁此,种青稞自给。王都司为余设食此。察罕托落海为第一台,在山颠。台后有一庙,乾隆间立山名曰夹沙洼,碑云"盘龙双凤山"。台屋三间,旁屋六间,均狭小,蒙古官居之,兼以候往来藩部官吏。旁有旐屋两三帐，台员无可栖止，其相沿不赴戍所，非得已也。嘉庆以前居元宝山，今山为洋商所据，土伎所居，流人率在下堡矣。归，宿陶赖庙。庙康熙年间立，祀关壮穆，有稚松六株，芍药两丛，自境门外地皆名察罕托落海。蒙古语察罕者白，托落海者帽，状其旃庐之色也。察罕即插汉，察哈尔三十里之察罕托落，乃万全递六十里之察罕托落海，乃旗台同一地名，即陶赖亦托落之转音。若夹沙、龙凤，则土人自造名字，无关考证者矣。清水河在头台之西，有坝宛延而入境门，道中绝流而渡者屡，水或由地涌出，杂汇山溪而大也，《县志》谓即水经之宁川。

十七日（6月29日）　晴。晨起，由陶赖庙归，得仆倪泰启，寄韩文小唐碑至。潘伯寅师服阕至都，奉旨仍在南书房行走，署理兵部，尚书徐桐解兵尚。潘光绪八年入枢，直九年，丁父忧，居政地三月馀。

得顾皞民书，皞民自吉林分巡罢归。

十八日（6月30日）　晴。作陈伯潜前辈书。

十九日（7月1日）　晴。作复合肥书，明日遣戚姓兵至都，共寄合肥、伯潜、乐山、鹤巢、吴子述、叶子晋、宗载之、八弟、粹玉、安圃十书。

二十日（7月2日）　晨雨，午后雨止，沈阴竟日。得粹玉十六、安圃十八书。商贾间觅急足寄书，两日而至，十八书适得人便耳。

昌黎《与大颠书》，欧阳公《集古录跋尾》云：以《系辞》为《大传》，谓著"山林与著城郭无异"等语，宜为退之之言。东坡《杂说》：或者妄撰退之《与大颠书》，其词凡鄙，虽退之之家奴仆，亦无此语。今一士人，又于其末妄题云，欧阳永叔谓此文非退之不能作，又诬永叔矣。余主坡说，以此文非昌黎作。东雅据世彩引《考异》以跋为欧亲笔，又引洪庆善辨证别传伪作。永叔跋吴源明云：徐君平见介甫不喜退之，故作此文。观《答孟尚书简书》"与之语，虽不尽解"，大颠身分可想矣。邓瑀谓《与孟简书》文过饰非，而以撰大颠之辞非之，为公自取语，亦太过。特公以谏佛骨贬，而贬所乃与僧往来，幸而有孟简书至，得以辨证,否则流闻都下,不亦责君厚而处己恕哉?①

二十一日(7月3日)　雨。钱献之《斠注地里志》:上谷郡广宁下注,今延庆所,口庙讳下注,在今延庆州西,引《魏土地记》大宁城、小宁城为证。茹下注,今兴和卫。佩纶案,《水经注》于延水东径小宁县故城南,又东径大宁县故城南,又东南径茹县故城北,又东南径鸣鸡山。若以延庆当广宁及口,岂水已径延庆,复逆流而至兴和,不可通矣。献之既以下洛为宣化府城,《魏土地记》曰下洛城西北百三十里有大宁城,汉魏下洛是否一地,俟考。要之,在居庸西北百三十里矣。断不得以延庆当大宁、小宁也。延庆在宣化东南,其误显然。《万全县宣镇志》以为桢陵,固谬。献之定为延陵应音征,《畿辅志》以为大宁,《县志》以大宁、小宁相距二十里,定为兼广宁、口两县之地,以于延径流考之,近是。

二十二日(7月4日)　晴。得叶子晋书。

二十三日(7月5日)　午后雨。褚同知瑢自津归,过我,辞不见。

二十四日(7月6日)　大雨,有雹。得家书,寄白金二百两为移居计,寄皞民书。②

二十五日(7月7日)　晴。得再同书,寄"王刻十子"来。

岑毓英以唐炯居官廉洁乞贷一死,奉旨严议。

瞿子玖视学浙江,顾肇熙仍以道员选用。

二十六日(7月8日)　晴。晨,专使自京归,得安圃书,许鹤巢、黄再同复书,移居张家口下堡南门城根城隍庙街。

---

①　整理者按,此则有眉批:《直斋书录》:以朱子校定韩集,有益后学,独用方崧卿本增大颠三书。方氏删削甚严,存此书以见邀速常语,初无崇信之说,欲明世间问答之伪,而不悟此书为伪之尤,盖由欧公跋语之故。不知欧公自以《易大传》之名与己意合,从而实之,此自通人之一蔽。东坡固尝深辨之,朱公决以为韩笔无疑,方[氏]未足责,晦翁识高一世,所定乃尔,殆不可解。

②　整理者按,此则有眉批:皞民谓武侯不可及,在明志、致远两语,此宋人语录魔障。"非澹薄无以明德,非[宁]静无以致远",乃《淮南·主术训》语,武侯特诵之耳。

得奎乐山五月十八日书。

阅邸抄,岑毓英严议处分,由革留加恩改降二级留任。十八日于次棠前辈到京。

龙松岑来谈,言游马家梁之石佛寺,有明成化石刻。

**二十七日(7月9日)** 晴,午后急雨一阵。《淮南·本经训》:"民之专室蓬庐,无所归宿。"高注:专,持,小室也。余按,专,古砖字。

"羿善射,凿荡舟。"孔、马均不详其世,朱注以为有穷后羿及浇,亭林以羿为尧时羿。"无若丹朱傲","罔水行舟"。傲即凿字,与禹、稷同时,故并论之。南宫岂以弑君之贼与两圣较量,朱注似不可从。《淮南·氾论训》:"炎帝于火而死为灶,禹劳天下而死为社,后稷作稼穑而死为稷,羿除天下之害而死为宗布,此鬼神之所以立。"高注此尧时羿,非有穷后羿。此亦尧时之羿,与禹、稷并论之一证也。[①]

《淮南·诠言训》:"羿死于桃棓。"注:"大杖。"《说山训》:"羿死桃部。"注:"地名。"庄逵吉谓桃部即桃棓,说较长。此则有穷后羿也。

寄再同书、家书。

**二十八日(7月10日)** 阴,午后急雨一阵。柳州《辨〈晏子春秋〉》,以刘、班父子录之儒家为不详,宜列之墨家,是也。扬子《五百篇》"墨、晏俭而废礼",是扬以晏为墨也。柳尝删定《法言》者,纠刘、班之失而没扬之说,何欤?

**二十九日(7月11日)** 晴,早晚微雨且雷。答龙户部,小坐即返。

**六月初一日(7月12日)** 阴雨。夜卧,闻水声,塞外溪河汇注也。遣褚福归福有疾。

**初二日(7月13日)** 晴。得家书,粹玉病颇反复,复作一书寄都。

阅邸抄,论宣光功,岑毓英加云骑尉,唐景崧花翎记名,刘永福等

---

① 整理者按,此则有眉批:《本经训》篇:"尧乃使羿,舜乃使禹。"亦羿、禹并论之证。

赏巴图鲁有差。

初三日(7月14日) 雨时作时止。寄乐山书初一驿递、刘仲良书交都司王金荣,仲良有书复之。

《说文》:厉,旱石也。砅,履石渡水也。《诗》曰:深则砅。段以为假借字,庄逵吉《淮南·本经训》篇"吕梁"注下谓"在彼淇厉",以例推之,亦当作砅。梁,砅,俱置石水中以渡行旅。毛、郑注《诗》,恐未得其解。因许疑毛殊过,毛不得解,岂《尔雅》释水亦不得解乎?余疑砅即厉之或体,故深则厉,韩作深则砅。《禹贡》厉砥,《玄应》作砅砥,伪《说命》用汝作厉,宋庠《国语补》引作砅。其作濿,作砺,皆孳乳之字也。以衣涉水,履石渡水,两义互相发明,强诸说而均就《说文》,亦乾嘉间说经之一蔽也。《毛·淇梁》:石绝水曰梁。东原以桥梁释砅,与庄说梁砅同义,恐并失许意。段以为若今有水汪,垫砖石而过,此水之至小至浅者。《邶风》当曰浅则厉矣。《毛[诗]·匏有苦叶》,《传》以衣涉水为厉,谓繇带以上也。合《尔雅》二语为一,斯为通解。段以履石渡水乃水之至浅,无待揭衣,与深则厉绝然二事,纠毛而转背许,安知渡水者非手摄衣、足履石耶?经生之固,可一噱也。胡给事《毛诗后笺》未在行篋,当续考。厉作砅,三证均段《说文》所引。

初四日(7月15日) 阴,时有飘雨。连日米价渐平,不知居庸以南如何?

苏诗《径山道中次韵答周长官兼赠苏寺丞》"空岩侧破甕",王见大引合注《易林》"毁罂破甕"。余按,柳子厚《游黄溪记》"其略若剖大甕,侧立千尺,溪水即焉",此苏所本,足见无一字无来历也。

初五日(7月16日) 晴。读书宜有程课,三十以后精神不如儿时,与其泛览不如专精。

得家书。寄安圃、再同书。

初六日(7月17日) 晴。《汉武纪》:元朔六年,诏:"孔子对定公以徕远。"臣瓒以《论语》及韩子皆言"叶公问政",今云定公与二书异。余按,定公是也。若是,"叶公"必与"直躬"章连记矣。

**初七日(7月18日)** 晴。天气甚燠,边人言十餘年无此暑矣。龙松岑来。

《礼记·月令》、《淮南·时则训》皆抄合《吕氏春秋》,行箧未携《吕览》,以《礼》与《淮南》互校异字,聊以遣日而已。

孟春

日在营室。作招摇指寅。其日甲乙上。多其位东方四字。下。多盛德在木四字。帝神。八字无。蛰虫始振苏。《月令》无苏字。鱼上冰。《淮南》鱼上负冰。鸿雁来。作候雁北。天子居青阳。《淮南》作天子衣青衣,乘苍龙,服苍玉,建青旗,食麦与羊,下有服八风数语。朝于青阳左个,以出春令。无"其器"句。

是月也,以立春至天子乃齐。《淮南》无。布德施惠,行庆赏,省徭赋。《淮南》在前。

立春之日,天子亲帅三公九卿诸侯大夫以迎春于东郊。《淮南》删诸侯,迎春作迎岁。还反至于朝。《淮南》无,作修除祠位币祷鬼神,牺牲用牡。命相布德。《淮南》约纪于前。乃命大史至入学习舞。《淮南》无。乃修祭至毋用牝。《淮南》作修除云云。禁止伐木。《淮》无止字。毋覆巢,毋杀孩虫,胎夭飞鸟,毋麛毋卵。《淮南》无毋,作母覆巢,杀胎夭,毋麛毋卵。毋聚大众至埋骴。《淮》省大字。是月至之纪。无。孟春行夏至不入。雨水作风雨,蚤落作旱落,时有恐作乃有恐,焱作飘,大挚作大雹,首种作首稼。月末《淮南》有"正月官司空,其树杨"。以下仿此,不备载。

仲春

日在奎。作招摇指卯,以下每月日在某均作招摇指某,不备载。甲乙。上下删增如孟春。先脾。同。始雨至为鸠。同。天子。下倒置,与孟春同。朝于青阳太庙。上仍有"服八风水"数语。

是月也,安萌牙至止狱讼。作命有司,省囹圄,去桎梏,毋笞掠,止狱讼,养幼小,存孤独,以通句萌,择元日,令民社。纶按,父同特倒置耳。

是月也,玄鸟一节。《淮南》无。是月也,日夜分至必有凶灾。《淮南》作蛰虫咸动苏，无启户始出字。乃发作始发，无始电字。将发作且发。① 日夜分，则同度、量、钧、衡、石，角斗、甬，正权、概。《淮》作令官市，同度量，钧衡石，角斗称，端权概。耕者两段。《淮》作毋竭川泽，毋漉陂池，毋焚山林，毋作大事，以妨农功。②

天子乃鲜羔至习乐，无。祀不用至皮币，同礼作祭。行秋令至为害。同。相掠作相残。国乃大旱作其国大旱。阮校、惠栋校宋本，孰作孰。孰即孰字也。

季春

萍始生。作萍始生。郑注：萍，萍也。高注：萍，水藻也。桐华诸语同。③荐鞠一节。无。命舟牧覆舟，五覆五反，乃告舟备具于天子焉。天子始乘舟至祈实。《淮南》作舟牧覆舟，五覆五反，乃言具于天子，天子乌始乘舟。云云。高注：乌犹安也。自冬至此而安乘舟，故曰始。庄逵吉按，各本乌皆作焉。注作焉犹于也。佩纶谓：高注义自是作乌，但乌实焉字，末节而倒置，讹为乌耳，无烦曲解。

是月也生至贤者。《淮南》无"布德行惠"四字。仓廪作国仓，赐作助，无周天下三字，勉作使。

是月也，命司空曰至障塞。《淮南》无是月也及四字，道达作导通，下曰达路除道，从国始，至境止，无"开通"八字。

田猎至九门。同。毕弋二字在置罘上。餧兽至餧毒。是月也，命野虞至戴胜降于桑。是月也三字省。命作乃禁。戴胜作戴鵀。高注：戴鵀，戴具。曲植蘧筐。作具扑曲筥筐。后妃至敢惰。作后妃斋戒，东乡亲桑，省妇使，劝蚕事。馀无。是月也至荡上心。作命五库，令百工，审金铁皮革、筋角箭

---

① 整理者按，此则有眉批：《月令》肆掠谓死刑暴尸也。《周礼》肆之三日。高注：毋笞掠，言不用也。余谓笞与掠类。

② 整理者按，此则有眉批：阮《校勘记》甬作桶，卢文弨校云：广疋方斛谓之桶。高注：斗称量器也。疑甬、桶称相因而讹。《淮南》亦当作甬也。

③ 整理者按，此则有眉批：阮校《月令》亦有误作萍者。宋大字本、惠校宋本、岳本、卫氏集说、石经，同作萍。余意《淮南》当亦作萍。

干、脂胶丹漆，无有不良。馀无。①

是月之末至视之。作择下旬吉日，大合乐，致欢欣。是月也至于牧。无是月也三字。牺牲至书数。无。命国难至春气。同。行令一节。同。《淮南》上有"行是月令甘雨至三旬"九字。不收作不登。

阮校国难，石经难作儺，《淮南》亦作儺，然儺、难一字，校古书，偏旁小异，此类不足论也。

### 初八日（7月19日） 晴暖。

### 孟夏

日在毕。作招摇指巳。馀类推。丙丁。上有其位南方。下有盛德在火，无帝神二语，下两月可推。虫至先肺。同。蝼蝈鸣至苦菜秀。同。蚯蚓作蚯蝘。天子居明堂。作天子衣、乘、服、建，云云。食菽与鸡，下有服八风水云云。朝于明堂左个，以出夏令。

是月也，以立夏至欣说。作立夏之日，天子亲率三公、九卿、大夫以迎岁于南郊。还，乃赏赐，封诸侯，修礼乐，飨左右。阮校颇论各本帅、率异文。帅、率一字，不足论也。乃命乐师八字。无。命太尉，赞桀俊至毋伐大树。选贤良不作遂，长大作孝悌，必当其位作佐天长养，坏堕作隳坏，起土功作兴，毋发大众四字省。是月也，天子始缔。无。命野虞至毋大田猎。命作令。行田原无出字。劝农事，驱兽畜，无令害谷。馀无。农乃登麦。省。天子乃至寝庙。无乃字。是月也至出轻系。首尾六字无。小罪在轻刑前。

---

① 整理者按，此则有眉批：高注：扑，持也。三转，谓之扑。钱别驾谓三转乃三辅。孙编修谓扑即曲簿。《说文解字》曰：专六寸，簿也。三转当作三专。庄逵吉以两说无可定，姑附之，俟改。佩纶按，专说是。《说文》：专六寸，簿也。一曰：专，纺专。毛曰：瓦纺，专也。高注《本经训》：专室专持，小室也。扑与专，训同为持，可证。段大令 专字下谓 网丝者，以专为锤。《广韵》曰：䥯，纺缍是也。《集韵》：䥯，一曰纺专。郑注：植槌也。然则扑植异文同义耳。《周礼》、《考工记》抟埴之工，郑注：埴书或为植，因悟抟即专字。阮校据《释文》以唐石经作抟为误，而转从抟，非也。《始皇纪》抟心揖志，专作抟之记。阮校据各本太、大别，《淮南》亦作大，然太大一字不足论。

蚕事两节。无。行令一节。同。败其城郭作败坏城郭。

仲夏

小暑至至无声。同。养壮佼。无。是月也至枳敂。《淮南》无是月也三字。琴瑟上无均字。调竽簧,饰钟磬,执干戚戈羽。上无笙簧、枳敂字。阮校各本锺、钟异文,《淮南》作钟作锺,是也。命有司至盛乐。同。"乃命"下无。天子至寝庙。同上。农乃至月也。无。令民毋艾蓝以染。令作禁。[①] 毋烧灰至班马政。同。《淮南》益其食,有"存鳏寡,振死事"六字。[②] 是月也至以定晏阴之所成。首三字无。处必掩身毋躁作慎身毋躁。止声色作节[声色]。毋或进毋致和六字及节耆欲六字,均无。毋刑作毋径。郑注亦云今《月令》作径,馀同。鹿角解至处台榭。是月也,无。毋用火南方作禁民无发火,下无。三可以,升山陵,作登丘陵。行令。同。冻作霜。晚熟作不孰。阮校岳本作孰。此古今字,无关同异也。

季夏

昏心,旦奎,其位中央,其日戊己,盛德在土,其虫嬴,其音宫,律中百钟,其数五,其味甘,其臭香,其祀中霤,祭先心。昏心与《月令》昏火异,此一段移中央土于前,故大书。《淮南》百钟,与《月令》黄钟异,以免复举《月令》。温风始至。温作凉。蟋蟀居壁。壁作奥。高注:奥或作壁也。腐草为萤。作腐草化为蚈。[③] 天子。衣、乘、服、建,均黄"朝于中宫",与《月令》大庙太室异文。命渔师至纳材苇。命上有乃字。纳作入。郑注:今《月令》渔师为榜人,而《淮南》泽人作澲人。高注:掌池泽,官也。疑《淮南》亦泽人入材苇,而渔师二字为榜人,如今《月令》展转而误。是月至祈福。首三字无。令民句八字无。以祠之灵四字无。大合二字,《淮南》作大夫令。余谓《月令》夺夫

---

① 整理者按,此则有眉批:阮校鵙始鸣,惠本、岳本、石经、释文作鵙。《淮南》作鶪。高注:伯劳,鸟。《诗·七月》鸣鵙,毛、郑均云伯劳。余谓从鵙是也。

② 整理者按,此则有眉批:《吕览》灰作炭。执腾驹,《释文》、蔡本作挚。

③ 整理者按,此则有眉批:郑注:萤飞,虫萤火也。高注:蚈,马蚿也。幽冀谓之秦渠蚈,读奚。径,之径也。洪颐煊《九经古义》补按,《吕氏春秋》、《淮南子》、《周书》、《时训解》皆有化字,《艺文类聚》三引《月令》皆有化字。

字,《淮南》令当作合,馀同。行惠,令吊死问疾,存视长老,行桴鬻厚,席蓐以送万物归也。《淮南》有,《月令》无。是月也,命妇官至之度。首三字无。必以法故二句无。下作以给宗庙之服,必宣以明。至毋敢诈伪,并无。黑黄仓赤作青黄白黑。是月也至天殃。乃命八字无。毋有作勿敢。下作:不可以合诸侯,起土功,动众兴兵,必有天殃。馀并无。是月也,土润溽暑至美土疆。首三字删。土润至时行,同。下作利以杀草粪田畴,以肥土疆。行令。同。鲜作解。国多风咳,无国字。<sup>①</sup>

褚文轩同知来,以和议稿见示。

得再同书,将移居内城。安圃有书,家中寄食物来。

**初九日(7 月 20 日)**　阴雨。

**孟秋**

昏建星中。作昏斗中。旦同。庚辛。上其位西方。下盛德在金。帝神无。馀并同。凉风至至行戮。同。天子。衣、乘、服、建、食,并同。下服八风水云云。朝于总章左个,以出秋令。无"其器"句。求不孝不悌,戮暴悍而罚之,以助损气。《月令》无,《淮南》有。是月也至天子乃斋。并无。立秋至于朝。同。反作乃。天子至远方。无"天子乃"及"以明好恶"七字。远方作四方。是月也,命有司,修法制,缮囹圄。首三字无。馀同。下作禁奸塞邪,审决狱,平词讼。馀无。天地始肃,不可以赢。同。是月也至寝庙。无也字。乃作始。命百官至城郭。壅塞作障塞。修城郭在缮宫室前,无坏垣墙三字。<sup>②</sup> 是月也至大币。首三字无。封诸侯无诸字。下作立大官,行重币,出大使,无"毋以割地"四字。行令。同。《淮[南子]》多"行是月令,凉风至三旬"两句。国多火灾作冬多火灾。余按,冬字无义。郑注:今《月令》疟疾为厉疫。

---

① 整理者按,此则有眉批:郑注:疆,强𪉲之地。高注又有时雨可以杀草,为粪,美土疆,土分畛者也。鄙见作疆是。我疆我理,与畴互文。美似宜作肥,或美上有肥字。

② 整理者按,此则有眉批:《月令》堤防作坊,然亦作防,故不别之。

仲秋

盲风。作凉风。鸿雁。作候雁。养羞。作群鸟翔。高注或作养。是月也至饮食。首三字无。衰老作长老。糜作穄。乃命司服至反受其殃。无。是月也乃命宰祝至中度。是月也乃，无。下作行牺牲,案刍豢,视肥瘠全粹,察物色以下同。必作课,皆作莫不。五者八字无。<sup>①</sup> 天子乃傩至行罪无疑。同。是月无也字。务畜菜上无务字。菜作采。"其有失时"句无。乃劝种麦作劝种宿麦。是月也至水始涸。无日夜分三字。雷始收声作雷乃始收。日夜分至斗甬。无则字。同作一。甬作称。<sup>②</sup>

是月也至乃遂。首三字无。易作理。纳作入。贿作财。乡作方。则财作财物。凡举大事。一节无。行令。同。乃有恐作有大恐。五谷下有皆字。

季秋

鸿雁来宾。作候雁。<sup>③</sup> 是月也至宣出。是月也作命有司。百官上无命字。内作入。乃命冢宰至神仓。同。无只敬必饬字。是月也霜至习吹。无则字。馀同。无命乐正三字。是月也。无。大飨帝。尝牺牲。同。无告备于天子。合诸侯至为度。职作岁。无以给十字。乃教于田猎。以习五戎。上是月五字,下班马政三字均无。命仆至誓之。仆作太仆。载旌旗作载旌。整设作皆正设。北面誓之作北向以赞之。天子乃厉饰。作厉服广饰。执弓挟矢以猎。作操矢。命主祠,祭禽于四方。无于字。是月也至宣者。无也字。蛰虫咸俛下,无"在内皆墐其户"六字。通路除道。从境始。至国而后已。是月也至寝庙。无也字。行令。同。骯嚏作骯窒。<sup>④</sup> 师兴不居作师旅并兴。

------

① 整理者按,此则有眉批:小大或作大小,《淮南》作小大。

② 整理者按,此则有眉批:王引之云,本作雷乃始收。《初学记》韠人疏可证。《淮南·时则训》同。

③ 整理者按,此则有眉批:鞠有黄华,《淮南》作菊,此亦古今字,阮校《月令》本亦作菊。

④ 整理者按,此则有眉批:骯嚏,郑不注。《说文》:骯,病寒病窒也。当从窒。

寄家书,并致次棠前辈书,劝其赴粤。

**初十日(7月21日)**　晴。

孟冬

昏危旦七星。同。壬癸。上"其位北方",下"盛德在水"。无"帝神"句。其虫至先肾。同。其臭朽作其臭腐。祀行作祀井。① 水始冰至不见。并同。天子。衣、乘、服、建,并同。食同。下"服八风水"数语,"朝于元堂左个,以出冬令。命有司,修群禁,禁外徙,闭门闾,大搜客,断罚刑,杀当罪,阿上乱法者诛。"《淮南》增。是月也至乃斋。无。立冬至孤寡。迎冬作迎岁。反作乃。恤作存。是月也至吉凶是察。无也字。大史作大祝。有祷祀神位四字。衅作占。占兆审卦作审卦兆。吉凶是察作以察吉凶。阿党、则罪两句无也。见前。郑注:今《月令》作衅祠,祠衍。是月也天子始裘。是月也作于是。命有司曰至成冬。无。命百官至徯径。行积聚,无"循"字。"无有不敛"字无。坏作修。戒作警。封疆作封玺。郑注:今《月令》疆作玺,备作修,塞作绝,无"谨关梁"句。饬丧纪至等级。饬作饰。下作"审棺椁衣衾之薄厚,营丘垅之小大高庳,使贵贱卑尊各有等级"。《月令》大小厚薄亦有作小大薄厚者,然校径之,盖殊不在此。② 是月也命工师至度程。无命字,馀同。③ 功致。作坚致。下作"工事苦慢,作为淫巧,必行其罪"。馀无。作为八字与《月令》同,而前后略异。是月也至息之。烝作蒸,两字通,并作烝,是。乃祈无乃字。割祠作祷祭。及门闾腊先祖五祀,作毕飨先祖。农下有夫字。④ 天子乃命至角力。无天子乃三字。力下有劲字。是月也至侵削。是月也三字无。无敢字。削作牟。下无。行令。同。上泄作发泄。国多暴风作多暴风。

仲冬

---

①　整理者按,此则有眉批:高注:井或作行,行门内地冬守在内,故祀也。与郑门外说异。

②　整理者按,此则有眉批:饬、饰,唐人混而为一,见《匡谬正俗》。

③　整理者按,此则有眉批:《月令》作按,亦有作案。《淮南》作案、按、案,一字不足论。

④　整理者按,此则有眉批:《月令》、郑注,饮酎节亦有作蒸,然此不足校。

昏东壁[中],轸旦中。《淮南》无东字。高注:东壁,北方元武之宿。则原文亦有东字。冰益壮至始交。鹖旦作鳱鴠。命有司曰至畅月。毋发,盖毋发室屋作无发室居。以固而闭地气沮泄,无。房作藏。又作有。命之无之字,上有急捕盗贼诛淫泆诈伪之人。①

命奄尹至省妇事。同。上无是月也。下并无。乃命大酋至差贷。炽作熺。高注:熺,炊,炽火之炽也。炊乃读字耳。无兼有、六物两句。贷作忒。天子乃至井泉。无祈字。名源,无渊泽井泉字。农有至不诘。聚下无者字。马牛作牛马。山林至不赦。夺。下无者字。是月也至所定。无诸生荡三字。无身欲口三字,而移欲静于掩身下,口身体于安形性上。无末句。芸始至水泉动。有是月也三字。荔挺生在芸始出上。蚯蚓作邱螾。日短至至用者。无日短至三字。无是月也可以字。涂阙庭至藏也。此作所无藏也二字。② 行令。同。天时雨汁作其时雨水。蝗虫作虫螟。疥作疾。

季冬。

雁北乡至鸡乳。始巢作加巢。乳作呼卵。命有司至土牛。同。无以送寒气句。征鸟厉疾至神祇。无。是月也至寝庙。无是月也三字。乃尝作射字。冰方盛。无水泽腹坚。郑注:今《月令》无坚。令告民至田器。无告字。命农作令农。命乐师至薪燎。薪柴无柴字。郊庙作寝庙。是月也至毋有所使。无岁数将几终句。岁将更始作且。专而作令静。天子至之宜。无共字。饬作饰。乃命大史至山林名川之祀。之飨作之刍享。同姓之邦作国。余按,此讳邦字也。无命宰历三字。卿下有士字。无土田之数而赋牺牲句。凡在天下句至末,并无。行令。同。多伤无多字。妖作袄,固作痼,本一

① 整理者按,此则有眉批:阮校,鹖下山雉,孙刻及段均作似雉。阮校、《释文》作曷旦,本亦作鹖。石经作鹖鸟。《说文》鹖下云山雉,鴠下云渴鴠。段玉裁云,渴鴠当依《月令》作曷旦,浅人改之也。高注:鳱鴠,山鸟。郑注:鹖旦,求旦之鸟也。佩纶按,段引《坊记》作盖旦,《方言》作鴇鴠。鴠,与《淮南》鳱鴠,《广志》作侃旦,皆一音之转。段既知音转,必以渴为浅人改,亦迂。

② 整理者按,此则有眉批:惠校宋本,此所以助天地之闭藏,则《月令》本有所字。

字也。太皞、句芒。见篇末诸名。

季夏节，靡草。《月令》注：旧说荠亭历之属。《淮南》注：靡草，则葶历之属。佩纶按，则字当作荠。阮校各本，葶苈从草，卢据《初学记》亦从草。鹖鴠，捡《元统韵会》，鴠，《说文》渴鴠也。从鸟，旦声。引《诗》相彼鸦鴠，尚或恶之鸣，急旦也。《广韵》：鸦，鸟。《增韵》：鸦鴠，求旦之鸟。《礼记》：曷旦一作鹖旦，一作渴旦。《文选》：鸦旦，鸦音渴。足为《月令》、《淮南》两本疏解通明。段以渴为浅人改语，殊武断。段引"《御览》：鴠，可旦也"，最为古本。

凡四日读竟，浅学读书，粗率可笑。

**十一日（7 月 22 日）**　晴。答褚同知辞。得家书。

王瓜。郑注：草，挈也。今《月令》曰：王萯生夏小正云，王萯秀未闻孰是。高注：括，楼也。《正义》王瓜草挈者，《本草》文未闻孰是。一疑王瓜是王萯也。《说文》苦蒌果蓏也。蓏或作蠃。萯王，萯也。《诗》秀葽，《传》葽草也。《笺》夏小正四月王萯秀葽其是乎？果蠃。《传》括，楼也。《笺》同。郑以葽为王萯。果蠃为括楼，王瓜为草挈，与高迥异。《尔雅》释草果蠃之实，括楼。李巡曰：括楼子名也。孙炎曰：齐人谓之天瓜。《本草》云：括楼如瓜叶，形两两拒值，蔓延，青黑色，六月华，七月实，如瓜瓣是也。《尔雅》以下引《诗正义》，《尔雅》邢疏、郭云：今齐人谓之天瓜。

余谓，郑于王瓜注严慎，未能遽断。高注略疑，有所授之也。各家均有论释，余自以臆从高耳。草挈，《唐韵》古音作菝葜。《博雅》菝葜，狗脊也。《本草》菝葜犹妭结，短也。《玉篇》作菝䕪，《灵枢经》括楼作蒜瓝。甘疸色，青状，如谷实，蒜瓝是也。菝䕪、蒜瓝，字形相似，因考两说。偶类化之，非敢定论也。

**十二日（7 月 23 日）**　晴。先母忌日，吾不与祭，如不祭，怆感久之。

作家书。十三日寄。

阅邸报，香涛赏孔雀翎，苏元春、冯子材三等轻车都尉，馀叙擢有差。张曜为广西巡抚,治护城河,唐仁廉为广东陆路提督,苏元春补广西提督。论守台功将士,叙擢有差。林淮源补内阁侍读学士。

十三日(7月24日)　晴。寄家书。子涵书、再同书。

合肥尝赠余青骢,调良顾主就成时,尽卖车骡,独不忍弃马,留之子涵厩中,比子涵亦减驱乘,乃复归之合肥。寓庐临城,登城一望,归思边愁顿起胸鬲间,复至城隍庙小憩。庙有白丁香一株,神手持一卷书,乃乾隆御集也。

十四日(7月25日)　晴。得合肥复书,并寄《海战新义》两册。

《汉书·高[祖]纪》十年夏五月太上皇后崩,秋七月癸卯太上皇崩。《史记》无夏五月八字。《通鉴考异》、荀悦《汉纪》五月无后字,七月无崩字。殿本《考证》引之。余按,《史记·卢绾传》作高祖十年七月太上皇崩。《汉书》作十年秋太上皇崩。如《汉纪》夏崩秋葬,恐写官之讹,要以去此八字为正。

十五日(7月26日)　晴。《淮南·原道训》:五色之变不可胜观也。高注:常事曰视,非常曰观。《春秋》鲁隐公观渔于棠是也。庄逵吉:《说文解字》观,谛视也。古字古义,自有一定。诱解得之。《时则训》:伐蛟取鼍,登龟取鼋。高注:易言取,难言伐,尊言登。逵吉以三字疏解为精。余谓,常事曰视两语,乃《穀梁·隐[公]观鱼于棠传》,伐取登三字解与郑注《月令》同,似不足赞为创解。

寄复合肥书。千总赵大福赴津也。

十六日(7月27日)　晴。得家书,粹玉咳未愈。阅邸抄,邓承修论劾沈保靖,得旨开缺。左、杨及吏部堂同均议处。

十七日(7月28日)　晴,午后微雨,入夜渐大。石秀才儒珍来,保定人。习于库伦塞上形胜,留宿西斋。

十八日(7月29日)　阴雨。龙户部来。

韩广以上谷卒史徇燕,燕王臧荼反,郦商别定上谷。

《说文·齐部》:《虞书》曰:“若丹朱鼻。”读若傲。《论语》:“鼻(汤)[荡]舟。”此亭林所本。《史记集解·仲尼弟子列传》注,孔安国曰:"羿,有穷之君,篡夏后位,其徒寒浞杀之,因其室而生奡。奡多力,能陆地行舟,为夏后少康所杀。"以禹稷比孔子,乃马融说,此足补五月廿七记所漏。《论语疏》亦同。五月间,偶捡汲古阁节本,脱之耳。

**十九日(7月30日)** 午后大雨。雨后,石秀才归,时客宣镇王可陞处。送石生后,登城纵眺,至大士庙小坐而归。

被都统文调回张堡效力。

**二十日(7月31日)** 晴。《淮南·时则训》,高注不诂十母、十二子,郑注《月令》夺甲、丁,两解十二子,因检《淮南·天文训》,所解为最精。指寅则万物螾也,卯则茂,然辰则振之也,巳则生已定也。午者,忤也。未,昧也。申者,申之也。庄本作呻。余依段氏《说文》改之。酉者,饱也。戌者,灭也。亥者,阂也。子者,兹也。丑者,纽也。迁史因之,寅言万物,始生螾然也。卯之为言茂也,言万物茂也。辰者,言万物之蜄也。巳者,言阳气之已尽也。午者,阴阳交,故曰午。未者,言万物皆成,有滋味也。申者,言阴用事,申贼万物。酉者,万物之老也,故曰酉。戌者,言万物尽灭,故曰戌。亥者,该也,言阳气藏于下,故该也。子者,滋也,言万物滋于下也。丑者,纽也,言阳气在上,未降万物,厄纽未敢出。自亥者至此,应在寅言万物之前误倒。十母。壬之为言壬也,言阳气任养万物于下也。癸之为言,揆也,言万物者可揆度也。甲者,言万物剖符甲而出也。乙者,言万物生轧轧也。丙者,言阳道著明,故曰丙。丁者,言万物之丁壮也,故曰丁。庚者,言阴气庚万物,故曰庚。辛者,言万物之辛生,故曰辛。班书律历乃采王莽时杂说,则曰孳萌于子,纽牙于丑,引达于寅,冒茆于卯,振美于辰,已盛于巳,咢布于午,昧薆于未,申坚于申,留孰于酉,毕入于戌,该阂于亥,出甲于甲,夺轧于乙,明炳大盛于丁,丰楙于戊,理纪于己,敛更于庚,悉新于辛,怀任于壬,陈揆于癸。许氏《说文》要不能外,此其出乙乙也。段玉裁乙乙轧轧假借字,不知马、班及郑注《月令》亦云乙之言轧,此乙乙直当作轧轧,不必以假借为解。丁万物皆丁实,小徐作丁壮成实,实无义,当依小徐本改为丁壮,与《史记》律书同训。

盖许解十毋多本迁史。戊己，史未训，始采他说，故不类。其十二子，则皆本淮南书。许亲注淮南故也。段氏据《淮南》改髌为螾，极有见。订申神之当为申申，而并疑淮南之非，呻之亦以马、班参证也。钮树玉驳之，殊可一哂。余意：未，味也，六月滋味也。上味字当是昧也，下当是六月万物有滋味也。盖参用淮南及迁史之说，如《韵会》所引六月之辰，恐是臆改耳。酉就也，恐是饱也之讹，颇疑卯酉同形，酉音读似今之卯音，故淮南训饱，迁史训老耳。㮠柳同字，故亦训留。孰段氏疑酒下当别立酒部，凡从酉之字皆从酒省，亦颇深于训诂。钮氏讥之，殆以段掠袭其说故耳。

**二十一日(8月1日)**　阴，晚微雨。过景参领小坐。

得倪泰书，并邸抄。张梦元调闽藩，李秉衡擢桂藩，李用清、唐咸仰候简，潘霨署黔抚，曾纪凤擢黔藩，李元度授黔臬，许振祎擢豫臬。

《史记·律书》：十月律中应钟，应钟者，阳气之应，不用事也。十一月律中黄钟，黄钟者，阳气踵黄泉而出也。十二月律中大吕，大吕者。无解，疑有讹夺。正月律中泰簇，泰簇者，言万物簇生也，故曰泰簇。二月律中夹钟，言阴阳相夹厕也。三月律中姑洗，姑洗者，言万物洗生。四月律中中吕，中吕者，言万物尽旅而西行也。五月律中蕤宾，蕤宾者，言阴气幼少，故曰蕤，痿阳不用事，故曰宾。六月律中林钟，林钟者，言万物就死，气林林然。七月律中夷则，夷则言阴气之贼万物也。八月律中南吕，南吕者，言阳气之旅入藏也。九月律中，无射，无射者，阴气盛用事，阳气无馀也，故曰无射。《汉书·律历志》：黄者，中之色，君之服也。钟者，种也，阳气施种于黄泉，孳萌万物，为六气元也。大吕，吕，旅也，言阴大旅助黄钟，宣气而牙物也。太族，族奏也，言阳气大奏地而达物也。夹钟言阴夹助大族，宣四方之气而出种物也。姑洗，洗，洁也，言阳气洗物姑洁之也。中吕言微阴始起未成，著于其中，旅助姑洗，宣气齐物。蕤宾，蕤，继也，宾导也，言阳始导阴气使继万物也。林钟，林君也，言阴气受任，助蕤宾君主种物使长大茂盛也。夷则，则，法也，言阳气正法度而使阴气夷当伤之物也。南吕，南，任也，言阴气旅助夷则任成万物也。亡射，射，厌也，言阳气究物而使阴气毕剥落之，终而复始，亡厌已也。应钟，言阴气应亡谢，该臧万物而杂阳阂种也。郑注《月令》本《周语》、《淮南·天文训》有解而高注颇采马、班之说，与本书不尽合，且天文、时则两训亦略有字句小异处，《时则训》林钟作百钟。

二十二日(8月2日)　晴。答龙户部。

二十三日(8月3日)　晴。晨起，颇爽朗，寄再同和诗。

未刻张万全来。

二十四日(8月4日)　晴。孙毓汶、沈秉成、续昌入译署，以锡出江苏查办差，廖出江西试差也。答张令不值。

《武五子传》："燕王旦使人祠葭水、台水。"晋灼曰："《地理志》葭水在广平南和，台水在雁门。"师古曰："葭音家，台音怡。"

李广为上谷太守，数与匈奴战。上谷太守郝贤，四从大将军，捕首虏千三百级，封贤为终利侯，见《霍去病传》。张敞，祖父孺为上谷太守，河东平阳人，见《张敞传》。《宣化府志》均载之。而孺列李广前，似孺徙茂陵，子福事武帝，似在武帝时，广则在孝景时也。终利，《功臣表》作众利，自注：姑莫千一百户，元朔六年五月壬辰封，【二年】元狩二年坐为上谷太守，人戍卒财物，计谩，免。班氏《叙传》：长，官至上谷守。《杜周传》：延年子缓为上谷都尉。阳并北海人，亦为都尉。北海人，未考出。《两粤传》：故瓯骆将左黄同斩西于王，封为下鄜侯。而《功臣表》下鄜侯左将黄同以故瓯骆左将斩西于王，功侯七百户。从《表》则不应以左将两字冠姓名上，从《传》则又两言左将，无凭折衷。

二十五日(8月5日)　晴。张令来。得安圃书，知两粤水灾甚大，皆鲛患也。伐鲛之政不举，以致水灾泛滥不已，大兵之后继以大水，民何以堪？

二十六日(8月6日)　晴。午后景介臣来，夜张泲莼招饮书院。

家人寄《吕氏春秋》来，以考《淮南》，甚快。

经训堂辑《晋书地道记》引《水经注》滱水下北平有鸿上关,此中山之北国,非北平郡也。载之北平郡,误。

二十七日(8月7日) 晴。得家书。

二十八日(8月8日) 夜大雨。寄家书,并寄香涛前辈书。

《赵充国传》:迁中郎将,将屯上谷。

二十九日(8月9日) 晴。

七月初一日(8月10日) 晴。得赵菁衫太守书。

得安圃书,附载之及张西山书。

初二日(8月11日) 晴。专足归得安圃复书。

阅邸抄,御史吴峋以劾阁相①指为奸邪,编修梁鼎芬以劾李相②深文周内,称其可杀,诬谤大臣,下部严议。

过绍、永两都护,以奉文调回军台衙门当差也。永,未见。

《[管子·]幼官》:若因夜虚守静,人物人物则皇。房注:皇作皇暇解。余谓夜虚当依《幼官图》作处虚。此句当联"则帝"、"则王"、"则霸"为一节。盖管本有图,图中纵横写之,书者依次第杀青,致有此错。人物或一或二,乃图中本图有人物,书者附记阑入大字耳。"此居图方中"等句,皆刘向写书时附注而误入本文者也。此说似确,当以质之再同。

初三日(8月12日) 晴。得安圃廿七日书。

过定静村,安将军乃张口旗人。

初四日(8月13日) 晴。复安圃书,寄再同书,慰其殇子。

初五日(8月14日) 阴。定静村来答,识吴仁波先生吴亦遣戍于此。及外舅廷尉公。

初六日(8月15日) 阴雨不成,天烦热异常。得合肥初二书。

初七日(8月16日) 晴热甚。午饭,时张沚莼来,寄家书。

---

① 整理者按,指阎敬铭。

② 整理者按,指李鸿章。

复合肥书，王都司调蒲河，都司人便至津，故附此函。

**初八日（8 月 17 日）**　晴。午后吕子方秀才来，名望端，丰润人，乃赵菁衫之内弟也。

寄复赵菁衫书。

**初九日（8 月 18 日）**　晴酷热。朱存病，枯坐，闷甚。

**初十日（8 月 19 日）**　晴。晨起，得合肥书，寄示海军疏稿。

午后，族叔祖煦来，得九弟书，又得家书及子涵书。

**十一日（8 月 20 日）**　晴。

**十二日（8 月 21 日）**　晴。

**十三日（8 月 22 日）**　晴。族叔祖用和归，寄九弟书，并寄都寓家书。

**十四日（8 月 23 日）**　晴。家书至。左相准回籍，俟病愈来京供职。邓鸿胪回籍省亲，给假两月。周盛传卒。周盛波授湖南提督。

**十五日（8 月 24 日）**　阴。《前汉·匈奴传》：诸左王将居东方，直上谷以东，接秽貉、朝鲜。右王将居西方，直上郡以西，接氐羌。而单于庭直代、云中，各有分地，逐水草移徙。匈奴往来，苦上谷以东，终高祖世。文帝时屯飞狐口。师古注：代郡之南燕赵中。武帝时卫青出上谷至龙城，元朔二年汉亦弃上谷之斗辟县造阳地以予胡。其明年，年须细考。胡数万骑入上谷杀数百人，单于欢喜，上书愿保塞，上谷以西至敦煌。

《王莽传》有上谷都尉阳并。又，上谷储夏自请愿说瓜田仪，莽以为中郎。

**十六日（8 月 25 日）**　晴。寄家书。内八弟及谢勖斋书。

**十七日（8 月 26 日）**　晴。《水经注·汾水下》载《汉上谷长史侯相碑》，云：侯氏出自仓颉之后，逾殷历周，各以氏分，或著楚、魏，或显齐、秦，晋卿士苪即其裔也。可补宣化府职官。

**十八日（8 月 27 日）**　晴。

**十九日（8 月 28 日）**　晴。晚，龙松岑来。

二十日(**8 月 29 日**)　晴。得家书并再同书。

晚答龙松岑,松岑论韵学甚精,其尊人翰臣先生讲求韵学也。

二十一日(**8 月 30 日**)　晴。晨起,王都司来,买蒙古白马,余试之,尚驯。

复合肥书。廿二发。

张汭纯大令馈蟹并画扇。①

松岑送《两汉金石记》、《百砚斋所摹汉碑》见示。

《金石录》云:右居摄坟坛刻石二,其一云上谷府卿坟坛,其一曰祝其县卿坟坛,皆居摄二年三月造。上谷,郡名。祝其,县名。不知所谓府卿与县卿为何官,盖自王莽居摄名日易,故史家不能尽纪也。其曰坟坛者,古未有土木像,故为坛以祀之。两汉时皆如此。

二十二日(**8 月 31 日**)　晴。

二十三日(**9 月 1 日**)　阴。同王都司登云泉寺。

寺碑洪武二十六年僧清月创,改禅院曰云泉寺,天顺丁丑僧净行及里人张普重修,正德壬申大同总兵江桓为守备及僧圆玉复拓之,崇祯庚午王将军建笪然亭为别一洞天,有泛珠、喷玉两泉,寺之命名以此。参嘉靖丙戌及乾隆壬午两碑,文陋不全录。今亭已圮。王将军者,以志考之,当是万全都指挥王怀仁。至杂祀玉皇诸神,则后人所附会者。赐儿山本名紫泥山,有古柳一株。

晚,龙松岑来,论诗自言溯源山谷以及韩、杜。

二十四日(**9 月 2 日**)　晴。《地理志》:上谷至辽东,地广民(希)〔稀〕,数被胡寇。《刑法志》:自黄帝有涿鹿之战以定火灾。郑氏曰涿鹿在彭城南,李奇曰黄帝与炎帝战于阪泉。今言涿鹿,地有二名,文颖曰涿鹿在上谷,今见有阪泉地黄帝祠。师古曰文说是也。彭城者,

---

①　整理者按,此则有眉批:张万全馈蟹,王都司致菜,各系以诗。文章未横行,梦感临邛令。北地致双螯,止国以鱼鳖。谁云缪恭敬,菊天忆江南。解答青筐咏。斯贶不独享,姜橙及尊行。　　肉食吾渐鄙,退休理齑甕。大柈亦论斤,价比肥羊重。杜陵可怜人,苟摘园官送。荒荟请废畦,暇欲闭门种。

上谷北别有彭城,非宋之彭城也。

龙松岑赠其尊人所作《古(均)[韵]通说》及近人所刻《词林正(均)[韵]》。

**二十五日(9月3日)**　晴。粹玉遣苏福来,得安圃书,知粹病又增,郭医病,无人下药,为之焦闷。

子峨赴戍,寓通海店,往视之,尚不戚戚,惟梦得有亲,为之感叹。寄家书。

**二十六日(9月4日)**　晴。日来亢阳旸如三伏,塞上未尝有也。晚,子峨来饭,畅话。

**二十七日(9月5日)**　晴。昨夕得合肥书,作书复之。

**二十八日(9月6日)**　晴。遣朱存归,寄家书及再同、子涵书。晚答龙松岑。

**二十九日(9月7日)**　阴。

**三十日(9月8日)**　晴。寄复章琴生书。

**八月初一日(9月9日)**　晴。闻鸠。龙松岑来。

何子峨来。朱存至土木驿,寄一书,知安圃廿二日以截取知府召见。

**初二日(9月10日)**　晴。闷甚,策马独游城西南校武场。龙松岑以所著《槐庐诗集》见示,乃学山谷者。寄安圃书。

**初三日(9月11日)**　晴。欲访子峨,而子峨至,谈甚洽。

得家书及杭电,六姊于七月二十四日下世,为之痛哭。

**初四日(9月12日)**　晴,急雨一阵。闷甚,王都司来,言永丰堡有泉,可一游解烦,策马行五里,有一巴达兰布墓,颇有松杨果木,借之,哀伤泪下不止,归途遇雨。

泉出卧云山。乾隆间,业皮之贾建一龙泉寺,以泉为洗皮之所,清流涤垢,水之功大矣。

**初五日(9月13日)**　晴。闻绍秋皋有赴库伦勘狱之命,与子峨稍谈。

初六日(9 月 14 日)　晴。张泚莼来,午后得家书,安圃无差,贫甚。

穆春岩召回,将授以简练旗兵之任云。

夜,石秀才来。

初七日(9 月 15 日)　晴。石秀才来,即归宣化。午后,子峨之侄寿嵩来。

初八日(9 月 16 日)　晴。寄家书,附载之书。

薄莫,同乐[山]乘马出南门,至西门外果园,则岁旱地枯,木皆不实。记庚辰与乐山游此,李奈成林,为之怅然。王都司请至通桥,过桥,借野人种蒲桃架下稍坐,摘蒲桃食之,日夕始归。

张泚莼送蟹以赠子峨。

朱存有禀来,略悉家事。

初九日(9 月 17 日)　晴。子峨来谈。

得安圃及乐山书。高阳署吏部侍郎。

《史记·五帝本纪》:与炎帝战于阪泉之野。《集解》服虔曰:阪泉,地名。皇甫谧曰:在上谷。《正义》:《括地志》云:"阪泉,今名黄帝泉,在妫州怀戎县东五十六里。出五里至涿鹿东北,与涿水合。又有涿鹿故城,在妫州东南五十里,本黄帝所都也。《晋太康地理志》云'涿鹿城东一里有阪泉,上有黄帝祠'。"则平野之地也。与蚩尤战于涿鹿之野。《集解》:服虔曰:涿鹿,山名,在涿郡。张晏曰:涿鹿在上谷。《索隐》:或作"浊鹿",古今字异耳。按《地理志》上谷有涿鹿县,服虔云"在涿郡",误。合符釜山。《括地志》云:"釜山在妫州怀戎县北三里,山上有舜庙。"而邑于涿鹿之阿。《正义》:广平曰阿。涿鹿,山名,已见上。涿鹿故城在山下,即黄帝所都之邑(在)[于]山下平地。迁徙往来无常处,以师兵为营卫。太史公曰北过涿鹿。《正义》:涿鹿山在妫州东南五十里,山侧有涿鹿城,即黄帝、尧、舜之都。

初十日(9 月 18 日)　晴,午后微雨。寄家书。

十一日(9 月 19 日)　晴,夜急雨旋霁。昨作一文颇畅。午后,过子峨。子峨观余近作,以为律胜于古,律有章法,古诗太生硬。归,步马至右营永福寺。

十二日（9月20日） 晴。得家书，校《管子》。

十三日（9月21日） 晴。夜，龙松岑来。

十四日（9月22日） 晴。过子峨，并答龙君，以其商石幢事也。

十五日（9月23日） 晴。

十六日（9月24日） 阴，夜雨。

十七日（9月25日） 晴。得琴生书，子峨来。永署都统沿查办库伦事件。

十八日（9月26日） 晴。绍辞行。得家书及杭州宗载之、海门八弟书，食不下咽。

十九日（9月27日） 晴。晨，答绍送行。寄家书，并八弟、载之信。

二十日（9月28日） 晴。

二十一日（9月29日） 晴。同子峨游元保山，山故有元废堡，以此得名。俗以元宝名之，更甚愚溪之辱矣。晚，龙松岑来。

夜雨。

二十二日（9月30日） 晴。得合肥书，十八入觐。过子峨谈。

二十三日（10月1日） 晴。得家书并邸抄。复合肥书，寄家书。

二十四日（10月2日） 晴。寄八弟书由叶子晋、乐山书天津加封、家书，又作安侄书寄六姊祭文，明日寄。

二十五日（10月3日） 晴。同苏福上云泉山一游，视前游一月矣。寄再同书廿六寄。

二十六日（10月4日） 晴。午后，子峨来，登城一望。龙松岑欲来，余遂信步请之。

二十七日（10月5日） 晴。左相予谥文襄。

复游蔬圃，得家书。

二十八日（10月6日） 晴，连日天气甚暖。过子峨。

二十九日(**10 月 7 日**)　晴。昨夜耿耿不寐。晨起,作数百字,天时甚燠。夜读《管子》,计在塞上已五阅月矣。

寄乐山书由驿递。

## 葆石斋日记

九月初一日(**10 月 8 日**)　晴。天气暄和,土人言纳采者利之。八九月,犹袷衣,塞上所未有也。策骑出南门,行十里,至昌隆寺。①寺有万历藏经残本,有一佛像,乃明时一僧示寂不僵就漆为象者。余曰此漆身为疠之流耳。炫俗惊愚,何足尚也。归已更鼓动矣。寺在君头屯,近八角台山,台亦明时障堠也。

初二日(**10 月 9 日**)　晴。得再同书廿六日。

初三日(**10 月 10 日**)　晴。复得再同书。

初四日(**10 月 11 日**)　阴,夜小雨。寄复再同书并八弟书。

初五日(**10 月 12 日**)　雨。专足寄家书。午后,得朱存稟。

初六日(**10 月 13 日**)　阴,晨大雨。

初七日(**10 月 14 日**)　晴,骤寒,登城望雪。午后,子峨来,小坐即去。

寄复八弟及符晓瞻书。

初八日(**10 月 15 日**)　阴。

初九日(**10 月 16 日**)　晴。吕子庄秀才自都应试归,赠赵菁衫诗集已数日矣,午后策骑候之,过诸途,在斋中略话。

初十日(**10 月 17 日**)　晴。过子峨略谈,得朱存书。

十一日(**10 月 18 日**)　阴。寄家书,王都司处人便也。答吕子庄,不值。

十二日(**10 月 19 日**)　晴。得家书。

十三日(**10 月 20 日**)　晴。朱存自都门回,得家书。张泚纯来,

---

①　整理者按,此则上有眉批:有松两枝,乃道光廿八年所种,与余同年也。

龙松岑来。以《诗义折中》及圭盦诗报之。

十四日(10月21日)　晴。

十五日(10月22日)　晴，雨渐止，夜月甚朗。寄家书安粹治醴楼。子峨来，答松岑。

十六日(10月23日)　晴。苏福还都。昨得安书，知时贤忌嫉方深，当益韬晦以合反身修德之恉。

十七日(10月24日)　晴。策马薄游，过子峨。

十八日(10月25日)　晴。

十九日(10月26日)　晴。【答】得合肥书，寄乐山书。仲彭中南闱举人。

二十日(10月27日)　晴。再同书来，论《广〔均〕〔韵〕》，言黎庶昌近得日本元泰定本，文、欣不同用，尚是唐人之旧。张注同用，已从礼部韵改，钟谦钧刻，明内府本注欣独用，不知钟本即亭林先生所刻本否？余于韵学茫然，塞上携书甚少，以《选诗》考之，刘公幹《赠徐幹》，则以勤与根、群、君同用；曹子建《赠白马王》，则以勤与神、陈、邻、亲、仁、辛同用；张茂先《励志》，则以勤、殷与云、文同用；应吉甫《华林园》，则以欣与文、云、芬同用；颜延年《呈从兄车骑车长沙》，则以殷与纷、分、云、闻、芬、文同用，《还至梁城》则以勤、殷与群、分、云、文、坟、闻同用。因之，求诸诗，则《北门弟》一章，殷与门、贫、艰同用；《庭燎弟》三章，晨、煇、旂同用；旂，两与芹同用，从斤，得声，古当在欣〔均〕〔韵〕。《凫鹥》第五章，则欣与熏、芬同用。求诸群经，则"四体不勤，五谷不分"，见于《鲁论〔语〕》。求诸诸子，则"玄牝之门，是为天地之根，绵绵若存，用之不勤"，见于《列子》。是古音欣不但与文同用，且与真、魂、山亦同用矣。唐初文学称盛，其同用独用必不能率尔分合，若以古为准则，文、欣定当同用，不当分用也。至高、岑、王、孟诸集文韵暨杜律，从未参用欣韵，杜古诗文间通真魂，亦未入一欣韵，似可为欣独用之证，然《崔氏东山草堂》一首，芹与人、新、筠同用。[①] 太白《古风》斤与邻、人、真、神、身、沦同用,《感遇》勤与滨、春、亲、人同用,《对雪饯任城六丈》真韵亦间用勤字,颇疑欣韵太少,独用不能成诗,文韵不必求助于欣,故相传以为独用耳。

二十一日(**10 月 28 日**) 晴。白香山诗以为老妪都解,然亦字字有来历也。贫家嫁女晚,嫁晚孝于姑;富家嫁女早,嫁早轻其夫。《尚书大传》曰:"孔子曰:男三十而娶,女二十而嫁,通于织纴纺(织)[绩]之事,黼黻文章之美,不若是,则上无以孝于舅姑,而下无以事天养子。"此上两句所本也。富家,则《张耳传》"外黄富家,女嫁,佣奴其夫",是矣。今人非以浅俗学白,即反之自托于艰深,此诗之障也。

臧氏琳《经义杂记》考文帝始置博士,引《汉书·楚元王传》刘歆《移太常博士》、《后汉·翟酺传》、赵岐《孟子题辞》,以驳章怀《酺传》注,《玉海·艺文》云:《尔雅》,文帝立,博士本之《孟子》、《汉书》。余案,《史记·儒林传》:"孝文帝本好刑名之学,及至孝景,不任儒者,而窦太后又好黄老之术,故博士具官待问,未有进者。"此亦孝文时立博士之的证也。

二十二日(**10 月 29 日**) 阴。复合肥书,得乐山书,得家书并谷士、琴生书。

二十三日(**10 月 30 日**) 晴。

二十四日(**10 月 31 日**) 晴,夜大风。

二十五日(**11 月 1 日**) 晴。薄暮,龙松岑来,以其尊人事略见示。

二十六日(**11 月 2 日**) 晴。得苏福书,知至垒道万兴店,一十七人受面饼,均遇砒毒,店主人云乃仇人陷害,而客则狼狈困顿矣。十八事。至廿日,始能兴,至家犹疲乏,急服散毒之服,而股际红肿,可叹也。行路之难如此。

二十七日(**11 月 3 日**) 晴。

---

① 整理者按,此则上有眉批:《大云寺赞公房》以芹与巾、身、新、人、鳞同用。

二十八日（11月4日） 晴。至子峨处略谈，周子玉寄百金，璧之。

寄家书，寄乐山书。

二十九日（11月5日） 晴。作《庄子年表》一卷。炉炭初温，重帘不卷，遂为煤气所逼。夜略感寒热。

三十日（11月6日） 晴。写表初定，又作《庄子楚人说》一篇。得安圃、再同书。再同以专记张字见赠。写《庄表》及校定《管子·幼官》一篇，寄安圃、再同。

十月初一日（11月7日） 晴。寄家书，天气甚和，登城展眺。

初二日（11月8日） 阴。校《管子》。以十子本校江宁局本，均非精刻也。都中是日迁绳匠胡同。

初三日（11月9日） 晴。复李汉春书。连日考究双声、叠韵。午后，读《潜研堂》，憬然有悟。

初四日（11月10日） 晴，天寒。午后，子峨来谈。

吴斗南《两汉刊误补遗》以丹朱、羿为两人名，朋淫指两人言之，南宫适言羿（汤）〔荡〕舟则罔水行舟，是已羿在禹前，故禹举之以戒舜。南宫适亦先羿羿而后禹稷。孙侍御念祖《读书脞录》谓《论语》羿（汤）〔荡〕舟自孔安国注以浇为羿，而集注因之，实则浇之汤舟于经传无据也。羿盖别是一人尔。斗南此论颇有理，然以先羿、羿而后禹、稷为次序，亦先之疏，然则羿善射，羿（汤）〔荡〕舟何以羿先于羿乎？或以羿为尧时弹日之羿，亦未必然。尧时之羿未闻不得其死也。斗南以《孟子》逢蒙杀羿为尧时之羿不确。余所说与斗南合。侍御考证称博，而此事徒以空言驳吴，何其疏也。既以羿为舜时之羿，则羿自是尧时之羿，帝喾射官，安见孟子所言定是有穷后羿乎？殆不足以服斗南也。

初五日（11月11日） 晴。

初六日（11月12日） 晴。答龙松岑。得伯潜书。刘省三附千金并书来，拟谢之而不受。

**初七日(11 月 13 日)**　晴。寄家书。附章琴生、荣履吉、八弟书。
午后,过何子峨,论韵学甚畅。

**初八日(11 月 14 日)**　晴。晨起,得乐山书,由王总兵交,未作
书复之。得家书、子涵书。

**初九日(11 月 15 日)**　晴。得安圃书。得合肥书,知琴生以知
府用。

越南为法所废,以兵御法,互有胜负,间道至滇求封。大院君还,
闽党密结俄为援,朝鲜王请我派兵都护。思之怦然,想宵旰纡筹,柄
臣戚额也。

**初十日(11 月 16 日)**　晴。

**十一日(11 月 17 日)**　晴。午后,子峨来,论《七臣七主篇》,甚
辨。夜,龙松岑来,言其乡郑献甫著有《愚一录》,甚精。郑字小谷,象
州人。寄安圃书。

**十二日(11 月 18 日)**　晴。寄家书。附合肥书、琴生书、刘省
三书。

书成,而琴生书至,颇有玉堂天上之感。

绍秋皋都统由库伦回。

**十三日(11 月 19 日)**　晴。过都统,并答张沚纯。

《日知录》卷三十二:今人谓石炭为墨。按,《水经注》“冰井台井
深十五丈,藏冰及石墨焉。石墨可书,又然之难尽,亦谓之石炭”,是
知石炭、石墨一物也,有精粗尔。《史记·外戚世家》窦少君[谓]为其主入
山作炭,《后汉书·党锢传》夏馥入林虑山,亲突烟炭。北人凡入声字皆转为
平,故呼墨为煤,而俗竟作“煤”字,非也。

崔铣《彰德志》作烸,《玉篇》、《广韵》并无烸字。

**十四日(11 月 20 日)**　晴。午后,同王都司登云泉山。先是,泛
珠泉上有亭名耸然亭,乃明王将军所建。余属王金荣,复之力不及,
乃署之曰澹然亭,用扬雄赋语也。是日往观之。

**十五日(11 月 21 日)**　晴。午后,过子峨,亦读《管子》,冥搜妙

悟，时足启予。

得家书，又得于幼棠书。

**十六日**（11月22日） 晴。寄家书。

都中寄笋韭，邀子峨晚酌。

**十七日**（11月23日） 晴。得家书。

**十八日**（11月24日） 晴。寄复陈伯潜书、安圃书。

傍晚，吴西白自阳高会鞫天镇案，便道见访。

**十九日**（11月25日） 晴。吕子庄秀才赠百合、秋梨。

夜，西白出城，回天镇。

**二十日**（11月26日） 晴。

**二十一日**（11月27日） 晴。得安圃书、再同书、载之书。

过子峨杂谈，携其所读《管子》归，阅之，其与余意同者录入拙著，有未能遽定者附录于此。

猿猱三仞喻人各有能，以明人不可矜专。 独王作独主。说可采。 比之于山，漏"十六仞见水"五字。 十分去一。改。四则去二。三则去三。二则去四。三尺而见水。一尺句乃刘说。战之自胜。胜作败。 得地而不能实。实作守。 谋十官。十作于。 七法八分。作符节、印玺、典法、策籍，见君臣工。 本三史四经。与余说同。 纪六即六秉，机七即七法。存考。 计缓急之事。计下有于字。 以必明四句为四机。与余说不合，存考。以上《幼官》。 五辅曰实圹虚以下另是一篇。 不失。作不矢。矢，陈也。此说胜王。 生而不死者二。注二者爱乐。此篇今作节。

人主。 国有。 生而。 为善。 王主。 凡国。

爱人。 先王。 馀目。 时者。 先王。 人

故。 凡万。 得之。 一日。 先王。 贤大夫。

故曰。 贱固。 天以。 众人。 凡国。 命属。

众胜。 人主。 凡人。 先王。 日益。 众

人。去爱此二句，与王异。 人主。 明赏。 天道。 釜

鼓。　　先王。此余不谓然,而何持之甚坚。　　八观第二节。所为解。
万家上下互易。　　法禁自君之置其仪至正经而自正矣。去之。
圣王。阮校至国之危也。亦去之。与余大指合。老辣三至。则生之养,
私不死。改作贼生以私养死士。苏作樵解,与余合。

二十二日(**11 月 28 日**)　晴。

二十三日(**11 月 29 日**)　晴。复再同书。

二十四日(**11 月 30 日**)　晴。

二十五日(**12 月 1 日**)　晴。子峨来谈。

二十六日(**12 月 2 日**)　晴。寄复载之书,寄合肥书。昨天得诗
三首,一寄琴生,一寄再同,谢张字专记,一奉怀润民师入觐。

薄暮,得家书,寄《管子》两部,一方望溪删定本,一士礼居宋本。
仍是局刻。

二十七日(**12 月 3 日**)　晴。复安圃书。日来天势渐寒。张沚
莼来。借俞荫甫《诸子平议》。

二十八日(**12 月 4 日**)　晴。校《管子》三篇。

二十九日(**12 月 5 日**)　晴。过子峨。

十一月初一日(**12 月 6 日**)　晴。得安圃书。附八弟书。九弟
至都。

初二日(**12 月 7 日**)　晴。复安圃书。答龙松岑。

初三日(**12 月 8 日**)　晴。《淮南·说林训》:"昈昈者获,提提者
射。"高训提提为安。王氏谓提乃题字。《说文》:头也。俞荫甫以为
湜。湜字,王说以下,文太白,若辱大德,若不足,故纡回就之。俞以
为湜,湜则躲字,不可通矣。《毛诗》:弁彼斯鸢,归飞提提。《传》:提
提,群貌。正是。《淮南》之提提者,群则为众所见矣,似不必改字也。

初四日(**12 月 9 日**)　晴。

初五日(**12 月 10 日**)　晴。起甚早。午后,安圃书来。龙松岑

过谈,于诗不满渔洋,而颇许袁子才、厉樊榭,复论黄河形势。[1] 夜,得合肥书。

初六日(**12月11日**) 晴。合肥十月二十七日书,言缅甸全为英踞,束手无策。魏默(生)[深]《圣武记》载师范滇系入缅路程甚详当,乾隆盛时,傅文忠、阿文成以中原全力八旗重臣攻缅无效,今朝重信义,将帅无人,又际南越休兵之后,宜不暇从事缅甸。顾滇边腾越逼英,保胜逼法。五金之矿又使彼族垂涎,危哉岌乎! 朝鲜外戚钩俄,雷正绾一军进驻东边以张声势,袁世凯至汉城,估其国政顾无益也。

昌黎《读皇甫湜公安园池诗》,东雅本掎摭"粪壤污秽岂有臧",虽胪列各本之异,而阙字不补,方扶南本仍之。按,《考异》引刘贡父云,掎摭"粪壤","间"则作"间"者,乃善本也。此诗实不佳,尊韩者所当知。

初七日(**12月12日**) 晴。家书来。润师廿九日到京,初二日请安。

严范孙吉士书来,论刻北学海堂课艺,并告子涵欲集赀为余纳罚锾求归。琴生书来,洪琴西遣其世兄至津,欲访余塞上。琴生止之。余亟书,并止琴生。琴约其明春同来。

过子峨。

初八日(**12月13日**) 晴。作家书。

读《汉书·盖宽饶传》:执金吾议,以宽饶指意欲求禅,大逆不道。《百官表》:神爵二年南阳太守贤为执金吾。班氏不著其姓氏,殆失瘅恶之恉。盖君刚直高节,殆违明哲之义,而班以为深刻喜陷害人,似亦周内。

初九日(**12月14日**) 晴。

初十日(**12月15日**) 晴,夜雪。润师专人来,并安圃、再同书。

---

① 整理者按,此则上有眉批:龙论河论诗,均依墙傍壁。

再同有戴子高校《管子》，不见假。此乃新书，何缄秘如此。

子峨及吕子庄来。

作复书与润师，交戚弁入都。

**十一日**（**12 月 16 日**）　晴，午后阴。登城望雪。

**十二日**（**12 月 17 日**）　阴。

**十三日**（**12 月 18 日**）　晴。连日天时渐寒，非炉不暖，墨冻茶冰，然大略似都下，特夜风撼窗桄，使人卧不能贴耳。

《管子章句》初稿成。

**十四日**（**12 月 19 日**）　晴。乐山书来，寄石花冰鱼四尾，并告月之初六交卸抚篆。

天甚和。和竹坡诗二首。过子峨，谈甚畅。

**十五日**（**12 月 20 日**）　晴。

**十六日**（**12 月 21 日**）　晴。借子涵《诸子平议》之《管子》六卷手录之，已竟。

戚弁回，得安圃及润师复书，并寄《铁网珊瑚》一部。

是日冬至。

**十七日**（**12 月 22 日**）　雪。复安圃书，子涵书，和竹坡诗，候柳门书。

张子腾侍郎卒。子腾与余起居注，共作总办半年。

**十八日**（**12 月 23 日**）　晴。雪后弥晴暄，注《管子》三事，读《文选》十馀页。

秦伯犹用孟明，相传以为美谈。黄东发独谓孟明不知郑之不当袭，又师出而轻。虽王孙满尚幼，犹知其必败。虽再败之馀，鼓勇焚舟不过晋，不与争而已。岂尝有功于秦者哉？秦之能霸，以穆公之贤，而秦固强耳。世乃以其焚舟之勇传诵为美谈，不知秦晋报复，暴兵千里，更四君而不休，皆孟明启之，外误其君，内违其父，不才孰甚耶。黄氏此论自有为而发，若论孟明则略苛。袭郑之役，启之者杞子，贪之者穆公，观孟明一见犒师即知孟明。郑之有备，固亦心不谓然。但如蹇尗老成,强谏不入,既为将帅,似无怯敌之理,使非弦高犒师,先轸(距)[拒]险,亦未必遽如王孙之言,至其超乘无礼,或年少气兑,纪律未精,或千里袭人,疾行趋利,致犯兵家之忌,及其焚舟立功,则雪耻复仇,绩效已署,固可盖其前愆。此与荀林父之灭潞子大略相似,葛公之出散关大略相似矣。顾何东发之责人无已耶!至秦晋构兵,四世不休,则先轸之不报秦,施而伐其师,本出意外,其后赵盾置君如举棋,于公子雍忽迎忽(距)[拒],更与孟明何涉?宋人论事,大抵如此,固非余之祖孟明以自解也。

十九日(12月24日) 晴。《黄氏日抄》论介推,特澹泊而沽激之人,出无共济艰难之谋,即不去,亦岂若赵衰、舅犯辈能佐其君以兴晋。介推事纪载不一,姑以《左氏传》论之,其言甚高,其志甚断,安见才之不逮狐赵者,使果无足取,晋重亦岂肯引过旌善哉?东发苛及介山,可谓乖矣。

得西白书。西白将遣人入都,绕道过此,以一纸寄安圃。

二十日(12月25日) 晴。午后,子峨来谈。张沚莼来,却之。夜,松岑来。

琴生寄《广韵》泽存堂本,所据宋本、元泰定本。杜诗草堂麻沙。袁子久寄狐裘一袭,均托王枫丞送来。

松岑以其尊人画稿索题。

寄复乐山书。

二十一日(12月26日) 晴。约松岑同过沚莼,吕秀才在坐。作致琴生书。

二十二日(12月27日) 晴。薄暮,沚莼来。

二十三日(12月28日) 晴。天时渐寒,午后过子峨,略坐。夜,作致洪琴西、汪仲伊书,并叠前韵寄琴生。

二十四日(12月29日) 晴。得十六、十九两日家书,知粹玉十六又犯肝风旧证,十八略愈。润师改十九日请训。闷甚。

过松岑略谈。

二十五日(12 月 30 日) 阴,午后晴。阅《周礼注疏》,以证《管子》,兼可考礼。

《天官》:疡医以五气养之。郑注五气当为五谷,字之误也。余谓气字不误,此康成不知医,故误改耳。段氏《周礼汉读考》、王氏《经义述闻》均无说。黎刻元泰定本《广韵》即顾亭林所刻之本,为朱竹垞所讥者。

二十六日(12 月 31 日) 晴。《南齐书·王俭传》:上使陆澄诵《孝经》,自"仲尼居"而起。俭曰:"澄所谓博而寡要,臣请诵之。"乃诵《君子之事上》章,上曰:"善!张子布更觉非奇也。"此明袭吴《志》,可谓琐杂。

柳世隆,字彦绪,著《龟经秘要》二卷。考《旧唐书·经籍志》:《龟经》三卷,柳彦询撰。又一卷,刘宝真撰。又一卷,王宏礼撰。又一卷,庄道名撰。又一卷,孙思邈撰。不言柳世隆之三卷,岂其书至唐已佚?抑柳彦询即彦绪也?行箧无《隋书》,俟详考。

二十七日(1886 年 1 月 1 日) 晴,有风。寄安圃书,高阳由阁学迁侍郎。

张融自序:"夫文岂有常体,但以有体为常,政当使常有其体。丈夫当删《诗》《书》,制礼乐,何至因循寄人篱下!"融自名集为《玉海》。司徒褚渊问《玉海》名,融答:"玉以比德,海崇上善。"《玉海》之名甚佳,惜为王伯厚所掩。

二十八日(1 月 2 日) 晴。午后,一无所营。夜微醺,睡甚早。寄安圃书。配王氏《杂志》。

得琴生书,并和诗。

二十九日(1 月 3 日) 晴。午后,何子峨来。夜,合肥书至,并仲彭阅卷两本。

三十日(1 月 4 日) 晴。寄安圃书,附载之书。王都司处有人回津,附复合肥及琴生信。

十二月初一日(1 月 5 日) 晴。得家书,知粹玉病未愈,润师已于十一月二十六日赴豫矣。

因巷有新修三皇庙,姑径一游,并登城纵目以遣闷怀。

任彦昇《[奏]弹刘整》,前所叙刘寅妻范及海蛤,蛤辨列称,云云。下注:昭明删此文,大略故详引之,使与弹相应也。则此段乃善所引,非《文选》原文之故,但何句是昭明所存之略,何句为崇贤所引之书,不可辨矣。

**初二日(1月6日)**　晴。寄家书并子涵书。

**初三日(1月7日)**　晴。薄暮,过子峨。

**初四日(1月8日)**　晴。得家书,安圃转户科,作书复之。

阎恩、大拜,张子青、福箴亭得协揆,额调管兵部,崇调吏部,福调户部,翁调户部,潘补工部,麟补工部。

**初五日(1月9日)**　晴。马宗梿《左氏补注》甚精。昭十年,栾施、高彊来奔,上云:败诸鹿门,引"臧纥斩鹿门之关以出奔邾"为证,疑鹿门为鲁关名,非是。上战于稷。引桓公微服而行于民间,有鹿门稷者行,年七十而无妻,此鹿门乃齐地之确证。下乃云稷门为齐城门之证,疑刊本有误。

《后汉·吕强传》,引《榖梁传》"财尽则怨,力尽则怼"。

**初六日(1月10日)**　晴。昨日傍晚,王都司送马来试骑。

**初七日(1月11日)**　晴。晨得安圃初四日书,粹玉病渐瘥,八弟有书,质民愿来。

皞民有书,再同有书。适有人便,复谢质民。

**初八日(1月12日)**　晴。得家书,内附苍儿禀,读书渐有进境,可慰。

午后,子峨来小坐,言史迁以腐刑,故每论事斤斤于恩怨,致读史者相习成风,大为世俗之累。余谓存此说以风世可也。然子峨在谪居能作此语,殊可敬也。

周玉山观察自津寄笋、橘、荔支、龙井茶。余与玉山无深交,而玉山以余在译署,措置与其夙论合,故患难中礼意弥笃,记之以见古谊。

初九日(1月13日)　大雪,午后霁。得家书,寄百金来。

初十日(1月14日)　晴。复都中书。校《管子·幼官》篇。

十一日(1月15日)　晴。午后,松岑来。

十二日(1月16日)　晴。

十三日(1月17日)　晴。过子峨。

十四日(1月18日)　晴寒有风。夜,得乐山书,即复之。

十五日(1月19日)　雪。

十六日(1月20日)　晴。已过邻家李氏,闻有闲房出赁也。得家书。

十七日(1月21日)　晴。答松岑,谈不甚畅而返。

十八日(1月22日)　晴。

十九日(1月23日)　晴。夜,石生来。

二十日(1月24日)　微阴。至合诚居,答石生,夜邀之饮。

二十一日(1月25日)　晴。过子峨。

二十二日(1月26日)　晴。定静村致肴核,不欲受之,再辞而去。午后,过之一谈。

定云盛京兵弱而骄,吉林兵作而骄,黑龙江兵愚而骄,言外似讥穆春岩。余不置一词。

二十三日(1月27日)　晴。又过子峨。夜,有偷儿入室,已取衣物,置之穴隙矣。复以火入余书室,冀得金帛,故籍纵横,非所好也。余睡未熟,见火光,笑曰:"欲读书乎?"大惊,遁去,并衣物不取,乃知贪得无厌者,并不可以作贼也。

二十四日(1月28日)　晴。

二十五日(1月29日)　晴。宣镇王枫臣送礼八种,受其橘十枚,苹婆果八枚。戴大令作楫送米两石、煤千斤、猪一片、酒一坛,屡辞受之。定将军亦送橘笋。

家寄冰糖山(查)[楂]来,内人病中尚复琐屑料量,乃知戍人赖有室家,始无迁谪之感。

戚弁归，得合肥复书，并琴生、仲伊复书。

今日风大甚寒。

**二十六日(1月30日)**　晴。寄家书。石秀才送雉兔鱼鸭。

**二十七日(1月31日)**　晴。晚过松岑。

漱兰请开合肥海军差，使趣曾纪泽遄归练师，旨以更张乱政，交部议。

**二十八日(2月1日)**　晴。子峨来。

**二十九日(2月2日)**　晴。陈伯平自大同寄百金来，并欲约为(昏)[婚]姻，作书诗复之。

夜，龙松岑来。

**除夕(2月3日)**　晴，夜微阴。两日来，稍有咳嗽。

京相璠著《春秋土地名》。《元和姓纂》云：晋有樗里璠，著《春秋土地记》三卷。

## 光绪十二年丙戌(1886)

**正月朔(2月4日)**　箦斋先生在城南戌所，读《孙子兵法》。

是日天阴，午后晴。过何子峨，纵谈至暮而归。

**初二日(2月5日)**　晴，有风。检比书籍。

**初三日(2月6日)**　晴。午后，龙松岑来。晚吕子庄来，失馆，求为援手。

**初四日(2月7日)**　晴。答龙、吕。

**初五日(2月8日)**　晴，颇有春意。子峨来。

**初六日(2月9日)**　晴。

**初七日(2月10日)**　晴，微寒。过子峨，见邸报。漱兰降调，廖寿恒补兵部右侍郎，荣禄以报效枪支银两开复，降二级处分。

**初八日(2月11日)**　晴。作家书八弟，复漱兰书。

**初九日(2月12日)**　晴。袁福回京，王都司觅一庖人代之。

张令来，晚松岑来。

初十日（2月13日）　晴。得奎乐山书，又得家书，知粹病略愈。

十一日（2月14日）　晴。作寄合肥及琴生书，交王都司。

十二日（2月15日）　晴。王都司来，赴津。得家书。得合肥书。

十三日（2月16日）　晴。晨起，又得合肥书。午后，定静村来。

十四日（2月17日）　晴。

十五日（2月18日）　晴。

十六日（2月19日）　晴。

十七日（2月20日）　晴。

十八日（2月21日）　晴。汜莼召饮。

十九日（2月22日）　晴。复合肥书。

二十日（2月23日）　晴。

二十一日（2月24日）　晴。子峨来谈。

二十二日（2月25日）　晴。

二十三日（2月26日）　晴。

二十四日（2月27日）　晴。得乐山书，近得一子。正月初一日生。为之狂喜，作书贺之。

二十五日（2月28日）　晴。过子峨。

二十六日（3月1日）　晴。得合肥书。

二十七日（3月2日）　晴。孙太守诗公凤官同中五字。

子峨来谈。

二十八日（3月3日）　晴。

二十九日（3月4日）　晴。子峨来谈。方铭山来书，赠余长歌，却之。

三十日（3月5日）　晴。得家书。

二月初一日（3月6日）　晴。寄家书。内有八弟一书，周子玉一书。得琴生书。

过子峨，复铭山书。

初二日(3月7日)　晴,午后复阴,夜大雪。闻洪琴西将遣其子来视余,属仆辈洁西斋待之。

初三日(3月8日)　晴。

初四日(3月9日)　晴。得家书。过松岑。

乐山到京。

初五日(3月10日)　晴。松岑来谈,许借吴山尊所刻《管晏合编》。山尊所注乃《晏韩合编》,后亦始终未借。

初六日(3月11日)　晴,午后微阴。多伦协副将谭兴魁来。

初七日(3月12日)　晴。得安圃书。

复合肥,并附寄省三书。

初八日(3月13日)　晴。袁荣自都中归,李高阳知贡举。

初九日(3月14日)　晴。寄家书。二李相书。

初十日(3月15日)　晴。过子峨略谈。

十一日(3月16日)　【晴】雪。西斋甫成,是日适雪,因仿坡老黄州意,名之曰“向西雪堂”,取“此邦台馆一时西,南堂(更)[独]有西南向”句。

十二日(3月17日)　晴。

十三日(3月18日)　晴。邀子峨小酌,谈甚畅。

十四日(3月19日)　晴。

十五日(3月20日)　晴。子峨来谈。

绍祺擢理藩院尚书,托伦布授察哈尔都统。字子明。

十六日(3月21日)　晴。得安圃书,知内人病甚剧。

闻铁香患瘴甚危,复以不往勘界下部严议。过子峨略谈,闷甚。

十七日(3月22日)　晴。遣朱存入都问疾,亦无聊之下策耳。

十八日(3月23日)　晴。秀才李秀瀛求助,以行资赠之。四两。

十九日(3月24日)　晴。

二十日(3月25日)　晴。得安圃书,言粹甚剧。

二十一日(3月26日)　晴。过子峨。

二十二日(3 月 27 日)　晴。得安圃书,知粹病,延陈荆门,甚效,作书复之。晚朱存归。

二十三日(3 月 28 日)　晴。复合肥、高阳书,专足入都。

二十四日(3 月 29 日)　晴。贺绍秋皋。与子峨相值。午后,子峨来,张令又至。

二十五日(3 月 30 日)　晴。过子峨。

二十六日(3 月 31 日)　晴。安圃书来,言子峨欲入镘求归事。午后过子峨,作书及安圃。

二十七日(4 月 1 日)　阴,有风。

二十八日(4 月 2 日)　晴。

二十九日(4 月 3 日)　晴。

三月初一日(4 月 4 日)　晴。

初二日(4 月 5 日)　晴。

初三日(4 月 6 日)　晴。午后,宿榆林。

初四日(4 月 7 日)　宣化馎,鸡鸣宿,朱存先驰。

初五日(4 月 8 日)　沙城馎,怀来宿。

初六日(4 月 9 日)　至叁道,夜,朱存归。

初七日(4 月 10 日)

初八日(4 月 11 日)　复遣朱存入都。

初九日(4 月 12 日)　得书,继妇于初八日病故。

初十日(4 月 13 日)　公瑕出关,一谈。

十一日(4 月 14 日)　宿沙城。

十二日(4 月 15 日)　宿宣化。

十三日(4 月 16 日)　归,子峨来。

十四日(4 月 17 日)　子峨来。

十五日(4 月 18 日)　子峨来。

十六日(4 月 19 日)　雨。

十七日(4 月 20 日)　褚福来。

**十八日(4 月 21 日)** 得再同专信,知廿二日殡广惠寺。

**十九日(4 月 22 日)** 晴。

**二十日(4 月 23 日)** 晴。口外雪,故甚寒。

**廿一日(4 月 24 日)** 晴。吉观察顺来。

**廿二日(4 月 25 日)** 晴。汉有北平太守卑躬,河间人,毋终子,嘉父,翟国居也。因氏焉。

西方、北平、前燕慕容庑以西方武为股肱,又西方阆以文章知名。

采。黄帝封其子于右北平采亭,因氏焉。北平汉度辽将军采皓,见《英贤传》。晋东莞太守采耿,至隋渔阳郡主簿采强,《状》云耿之后也,生宣明、公敏。宣明,给事中,刑部侍郎,生怀敬。怀敬,吏部郎中、宗正少卿,生庭芝、兰芝。公敏,黄门侍郎,生泰眷,右金吾将军,相州刺史。

汉左。当是右之误。北平太守贱琼。《风俗通》。

张。黄帝第五子,青阳生挥,为弓正,观弧星,始制弓矢,主祀弧星,因姓张氏,秘笈新星。师子。世本郑有师子,濮汉有北平太守师子将。

后魏道武,时有北平王长孙嵩。无忌之先。

后魏北平太守曾孙敬频。平阳人。

**廿三日(4 月 26 日)** 晴。

**廿四日(4 月 27 日)** 晴。

**廿五日(4 月 28 日)** 晴。

**廿六日(4 月 29 日)** 晴。

**廿七日(4 月 30 日)** 晴。

**廿八日(5 月 1 日)** 晴。两儿自京起程。

**廿九日(5 月 2 日)** 雨,旋霁。遣武明胜迓两儿。

**三十日(5 月 3 日)** 晴。《祭义》:"'故礼之教化也微,其止邪于未形,使人日徙善远罪而不自知也,是以先王隆之也。'《易》曰:'君子慎始,差若毫厘,缪以千里。'此之谓也。"

四月初一日(5月4日)　晴,大风。

初二日(5月5日)　晴。两儿至塞上。

初三日(5月6日)　晴。作寄再同书,遣其仆孟某回。

初四日(5月7日)　晴。过都统。

为儿辈开馆。

初五日(5月8日)　晴。

初六日(5月9日)　晴。

初七日(5月10日)　大雨。

初八日(5月11日)　晴。

初九日(5月12日)　晴。

初十日(5月13日)　晴。崔升回景州。

十一日(5月14日)　晴。张令昨日来。

何休有《论语注》,已佚。刘逢禄《论语》述何率多杜撰。兹捡《公羊解诂》凡引《论语》者录之。

"躬自厚而薄责于人。"隐二年,纪履纶来逆女。《传注》:"内逆女常书,外逆女但疾始不常书者,明当先自[详]正,躬自厚而薄责于人,故略外也。"

俞荫甫已辑为一卷,间有遗漏,已墨于俞纂之上,不复辑矣。

十二日(5月15日)　晴。得吴清卿副宪书,时赴珲春勘界。

《周礼·条狼氏》:"掌执鞭以趋辟。"郑注:"趋而辟行人,若今卒辟车之为也。"孔子曰:"富而可求也。虽执鞭之士,吾亦为之。"言士之贱也。

《乐师》:"令相。"郑注:"令视瞭扶工。"郑司农云:"告当相瞽师者,言当罢也,瞽师、盲者皆有相道之者。故师冕见,及阶曰阶也,及席曰席也,皆坐,曰某在斯,某在斯。曰相,师之道与?"

太师教六诗,曰风,曰赋,曰比,曰兴,曰雅,曰颂。注:郑司农云:"古而自有风雅颂之名,故延陵季子观乐于鲁时【延陵季子观乐于鲁时】,孔子尚幼,未定《诗》《书》,而因为之歌《邶》《鄘》《卫》,曰'是其

《卫风》乎'，又为之歌《小雅》、《大雅》，又为之歌《颂》。《论语》曰：'吾自卫反鲁，然后乐正，《雅》、《颂》各得其所。'时礼乐自诸侯出，颇有谬乱不正，孔子正之。"

《大司马》：中春，教振旅。以旗致民，平列陈，如战之陈。注：兵者，守国之备。孔子曰："以不教民战，是谓弃之。"兵者凶事，不可空设，因蒐狩而习之。凡师出曰治兵，入曰振旅，皆习战也。四时各教民以其一焉。"

士师，下大夫。注：士察也，主察狱讼之事者。郑司农说以《论语》曰："柳下惠为士师。"

匠人，九夫为井至谓之浍。注：滕文公问为国，孟子曰："夏后氏五十而贡，殷人七十而（助）［莇］，周人百亩而彻，其实皆什一。彻者，彻也。莇者，藉也。龙子曰：'治地莫善于莇，莫不善于贡。'贡者，校数岁之中以为常。"文公又问井田，孟子曰："请野九一而莇，国中什一使自赋。卿以下必有圭田，圭田五十亩。馀夫二十五亩。死徙无出乡，乡田同井，出入相友，守望相莇，疾病相扶持，则百姓亲睦。方里而井，井九百亩，其中为公田。惟莇为有公田。由此观之，虽周亦莇也。"鲁哀公问于有若曰："年饥，用不足，如之何？"有若对："彻也【春】。"曰："盍彻欤？"曰："二吾犹不足，如之何其彻也。"《春秋》宣十五年秋，初税亩。传曰："非礼也。谷出不过藉，以丰财也。"此数者，世人谓之错而疑焉。以《载师职》及《司马法》论之，周制，畿内用夏之贡法，税夫无公田。以《诗》、《春秋》、《论语》、《孟子》论之，周制，邦国用殷之莇法，制公田，不税夫。

小司寇，二曰议故之辟。注：故谓旧知也。郑司农云："故旧不遗，则民不偷。"

乡士，士师受中。注：受中，谓受狱讼之成也。郑司农云："士师受中，若今二千石受其狱也。中者，刑罚之中也。故《论语》曰'刑罚不中，则民无所措手足'。"

乡士，肆之三日。注：郑司农曰："肆之三日，故《春秋传》曰'三日弃疾请尸'，《论语》曰'肆诸尸朝'。"贾疏引《宪问篇》注云："大夫于朝，士于市。公伯寮是士，止应云'肆诸市'，连言'朝'耳。"

司厉，其奴，男子入于罪隶，女子入于舂槁。注：郑司农云："谓坐为盗贼而为奴者，输于罪隶、舂人、槁人之官也。由是观之，今之为奴婢，古之罪人也。故《书》曰'予则奴戮汝'，《论语》曰'箕子为之奴'，罪隶之奴也。"

太祝，六曰说，或曰诔。《论语》所谓诔曰"祷尔于上下神祇"。

隶仆掌五寝之扫除粪洒之事。注：汜埽曰埽，埽席前曰拚。洒，灑也。郑司农云："洒当为灑。"玄谓《论语》曰："子夏之门人，当洒埽应对。"

鲍人，虽敝不瓶。注：瓶，故书或作邻。郑司农云："邻读为'磨而不磷'之磷。"

凡画缋之事，后素功。注：素，白采也。后布之，谓其易渍污也。不言绣，绣以丝也。郑司农说以《论语》"缋事后素"。

乃立天官冢宰，使帅其属而掌邦治。注：郑司农云："邦治，谓总六官之职也。故《大宰职》曰'掌建邦之六典，以佐王治邦国'。六官皆总属于冢宰，故《论语》曰'君薨，百官总己以听于冢宰'，言冢宰于百官无所不主。《尔雅》曰：'冢大也。'冢宰，大宰也。"

二曰敬故。注：敬故，不慢旧也。晏平仲久而敬之。

诸公之地，封疆方五百里，其食者半。注：郑司农云："其食者半，公所食租税得其半耳，其半皆附庸小国也，属天子。参之一者亦然。故《鲁颂》曰：'锡之山川，土地附庸。奄有龟蒙，遂荒大东，至于海邦。'《论语》曰：'季氏将伐颛臾，孔子曰：先王以为东蒙主，且在邦域之中，是社稷之臣。'此非七十里所能容，然则方五百里四百里合于《鲁颂》、《论语》之言。"

师氏，一曰至德，以为道本。郑注：至德，中和之德，覆焘持载含容者也。孔子曰："中庸之为德，其至矣乎。"

州长，各掌其州之教治。注：郑司农云："二千五百家为州。《论语》曰:'虽州里行乎哉。'《春秋传》曰:'乡取一人焉以归,谓之夏州。'"

党正,各掌其党之政令教治。郑司农云:"五百家为党。《论语》曰'孔子于乡党'。又曰'阙党童子'。"

小宗伯,大灾,及执事祷祠于上下神示。郑注:求福曰祷,得求曰祠,诔曰"祷尔于上下神祇"。

**十三日(5月16日)**　微雨。得王云舫书。

《曲礼》:礼不妄说人。注:为近佞媚也。君子说之不以其道,则不说也。

不辞费。注:为伤信,君子先行其言而后从之。

不苟訾,不苟笑。注:人之性,不欲见毁訾,不欲见笑。君子乐然后笑。

请益则起。注:益,谓受说不了,欲师更明说之。子路问政,子曰:"先之,劳之。"请益,曰:"无倦。"

故君子戒慎,不失色于人。注:色厉而内荏,貌恭心很,非情者也。

国君抚式,大夫下之。大夫抚式,士下之。注:据式小俯,崇敬也。乘车必正立。

《曲礼》下:侍于君子,不顾望而对,非礼也。注:礼尚谦也。不顾望,若子路帅尔而对。

袗絺绤,不入公门。注:袗,单也。孔子曰:"当暑,袗絺绤,必表而出之。"为其形亵。

《檀弓》:叔孙武叔之母死。注:武叔,公子牙之六世孙,名州仇,毁(公)[孔]子者。

《檀弓》下:吊于人,是日不乐。注:君子哀乐不同日。子于是日哭,则不歌。

"悼公之丧"章。注:存时不尽忠,丧又不尽礼,非也。孔子曰:"丧事不敢不勉。"

　　子张问曰:"《书》云:'高宗三年不言,言乃欢。'有诸?"注:时人君无行三年之丧,礼者问有此欤?怪之也。欢,喜悦也。言乃喜悦,则民臣望其言久。仲尼曰:"胡为其不然也?古者天子崩,王世子听于冢宰三年。"冢宰,天官卿,贰王事者。三年之丧,使之听朝。

　　殷人作誓而民始畔,周人作会而民始疑。注:盟、誓所以结众以信,其后外恃众而信不由中,则民畔疑之。孔子曰:"其身正,不令而行;其身不正,虽令不从。"

　　《礼运》:大夫具官,祭器不假,声乐皆具,非礼也。是谓乱国。注:臣之奢富拟于国君,败乱之国也。孔子谓:"管仲官事不摄,焉得俭?"

　　乡人裼。裼,强鬼也。谓时傩,索室驱疫逐强鬼也。裼,或为献,或为傩。孔子朝服立于阼,存室神也。神依人也。

　　黄衣、黄冠而祭,息田夫也。注:祭,谓既蜡,腊先祖五祀也。于是劳农以休息之。《论语》曰:"黄衣黄裳。"

　　《玉藻》:振𫄸、绤不入公门,表裘不入公门。注:振,读为袗。袗,禅也。表裘,外衣也。二者形且亵,皆当表之乃出。

　　麛裘青豻袖,绞衣以裼之。注:豻,胡犬也。绞,苍黄之色也。孔子曰:"素衣麛裘。"

　　羔裘豹饰,缁衣以裼之。注:饰,犹袖也。孔子曰:"缁衣羔裘。"

　　狐裘,黄衣以裼之。注:黄衣,大蜡时腊先祖之服也。孔子曰:"黄衣狐裘。"

　　子游曰:"参分带下,绅居二焉。"绅、韠、结三齐。注:绅,谓带之垂者,言其屈而重也。《论语》曰:"子张书诸绅。"

　　《少仪》:不道旧故。注:言知识之过失,损友也。孔子曰:"故旧不遗,则民不偷。"

　　其未有烛,而【有】后至者,则以在者告。道瞽亦然。注:为其不见,意欲知之也。师冕见,及阶,子曰:"阶也。"及席,子曰:"席也。"皆坐,子告之曰:"某在斯,某在斯。"

《学记》：时观而弗语，存其心也。注：使之悱悱愤愤，然后启发也。

君子大德不官，大道不器，大信不约，大时不齐。察于此四者，可以有志于本矣。注：本立而道生，言以学为本则其德于民无不化，于俗无不成。

《乐记》：礼乐之情同，故明王以相沿也。沿犹因述也。孔子曰："殷因于夏礼，所损益可知也。周因于殷礼，所损益可知也。"

干戚之舞，非备乐也。注：乐以文德为备，若《咸池》者。孔子曰："《韶》，尽美矣，又尽善也。"谓："《武》，尽美矣，未尽善也。"

《丧【服】大记》：袍必有表，不禅。衣必有裳，谓之一称。注：袍，褒衣，必有以表之乃成称也。《杂记》曰"子羔之袭，茧衣裳与税衣纁袡为一"是也。《论语》曰"当暑，袗绤绤，必表而出之"，亦为其褒也。

《祭义》：子之言祭，济济漆漆然。注：漆漆，读如朋友切切。

《仲尼燕居》：子曰："给夺慈仁。"注：夺，犹乱也，巧言足恭之人似慈仁，实鲜仁。

师（也）[尔]过，而商也不及。注：过与不及，言敏、钝不同，俱违礼也。

【孔子闲居】《坊记》：《论语》曰：三年无改于父之道，可谓孝矣。注：不以己善驳亲之过。

微谏不倦。注：微谏不倦者，子于父母尚和顺，不用鄂鄂。《论语》曰："事父母几谏，见志不从，又敬不违。"《内则》曰："父母有过，下气怡色，柔声以谏。谏若不入，起敬起孝，悦则复谏。"此所谓"不倦"。

《诗》云："采葑采菲，无以下体。德音莫违，及尔同死。"注：此诗故亲、今疏者，言人之交，当如采葑采菲，取一善而已。君子不求备于一人，能如此，则德美之音不离令名，我愿与女同死矣。《论语》曰："故旧无大故，则不弃也。"

子曰："好德如好色。"注：此句似不足。《论语》曰"未见好德如好色"，疾时人厚于色之甚而薄于德也。

《中庸》:子曰:"中庸其至矣乎,民鲜能久矣。"注:鲜,罕也。言中庸为道至美,顾人罕能久行。

正己而不求于人,则无怨,上不怨天,下不尤人。注:无怨人,无怨之者也。《论语》曰:"君子求诸己,小人求诸人。"

君子之所谓义者,贵贱皆有事于天下。注:言无事而居位食禄,是"不义而富且贵"。

《缁衣》:子曰:"南人有言,曰'人而无恒,不可以为卜筮'。"注:恒,常也。

《易》曰:"不恒其德,或承之羞。"注:羞,犹辱也。

三年问孔子,曰:"子生三年,然后免于父母之怀。"夫三年之丧,天下之达丧也。注:达,谓自天子至于庶人。

《大学》:"与其有聚敛之臣,宁有盗臣。"注:国家利义不利财。盗臣损财耳,聚敛之臣乃损义。《论语》曰:"季氏富于周公,而求也为之聚敛,非吾徒也,小子鸣鼓而攻之可也。"

《射义》:孔子曰:君子无所争,必也射乎!揖让而升,下而饮,其争也君子。注:必也射乎,言君子至于射则有争也。下,降也。饮射爵者,亦揖让而升降。胜者,袒决遂,执张弓。不胜者袭,说决拾,却左手,右加弛弓于其上而升饮。君子耻之,是以射则争中。

《丧服四制》:祥之日,鼓素琴。注:鼓素琴,始存乐也。三年不为乐,乐必崩。

十四日(5月17日)　晴。得鹤巢书。

十五日(5月18日)　雨。

十六日(5月19日)　雨。

十七日(5月20日)　晴。往见托子明。

十八日(5月21日)　晴。托来答。

十九日(5月22日)　晴。

二十日(5月23日)　晴。祥仁趾来。乌城参赞。

二十一日(5月24日)　晴。连日注《管子·枢言》。

二十二日(5 月 25 日)　晴。九弟来。

二十三日(5 月 26 日)　晴。

二十四日(5 月 27 日)　晴。

二十五日(5 月 28 日)　晴,午后大雨。九弟东归。是日琴生至宣,与九弟晤。

二十六日(5 月 29 日)　晴。琴生来,迓不果,往。

二十七日(5 月 30 日)　晴。张令来。得安侄书。并银二百两,合肥赠款。

二十八日(5 月 31 日)　晴。

二十九日(6 月 1 日)　晴。祥仁阯来辞,即答之。

五月初一日(6 月 2 日)　晴。往访梦庐洪翰香大令,朱九香、赵采臣两孝廉在坐。

初二日(6 月 3 日)　晴。

初三日(6 月 4 日)　晴。还塞上。

初四日(6 月 5 日)　晴。

初五日(6 月 6 日)　晴。

初六日(6 月 7 日)　晴。寄都下书。复诒公一书。[1]

十三日(6 月 14 日)　晴。翰香来。

十四日(6 月 15 日)　阴。张令来。

十五日(6 月 16 日)　晴。同翰香至宣化。[2]

二十日(6 月 21 日)　晴。由宣化归。

二十一日(6 月 22 日)晴,至三十日(7 月 1 日),晴。廿七廿八日雨凉。

六月初一日(7 月 2 日)　晴。薄暮过何子峨略话。

初二日(7 月 3 日)　晴。

---

[1]　整理者按,初七日至十二日缺。

[2]　整理者按,十六日至十九日缺。

初三日(7月4日)　雨。香涛遣芮祥来。

初四日(7月5日)　雨。

初五日(7月6日)　晴。

初六日(7月7日)　晴。芮祥归,得香涛书,以松花肉(摩姑)[蘑菇]寄报。

初七日(7月8日)　晴。

初八日(7月9日)　晴。

初九日(7月10日)　晴。

初十日(7月11日)　晴。

十一日(7月12日)　晴。得安圃书,知倪泰病危。

十二日(7月13日)　晴。遣苏福归。

寄合肥书。附吴清卿和诗。

十三日(7月14日)　晴。

十四日(7月15日)　大雨雹。

十五日(7月16日)　雷雨。得琴生复书。①

二十日(7月21日)　晴。琴生之子颂民世讲来,住三日,廿三日去。②

二十四日(7月25日)　大雨。自廿四至廿九雨多晴少。③

东郭,齐公族,桓公之后也。齐大夫偃、东郭书,见《左传》。又,大陆子方号东郭贾,齐人。《庄子》有东郭子。魏文侯时东郭子惠,见《说苑》。

蚩尤之后,以国为姓。齐季,齐襄公子季奔楚,因氏焉。

常,一云黄帝常先[之]后。《秘笈新书》引。齐有(恃)[忖]乙,管仲诛之。齐有竖刀,子孙氏焉。管,文王子叔鲜封于管,因氏焉。管

---

① 整理者按,十六日至十九日缺。

② 整理者按,二十一日至二十三日缺。

③ 整理者按,此页后空一页。

夷吾,字敬仲,仕齐。又管至父,燕有管少卿。鲍,妣姓,夏禹之后,有鲍叔仕齐,食采于鲍,因氏焉。

晏,《左传》晏桓子,名弱,齐公族。生婴,字平仲,名公蒐之后,或作吕齐吕忽。

宁,卫康叔之后,至武公生季亹,食采于宁。齐有宁戚。

姜姓,炎帝之后,封钜,为黄帝师,胙土命氏。

**七月初一日(7月31日)** 晴。

**初二日(8月1日)** 晴。子峨来谈。

**初三日(8月2日)** 晴。午后,琴生同年自宣化来,留宿草堂。得汪仲伊书,并寄所著《逸礼》两卷,洪翰香书寄《檠洲集》一则。与琴生夜谈,竟夕不能成寐。

**初四日(8月3日)** 晴。晚邀子峨、琴生小酌。

**初五日(8月4日)** 晴。琴生回宣。

怀安岳烘,乃云石先生伦之后,持其先世奏稿、诗文稿求余一阅。烘兄弟三人,长灯,次炜。烘,其季也。人甚勤朴,务农守分,云石之泽长矣。集凡奏稿一卷,诗稿二卷,文稿一卷。

伦以行人司右司副疏劾张璁、桂萼,大略谓璁、萼立党乱政,移易人心,时人有"持权方二载,暗换一朝人"之谣,奉旨张璁著回家省改,以图后用,桂、萼著革去散官,著以尚书致仕去。吏部会同都察院分别党与奏来处治。岳伦既见如此,何不早言?著法司提了问,王准也著法司提了问,该衙门知道,旋谪齐东县主簿。考《明史稿·张璁桂萼传》,但载孙应奎、王准、陆粲,论劾不及岳伦,《孙应奎传》仅及粲、准,传附及刘希简、王准,亦不书伦事,似太疏漏。

伦在齐东二年,擢曲沃县知县。嘉靖十二年十月,大同军变,戕害主将。具疏议征讨大计,旋丁父忧,服阕,补工部主事,升员外郎郎中。十八年,上幸承天,伦首具疏乞留,奉旨:朕兹行非慢游无事,此又非听人引诱,岳伦这厮好生恣肆悖恶,著锦衣卫擎送镇抚司,打著问了来说,该衙门知道。伦下狱二百餘日,上回京革职,旋以杖伤卒。

考《明史稿·王廷相传》,帝将幸承天,廷相与诸大臣谏,不纳,扈从还,以九年满加太子太保。本集其子岳鲁请恤,揭谓伦疏入次日,王廷相亦上疏,旬日之间,九卿、科道各先后其疏,诸臣皆宥,而伦以论璁、萼疏尝及夏言,以揭救唐胄,忤郭勋揭未上。以拒严嵩,属托商人,忤嵩。故言等潜伦首倡浮议,摇惑人心,乃沽名奸巧之徒,遂久系清室,卒以杖伤。隆庆中,恤赠太常寺少卿。《史稿》于《王廷相传》亦遗之。明时票旨陋劣,以其为一朝格式,故特存之。

**初六日(8月5日)** 晴。家忌。

**初七日(8月6日)** 晴。过子峨略谈。

袁爽秋《寄怀》一律,交松岑见示。

**初八日(8月7日)** 晴。王枫臣总兵见访,时多伦有马贼行劫。

**初九日(8月8日)** 晴,午后大雨旋霁。韩秀才思归,午饮饯之。

**初十日(8月9日)** 晴,未刻急雨惊雷,夜大雷雨。韩秀才归,遣褚福送之,寄安圃、再同书。

定静村送鲜菇一(合)[盒]。晚得九弟书。

自课两儿。窗外有野藤一本,垂蔓作花,洁于红绿相间,致可爱也。因名之曰灵藤阴馆。余作小记,而命苍儿作一诗,以"绿藤阴下铺歌席"命陈儿对之,陈儿应声曰"红杏花前赐绣衣",亦颇兴会。

藤阴馆记

《诗》云:"南有樛木,葛藟藟之。"又曰:"茑与女萝,施于松柏。"藤之为性,每缘木而始生,虽附于松柏之中,其不能卓然自立也,明矣!及其为用也,干或杖之,叶或药之,子或羹之。虽足以扶衰养气,为功亦微细耳。塞上山童土恶,草木不生。余居又僻陋,力不能掘井引水以灌蔬莳药,门庭萧然,面壁而已。惟牖南野藤一本,高可蔽檐,根直不曲。六七月之间,山雨骤来,清风时至,疏花长蔓,结子盈升,丹碧相间。虽其材不大,其味不甘,而不阶尺木,不藉汲泉,拔地而起,修阴垂条，新绿入目，致足尚也。通都大邑，贵族豪家，一花一木，皆有记识。至于山蓸虎葛之属，援墙附壁，不可胜纪，亦蓬蒿藜藋视之矣，而斯藤孤立于童土谪居之地，独以罕而见珍，将有托而逃欤，抑以无用而得全也。嗟乎，楩枏栟榈以论都而贵，卷施薜荔以入骚而悲，物固有幸有不幸耶。以藤阴名吾居，亦犹黄冈之竹楼，儋耳之桄榔庵，自适其适云尔。

闭门六月不炎蒸，绿映窗纱有异藤。日午溪风舒碧簟，夜凉山雨对青灯。谁云北道无嘉树，自辟南堂待好朋。谓章太守文。底用牵萝将屋补，谪居清趣冷于冰。寿苍所作，余稍润色之，亦颇不俗。

**十一日(8 月 10 日)**　晴，午后微雨。自定课程：午后读《管子》，夜读三史及苏诗。

琴生以儿辈无师，致书邀余父子过郡，复书辞之。

**十二日(8 月 11 日)**　晴。

**十三日(8 月 12 日)**　晴。午后，子峨来谈。

**十四日(8 月 13 日)**　晴，午后大雷雨。梁诗五拔贡过谈。名居实，子峨客，粤人。

《后汉书·光武纪》：建武元年春正月，光武北击尤来、大抢、五幡于元氏，追至右北平，连破之。章怀注：案《东观记》《续汉书》并无"右"字，此加"右"，误也。营州西南别有右北平郡故城，非此也。

**十五日(8 月 14 日)**　晴，午后微雨。《光武纪》：十五年二月，徙雁门、代郡、上谷三郡民，置常山关、居庸关以东。山字据注补。二十六年，南单于遣子入侍，奉奏诣阙。于是云中、五原、朔方、北地、定襄、雁门、上谷、代八郡民归于本土。遣谒者分将施刑补理城郭。发遣边民在中国者，布还诸县，皆赐以装钱，转输给食。注：《东观记》曰：时城郭丘墟，扫地更为，上悔前徙之。

《安纪》：元初五年冬十月，鲜卑寇上谷。建光元年八月，鲜卑寇居庸关。

**十六日(8 月 15 日)**　晴，午后大雨，夜雨更甚。《桓纪》：元嘉二年十二月,右北平太守和旻坐臧,下狱死。

《灵纪》:中平四年六月,渔阳人张纯与同郡张举攻杀右北平太守刘政。

灵石先生诗二卷,略涉"七子",风尚如此也。录其《饮谷少岱草堂》一联,曰:"野水含秋碧,烟林见晚青。"颇似晚唐人语。《送孙南村赴广东一绝》曰:"海南尚有林廷尉,忧国遥怜雪满簪。"亦学杜而有神韵者。岳烘在旅肆久待,故录其集。

答梁拔贡。

**十七日(8 月 16 日)**　晴。《御览·人事部》一百七引《庄子》曰:"惠子始与庄子相见而问乎,庄子曰:'今日自以为[见]凤皇而徒遭燕雀耳。'坐者俱笑。"

《张敞集·答朱登书》曰:"登为东海相,遗敞蟹酱。敞答曰:'蘧伯玉受孔子之赐,必以及其乡人。敞谨分斯赐于三老尊行者,曷敢独享之。'"《御览·人事部》二百十九引。

**十八日(8 月 17 日)**　晴。午后,张沚莼来谈,据云多伦骑寇已树五旗。

《郡国志》:幽州无终县西平城,即李广射石虎之处。

《隋书·文纪》:汉太尉震八代孙铉,仕燕为北平太守。

**十九日(8 月 18 日)**　晴。复洪翰香书。

得许鹤巢书、黄花农书。

**二十日(8 月 19 日)**　晴。得安圃书。

晚得琴生书。

**二十一日(8 月 20 日)**　晴。复安圃书。附九弟书。

**二十二日(8 月 21 日)**　雨。

**二十三日(8 月 22 日)**　午后大雷雨,渐霁。过子峨少谈即返。

得合肥书。

**二十四日(8 月 23 日)**　晴。琴生书来,邀余父子赴郡,懒于出门,无以复之。

**二十五日(8月24日)**　晴。

**二十六日(8月25日)**　晴。在问津,以九河名义解课士。钩般河,多主勾股之说,本之潜研也。偶阅六月笺"钩钩罄行,曲直有正"也。疏云:定本钩罄作钩般,因悟钩般名河之意,周官中车职曰金路。钩,樊缨注云:钩读如娄额之钩。樊读如罄带之罄,谓今马大带是也。然则此河或谓其如带,或谓其水如车行,钩曲盘旋,曲直有正,勾股之说非也。

**二十七日(8月26日)**　晴。午后子峨及梁诗五来谈。《穀梁》庄二十有五年秋大水。《传》:高下有大水灾曰大水。既戒鼓而骇众,用牲可以已矣。救日以鼓兵,救水以鼓众。此骇众足为徒骇之证。

**二十八日(8月27日)**　晴。《左·庄十六年》传:郑伯治与于雍纠之乱者。九月,杀公子阏。杜注:公子阏,强鉏,皆祭仲党。余案,公子阏即公孙阏,子都射考叔,庄公失刑天,故假手于厉公也。子孙两字,必有一误。

**二十九日(8月28日)**　晴。

**八月初一日(8月29日)**　晴。天凉衣裕。

何子峨及梁君又来。

寄家书。廿八。九弟、安圃。

**初二日(8月30日)**　晴。往答何子峨及梁君。

**初三日(8月31日)**　晴,夜雨。得家书,安圃十八大病,至廿七小愈。闷甚,作书问安圃疾。

**初四日(9月1日)**　阴。余论文雅好左氏、史迁,以为古之良史无逾二家,即古之至文亦无过二家者。世称杜元凯有左癖,实则左癖当属之史迁耳。观其作《十二诸侯年表》,曰:"鲁君子左邱明惧弟子人人异端,各安其意,失其真,故因孔子史记具论其语,成《左氏春秋》。"下溯铎椒、虞氏、吕不韦以及荀、孟、公孙固、韩非而不及公羊、穀梁。其于《儒林传》曰:"汉兴至于五世之间,唯董仲舒名为明[于]

《春秋》，其传公羊氏也。"又曰："瑕邱江生为《穀梁春秋》，自公孙弘得用，尝集比其义。"其《自叙》则曰："孔子厄陈、蔡作《春秋》，左氏失明厥有《国语》。"盖自以其得《左氏传》也。课儿辈读《左》，辄取《史》之足以补《左》者，录之。

《周本纪》：五十一年，平王崩，太子泄父蚤死，立其子林，是为桓王。

许田，天子之用事泰山田也。《索隐》以为误，恐《史》必有本。

惠王十年，赐齐桓公为伯。

郑文公怨厉惠王之入不与厉公爵。

《左·庄二十一年传》：虢公请器，王与之爵。郑伯由是怨王也。杜预曰：爵，饮酒器也。服虔曰：爵，饮酒器，玉爵也。一升曰爵，人之所贵者。孔疏。辨详《郑世家》下。

十六年，王绌翟后，翟人来诛，杀谭伯。

《索隐》云：从《国语》，不从《左传集解》，引唐固注，以为原伯、毛伯。

子朝为臣。此与奔楚异文。

十六年，子朝之徒复作乱，敬王奔于晋。十七年，晋定公遂入敬王于周。此与《左》异。

**初五日(9月2日)** 晴。是日课儿辈，无暇读书。

**初六日(9月3日)** 晴。琴生遣车来迓两儿。

**初七日(9月4日)** 晴。遣两儿赴郡。

过子峨谈。

托子明遣人诒果饼八种，云荣仲华属其致儿辈。余与荣无交，屡致殷勤，不解所以。

**初八日(9月5日)** 晴。释本如来同游营城寺。寺有新桐一树，杂花满阶。僧不蓄经，而禅房有《圣教序》及鲁公碑帖，亦墨名而儒行者钦。

**初九日(9月6日)** 晴。王镇自塞外归，来谈。

初十日(**9 月 7 日**)　晴。王镇又来。

十一日(**9 月 8 日**)　晴。晚,张全来。

十二日(**9 月 9 日**)　晴,午后急雨一阵。安圃代延赵州孝廉李君景纲至。丙子举人。其母兄景侗,乙酉举人。君字纪堂,一字墀臣。两儿亦归。

十三日(**9 月 10 日**)　晴。得合肥书。又得乐山书。

十四日(**9 月 11 日**)　晴。寄安圃书。

十五日(**9 月 12 日**)　晴,夜月色为云所掩。作乐山书,附致合肥书,并以一羊裘报仲伊。

十六日(**9 月 13 日**)　晴,月色甚佳。遣朱存赴津,送乐山莅鄂。连日陪李师闲话,仍兼课儿辈,杂作书问,未得展卷读也。

十七日(**9 月 14 日**)　晴。李师开馆。

十八日(**9 月 15 日**)　晴。子峨来谈。

十九日(**9 月 16 日**)　晴,午后雨。

二十日(**9 月 17 日**)　雨,午后放晴。连日体颇不适,间阅朱子集,以养心节虑。

二十一日(**9 月 18 日**)　晴。朱子《答吕伯恭书》:"昨见奇卿,敬叩之以比日讲授次第,闻只令诸生读《左氏》及诸贤奏疏,至于诸经《论》《孟》,则恐学者徒务空言而不以告也。不知是否? 若果如此,则恐未安。盖为学之序,为己而后可以及人,达理而后可以制事。故程夫子教人先读《论》《孟》,次及诸经,然后看史,其序不可乱也。若恐其徒务空言,但当就《论》《孟》经书中教以躬行之意,庶不相远。至于《左氏》奏疏之言,则皆时事利害,而非学者切身之(要)[急]务也。其为空言,亦益甚矣。而欲使之从事其间而得躬行之实,不亦背驰之甚乎?"佩纶案,伯恭之学兼朱、陆而润色以文献,其教诸生读《左氏》、奏疏,即《周礼》说所谓以三德三行立其根本,又须教以国政使之通达治体也。朱子砭之诚当,而以《左氏》为空言,则亦有语病。观《左氏》所纪春秋士大夫议论,大而性道,小而仪容,亦自于躬行有益。

**二十二日(9月19日)** 晴。晨起甚烦躁,读《论语》三五页始止。

朱子《答程允夫书》:黄门比之乃兄,似稍简静。又云:苏公虽名简静,而实阴险。元祐末年,规取相位,力引小人杨畏,使倾范忠宣公而以己代之。既不效矣,则诵其弹文于坐,以动范公。此岂有道君子所为哉?此非熹之言,前辈固已笔之于书矣。吾弟乃谓其躬行不后二程,何其考之不详而言之易也!二程之学始焉未得其要,是以出入于佛老。及其反求而得诸六经也,则岂固以佛老为是哉?如苏氏之学,则方其年少气豪,固尝妄抵禅学,如大悲阁、中和院等记可见矣。及其中岁,流落不偶,郁郁失志,然后匍匐而归焉,始终迷惑,进退失据。以比程氏,正杨子"先病后瘳,先瘳后病"之说。比而同之,是又欲洗垢而(求)[索]孟子之瘢也。又曰:苏、程固尝同朝,程子之去,苏公嗾孔文仲龁而去之也。文仲为苏所嗾,初不自知,晚乃大觉,愤闷呕血,以于于死。吕正献公之遗书,尚可考也。案,吕伯恭以苏氏为唐景,朱子以为杨墨,与此书均失之过刻,不免洛蜀门户之见。

**二十三日(9月20日)** 晴。子峨属作香翁书,荐梁拔贡。

**二十四日(9月21日)** 晴。得子涵及子虞书,知安侄病未愈。闷甚,作书讯安圃。

**二十五日(9月22日)** 晴。常师母为两儿寄棉衣来,并得云舫书。

**二十六日(9月23日)** 晴。

**二十七日(9月24日)** 晴。

**二十八日(9月25日)** 晴。注《[管子·]大匡》初稿竟,病中亦未暇重录也。过子峨略话。

复子涵书,并以牛乳饼寄鹤巢。

**二十九日(9月26日)** 晴。

**三十日(9月27日)** 晴。子峨来。

**九月朔日(9月28日)** 晴。复庚世兄书。

得再同书。

**初二日(9月29日)** 晴。得安圃廿六书,并银二百两,都中所存罄矣。安圃病未愈。闷甚。

复安圃书及再同书。

自十八以后,余颇有病意,初犹强读《管子》,久益躁懑,乃静坐自养,杯茗炉香,斋心蠲虑。昨始疏爽,又以安圃久疾,今日胸鬲又顿烦闷也。

**初三日(9月30日)** 晴。

**初四日(10月1日)** 晴。

**初五日(10月2日)** 晴。

**初六日(10月3日)** 晴。子峨来谈,知朱御史一新因劾太监李连英,牵涉水灾,降主事。旨以余上华劾茂林、庆林,言及祷雨无灵。张佩纶谓慰留王文韶,是日即致地震。当时从宽,未经责饬。至今馀风未已,闻之悚愧。

**初七日(10月4日)** 晴。朱存归,得乐山书、九弟书。

**初八日(10月5日)** 晴。过子峨。

**初九日(10月6日)** 晴。石秀才自宣化来。

**初十日(10月7日)** 晴。留石茂才小饮。

**十一日(10月8日)** 晴。石秀才回宣,午后何、龙两君同至。

得合肥复书。又得安侄书,知嫂氏病剧,闷甚。

**十二日(10月9日)** 晴。

**十三日(10月10日)** 晴。

**十四日(10月11日)** 晴。

**十五日(10月12日)** 晴。晚,琴生遣车来。

**十六日(10月13日)** 晴。晨起赴宣化,午后至郡斋。

**十七日(10月14日)** 晴。

**十八日(10月15日)** 晴。琴生欲游城隅北山,不果。王镇来。

**十九日(10月16日)** 晴。

二十日(10月17日)　晴。回塞上,得大嫂讣,感怆无似。

二十一日(10月18日)　晴。专足复都信。

二十二日(10月19日)　晴,夜大雪。托子明来,致荣仲华相念之意并赠食物。子峨来谈。

二十三日(10月20日)　晴。

二十四日(10月21日)　晴。遣苏福入都。

二十五日(10月22日)　晴。龙松岑来。

二十六日(10月23日)　晴。

二十七日(10月24日)　晴。答托都统,投一刺而已。

二十八日(10月25日)　晴。子峨来。

二十九日(10月26日)　晴,夜大雪。过子峨。

十月一日(10月27日)　阴。雪意未已,薄暮松岑及沚莼相继而至。

初二日(10月28日)　晴。以诗四律寄琴生。

《水经注》河水:释氏《西域记》曰:屈茨北二百里有山,夜则火光,昼日但烟。人取此山石炭,冶此山铁,恒充三十六国用。

初三日(10月29日)　晴。过子峨。

初四日(10月30日)　晴。得安圃书。

初五日(10月31日)　晴。独坐卧室,读《庄子》,竟日作《读〈庄子〉》两篇。

答龙松岑,张皋文《说文谐声谱》未刊行,松岑之父翰臣尝从张曜孙钞一副本,则经其子成孙改定,名为《谐声谱》,去"说文"二字,其本来面目不可考矣。

晚,琴生遣车骑见招。

初六日(11月1日)　晴。过郡斋。

初七日(11月2日)　晴。琴生于署之东偏,洁屋五间,专为鄙人设榻。颂民为作云母窗,以素纸饰壁,极为雅静。晨与琴生茗话,颜其室曰"北海轩",取东坡《章质夫送酒六壶不至》诗结句"南海使君今北海,定分百榼饷春耕"之意。王镇来。

初八日(11月3日) 晴。答王镇。午后,王及石秀才来坐,竟日方去。

朱久香言此韩文也。或以为庄子乃子夏之门人,盖以《田子方篇》子方自言师东郭顺子,而《知北游篇》东郭子问于庄子,庄子曰:"夫子之问也,固不及质。"遂以庄子与田子方同师耳。成疏以问于庄子之东郭子,即子方之师东郭顺子,其说殆不足据。不知子贡亦称叔孙武叔为夫子,未必庄子即东郭子之弟子。玩其语意,亦非师问于弟之辞。

《知北游篇》:"庄子曰:'夫子之问也,固不及质。正获之问于监市履狶也,每下愈况。'"向、郭注:狶,大豕也。监市履豕,知其肥瘦。此说谬甚。质、正获、履狶,皆人名。监市,官名。此言夫子之问,固不及质,正获之问于监市履狶也,每下愈况。

初九日(11月4日) 晴。琴生召王镇及葛同知颢、石秀才同饮。

初十日(11月5日) 晴。长春圣节,有太白夜郎不预汉酺之感。

读《庄子》遣闷。

"器之所以疑神者,其是欤!"《达生》。管注。

十一日(11月6日) 晴。"消息满虚,一晦一明,日改月化,日有所为。"《田子方》。《管·侈靡》注。

十二日(11月7日) 晴。得安圃书,有高阳、晓帆诸书。又得洪翰香书,知袁子久偶膺末疾,尚不至死。前琴公得于晦若书,颇传子久殆死。

十三日(11月8日) 晴。琴生之族叔焕之茂才来。名志文。

十四日(11月9日) 阴。

十五日(11月10日) 阴雨。余乞酒法于宣守,颂民世讲以己意合药酒一饼,名之曰当归酒,为作长歌报之。

与琴生共阅柳川书院文,颇多佳作。

午后，琴生得家书，一侄殇，意甚不怿，相对索然。

**十六日(11 月 11 日)**　阴。

**十七日(11 月 12 日)**　晴。归塞上，得再同书，寄冬菜、豆豉。

**十八日(11 月 13 日)**　晴。过子峨。

**十九日(11 月 14 日)**　晴。午后，张令来。

得琴生书。

《吴书·韦曜传》注：曜本名昭，史为晋讳，改之。案，承祚书如张昭、周昭，均不讳，何以独改韦昭为曜，不可解。昭有《国语注》，本传亦不载。

《严畯传》：与裴玄、张承论管仲、季路，皆传于世。

《张昭传》：昭每得北方士大夫书疏，专归美于昭，昭欲默而不宣则惧有私，宣之则恐非宜，进退不安。策闻之，欢笑曰："昔管仲相齐，一则仲父，二则仲父，而桓公为霸者宗。今子布贤，我能用之，其功名独不在我乎！"

《步骘传》：上疏奖劝曰："齐桓用管仲，被发载车。齐国既治，又致匡合。"以上管注。

《顾雍传》：孙权曰："顾公在坐，使人不乐。"《晋［书］·车武子传》：坐无武子，不乐。不知士大夫自处，将在坐，使人乐为贵乎？在坐，使人不乐为贵乎？

孙权赤乌元年，诏责数诸葛瑾、步骘、朱然、吕岱等曰："齐桓诸侯之霸耳，有善管子未尝不叹，有过未尝不谏，谏而不得，终谏不止。今孤自省无桓公之德，而诸君谏诤未出于口，仍执嫌难。以此言之，孤于齐桓良优，未知诸君于管子何如耳？"管注。

**廿日(11 月 15 日)**　雪。过子峨，雪作而归。

《魏志》：武帝建安十五年下令曰："若必廉士而后可用，则齐桓其何以霸世。"此语不知所本。[①]

---

① 整理者按：此语出于曹操《求贤令》。

　　裴松之注引《魏武故事》，载操令曰："齐桓、晋文所以垂称至今日者，以其兵势广大，犹能奉事周室也。《论语》云：'三分天下有其二，以服事殷，周之德可谓至德矣。'夫能以大事小也。昔乐毅走赵，赵王欲与之图燕。乐毅伏而垂泣，对曰：'臣事昭王，犹事大王；臣若获戾，放在他国，没世然后已，不忍谋赵之徒隶，况燕后嗣乎！'"人知武侯自比管仲、乐毅，不知操亦以齐桓、乐毅自比，然心迹迥异，要皆当时英雄，此其所以三分欤！

　　二十二年，注《魏书》：秋八月，令曰："昔伊挚、傅说出于贱人。管仲，桓公贼也。皆用之以兴。"

　　上谷、代郡、乌丸无臣氏等叛，遣鄢陵侯彰讨破之。建安二十三年。

　　文帝延康元年秋七月庚辰，令曰："轩辕有明台之议，放勋有衢室之问，皆所以广询于下也。"注引《管子》，已别录。

　　**二十一日(11月16日)**　　晴。定静村之子娶妇，邀饮，因往贺，而辞以期服。

　　《魏志·公孙瓒传》：军到蓟中，渔阳张纯诱辽西乌丸丘力居等叛，劫略蓟中，自号将军。略吏民攻右北平、辽西属国诸城，所至残破。瓒将所领，追讨纯等有功，迁骑都尉。属国乌丸贪至王率种人诣瓒降。迁中郎将，封都亭侯。刘虞为幽州牧，上罢诸屯兵，但留瓒将步骑万人屯右北平。纯乃弃妻子，逃入鲜卑，为其客王政所杀，送首诣虞。

　　《传》注《魏氏春秋》曰：初，刘虞和辑戎狄，瓒以胡夷难御，当因不宾而讨之，今加财赏，必益轻汉，效一时之名，非久长深虑。故虞所赏赐，瓒辄抄夺。虞数请会，称疾不往。至是战败，与袁绍战。虞欲讨之，告东曹掾右北平人魏攸。攸曰："今天下引领，以公为归，谋臣爪牙，不可无也。瓒，文武才力足恃，虽有小恶，固宜容忍。"乃止。后一年，攸病死。《浭小志》。

　　《典略》载瓒表绍，曰：绍又[上]故上谷太守高焉、故甘陵相姚贡，横责其钱，钱不备毕，二人并命。

《张范传》：弟承，字公先。是时，太祖将征冀州，术复问曰："今曹公欲以弊兵数千，敌十万之众，可谓不量力矣！子以为何如？"承乃曰："汉德虽衰，天命未改。今曹公挟天子以令天下，虽敌百万之众可也。"术作色不怿，承去之。案，袁术未死时，曹操无将征冀州之事，即或谍传不实，而于事无征，空谈可不必录。纪之传中，徒以谀谄。官渡之役，托为先见耳。下云太祖平冀州，遣使迎范。又似将征冀州，即指官渡而言，未免夹杂不清。

晚，龙松岑来。

**廿二日（11 月 17 日）**　晴。《田畴传》。注并录。《渑小志》。

《管宁传》注：传子曰：齐相管仲之后也。昔田氏有齐而管氏去之，或适鲁，或适楚。汉兴有管少卿为燕令，始家朱虚，世有名节，九世而生宁。管。

邢（禺）〔颙〕，字子昂，河间郑人也。举孝廉，司徒辟，皆不就。易姓字，适右北平，从田畴游。积五年，而太祖定冀州。（禺）〔颙〕谓畴曰："黄巾起来二十馀年，海内鼎沸，百姓流离。今闻曹公法令严。民厌乱矣，乱极则平。请以身先。"遂装还乡里。田畴曰："邢颙，民之先觉也。"乃见太祖，求为乡导以克柳城。《渑小志》。

《司马芝传》：《管子·区言》以积谷为急。管注，已别录。

《蒋济传》：济上疏：三官任一臣，非周公旦之忠，又非管夷吾之公，则有弄机败官之弊。

《刘放传》注：《魏氏春秋》：孙资对曰："上谷太守阎志，柔弟也，为比能素所归信。令驰诏使说比能，可不劳师而自解矣。"帝从之，比能果释豫而还。田豫。

**廿三日（11 月 18 日）**　晴，渐寒。午后苏（复）〔福〕自都还，得九弟、安圃书，又得再同书。

石秀才以董香光卷子求跋。卷首三诗《红楼院应制》、《再入道场纪事》沈佺期、《同游仙游观》韩君平。自跋：沈佺期两诗与今上新年改元事相类。沈有二诗，附以韩君平作。时辛酉元正次日其昌识。

绫本。

余跋云：唐贤应制诗多矣。何独取于云卿？君平在德宗朝，与沈踪迹、诗格均不相比。即信手拈毫，不应率易若此。细玩之，乃知香光自道行藏耳。香光以讲帷见忌补外，泰昌初召还，逾年为天启改元。"自怜深院得回翔，两朝常在圣人前。"即香光《感遇》诗也。"何用别求方外去，人间亦自有丹邱。"则其不激不随，远祸避名之意，流露言表矣。此当之笔墨之外，无徒赏其书之神妙也。聘之示余，塞上漫识数语。

**廿四日(11月19日)** 晴。捡实孚所赠《南浦行记》，自以纸装之，临摹较便。

复再同书，以高丽参四十枝报其普洱茶、醴陵笋之惠。

**廿五日(11月20日)** 晴。昨夜作《北海轩》诗十首，书寄琴生。

拟绘管敬仲、左丘明、贾生、司马子长、张京兆、诸葛武侯、苏文忠为七贤图，高山仰止，景行行止，他非所及矣。

**廿六日(11月21日)** 晴。晚得琴生报章，甚称余诗及书之佳。书殊不佳，诗则狂奴态稍萌耳。是日子峨来谈，不甚畅。

**廿七日(11月22日)** 晴。

**廿八日(11月23日)** 晴。天气甚暄和，遇子峨，谈《管》注，颇合。连日校《管》书，考证地理殊费心力也。

《春秋》郭公，《传》，疑久矣。《公羊》：赤归于曹郭公。《传》：赤者何？曹无赤者，盖郭公也。郭公者何？失地之君也。《穀梁传》：赤盖郭公也。何为名也？礼诸侯，无外归之义，外归非正也。杜预注：左以为经，盖阙误。余疑此经在庄二十四年之冬，而二十六年《左传》秋虢人侵晋，冬虢人又侵晋，是郭公即虢公，下夺"侵晋"二字耳。《左传》本是。二十四年，写者因二十七年有晋侯将伐虢，士𫇢谏止。一传遂举此传附于士𫇢城绛深宫之后，盖经已脱亡，传又错简，致此大错耳。《公羊》，虢皆作郭。《春秋》书此为后"虞师晋师灭下阳，僖二年。晋人执虞公"张本，公羊、穀梁曲为之说，知非左氏亲见圣人者比矣。

廿九日**(11 月 24 日)**　晴。

三十日**(11 月 25 日)**　阴。《黄氏日抄》以涪翁文以《庄周内论》为第一[①]，箧中未携《山谷文集》，闷甚。

是日，欲作一文不成，徘徊阶下久之，饮酒亦不甚醨。

**十一月初一日(11 月 26 日)**　晴。子峨及张令踵至。晚，龙松岑来辞行。

**初二日(11 月 27 日)**　阴。

**初三日(11 月 28 日)**　晴。过子峨。晚，琴生至，留饮，甚欢，谈至钟漏九下而去。

《韵会》"宰"字下，引《论语》注，何休云：宰犹治也。劭公注：久佚，仅见《北堂书钞》，不知此何所据？

**初四日(11 月 29 日)**　晴。琴生馆敦升店，余旧居也。往谈。午饭归，琴公赴怀安归，如有所失，遂至子峨处略话。枯坐无聊，剪灯读《韵》，意兴索然。

**初五日(11 月 30 日)**　晴。

**初六日(12 月 1 日)**　晴。寄合肥书，得安圃书。

**初七日(12 月 2 日)**　晴。复安圃书，得合肥书。

**初八日(12 月 3 日)**　微雪。(复)[福]自都措三百金为卒岁资，是日到塞私蓄尽矣。读东坡"自笑我贫天所赋，不因迁谪始囊空"之句，不觉失笑。

**初九日(12 月 4 日)**　晴。连日校《说文》，理诗稿，不暇注《管》，盖心绪烦杂也。

**初十日(12 月 5 日)**　晴。

**十一日(12 月 6 日)**　晴。得洪翰香书。

**十二日(12 月 7 日)**　晴，始寒。复合肥书。

**十三日(12 月 8 日)**　晴。

---

[①]　整理者按，黄庭坚作有《庄子内篇论》。

十四日(**12月9日**)　晴。石秀才来。

十五日(**12月10日**)　晴。石秀才去,午后子峨来。

十六日(**12月11日**)　晴。

十七日(**12月12日**)　晴。过子峨略话。

张凯嵩卒。谭序钧调滇抚。清卿得粤节。

十八日(**12月13日**)　晴。

十九日(**12月14日**)　晴。复合肥书。

二十日(**12月15日**)　晴。寄孝达、伯潜书。

廿一日(**12月16日**)　晴。寄载之、八弟书。

廿二日(**12月17日**)　晴。子峨来,言十六日上谕唐炯发云南,徐延旭、赵沃发新疆,张成发台湾。

廿三日(**12月18日**)　晴。再同及安侄书至,即复之。

午后,遇子峨。

廿四日(**12月19日**)　晴。子峨又至。

《郊祀志》:平帝元始五年,大司马王莽奏言:"王者父事天,故爵称天子。孔子曰:'人之行莫大于孝,孝莫大于严父,严父莫大于配天。'王者尊其考,欲以配天。缘考之意,欲尊祖,推而上之,遂及始祖。是以周公郊祀后稷以配天,宗祀文王于明堂以配上帝。《礼记》:天子祭天地及山川,岁遍。《春秋穀梁传》以十二月下辛卜。正月上辛卜郊。"王莽引《孝经》。

《汉书·董仲舒传》:天令之谓命,命非圣人不行;质朴之谓性,性非教化不成;人欲之谓情,情非度制不节。是故王者上谨于承天意以顺命也,下务明教化民以成性也。正法度之宜,别上下之序,以防欲也。修此三者,而大本举矣。人受命于天,固超然异于群生,入有父子兄弟之亲,出有君臣上下之谊,会聚相遇,则有耆老长幼之施;粲然有【恩】文以相接,欢然有恩以相爱,此人之所以贵也。生五谷以食之,桑麻以衣之,六畜以养之,服牛乘马,圈豹槛虎,是其得天之灵,贵于物也。故孔子曰:"天地之性人为贵。"明于天性,知自贵于物;知自贵于物,【知自贵于物】然后知仁谊;知仁谊,然后知礼节;重礼节,然后安处善;安处善,然后乐循理;乐循理,然后谓之君子。故孔子曰:"不知命,亡以为君子。"此之谓也。阮福作《孝经义疏》,取《繁露》而独遗此,殊疏。文选楼本九卷,此非足本也。

《汉书·匡衡传》:《论语》、《孝经》,圣人言行之要,宜究其意。臣又闻圣(人)[王]之自为动静周旋,奉天承亲,临朝享臣,物有节文,以章人伦。盖钦翼祗栗,事天之容也。温恭敬逊,承亲之礼容也。正躬严恪,临众之仪也。嘉惠和说,飨下之颜也。举错动作,物遵其仪,故形为仁义,动为法则,孔子曰:"德义可尊,容止可观,进退可度,以临其民,是以其民畏而爱之,则而象之。"《大雅》云:"敬慎威仪,惟民之则。"

又,《大雅》曰:"无念尔祖,聿修厥德。"孔子著之《孝经》首章,盖至德之本也。阮疏均未引。

廿五日(**12 月 20 日**)　晴。得合肥书。又得琴生书。

廿六日(**12 月 21 日**)　晴。

廿七日(**12 月 22 日**)　晴,是日冬至。过子峨。

廿八日(**12 月 23 日**)　晴。子峨来。

廿九日(**12 月 24 日**)　晴。

十二月初一日(**12 月 25 日**)　晴。

初二日(**12 月 26 日**)　晴。答景祺。

初三日(**12 月 27 日**)　晴。体颇不适,拾诗文稿竟日。

初四日(**12 月 28 日**)　晴。

初五日(**12 月 29 日**)　晴。

初六日(**12 月 30 日**)　晴。张令来。

初七日(**12 月 31 日**)　晴。《竹书纪年》二卷。余所藏平津馆本。洪颐煊序,考之甚详。其今本与《隋》、《唐志》卷之多寡,及各书与今本文之同异,不复置辨。要之,此伪书也。司马篡魏,魏之遗臣作之,言晋终为魏所灭耳。故叙晋、魏独详,三代则杂采《诗》《书》《左氏》及诸子、《史记》成之。《太甲纪》王潜出自自桐,杀伊尹。《昭王纪》复设象魏,比厉言也。晋人不悟,诧为古史,受其治矣。渊如及王氏父子攻伪古文甚力,然皆笃信此书。郝兰皋并有《竹书纪年校正》,纪文达以今本为依托,至古本则未之及,殆以久佚不复深究耳。

得乐山十一月十七日书。又得赵菁衫书。

**初八日(1887 年 1 月 1 日)**　晴。永副都统赠黄羊、官羊以馈宣守。

晚,得琴生书,又得合肥书。

**初九日(1 月 2 日)**　晴。撰《易礼》二卷。卦辞、爻辞、殷礼,一卷。夬传、通礼,一卷。

**初十日(1 月 3 日)**　晴。

**十一日(1 月 4 日)**　晴。复合肥书。

托都统赠食物,与儿辈。

**十二日(1 月 5 日)**　晴。陈伯平赠百金,并寄《义仓织局两记》书来,因误闻余疾,劝养心以待时,推许过当。余复一书,云:损惠重金,感荷。耿中丞之常平、王仲通之训织,边民歌诵,久到漠南,然在公特小试耳。再同致两儿塞上,距阮孝廉之来,两阅月耳。佩纶初无疾也。而时传鄙人悼亡成瘵,咄咄书空,殆再同为流言所惑。艰难困苦半生,盖备尝之,杜门课子,未始非福,何至忧伤抑郁?愿故人勿以我为念,但学力未深,日就荒陋,固不堪于时用矣。故人章琴生来守宣化,戏以为吾之质夫独恨,咫尺岐亭,不能一践良约也。塞上无佳山水,疲驴风雪时行村落间,得一二句,不必成篇。入春烦致大同布三五端,作大布之衣,益与桐帽棕鞋相称。

**十三日(1 月 6 日)**　晴。以《织局义仓两记》致琴生。琴生亦有种棉课织之意也。

**十四日(1 月 7 日)**　晴。天渐沍寒,然未雪也。

读《穀梁传》,捡及刘申受《废疾申何》一卷,语太支离,随手驳之,无不披靡,定为《穀梁起废疾义证》一卷。闻近有作《穀梁传补疏》,故不复详考,恐妨注《管》之功耳。不名申郑,以余不墨守高密耳,不以纬释经也。

晚,得琴生书及袁子久书。子久已能作书,废疾亦起矣,可喜。

灯下枯坐,闷甚,以日来研究易理,试洁蓍以卜休咎。得地雷复之震六四,中行独复,复至日也。有一阳来,复之几地,复化而为雷,则全是震象。震惊百里不丧匕凶象,在春分且坤为臣道,震为君象,臣主相契,殆有归征。百里则行不甚远,殆可释戈归来乎? 留之,以验后应与否。

**十五日(1月8日)**　晴。

**十六日(1月9日)**　晴。

**十七日(1月10日)**　晴。得再同及唐成山书。

**十八日(1月11日)**　晴。乐山寄《旧唐书》及宝贤堂帖、晋祠碑,半年始达,复寄晋祠米数斗、藕粉两匣。

子峨来谈。

刘向受《穀梁六艺论》,以为颜安乐弟子。齐次风《公羊注疏考》以为先治《公羊》,后授《穀梁》,不知所本,俟考。《拜经日记》:《公羊传经表》惟引《六艺论》,一证。惠氏《九经古义》谓子政封事多公羊说,余以《汉书·五行志》证之,子政说或同仲舒,皆《公羊》义也。又说《左氏传》似子政兼通三传,班书谓其持《穀梁》义,殆未深考矣。

复赵菁衫书,论修邑志。

**十九日(1月12日)**　晴。东坡生日,招子峨来饮,以王见大所(会)[绘]文忠像设祀,以香涛所寄海南香及广橘、蜜酒作供。纪堂疾作,不预。

**二十日(1月13日)**　晴。《穀梁传》引古人说。[①]

---

　　① 整理者按,此条上有眉批:初献六羽。穀梁子曰:"舞夏,天子八佾,诸公六佾,诸侯四佾。初献六羽,始僭乐矣。"尸子曰:"舞夏,自天子(自)[至]诸侯,皆用八佾。初献六羽,始厉乐矣。"

桓二年。孔子曰："名从主人,物从中国,故曰郜大鼎也。"

桓三年。子贡曰："冕而亲迎,不已重乎?"孔子曰："合二姓之好,以继万世之后,何谓已重乎?"夫人姜氏至自齐。

桓九年。尸子曰："夫已,多乎道?"曹世子射姑来朝。

襄廿三年。蘧伯玉曰："不以道事其君者,其出乎!""臧孙纥出奔邾"传。

哀十三年。孔子曰："大矣哉,夫差未能言冠而欲冠也。"黄池。

定元年。沈子曰："正棺乎两楹之间,然后即位也。"

《公羊传》引师说。①

子沈子曰："君弑,臣不讨贼,非臣也。不复仇,非子也。葬,生者之事也。《春秋》君弑,贼不讨,不书葬,以为不系乎臣子也。"何休注:子沈子,己师。不但言子者,辟孔子也。其不冠子者,他师也。

隐十一年传。

鲁子曰："我贰者,非彼然,我然也。"庄二十三年,公会齐侯盟于扈。

鲁子曰："盖不以寡犯众也。""僖五年郑伯逃归不盟"传。

鲁子曰："以有西宫,亦知诸侯之有三宫也。""十九年西宫灾"传。

鲁子曰："温近而践土远也。""二十八年天子狩于河阳"传。

闵子要绖而服事。既而曰:"若此乎古之道,不即人心。"退而致仕。孔子盖善之也。"宣元年放胥甲父"传。

子公羊子曰:"其诸为其双双而俱至者欤?"②

子曰:"我乃知之矣。"何注:子谓孔子。在侧者曰:"子苟知之,何以

---

① 整理者按,此条上有眉批:《孟子》:沈犹行曰:"是非汝所知也。昔沈犹有负刍之祸,从先生者七十人,未有与焉。"赵岐注:沈犹行,曾子弟子也。《荀子·儒效篇》:仲尼将为司寇,沈犹行不敢朝饮其羊。《汉书·楚元王传》:景帝封其子,岁为沈犹侯。晋注:沈音审。《广韵》二十一侵:沈,直深切。汉复姓有沈犹氏。按,沈犹行之见甚卓疑,子沈子即其人,沈犹称沈子,亦无不可。

② 整理者按,此条上有眉批:鲁子曰:"是王也,不能乎母者,其诸此之谓欤?""二十四年天王出居于郑"传。

不革?"曰:"如尔所不知何?《春秋》之信史也,其序则齐桓、晋文,其会则主会者为之也,其词则某有罪焉尔。"昭十三年纳北燕伯于阳"传。

曰:"乐正子春之视疾也。"昭十九年葬许悼公。

孔子曰:"其礼与其辞足观矣。"昭二十五年唁公野井。

子沈子曰:"定君乎国,然后即位。"定元年。

子北宫子曰:"辟伯晋而京师楚也。"哀四年传。晋人执戎曼子赤归于楚。

子公羊子曰:"其诸以病桓欤?"桓六年子同生。

鲁子曰:"请后五庙以存姑姊妹。"庄三年,纪季以酅入于齐。

子沈子曰:"不通者,盖因而臣之也。"庄十年宋人迁宿。

子女子曰女音汝:"以春秋为春秋,齐无仲孙,其诸吾仲孙欤?"①

高子曰:"娶乎大夫者,略之也。"文(三)[四]年,逆妇姜于齐。

子司马子曰:"盖以操之为已蹙矣!"齐人伐山戎。庄三十年。

《春秋繁露·俞序篇》:仲尼之作《春秋》也,上探正天端王公之位,万民之所欲,下明得失,起贤才,以待后圣。故引史记理往事,正是非[也],[序]王公。史记十二公之间,皆衰世之事,故门人惑。孔子曰:"吾因其行事而加乎王心焉。"以为见之空言,不如行事博深切明。故子贡、闵子、公肩子,言其切而为国家资也。其为切而至于杀君亡国,奔走不得保社稷,其所以然,是皆不明于(是)[道],不览于《春秋》也。故卫子夏言,有国家者不可不学《春秋》,不学《春秋》,则无以见前后旁侧之危,则不知国家之大柄,君之重任也。故或胁穷失国,撅杀于位,一朝至尔。苟能述《春秋》之法,致行其道,岂徒除祸哉,乃尧舜之德也。故世子曰:"功及子孙,光辉百世,圣王之德,莫美

① 整理者按,此条上有眉批:《庄子·大宗师篇》有女偊,其言曰:"吾闻道矣。"又曰:"卜梁倚有圣人之才而无圣人之道,我有圣人之道而无圣人之才。"不知即此女子否?《释文》:偊,徐音禹,李音矩。一云是妇人也。以妇人解女偊,谬矣。

于恕。"故予先言《春秋》详己而略人,因其国而容天下。[《春秋》之道]大得之则以王,小得之则以霸。故曾子、子石盛美齐侯安诸【夏】侯,尊天子。霸王之道,皆本于仁。仁,天心,故次以天心。爱人之大者,莫大于思患而豫防之,故蔡得意于吴,鲁得意于齐,而《春秋》皆不告。故次以言怨人不可迩,敌国不可狎,攘窃之国不可使久亲,皆防患为民除患之意也。不爱民之渐乃至于死(生)[亡],故言楚灵王、晋厉公生弑于位,不仁之所致也。故善宋襄公不厄人,不由其道而胜,不如由其道而败,《春秋》贵之,将以变习俗而成王化也。故子夏言《春秋》重人,诸讥皆本此。或奢侈使人愤怨,或暴虐贼害人,终皆祸及身。故子池言鲁庄筑台,丹楹刻桷,晋厉之刑刻意者,皆不得以寿终。上奢侈,刑又急,皆不内恕,求备于人。故次以《春秋》缘人情,赦小过,而《传》明之曰:"君子辞也。"孔子明得失,见成败,疾时世之不仁,失王道之体,故(缘人情)[因行事],赦小过,《传》又明之曰:"君子辞也。"孔子曰:"吾因行事,加吾王心焉。"假其位号以正人伦,因其成败以明顺逆,故其所善,则桓、文行之而遂;其所恶,则乱国行之终以败。故始言大恶杀君亡国,终言赦小过,是亦始于粗粝,终于精微,教化流行,德泽大洽,天下之人,人有士君子之行而少过矣,亦讥二名之意也。① 佩纶案:戴宏以公羊出于子夏,殆即本此。然绎董生此篇,似重曾子且以公羊所引诸说。如此篇互考,似闵子指胥甲父一事,子贡即指《穀梁》所引冕而亲迎一事,其五引鲁子疑鲁皆曾之误文,此之

---

① 整理者按,此条上有眉批:《汉·艺文志》:儒家世子二十一篇。名硕,陈人也,七十子之弟子。 《唐石经》泄柳作世柳,《说苑》以泄柳字子庚。余疑世子即泄柳,乃柳之弟。《檀弓》:柳之母死,子硕请粥庶弟之母,即其人也。按,康成王以子柳为叔仲皮之子,大误。下文叔仲皮学子柳,子柳乃叔仲皮之师,其妻鲁人云云。乃妻为夫轻服,故叔仲衍以告,而柳为之制礼耳。此郑注之大误者。《杂记》泄柳之母死,注:鲁缪公时贤人也。即此一人,而两注分为两人。《孟子》泄柳即子柳。《檀弓》一篇,厚诬圣门弟子,此两事,子柳前则贤,而后则谬,可知其言之不实矣。子硕亦负盛名,故并诬之也。

子池疑即子沈子之误文。臧庸以子池为子游。《公羊》与《孟子》同者数事，疑北宫子即《孟子》之北宫锜，高子即《孟子》之高子，然则公羊高即公明高，赵岐以为曾子弟子者是也。子司马子、子女子无考。公肩子即弟子传之公坚定，字子中。颇疑尸子即公肩子之坏，如此则公羊乃曾子一派，谷梁乃公肩子一派。西汉说公羊者，未尝以为出于子夏也。俟再详考。记有以公明高为公羊高者。谪居书少，俟放归后考之。

二十二日（1 月 15 日）　晴，寒。琴生遣人送年礼，并时宪书一册。附王云舫、李仲彭两书。

二十三日（1 月 16 日）　晴，祠灶。《易》曰："井渫不食，为我心恻，可以汲。王明，并受其福。王之不明，岂足福哉。"《索隐》引《京房易章句》言：我之道可汲而用，上有明主汲我道而用之，天下并受其福。故曰王明，并受其福也。《史记·屈原传》。

二十四日（1 月 17 日）　晴。作读《庄子》三、四两篇。三论庄子与屈原《离骚》，足以互证。四论庄周与孟子异同。

二十五日（1 月 18 日）　晴雪。过子峨纵谈。

二十六日（1 月 19 日）　晴，雪霁颇寒。纪堂连日疾笃，群医束手。

二十七日（1 月 20 日）　晴。作书寄都，趣纪堂之兄来。戌刻，纪堂下世，恻然。

二十八日（1 月 21 日）　晴。昨夜为纪翁入敛，客中睹此，万感横生。

纪堂，丙子举人，在都谒选。秋间，安圃延之来塞授读，性甚严正，学亦深湛。时借余《左传注疏》，课读之余，手不释卷。尤长于史鉴、杜诗，夜分谈论古今，与余极契，谪居深有师友之乐。惟向有喘证，凤疴已深。十八九日偶有感冒，旧恙顿发，山城苦乏良医，驯至不起。悲夫，年才四十有七，无子，以兄子为后。

复寄都书，传纪堂凶问。殡其枢与南门外给孤寺。余率二子哭之。

廿九日（1 月 22 日）　晴。午后，子峨来谈。

三十日（1 月 23 日）　晴。是日天色甚朗。

**附录祥仁趾同年行程日记。**

张家口至查罕托罗海。盘肠河。六十里。五月初二。村落颇稠，田禾亦茂胜，嘉峪关内外多多矣。

查罕托罗海至布尔哈苏台。六十里，小河二道。初三午。上大坡北行，至鄂博西北行，一望碧草如䕃，沿途专室穹庐别有风味。令左文襄见之，又将议增郡县矣。过小河二道。

布尔哈苏台至哈留台小河一道。七十里。初三夕。沿途开垦已多，壤土沃美，村落比甘肃富庶。

哈留台至鄂罗胡都克，六十里。初四。沿途上下小坡二三处，间或有石。鄂罗胡都克台西南，水草丰茂，山前后生聚富庶，观之生羡。

鄂罗胡都克至奎苏图，七十里。初四夕。西北行，越草坡。

奎苏图至礼哈苏台河道。六十里。端午。卯行辰止。西行，一望平原。

札哈苏台至明垓六十里。初五夕。巳初行，巳正止。碧草际天，浅坡上下，巳正二刻驻明垓，土屋数椽，颇整洁，大似秦晋道中行馆，惜由弟一台至此，数百里未见一树耳。

明垓至察察尔图，六十里。初六卯初行，辰初止。北行而西，越大坡，西北行，及巅有石，行侧坡数里，馀皆绿草平铺，马兰如锦，花香草气，爽人心目。

察察尔图至庆岱，八十里。初六巳行，午正止。西北行，越大坡，行侧坡，一二处有石，草如麦垅，草葱可观。

庆岱至乌勒哈达，一百廿里。初七卯行，辰行。西北行，绕花果山，仍指西北山，顽石嵚崎，野花寥落，一亦溪水遍地，皆马兰也。

乌勒哈达至本巴图，八十里。巳行未止。西北行道有石，颠簸。台站疲累。

　本巴图至锡喇哈达。无里数。初八，卯初辰止，雨，西行多碎石。

　锡喇哈达至布鲁图，七十里。初九，寅行卯止。西北行，越土坡，微有沙碛。台站疲累。

　布鲁图至鄂伦琥图克，六十里。巳行巳止。西北行。

　鄂伦琥图克至察罕琥图克，六十里。初十，卯行辰初止。西北行。衣裘犹寒。

　察罕琥图克至锡喇穆楞，七十里。巳行午初止。水赖。原记屡云，赖水似是水劣之方言，作水赖耳。西北行走戈壁。按，由布鲁起至哈达图三十二台，据土人云，通谓之戈壁，间有沙碛，但广漠皆有水草，非比西路戈壁仅生驼茨，馀皆不毛。

　锡喇穆楞至敖拉琥图克碱水，一百里。十一日，寅行辰止。西北行，崎岖，长坡一二处，馀皆微草、沙碛。

　敖拉琥图克至吉斯黄郭尔水赖，八十里。巳正行，午正止。西北行，草戈壁兼沙碛。吉斯黄郭尔沙碛，坡下弱草离离，穹庐破敝，蒙古十馀人行乞，阅之短气，其富厚之蕃部。

　吉斯黄郭尔至喜喇穆呼尔，七十里。十二日，卯初行，二刻止。西北行，微草，平沙，穹庐黯敝。

　喜喇穆呼尔至呼隆布隆，一百里。卯正行，巳初止。西北行，沙碛，草地，雨后戈壁干热，改为夜行昼驻。

　呼隆布隆至叟吉布拉克，七十里。十二日，申行戌止。西北行，沙草，小坡间石三四处，有神柳圣迹。

　叟吉布拉克至托里布拉克，七十里。戌正行，亥正止。西北行，崎岖，上下微草，侧坡兼乱石，路数十里。过河滩，下车徒行，观马趵泉圣迹，一池清泉映月，清澈见底，饮一勺，甘凉如醴。又西北至托里布拉克，地多神蛇，幸未出，慈荫寺喇嘛送奶茶。是日行三百四十馀里。

　托里布拉克至图固哩克，七十里。十三日，寅初行，卯初止。子初至慈荫寺龙神前行礼，并献哈达一方。西北行，崎岖，沙草，石大如磐沙，软如淖草，行甚苦。台站贫甚，以粟米振之。

　　图固哩克至默霍尔葛顺，一百里。未初行，申正止。西北行，沙草，平原，沼，一土龙而行在毳幕中，细审形势，则东米沙冈，南亘无极，始知其脉甚长，询之土人，则远通西路，乃天山东沙山之一脉耳。

　　默霍尔噶顺至霍尼齐，一百廿里。十四日，寅正行，辰正止。西北行里数甚长，与西戈壁烟墩苦水同，至霍尼齐迤南查罕额英格尔石湾处，下车稍憩，至霍尼齐饭，后诣溥恩寺，拈香献哈达，喇嘛送奶茶。

　　霍尼齐至毕勒格库，九十里。十五日，寅正行，卯正止。西北行，沙草如前。

　　毕勒格库至哈济布齐，无里数。辰行午止。西北行，微草，平沙，中途有树，车臣汗盟扎台员弁亦至。

　　哈济布齐至扎拉图，八十里。十六日，寅行辰止。西北行，越一小山，沙漠，河滩，间有榆林三五成行，颇似新疆猩猩峡，坡小，有水一弯。

　　扎拉图至卓布里碙水，无里数。辰行已止。穹庐渐次整齐。

　　卓布里至博罗鄂博，七十里。十七日，寅行卯止。西北行，微草，小坡。

　　博罗鄂博至库图勒多伦碙水，九十里。辰行巳止。沙草，河滩，西北行。

　　库图勒多伦至赛尔乌苏，有台站，因员驻此，俗云驿传道，如赴库伦，由此往东。六十里。巳行午止。西北行，沙草，小坡。

　　赛尔乌苏至默端水赖，八十里。十八，辰行巳止，雨行。西北行，花草葻褐，晴爽如秋。

　　默端至哈比尔噶水赖，一百廿里。午行未止。西北行，沙碛，参差草茸，长短石坡路。十二刻行一百廿里，以此行之草地，车行一日可行四五百里，但人不能胜耳。

　　哈比尔噶至希保台，六十里。十九日，寅行卯止。西北行，微草，浅坡，间有乱石，平原。

　　希保台至栳萨，七十里。十九日，辰行巳止。西北行，微草，沙碛。

　　栳萨至吉呼木碱水，八十里。廿日，卯行辰止。小坡，轴折。

吉呼木至沙克舒木噶水濑,六十里。申行酉止。西北行,微草漫坡。路侧有本站副参领迎候。

沙克舒尔噶至察布察尔,七十里。廿一日,卯行辰止。西北行,坡底有泉,草渐绿。

察布察尔至哈沙图,九十里。巳行未止。西北行。

哈沙图至哲楞,一百里。廿二日,卯行辰止。西北行。

哲楞至翁锦河一道,一百廿里。巳行未止。西北行。荆棘丛生,车马行甚艰苦,翁锦水草甚佳,羊马亦壮,买海骝马两匹,以备恭进。

翁锦至乌讷格特,八十里。廿三,卯行巳止。西北行,道如哲楞。乌讷格特贴地野花,黄白青紫,惜不知名。衣裘犹寒,以雨未霁也。

哈达图至哈拉尼敦,八十里。廿四,卯行辰止。过河南,微草,平坡,又西北越侧坡西行。

哈拉尼敦至葛鲁底小河一道。七十里。廿四,巳行午止。西行,山坡草路兼有石峰,如叠云势。午正又行,杞棘丛生地,策骑而西,葛鲁底四面皆山,水草均美,蒙民富庶,羊马亦多,如甘肃之三关口水少无树。清文均劣,委员苛刻台站。[1]

葛鲁底至塔楚河一道,八十里。廿五日,寅行辰止。西行,沼、河滩,南转进北山口,此盖枕爱山之东南口也。山势巍峨,草多水少,至塔楚访问安台委员,有受馈赆事。

塔楚至胡都克乌尔图,七十里。廿五日,巳行午止。西南行,过河循大坡西行,又西北转下大坡。

胡都克乌尔图至沙尔噶勒珠特河二道,一百里。廿六,卯行巳止。北行,河滩,石子路,又西北越二草坡,辰正二刻越大草坡,东北,如甘肃之乌梢领,下坡,西北,过河二,至沙尔噶勒珠特。

沙尔噶勒珠特至推,七十里。午行未止。西北行,沙石,微草,浅坡,间有平地,又越大坡,推四面皆山,群峰叠翠,前临推河,后枕卧山,可

---

[1] 整理者按,此条上有眉批:既云水草均美,又云水少无树,必有一误。

战可守，屯可牧，愈于哈密。推河源自北。考，距此约三台山下，出巨泉三五，南注于某胡图克图合少巨淖之中，一方赖以生活，洵天泉也。

推至乌尔图，七十里。廿七日，卯行巳止。北行西转，涉推河，西行又西北，皆坦途，惟鼠窟太多，辰正策骑，沿山西行，沙石相间，巳初至乌尔图。

乌尔图至鄂罗盖河二道，八十里。西北行，间有碎石，碧草黄花，灿烂入目。未正过河。午行未止。

鄂罗盖至乌塔河一道，七十里。廿八，卯行辰止。西北行，鼠穴如织，间有碎石，罗列成峰。

乌塔至白达拉克河一道，一百里。巳行未止。西北行，旷原百馀里，土润草肥。未正过河。白达拉克四面皆山，长百馀里，宽数十里，水起西北，注于东南，沿河微石土，脉九美。土人云曾经开垦，旋奉文禁止。

白达拉克至札河一道，一百廿里。廿九，寅行辰止。西行，卯正过河。

札克至霍博勒车根河一道，八十里。巳行午止。西行，微草。午正过河。

霍博勒车根至乌朗奔巴河一道，八十里。卅日，寅行辰止。西北行，过水河。草尚微勾，地寒可想。

乌朗奔巴至鄂伯尔吉拉噶朗图河一道。七十里。卅日，巳行午止。西北行，沼，山微石。

至阿录吉拉噶朗图，七十里。河一道。六月朔，寅行辰止。沼，山循河西北行。地寒甚，新疆。

至胡吉尔图，六十里。辰行午止。南行，转一坡，雪山在望，西北涉布音图河，自西北注于东南，此乌属山水大观。水比推河尤旺。至达噶得勒小河一道，八十里。初二，卯行巳止。西南行，过小河，松柏成林。至特穆尔图，七十里。巳行申止。西行，过河，西南又沿山而西，至舒鲁克河一道，七十里。初三，寅行辰止。沿山乱石。至花硕洛图河二道，七十里。巳行午止。沿山西北行，明日入乌。

# 易窗日记
# （光绪十三年—光绪十四年 1887—1888）

　　簑斋主人著《易礼说》成，因以丁亥元正题其日记曰"易窗"。夫《易》无思无为，寂然不动，感而遂通。天下之故，自非至神，莫与于此。汉儒通其数，非《易》所谓数也。宋儒通其理，非《易》所谓理也。推而行之，存乎通，不通则焉能行哉？此《易》之义所以晦滞。大而典礼，小而占筮，今之人皆不能通也久矣。余深思以求《易》之"穷则变，变则通"之理与数，故以"易窗"名其日记也。于《易》坎之困，云：纳约自牖，终无咎。虞翻云：艮为牖，坤为户，艮小光照户牖之象；贰用缶，纳约自牖，得位承五，故无咎。王弼以为，至约，自进于牖，可羞王公，荐宗庙。崔憬以为，牖里内约，免难。皆失之。夫刚柔之际，而纳之以约，又何咎哉？所谓困而不失其所也。四自升来，则王用享于岐山之吉，无咎即此纳约自牖之无咎也。不言"易牖"，而言"易窗"者何？牖，旁窗也。所以助明者也。窗，正牖也，通孔也。均《苍颉解诂》。助户为明者也。《考工记》：四旁两夹窗注。主人之言易，不求其旁通，而求其正通，故曰"易窗"也。

光绪十三年丁亥（1887）

　　**正月己丑朔（1 月 24 日）**　晴。晨起，率两儿向北行三跪九叩礼，遥祀祖先。

　　阅江督、豫抚、东抚暨游仓场、延光禄疏，莞尔而笑，曰：异哉！诸公之言河也。夫河，北徙为害，南流亦为害，东不能容，而委之南耶！夫东抚欲分河水十之三以入，故而举十之七以分流，河能俯首帖耳，听其分三则三,留七则七乎?豫疏恐掣全溜而南是也。然全溜在东,奈何此与江督疏皆分疆画界之见,不知通筹国故,不知深测河形者也。延君徒以恐入畿辅,狪猲,恐河欲北徙,亦无如之何,而欲祖刘大夏之法,考之不详,宜其言之不畅也。游侍郎在都时,言河须疏通海口,凿凿有据。及奉命察河,牵于乡人之说,又改为分流。兹又改为南挽,何无定见乃尔?夫分流者,治河之一端,非治河之究极也。必欲治流,非通海口不可,海口通则南流可,北徙亦无不可,然则东抚与其挽之南,而仍须求出海之口,何如并挽南之工而就东以求出海之口乎?则曰南之海口淤浅,而东之海口淤深也。曰是,不然。夫果南能容河,则河自南不东。河已东,则逆挽之于南之海口,不若顺疏之于东之海口之易也。《禹贡》曰:又北播为九河,同为逆河入于海。夫所谓播为九河者,因泛滥而言之,非关黄河为九也。治河者但当于"同为逆河入于海"七字着想,则疏海口以迎河足矣。字书释河均非是。惟《释名》云,河下也,随地下处而通流也,得之。夫下则莫下于海矣。《说文》"河"注:海,从水,可声。可从丂,反丂也。读若呵。夫呵气,出口水之出口似之。若出口之气能分之为二三,则出口之水亦可分为二三矣。读书从识字始。吾谓辨事亦自识字始。但解河之所以名河,而治河之道在是矣。世或谓余之言近于王氏《字说》乎?

初二日(1月25日) 晴。至给孤寺,送纪堂区归里,遣褚福及其仆陈升护行。

初三日(1月26日) 晴。答两都统贺正。

午后,得合肥祠灶日复书、伯潜十月二十日书。

初四日(1月27日) 晴。午后,子峨来谈。

初五日(1月28日) 晴,午后微雪。去冬所草《穀梁起废疾小笺》复加校正,都为一卷,将以就正于琴生、再同。夜三鼓,始就枕。

初六日(1月29日) 晨起犹雪,巳初霁。琴守遣车来召儿辈,雪中遣行,车发而霁。

《管子榷》二十四卷。内府藏本。明朱长春撰。长春字大复,乌程人。万历癸未进士,官刑部主事。是书即赵用贤本而增释之,故凡例、文评俱仍其旧,惟每篇各加叙释。在篇首者曰评,多论作文之法。在篇中者曰通,则随文训解其义。在篇末者曰演,乃统论一篇大旨。皆出长春一手,创立异名,无所阐发。其《七法篇》评云,是注意之作,可为文式。后之分段者,神弛气懈,周末秦先病如此。千年来文家反学其病,文之坏由韩、苏以来云云。亦可称敢于大言矣。

《诠叙管子成书》十五卷。内府藏本。明梅士享编。士享字伯献,宣城人。《管子》原目三十卷已不可考。明代旧本皆二十四卷。士享此本合为十五卷,而以己意诠叙之。如牧民、形势、立政、九败、版法、明法诸解,皆移附本篇之后,已乱其次第。又谓其文繁冗不伦,乃于一篇之中分上、下二格,其定为《管子》本文者,列之上格;疑为后人搀杂及义有未安者,列之下格;其自为发明者,别称“梅生曰”以别之。如《牧民篇》“国之四维”一段,则云朱晦翁解謂不仁故不智,不智故不知礼义所在,斯为一贯之旨。若此节维绝则倾,及倾可正也等语,于理有乖,恐非《管子》之言,故列下层。又《权修篇》“天下者国之本”一段,则云与《大学》《孟子》之旨相悖,故列下层。读诸子之书而必以经义绳之,何异阅晋、唐行草之迹而纠以《说文》之偏傍耶?

《四库全书存目》子部二则,二书之劣,言之详矣。然梅书时有考证,差胜于朱。

**初七日(1月30日)**　晴。子峨之子寿朋以一等第一补廪,寄文字来。醉中草之,为之改正“待文王而兴五章”时文一首,“轮船布阵议”一篇,“筹海图编书后”一篇。子峨以其子受业于余也。少年文字清晰,议论亦明,可造之材。午后,子峨来谢。

**初八日(1月31日)**　晴。龙松琴来。

穀梁子之名,桓谭《新论》以为赤;王充《论衡》以为真;阮孝绪《七录》以为名俶,字元始;汉《艺文志》颜注以为名喜。

《后汉书·儒林传》:何休,字邵公,以列卿子诏拜郎中。太傅陈蕃辟之,与参政事。蕃败,休坐废锢,乃作《春秋公羊解诂》,覃思不窥门，十有七年。党禁解，又辟司徒。群公表休宜侍帷幄，倖臣不悦之，乃拜议郎，再迁谏议大夫，年五十四，光和五年卒。而何休《公羊解诂序》题曰汉司空掾。蕃为太尉，未尝为司空，则司空掾，党禁解后所辟之官，司徒乃司空之讹。殿本校勘记未及厘正。

《武昌记》：樊口北有败舶湾，孙权尝装一大船，容三千人，此与汉宫室疏言汉【书】武作豫章大船，可载万人，同一奇谈。

**初九日（2月1日）**　晴。琴生遣车相召，道中童山戴雪，秃树迎暄，寒谷荒郊而自有明媚之色，信万物皆春也。未正至郡斋，复下榻于北海轩，两儿与书郎嬉戏，耦俱无猜若一家。夜，与琴生纵谈甚乐。

**初十日（2月2日）**　晴。迎春东郊，遣儿辈往观。

《说文》：童男有（皋）［罪］曰奴，奴曰童，从辛重省声。余按，知童字之义，则蒙之初六发蒙，利用刑人，刑人即象辞之童也。诸家所解均惝恍。《论语》：夫人自称曰小童，夫人即谦，何故自比于有罪之男？小童当作小妾，以《左氏传》证之，余说当是。

**十一日（2月3日）**　晴，有风。夜，琴生与两家儿子同宴槐堂，客中一乐也。酒微醺矣。三鼓始即枕。

**十二日（2月4日）**　晴。寄合肥书。

**十三日（2月5日）**　晴。遣两儿归，与琴生谈，意忽不豫。午后，肌栗微生，头风作痛，蒙被僵卧者久之。

寄袁子久书。

**十四日（2月6日）**　晴。体仍不适，读《易》自遣。

**十五日（2月7日）**　晴，夜月甚佳，病已霍然。与琴生夜话，虽在客中，尚无羁绪。

**十六日（2月8日）**　晴。巳刻，自郡斋回塞，并邀颂民世讲同来。

**十七日（2月9日）**　晴。午后，子峨来谈，已而张令及代理张厅赵桂森踵至。赵字月桥。赵乃鄙俗吏，略话即送去，张令坐甚久。

夜，与颂民谈。山居之乐，为之忘疲，睡已三鼓。

十八日(2月10日)　晴。午后,令两儿陪颂民出大境门外一游,余亦步至子峨处,少坐而归。

十九日(2月11日)　晴。颂民归郡。

午后,答客作,答高阳、谊卿及安圃书。

二十日(2月12日)　晴。褚福归,得安圃及子涵书。李芍农前辈以《探路记》见寄。余原有钞本。

午后,过子峨略话。

琴生书来,知洪琴西都转殁于粤东,正初归榇,为之惊惋不置。余于琴西未能一面,彼此闻声相思,东坡所谓"千里论交一言足,与君盖亦不须倾"者。其为人以理财名,而学优行笃,历为曾文正、李肃毅、沈文肃所知,以三牌楼案谪戍,放归后,筑屋鸠,兹有与世相忘意。孝达疏荐,颇为湔洗,航海而东,遽终旅次。悲夫!于次棠亦丁内艰。

二十一日(2月13日)　晴。作复安圃、子涵书。昨致琴生书,意不尽,又函询琴西殁日。

终日昏卧,夜阅《旧唐书》三五页,了无所得。

二十二日(2月14日)　晴。两儿入学。

《说苑》三《建本篇》:公扈子曰:"有国者,不可以不学《春秋》。生而尊者骄,生而富者傲,生而富贵,又无鉴而自得者鲜矣。《春秋》,国之鉴也。《春秋》之中,弑君三十六,亡国五十二,诸侯奔走不得保社稷者甚众,未有不先见而后从之者也。"按,公扈子疑即《繁露·俞序篇》之公肩子。

新署张家口同知刘盛琼来,未见,乃省三之侄也。

二十三日(2月15日)　晴,甚暖。得伯平书,寄大同布五端,复书谢之。

汪仲伊有《武侯兵法辑略》一卷,八阵图极详。偶阅《水经注》"沔水"注:沔水又南,径沔阳县故城南,【南】南对定军山。诸葛亮之死也,遗令葬于其山。山东名高平,是亮宿营处,有亮庿塟,东即八阵图也。遗基略在,崩褫难识。"塟东",诸刻作"营",戴校作"塟"。案作

"营"是也。上云莫知墓茔所在,则安能辨茔之东西乎?亮宿营处,故知为营东也。仲伊作引江水注,而失引此条也。他日当属其增入。此条《水经注》节引。

记张澍所集《诸葛武侯故事》所纪已详,仲伊殆未得此本耳。

二十四日(**2 月 16 日**)　晴。托子明、刘子进、何子峨均来。得祥仁趾同年书,并寄乌里雅苏台地图一纸。

二十五日(**2 月 17 日**)　晴。琴生遣姬升来,惠王瓜、广柑。夜作复祥仁趾书,托景介臣寄乌城。

二十六日(**2 月 18 日**)　晴。得安圃书,知李纪堂枢回赵。

二十七日(**2 月 19 日**)　晴。连日阅李景德《左氏传贾服注辑述》,以余萧客《古经解钩沈》及马氏玉函山房辑本校之,李氏遗漏太多,更以《十三经注疏》及《文选注》各书校之,余、马亦尚有舛误。

二十八日(**2 月 20 日**)　晴。张沚莼来,据云有浙人费某藏一山谷墨迹,未知真赝。姑纪之,以当屠门之嚼,聊快意耳。

二十九日(**2 月 21 日**)　晴。出门答托子明、张沚莼,均不值,晤刘子进,晚龙松琴来。

三十日(**2 月 22 日**)　晴。子峨来谈。

皇(偘)[侃]《论语义疏》来自日本,四库著录。今取皇氏《礼疏》与《论语疏》可证者,偶录一二。原壤者,方外之圣人也,不拘礼敬,与孔子为朋友。《礼·檀弓疏》引皇氏云:原壤是上圣之人,或云是方外之士,离文弃本,不拘礼节,妄为流宕,非但败于名教,亦是误于学者,义不可用。其云原壤中庸下愚,义实得矣。据此则皇《疏》上圣、方外为二说,不应云方外之圣人,妄为流宕,以下乃孔氏讥皇之语,其云中庸下愚亦皇氏之说也。何《论语疏》与《礼疏》不同。

乡人傩。皇《疏》历引郑氏《月令注》,而云乡人傩是三月也。《礼疏》,皇氏云:以季春国傩,下及于民;以此季冬大傩,为不及民也。然皇氏解《礼》违郑解《义》也。今郑注《论语义》"乡人傩"云:十二月,命方相氏,索室中,驱疫鬼。郑既分明云十二月乡人傩,而皇氏解季冬傩云不及乡人,不知何意? 按,皇疏《论语》不考郑《论语》注,而引《礼》注、孔疏《礼》,既驳皇氏,亦不一考《论语义疏》,何也?

**二月初一日(2月23日)**　阴,有风。豕人立而啼。《荀子》注引作谛。《杂记》下郑注:小儿亡,母啼号。《释文》:啼,徒奚反,本又作谛,同。

夺伯氏骈邑三百。《皇疏》:伯氏名偃,大夫。骈邑者,伯氏所食采邑也。时伯氏有罪,管仲相齐,削夺伯氏之地三百家也。《礼》"孔子闲居"疏,案郑注《论语》云:伯氏骈邑三百家,云齐下大夫之制,似公侯伯,下大夫唯三百家者,但春秋之时,齐之强臣尤多,故伯氏唯食三百家之邑,不与《礼》同也。此皆皇氏之说。案,皇氏疏《礼》引郑《论语注》,而于疏《论语》不引之,亦为小异。

《礼·中庸》疏。案《异义》云:张华辨鲊,师旷别薪,(苻)[符]朗为青州刺史,善能知味,食鸡知栖半露,食鹅知其黑白。此皆《晋书》文也。今本《晋书》皆有之,但冲远所云《晋书》似旧《晋书》,存考。

**初二日(2月24日)**　晴,夜雪。

**初三日(2月25日)**　雪,颇寒。

**初四日(2月26日)**　晴。子峨来,言法人以争界兵胁铁香,铁香声色不变,法人乃谢而送归。鸿胪劲节愈著,而法之无信无礼如斯,殊可痛恨也。

**初五日(2月27日)**　晴。得琴生书,召余过郡。

**初六日(2月28日)**　晴。过子峨,略谈而返。

作唁洪翰香书,托琴生寄芜湖。

**初七日(3月1日)**　晴。过郡。

**初八日(3月2日)**　晴,夜大雪。郡斋纵谈竟日。夕,王镇携酒,就槐堂小酌。

**初九日(3月3日)**　晴。琴生赴津,余亦归塞上。

**初十日(3月4日)**　晴,大雪。

**十一日(3月5日)**　雪霁。过子峨。

得安圃书,知三兄生一子。

十二日(**3月6日**)　晴。复安圃书,寄朱提一流,为亡妇作周年。

《汉志》"道家郑长者"一篇,注:六国时先韩子,韩子称之。师古曰:《别录》云郑人,不知姓名。《隋唐志》皆不著录。案,《韩子·外储说右上》传:田子方问唐易鞠曰:"弋者何慎?"对曰:"鸟以数百目视子,子以二目御之,子谨周子廪。"田子方曰:"善。子加之弋,我加之国。"郑长者闻之,曰:"田子方知欲为廪,而未得所以为廪。夫虚无无见者,廪也。"一曰:齐宣王问弋于唐易子曰:"弋者奚贵?"唐易子曰:"在于谨廪。"王曰:"何谓谨廪?"对曰:"鸟以数十目视人,人以二目视鸟,奈何其不谨廪也? 故曰'在于谨廪'也。"王曰:"然则为天下何以异此廪? 今人主以二目视一国,一国以万目视人主,将何以自为廪乎?"对曰:"郑长者有言曰:'夫虚静无为而无见也。'其可以为此廪乎!"又,《难二》引郑长者有言"体道无为无见也"。近马竹吾辑佚仅引《外储第一说》,疏矣。

十三日(**3月7日**)　晴。

十四日(**3月8日**)　雨,微雪。定静村来谈。

十五日(**3月9日**)　雨旋霁。

十六日(**3月10日**)　晴。得再同书,寄朱武曹《经传考证》。

过子峨。

十七日(**3月11日**)　晴。

十八日(**3月12日**)　晴。子峨来谈。

十九日(**3月13日**)　晴。复再同书。得朱亮生观察书、刘省三巡抚书。

出吊永峻峰母丧。

二十日(**3月14日**)　晴。得奎乐山正月廿六书,即复之。

二十一日(**3月15日**)　晴。晨起,甚闷,读《荀子》数页,殊无所得。午后,作字三纸。

廿二日(3月16日)　晴,有风。

廿三日(3月17日)　晴。得安圃书,又得孝达寄三百金。

廿四日(3月18日)　晴。以百金寄安圃,为京中厝租各用。得廖谷士书。

廿五日(3月19日)　晴。得洪翰香书告哀。

廿六日(3月20日)　晴。得叶子晋书并《申报》。

廿七日(3月21日)　晴。过子峨,晚松琴来,赠浯溪山谷题名一纸。乃残本。

廿八日(3月22日)　晴。朱存至市买得寿山石根图书、艾叶昌化图书各一方,在山城亦颇罕见。

廿九日(3月23日)　晴。午后,张令来谈。

三十日(3月24日)　晴。阅邸钞,唐鄂生赏巡抚衔,督办云南矿务。

三月初一日(3月25日)　晴。汪容甫《汉上琴台铭》附伯牙事。考以《史记》中旗冯琴而对,《秦策》作中期,《韩子·难势篇》作钟期,遂以钟期即秦中旗。其说甚新颖。惟容甫既以高诱《吕氏春秋》、《淮南子》为案,据检《秦策》秦王与中期争论不胜,高诱注"中期,秦辩士也",是高诱不以中期与钟期为一人。容甫匿而不数,何也?

得琴生书,并送代购之崇文局《百子》来,邀余赴郡,惮于仆仆,作书辞之。

过子峨略谈,时暮色满城矣。

初二日(3月26日)　晴。

初三日(3月27日)　晴。

初四日(3月28日)　晴,大风。过北海轩。

初五日(3月29日)　大风。

初六日(3月30日)　晴。回塞上,得安圃书。

初七日(3月31日)　雪。过子峨。

初八日(4月1日)　晴。致琴生书。得安圃书,并致高阳书。

**初九日(4月2日)**　晴。过子峨。

**初十日(4月3日)**　晴。子峨来,得琴生书。

**十一日(4月4日)**　晴。过子峨略谈。

得伯潜书。

**十二日(4月5日)**　晴。

**十三日(4月6日)**　晴。复香涛书。

**十四日(4月7日)**　晴。得再同书并《湖海楼丛书》。夜作书复之。

**十五日(4月8日)**　晴。阅《学林》。

**十六日(4月9日)**　晴。子峨来谈。

得安圃书。

《檀弓》"寝苫枕干",郑注:干,盾也。疑干乃由之坏。

**十七日(4月10日)**　晴。答定静村。

复乐山书。

汪容甫《墨子叙文》极详瞻,其曰:《墨子》于鲁阳文子多所陈说。《楚语》惠王以梁与鲁阳文子。韦昭注:文子,平王之孙,司马子期之子。据此以证《墨子》为楚惠王时人,当矣。今案,《史记索隐》引刘向《别录》云:《墨子》书有文子、子夏之弟子问于墨子,如此则墨子者在七十子后也。《耕柱篇》子夏之徒问墨子,又云鲁阳文君,未必一人。容甫不用《别录》之说,初不辨驳,且于子夏之徒亦不引以为证,稍失之疏。毕校有《墨子篇目考》,而于《别录》竟不称引,尤数典而忘祖者矣。

**十八日(4月11日)**　晴,大风。遣苏福至郡,送琴生沈太夫人寿礼。

**十九日(4月12日)**　晴。《荀子·非相篇》:凡人莫不好言其所善,而君子为甚。故赠人以言,重于金石珠玉;观人以言,美于黼黻文章;听人以言,乐于钟鼓琴瑟。故君子之于言无厌。鄙夫反是,好其实,不恤其文,是以终身不免坤污庸俗。故《易》曰:"括囊,无咎,无誉。"腐儒之谓也。佩纶案,孔子《象辞》曰:括囊无咎,慎(无)[不]害也。《文言》曰:括囊,无咎无誉:盖言谨也。孙卿之说背于圣门,其于学《易》寡过之旨,殆未得闻矣。

《大略篇》:《易》之咸,见夫妇。夫妇之道,不可不正也,君臣父子之本也。咸,感也,以高下下,以男下女,柔上而刚下。聘士之义,亲迎之【礼】道,重始也。

又,《易》曰:复自道,何其咎?春秋贤穆公,以为能变也。此本《易》以说《公羊》。

二十日(4月13日) 晴。《尸子·发蒙篇》:孔子曰:临事而惧,希不济。《易》曰:若履虎尾,终之吉。若群臣之众,皆戒慎恐惧。若履虎尾,则何不济之有乎?近有姚配中作《周易》。姚氏学颇采诸子,注《易》,而遗此条。

二十一日(4月14日) 晴。昨夜受寒,不甚适。晨起甚晏。读山谷诗,煮龙井茶。午后,心清目朗矣。

制肉一器,邀子峨晚饭,藉以破闷,饮酒半升,陶然有馀欢也。

二十二日(4月15日) 晴。过通桥十馀步,有胡神庙,庙侧有一井,泉甚甘冽。道光间,山右孝廉吴晓撰庙碑,以神为狐突,张堡本东山皋落氏,感狐突之谏申生而祀之。妄诞可笑!杜注:皋落氏,赤狄别种一流。《一统志》山西太【平】原乐平县东七十里,有皋落山,有东山,皋落氏之虚似不得兼有上谷之地,胡神自是元人所奉呼图克图之转音,变而为胡涂耳。傅会春秋,失之。泉味不减浙之虎跑,余名之曰"冽泉"。或云皋落,今垣曲。

二十三日(4月16日) 晴,大风。作寄再同、谊卿书。

二十四日(4月17日) 晴。过子峨,晚刘子进、龙松岑均来。袁华回都。得高阳、伯潜、实夫及安圃书。

二十五日(4月18日) 晴。得安圃及鹤巢书。

二十六日(4月19日) 晴,有风。

二十七日(4月20日) 晴。子峨过谈。

二十八日(**4 月 21 日**) 晴。复高阳及鹤巢书。

二十九日(**4 月 22 日**) 晴。上海寄《魏[书]》、《宋[书]》、《北齐书》至。

四月初一日(**4 月 23 日**) 晴。

初二日(**4 月 24 日**) 晴。

初三日(**4 月 25 日**) 晴。子峨来谈,与之共游三皇庙。庙祀伏羲、神农、黄帝,本之世本,旁祀诸名医,旧盖轩辕庙也。后殿祀三皇,而前殿专奉轩辕,旁祀岐伯以下,为医家所营造,内铜佛无虑数百尊,乃元时古刹大坁,铜佛皆为人窃去矣。边民某撮香灰治病有验,乃遍求商人布施,复新其寺,以旧存铜佛一尊,奉于伏羲龛下。碑皆万历以后浅人所撰,无得知其缘起者,可慨也。旁祀十人,乃录之药王庙者,可笑可叹。

初四日(**4 月 26 日**) 晴。得安圃书并《家庙碑》。过子峨。

初五日(**4 月 27 日**) 晴,有风。得安圃书,又得家书,并遵化州陈牧以培书。

初六日(**4 月 28 日**) 晴。晚得琴生书。

初七日(**4 月 29 日**) 晴。琴生遣姬升来,送瓠及蒿苣。

初八日(**4 月 30 日**) 晴。以酒一升,肉一样,招子峨晚饭,用陆纳延桓宣武故事也。

初九日(**5 月 1 日**) 晴。过子峨。

复安圃及陈牧书。

初十日(**5 月 2 日**) 晴,午后有风。《诗》"蜉蝣掘阅"。传:掘阅,容阅也。笺云:掘阅,掘地解阅,谓其始生时也。以解阅喻君臣朝夕变易衣服也。案,《说文·土部》:堀,突也,从土,屈声。《诗》曰:蜉蝣掘阅,我躬不阅。传:容也。彼以容训阅,此复以容训掘,则堀阅为容容乎?殆不可通。疑传堀阅,容阅也。当作堀突,阅容也。孔疏释传以阅为悦怿之意,恐非。段注《说文》及笺《诗》直以容阅为《孟子》容悦,似太迂曲。

十一日(5月3日)　晴。

十二日(5月4日)　晴。

十三日(5月5日)　雨。

十四日(5月6日)　晴。

十五日(5月7日)　晴。子峨来谈。

十六日(5月8日)　晴。袁华归,得安圃书,并延茂才献县王庭芬芷升至,晚陪芷升谈。

十七日(5月9日)　晴。托子明来,午后子峨过谈。

琴生赠南食,又专足致合肥四月望日书。

十八日(5月10日)　晴。刘子进、张沚莼同过久坐。

十九日(5月11日)　晴,天气渐暖,始被袷衣。午后过子峨,归寄安圃、再同书。

二十日(5月12日)　晴。芷升开馆。

午后过子峨。

二十一日(5月13日)　晴。答托子明、张沚莼、刘子进。归,过协镇射堂少坐,镇有施世骠碑,知南营房乃康熙辛未出内帑所建,本千馀间,今大半圮毁矣。薄暮登城纵眺。①

二十三日(5月15日)　晴。得安圃书。内附八、九两弟书。

二十四日(5月16日)　晴。复安圃书。附八、九两弟书。

二十五日(5月17日)　晴。午后,子峨来话。

借《隋书·经籍志》来,阅数页,取酒醉卧,醒已上灯矣。

二十六日(5月18日)　晴雨相间,似南中黄梅时节。连日昏昏欲睡,一无所营。

二十七日(5月19日)　雨。过子峨,谈诗。

二十八日(5月20日)　晴,午后雷雨。

二十九日(5月21日)　晴。过子峨。

---

①　整理者按,二十二日原本无。

三十日(**5 月 22 日**) 晴。下堡于二十八日始有会,乃买价都门杂物者,偶出观之,皆小儿戏具、东洋磁器,无足寓目。

闰[四]月初一日(**5 月 23 日**) 晴。得琴生书,复之,止其来塞见顾。

午后张令来。

初二日(**5 月 24 日**) 晴。午后,吉观察巡塞外还,见过,辞以他出。

初三日(**5 月 25 日**) 晴。答吉云帆。

初四日(**5 月 26 日**) 晴。

初五日(**5 月 27 日**) 晴。

初六日(**5 月 28 日**) 晴,午后雨。作六姊墓志。

初七日(**5 月 29 日**) 雨霁。过子峨,急雨一阵,觅车而归。

初八日(**5 月 30 日**) 晴。作寄乐山书,并姊氏墓志,由都寄载之,时载之欲作鄂游。

初九日(**5 月 31 日**) 晴。作复合肥书,未竟。琴生遣颂民来,夜窗同话,聊颇岑寂。

初十日(**6 月 1 日**) 晴。午后,令两儿陪颂民游云泉山,山颠有三皇祠,在莲花洞。余所未到也。归,雷雨一阵,旋霁。

十一日(**6 月 2 日**) 晴。颂民回宣。琴生约余赏墨庄芍药,赋两绝辞之,并作复合肥书,交驿递津。

十二日(**6 月 3 日**) 晴。得八弟、安圃及再同书。

十三日(**6 月 4 日**) 晴,午后阴。又得再同书。

十四日(**6 月 5 日**) 午后雷雨不成。午后子峨来,已而龙松岑亦自宣至。

十五日(**6 月 6 日**) 晴,傍晚阴。答松岑,遇杨小坊茂才,乃书院董事,小坐,过子峨,时子峨眷属将至也。

门前有卖花者,乃南西门外土人,买绣球两盆。《群芳谱》:绣球,木本,皱体,叶青色,微带黑而涩,春月开,花五瓣,百花成朵,团圞如球,有红、白二种。《玉堂杂记》:东阁窗下[甃]小池,旁植金沙月桂之属,又有海棠、郁李、玉绣球各一株。

十六日(6月7日)  阴雨。晨起,作致安圃书。

午后,读元遗山诗数首,纪文达称其兴象深远,风格遒上,泃然。

十七日(6月8日)  晴。

十八日(6月9日)  晴。买野芍药十馀丛,种之隙地。琴生送《玉海》来。

十九日(6月10日)  晴。

二十日(6月11日)  雷雨。张令调内丘。

二十一日(6月12日)  晴。

二十二日(6月13日)  雨。

二十三日(6月14日)  雨。

二十四日(6月15日)  晴。

二十五日(6月16日)  晴。石秀才来,往答之。

二十六日(6月17日)  晴。刘子进召饮,同坐惟石秀才。

二十七日(6月18日)  晴。

二十八日(6月19日)  晴。同石秀才赴宣。

二十九日(6月20日)  晴。与琴生谈。

五月初一日(6月21日)  晴。

初二日(6月22日)  晴。琴生召王镇、石秀才、葛司马同饮。

初三日(6月23日)  午后大雨一阵。三兄、八弟来,邀之同宿北海轩,琴生作仓卒主人,咄嗟而办,余则有飘泊彭城之感。

得诒公、运斋书。

初四日(6月24日)  晴。还塞上。

重午日(6月25日)  晴。与三兄、八弟谈,颇解羁愁。八弟近迁浙江省城螺师门骨牌巷。

初六日(6月26日)  晴。同八弟过子峨,午后张沚莼来。

初七日(6月27日)  晴。子峨来谈。阅邸报,润师乞病开缺。

初八日(**6月28日**)　晴。八弟往答汜莼,则已归万全矣。午后子峨前辈来。

初九日(**6月29日**)　晴,有风。三兄、八弟回都,寄复高阳、谊卿、安圃书。

初十日(**6月30日**)　晴。过子峨杂谈遣闷。

送张汜莼赴内邱。薄暮,汜莼来久坐。

十一日(**7月1日**)　晴。枯坐,捡阅书目,殊无所得。

十二日(**7月2日**)　晴。命苍儿随余睡,自课之,陈儿仍随馆师。

褚福自沙城折回,得八弟及琴生书。琴生并惠蚕豆、苋菜。

十三日(**7月3日**)　晴。晨起,得伯平书,草草作复,并犒来使二金。

十四日(**7月4日**)　晴。龙松岑以涪翁书《金刚经》见示,乃蜀僧含澈光绪二年据乾隆间东平石刻摹渤者。东平所刻即伪迹摹本,尤劣。松岑谓其不失晋人家法,非也,他日当还之。

十五日(**7月5日**)　晴。闻铁香勘界成,将还。南越终沦,余之罪也,不禁潸然。

十六日(**7月6日**)　晴。《杨仲宏集提要》:盖宋代诗派凡数变。西昆伤于雕琢,一变而为元祐之朴雅。元祐伤于平易,一变而为江西之生新。南渡以后,江西宗派盛极而衰。江湖诸人欲变之,而力不胜。于是仄径旁行,相率而为琐屑寒陋,宋诗于是扫地矣。载生于诗道弊坏之后,穷极而变,乃复其始。风规雅赡,雍雍有元祐之遗音。史之所称,固非溢美。故清思不及范梈,秀韵不及揭傒斯,权奇飞动尤不及虞集,而四家并称,终无怍色,盖以此也。

十七日(**7月7日**)　晴。寄香翁书。交再同,十九日由闪皋携去。

十八日(**7月8日**)　晴,甚热。

十九日(**7月9日**)　晴。王芝升解馆归。教法太疏,婉词却之,并赠赆而去。遣闪皋送之入都。

二十日(7 月 10 日)　雨。近日山城盼雨而雨不能尺，但濛濛然。

二十一日(7 月 11 日)　晴。得再同书，寄蜜渍荔枝一器，日本刻《管子》一部，羊毫笔五支。

午后，子峨来。

彭千总赴郡领饷，交琴生一书与之。

二十二日(7 月 12 日)　晴。与伯平期于枳儿(领)［岭］，假一车一骑践其约，出南门，过昌隆寺，至胡家屯早饭。屯距口五十里，先过今衙旧城，约三里，至屯旅肆，甚破。渡洋河。饭后，越盘肠河四十里，宿旧怀安庆元店。

二十三日(7 月 13 日)　晴。晨起，二十里至怀安城，又四十里至枳儿岭，伯平于昨夕已至矣，相见欢甚。

二十四日(7 月 14 日)　晴。与伯平在逆旅杂谈竟日。

二十五日(7 月 15 日)　晴。晨起，与伯平别，归途遇雨，行八十里，宿夏家屯，旅肆甚陋。

二十六日(7 月 16 日)　晴。行七十里，未刻回塞上，伯平赠余及子峨各百金，过子峨，交之。时子峨妾与女至塞，以刀环梦断故也。

廿三日琴生有书，廿五日八弟、安圃有书。汪柳门复书并至。

二十七日(7 月 17 日)　晴。彭弁归，得琴生《和送菜谢诗》，其高浑处非余所能到。

二十八日(7 月 18 日)　晴，夜微雨。

二十九日(7 月 19 日)　晴雨相间。子峨来谈。

以琴生及寄豌豆、蚕荚，欲作两诗答之，而兴致不佳，虽吟成，趁韵而已。

灶下仆俞德和乃倪泰之舅，相随日久，前月杪以家事辞去，至是遂乞长假，乃复役一兵以助袁【间】福。

三十日(7 月 20 日)　大雨。寄琴生书。闪皋归，得安圃书，夜作复函，并寄复再同书。

　　**六月初一日(7月21日)**　晴。得乐山书,知腊月交合肥处寄鄂之函竟尔浮沈,可怪也。

　　午后,琴生遣姬升来,知其二三两郎君均到郡,并得合肥书及暑药一包,廖谷士寄银百两。永峻峰来。

　　**初二日(7月22日)**　晴。本欲赴郡,车已驾矣,而天酸然雨,乃解骖,既乃大晴,其雨其雨,杲杲出日,可以悟世事也。

　　午后,永峻峰送扇一握及衣履食物,受其书箑及食物三种。

　　**初三日(7月23日)**　晴。晨起,答峻峰。辰巳之交赴郡,薄暮至,仍宿北海轩,琴生遣其三郎出见。名恒颐,字渊若。

　　**初四日(7月24日)**　晴。琴生遣其二郎出见。名恒谦,字谷若。时新病初愈。谷若已入学,貌极秀雅。渊若稍瘦,而目有神。谷若以文二篇见示,理清笔活,可造才也。渊若文尚未捡出,琴生谓逊于其兄。午后,王镇、龙不相继而至。

　　**初五日(7月25日)**　晴。琴生厅事有异蝶蹁跹而至,绕余衣袂间,似太常仙蝶,塞上不恒见也。余以为点缀入诗,便似东坡儋耳五色雀之祥。文人狡狯,不过如此耳。与石生过庆治臣校官,阅其所藏书画,王觉斯一长卷最佳。琴生亦出示董香光《游虎邱[丘]诗册》。

　　**初六日(7月26日)**　晴。辨色而起,自郡还塞上。日未午也。得安圃书及八弟津门大弟芦台书,再同寄《画墨荔扇》及《荔枝》二律来。

　　《周礼》:大司马,以旌为左右和之门。注:和,今谓之垒门,立两旌以为之。虎贲代。设车宫,辕门。为坛壝宫,棘门。为帷宫,设旌门。《穀梁》:置旃以为辕门,故旃亦名渠门。尹注《管子》未明。

　　**初七日(7月27日)**　晴。作《和再同蜜渍荔枝诗》。

　　**初八日(7月28日)**　晴。刘子进来谈。

　　**初九日(7月29日)**　阴雨。琴生书来。

　　**初十日(7月30日)**　晴。耳痛,垂十日。连日左耳流汁不止,殆肝火上升也。不能观书,闷甚。

《玉海》:《张敞集》一卷。唐二卷。《传》:《谏昌邑王书》,言霍氏封事。《请自治盗贼书》。《谏太后出游猎书》。《诣公车上书》。按伯厚时,张集已佚,故仅摘本传之目耳。

十一日(7 月 31 日)　薄暮微雨。三叠再同韵,较原稿稍妥。午后,随手检唐人诗阅之。

昨梦甚奇,见青天无云,赤日之旁忽有字十馀行,而以淡霞覆字,于霞中了了可辨。

十二日(8 月 1 日)　晴。

十三日(8 月 2 日)　晴。

十四日(8 月 3 日)　晴。

十五日(8 月 4 日)　晴。以《玉海》还郡,琴生书亦来。

十六日(8 月 5 日)　晴。琴生送药方来,并馈瓜藕。

十七日(8 月 6 日)　午后快雨。寄黄再同书、安圃书。

昨夜服琴生方,耳稍愈得,两胸鬲稍舒,竟日阅苏诗。

十八日(8 月 7 日)　晴。《四库全书提要》:《春秋通训》六卷。《永乐大典》本。宋张大亨撰。是书《自序》谓少闻《春秋》于赵郡和仲先生。考宋《苏轼年谱》,轼本字和仲。又苏洵《族谱》称为唐相苏颋之裔,系出赵郡。今所传轼《题烟江叠嶂图诗》石刻,末亦有赵郡苏氏印。然则赵郡和仲先生即轼也。苏籀《双溪集》载大亨以《春秋》义问轼,轼答书云“《春秋》,儒者本务。然此书有妙用,学者罕能领会。多求之绳约中,乃近法家者流,苛细缴绕,竟亦何用?惟左丘明识其用,终不肯尽言,微见端兆,欲使学者自求之”,云云,与大亨《自序》亦合。盖其学出于苏氏,故议论宗旨亦近之。按,《坡公集》有《答张嘉甫书》,较《双溪集》所载尤详,苏明允《族谱》自云味道之裔,《提要》似未详核。

十九日(8 月 8 日)　雨。昨夜枕上作《谢琴生瓜莲藕》诗,交局寄宣。

东坡先生《说论语》已佚。今从《栾城集·论语拾遗》辑三条,《朱子集注》辑九条,宋余允文《尊孟续辨》中有"辨坡《论语说》"八条,王若虚《滹南老人集》有《孟子辨惑》一卷,云苏氏《解论语》与《孟子辨》者八,其论差胜,亦皆失其本旨,即余所辨之八条也。益以文集所载,如《刚说》、《思堂记》之类,略见一斑矣。

二十日(8月9日)　晴,旋雨。寄《蛇要厓治道碑》与琴生,并献三绝。

得伯平书,寄《集杜》八首。

二十一日(8月10日)　晴。得仲彭书,知杨启泰殁,留其弟杨荣入署。

安圃书来,知近日太白经天七月朔日食,今年月食三次。王云舫三被对,惜不能因时纳谏,负此前席。昆明湖试轮船,船损,学生亦溺死。云曾侍郎建议以粤海六厂均归赫德督抚监督,不得过问,孝达力争,为孙、许所诇,大受申饬。高阳因吊治润臣中暑,舌本微蹇,亦衰征也。

入夜,耳汁又流,盖积闷所致。

二十二日(8月11日)　晴。腹泄,闷甚。

二十三日(8月12日)　晴。携苍儿至郡。

二十四日(8月13日)　晴。过王枫臣略谈。

二十五日(8月14日)　雨。耳中流汁止。王枫臣来。

二十六日(8月15日)　晴。万寿圣节。

送苍儿从朱久香读。

二十七日(8月16日)　晴。吉道来。

二十八日(8月17日)　夜大雨如注。

二十九日(8月18日)　晴。

七月初一日(8月19日)　午后雨,是日日食。答吉道及贺令。

初二日(8月20日)　晴。琴生赴怀来虑囚,午刻余亦归塞上。归,得合肥六月廿二日书。

初三日(8月21日)　阴雨。复合肥书。

刘子进、何子峨均来。

初四日(8 月 22 日) 晴。答子峨,少坐即返。

初五日(8 月 23 日) 晴。

初六日(8 月 24 日) 阴,夜雨。

初七日(8 月 25 日) 晴。寄复伯平及洪翰香书,均托琴生分别交递,俗事稍清,精神已爽,仍理旧课矣。

初八日(8 月 26 日) 夜雨。得常世无及王云舫书。

初九日(8 月 27 日) 晴,夜雷雨。

初十日(8 月 28 日) 夜大雨。

十一日(8 月 29 日) 雨竟日。

十二日(8 月 30 日) 晴。得安圃书。

十三日(8 月 31 日) 晴。

十四日(9 月 1 日) 晴。子峨来谈。

十五日(9 月 2 日) 晴。遣朱存入都,复常师母书。

十六日(9 月 3 日) 晴。

十七日(9 月 4 日) 晴。

十八日(9 月 5 日) 晴。得安圃及再同书,再同复寄孝达书及荔枝、龙眼来。

十九日(9 月 6 日) 晴,晨微雨。以蜜渍荔枝寄琴生。
复再同及安侄书,念及国事、家事,意绪殊恶。

二十日(9 月 7 日) 晴。得琴生复书。

廿一日(9 月 8 日) 晴。

廿二日(9 月 9 日) 晴。枫臣赴多伦诺尔,过此见访,晚答之。

廿三日(9 月 10 日) 晴。

廿四日(9 月 11 日) 晴,夜雨。

廿五日(9 月 12 日) 阴。

廿六日(9 月 13 日) 晴。遣潜赴郡。
子峨来。

廿七日(**9 月 14 日**)　晴。

廿八日(**9 月 15 日**)　晴。潜儿归,得琴生书。

得安圃书。

廿九日(**9 月 16 日**)　晴。复安圃书。

夜读王介甫《鲧说》,不觉失笑。

八月初一日(**9 月 17 日**)　晴。过子峨。

初二日(**9 月 18 日**)　晴。

初三日(**9 月 19 日**)　晴。朱存回。安圃为延山东黄县由孝廉升堂来课两儿,并得高阳师及再同、廉生书。

初四日(**9 月 20 日**)　晴。得伯平书。

初五日(**9 月 21 日**)　晴。得《管子义证》,复将戴校勘正一过。

枫臣来,晚答之。

初六日(**9 月 22 日**)　晴。沈秉成为广西巡抚。

午后,何子峨来谈。

初七日(**9 月 23 日**)　晴。夜,独酌微醺,阅《韩子》一卷。

初八日(**9 月 24 日**)　晴,夜颇凉。登城纵目,秋气易悲。

《韩子·和氏篇》:商君教秦孝公以连什伍设告坐之过,燔诗书而明法令,是燔书之祸萌芽于此,先辈未尝拈出。

初九日(**9 月 25 日**)　晴。得赵菁衫书。

琴生驿书至,薄暮复得书并惠果饵。

过子峨。

初十日(**9 月 26 日**)　晴。得安圃书。

十一日(**9 月 27 日**)　晴。

十二日(**9 月 28 日**)　晴。得合肥复书,自琴生处来。

十三日(**9 月 29 日**)　晴。刘子进送蟹,颇肥,小酌取醉。

子峨来,少坐即去。

十四日(**9 月 30 日**)　晴。吉云帆求为其母《絮香集》序,今日清暇撰成应之。

十五日(10月1日)　晴。

十六日(10月2日)　晴。

十七日(10月3日)　晴。途中遇雨。是日塞上雨甚大。

琴生遣车来,辰刻过郡。

十八日(10月4日)　薄暮急雨。琴生邀同刘子进夜饮。

十九日(10月5日)　晴。镇道来。

二十日(10月6日)　晴。

二十一日(10月7日)　晴。遣苍儿回塞上,午初答吉道,晚镇署招饮。

二十二日(10月8日)　晴。回塞上。

廿三日(10月9日)　晴。

廿四日(10月10日)　晴。

廿五日(10月11日)　晴。

廿六日(10月12日)　晴。

廿七日(10月13日)　晴。注《侈靡篇》成。

廿八日(10月14日)　晴。署万全陈大令来。缙甘,举人。

廿九日(10月15日)　晴。子峨来,示其子文数首,颇有进境。

三十日(10月16日)　晴。得安圃书,又病矣。闷甚。午后饮酒,阴云作雨不成。

九月初一日(10月17日)　晴,雨雹霰,一日中变幻不测。

初二日(10月18日)　雨。为子峨世兄阅文。过子峨。过杨孝廉。振銮,己卯举人。

初三日(10月19日)　晴。景仲以举业见示,为之改正。仪封人,全章。

得安圃书。

初四日(10月20日)　晴。得九弟书,时在都中。

夜读《易》。

许君俉《易孟氏》,偶录解字于左方。

乾。上出也。从乙。乙，物之达也。【乾】倝声。乾，籀文乾。乙部。案，与《彖》首出庶物义合。万物资始。

潜。涉水也。一曰藏也。一曰汉水为潜，从水，朁声。案，藏也，乃《易》义。潜龙勿用，阳气潜藏。

龙。龙，鳞虫之长，能幽能明，能细能巨，能短能长，春分而登天，秋分而潜渊。从肉飞之形、童省声。

田。陈也。树谷曰田。象四口。十，阡陌之制也。

夕惕若厉。《说文·骨部》：骰下引，读若《易》曰“夕惕若厉”。《夕部》：夤，敬惕也。从夕，寅声。《易》曰：“夕惕若夤。”张皋文《易义别录》引之，于《孟氏易》下云：许亦博采众家古文，故两引辄误，未可，正为孟氏虞无“夤”字。段氏改“夤”为“厉”，云引《易说》从夕之意，以惠氏《周易述》作“夕惕若夤”，“厉”为非。王氏筠于《夕部》引《易》直删去。钮氏树玉亦据《韵会》以引《易》乃小徐，非许原文，而以今本《系传》为后人转改。钮云《汉书·王莽传》孙竦引“夕惕若厉”，《淮南·人间训》、应劭《风俗通》、后汉张衡并作“厉”。案，“乾夤”为韵，有“夤”字，为是。

惕。敬也。王据玄应改惊也，非是。

渊。回水也。从水，𢆯，象形。左右，岸也。中象水皃。𢆯，渊或省水。囦，古文从口水。

天。颠也。至高无上，从一大。

亢龙有悔。亢，人颈也。从大省，象颈脉形。凡亢之属，皆从亢。颃，或从页。忼，慨也。忼慨壮士不得志于心也。从心，亢声。一曰《易》“忼龙有悔”。　段云许所据《孟氏易》假借字一曰《易》，当作《易》曰，浅人以忼慨忼龙义，殊妄改。　王云当改作亢，虽九经字样引作忼，然明堂位，郑注康读为亢龙之亢，固作亢也。　王说大谬。郑注知亢龙正当作忼龙，言慷即忼之或体也。壮士不得志与贤人在下位意通。[1]

---

[1]　整理者按，此条有眉批：《淮南·缪称训》：《易》曰：亢龙有悔。注，人君动极在上，故有悔也。姚氏未引，一节可全录。

首。𦣻《《百。同,古文百也。《《象髪,謂之鬊,鬊即《《也。刘向《说苑·至公篇》:孔子曰:"巍巍乎!惟天为大,惟尧则之。"《易》曰:"无首,吉。"此盖人君之至公也。夫以公与天下,其德大矣。不知何氏易说之义?

**初五日(10 月 21 日)** 晴。坤。地也。《易》之卦也。从土从申。土位在申。疑"乾"下亦当有"《易》之卦也"句,而妄人删之。

迷。或也。从辵米声。

得。行有所得也。从彳,导声,古文省彳。

西南得朋,东北丧朋,安贞吉。朋。古文凤象形,凤飞,群鸟从以万数,故以为朋党字。

霜。　　　　　　冰。

习。数飞也。从羽从白。部首。

含章。含,嗛也。从口今声。章。乐竟为一章。从音从十。十,数之终也。《淮南·缪称训》:《诗》曰"执辔如组",《易》曰"含章可贞",动于近,成文于远。姚氏未引。

括囊。括,洁也。段曰:洁者,麻一耑也。引申为洁,束之洁。《易》捂囊借为昏字,从手,昏声。口部,昏,塞口也。从口,氐省声。氐音厥。[①]

黄裳。

野。郊外也。从里予声。壄,古文野,从里,省从林。

血。祭所荐牲血也。从皿,一象血形。部首。

**初六日(10 月 22 日)** 晴。屯。难也。屯。《韵会》引有。象草木之初生。屯然而难。从屮贯一。屈曲之也。一,地也。《易》曰:"屯,刚柔始交而难生。"屮部,一篇。

利建侯。建,立朝律也。从聿从廴。二篇下,廴部。侯,春飨所射。侯也。从人,从厂,象张布;矢在其下。天子射熊虎豹,服猛也;诸侯射熊豕虎;大夫射麋,麋,惑也;士射鹿豕,为田除害也。其祝曰:"毋若不宁侯,不朝于王所,故伉而射汝也。"

---

① 整理者按,见《说文解字注》。

磐桓。本亦作盘，一作槃。般，辟也。象舟之旋，从舟。从殳，殳，所以旋也。舟部，八下。《释文》：乌云槃桓旋也。段：槃为般。槃，承槃也。从皿，籀文。亘，求亘也。从二从囘。囘，古文回，象亘回形。上下，所求物也。桓，亭邮表也。借字。

遭如。遭，趁也。从走，亶声。趁，遭也。走部，二上。

班如。班，分瑞玉。颁，大头也。从页，分声。虞注：班，蹎也，马不进故班如矣。一，九上。

匪寇婚媾。寇，暴也。从攴，从完。婚。妇家也。《礼》：取妇以昏时，妇人阴也，故曰婚。从女从昏，昏亦声。媾，重婚也，从女冓声。《易》曰"匪寇婚媾"。①

女子贞不字。字，乳也。从子在宀下，子亦声。虞云：字，妊娠也。义同。

即鹿无虞。虞，驺虞也。白虎黑文，尾长于身。仁兽，食自死之肉。从虍吴声。《诗》曰："于嗟乎，驺虞。"②

膏。肥也。肉部，四下。

泣血涟如。泣，无声出涕曰泣。澜，大波为澜。澜，或从连。

**初七日（10 月 23 日）** 晴。蒙。王女也，从艸冡声。冡，覆也，从冖豕。冖部，七下。段云：凡蒙覆僮蒙，今皆作蒙，依古当作冡。余案，屯从草木之初，则蒙亦当从草。屯草犹屈曲，蒙则草生可覆矣，引申为童蒙王女之云，蒙亦以其形得名也。

童蒙。僮，未冠也。从人，童声。人部，八上。童，男有罪曰奴，奴曰童，女

---

① 整理者按，此条有眉批：《缪称训》：故《易》曰乘马班如，泣血涟如，言小人处非其位，不可长也。注：谕乘马班如，难也，故有泣血之忧。移后。 《马部》：驙，駗驙也。从马，亶声。《易》曰"乘马驙如"，駗马载重，难也。与《辵部》义亦通。 段谓许所据《易》当是，上句作"駗如驙如"。此论甚谬。臧校《释文》以为马曰难行不进之见，亦当作驙。王校《说文》曰马季长作"驙"，恐无所本，存考。

② 整理者按，此条有眉批：《缪称训》高注：即，就也。鹿，以谕民。虞，欺也。几，终也。就民欺之，即入林中，几终不如舍之，使之不终如其（舍）［咎］也。

曰妾,从辛,重省声。《释文》字书作僮,郑云未冠之称是,郑从许也。今僮皆省作童,不止《易》文。

再三渎。黩,握持垢也。从黑卖声。《易》曰:"再三黩。"《说文》以渎为沟。

发蒙。发,射发也,从弓,癹声。诸家未释发字。

桎梏。桎,足械也,从木,至声。梏,手械也,从木,告声。郑注木在足曰桎,在手曰梏,从许。

以往吝。《口部》:吝,恨惜也。从口文声。《易》曰:"以往吝。"《辵部》:遴,行难也,引《易》曰:"以往遴。"段云:许偁《孟氏》或兼偁他家,或《孟易》有或本。亦意度之词。

包蒙。包,象人裹妊,巳在中,象子未成形也。元气起于子。子,人所生也。男左行三十,女右行二十,俱立于巳,为夫妇。裹妊于巳,巳为子,十月而生。男起巳至寅,女起巳至申。故男季始寅,女季始申也。案,许君此说与《易》义最合。虞注:震刚为夫,伏巽为妇,一以刚接柔正,与许同因悟巽之,从两巳,亦是此义。

击蒙。击,攴也。手部。攴,小击也。

**初八日(10 月 24 日)** 晴,始衣裘。午后,子峨来谈,琴生遣人来送菊四盆。

需。𩓣也。遇雨不进,止𩓣也。从雨而声。《易》曰:"云上于天,需。"雨部,十一下。

利涉大川。川,贯穿通流水也。《虞书》曰:"浚,𡿧𡿨,距川。"言深𡿨𡿧之水会为川也。

郊。距国百里为郊,从邑,交声。

沙。水散石也

从水从少。水少沙见。楚东有沙水。沙,谭长说沙或从尐。

泥。泥,水,出北地郁郅北蛮中,从水,尼声。丘部,𠀗,反顶受水丘,从丘,泥省声。

出自穴。土室也,从穴,八声。

不速之客。速,疾也,从辵,束声。《释言》曰:征也,召也。马云:召也。

按,如许解是言非急疾之客耳。

九三爻,致寇至。《释文》,郑王肃作戎,未言虞亦作戎也,而张皋文亦改虞为戎,非是。

**初九日(10月25日)** 晴。阅邸报,高阳授礼部尚书,为之一喜。高阳参政专以扶持善类为主,乃以越事罢去,清议惜之。阅三年,复长春官,正气稍伸,于此见二圣之知人。

子峨以试律属改,竟日始毕,以铜琶铁弹板而使之唱晓风残月,真恶作剧也。

**初十日(10月26日)** 晴。琴生书来,言河决郑州,由贾鲁河趋颍入淮,徐凤一带千里为壑,恐河将改辙而南。余正初论河不当南挽之说,验矣。下游不畅,上游已横决矣。

两日来,因改诗未及读《易》。

**十一日(10月27日)** 晴。作书寄高阳。

讼。争也,从言,公声。

窒惕。窒,塞也。虞云:窒,塞止也。马、郑均作咥。王弼谓:窒,塞也。

不永所事。永,长也,象水至理之长。《诗》曰:"江之永矣。"《象》曰:"讼不可长。"此许所本。虞注:永,长也。坤为事初失位而为讼始。案,永,象水至理,坎之初,故不永。许说可补虞之不及。

归而逋。亡也,从辵,甫声。

无眚。目病生翳也。

锡之鞶带,终朝三褫之。鞶,大带也。《易》曰:"或锡之鞶带。"男子带鞶,妇人带丝。褫,夺衣也,从衣,虒声,读若池。虞注:鞶,带大带,男子鞶革,本于许君。三褫作三拕。《说文》拕,曳也。

**十二日(10月28日)** 晴。过子峨,得再同书。

读范史《王景传》。恨《续汉书》不志河渠。宋神宗熙宁十年七月,河决澶州,为南北分流之始。澶州曹村在今开州西南。元符二年哲宗六月,河决内黄。初,元祐中议回河东流,范子奇建议文潞公、吕正愍大防及安焘,谓河不东则失中国之险,为契丹之利。范纯仁、胡宗愈、苏辙不可，范百禄行视，罢之，而吴安持、李伟复主其说。绍圣初卒行之。至是，河决内黄，东流断绝。吴安持等三十人降责有差。案，东坡有《闻黄河已复北流老臣以旧数论此》诗二首，是阻回河之说，二苏皆同。其详见《王见大注苏诗》。

十三日(10月29日)　晴，夜雨。明景泰四年，徐有贞以谕德为金都御史，治沙湾决口。时河南水患方甚，原武、西华均迁县治以避水。有贞上三策：一置水闸门，一开分水河，一挑深运河。上用其策，于是设渠以疏之，起张秋①金堤之首，西南至濮阳泺，博陵陂，寿张沙河，东西影荡、白领湾、李箪，凡五十里。由李箪而上至竹口莲花池，又抵大潴潭，凡五十里，乃逾范暨濮，又上而西北数百里，经澶渊以接河、沁，又筑堰九以御河流旁出者，长各万丈，实之石而键以铁。六年七月，成渠名广济。沙湾之决垂十年，至是始塞。亦会黄河南流入淮，有贞始克奏功。《明史·河渠志》。

有贞本名珵，以倡议南迁，为景泰所恶，改名求进而才足济之。

十四日(10月30日)　晴。咸丰元年闰八月，杨以增奏：八月二十日，丰北厅属丰下汛三堡迤上无工处所决口。二年四月，以两次走占，杨以增革职留任，陆建瀛降四品顶(带)[戴]。三年二月藏工，六月复漫口。其弊由于带冰进占，时以军兴饷绌不克复堵。五年六月，下北厅兰阳三堡、铜瓦厢黄水漫溢。六年三月，派瑞文端及庆祺往勘。十年，沈兆霖奏：孙嘉淦乾隆间所谓由太清河至利津入海，即现在黄河所改之道，询之东省绅士，云张秋以东，自鱼山至利津海口，皆筑民堰，惟兰仪之北、张秋之南，则黄河自决口而出，泛滥汪洋，工程最巨。直隶之东明、长垣，山东之菏泽、郓城，培筑又较张秋为易。张秋下游至海门，不必施工。惟趺口至张秋数百里间，可令民间捐办。得旨，饬各督抚议行。盖自咸丰乙卯至今，河又改北流而南矣。三十三年。

---

① 整理者按，此条有眉批：张秋镇在泰安府东阿县西南，运河所经，与寿张、阳谷二县接界。

十五日(10月31日)　晴。

十六日(11月1日)　晴。午后,石秀才自宣府来,留之小酌。

十七日(11月2日)　晴。送聘之后,过子峨小坐。连日偶有感冒,惫甚。

十八日(11月3日)　晴。闻润民师月初过津,比当到霸州矣。拟遣褚福往候之,病中强作一书,百感交集。

十九日(11月4日)　晴。病小愈。读苏诗。午后,得宣大二守书。

二十日(11月5日)　晴。遣褚福行,寄安圃书,又复再同书。午后,子峨来谈。

前子峨以其子制艺求改,题为"子莫执中,执中为近之"。赵岐注:"子莫,鲁之贤人也。"朱子因之,他书无改,焦里堂作《正义》第引或说,谓《庄子》有儒、墨、杨、秉,疑子莫即秉,亦无显据。惟《说苑·修文篇》:公孟子高见颛孙子莫曰:"敢问君子之礼何如?"颛孙子莫曰:"去尔外厉,与尔内[折],色胜而心自取之,去三者而可矣。"公孟不知以告曾子,曾子愀然逡巡曰:"大哉言乎! 夫外厉者必内折,色胜而心自取之必为人役。是故君子德行成而容不知,闻识博而辞不争,知虑微达而能不愚。"疑孟子所称之子莫即其人也。钱大昕云:《史记》以子张为陈人,而《吕氏春秋》云子张鲁之鄙家也。学于孔子,或陈或鲁,二说皆是。《春秋传》陈公子完与颛孙奔齐,颛孙自齐来奔,子张当是陈颛孙之后,以字为氏者,故称陈人。子张既从孔子游,而其子申详为鲁缪公臣,则居于鲁非一世矣。余案,据颛孙自齐来奔,则颛孙氏可云鲁人,以赵邠卿注鲁之贤人断之,其为颛孙子莫无疑。

又案,《荀子·非十二子篇》:"第佗其冠,神禅其辞,禹行而舜趋,是子张氏之贱儒也。"《论语》:"禹行而舜趋。"《论语》:尧曰:"允执厥中。"舜亦以命禹。与子莫执中相类。《韩非·显学篇》亦有子张氏之儒。

二十一日(11月6日)　晴。略愈,作寄八弟书。晚读《通鉴》十馀页。

二十二日（11月7日）　晴。神气已复，欲定读书课程而未果，觉两年来大为虫鱼所困，读书渐趋烦碎，思有以参之。

二十三日（11月8日）　晴。得安圃及琴生书，九弟已回芦台。

二十四日（11月9日）　晴。

二十五日（11月10日）　微雪渐霁。《吕览·谕大篇》："地大则有常祥、不庭、岐毋、群抵、天翟、不周，山大则有虎豹熊螇蛆。"高注：常祥、不庭、群抵、岐毋、天翟，皆兽名也。螇蛆下注，皆兽名。不周山在翟。郝氏《山海经笺疏》驳高注，钱侗校以不庭、群抵、不周，见于《大荒东西两经》。又大荒之中有山，名曰常【羊】阳，后文又有常羊之山。《大荒东经》有皮母之山，即《吕览》岐母，惜天翟未得其说。余案，《淮南·坠形训》：元燿、不周。天翟、元燿字形相近。高《（彼）〔坠〕形注》：元燿，水名，一曰山名。疑《吕览》注天翟，皆兽山名当作皆山名。"不周山石翟"句当次于此，而"虎熊螇蛆"下则曰皆兽名，未必以诸山为兽名也。《吕览》又云"玄山之禾，不周之（枢）〔粟〕"。

二十六日（11月11日）　晴。《淮南·诠言训》：故广成子曰："慎守而内，周闭而外〔亲〕，多知为败，毋视毋听，抱神以静，形将自正。不得之己而能知彼者，未之有也。"故《易》曰："括囊，无咎无誉。"此以广成之慎守解《易》之括囊，尚不失夫子言慎之意，视荀子腐儒之解为胜。

二十七日（11月12日）　晴。《史记·项羽本纪》：范增劝羽击于沛公，曰："吾令人望其气，皆为龙虎【气】，成五采，此天子气也。急击勿失。"夫羽果信望气者言。彼既有王气，何可击耶？不信望气，则此亦不足激动之也。亚父亦无聊矣。

二十八日（11月13日）　晴。得琴生书，晚作书复安圃。

二十九日（11月14日）　晴。过子峨。

陈平曰："我多阴谋，是道家之所禁。吾世即废矣，亦已矣。终不能复起，以吾多阴祸也。"夫陈平之阴祸，孰有大于伪游云梦者？夫信果反，帝往适为之禽耳。知其必不反，而画此策以缚之，岂非阴祸？

**十月朔日(11 月 15 日)**　晴。阅邸抄,高阳派至河南阅河工,会同薛允升察视具奏,九月廿五旨也。

寄安圃书,并致高阳书。

**初二日(11 月 16 日)**　晴。

**初三日(11 月 17 日)**　晴。

**初四日(11 月 18 日)**　晴。昨日章谷若正夫遣仆送食物来,作书复之,并致琴生书,时琴生行县未回也。

王枫臣因石聘之求作武成王庙记,昨日得暇作之,并庙及关祠、汉李将军、王淮陵合祠联。

**初五日(11 月 19 日)**　晴。子峨来。

徐武功塞沙湾,筑一决口,下木石则若无者,心怪之。闻僧居山中有道,有贞往叩焉。僧无所答,徐曰:"圣人无欲。"沈思竟日,悟曰:"僧言龙有欲也,此其下有龙穴。吾闻之,龙惜珠,铁能镕珠。"乃沸铁万斤而下之,龙一夕徙,而决口塞。《明史纪事本末》载之。余谓事殊恢诡,非僧冥无所知,姑为不可解之,言以塞责,即徐功成后自诩神奇,造为是说耳。

**初六日(11 月 20 日)**　晴。万全令来,却之。

**初七日(11 月 21 日)**　晴。午后,答客,过刘同知小坐。

夜作寄安圃、再同书。

**初八日(11 月 22 日)**　晴。寄琴生及石聘之书。

**初九日(11 月 23 日)**　晴。夜作致合肥书。

**初十日(11 月 24 日)**　晴。禧圣万寿圣节,遖臣恋阙,依斗望京。

子峨来谈。

**初十日,晴**

**十一日(11 月 25 日)**　晴。定静村将入都,时有诏召之也,往送略谈。归,静村送荣仲华,云穆春岩已故。

**十二日(11 月 26 日)**　晴。

十三日(**11 月 27 日**)  晴。过子峨略话。

晚,石聘之书来。

十四日(**11 月 28 日**)  晴,有风。得再同书,并香涛寄书及笋。晚,琴生自宣行县过此。

十五日(**11 月 29 日**)  晴。午后琴生去。

作复香涛及再同书。

安侄书至,附润师及方铭山书。

十六日(**11 月 30 日**)  晴。作复安圃及润师、方道书。

闻合肥有舌疾,作书候之,附高阳书。

十七日(**12 月 1 日**)  晴。景介臣来。

十八日(**12 月 2 日**)  晴。过子峨略谈。

十九日(**12 月 3 日**)  晴,有风。夜读山谷诗。

二十日(**12 月 4 日**)  晴。定静村来。

二十一日(**12 月 5 日**)  晴。得琴生书。

二十二日(**12 月 6 日**)  晴。寄安圃书。

二十三日(**12 月 7 日**)  晴,午前大风,微霰旋止。得乐山来书,已卸督篆。

二十四日(**12 月 8 日**)  晴。复乐山书。

夜,捡孝达所寄粤刻书,内有《墨缘汇观》,题松泉老人,乃汪文端公自号,而粤雅堂刻作无名氏,疏矣。细阅,乃安仪周撰。

二十五日(**12 月 9 日**)  晴。得合肥书。廿二日书,三日到,殊速。又得九弟书。

二十六日(**12 月 10 日**)  晴。夜,刘子进来谈。

二十七日(**12 月 11 日**)  晴。午后,子峨来。

二十八日(**12 月 12 日**)  晴,晨霰旋霁。方铭山自都寄赠食物。

二十九日(**12 月 13 日**)  晴,午后有雪意。过子峨,铁香寄赠洋罽及肉。

三十日(**12 月 14 日**)  晴。寄复八弟及载之书。

十一月初一日(**12 月 15 日**)　晴。得琴生书。

初二日(**12 月 16 日**)　晴。

初三日(**12 月 17 日**)　晴。两日中作书十馀纸。

初四日(**12 月 18 日**)　晴。昨得琴生书，招过郡，车来赴之。

初五日(**12 月 19 日**)　晴。晤王枫臣、石聘之。

初六日(**12 月 20 日**)　晴。同聘之过庆治臣校官，晚琴生斋中饮。

初七日(**12 月 21 日**)　晴。寄复合肥书，晚治臣来，王镇召饮。

初八日(**12 月 22 日**)　晴。归塞上，得安侄书，病未大愈，又得子涵书，已改京府通判。

定静村授东三省练兵大臣。

初九日(**12 月 23 日**)　晴。天气渐寒，午后子峨来。

复安圃书，并寄《易纬》、《韵府》。

初十日(**12 月 24 日**)　晴。连日呵笔肆书，所谓"东坡何事不违时"也。

十一日(**12 月 25 日**)　晴。

十二日(**12 月 26 日**)　晴。得再同书。

十三日(**12 月 27 日**)　晴，甚寒。

十四日(**12 月 28 日**)　晴。得张令书。

十五日(**12 月 29 日**)　晴，有风。复张内邱及赵菁衫书。

十六日(**12 月 30 日**)　晴。

十七日(**12 月 31 日**)　晴。复再同书。

《旧唐书·刘洎传》：太宗辽东还，在道不康。洎与中书令马周入谒。洎、周出，遂良传问起居，洎泣曰："圣体患（臃）[痈]，极可忧惧。"遂良诬奏之曰："洎云：'国家之事不足虑，正当傅少主行伊、霍故事，大臣有异志者诛之，自然定矣。'"太宗疾愈，诏问其故，洎以实对，又引马周以自明。太宗问周，周对与洎所陈不异。遂良又执证不已，乃赐洎自尽。洎临引决，请纸笔欲有所奏，宪司不与。洎死，太宗知宪司不与纸笔,怒之,并令属吏。又《崔仁师传》:二十二年,仁师甚承恩遇,中书令褚遂良颇忌嫉之。会有伏阁上诉者,仁师不奏,太宗以仁师罔上,遂配龚州。如所言,则河南竟非端人矣。疑刘洎辅太子监国时,对太宗有"大臣有愆失,臣谨即行诛之"说,已为太宗所疑,后又有"圣体可忧"之言,发怒杀之,不关登善之谮也。后河南既败,其子宏良欲为洎颂冤,托之河南之谮,其说易申,与仁师之罔上,归咎河南,同一不根之谤。

书竟,又阅《乐彦玮传》:显庆中,为给事中。时故侍中刘洎之子诣阙上言,洎贞观末为褚遂良所谮枉死,称冤请雪,中书侍郎李义府又左右之。高宗以问近臣,众希义府之旨,皆言其枉。彦玮独进曰:"刘洎大臣,举措须合轨度,人主暂有不豫,岂得即拟负国?先朝所责,未是不惬。且国君无过举,若雪洎之罪,岂可谓先帝用刑不当乎?"据此,则刘氏托为河南所谮,又以迎合义府,其迹显然非彦玮之驳,则不待则天时复官矣。然所谓国君无过举者,语亦未允。

又,《卢承庆传》:永徽初,为褚遂良所构,出为益州大都督府长史。遂良俄又求索承庆在雍州旧事奏之,由是左迁简州司马。其时河南秉政,所构何书,亦当直书以定是否。

又,《李昭德传》:父乾祐,与中书令褚遂良不协,竟为遂良所构。永徽初,继受邢、魏等州刺史。乾祐虽强直有器干,而昵于小人,既典外郡,与令史结友,书疏往返,令伺朝廷之事。俄为友人所发,坐流爱州。

十八日(1888 年 1 月 1 日) 晴。过子峨略谈。

十九日(1 月 2 日) 晴。王镇遣人送野鸡。

《新书》以窦参入相,为李邺侯所荐。案,《旧书·裴延龄传》:与京兆尹辨是非,攻讦叔则之短。时李泌为相,厚于叔则;中丞窦参恃恩宠,恶泌而佑延龄。叔则坐贬为永州刺史,延龄改著作郎。窦参寻作相,用为太府少卿,转司农少卿。据此则,李、窦有嫌,邺侯未必密荐时中,德宗察察矜独断,卜相未必许大臣预谋,此盖李繁家传中铺叙,以见其父之恩遇隆重也。宜辨正,以雪邺侯之冤。《新书》亦无邺侯荐窦事。

二十日(1月3日) 晴。《旧唐书·尹知章传》:"门人孙季良等立碑"后附《孙季良传》。河南偃师人,一名翌。开元中,为左拾遗、集贤院直学士。撰《正声诗集》三卷,行于代。唐碑有《(勃)〔渤〕海高府君碑》,乃孙季良撰,结衔为丽正殿修撰学士校书郎孙翌字季良。是季良乃翌之字,足正史误。孙书法甚秀,高府君乃为士之父,名福,字延福。高力士乃延福之养子,见《旧唐·宦者传》。延福出自武三思家,碑讳之。其文云:以大将军之故,特拜朝议大夫,守内侍员外置。力士以天宝初加冠军大将军、右监门卫大将军,延福以开元十一年卒,十二年葬。何力士已称大将军? 与《传》不符。杨思勖开元十二年加辅国大将军,岂力士与之并命耶? 要之,此碑殊足为季良之玷,亦不幸而传于世也。

二十一日(1月4日) 晴。得琴生书,改谷若文两篇,交其来入。

二十二日(1月5日) 晴。子寿又擢苏藩,作书致再同。

午后,得安圃书,疾尚未愈,可虑也。附八弟两书,无差,甚困,又附袁爽秋书。

二十三日(1月6日) 晴。得琴生书。子峨来谈。

二十四日(1月7日) 晴。得合肥书,延安圃主集贤书院讲席。致安圃书,告之。

二十五日(1月8日) 晴。王镇送《圣教序》求跋。

二十六日(1月9日) 晴。彭千总回,得石生书。

过子峨。晚,刘同知来久坐。

二十七日(1月10日) 晴。作《唐襄阳张氏八志跋尾》,并补正《新书·世系表》之误。

晚,龙松岑来。

二十八日(1月11日) 晴。得安圃及鹤巢书。

午后,答松岑。

**二十九日(1月12日)** 晴,寒。田弘正由魏移镇,以魏兵二千为卫从,自与镇人战伐,有父兄之怨。表留魏兵度支使,崔倰固阻其请,四上表不报。案,弘正恭顺而无术,此事关系甚钜,若姑以家财养之,而力争之于朝,虽十往复可也。七月归卒,月杪遇害。崔倰之啬财误国,诚不容诛,而弘正之忠亦近于愚矣。

**十二月初一日(1月13日)** 晴。寄复安圃及鹤巢书,又作复合肥书,交琴生以《圣教序》还王镇。

**初二日(1月14日)** 夜雪。

**初三日(1月15日)** 雪。杨顺自宣府归,借琴生《华山残碑》来。

**初四日(1月16日)** 晴。寄安圃及爽秋复书。

**初五日(1月17日)** 晴。

**初六日(1月18日)** 晴。

**初七日(1月19日)** 晴。刘子进来。

**初八日(1月20日)** 晴。由竹亭解馆。

**初九日(1月21日)** 晴。遣褚福送由师回,寄安圃及再同、廉生书。

午后,子峨来话。

苏端见杜诗,一《苏端薛复筵简薛华》,一《雨过苏端》。工部诗:"文章有神交有道,端复得之名誉早",又云"苏侯得数过,欢喜每倾倒",似端乃古交。案,《旧唐·常衮传》:杨绾卒,有司议谥文贞,衮微讽比部郎中苏端[令]驳之,毁绾过甚,端坐黜官。《杨绾传》:贬端为广州员外司马。杨公权贤相,而端受常衮之恉毁之,岂君子乎?绾初谥文贞,后改文简,岂仍以端之毁而衮阴主之耶?

郭英乂以御史中丞兼太仆卿充陇右节度使。《唐书·纪》云:兼御史中丞。《新》、《旧》皆然。盖略之也。英乂附元载、鱼朝恩,史称其狂荡侈靡,工部赠诗云:"人频坠途炭,公岂忘精诚?"观其纵掠东都,延及郑汝,岂复念及涂炭哉？工部诗中应酬之作不少,长排尤比比皆是,分别观之。

**初十日(1月22日)** 晴。

**十一日(1月23日)** 晴。

**十二日(1月24日)** 晴。得安圃书,并谊卿书。

夜,刘子进来,时摄官期满。

**十三日(1月25日)** 晴。复安圃及谊卿书。

**十四日(1月26日)** 晴,寒甚。

**十五日(1月27日)** 晴,寒意未减。

**十六日(1月28日)** 晴。

**十七日(1月29日)** 晴。得再同书,附寿翁一纸,并三十金。又得陈伯平书。

**十八日(1月30日)** 晴。子峨来话。

**十九日(1月31日)** 晴。东坡生日,于吉无咎斋悬东坡像,偕两儿致祝。

得安圃、子涵书,并笔四枝。

**二十日(2月1日)** 晴。午后,石聘之自宣郡来,云琴生患喉证温疹不出,拟即觅车候之,旋得葛灏书,琴生已于午刻去世,骇愕之至,时已薄暮,凌寒夜发,宿榆林。

**二十一日(2月2日)** 晴。四鼓自榆林启行,侵晨至郡,哭琴生,则其诸子女妇无一不传染疫气者,急为延医诊治,而贞甫受病已深,其小女疾不可为矣。晤镇道。致合肥书。

**二十二日(2月3日)** 晴。琴生小女殇。

**二十三日(2月4日)** 晴,大风。

**二十四日(2月5日)** 晴。褚福自都回,得安圃及再同书。

**二十五日(2月6日)** 晴。四鼓贞甫又殇,二十四日贞甫夫人之小婢亦殁,冀贞甫可免,不料仍不能免,可悲也。

**二十六日(2月7日)** 大风。

二十七日(2月8日)　晴。琴生始敛,父子同日,悲夫。

二十八日(2月9日)　晴。谷若病已小愈,其四弟已就痊,时迫年除,午后余归塞上。

又得安圃廿三书,附廉生、皞民、子虞书。

二十九日(2月10日)　晴。过子峨。夜,刘子进来。

四鼓得合肥书。

三十日(2月11日)　晴。遣人赴郡,致镇道及谷若书。

## 光绪十四年戊子(1888)

正月癸丑朔(2月12日)　阴,微雪。午前,子峨处略谈。午后,子峨来话。

初二日(2月13日)　晴。昨夕得郡书,谷若病变,凌晨即行。午后至郡,则谷若已于朔夜化去。琴生诸子以谷若为最,终于不故,尤可悲也。夜,合肥派李牧竟成及洪令恩广至。

初三日(2月14日)　晴。与李、洪处分琴生后事,略定。

初四日(2月15日)　晴。余还塞上,初三日合肥遣戈什哈至,附寄一书。

初五日(2月16日)　晴。刘子进来。

初六日(2月17日)　晴。子进赴郡,托寄一书。

初七日(2月18日)　阴。

初八日(2月19日)　晴。昨夜,余喉痛竟夕,晨渐愈。

初九日(2月20日)　晴。子进、子峨均至。

夜,喉复痛。

初十日(2月21日)　晴。至上保答客。

十一日(2月22日)　晴。赴郡。

十二日(2月23日)　晴。琴生枢眷偕行,余送至泥河,惨恻不已。

十三日(2月24日)　晴,归途雪。昨夜,宿王镇车中。晨,过郡署,视其宾从之未行者,殊堪凄惋。归塞已薄暮矣。

作家书,得再同书。

**十四日(2 月 25 日)**　晴。过子峨前辈略话。

**十五日(2 月 26 日)**　晴。留须。作致子寿丈书。

过刘子进。

**十六日(2 月 27 日)**　晴。子进、子峨先后至。

得祥仁趾参赞书。

**十七日(2 月 28 日)**　晴。过子峨,得乐山十二月廿二日书。

**十八日(2 月 29 日)**　阴,午后雪。遣两儿回都就学,寄再同、安圃书。附润民师、子寿丈、邵实夫、由竹亭、朱子涵。

**十九日(3 月 1 日)**　晴。寄洪翰香书。

闻子峨右臀右足痛,往视之,以《千金宝要》"半身不遂"方录畀疗治。同戍三年,艰难无间,见其疾,窃自怜矣。

**二十日(3 月 2 日)**　晴。

**二十一日(3 月 3 日)**　晴。闪九皋至沙城回。

**二十二日(3 月 4 日)**　晴。得石聘之书,知琴生之三息在怀来殉夫。

**二十三日(3 月 5 日)**　晴。往视子峨,步履如常,右手不能作字。

**二十四日(3 月 6 日)**　晴。子峨来,吴兰石太守遣人馈食物,受其书九函。《游杨集》、《乾坤正气集》、《畿辅舆地图》。

**二十五日(3 月 7 日)**　晴。伯平专人送书。

是日,得九弟芦台书、两儿贯市书。九弟正月初十日生一女。

**二十六日(3 月 8 日)**　晴。复伯平书。其仆明日行。

寄九弟、安圃书。

**二十七日(3 月 9 日)**　晴。过子峨少坐即返。俄顷,子峨乘车而来,有据鞍顾盼之意,足犹未健也。

**二十八日(3 月 10 日)**　晴。得合肥书十七日书。

二十九日(3月11日)　晴。往视子峨,略愈。

夜,复合肥书,又寄再同、安圃书。

三十日(3月12日)　晴,有风。午前,子进来久坐。

二月初一日(3月13日)　晴。昨夜半,得洪翰香、朱九香书,知琴生枢眷于廿六日由潞河启行赴津。

初二日(3月14日)　晴。石聘之自宣府来。

初三日(3月15日)　晴。招石聘之、刘子进饮。

寄合肥及洪大令书。

初四日(3月16日)　晴。过子峨。

龙松岑来谈,夕与聘之过书院。

初五日(3月17日)　晴。又过子峨,午后龙、石来谈。

初六日(3月18日)　晴,有风。午后,与刘子进、石聘之至草地城隍庙一游,乃庚辰年与乐山下榻处也。谪限将满,过之以追旧迹,感慨何似!

朱存自都归,得安圃及再同书,时苍儿在家塾,潜儿在再同处分读。

初七日(3月19日)　晴。聘之回,至其寓中送之,即过子峨。

寄复安圃、再同书。

初八日(3月20日)　晴。寄大同书并寿联。伯平之母熊太夫人二月十二生日,年六十五。

初九日(3月21日)　晴。

初十日(3月22日)　晴。

十一日(3月23日)　晴。

十二日(3月24日)　晴。刘子进来辞行,久坐。附寄合肥书。初十又得合肥初四书。

十三日(3月25日)　晴。得安圃书,复之。

十四日(3月26日)　晴。

十五日(3月27日)　晴。过子峨略话,其病似愈,而病根尚存。

**十六日(3月28日)**　晴。夜,阅《宋元学案》。其体例不善,派别亦多傅会。

**十七日(3月29日)**　晴。贺大令来,合肥以余将归,遣令自保定分俸千金以资归装。作书复之。午后,答贺令。

得再同初八书,时赴保定迎寿丈,又得安圃书。

**十八日(3月30日)**　晴,有风。得沪书及石影《华山碑》。琴生有此碑,取石影长垣本互考之,而琴生竟不及见,可悲也。

午后,得洪翰香书,知琴生柩眷十八可南行。

**十九日(3月31日)**　晴。阅《宋元学案》。

复八弟书。

**二十日(4月1日)**　晴。得合肥书,过子峨。子峨捐银二千求归。合肥不敢代陈,子峨甚闷。

**二十一日(4月2日)**　晴。阅《汉书》竟日。近日稍得读史之法。午后,得洪翰香书。

**二十二日(4月3日)**　晴。夜读《临川集》。

**二十三日(4月4日)**　晴,有风。《大学》:致知在格物。朱注:格,至也。物,犹事也。穷至事物之理,欲其极处无不到也。李刚主问乐于毛西河以论格物,不合,西河遂作《大学逸讲笺》以攻习斋。刚主曰:《周礼》教民,一曰六德,一曰六行,一曰六艺,三物即《大学》所格之物。其说屡见。又告从孙曾达曰:子求格物,须先识定此篇。是论《大学》。夫《大学》也,而有杂务乎?《大学》十五所入者也,而即躐及幽深高远者乎?郑康成《礼记》注:格,来也。物,犹事也。其知于善深,则来善物。其知于恶深,则来恶物。言事缘人,所好来也。案,格物在致知之先,故郑氏以善恶两端形容之,致知即是知止。然必就善向善,始能止善也。恐朱子穷至说得较过,刚主之说尤为傅会。毛说未见,俟归考之。

“来”字上承“近”字,引下而后知至可善可恶、未止未定之境。此正入《大学》第一步。

二十四日(4月5日) 晴。得安圃书。又得伯潜腊月廿六日书。

寄《琴生二子一妇孝烈事略》,交李直牧竟成,致洪翰香。

《说文》:㝑,老也。从又灾。段氏引《玄应》:手灾者,衰恶也。言脉之大候在于寸口,老人寸口脉衰,故从又从灾。《韵会》引《说文》从又灾,灾者,衰恶也。盖古有此五字,而学者释之。余案,《玄应》所云决非《说文》,疑㝑从守小省从火,故籀文从寸,人老畏寒,守火守亦声。

二十五日(4月6日) 晴,大风。得陈伯平书。

二十六日(4月7日) 晴。

二十七日(4月8日) 晴。过子峨。

夜,阅黄山谷诗。

二十八日(4月9日) 阴。寄复合肥书。

二十九日(4月10日) 晴。偶阅冯登府《三家[诗]异文疏证》,因思严铁桥所辑《韩诗》二十一卷及《鲁诗》、《齐诗》未刊,恐已散佚。案,韩《内传本》四卷,《韩外传》六卷,《韩故》三十六卷,《韩说》四十一卷,见《艺文志》。铁桥分为二十卷,未知何据。

三月初一日(4月11日) 晴。寄再同书。

初二日(4月12日) 阴。得安圃书。①

初三日(4月13日) 晴。寄复安圃书。姬升来,得洪翰香诸君书。

初四日(4月14日) 晴。

初五日(4月15日) 晴。过子峨。

得安圃书。

---

① 整理者按,此条上有眉批:岳云石祠乞一联。前弹瑟、蕚,复忤言、嵩,最怜诏狱香魂,史局三编无特传;山枕阳门,水承阴馆,不断祠堂佳气,相台一脉有分支。

**初六日（4 月 16 日）**　阴，午前有风。捡阅闽中往返文牍，谇口嗷嗷，忧以悄悄，闽绅强执一词，甚至捏造孤拔文书，证其不死，千奴共胆，可为寒心。

**初七日（4 月 17 日）**　阴。向读汪容甫《述学》，疑其书与文名实不类，偶阅江藩《汉学师承记》云，君中年辑三代学制及文字、训诂、制度、名物有系于学者，分别部居，为《述学》一书，属稿未成，后乃以撰著之文，分为《述学》内外篇刊行之。深惜容甫《述学》之书未成也。

**初八日（4 月 18 日）**　晴。江藩《汉学师承记》，书名颇佳，惜词义均逊，过于戏笑怒骂。其人学养可知矣。

**初九日（4 月 19 日）**　晴。得安圃书。

**初十日（4 月 20 日）**　晴。阅《韩诗外传》，喜其多理语。考其学派，当作文一篇。

**十一日（4 月 21 日）**　晴。张泚纯有书来，复之。

**十二日（4 月 22 日）**　阴雨。石聘之赠一雁，翮毛已丰，纵之飞去。

**十三日（4 月 23 日）**　大雨，雷，微雹。《子夏传》乃唐张弧作。国朝崔应榴以为汉邓彭祖子夏传梁邱《易》，疑子夏为邓彭祖。案，韩婴孙商传《易》。《旧唐书》：《子易传》二卷，与《韩氏易传》二卷合。校《汉志》，班注名婴。安知非即韩氏《易》，韩商可与卜氏同名，又安见其不同字乎？

擎经室解幽王之皇父即宣王之皇父，谓此七人皆贤臣，沉冤千古，说甚新。然既自创一解，则"蹶（雌）［维］趣马"，何不即以蹶父实之耶？"家伯（唯）［维］宰"，何不即以家父实之耶？《节南山》，家父刺幽王也。"聚子内史"，何不即以郑语之史伯实之耶？

**十四日（4 月 24 日）**　阴，夜雨。读《旧唐书》。

**十五日（4 月 25 日）**　晴。宋议变法，王安石言："周置泉府之官以权制兼并，均济贫乏，通天下之财，后世唯桑弘羊、刘晏粗合此意。

学者不能推明先王法意,更以为人主不当与民争利。今欲理财,则当修泉府之法,以收利权。"帝纳其说。佩纶案,荆公以桑弘羊、刘晏之说为合于《周礼》,可云不知读书,宜其作《周礼新义》如此浅陋。周官理财之说,亦非泉府所能尽。周官之制,亦非理财所能尽。神宗告荆公,人皆云卿不晓世务,安石以经术正所以经世务。今开口议法,止是理财,理财之法止是桑、刘,吾知其无能为矣。

十六日(4月26日)　阴。石聘之暨章仲璋孝廉来。名献琳,琴生之族叔,乙酉举人,王枫臣延课其子,由籍来宣。

得安圃书,复之。

十七日(4月27日)　阴。以张令致琴生赙,交聘之寄津。午后,章、石复来话。章云其乡人夏班卿者,客周玉山处,颇究心舆图之学。去年合肥试集贤书院,阅黄河,夏以河必南决,竟先中。

余不喜《楚辞》,谪居读之,仍不喜变雅忧国。《离骚》怨君,其意不同,使在孔子之先,亦在删例。

十八日(4月28日)　晴。阅全谢山《汉书地理志稽疑》,惜其七校《水经注》不可见,疑非赵注所取能尽之也。

十九日(4月29日)　晴,雨一阵。午后,吉云帆自多伦回,过谈。

夜,读昌黎诗。

《永贞行》云:"北军百万虎与貔,天子自将非他师。一朝夺口付私党,懔懔朝士何能为。"案,《旧唐书·王叔文传》:叔文引其党与谋夺内官兵柄,乃以故将范希朝统京西北诸镇行营兵马使,韩泰副之。初,中人尚未悟,会边上诸将各以状辞中尉,中人始悟兵柄为叔文所夺,乃止诸镇无以兵马入。希朝、韩泰[已]至奉天,诸将不至,乃还。伾、文乘顺宗丧病之中,窃片刻之国柄,作威作福,譬之鸩酒止渴,漏脯疗饥,必无久理。其躁谬自不待言,惟召陆贽、阳城。及谋夺中人兵柄,乃其瑕中之瑜,卒以此忤中人,故俱文珍与之不合。监国既定,旋就诛夷。昌黎深恶伾、文,何者不可罪而乃首罪及此。试问北军,果天子自将耶？兵柄归诸将，与兵柄归中人，孰是孰非耶？殊不足服伾、文之心，而为刘、柳辈所窃笑已。信乎，诗史之难也。

二十日（4月30日）　晴，午后微雨，渐霁。答云帆。

玉溪生《东阿王诗》："国事分明属灌均，西陵魂断夜来人。君王不得为天子，半为当时赋洛神。"又《涉洛川诗》，意亦同此，以宓妃比杨妃，以东阿比陈王，以灌均比中人，意甚明白。徐注，诬贤妃有私，已伤忠厚。冯浩谓别有艳情，尤属支离，似此穿凿，诗之魔障更多，可谓玉溪罪人矣。

二十一日（5月1日）　晴。过子峨，病犹未愈也。

二十二日（5月2日）　晴。得安圃书，复过子峨。宋玉《风赋》："故其风中人，状直憯淢郁邑，殴温致湿。中心惨怛，生病造热。……咶齰嗽获，死生不卒。此所谓庶人之雌风也。"①

阅《石洲诗话》。覃溪先生著。

《诗话》始初唐迄元，与所选《小石帆亭五言诗续钞》可以互证。盖欲拣渔洋之偏，而又不没渔洋之善。视赵秋谷之诋諆相去霄壤，此固学诗者之前马也。

二十三日（5月3日）　晴，始御袷衣。复安圃书。

二十四日（5月4日）　雨。午后，伯平遣记来，赠赆二百金。夜，复伯平书。

二十五日（5月5日）　晴。过都统及景祺。薄暮，陈令来。昨日又得安圃书，午后复之。

二十六日（5月6日）　晴。过子峨。

午后，张令遣使来送赆，却之，并复一书。

《西昆酬倡集》，虞山简缘冯武序云：义山与温庭筠、段成式为西昆三十六。宋之钱、杨、刘诸君子竞效其体，互相酬唱，悉反江西之旧制，为文锦之章。西昆者，宋初翰苑效温、李，名之西昆，非三十六为

---

① 整理者按，此处有眉批："善注：'咶齰嗽获，中风人口动之貌。'"

西昆也。西昆在前，江西在后，乃云"悉反江西之旧制"，亦颠到可笑，前明诗人往往不阅史耳。

**二十七日（5月7日）**　阴雨，晚止。东坡《别黄州诗》用"敝帏"，王注颇以《礼》作"帷"为疑。案，枚叔《七发》"如素车白马帷盖之张"，李善注："帷或为帏，音韦。"此坡公所本，无一字无来历也。

**二十八日（5月8日）**　晴。寄安圃书。午后，安圃有书至。

子峨来，步行能出门，可喜。景介臣来答。

**二十九日（5月9日）**　晴。都统摺弁明瑞入都，托寄家书。

午后，龙松岑自宣化来，久谈。薄暮，过书院答之。

崇雨舲家藏《圣教序》三本，楠木板无套者，宋拓存某额驸处。洋布套方本者，宋拓，有崇跋四五段。蓝绢面小本者，乃明拓。

**三十日（5月10日）**　有风。读《文选》数页。

**四月初一日（5月11日）**　晴。得刘同知盛琼书。时派修长垣河工。

班氏作《扬雄传》，盖仿《史记》之《司马相如传》，不知相如之传止可一，不可二也。观史迁《相如传》，此与《诗》之风谏何异？是相如风谏而子长又借以风谏也。其所载三赋及《谕巴蜀文》、《封禅文》，皆系孝武一朝大政，非徒赏司马长卿之文辞也。班氏于扬子纪其《反离骚》，则子云未尝贬谪，不得拟于贾生之《吊屈》，《甘泉》、《长杨》略似《子虚》、《长林》，然止须与长卿合传，以文作相如，牵连之足矣。至其《太玄》、《法言》，详为叙目，推崇太过，止是一人学术，何关一代典章？夫诸儒以雄非圣人而作经，此定论也。班氏于儒林传所载极略，而于雄一人所载过详，使西汉经生大义不传，固有罪焉。吾尝谓班氏非经生，非史才，特一文人而已。

《易》家有两京房，班氏于大中大夫京房独著其里，殊疏。

伏生三十九篇，不著其目，遂使太誓之说纷纭至今，叙孔安国今文亦不详。

《易》之授受最详，本于太史公，其它经均有授受，何以不载？以致后人序录疑窦横生。

韩婴,燕人也。又云涿郡,韩生其后也。使婴本涿郡,则当云韩婴涿郡人,不必袭子长旧文,且韩生与下赵子,竟不书名,亦非史体。

毛公,赵人也。平帝时尝立学官,而于大毛公、小毛公亦不详其名,且其《诗》与三家异同,亦不应不括一二句。

《礼经》不载其目,尤奇。

"三传"叙次较明,疑《经典·序录》所载《公羊》、《榖梁》授受不确,然班氏于《易》既溯源商瞿子木,则《公羊》、《榖梁》所载子沈子之类,不当遗之。

**初二日(5月12日)** 晴。午后,过子峨,归得再同三月廿七日书。

**初三日(5月13日)** 晴。朱穆作《绝交论》,因刘伯宗事,亦甚微。案,公叔征诣廷尉,太学生刘陶等数千人诣阙上书,岂为《绝交论》所激耶?公叔为人,实不足取。屡奏记于梁冀,恐其招祸,乃私息非公规也。且桓帝初年,公叔劝冀,谓明年当有小厄,宜急诛奸臣,为天下所怨毒者以塞怨咎。既而因清河王蒜之狱,李杜见害,未始非穆言启之。夫其时奸臣,孰有过于冀者?不劾冀,而劝冀诛奸塞咎,则冀之所谓奸臣孰有过于李杜者。然则穆之罪,殆与马融草奏,因科史乃云:明年严鲔谋立清河王蒜,又黄龙二见沛国。冀无术学,遂以穆"龙战"之言为应。于李杜之狱,竟不一及,纵穆甚矣。夫安知冀非因穆之言,故杀异己者以塞此咎也。

中散以《绝交书》召祸,孝标以《广绝交论》为"二到"所恨,开口"绝交"二字,已觉戾气,曾子所谓"一费真养到"之言也。杜工部云"记忆细故非高贤",既不记忆矣,亦何必形之诗哉!

**初四日(5月14日)** 晴。得安圃书,知君子科入县学十五名,可喜。

《两都赋序》注引《孔臧集》曰:臧,仲尼之后,少以才博知名,稍迁御史大夫,辞曰:臣代以经学为家,乞为太常,专修家业。武帝遂用之。

干宝说《易》以潜龙为文王羑里之日，见龙在田为免于羑里之日，飞龙在天为武王克纣正位之日，以亢龙有悔，若汤有惭德。案，以龙纪官，则龙乃指臣非指君也。时乘六龙，孟喜曰天子驾六，是其证。

**初五日(5 月 15 日)** 晴。答石聘之书。

《卢植集》曰：诏给濯(廐)[厩]龙马三百匹。《赭白马[赋]》注引。

高诱《战国策》注：丽，美丽也。《琴赋》注。

《笙赋》注曰：孟浪，虚诞之声。不知何本，俟考。

谦[卦]：六五，不富以其邻，利用侵伐，无不利。《口诀义》引张氏曰葛伯仇饷，汤往伐之，是也。观[卦]：六四，利用宾于王。虞仲翔引《诗》"莫敢不来享，莫敢不来王"为说。遯[卦]：九二，执之用黄牛之革。侯果曰：殷之父师当此爻。九五，嘉遯。侯果曰：殷之高宗当此爻。萃[卦]：六二，孚乃利用禴。马季长曰：禴，殷春祭名也。

未济[卦]：上九，有孚于饮酒，无咎。濡其首，有孚失是。虞仲翔曰：谓若殷纣沈湎于酒，失天下也。

偶阅孙渊如《周易集解》本，取其以殷事说《易》者，笔之干宝说，专以伐纣为言，故不录。

**初六日(5 月 16 日)** 阴，有风。

**初七日(5 月 17 日)** 晴。子峨来小坐。午后，石生自宣府来。

**初八日(5 月 18 日)** 晴。得家书，初六日奉硃批张佩纶著准其释，回该部，知道，钦此。

至托子明、永峻峰辞行，均未晤。过景介臣，报初十日启程回籍。子峨斋中小坐。

得孝达、再同书。

**初九日(5 月 19 日)** 晴。托子明、景介臣均来送，并致仪物数事。巳刻，子峨来小坐。午刻，往子峨处话别。时子峨病未清，殊难为怀。

起行，至宣府王镇留宿，道府县均至。目中遂无琴生，可伤也。

初十日(**5 月 20 日**)　晴。至各处辞行。午后,庆治臣、龙松岑、葛季梁均来,庆、葛即去,与松岑及石聘之小坐宣镇园亭中,谈诗良久,复至武成王庙一游,夜镇道府公饯。署府吴焕采,庚午同年。知县何承绪,丁丑进士。

十一日(**5 月 21 日**)　晴。五更起行,镇道辈均追送不及,鸡鸣驿餷,沙城宿。

十二日(**5 月 22 日**)　晴。辰刻至怀来,知县贺瑞霖迎候,同饭旅肆。过县署小坐,至坌道,延庆州章成义亦自州来迓,赠肴馔,却之,不可。章字宜甫,亦庚午同年也。遂宿驿馆。

十三日(**5 月 23 日**)　晴。自坌道晓征,章牧及守备王振陞相送,策骑行三十里,至居庸关小坐,复乘舆轿至南口饭,午刻至灌市,昌平州赖克恭送菜,却之。

十四日(**5 月 24 日**)　晴。自灌石晓发,安圃遣苏福来迓,午刻自西便门入都。

# 津门日记（光绪十五年 1889）

光绪十五年己丑(1889)

正月朔(1889 年 1 月 31 日)　祀神祖考。临山谷数十字。读《旧唐书》一卷。与合肥师谈竟日。

初二日(2 月 1 日)　晴。合龙奏至,元旦上谕吴大澂授河督,李鸿藻还顶戴。李、成释回,成以按察使用,李还翎衔,馀升叙有差。

初三日(2 月 2 日)　晴。九弟来谈。

初四日(2 月 3 日)　晴,立春。阅陶诗。汤本。

过晦若,借得吴勉学《管子》本。晤曹苿臣、李汉春两提督、杨瑞生总兵。张蔼青亦自都来,与其弟云路字君直过谈。

初五日(2 月 4 日)　晴。合肥生日,避客,效阮傅茶隐,与赵夫人及余、菊耦清谈。

初六日(2 月 5 日)　晴。出门答客。

初七日(2 月 6 日)　晴。镇江焚德美领事公所。

初八日(2 月 7 日)　晴。李汉春、卫达三、陈序东及宣化何承绪均至,唐仁廉亦来。

得安侄书,九弟来。午后,蔼青昆仲复至。

初九日(2 月 8 日)　雪。李汉春来,复竹坡前辈书论《庄子》。

初十日(2 月 9 日)　晴。有人以旧书数种来售,捡阅竟日。晚,九弟来。得夏仲然书,久困床褥,近得助款略苏,恻然。思寿人师。

十一日(2 月 10 日)　晴。晨,花农来。吴总兵育仁亦至。午后过九弟。

寄复夏仲然书。元燿。

**十二日（2月11日）** 晴。李河间振鹏来，乃癸未散馆知县，由肃宁调署河间。吴县人，久居河南。其尊人豫中知府也。言君子馆砖无有真者，盖子重全携之入都矣。苗仙麓有《广韵》校本，属其物色，恐亦不可得也。

午后，与菊耦略话家事，信步至晦若处，谈亦不畅。

内人临《乐毅论》。余无佳本，因捡耕霞溪馆所翻一本与之。石庵以为碧落笺本，覃溪以为越州学舍本，高出吴江村本百万层。惟"书付官奴"四字，此本脱去，究属可疑也。

**十三日（2月12日）** 晴，试灯。感寒嗽甚，作复唐鄂生书，洪翰香来话，黄超群有启至，知粤帅留管广已轮船。

**十四日（2月13日）** 晴。过晦若话，以王壬秋诗见示，诗笔甚健，而其人肮脏不平，非善士也。

得八弟书，即复之。

**十五日（2月14日）** 晴。得电报，今日宣麻张之万以大学士管户部，徐桐以吏部尚书协办大学士，孙毓汶授刑部尚书。

署中灯火甚佳，群儿相聚为乐。忆东坡《上元夜诗》："前年侍玉辇，端门万枝灯。去年中山府，老病亦宵兴。今年江海上，云房寄山僧。亦复举膏火，松间见层层。"三年之中，喧寂不同，百端交集。余自甲申上元，陪蒙古诸藩茶宴，后乙酉于建宁道上观灯，逆旅尔汝，一醉薹腾，丙戌、丁亥、戊子三年谪所，意味亦不甚同。今年佳节，以祁公之第为沧浪，以德曜之家为皋庑。全家偕隐酒绿灯红，因顾【为】谓两儿曰："尔等但省得坡公诗及余日记中诸上元琐事，庶几他日稍知古人委心任运之理，不至极其乐，纵其欲矣。"

**十六日（2月15日）** 晴。午间，献夫来。申初，劳玉初至，辛未同年，近署蠡县，以完令调吴桥，能吏也，颇解算学，以圭盦诗赠之。

**十七日（2月16日）** 阴，大风。午刻史竹孙恩培来，其祖兰畦先生与先子至交，其兄庚午同年，而竹孙高才晚达，与允言同举戊子乡试,言先子尝题其祖《乘风破浪图》长古一篇,因向之索稿,图中有祁文节宿藻诗,盖兰翁咸丰壬子过芜湖时所题也。

光绪十四年七月,俄新报:俄君及后召见提督普石瓦斯基。该员大游亚细亚洲,现派往西藏,取道新疆,随带内曾游历之弁兵二三十人,皆通地利测绘诸事,兼精战务,给与公费,舆图会亦出银助之。合肥命译其书,凡该论七篇,大致谓新疆之兵惰器窳,华权易失,而俄之威力足取准、回两部,其人名伯里华士琦,俄之陆路提督。普石瓦斯基,译音之转。

新疆之弊,约有三端。一曰兵不练。官以酬应逢迎为长伎,炮营、马步杂糅,亦多缺额。军器尤不如式,洋枪间有旧式,尘锈短缺。饷力不足,营官克扣之。兵士离心,壮悍者思变,老弱者求归。二曰民不勤。游牧之外,无所事事。城居者生计尤拙。三曰官不廉。良回则淫其妻女,掠其资财,仍沿旧习。回民切齿,蒙民亦渐染天主耶稣之教,因为俄用。以余所问证之,俄人觇国之言良信。近刘毅斋又以令伯之陈情,作班超之生入,边符属之魏藩,一白面书生而已。民怨敌强,是所虑也,而谋国者晏然。

十八日(2月17日)　晴,有风。未刻,延李桐庵秀才开学。

连日读《元遗山集》。余读诗,每以知人论世为主。其人不肖,其诗必不能佳。众以为佳,余亦不取。遗山生平以崔立一碑为大疑案,乃取张石洲本合翁、凌、施三谱参证。翁、凌均据本集及陵川之辨以驳《归潜志》之诬。施北砚独主刘京叔说,云名职累人,不敢为先生讳。余谓崔立此碑,王从之,虽却翟奕辈之请,后仍胁刘祁、麻革等为之。如祁所言,则裕之秉笔而托于祁作,祁固得罪名教矣。裕之即不作此文,要当时必豫其事。故祁得以诬之:"薄云乎,尔恶得无罪?"郝伯常云,岂得独罪元遗山?谓祁当并坐,当首恶,而亦非以遗山为无罪也。夫王从之不愿作碑,而祁毅然作之,如郝辨所云不顾名节。若此,宜内翰与裕之,当遂与祁绝,乃内翰泰山之游仍与刘、郁同行,而遗山亦不与祁、郁乖异。《上梁文》中称三名流,初不深斥。凌仲子举此谓其存心忠厚，此非忠厚也。盖王若虚及元裕之不愿作碑，而使翟奕、张信辈胁刘、麻自代，此若虚之智也。祁亦不愿作而无计自脱，遂丧心为之。此刘祁之大谬也。祁久而自悔，故不得不反噬若虚、裕之以自解。若虚、裕之当时实亦与其事，故不能径绝祁、郁。此事底蕴，合裕之内翰表、《上梁文》及《归潜志》观之，是非自定。凌、翁皆强辨，而施则定论也。余言似涉刻核，然文人狡狯，事复饰非文过，如遗山者甚多。后之论事者因其文而重其人，反为之欺饰回护，比比皆是，最为陋习，故不可以不辨。

十九日（**2 月 18 日**）　晴。惇邸薨逝。上奉慈圣，十八视疾，十九临丧，笃念懿亲，家法也。

二十日（**2 月 19 日**）　晴。作寄安圃书，并寄三兄卅金。

《文心雕龙》，余所藏乃马曰璐校藏天启刊本。虽升庵评点不善，而此本经名贤校证，殊佳。明张之象刊本，分上、下篇，而《序》、《志》别为一篇。此本尚沿《隋志》十卷之旧。梅庆生注粗具梗概，多所未备。黄昆圃先生辑注较详。《四库》收黄注，而《提要》亦讥之。是《雕龙》无善注本也。

二十一日（**2 月 20 日**）　晴，夜雪。连得安圃十三、十八日两书。是日节署开篆例宴。余避嚣，与菊耦同饭，夜省师谈往事，自己卯以至今日，一星周矣。

阅邸抄，屠仁守请密奏条陈，仍书皇太后圣鉴，奉懿旨以其径臆窥测，开去御史，交部议处。

圣母以帝听为权宜之举，不肯比拟纯庙授受盛典，守礼之严，卓越千古矣。

朱子之学，于论苏氏极不平。余尝记之矣。兹复摘其数端。如论苏氏云，坡公首为无稽游从者，从而和之，岂不害事。又云："东坡之德行，那里得似荆公。"《答汪尚书》云："害天理，乱人心，妨道术，败风教，岂尽出王氏之下？"凡以二苏与洛党忤也。一念之偏，虽大贤如晦翁，犹不得其正，况其下者乎？故论事当平心，所谓公生明也。

**二十二日(2 月 21 日)** 晴。黄花农、张楚宝士珩,合肥师之甥,戊子举人。来。张作易为电文,以电报、电灯分比,亦奇警。

朱子云:今人观书,先自立了意后方观书,牵古人言语入做自己意思中来。如此,如何得见古人意思!须是虚此心,将古人言语放前面,看他意思倒杀向何处去。如此,方有长进。先自立意,甚中余病,不但读古书,即论事见客亦如是,不如虚心以应物也。

**二十三日(2 月 22 日)** 晴。归政,懿旨合肥赏紫缰。本朝汉臣赏紫缰者,两杨侯遇春、芳及曹文正、潘文恭与合肥师凡五人。馀详邸报。

得郑苓泉给谏书,来乞讲席,作书复之。晚,得再同书,并寄《张太岳集》。

**二十四日(2 月 23 日)** 阴,夜雪。夜,晦若以代拟紫缰谢表见示,杨兰墅来。

义山之诗沈博绝丽,而史称其放利偷合,诡薄无行。朱长孺注其诗,独以为失实,其言曰:“令狐绚之恶义山,以其就王茂元、郑亚之辟,其恶茂元、郑亚,以其为赞皇所善。绚之继父,深阴尤甚。赞皇失势,与不逞之徒竭力排陷,此其人可附离为死党乎?义山之就王、郑,未必非择木之智,涣邱之公。此而目为放利偷合、诡薄无行,则必将朋比奸邪、擅乱朝政,如‘八关十六子’之所为,而后谓之非偷合、非无行乎?”徐湛园之说,则曰:“义山为楚门下士,党牛之党者也。茂元所恃,不独卫公、从亚,非义山本怀,集中刺卫公诗不一而足,谓党赞皇之党,吾不信也。”冯孟亭调停其说,谓:小臣文士绝无与于轻重之数似矣。而又谓:义山既以绚力得第,乃心怀躁进,遽托泾原,此旧《传》所云“绚以背恩恶其无行也”。既而赴郑幕者,所以重绚之怒,最后在卢在柳,皆卫公所赏识,聊谋禄仕,并非党李之党,亦非党牛之党。惟统观全集,其无行诚不能解。得第未仕,背恩而赴泾原。茂元卒,又修好于令狐。令狐出刺吴兴,又膺桂管之辟。桂府遽罢,卫公叠贬。令狐入居禁近,则又哀词祈请,如醉如迷。迨绚宿憾不释,乃绝望而以漫成五章，隐附卫公，冀取重于千载后。一人之笔，矛盾互持，植品论交，两无定守，徒博后世浮华无实之诮。悲夫，三说各有所见，愿世之读玉溪诗者自择焉。

余取《旧》、《新》两书读之，则三家之说皆非也。《旧传》：商隐既为茂元从事，宗悯党大薄之。绹以商隐背恩，尤恶其无行。久之，郑亚请为观察、判官。大中初，亚坐德裕党，贬循州，商隐随亚在岭表。明年绹相，屡启陈情，绹不之省。为徐州书记府，罢入朝，复以文章干绹，乃补太学博士。商隐与温庭筠俱无特操，恃才诡激，为当途者所薄，名宦不进，坎壈终身。《新[唐]书》，则以茂元善德裕，而牛李党人蚩谪商隐，以为诡薄无行。亚亦德裕所善，绹以为忘家恩、放利偷合云。夫《旧[唐]书》于义山尚有贬词，而《新[唐]书》则无之，所谓放利偷合、诡薄无行乃绹及牛李党人指摘之词，非史论也。长孺知为义山辨，而误以时人浮议，为史家定评，是读史不审也。湛园以为义山直是牛党，则更谬。孟亭调停两家之说，而以为义山忽李忽牛，此类人滔滔皆是，存其论足以风世。然既注义山之诗，不以责绹而以责义山，岂笃论也？夫赞皇之与楚不叶，如牛李之深仇也。茂元之为赞皇所善，义山未婚之光度，不深知其时绹之党微力薄不能致义山于密近，岂能禁其不婚不官，则义山之应泾阳，不得谓之负楚，何背恩无行之有？及令狐出刺吴兴，郑亚出膺桂管，正卫公秉政之时，令狐方不肯以牛党自异见，义山在桂幕中，安知其不互相引重，冀以交欢郑亚而上达卫公，则所谓放利偷合者，亦入相后追怨推绝之辞，而非当时已有此贬恨之语。其忘卫公，忌其权也。其忘义山，忌其才也。小人得位，无所不忘。义山不悟而犹有所祈请，君子怜之哀之，何忍苛于饥寒之才而原夫贵倨之大官耶？有所祈请，亦注家校史而证之。吾恐不然。至若《旧[唐]书》之责商隐无特操，似确评矣。而所谓恃才诡激为当途所薄，名位不进，坎壈终身，则所识何其陋也。夫当途所薄，而名位不进，此一定之理也。然其恃才则无确证，且其人为贤相所薄，史亦薄之可也。其人为权相所薄，史亦从而薄之，何也？有无特操而名位不进者,亦有有特操而名位不进者,又可以坎壈而即断其为诡激欤?夫使义山果达,则其人不在《文苑传》中;在《文苑传》中,其名位必不进,然则一卷《文苑传》,其人皆无特操者耶?所不解也。惟是文人自处,则当自审其出处交游之际,以免言行悔尤之端,而升沈显晦不与焉?一诗一文,亦当择人而施之。讥贬朝政,臧否人伦,我不足自立,转为天下后世指摘之地,是以文自害也。悲夫!

二十五日(2月24日)　晴。与菊耦作贺仪师赏紫罂诗,仲彭亦有和作。晚,过桐庵,商定儿辈日课。

箧中有《钝吟集》一卷,未尝浏览,因捡玉溪诗得之,其诗乃学"三十六体"者。偶阅其文稿,多小碎之作,有廿一史论,亦无心得语。

二十六日(2月25日)　晴,有风。过于晦若,论诗于宋取王介甫、苏子瞻,与余夙论合。赠余汲古阁本《元遗山集》,稍有蠹蚀,命肆工补之。

得安侄书,廿四日发摺弁携回,知叔母病渐痊。

二十七日(2月26日)　晴,有风。夜与合肥师论诗。师以余近作颇似小杜,余何敢当。因取樊川诗论之。世动以樊南与樊川并称,实则小李非小杜敌也。《四库提要》引其《寄小侄阿宜诗》曰:"经书刮根本,史书阅兴亡。高摘屈宋艳,浓薰班马香。李杜泛浩浩,韩柳摩苍苍。近者四君子,与古争强梁",以为牧于文章具有根柢,宜其睥睨"长庆体"似矣,而未足尽牧之之生平也。夫牧之之时,党人方炽,乃为牛僧孺之书记,而不入牛党。论山东论回鹘,为卫公所赏,而又不入李党。观其所注《孙子兵法》,信一代奇才,学识并超。《罪言》洞达时势,不得仅以诗人目之。其人品、才学均超出元、白之上,故馀事作诗,犹能豪达如此。视义山之周旋节幕不能自振者,异矣。故余论诗,必以人品为主,固哉之见,持之有故耳。

二十八日(2月27日)　晴,有风。吴总兵育仁来,时赴通永任。

何义门《读书记》:牧之、义山俱学子美。牧之豪健跌宕,不免过于放,学者不得其门,未有不入于江西派者。不如义山顿挫曲折,有声有色，有情有味，所得为多。余谓牧之不专学杜，其诗云"杜诗韩集愁来读，似倩麻姑痒处搔"可证。谓学牧之易入江西派，亦不近，宋以后谁学樊川耶？

二十九日（2月28日）　晴。晨起，唐提督仁廉来。午后，李赞臣过谈。晚阅书院决科卷。幕府诸君阅定，余偶观之耳。过惺庵小坐。

得廖谷士、符执庵及八弟书。

是日见大婚，优赉近宗、内廷、外藩恩旨。

覃溪《跋南宋乐毅二种》云：世传《乐毅论》二种，其全本元祐秘阁本也。至越州学舍重摹入石，此后惟文氏停云馆所摹。前一本，是其嫡裔。其不全本，宋高绅学士所藏，石末后至一短行仅存一"海"字止，故名海字本。宋时人极重之，勒诸越州，石氏帖其后又有博古堂帖重摹之。长洲文氏所摹不全本，是博古刻，又失其末后三半短行，竟无人知为海字本矣。惟章藻仲玉刻于墨池堂帖之不全本，乃是从越州石氏本出者。徐坛长谓笔锋纤毫俱到，何义门谓其每字鱼尾波为虞永兴所祖者是也。节录。

内人嗜《乐毅论》，故录之。按，此跋尚未见叶氏所翻本也，可以互证。

覃溪又有《书义山赠杜司勋诗后》一首，力辟此诗，因见杜为韦丹作碑，而慨卫公之旧说，因云"清秋一首杜秋诗"，安知非追说大中二年之秋，则牧之为司勋未可执为必在三年，至谓江总总持具皈依妙教之义，殊失之固而凿。案，"清秋一首《杜秋》诗"，《戊签》作"杜陵"，他本皆作"杜秋"，冯注以为当作"杜陵"，亦泥。末句"汉江远吊西江水，羊祜韦丹俱有碑"，一时如卫公桂府之贬死，已及小杜之仕宦无成，均在意外，必指一事以实之，诗如嚼蜡矣。

三十日（3月1日）　阴。

二月初一日（3月2日）　阴。王洪文来。两日读书都无所得。

初二日（3月3日）　晴。得王云舫、庚乐秋书、安侄书。八弟亦有书至，生一女，红姬出，正月初八日亥时生，并得保甲局差。

初三日(3月4日)　晴。午后,与内人论诗良久,略话他事。亥刻,蒯理卿编修光典来。

阅邸抄,有吴大澂一疏。

《晋书·陶侃传》:苏峻之役,庾亮轻进失利。亮司马殷融诣侃谢曰:"将军为此,非融等所裁。"将军王章至,曰:"章自为之,将军不知也。"侃曰:"昔殷融为君子,王章为小人;今王章为君子,殷融为小人。"以此观之,人固难知,知人亦不易也。士大夫立身处世,惟当持以敬慎,见一君子,当生思齐之志;见一小人,当生内省之心。要之,作一世君子,尚恐有行百里半九十之虑,况小人乎?世动以伪君子、真小人立论,然伪君子究胜于真小人也。吾取陶士行语,非以苛人,特以课己耳。

初四日(3月5日)　晴。午后,答理卿。入城,过子久。申刻,周玉山廉访过谈。夜,叶子晋自沪来。

阅陶诗,竟乃翻刻汤本也。陶诗何待注,亦何待评。以子瞻之天才和陶而终不似陶,陶可知矣。

初五日(3月6日)　晴。宗湘文自浙来,以所作《国朝右文掌录》、所刻《广蚕桑辑补》及许增新刻各家词见赠。

初六日(3月7日)　晴。曾圣与同年之撰过仲彭,为合肥诊脉,就余一谈,询吴中故人,为之怅然。午后,答湘文,见其子舜年。字子戴,戊子举人。

初七日(3月8日)　黄埃蔽天,狂风竟日。曾圣与以其师潘欲仁子昭疏瀹论见示。其大旨主《汉书·沟洫志》关并之说,谓瀹字三口,当分河为三道入海,不异荆公《字说》,因思包慎伯中衢一句以《史记》之酾为二渠为贰渠,乃副渠而非分为二,皆牵强无理。通经不必致用,不必通经,无怪乎《春秋三传》之束高阁也。

箧中取《临川集》,思与《李注荆公诗》互勘一过。

《四库提要》:《临川集》,百卷之内,菁华具在。其波澜法度,实足自传不朽。朱子《楚辞后语》谓安石"致位宰相,流毒四海,而其言与生平行事心术,略无毫发肖,夫子所以有于予改是之叹",斯诚千古定评矣。余谓介甫为人,誉之曰高奇,毁之曰执拗。今观其诗文,则矫世变俗之概,与其果于自用之病,无不流露于字里行间,其言与其行事相肖。朱子之说非笃论也。夫文章愈尊古则愈高,经济愈识时则愈合。介父自是泥古而不通时之人,然其心术则并非金壬可比。宋之为宋,因陋就简,文武醵嬉,即不用介甫,而前如庆历,后如元祐,皆史之所推为主圣臣贤者,实则一味粉饰敷衍而已,不足云治世也。宋之亡自亡于哲、徽、[蔡]京、[章]惇,不得咎介父也。即使司马光、吕公著辈长在相位,引用洛朔诸贤,而终日抢攘,唯争朋党,于国计民生、敌国外患了不讲求,亦何补于宋哉!尔时惟坡公洞达民情,深识国势,如唐之赞皇、明之江陵一流,惜其犹染乐全、六一习气,动喜安佚而在朝不久,所收罗仅黄、张、晁、秦诸人,特词客非大才。蜀人如范纯父、吕元钧稍可有为,亦进用已晚,不能与两党抗行。终宋之世,盖无人马,又何必独责介甫。

**初八日(3月9日)** 雪,颇寒。陈仲勉叔毅及其六弟宝瑄同来。得伯潜书,距甲申冬在螺洲话别,六改岁矣。留之午饭而去。即日放舟,遂不作答。晚同合肥师过晦若略谈。夜,命酒微醺。

包慎伯所著《安吴四种》,余未尝细读。合肥处有此书,假而阅之。或以为文过默深、定庵。余觉其过涉叫嚣芜杂,于嘉道盐漕河诚透澈,而历诋时贤,处处诿过于人,归美于己,要不离乎幕派,不足尚也。

余尝以任安乞援于子长,其答书告绝语多激愤。慎伯说与余合,顾其言尚未详尽也,他日当更论之。

**初九日(3月10日)** 阴,颇寒。见罗与三崇龄,萝村先生之孙也。

包慎伯论《魏其武安列传》,以史公赞曰:魏其、武安皆以外戚重,而复继以"祸所从来",谓此忧世之微言而重斥外戚。余曰:不然。《魏其武安传》,史公之笔回环顿挫,至显至微。余盖百读不厌。其

"祸所从来"一语,包孕无穷,姑以迹言之。魏其之除门籍也,以折景帝擅传梁王之语为窦太后所憎也。然吴、楚反时,帝于诸窦中独召婴,未必不以此。及其争栗太子不得,则上终不相矣。武安于上前短婴,直谓其"辟倪两宫间,幸天下有变,而欲有大功",此何言也?而上不穷诘之,然则后有以蜚语恶言,闻者何言哉?不过谓其尝争栗太子,非心乎武帝者耳。夫武安虽暴,何以必杀魏其哉?魏其与灌夫如父子,然灌夫持其阴事,受淮南王金,与语言,此武安之所深恐者也。暂解颖川之案,以此而其必死灌夫,亦以此不死魏其,则灌夫或不即诛,而阴事上闻矣。彼所受之遗诏,尚书大行,安得无之,皆武安之壅蔽而已。结之以武安迎淮南语,而上曰武安在者族,则魏其之所以族者可知矣。此"祸所从来"之说也。魏其之复召,以吴楚其特荐。则袁盎三人见,而即请诛晁错。案《盎传》,晁错欲治盎,犹与未决。袁盎恐,夜见婴,言吴所以反者,愿至上前口对状。婴即入言,召盎,所谓吴所以反,即谓因错而反也。错言削诸侯也。独婴争之。及东市之斩,实婴、盎进说,其诬错也,视武安诬灌夫尤甚。武安之死,见魏其、灌夫共守之。盎之被刺,亦以家多怪,乃之栖生所问占。夫盎家之怪,使巫视之,必晁大夫也。即武安之必欲杀二人,若有凭之者,使巫视之,亦必晁大夫也。人但知武安之冤魏其,而不知魏其之冤晁错,故魏其之族所以报晁错之族。错家(颖)[颖]川,而夫亦家(颖)[颖]川,可畏哉!此祸所从来之又一说也。

得高阳书,以爱女久病求紫背天葵,即作书复之。

**初十日(3月11日)**　阴。洪翰香、杨苞甫均来。

慎伯云,天监井阑在茅山,可辨者尚有数十字,字势一同《瘗鹤铭》。其字同者,则笔法、结法悉同,可证《鹤铭》为隐居书,而逋翁、清臣之说废矣。

**十一日(3月12日)**　阴。寄安圃书。

包慎伯《与杨季子论文书》,曰:"纪事而叙入其人之文则尤难。《史记》点窜内外传、《战国策》诸书,遂如己出。班氏袭用前文,微有增损，而截然为两家。斯如制药冶金，随其镕范。马班纪载旧文，多非原本，故《史记》善贾生推言之论，而班氏《典引》，直指以为司马，《始皇纪》后亦兼载贾、马之名。贾生之文入《汉书》者，局度意气与《过秦》殊科，则知其出于司马删润无疑也。"余尝预史馆，剪裁公牍，以作列传，已是难事。复经浅人创稿，铺叙芜杂，更觉修饰为难。若马、班所点窜秦汉人名作，安得不佳？然班之去马则远矣。余别有文摘之，不具录也。

**十二日(3月13日)** 晴，渐和。得高阳复书。

慎伯有《摘钞韩、吕二子题词》，云："文之奇宕至《韩非》，平实至《吕览》，极天下能事矣。其源皆出于《荀子》。盖韩子亲受业，而吕子集论诸儒多荀子之徒也。《荀子》外平实而内奇宕，其平实过《孟子》，而奇宕不减《孙武》。然甚难学，不如二子之门径分，而途辙可循也。蒯通、贾生出于韩，晁错、赵充国出于吕。至刘子政，乃合二子而变其体势，以上追《荀子》，外奇宕而内平实，遂为文家鼻祖。盖文与子分，自子政始也。"案，慎伯此说可为臆造，《吕览》出自诸客，其时儒分为八，安得尽属荀子之徒？至云蒯、贾出韩，晁、赵出吕，亦无确证。蒯自是策士馀习，贾生深于诸子百家，师事吴公，由吴而李斯，谓之似荀犹可，何尝似韩。此不得以史公有贾生、晁错明申、商之说，误以贾为法家，况晁生明是刑家而以为似吕，尤不根矣。西汉文字如赵充国者不少，犹以之比晁，而以为似吕，亦非也。至谓史公亦兼韩、吕，史公与子政岂韩、吕所能该括者，如此论古，真井底之见，所谓村学究见解也。阳湖派古文及魏默深、龚定庵均不免此弊，而慎伯尤武断之雄欤！

近日所行《绛帖》十二卷，每卷末题"淳化五年岁在甲午春王正月"。潘师旦奉圣旨摹勒上石。翁覃溪云此伪本。此中"樊逊"讹作"樊退"。北齐人，员外郎，字孝谦。又与温子昇俱讹为南齐人。此明时鹭帖时伪刻，王良常所引《绛帖》皆是物也。惟孙退谷所见真本止十卷联，系之则二十卷云。

十三日(3 月 14 日)　晴,仍寒。仲彭入都会试,送之登舟。

十四日(3 月 15 日)　晴。寄复王兰君同年崧辰及其子石琴茂才煜书。

史言陶渊明为镇军建威参军,本无主名。李善注引臧荣绪《晋书》:宋武行镇军将军,宋武镇徐州,曲阿乃其治所。陶文毅谓渊明断不为宋武幕僚,其所佐者乃刘敬宣也。包慎伯驳之曰:敬宣以乙巳加建威将军,为江州刺史,未尝为镇军。荆溪周济谓,隆安三年为武陵王遵镇军参军,移家都下,义熙元年乃从敬宣为建威参军。慎伯驳之曰:遵在都,留台暂奉为大将军,并无镇军之名。刘毅谓敬宣过优,即解职去,其当在夏秋之交,渊明以八月任彭泽,与建威参军相接,《词序》不得云家贫不足自给,亲故劝为长吏,求之靡途,家叔用为小邑也。其时沈田子、朱龄石皆为建威,何取于敬宣而以为善择木哉? 余案,文毅之意特以彭泽近江州耳,实则渊明之高致正以尝为宋武幕僚,而不皆仕宋乃见其高,不必横生葛藤,支离掩饰也。

十五日(3 月 16 日)　晴,有风。伯行自英吉利来,与其弟仲洁偕。仲洁名经矩。

与李桐庵秀才言吾直[隶]科名,本朝共得鼎甲几人,录之于左。吕缵祖。榜眼,沧州。李爽棠。探花,大兴。均顺治丙戌。张永琪。榜眼,大兴。顺治壬辰。戴王纶。榜眼,沧州。顺治乙未。黄叔琳。探花,大兴。康熙辛未。魏廷珍。探花,景州。康熙癸巳。陈惠华。安州,状元。雍正甲辰。田志勤。榜眼,大兴。雍正癸丑。俞大猷。探花,大兴。乾隆壬辰。邵玉清。天津,探花。乾隆甲辰。陈云。宛平,榜眼。乾隆癸丑。张之万。南皮,状元。道光丁未。袁绩懋。宛平,榜眼。道光丁未。张之洞。南皮,探花。同治癸亥。陈冕。宛平,状元。光绪癸未。共十五人,而大宛八人皆他省占籍者,天津得五人,可谓盛矣。然人得科名而重,实科名得人而重,其中功德言足传曾不数人,馀皆草木同腐而已。科名云乎哉?

十六日(3 月 17 日)　晴阴相间。伯行言伦敦气候时有大雾,出门而归,则面目皆黑,衣皆如染缁,非乐土也,巴黎则不然。

十七日(3月18日)　晴。寄八弟书。

十八日(3月19日)　晴。卫达三、贾制坛、李汉春均来。吴挚甫州牧解冀州而就莲池,过此见访。晚过晦若。

十九日(3月20日)　晴。午后答挚甫。

前纪吾乡鼎甲,因及安徽鼎甲,以资谈助。

程芳朝。顺治丁亥榜眼,桐城。吴国对。顺治戊戌探花,全椒。孙卓。康熙己未榜眼,宣城。吴昺。康熙辛未榜眼,全椒。戴名世。康熙己丑榜眼,桐城。张廷璐。康熙戊戌榜眼,桐城。梅立本。乾隆丁丑榜眼,宣城。韦谦恒。乾隆癸未探花,芜湖。黄轩。乾隆辛卯状元,休宁。金榜。乾隆壬辰状元,歙县。吴锡龄。乾隆乙未状元,休宁。程昌期。乾隆庚子探花,歙县。赵文楷。嘉庆丙辰状元,太湖。洪莹。嘉庆己巳状元,歙县。龙汝言。嘉庆甲戌状元,桐城。凌泰封。嘉庆丁丑榜眼,定远。戴兰芬。道光壬午状元,天长。李振钧。道光己丑状元,太湖。吕朝瑞。咸丰癸丑探花,旌德。孙家鼐。咸丰己未状元,寿州。

共廿人。黄轩、金榜、吴锡龄三科大魁蝉联,亦佳话也。

二十日(3月21日)　晴。呼孙茶孙来,命之赴芦台,与九弟议廉氏姊归葬事,谈次凄然。同产十一人,今存者三人耳。三人者,皆愚不肖,家声谁与负荷,不禁泪下。

二十一日(3月22日)　晴。晚与伯行询英国事,知《永乐大典》在其博物院中,书亦不全,且愤且叹。

《广阳杂记》,大兴刘献廷继庄著。其记吴梅村云:"顺治间,吴梅村被召。三吴士大夫皆集虎丘会饯。忽有少年投一函,启之,得绝句云:'千人石上坐千人,一半清朝一半明。寄语娄东吴学士,两朝天子一朝臣。'举座为之默然。"余案,梅村之出志墓者,谓其重违亲意,流涕就道,其寄当事有"白衣召至白衣还"之句,颇欲追踪铁崖。虽文人善于掩过,然一钱不值,耿耿病中宛非东涧、孟津之比,似不至有临行会饯之事。惟梅村以十年内召,而是年有虎丘禊饮,九郡人士至者盈千，(弟)〔第〕一曰慎交〔社〕为主，次曰同声〔社〕为主，将以接迹西铭，联镳复社。梅邨有诗存集中。夫以胜国孤臣方当隐匿韬晦之不暇而忍于自炫乎？况距投赠马国柱之诗不远，宜乎空穴来风，遭兹侮弄矣。

二十二日(3月23日)　晴。伯行入都。

二十三日(3月24日)　雪。献夫来谈。

二十四日(3月25日)　晴，甚寒，是日风甚大，火车伤人。朱久香、赵来臣自泾来。朱赠《文选集释》一部，兰坡先生著。吴竹臣秀才过此入都，谊卿之子，名本齐。有龙汝松者，江西通判，来此献联语，极陋俚，四川人。午后，答朱、赵不值。晚，二君复来。

《广阳杂记》以头等侍卫为一等虾，此不考之论。虾当作辖，乃铃辖之意。北音读辖，如虾，临文亦误，不知满洲语皆本汉义。侍卫名虾，是何义也。

二十五日(3月26日)　晴。郑业教者，云恪慎公之侄孙，屡来谒，以师谊姑见之。献其所作《金石志》，亦不长于考证，尝为王之春随员，其人可知矣。甚悔破例延入也。

广阳子云，郦道元博极群书，识周天壤。其注《水经》也，于四渎百川之源委支派、出入分合，莫不定其方向，纪其道里。数千年往迹故渎，如观掌纹而数家宝。更有馀力铺写景物，片语只字，妙绝古今，诚宇宙未有之奇书也。其书详北略南，世人以此少之，不知水道之宜详，正在北而不在南也。北方为二帝三王之旧都，二千馀年未闻仰给于东南，何则？沟洫通而水利修也。自五胡云扰以迄金元，千有馀年，人皆草草偷生，不暇远虑，相习成风，不知水利为何事。故西北非无水也，有水而不能用也。不为民利，乃为民害。元虞奎章奋然言之，郭太史毅然修之，未几亦废。有明三百年，更无过而问之者矣。有圣人出，经理天下，必自西北水利始。西北水道，莫详备于此书；水利之兴，此其粉本也。千年以来，无人能读。纵有读之而叹其佳者，亦只赏其词句，为游记诗赋中用耳，然亦千万中之一二也。其意欲以

《二十一史舆地志考》，合《读史方舆纪要》、传是楼《一统志稿》及黄子鸿《水经注图辑录》，疏之以为复西北水利张本，伟哉此论！惜其书不成也。今《水经注笺释》善本推赵一清，而戴吉士校本则据《永乐大典》辑出，初无详考。全谢山七校本，赵氏极为推许，未见刊行，信乎此本之难矣。继庄又言：欲取郦注疏之，魏以后之沿革本迹一一补之。有关于水利农田攻守者，必考订其所以。而论之以二十一史为主，而附以诸家之说，以至于今，日后有人兴西北水利者，有所考正焉。此书不成，当与宗夏勉之。宗夏，黄日瑚字，歙人，后从李刚主。

二十六日（3 月 27 日）　晴，有风。九弟自芦台来，与商四姊葬事。

明乌程潘基庆《南华会解》以内七篇为宗，而以外篇、杂篇类从之。《逍遥游》则附以《缮性》、《至乐》、《外物》、《让王》诸篇，《齐物论》则附以《秋水》、《寓言》、《盗跖》三篇，《养生主》则附以《刻意》、《达生》二篇，《人间世》则附以《天地》、《山木》、《庚桑楚》、《渔父》四篇，《德充符》则附以《田子方》、《知北游》、《列御寇》三篇，《大宗师》则附以《骈拇》、《徐无鬼》、《则阳》三篇，《应帝王》则附以《马蹄》、《胠箧》、《在宥》、《天道》、《天运》、《说剑》六篇，而以《天下》一篇冠于册首，为《庄子自序》。金圣叹则删《让王》、《渔父》、《盗跖》、《说剑》四篇，而置《天下》于后。案，《会解》，《四库》不收，殆以其颠倒旧次，与梅士享之《诠叙管子》同，但以《天下》为庄子自序，实确论也，特所分附不甚切合耳。

罗勉道云：正获，乃大射有司正、司获，见《仪礼》。解之以牛之白颡，乃天子春有解祠，见《汉·郊祀志》。庸子乃掌堂涂之子，犹周公卿之子称门子。义台犹仪台。其脰肩肩，乃见《考工记》："梓人为磬文，数目顾脰，肩即顾字。"余以训故读《庄子》，一洗向、郭，不意有先我而言之者。

二十七日（3 月 28 日）　晴。九弟来。晚，瞿子玖同年入都过此。晦若以汤伯硕作《槃薶纪事初稿》见示。

二十八日(3月29日)　晴。晨起,秦吉士绥章、夔扬昆仲见过,癸未庶常,服阕,补散馆,入都。出答子玖及二秦。

二十九日(3月30日)　晴。余在塞上欲辑《旧晋书》,恐已有辑之者,马竹吾有目无书。略具体例而未果。昨与晦若商之,晦若为考近人书目均无之,因拟改辑旧书为《新晋书》作注,搜罗稍博,暇取唐、宋类书及《三国志》、《宋书》、《水经注》、《世说新语注》、《文选注》之类,命钞胥集为长编,再议其详例焉。

三月初一日(3月31日)　晴。何兰孙来。得子峨书,并赠《汉书》、葛布、粤茶及腿。子峨已就潮州韩山书院之聘矣。

终日闲适自佳,然光阴分寸亦复可惜。记《唐子西文录》引苏黄门语曰:"人生逐日,胸次须出一好议论。若饱食暖衣,惟利欲是念,何以自别于禽兽?"日存此念,每日于经史子集必详考一事,以免坐荒,亦治心之一策也。

初二日(4月1日)　晴,有风。《史通·论赞篇》曰:"大唐修《【晋】晋书》,作者皆当代词人,远弃史、班,近宗徐、庾。夫以饰彼轻薄之句,而编为史籍之文,无异加粉黛于壮夫,服绮纨于高士者矣。"案,知幾讥房书是也。今以各家《晋书》杂考,庶可正其疵谬,亦读史一快也。

初三日(4月2日)　阴,微雪。以墨林山人白描《兰亭图》,请合肥师题其嵩。过晦若小坐。

初四日(4月3日)　晴。黄花农、何兰孙均来。晨,遣马勇送紫背天葵与高阳,复令杨顺赴通州取墓碑。

陶渊明有《责子诗》,杜工部以为不达,然其子俨、俟、份、佚、佟卒无显者。义山衮师之骄,誉之爱之,然亦无所成就,视冬郎相去远甚。然则玉溪之赋命穷薄,此其最可慨者,不独爵位,不如畏之己也。李师他出,自督儿子课,拈此示之。

初五日(4月4日)　晴。遣人运墓碑至胥各庄。

初六日(4月5日)　阴。薛叔耘入都过此,作《宁波筹防录》,侈张可笑。

初七日(**4月6日**)　晴。得高阳复书。

以李鸿藻、昆冈、潘祖荫、廖寿恒典会试。

《韵语阳秋》：皇祐三年，荆公倅舒，与道人文锐、弟安国拥火游石牛洞，玩李习之题字，听泉而归。故有诗曰："水泠泠而北出，山靡靡而旁围。欲穷源而不得，竟怅望而空归。"元丰间，鲁直尝至其处，亦题诗云："司命无心播物，祖师有记传衣。白云飞而不度，高鸟倦而犹飞。"盖效其作也。晁无咎《续楚词》载荆公词，以为二十四言具六艺群言之遗味，故与经学典策之文俱传，未晓其说也。案，任注谓石牛洞在舒之三祖山山谷寺，鲁直尝游而乐之，因自号山谷道人。是涪翁于荆公同爱山谷，未必非同乡先达，略寓景行之意也。及《次韵[王]荆公[题]西太一宫壁诗》云："真是真非安在？人间北看成南。"《有怀半山老人再次韵》则云："草玄不妨准易，论诗终近周南。"推许至矣。其次章云："啜羹不如放麑，乐羊终愧巴西。欲问老翁归处，帝乡无路云迷。"任注以为惠卿之忍，(政)[正]如乐羊。荆公之过，当与西巴同科也。此说亦泥。按，苏子由弹吕惠卿云，放麑，违命也，推其仁则可以托国；食子，徇君也，推其忍，则至于弑君。诗言惠卿之发私书，诚忍，子由弹之是也。实则荆公与神宗始终一德，死生相从，非惠卿所能间，亦非复云议新法者所能间也。回护至矣！盖于荆公初无贬词。

初八日(**4月7日**)　晴。王闿运字壬秋，壬子湖南举人。因晦若相见，尝主尊经书院，丁文诚客也。

初九日(**4月8日**)　晴。语曰：避文人笔端，辩士舌端，武夫剑端。夫剑端，惟乱世之强藩悍将为可虑，否则杀人者死，邦有常刑，尚不若笔舌之能荣辱生死人也。庄子曰："兵莫憯于志，镆(干)[铘]为下。"谅矣！虽然名为文人，则因文见道者，是非褒贬，亦当准于人心天理之公。名为辩士，则辩给不穷者，反复精详，亦当合于往古来今之势。惟夫小人之笔端，谗人之舌端，则亡而为有，白黑倒置，贤否混淆，最为可畏，而天下比比皆是，奈何！

初十日(4月9日) 晴。

十一日(4月10日) 晴,夜雨,自十二日巳午止。赵寅臣自蜀过谈,午后答之。朱存自都回。九弟遣杨顺来取立碑工项。

十二日(4月11日) 晚晴。复安圃及九弟书。答王壬秋,不值。

余日有读书之暇,而苦于善本之不易得,且无一二好事能为致善本者,可慨也。

陈无己寄东坡诗:"经国向来须老手,有怀何必到壶头。"元遗山哭赵闲闲云:"赠官不暇如平日,草诏空传似奉天。"以"老手"对"壶头",以"平日"对"奉天",究属未工,而论诗者皆以为名句,亦耳食之谈耳。

十三日(4月12日) 晴。

十四日(4月13日) 晴。

十五日(4月14日) 晴。以佛语入史,则史病。以佛语入诗文,则诗文病。余思取晋、宋诸书,涉释氏者皆薙之,而白、苏两家诗,其言佛者亦可议也。此语与欲删何休、康成注中谶语同一固哉之论,然必有不谬余言者。

十六日(4月15日) 阴。昨论山谷不贬荆公,读其《神宗挽词》云:"昔在基皇极,师臣论九畴。"至以箕子比之,未免溢量。

山谷《题姨母[李夫人]墨竹》,结句曰:"人间俗气一点无,健妇果胜大丈夫。"夫用古乐府"健妇持门户,胜一大丈夫",呼从母以健妇,殊不得体,且于墨竹全不关会。此无乃近于侩父乎?坡公集中决无此。其《次子瞻和王子立风雨败书屋诗》,起笔云:"妇翁不可挝,王郎非娇客。"特声明子立为子由之婿而已,于风雨败屋亦不切也。枝枝节节而为之,是其病矣。

山谷有《记梦诗》一首,《洪驹父诗话》云:"山谷云:'尝从一贵宗室携伎游某寺,酒阑,诸妓皆散入僧房中,主人不怪也。'"《冷斋夜话》以为山谷梦一道之游蓬莱,作二人皆亲闻山谷之言,而歧误若此。余谓皆山谷饰词也。其诗因得起居舍人为韩川劾罢,改秘书著作而作,其诗曰"众真绝妙拥灵君","灵君"以况宣仁,"众真"以况群辅。"借问琵琶得闻否?灵君色庄妓摇手",言宣仁已授以起居,而韩川不与之也。下文"争棋""坏局",指同时与山谷为难者。结云"奈此云窗雾阁何",言天阁为云雾所翳蔽也。其指甚明,然亦微褊矣。《续通鉴长编》:韩川劾"庭坚所为轻翾浮艳,素无士行,邪秽之迹,狼籍道路"。诗中"窗中远山是眉黛,席上榴花皆舞裙",盖自解其少年绮祠,皆空中语,而非实迹也。庭坚既罢,用孔武仲、陈轩为左右史,轩乃傅尧俞、许将为逼吕大防者,诗中"两客争棋烂斧柯"指许、傅,"一儿坏局君不呵"言如轩者。无人论列之耳,此解甚明了。起山谷于九原,当亦干笑而已。

**十七日(4月16日)** 晴。复再同书。

晓岚先生《书山谷集后》曰:"涪翁五言古体,大抵有四病:曰腐,曰率,曰杂,曰涩。求其完篇,十不得一。要之,力开突奥,亦实有洞心而骇目者,别择观之,未尝无益也。七言古诗,大抵离奇孤矫,骨瘦而韵逸,格高而力壮。证以少陵家法,所谓具体而微者。至于苦涩卤莽,则涪翁处处有此病,在善决择耳。但观渔洋之所录,而菁英亦略尽矣。涪翁五言古律,皆多不成语,殆长吉所谓'强回笔端作短调'耶?五六言绝,皆粗莽不成诗。涪翁七言绝,佳者往往继绝孤迥,骨韵天拔,如侧径峭崖,风泉泠泠。然粗莽支离,十居七八,又作平调,率无味。人固有能不能耳。东坡评东野,比之于蟹螯。予谓山谷亦然。然于毛骨包裹中,剥得一胾,自足清味,未必逊屠门大嚼也。要在会心领略耳。"

《提要》于黄诗极推许,乃覃溪先生所作。观此,知纪文达于谷诗所得甚深,故品题精刻如此。文达评苏诗,虽蹈明人批点习气,然足以药貌学坡诗之病。此论尤江西派所宜知。近人于诗学已无渊源,惟守伯言一派者,尊黄过甚。吾固喜纪文达之说,而尽录之。

**十八日(4月17日)** 晴。《石洲诗话》云:"宋人七律,精微无过王半山。至于东坡,则更作得出耳。阮亭尝言东坡七律不可学,此专以盛唐格律言之,其实非通论也。"又云:"太白仙才,独缺七律,得东坡为补作之,然已隔一尘矣。"余谓东坡之才,不知者动以太白拟之,非也。太白守六朝甚谨,其自开世界不如子美。坡公则开宋诗世界者,谓其作宋之子美则可,谓其作宋之太白则不可。所作七律,避盛唐而近中唐。姚姬传云:"东坡天才,有不可思议处。其七律只用梦得、香山格调,其妙处岂刘、白所能望哉?"然坡之七律亦不得云刘、白格调。要之,坡才何所不宜,而典太多,笔太疾,专以开合动荡,破西昆之钉铛,而率易之病间出,视介甫则近于疏,此当选而学之耳。翁尊之,王贬之,皆皮相也。

十九日(4月18日)　晴。偶阅《平斋文集》,乃洪都转汝奎所刊本。咨夔,宋嘉泰二年进士。上书卫王,自宰相至州县,无不捃摭其短,遂为时相所忌,十年不调,亦抑塞磊落人也。《宋史》本传谓其直言疏有"济王之死,非陛下本心",为史弥远所摈。其品可知。

今山谷诗通行本,《内集》任渊注,《外集》史容注,《别集》容之孙季温注。案,《平斋文集》有《豫章外集注序》,曰:"眉山任处士骥天成,摆落科举之累,真积于学,书无不览,爱公诗若耆欲然。以《内集》有任子渊注,因注《外集》十二卷。"子逢以名卿守蜀,锓之,与史注十七卷卷数不同,惜无可考矣。

二十日(4月19日)　晴,有风。寄复八弟书,为侄女命名曰寿扶。又作安侄一书,并复仲彭数行。

二十一日(4月20日)　晴,有风。巳刻由署至王道庄,上火轮车。未刻至芦台。李汉春、杨瑞生均来,乏甚。

二十二日(4月21日)　晴,有风,夜雨雷乃发声,寒,御灰鼠裘。由芦辰初上车,巳初至胥家庄饭,午初由庄回里,巳申初矣。

二十三日(4月22日)　晴,复易棉衣。午后,至山王砦覆视吉穴,遣族人至韩城,趁虚买鸡鱼,备明日扫墓祭品。

二十四日(4月23日)　晴。晨起,恭诣高祖、曾祖、祖茔,行礼,复至周元阡暨二叔茔地行礼而归。

二十五日（4月24日）　晴，大风，天过暖，袷衣犹汗。族人贫无业，余警以游惰，劝其尽力耕织。其无田者日织一席以三百钱，芦可得九百钱，此就东钱言。足支一日饮食之费，甚于逸居无教，游手好闲多矣。不尔，虽人周以钱，徒资饮博，无益也。

二十六日（4月25日）　晴。买山王砦地七十八亩有奇，每亩十金。中廿三亩，每亩十五金，馀皆十金。作书遣人至县税契。

二十七日（4月26日）　晴。送康氏姊葬。申初合窆，循周元阡而归。松柏十年，都成拱抱。岁月深矣，感慨何穷。即日立神道碑，四月初可以竣工也。

二十八日（4月27日）　晴。未刻至芦台，与九弟夜谈。

二十九日（4月28日）　晴。由芦回津。午刻至署。李汉春同车来，得安圃、湘文、载之、颂民书。

三十日（4月29日）　晴。寄吴谊卿书。

四月初一日（4月30日）　晴，颇寒。得芈同书。九弟书来，复之。

初二日（5月1日）　晴。复再同书。午后，寄九弟书。遣杨顺回芦。黄花农、吴南皋均来。

李叔伦以优贡入都，名经叙，合肥师之胞侄，伯行本生之母弟也。年廿三岁，谨饬不浮。

初三日（5月2日）　晴。沈丹曾都尉翙清自福州来，以优贡入都朝考，赠《竹柏山房》十五种、林文忠《云左山房集》、寿山石六方、枣糕四匣，并得王兰君父子书。午后，何士果孝廉来访，子峨之子也。

初四日（5月3日）　雨。午阴，时麦苗望泽甚切，雨未透也。午后，士果又来谈。

初五日（5月4日）　晴。俗务略清，检点书史。寄复八弟及载之书。

初六日（5月5日）　晴。生母毛太淑人忌日，不肖三年不与祭矣。偕妇子奉笾置豆，怆感久之。自己卯至今十年，余永感以此日，而赴戍亦以此日,盖居庐廿七月,居边卅七月,耗废五年有馀。此五年中,家国之感变幻万端,以一身极升沉显晦、悲欢离合之态,可为奇矣。

初七日(5月6日)　晴。吴兰石同年自保定来,石聘之秀才自宣府来,皆去年在郡送余入关者,为之惘然者久之。得龙松岑、祥仁趾书。

闻集贤书院侧有周氏别业,甚幽雅,因策骑访之。至,则周海舲提督所营。惟后门有紫藤一架方作花,馀皆官样文章,不足观也。遂略游花肆而归。塞上有绣毬两盆,甚以为异,今遍地皆是,仍市两盆以志无忘在莒之意。

初八日(5月7日)　晴,大风。夜,署后河滩草料场火,风势甚猛,火光烛天,久而始息。天津向有火患,故水会甚盛。遣朱存陪周世培回里。

初九日(5月8日)　晴。电传会试全录,允言中三百一名,幕中赵惺庵继泰、张巽之孝谦均中。

初十日(5月9日)　晴。两日来,与九弟通电商作屋事。午后,孙荼孙来。以寿山石三方交刻。

十一日(5月10日)　晴。寄八弟及刘省三书,黄花农来。午后,崔惠人同年自都来,时充美国使臣。九弟及周世培、朱存自里回。

十二日(5月11日)　晴。复龙松岑书、宗湘文书。过惠人,合肥留宿署中也。晚九弟来谈。

十三日(5月12日)　晴。夜召九弟来话。

十四日(5月13日)　晴。过晦若,遇壬秋,合肥亦至,遂先归。

十五日(5月14日)　晴。与惠人略话,送之南旋。

十六日(5月15日)　晴。得再同、安圃书。

十七日(5月16日)　晴。周子昂观察家驹见访,提督盛传之子,颇有经世才,合肥师尝称之,故今来谒。晚,伯行、仲彭相继回。

十八日(5月17日)　晴,颇凉,昨服袷衣,今日可衣咯喇,两日中气候不同如此。得宗湘文书,十九出都。晦若以今日为散馆之日,追念玉堂,不胜天上人间之感,邀余往谈,所谓记刻舟痕者。书生结习,可慨也。

寄高阳师书,入都之念,自此益缓矣。

**十九日(5月18日)** 晴。

**二十日(5月19日)** 晴。

**廿一日(5月20日)** 晴。

**廿二日(5月21日)** 晴。湘文来谈,遣朱存回都,寄再同、安圃书。

**廿三日(5月22日)** 晴。答湘文,不值。

**廿四日(5月23日)** 晴。宗子戴来。

**廿五日(5月24日)** 晴。湘文来辞行,为跋其所藏牛鼎,乃乾隆初年费堃拓赠汪师韩者。

**廿六日(5月25日)** 晴。得安圃书。九弟自陀来。

**廿七日(5月26日)** 晴,亢热。

**廿八日(5月27日)** 晴。南局试造电灯成,成作肇始于一津门小工,由目验而顿悟。闽产学生,学艺积年,泛海而归,往能以洋文洋语为奸利,愧此津工。远求闽土,何如近取北材?津虽狡,犹胜闽也。

**廿九日(5月28日)** 晴。九弟及颂民先后至。

**三十日(5月29日)** 晴。九弟送时鱼两尾,得高阳书、再同书。

**五月初一日(5月30日)** 晴。复安圃书。

**初二日(5月31日)** 晴。

**初三日(6月1日)** 雨意油然,为风所解,麦事可念。九弟来谈,复高阳书。

**初四日(6月2日)** 晴。过晦若,汤伯硕自都回。

**初五日(6月3日)** 晴。自甲申以后,余从未能从容过午节也。午后,与菊耦清谈良久。蒲艾、酒粽居然有令节意。

**初六日(6月4日)** 晴。刘永诗自都来,以潘大司空荐书至,将求入幕，即答之。并过献夫，其母自籍至板舆迎养，人子之乐也。余忝朝官十馀年，乙亥迎亲，仅供菽水。每见人迎亲，不禁羡且悲也。午后，献夫来，九弟晚至。

初七日（6月5日） 晴。章颂民来，将入都。

初八日（6月6日） 晴，亢热。永诗入幕，复安圃及八弟、再同书。

初九日（6月7日） 晴，申刻有微雨一阵，旋止。今日云油然，颇可望雨，为风所散。荣履吉自粤来，赠戴醇士、汤雨生书两轴，船政旧侣也。过永诗，略坐，旋归。滇督岑毓英卒于任。

初十日（6月8日） 晴。荣履吉复来，柳质卿同年携鹤巢书见访。夜得局电，允言以主事用。是科直隶庶常七人，五冒籍，两皆津郡人，刘彭年、刘若曾也。

十一日（6月9日） 晴，晚微雨。过永诗、晦若略谈。仲洁自都下来。夜与菊耦谈，甚不乐。山谷诗云："能贫安四壁，无愠可三已。"今余之能无愠，菊耦之能安贫，均可自信，顾不能超然于埃壒之外。四顾天地，竟无可以定居之处，此可感也。不知苍苍者天果将如何位置之耶？

十二日（6月10日） 晴，甚凉爽。午后，读《管子》一卷。晚间，校黄诗一卷。蟫蠹生涯，消磨岁月而已。

十三日（6月11日） 雨。闻省城雨甚大，津门则微雷，快雨稍慰农情。

十四日（6月12日） 晴。张豫立字少渠以其尊人渠生通判《西斋读书图》求题。据云，其尊人随先子在禾治振，与古虞先兄赏鉴为莫逆，介杨望洲，必欲一见，乃俞荫甫客。

《玉壶清话》：王元之以疏雪徐铉贬商州，召归为学士，复以私语宾友："孝章后母仪天下，当成服。"坐讪谤，贬滁州。召还，知制诰，又以撰太祖徽号、玉册，语涉轻诬，贬黄州。太宗召至御榻，面诫之曰："卿刚不容物，人多沮卿，使朕难（苊）[庇]。"噫！元之之获罪，岂尽出于时宰意耶？元之既以持正获谴，则亦随遇而安可矣。乃既作《三黜赋》，又有"宣室鬼神"、"茂陵封禅"表语，郁郁以戕其生，何不达也？视东坡之阨穷，不闻后来居上矣。

十五日(6月13日)　晴。贾振胜告假回保定。

吴公不入循吏传，张释之称周勃、张相如长者，后又为大将军，击匈奴，逐出塞，即还，亦无传。湛园、渊静语讥之。噫！此张季鹰所以身后名不如杯酒之慨也。然后世传、纪太滥，又觉马、班之谨严，为有旨矣。

十六日(6月14日)　晴，快雨历两时许，枯苗皆起，庭花油然，郊野可想。

十七日(6月15日)　晴。龙松岑自塞上来，回粤省亲。

十八日(6月16日)　晴。陈仲勉自都来，留饭久谈。作致伯潜书，并以陶诗赠之。出答仲勉并及松岑。

十九日(6月17日)　晴。约永诗谈馆政。松琴来。刘杲司树堂来见，乃仁和廷尉，壬戌荐卷门人，介晦若欲一面，实无要语，浮慕而已。由清河道擢苏杲，孙门也。

二十日(6月18日)　晴。得子涵复书。

二十一日(6月19日)　晴，夜雷雨。"嫁女须胜吾家者，娶妇须不若吾家者。"安定胡翼之说。世皆以为名言。余与菊耦阅《清波杂志》及之，因谓菊耦："君善持论，试穷此理以为当否？"菊耦曰："此矫世之言也，非圣贤之言也。夫其所见似与世之求援系者稍异，然充类尽致，则贵家之女将无可嫁之士，而贫士不可以乞丐之女为妻矣。岂理也哉？夫嫁女须胜吾家，娶妇须不若吾家，第以防其骄而已。其妇女平日若教以三从四德，何至入门而骄其尊章，傲其夫婿哉？不清其源治其本，而于姻戚之家斤斤计较其贫富贵贱，所见似高而实陋耳。"余曰："是吾平日之论，不知何以卿与吾暗合也。试畅言之。圣如孔子嫁兄女南容，嫁女公冶，一胜于孔氏，一不若孔氏，有何嫁娶之分耶？蹶父嫁女于韩侯，一为内臣，一为外臣，门户相敌，形诸歌咏，有何若不若之别耶？且充嫁女须胜吾家言之，则无论何家淑媛止可适王侯将相之家，断无适寒士之理。其时李文定以兄女与孙明复，安定、泰山并开讲席，不知何以为此言也？陋而且隘，不晓事之腐儒从而尊之，但有联姻高门者即加指目，而世之名公钜卿无非肉眼，爱女失时，纷纷于榜下选婿，风气嚣然，良可鄙笑。阳托于安定之说，曰嫁女须胜吾家也，而其弊乃至于此。"菊耦曰："'胜'之一字包孕无穷，或其德胜，或其才胜，均可。而娶妇以承宗祧，正宜讲求门第族望，讵可草草。今安定专就势分论之，殆非古人婚嫁之法耳。"

**二十二日（6 月 20 日）** 晴，夜微雨。左太冲《咏史诗》："外顾无寸禄，内顾无斗储。亲戚还相蔑，朋友日夜疏。"写尽穷士之苦。李斯、苏秦不保其身，而不知其憔悴之日迫于境地，有不暇顾高危，而但求富厚利达以取快一时者。余自问备尝艰苦，断不敢因贫改志，而遇孤寒之士，每思有以周之，顾力不及也。读此诗，为之慨然。

陶拔贡名有铭，字辰卿。来见，松岑亦至。得王廉生书，寄中都四子。

**二十三日（6 月 21 日）** 夏至，夜大雨。雨足矣，为三农贺。有折弁入都，寄安圃书，并复子涵一缄。

孔文举《荐祢该书》曰："博通群艺，周览古今，物来有应，事至不惑，清白异行，敦悦道训。求之远近，（罕）[少]有（畴）[俦]匹。"《荐祢衡表》云："淑质贞亮，英才卓砾。"盖其意欲使正士盈廷，逆遏操之奸计，所以孟德必欲害之。自古大臣及奸臣均无不爱才者，一愿才为国用，一愿才为我用。若一味忌才，惟知汲引私人，不独不能为大臣，亦并不能为奸臣，而其庸陋褊阴，误国则与奸臣同。

**二十四日（6 月 22 日）** 夜雨。铁牌廿一至京，而连日有雨，不可谓无神。

再同以顾阿瑛为子坚所作《雪篷图》索题，款署"顾阿瑛为子坚作于不二室中"，无年月，有金粟及高启、饶介、谢应芳、吴志淳、释九皋字妙声、郏节七题，顾、高二诗均不见集中。顾七古，高七律。再同又从

《历代题画诗》中考得有明萧规《雪篷图歌》，为吴淞蔡子坚作，一诗录于图后，诗中云与子坚最密者曰马季常，云《苏州志》无子坚。而顾诗云，昆山之南济阳翁则似其邑人。萧诗云："吴榜何年过东浙，带得山阴一篷雪。"有以证子坚之为吴人矣。图乃摹本。今姑就《玉山璞稿》，考而归之。

二十五日(6月23日)　晴。今日田太淑人生日也。太淑人之贤慈，非一二语所能罄。于诸子，晚最爱余，乃自丁卯弃养，不及见不肖一第也。二十二年于兹，而佩纶濩落无所容，上踬家声，内惭慈训，为之悯然者竟日。子若孙无贤者，而余为时所弃，学日荒而年日老矣，恐无以副太淑人之明诲也。

二十六日(6月24日)　晴。顾康民来谈，自苏州葬亲归来也，以王廉生、黄再同及安圃书交之。

二十七日(6月25日)　晨起，雨旋晴。读金粟、铁崖诸家诗，感其所遇之不幸，世或以豪诮阿瑛，以亵诮廉夫，然大节无亏，小德出入可耳。

二十八日(6月26日)　晴。

二十九日(6月27日)　晴。宗甥寄文四篇，属桐庵改之寄还。

六月初一日(6月28日)　晴。颂民自都回，来见。

初二日(6月29日)　晴。九弟来，以君子录科文书寄都。

初三日(6月30日)　晴。菊耦生日。九弟来，饮酒颇酣。得乐山书。寄省三书。

王文韶督滇，邵友濂抚湘，皆浙人也。

初四日(7月1日)　晴。晚，永诗来谈。

初五日(7月2日)　晴。洪翰香午前来。章颂民午后来。过晦若一谈。

放翁《入蜀记》载：坡公以《姑熟十咏》非太白诗，或曰《十咏》及《归来乎》、《笑矣乎》、《僧伽歌》、《怀素草堂歌》，太白旧集本无之，宋改道再编时贪多务得之过也。此说王琦注载之。

初六日(7月3日)　卯雷,夜雨。昨日买得范质公小像一幅,有董文敏、陈眉公两题。晚薛叔耘来,时充英使。闽全刻全谢山七校《水经注》、《说文》成。

初七日(7月4日)　晴。午后,颂民来辞行,与谈往事,感触良多。有以《神龙》《兰亭》赠合肥者,后有翁跋,与菊耦把玩许久。

初八日(7月5日)　阴雨。雨中与菊耦闲谈,因思塞上急雹枯坐时,不禁怃然。

初九日(7月6日)　晴。过仲彭。

初十日(7月7日)　晴。薛三来辞行。

十一日(7月8日)　晴。仲彭小病。与合肥夜话良久。

十二日(7月9日)　酉刻快雨。田淑人忌日,偕妇子设祀。作九弟书。

十三日(7月10日)　雨后新凉,可御袷衣。陈觐虞同知文玑来,自浙中,伯平弟也。

《湛渊静语》:"眉州苏先生杲,老泉之祖,轻财好施,急人之急,孜孜若不及。岁凶,卖田振济其乡里。逮秋熟,人将偿之,终怜其窭,辞不受,久致破业,厄于饥寒。然未尝以为悔,而好施益甚。后三苏以文章名天下。"案,苏诗注莫详于王文诰之《总案》,乃失此事,录之以见眉山之积累。

十四日(7月11日)　晴,仍凉。黄公度来,时随薛叔耘出使。附寄子峨书。闻明日有摺差,作安圃书三纸。

十五日(7月12日)　午后急雨一阵。李赞臣来。

十六日(7月13日)　晴。寄八弟书,复陈伯平书。读《三国志》,孔明好为《梁父吟》。《西溪丛话》引张平子《四愁诗》"欲往从之梁父艰",以为忧谗之作。旨哉言乎!

十七日(7月14日)　晴。《时报》中有盘谷氏者,拟余为陆立夫、何根云,评之曰:"误国殃民,伤天害理。"夫误国何敢辞?下六字则非其罪也。此盖不逞之徒造言泄忿,其意以要人多阅《时报》,借此倾之耳,可笑可鄙。余岂畏要人哉!

仲彭犹未愈。洋医之药不甚投以其求效急也。天津中医更无名手。昔人比良医于良相,诚然。窃谓中国之不求实际,莫过于医理一事也。

**十八日(7 月 15 日)** 夜雨。

**十九日(7 月 16 日)** 晴,向晚微雨,旋止,连日入伏,乃似清秋。

**二十日(7 月 17 日)** 晴。得安圃书,始尝瓜。内人嗜此浮瓜沈李,视南皮朗月同乘并载为更乐也。回忆去年戍所及期寄居京邸,慨然不已。昔召平种五色瓜,乃萧相之客。顾余落拓,何处青门?然于合肥之谊,则视吴质、召平为更密,即为兰香万本为我瓜畴可也。

**二十一日(7 月 18 日)** 晴。得八弟书,委办濮院厘局。元濮允中,字乐(间)[闲],居此嘉兴府属也。作书复之,勉以谨慎。

**二十二日(7 月 19 日)** 晴。得朱亮生书,以银八百两见寄,作书还之。然其人有始终,视薛三之诡诈,不啻霄壤也。

**二十三日(7 月 20 日)** 雨。雅宾典陕西试。过永诗,小作周旋。

**二十四日(7 月 21 日)** 晴,晚微雨。仲彭病小愈,夜为裴令药所误,复用洋医,一艺之末,中国亦无人焉?可恨可耻。

**二十五日(7 月 22 日)** 晴。李铁林之子嘉荫字少华来见,因采买科场物件来津。

**二十六日(7 月 23 日)** 晴,午后急雨。夜似感寒,得酒而寐。

**二十七日(7 月 24 日)** 晴。仲彭愈。

覃溪有宝苏室,因得苏《嵩阳帖》,又得《施顾注》宋椠残本也。其记云:"宋牧仲摹苏像而侍其旁,然未尝名斋也。蒋树存亦得苏像,俾王麓台图之,始有苏斋之目。"夫覃溪宝苏如此,知所宗仰矣。乃又自名苏米斋,何欤?米之人品不如苏,此犹论史者之论也。米之书品不如苏,此则论书者之论也。然则覃溪固未知苏者耳。

**二十八日(7 月 25 日)** 晴。万寿节也。与晦若、永诗少谈。得吉云帆、祥仁趾书。

二十九日(7月26日)　夜雨。

三十日(7月27日)　晴,颇凉。得八弟书,初一赴濮院差。

阅《江陵集》尽,有痛快处。

七月初一日(7月28日)　晴,阴云时起,急雨骤来,至夜则繁星满天矣。叔伦朝考第七,以知县用。南归应试,其业师张树亭孝廉钟华与之偕行,颇有议论。其言捐官误人子弟,切中时弊,未可以老生常谈忽之。

初二日(7月29日)　晴,亢热,入夜尤甚。叔伦来辞行。王升自南来,乡试时旧仆也。寄安圃书。

初三日(7月30日)　晴。得子寿丈书。余自塞上归,先后与子寿三书,未之复也。后屡于合肥启中候余。合肥强余复候,余不愿,乃直以情告之,至是始以书来。寿丈向有老辈襟抱,亦复如是,不足敬矣。

初四日(7月31日)　晴。继祖姚靳太淑人忌日,设祀。

陆士衡连珠:“烈火流金,不能焚景;沈寒凝海,不能结风。”此全昧于物理者。景与金不类,海与风不类,且沈寒正风所为,而春之解冻亦风所为,结风之说尤为无理。然以之自处,则为烈火所流者亦金,而金之质究不能焚;为沈寒所凝者亦海,而海之水究不能结。流与凝,其迹而不能焚不能结者,其性也。故烈火焚金,而金之纯愈纯;沈寒凝海,而海之大愈大。若景则火之源,风则寒之源,能制物而不为物制者已。

初五日(8月1日)　晴。胡云楣以王南陔所著《管子·地负篇考证》见示,虽伤繁而断制太少,然中颇有一二可采,校阅竟日。

初六日(8月2日)　晴,午后微雨。先君忌日,与妇子质明致祭。先人与傅相患难之交,申以婚姻之好,洁诚从事,想灵其来格,当亦顾而乐之也。山居将成,傅相师允为书“明致书屋”额,悬之新斋,以扬先人诫子之意。

初七日(8月3日)　晴。安圃初三引见,补兵科给事中。陈叔毅墨樵回闽,过此小谈。得再同书。午后得九弟书。

初八日(8月4日)　晴,热甚。得省三复书。

初九日(8月5日)　晴,亢热如昨。

初十日(8月6日)　晴,仍热。洪翰香来辞行,入都应试。寄安圃书。

十一日(8月7日)　大雨,居然秋矣。是日立秋也。

十二日(8月8日)　晴。斋中素心兰雨后忽发两枝,娟秀可爱。余得句云:"散朗谢庭生道韫,芳菲湖水旧灵均。"得陈伯潜书。季士周过谈,服阕入都。

是日,筱丈调粤督,壶公调鄂督,以铁路也。

十三日(8月9日)　晴。得宗湘文书。

十四日(8月10日)　晴。松椿升漕督,裕长调直藩。得安圃书。

十五日(8月11日)　晴,午后云生似墨,雨急如绳。

十六日(8月12日)　雨。复安圃书。

十七日(8月13日)　晴,夜急雨一阵。翁同龢乞假两月南归。徐桐署户部尚书。

十八日(8月14日)　晴,晨雨,晚亦雨。晚过李桐庵少谈。复子涵书。昨有书来,言张吉人病,需补丸。

十九日(8月15日)　晴。翁叔平前辈来。晚,合肥邀于晦若、刘永诗、汤伯述宴之。

二十日(8月16日)　晴。至春元栈河干答翁尚书,归闻袁子久之丧,病已三年矣。

二十一日(8月17日)　晴。往吊子久。晤赞臣。未刻王壬秋辞行,将游苏州。桐庵应试解馆。

二十二日(8月18日)　晴。赵惺庵、张巽之均来。

二十三日(8月19日)　晴。李赞臣来谈。寄安圃书,以微物寄祝董太淑人。永诗来谈，欲回苏将母。

二十四日(8月20日)　晴。答巽之。

二十五日(8月21日)　晨雨渐凉。永诗来谈。合肥代延宋通判厚山权馆政。字子泉，六安州廪生。

二十六日(8月22日)　晴。宋子泉到馆。得安圃书。

二十七日(8月23日)　晴。

二十八日(8月24日)　晴。叶鞠(常)〔裳〕来。昌炽，本科庶吉士。得再同书，并寄明本《管子》。十行，无注，非善本。午后，同晦若往送壬秋。

二十九日(8月25日)　晴。曹苌臣来谈，言同州收降回事，甚有奇计。史恩培赴山东，来见。午后，九弟来。

八月初一日(8月26日)　晴。盛道宣怀自烟台来。复宗湘文书。

初二日(8月27日)　晴。省三寄银二千，助子久之丧，交赞臣同年转送。

初三日(8月28日)　晴。吕庭芷前辈来，时暂署天津道。袁世廉自朝鲜来，未见。

初四日(8月29日)　晴。得安圃书。

初五日(8月30日)　急雨一阵，仍未凉爽。午后，袁世廉来，乃驻朝鲜使臣袁世凯之兄也。

初六日(8月31日)　晴阴相间。九弟来谈，晚饭后始去。

初七日(9月1日)　晴。至紫竹林一游。晚，谊卿来，送其妇柩回苏。

初八日(9月2日)　晴。谊卿来。午后，答谊卿。得柳门书，并寄粤中书，帕内椰林甚精致，今年坡公生日可以用之。

初九日(9月3日)　晴。谊卿午后来谈至暮。合肥招同赵惺庵、张逊之便酌。

初十日(9月4日)　晴凉。李赞臣来谈。寄复伯潜书。

十一日（**9 月 5 日**）　晴。得伯潜书。

十二日（**9 月 6 日**）　急雨一二阵。何孟廉、陈雨人两进士来。一四川知县，一工部主事。都察院笔政文达选湖北蒲圻县，来见。李汉春来，病目稍愈。复黄子寿丈书。

十三日（**9 月 7 日**）　晴。苏福自都回。得再同、安圃书。

十四日（**9 月 8 日**）　晴。顾廷一来见。午后，曹价人树藩过津来谒，乃谨堂之从子也，今年改庶吉士。

十五日（**9 月 9 日**）　晴。汉春来谈。晚，过晦若、永诗杂话。

十六日（**9 月 10 日**）　晴。唐沅甫陛见，出都。张蔼青、刘芎林均来见。

宋本《管子》有杨忱序，不得其人本末。偶阅《夷坚丙志》第三卷记杨抽马事，时蜀州司理为杨忱，或即其人。成都人来报其叔讣，似成都人。其群从兄弟从望，民望、松望、泰望均类。试中选，亦士族也。

十七日（**9 月 11 日**）　晴，晚忽阴云迅雷急雨，既而湿翳微收，月光仍吐，天象真无所不有也。朱云甫吉士锦来见。萨镇冰威远管驾，署游击。为伯潜赍《武英殿丛书》两篚至。复袁伟亭书。

九月初四日（**9 月 28 日**）　晴。过晦若、永诗小坐。午后九弟来。

初五日（**9 月 29 日**）　晴。送子久丧归陈州。午后，寄安圃书，并致新吾一缄。

初六日（**9 月 30 日**）　晴。永诗来谈。刘献夫亦至。

初七日（**10 月 1 日**）　晴。得载之书。

初八日（**10 月 2 日**）　晴。何虹如世兄亮采以布经历指广东，过此来谒。铁生前辈尚有五子，长亮标选云南通海县，一在广东分局，一在陈六舟文案，一在扬州，无读书能嗣起者矣，殊可伤也。王枫臣自宣府来。

重阳日（**10 月 3 日**）　晴。与内人煮酒持螯甚乐，忽思及塞上，怅然。袁保颐自台湾来。寄九弟书。

初十日（10月4日）　阴，天颇凉，有风雨意。

十一日（10月5日）　阴。李子丹自都来。何文龙选云南通海县过此，较其弟谙练世故，美才也。复八弟、宗五书、陈伯平书。

十二日（10月6日）　晴。得宗三书。

十三日（10月7日）　晴。

十四日（10月8日）　晴。献夫来谈。

二十三日（10月17日）　晴。景翰青太守佐节幕十馀年，忽以霍乱增剧，三日而卒，名文照，浙人也。

二十四日（10月18日）　晴。得安圃书。

二十五日（10月19日）　夜雨。往拜翟（楳）〔眉〕庵，课儿子读。朱存乞假入都。李春不事事，斥之。寄润师书。

二十六日（10月20日）　大风。寄省三书。

二十七日（10月21日）　晴，颇寒，御棉衣。沈子梅能虎、薛次申华培两观察先后来。与二叔父及华亭兄均有世谊，其父均官江苏也。薛乃新吾之内弟。申刻，延翟眉庵明经瞻奎课两儿读，招李赞臣陪之饮。欲省心而心愈扰，欲省事而事愈多，学之不能黄老故也。

二十八日（10月22日）　晴。唐沅圃来辞行，出吊景翰青，顺道答薛、唐而返。得谊卿书，以亲老不出，深可羡佩矣。吴门隐最乐，谊卿有田可耕，有书可读，出处自由，非清卿之躁热者可比，即鄙人亦不及也。朱澂伯来谈。

二十九日（10月23日）　晴。过晦若，刘献夫及其子更新甘肃陇西令，丙子举人。均来。

十月朔日（10月24日）　晴。九弟来。夜过翟（楳）〔眉〕庵谈。

初二日（10月25日）　晴。九弟来。

初三日（10月26日）　晴。黄花农、叶子晋均来。

初四日（10月27日）　晴。唐提督仁廉来。午后，九弟来，将赴都引见。

初五日（10月28日）　大风。九弟阻风不能行，邀之来话，至暮始去,风犹未止也。

初六日(10月29日) 晴。夜过翟明经谈。翟久于江西,话伯潜视学江西,时琐事,迥不犹人。润师亦尝言之,此才终弃,殊可惜也。

初七日(10月30日) 晴。朱纯回,得安侄书。

初八日(10月31日) 晴。校《管子·地员篇》。以王绍兰《地员考证》对勘。

初九日(11月1日) 晴。夜来忽患霍乱,质明始愈。

初十日(11月2日) 风,阴。慈圣万寿节。得王丰镐书,论夏师家事。过晦若谈。静坐,阅香山诗一卷。

十一日(11月3日) 雪,甚寒。

十二日(11月4日) 雪止,天仍阴晦。见刘永诗、杨望洲,言江苏秋霖,积卅六日未晴,稻将获而中毁,转丰为歉。浙江水患尤甚。闻湖北、江西亦然。东南财赋之区,忽罹此异,不知关心民瘼者何以策之也?

十三日(11月5日) 阴,夜雾。得伯潜书,言船局所造钢甲船到沪,机器损坏折回,云近海署奏准局归海军牙门节制矣。

十四日(11月6日) 阴。得八弟两书,以小像寄之。

十五日(11月7日) 晓晴旋阴。

十六日(11月8日) 阴。夜读山谷诗一卷。

十七日(11月9日) 晴。注《管子·地员篇》,五音五日不了了,今始豁然。

十八日(11月10日) 晴。洪翰香来。夜偕朱(九)[久]香至馆中一谈。得安圃书。

十九日(11月11日) 晴。得子峨书,并寄燕窝一匣,柚十枚,回思塞上同患,不禁怅然。

二十日(11月12日) 晴。柯欣荣来。子峨寄书,邮直隶候补道也。午刻,陈觐虞、司马文玑来自大同。

二十一日(11月13日) 晴。得九弟书。

二十二日(11月14日) 晴。

二十三日(11月15日) 晴。寄复何子峨书。

二十四日(11月16日) 阴。得八弟书,附载之一缄。

二十五日(11月17日) 晴。

二十六日(11月18日) 晴。

二十七日(11月19日) 晴。

二十八日(11月20日) 晴。

二十九日(11月21日) 晴。

十一月初一日(11月23日) 晴。

初二日(11月24日) 阴。

初三日(11月25日) 晴,午后大风,作雪不成。得吴清卿书。

初四日(11月26日) 晴。安圃自都来,留宿斋中。

初五日(11月27日) 晴。

初六日(11月28日) 晴。杨顺回都。寄九弟书。再同初二嫁女,作书寄衣料、针黹贺之。刘雅宾来。

初七日(11月29日) 晴。

初八日(11月30日) 晴。得赵菁衫书,并玉田蒋性甫孝廉式珵《玉函山房辑佚书考》。

初九日(12月1日) 晴。寄九弟书。午后答雅宾。

初十日(12月2日) 晴。刘献夫来谈。

十一日(12月3日) 有风。安圃回里。顾廷一来。午后,得谊卿书。华盖来此。

十二日(12月4日) 晴。复谊卿书。又寄八弟书。

十三日(12月5日) 晴。答华盖。

十四日(12月6日) 阴,夜见月。华盖来,留之茶果,同是天涯沦落人,此之谓也。

十五日(12月7日) 晴。以貂裘寄伯潜。安侄自里还。华盖来话,说西藏事,可慨。

十六日(12月8日) 晴。与晦若略谈。

十七日(12月9日) 晴。华盖来。夜与合肥师、安俉夜话,闻李汉春亥刻病殁。

合肥许以《全唐文》见赐。

十八日(12月10日) 阴,夜微雪。安圃回京。

十九日(12月11日) 大风,天已放晴。

二十日(12月12日) 晴。晦若欲见华盖,约之来谈,甚畅。先是升泰论藏事,以为由蜀经营西藏不如由陇,青海趋藏道极平坦,打箭炉节节险峻。比晦若以询华盖,云:不然。藏多蜀商。蜀富陇贫,不如仍旧。且言俄人窥藏必由叶尔羌趋阿里以抵后藏,不由前藏也。吁!庙堂诸公岂忧藏哉?

二十一日(12月13日) 晴。得九弟书,引见,竣事领照后可出都矣。

二十二日(12月14日) 晴。出答邹岱东、刘雅宾及华盖,均投刺而已。

二十三日(12月15日) 晴。华盖来谈,以余相待甚诚,渐露色相,欲请合肥兼筹准、回卫藏,语长心重,实则今日时势岂复能行,相与噫叹而已。

二十四日(12月16日) 晴。杨瑞生来。觅《会昌集》,久不得,拾《全唐文》中卫公文读之。其穷愁论史之作,半为身世而发,太著痕迹,不蹈语言文字之祸,幸矣。

二十五日(12月17日) 晴。华盖来辞行。夜得电抄,乐山授察哈尔都统,鄂亦难处,如此作归计,颇得。叶志超简直隶提督。

二十六日(12月18日) 晴。得高阳书。

二十七日(12月19日) 晴。九弟自都回。得安俉书。

二十八日(12月20日) 晴。复安俉书。夜又得安俉书。寄复吴清卿河督书。

二十九日(12月21日)　冬至,晴。过九弟一谈。乐山改察罕,有电候之,夜得复音,就余定行止,弥可念也。

十二月初一日(12月22日)　晴,午后阴,夜雪。吉云帆来谈。

初二日(12月23日)　雪霁。寄安侄书。以百金贺庚世兄乐秋。借《挥麈录》《闻见前后录》,阅之竟日。

初三日(12月24日)　晴。答吉云帆。

初四日(12月25日)　晴。复高阳书,以食物数种寄之。

初五日(12月26日)　晴。得安侄书。晚得省三书。于合肥师书画簏中,捡得宋封灵泽侯敕墨迹一通,后有吴荷屋跋,似可存者。

初六日(12月27日)　晴。李赞臣来。终日在兰骈馆,与菊耦评书读画。画以黄尊古为史胄司补米南宫《溧阳溪山图》为最,丁南羽《渡水罗汉》次之,书以石庵临苏卷子为最。

初七日(12月28日)　晴。阅梅瞿山绘宣城山水卅六幅,画既包罗众,有题识,亦颇上添毫。文人之画、高士之画,较画师之画,分别在此,与菊耦披玩竟日,如作敬亭之游。

初八日(12月29日)　晴。吉云帆、陈序东来。得安侄书、庚乐秋书。安圃并寄鹿肉二方。

初九日(12月30日)　晴。潘子静、刘献夫先后来。午后,阅画,恽南田《双松仙侣》一幅精美无伦。初十以次详行记。

廿四日(1890年1月14日)　酉刻归署。遣人以冰鲜鲥鱼送都中亲知。

廿五日(1月15日)　晴。杨瑞生来。寄九弟书。

廿六日(1月16日)　晴。于晦若、朱澂伯均来。得九弟两书,又得八弟书,寄五十金为九弟卒岁需。

廿七日(1月17日)　晴。寄八弟书,商定刘处姻事。今年自三垩河以至海口,水不结冰,为近廿年所未有,殊可虑也。永诗来谈。

廿八日(1月18日)　【晴】大雪。叶春回。得安圃书。寄高阳师一函。乐山书来,以改武秩,未便乞退。此公学养竟非虚声之士所能及，真得吾父刚正之传，可敬之至。

**廿九日(1 月 19 日)**　雪霁。过晦若谈。

**三十日(1 月 20 日)**　晴。今年作寓公，佚甚！然犹四行役，仍劳人也。学则无所进益，近于坐荒。岁杪循省，可愧。

# 兰骈馆日记（光绪十六年—光绪二十一年 1890—1895）

光绪十六年庚寅（1890）

正月初一日（1月21日）　晴。祀祖迎神，祥光满室。华盖自都来。得高阳师书，廿三日蒙慈圣赐福寿字及八百长春御画，眷念老臣，闻之甚慰。

初二日（1月22日）　晴。洪翰香、朱久香来。华盖复至。晦若同话。

初三日（1月23日）　晴。答华盖。过晦若。

初四日（1月24日）　晴。夜，晦若、容民来话。

初五日（1月25日）　晴。华盖来。寄安圃书。

初六日（1月26日）　晴。华盖来别，纵论新疆事宜，几于泪下。老骥伏枥，志在千里。此君之谓欤？

初七日（1月27日）　阴，夜星见。阅《夏正考》一卷，乃胡天游著，刻于《式训堂丛书》中。

初八日（1月28日）　昨夜小雪，辰刻展霁。作复奎乐山书。夜阅《挥麈馀话》一卷。

初九日（1月29日）　晴。九弟来。

初十日（1月30日）　晴。开馆。李赞臣来。申刻，劳乃宣过谈。近著《等韵一得》，孤学也。劳字玉初，以《涞水清赋》忤时枢，亦强项令。

十一日（1月31日）　晴。得乐山书。永诗来话。

十二日(**2月1日**)　晴。复高阳师及乐山书。

十三日(**2月2日**)　晴。试灯。

十四日(**2月3日**)　晴。

十五日(**2月4日**)　晴。寄高阳及安圃书。午后,过晦若畅谈,借《杜樊川集》阅之,冯鹭庭注本。

十六日(**2月5日**)　晴。合肥宴客,以家酿与菊藕小酌,月影清团,花香摇曳,酒亦微醺矣。夜,阅《挥麈录》一卷。

十七日(**2月6日**)　阴,有风。永诗来话。阅叶梦得《避暑录[话]》,如行荆棘中。阅《曲洧旧闻》,则如康庄坦途矣。言为心声,信然! 士大夫何苦而造作疑似之说,以诬贤者而媚权奸。卒之,公论难掩,而身名随所附,而并隳使后人目为邪佞亦可怜已。吾于梦得怜之而非恶之也。

十八日(**2月7日**)　晴。阅唐人小集,无所得。作致安圃书。

十九日(**2月8日**)　晴。

二十日(**2月9日**)　阴,有风,甚寒。至书局一游,买《随园三十种》而归。此皆儿时所阅,久不见此书矣。得安侄书。

二十一日(**2月10日**)　晴。袁清泉世廉来见。

廿二日(**2月11日**)　晴。

廿三日(**2月12日**)　晴。潘子静来。

廿四日(**2月13日**)　晴,午后阴。香涛前辈督粤,所信任者多才士。浙江王存善、四川王秉恩,久司文案。粤人谓之“二王”。至是,为游子岱所劾并褫职。吴清卿以母病请急,旋得豫电,已闻讣星奔矣。

廿五日(**2月14日**)　晴。陈伯平调大名府,以大名国守钧回避藩司也。伯平尝论王树文狱,豫山因之左迁,既而夤缘,开府山右。伯平迹危甚,移宫换羽,若有天焉。君子益可以俟命矣。

廿六日(**2月15日**)　晴。皇上二旬庆典,加恩宗亲、内廷、勋旧有差。

廿七日(2月16日)　雨夜微霾。得樊云门书,在鄂督幕中。

廿八日(2月17日)　晴。阅邸抄,知筱帆调肇庆。

廿九日(2月18日)　晴。曹莨臣提督来谈。

二月初一日(2月19日)　晴。张朴君知州来谈。知兰轩师尚未葬,为之悄然。午后,答朴丈及莨臣。得八弟书。

二月初二日(2月20日)　晴。(楳)[眉]庵解馆。

初三日(2月21日)　晴。得安圃书,并延王弼臣来。名栋,乙酉孝廉,王翕亭所荐。

初四日(2月22日)　晴。王弼臣开馆。

初五日(2月23日)　晴。菊耦小有不适,煮药煮茶,赌棋读画,聊与遣兴。

初六日(2月24日)　阴。

初七日(2月25日)　阴。

初八日(2月26日)　晴。刘景臣入都过此。河督未简人,瘠省之疆吏,久任之藩司,均垂涎焉。世道如此,可慨也。求见,却之。

初九日(2月27日)　晨急雪旋霁。河督授许振祎。

初十日(2月28日)　晴。

十一日(3月1日)　晴。晨起,答翟(楳)[眉]庵。归作致章颂民书。得安侄书。

十二日(3月2日)　晴。寄王廉生书,以图章三方交胥山人伦刻之,并复安侄一缄,均交摺弁。午后,八弟书来,言其小女多病,殊可念也。再同书来,又生一子。

十三日(3月3日)　晴。午后,李赞臣来。翟(楳岩)[眉庵]回泾,就颂民馆辞行。

十四日(3月4日)　晴。夜阅陶诗,乃莫子偲所翻宋本。陶诗极慕田子泰,而集为阳子烈所编,何与吾里人有缘耶?

十五日(3月5日)　晴。复再同书。

十六日(3月6日)　晴。午后,过陈容民居,时容民患咯血。

十七日(3月7日) 晴。花农来。寄八弟、安圃书,为何士果评文数篇,均不佳。

十八日(3月8日) 晴。王省山茂才欲刻寿人师时文,乞余为序,不忍推之,昨始草出,文笔涩枯,大似江郎才尽矣。序寄五日,旋得沪书,师之次子元燿殁矣。

十九日(3月9日) 晴。

二十日(3月10日) 晴。盛道自东海来。九弟由芦至。

二十一日(3月11日) 晴,晨有微霰,夜有狂风。得高阳书。

二十二日(3月12日) 晴。寄润民师书,并陈春麓《诗识小录》一部。

二十三日(3月13日) 阴。买《瓯北全集》一部,未暇阅也。巳刻顾廷一来。

二十四日(3月14日) 晴。永诗来谈。

二十五日(3月15日) 晴。合肥因办陵差入都。午后过永诗略话。寄高阳书。

二十六日(3月16日) 晴。陈仲勉携其子懋鼎来。字征宇,己丑本省解元。得伯潜书,并送橘枣糕。

二十七日(3月17日) 晴。至春元栈答仲勉。午后永诗来谈。沪上买《癸巳类稿》,阅之。

二十八日(3月18日) 晴。李襄廷孝廉自芜湖来。合肥之侄。洪翰香因母病乞假归省。

二十九日(3月19日) 阴,薄暮微雨。永诗来辞行入都。得江宁电,朱子清于廿六日去世,为之怅然。又得安圃书,改初四日启程。林大令际平,本名宗开。曾充学堂监督,大挑来北河。伯潜书来,属余一见,姑进之。晚得晦若通州书,知合肥于三十日入城。

三十日(3月20日) 晴。料捡书籍,有温故知新之意,而终日玩愒,岁月堂堂可惜也。

闰二月朔日(3月21日) 晴。汤伯述来,以其祖文端公手录五经索题。

初二日(3月22日)　夜雨。子涵由都来,赴金陵。献夫过话。得八弟书,并为临海马少葵秀才题《百石图》二绝。明日有包封入都。复晦若一纸。

初三日(3月23日)　晴。答子涵。结一庐藏书均在子清处,恐遂散佚,商令子涵携归,恐不能办也,为之怅然。归,绕道省容民疾。

初四日(3月24日)　晴。午后,沈丹曾来,言伯潜在乡设因利局、织布局,以惠贫氓,是亦为政也。胡守三直牧传过谈,琴生旧交,清卿故吏,入都引见。言尝赴琼崖,极言冯萃亭办黎匪之浮夸无实及徐赓陛之狠戾好杀。

初五日(3月25日)　晴。寄复伯潜书。夏寿人师之孙昌祚、宏祚均幼,仍以商局修脯资之。

初六日(3月26日)　晴。得新吾书,即复之。

偶阅《颜鲁公集》,得《元次山墓志》,知《新唐[书]·次山传》实取资于此。惟叙其世系,颜《志》云:"高祖善伟,皇朝尚书都官郎中,常山郡公。曾祖仁基,褒信令,袭常山公。祖利贞,霍王府参军,随镇改襄州。父延祖,清净恬俭,历魏成主簿、延唐丞。思闲,辄自引去,以鲁县商馀山多灵药,遂家焉。及终,门人谥曰太先生。"《唐书》"褒信"作"宁塞"令,而不叙其高祖,但云袭常山公而已,似未明白。"利贞"作"亨",字利贞,霍王元轨辟参军事,而未云随镇改襄州。延祖但云再调春陵丞,而不叙其徙家商馀,后录次山《自释》,但云少居商馀山,未及颜之文少事明也。次山事则《传》详于《志》,殆取诸其文集耳。

初七日(3月27日)　晴。得安圃书,知改期十一出都。

《旧唐书·鲁公传》:时太庙为贼所毁,真卿奏曰:"春秋时,新宫灾,鲁成公三日哭。今太庙既为盗毁,请筑坛于野,皇帝东向哭,然后遣使。"竟不能从。军国之事,知无不言。为宰相所忌,出为同州刺史。《新[唐]书》则云:真卿建言,"太庙为贼毁,请筑坛,东向哭。"不从。宰相厌其言,出为冯翊太守。集载《冯翊谢表批答》,谓其"事乖执法,情未灭私",是鲁公之出为相所忌,必坐以它事。《新〔唐〕书》删节空文,竟似以建议筑坛请哭,遭贬矣。

初八日(3月28日) 晴。梁诗五孝廉居实来,何子峨客。子峨归,竟未相见也。询铁香近况,知方某署惠州。本铁香所鄙夷,曾入弹章,因辞讲席。世路逼仄如此,二三知好每劝余以书院为退步,殆未知近日官途之焰、士气之衰。如拥莲池皋比,藩臬之臭味即不可耐矣。

《张燕公集》:《王方翼碑》:尝独行,(夜入)〔入夜〕,有怪人长丈,直来趣逼,射而仆焉,乃朽木也。此拟《史记》李广射石事,而叙法不【恢】及。

初九日(3月29日) 阴。庄云巢大使自浙来,尝充闽营文案,与吕庭芷相习。章焕之茂才辞行回兰溪。汤伯述来谈。得八弟书。

梁氏玉绳《史记志疑》一书,读史者极称之,然亦有疑所不必疑者。如《卫世家》庄公五年取齐女为夫人,好而无子。梁氏曰:"取齐女,何以在五年?"未确。按,《硕人》诗明曰:"卫侯之妻",其为即位后所娶,可知《春秋》讥丧娶三年,谅闇至四年始问名,五年始娶。《硕人》诗说于农郊,娶以春时,若在四年之春,昏礼岂能尽备?如史公可谓善说《诗》者也。又,桓公二年,弟州吁骄奢,桓公绌之,州吁出奔。十三年,郑伯弟段攻其兄,不胜,亡,而州吁求与之友。十六年,州吁收聚卫亡人以袭杀桓公,州吁自立为卫君。为郑伯段欲伐郑,请宋、陈、蔡与俱,三国皆许。梁氏曰:"《传》无出奔、反、袭三事。州吁友段,亦不知何据? 伐郑修怨,为叔段乎哉?"按,此说尤泥。史公所据,不尽《左氏》。况史公所见《左氏》皆古文,尚在子骏之先,安能据今所见之《左氏》以疑《史》哉?即以《左氏传》证之,太叔出奔共。共,贾注:共,国名。杜注:今汲郡共县,其地近卫。又云:"郑共叔之乱,公孙滑出奔卫。卫人为之伐郑,取廪延。郑人以王师、虢师伐卫南鄙。"州吁修怨,即修此怨。其为叔段无疑。而共叔父子在卫,近国州吁与之气类相同,求友亦意中事。此正可以《史》为《左》之旁证,复何疑焉？

初十日(3月30日)　晴。何上舍寿嵩由林西来辞，还大埔。

汉上谷郡之军都县，读为浑。《史记·绛侯世家》"屠浑都"正作"浑"。《说文》：浑，混流声也。一曰㳍下貌。温馀水东至路南入沽。此地为㳍下之水都耳。

十一日(3月31日)　阴，有风。复八弟书。九弟由芦台来津。

全谢山《鲒埼亭集外编·贾子新书跋》云："太史公言，汉文帝雅器太傅，将任以公卿之位，大臣多不之喜，遂以年少初学毁之。予窃以为，绛、灌当时贤臣，不应至此。考应仲远《风俗通》，是时(大)〔太〕中大夫邓通有宠于帝，太傅与之同列，独不为礼，恨而挤之，因渐见疏。"此系太傅立朝大节，太史公及交其孙，乃不为之表章，可谓疏漏。史称邓通不过自谨其身，绝无他能。观仲远所言，亦可畏矣。《随园随笔》载：汪韩门之说则深不以应劭为然，略谓邓自黄头郎至上大夫。《汉书》虽不载其年月，而寄生人家则在景帝时，其显贵应在文帝末年。贾生以文帝十二年卒。邓贵显时，贾生之死久矣。梁氏玉绳调停其间，谓史云绛、灌、东阳侯冯敬之属尽害之。下一属字，通在其中。或辨邓通不与贾生同时者，非是。祖全而非汪也。然汪说本末尽明。案，《史记·申屠嘉传》：嘉为丞相，是时太中大夫邓通方隆爱幸，赏赐累巨万。丞相入朝，通居上傍，有怠慢之礼。嘉为檄召通诣丞相府，顿首出血。嘉为相五岁，文帝崩。据《汉书·百官表》则后二年八月，嘉为相也。史称通方隆爱幸，度其由黄头至(大)〔太〕中大夫不久，距贾生之卒已六年，距贾生之为长沙傅则十六年矣。安得谓贾生与邓同时？应氏徒以两人皆为太中大夫，附会其说。谢山乃据以责史公之疏漏。夫史公父子世掌史，其于文景之世，耳目相接，顾以后数百年之应劭单词翻案耶？谢山以史学鸣，此论吾不取也。

十二日(4月1日)　晴。潘子静、胡芸楣、刘献夫相次来。芸楣赠《范文忠集》一部。薄暮，九弟来，少坐即去。

十三日(4月2日)　阴。购《恽子居集》阅之。

**十四日(4月3日)**　晴,午后阴,微雨。安圃挈眷赴任,过此小泊。夜与九弟、安圃同饭话别,两儿及威恺两从孙侍饮。袁爽秋寄其诗集,阅之,颇雅。

**十五日(4月4日)**　晴。陈叔毅来。伯潜寄小像及书。许豫生校官贞榦至,亦伯潜客也。安圃行,时再同作诗送之,并及鄙人。其诗颇佳,兹录之以待和。"湘南岳立郁青苍,"不与天公管喉舌,犹堪岳立镇湘南",张于湖临桂七星山栖霞洞题句也。桂胜今堪续羽王。骆越鼓残埋战垒,龙编(专)[砖]古访蛮乡。官闲未与词臣异,政简翻知谏职忙。我校嵇康慵日甚,独思气味竹林长。"张鸣凤,字羽王,丰城人,明嘉靖举人,官桂林通判,所著《桂胜》十六卷,《桂故》八卷。以明人姓字书名入律,覃溪最喜用之。余未墨守"七子",然嫌其非正法眼藏也。是日,九弟妇、二侄妇均来。

**十六日(4月5日)**　晴。昨夜已就枕,忽先登寺不戒于火,延入许姓高楼,逼近署东墙,扰扰竟夕。安圃亦移舟避之。晨起,安侄来,同饭。九弟辞行,遂同舟至紫竹林话别,片时送者杂至,亥刻始返。

**十七日(4月6日)**　晴。弟侄挈眷乘新裕南行,晚潮出口。

偶记《鲁论》"子夏之门人问交于子张"一章,不禁慨然。《史记·儒林传》:"孔子卒后,子路居卫,子张居陈,澹台子羽居楚,子夏居西河,子贡终于齐。"其时群贤四散,虽儒术争鸣,已有各尊。所闻各行,所知分门别户之势。荀子《非十二子篇》:"第佗其冠,神禅其辞,禹行而舜趋,是子张氏之贱儒也。正其衣冠,齐其颜色,嗛然而终日不言,是子夏氏之贱儒也。"韩子《显学篇》:八儒为子张之儒,子思之儒,颜氏之儒,孟氏之儒,漆雕氏之儒,仲良氏之儒,孙氏之儒,乐正氏之儒。在当时,子张氏之学与子夏并显。然由战国至汉武时,《诗》则若高行子,若曾申,皆子夏之传。《公羊疏》引戴宏序曰:子夏传与公羊高、穀梁,《疏》亦称赤,受经于子夏。《论语》则康成云仲弓、子夏等所撰定。《尔雅》亦或言子夏所足,而子张之学寂无所闻。由子张言之,几若子夏狭隘,不如其能乐育人才,广延气类,而卒之绵。圣人雅言之绪,在此不在彼。惟其抉择可否于先,斯能成就英奇于后,广交者可以返矣。由此观之,天下经行贵于交修,今之稍通训故而不矜细行者,必非学人也。

十八日(4月7日)　晴。黄花农来。宗子戴自常熟会试入都。得湘文书。

史公《孟荀列传》最有见,《儒林传》申其意,曰:"威、宣之际,孟子、荀卿之列,咸尊夫子之业而润色之。"其《自序传》曰:"猎儒墨之遗文,明礼义之统纪,绝惠王利端,列往世兴衰,作《孟子荀卿列传》。"极为郑重。而梁氏玉绳《史记志疑》深以【深以】孟、荀并列为非,眼孔太小。夫荀卿传经之功,近已得汪容甫表彰,正司马氏所谓"猎儒墨之遗文"也。孟子之功,不在禹下,正司马氏所谓"明礼义之统纪"也。宋儒自孟子一派衍出,汉儒自荀子一派衍出,何可偏废哉!

十九日(4月8日)　晴。得子涵书,即寄都寓。

汉孝文本好刑名之言。《史记》著之《儒林传》最为微妙,而梁曜北以为不可解,非也。观《文纪》,如除收孥诸相坐律令,则诏曰:朕闻法正则民悫,罪当则民从。遣列侯之国,则曰:朕闻古者诸侯建国,各守其地。日食,诏则曰:朕闻天生蒸民,为之置君以养治之。除肉刑,诏则曰:盖闻有虞之时,画衣冠异章服以为僇,而民不犯,至治也。盖皆名家绪论,且其天资亦近于刻。如淮南尺布之谣,绛侯牍背之狱,一爱弟,一功臣,行法绝恩如此,不独薄昭、新延平两事也。所特赏者,为贾生,为晁错,正史公所谓"明申商者"。惟其学术同,故君臣易于契合耳。或谓贾生非申商,此亦浅见。观其所上书,皆正名明法之说,而尤伤残忍者,则莫如《论淮南》一书,以白公比淮南四子。夫文帝封厉王四子,乃补过之善机,亦亲亲之公谊,而贾生乃为此言,虽若杜渐防微,实则间亲逢恶。充其量,亲子之外,亲兄弟子均不当优以大国授以要地矣。无怪乎唐太宗之尽诛建成、元吉诸子,宋太宗之迫死德昭耳!班书乃以淮南子两国亦反诛,神贾生之先见,则大不然。夫文帝之世,贾生已为此言。景帝刻核,非勃之贞信著明,度无全理。

安与赐之狱一成于伍被,一成于子爽?其时孝武雄猜,法臣严酷,何足为据?其祸实萌于生之一言,早死非不幸也。

二十日(4月9日)　晴,有风。得晦若书。李子丹自都来,谈一刻许。寄京信。

读《潜研堂集》,有《与戴东原书》,谓"宣城能用西学,江氏则为西人所用",语极透辟。经韵楼所刻戴集无复书,盖不能复也。段若膺所作《诗经韵谱》及《尚书今古文疏证》,辛楣先生亦有书规之。段不能平也,于作《东原年谱》中讥辛楣云:东原言辛楣《五礼通考》中说话多有似是处。余以为辛楣先生人品、学术,亦岂戴、段所能轻重耶?潜研书有静穆气,若膺则无处不有叫嚣气,可以觇其养矣。《潜研文集》乃若膺序,极为推服。非段与钱不平,直是戴倔强耳。

二十一日(4月10日)　晴。吴观察廷斌来谈,长于治河,据云曾事李勇毅,见胡文忠。午后答云楣、献夫。献夫留晚饭,见其次子更寿。字锡眉,余代行集贤山长两课,生均高列。

《晋书别本》一百三十卷,明蒋之翘撰。《嘉禾献征录》称其有《晋书注》一百三十卷,即此书也。四库列入存目,与茅国缙《晋史删》、郭伦《晋记》同讥,使蒋氏当日辑而为注,转无纰谬,可议矣。

二十二日(4月11日)　晴。得高阳、白涧书。

侯朝宗作《王猛论》,以猛垂殁告苻坚,谓:"晋正统相承,上下辑睦,非所可图,愿无以晋为念。"因推猛以秦存晋为识大义。余观朝宗此论,真书生之论也。猛之言,注意于鲜卑、羌虏,终为人患,请渐除之,以便社稷。衡量情势,苻秦本不当空国图南,致一败之后,慕容姚氏起而相厄。猛之此言为秦谋,岂为晋谋哉?况景略死后,其子晖与其孙镇恶归晋,安知不粉饰其词,谀典午以彰其祖父之先见。斯言虚实未可知。侯氏乃据以定论,亦迂矣。彼生明季,亲见三王之一线苟延,作此论以讽贰臣之在本朝者耳?然国不能自存,而望敌国谋臣推为正朔,冀存血食,亦可耻而可悲矣。吁!

二十三日(4月12日)　晴。得子涵书,知已赴杭州。

集贤书院以渝关赋命题，诸生但据《方舆纪要》以渝关始见于隋，不知《汉志》：临渝县，渝水首受白狼水，东入塞外。交黎县，渝水首受塞外，南入海。临渝县又有侯水，北入渝。《水经》大辽水注：白狼水又东北出东流，分为二水，右水疑即渝水也。渝水南流而东屈，与一水会，世名之曰楷伦水，疑即《地理志》所谓侯水北入渝者也。《十三州志》侯水南入渝。《地理志》言盖自北而南也。不考渝水，见于《地志》、《水经》，而但以隋始立关为说，可云数典忘祖，沿流舍源矣。今志但以右水为渝水，亦非。北方河道久失考，《方舆纪要》亦不了了。近黄子寿先生所修省志，于水道一门尚未能脉络分明也。不知何人秉笔，他日当询之再同。

二十四日（4 月 13 日）　晴。内人及苍儿均病，意绪纷然。

二十五日（4 月 14 日）　晴。合肥回津。

二十六日（4 月 15 日）　晴。妇子均愈。陈儿又病。王弼臣会试入都。于晦若回津。顾廷一、黄花农均来。得八弟闰月十二日书。

赵《水经补》"瓡水"一篇云：一清按，《水经》本有《瓡水篇》，今失亡矣。《寰宇记》：定州安喜县"瓡水"下，引《水经注》云："瓡水，历天井泽南流，所播为泽，俗名为天井淀。"《初学记》引《水经注》云："定州瓡水，北流径大核山。"大核山疑是大瓡山之讹。大瓡山在今阜平县西北五里。其东又有小瓡山。以瓡河所经得名。《说文》："瓡水出雁门葰人戍夫山，东北入海。"按《山海经》郭璞注，今滹沱水出雁门卤城县南武夫山。戍夫、武夫皆泰戏之一名。顾祖禹曰：盖以滹沱为即瓡水也。此说非是。盖瓡水与虖它同出一山耳。瓡水源见《说文》，尾见本注"其中所历之道仅定州"一语，较之他篇，失脱尤甚。段氏有《水经无瓡水》一篇驳赵氏，大致谓《说文》瓡水即虖它之原，《水经》无瓡水，所谓派河又曰派河尾，乃言清、淇、漳、洹、滱、易、涞、濡、沽、虖沱同归于海，淇水、沽河两篇，《经注》了然，赵氏所引《初学记》、《寰宇记》未可信。余按，若胶墨守戴氏，致有此误。《魏书·道武纪》：皇始二年，帝进军新市。贺麟退阻瓡水，依渐洳泽以自固。甲戌，帝临其营,战于义台坞,大破之。是魏时确有㴑水之名,不得云㴑即虖它。《道武纪》上文屡言虖沱。若㴑即虖它,何以至此改称?《寰宇记》定州蒲阴县㴑水在县西二十五里。孙刻《元和郡县志》讹为"派"。安喜县下引《舆地志》卢奴北临滱水,南面㴑河。杜预谓:管仲城是也。《方舆纪要》正定府属阜平县有㴑河在县北,志云:源发恒山,经大㴑、小㴑二山入行唐界,亦南流注于虖沱。定州下云:㴑河源出阜平西山,旧由新乐县流入州界,今涸。新乐县下:㴑水,县西南十里,旧自行唐县流入境,又东入定州界。是直隶明有㴑河。《说文》㴑水起雁门葰人戌夫山,东北入海。按,《地理志》葰人属太原,不属雁门。《续志》雁门亦无葰人县。《魏志·武纪》:建安十一年辽西单于蹋顿尤强,数入塞为害,公将征之,凿渠,自呼沱入㴑水,名平虏渠。又从泃河口凿入潞河,名泉州渠,以通海。《通鉴》:慕容麟追长孙肥至㴑水。胡注:㴑水在中山。许书所云东北入海. 今《水经·沽河篇》所云沽河,与清河合,东入海。清河者,㴑河尾也。善长注云:沽水又东南合清河,今无水,清、淇、漳、洹、滱、易、涞、濡、沽、虖沱归于海,故《经》曰㴑河尾也。是善长时,㴑水之经流已为虖沱所夺,故以虖沱由此入海。释《经》㴑河尾之意,而㴑与虖沱汉分魏合之迹本自分明,虖沱之源在泰戏山,今山西繁峙县。《汉志》代郡卤城下:虖沱东至参户入虖沱别[河],过郡九,行千三百四十里,并州川。从河东至文安入海,过郡六,行千三百七十里。此与㴑水之出葰人戌夫山似非一地。今《一统志》以葰人及卤城均为繁峙县,似不(碻)[确]。赵既强合为一,则当以㴑水附虖它,而不必别出㴑水篇矣。若㴑即虖沱,不知《魏志》所云凿虖沱入㴑水者为何水也。《续志》引作入汾,大误。征乌丸运道不经河东也。戴云派河尾,段释以为诸河之尾。凿哉!

二十七日(4月16日) 阴,有风。陈容民辞行入都。

《畿辅安澜志》:沙河,古㴑水,源出山西太原繁峙县白坡头。案云:与虖沱异源分流,至祁州三岔口汇唐、滋二河为猪龙河。《水道提纲》:虖沱北经静海西境与西北来之清水河合,清水河即拒马、涞、易、滱、唐之委汇也。是今之泒水尚与虖沱合沽河入海，与《水经》略同。段氏以《安澜志》为王履泰窃取戴稿，何于戴稿竟未究心，而强改泒水为派河，又武断以为派河即诸河也。

《元和郡县志》：深州饶阳县州理城，晋鲁口城也。公孙泉〔渊〕叛，司马宣王征之，凿虖泜入泒水以运粮，因筑此城。盖滹沱有鲁泜之名，因号鲁口。后魏道武皇始三年，车驾幸鲁口，即此城也。沧州鲁城县下，曰平鲁渠在郭内。魏武北伐匈奴，开之，大海在县东九十里。《太平寰宇记》深州饶阳下，云：饶阳县即后魏虏渠口，置虏口镇于此。馀与《元和志》同。沧州清池县下，云：平虏渠在县南二百步。魏建安中于此穿平虏渠，以通运漕，北伐匈奴。又筑城在渠之左，大海在县东一十四里。又云：隋开皇十六年，于西章武县置鲁城县，遥取长芦县北平虏城为名，仍改虏为鲁者。盖恶故虏之字也。杜佑《通典》饶阳滹沱河，旧在县南，即光武所渡，魏武因饶河故渎决，今北注新渠沟，所以在今县北，按《魏志·公孙渊传》《晋书·宣纪》无凿渠事，但云运船至辽口，径达城下。此持循魏武故运道耳。其渠口在饶阳，迄于沧州之海清池县，证以《水经》淇河、沽河两注，则泒水入海之迹甚明。《水经》以清河合沽者为泒河之尾，足知《水经》为三国人作，郦注以清河北入虖沱者，谓即《水经》之泒河尾。足知北魏时虖沱合泒入海之迹，尚与魏所穿渠之迹合，故沽河注言虖沱而泒在其中，即言清、淇而派亦在其中。盖以泒为正干，他水以泒为尾闾耳。

二十八日(4月17日)　阴。陈儿就愈。李赞臣、叶子晋均来。

《畿辅安澜志》有一重公案，见段氏《经韵楼集》。此书王履泰乃捐职通判，实窃戴东原稿。始，方恪敏聘东原修此书，稿未竣而恪敏薨。稿入代者周公元理手。王乃周之姻也。既而有何梦华者，言此书乃赵东潜作，乃孔氏误收入戴氏书。段氏以赵书倍戴，定为赵创戴删云。赵一百三十二卷，戴一百二卷，王志五十六卷。至张石洲先生，则以东原盗全校《水经注》及赵《河渠书》悬为世戒，谓戴深殁赵书。而于《唐河卷》中附赵《卢奴水考》一篇，曰杭州赵一清于地理之学甚核,尝游定州,为州牧姚立德作《卢奴水考》,并附于右。一似赵氏绝无与于此书者。作伪显然,可为鄙叹。据此,则东原已巧取于先,王履泰复豪夺于后。王不足责,东原何为此穿窬之行也。今赵、戴两书均不可见,而王志亦未见精核。姑志之,俾与向、郭《庄子注》、何、郄《中兴书》鼎足而三也。

**二十九日(4月18日)** 阴,有风。伯行自外洋还。寄八弟书。未封而得其十九日书及纨扇两柄、笔四枝。得乐山本月十一日书并小像二。

义山诗,如《马嵬》以虎、鸡、马、牛同用,前人已讥之矣。《可叹》一首,晋秦宫、赤凤、宓妃、陈王,与梁家、赵后并用,亦嫌重复。《隋宫》日角、天涯之对,上句无乃硬凑而皆以为佳,耳食而已。

**三月初一日(4月19日)** 阴,有风。过晦若碧云斋,郑子云来。

《晋书·宣纪》:魏武讨孙权,军还,权上表称臣,陈说天命。魏武曰:"此儿欲踞吾著炉炭上耶!"答曰:"汉运垂终,殿下十分天下而有其九,以服事之。权之称臣,天人之意也。虞、夏、殷、周不以谦让者,畏天知命也。"案,裴松之《魏志注》引《魏略》作陈群桓阶语,上文方言仲达"以汉运方微,不欲屈节曹氏"。兹乃为劝进之语。果出仲达,益证狼顾之为反相矣。然《晋书》采此,定是无识。

**初二日(4月20日)** 晴。伯行入都。

偶阅《范文忠集》及朱祖文《北行日谱》,知吴桥友谊之笃:其于周太常则贷金为之完赃,复集资为孤寡生计,于黄伯安则为之作传。自言世道交丧,得一人维持交道,可以不孤。又云朋友一伦不至独轻于世,此所维系甚大。其推崇朱三复如此,自命可知矣。公之大节,妇孺皆知,特纪此一端以愧末俗。

**初三日(4月21日)** 晴。复高阳书。修禊日,与闺人焚香瀹茗良久。

**初四日(4月22日)** 阴。得赵惺庵书。

《晋书·羊祜传》:父衙,上党太守。祜,蔡邕外孙。又云:祜前母,孔融女生。兄发。北海有虎贲中郎之感。而二女竟同适一人,亦是佳话。范书《孔传》:女年七岁,亦为操所杀。不知北海尚有一女。文姬有才无节,而叔子之母以所生之子承与发俱病,专心养发,极有母道。世但知文姬,而不知中郎尚有一女。叔子之德能使南州堕泪,而身没之后,帝命发子暨为嗣,暨以父没,不得为人后,不奉诏。令暨弟伊为后,又不奉诏。暨、伊岂有歉于叔子耶?余疑叔子以与司马子元为姻,助晋背魏,臣节攸乖,暨、伊不愿后之。或亦褚渊之子贲让封,意未可非也。

**初五日(4月23日)** 阴。李发来。得允言等书。李赞臣过谈。

《南齐书·褚渊传》:子贲服阕,见世祖流涕不自胜。上甚嘉之,以为侍中,领步兵校尉、长史、左民尚书、散骑常侍、秘书监,不拜。六年,上表称疾,让封与弟蓁。世以为贲恨渊失节于宋室,故不复仕。《南史》谓贲常谢病在外,上以此望之,遂讽令辞爵,让与弟蓁,仍居墓下。案,贲以父背袁粲,等附高帝,深执不同,终身慊恨。《南史》亦同,则辞爵出于贲意,不关帝之讽迫也,不得与萧子显争审。

**初六日(4月24日)** 晴。孙毓汶、许应骙、贵恒、沈源深典会试,伯行以杨崇伊分校,回避不与试。

巡抚见于唐。案,《晋书·刘颂传》:咸宁中,诏颂与散骑郎白袖,巡抚荆、扬。巡抚之名,殆始于此。《谢玄传》:幽冀宜须总督。总督之名,殆始此。

**初七日(4月25日)** 晴。天津新设集贤书院,试各省寓津之士,讲席向由京官兼之,颇形废弛,司道等坚请余为院长。昔申公绌靡还,教授自给。王式罢,徒归不教授。义各有当。距论铁香事才一月也。坚辞,不获,姑就之。修俸甚薄,庶处不争之地,而生徒略有裁正,亦成就后学之义也。合肥幕府徐敬斋寿侗来见。司道毕,即答之。徐,绍兴人,寄籍清苑,陈子敬幕友,历充郑玉轩、张樵野参赞,习于洋务。

**初八日(4月26日)** 晴。邹岱东前辈来。

**初九日(4月27日)** 晴。答司道府。得九弟书。

**初十日(4月28日)** 雨。花香扑人,麦事可想,为三农慰也。

**十一日(4月29日)** 霁。以鲥鱼寄高阳师。又作书寄允言等。

《晋书·孙盛传》:"时丞相王导执政,亮以元舅居外,南蛮校尉陶称谗构其间,导、亮颇怀疑贰。盛密谏亮曰:'王公神清朗达,常有世外之怀,岂肯为凡人事耶?此必佞邪之徒,欲间内外耳。'亮纳之。"余按,观此而知亮之杀称为失刑矣。《侃传》附称以南蛮校尉、假节,与诸弟不协。咸康五年,见亮。亮大会吏佐,责称前后罪恶,罢出。亮使人于阁外收之,弃市,诬以他罪。侃勋在王室,其子罪不在不赦之列,何取专断,盖恐列上则导必救之。其所以必杀之者,必称自附于导故也。亮本疑侃于前,复忌导于后,而称以侃子为导党,取祸固宜。史以谗构其间,含混叙过,反似称构导于亮者,转若称反复倾险,而亮之纳安国为雅量,杀陶称为果断矣。岂其然乎?《亮传》:陶侃尝欲举兵废导,而郗鉴不从,乃止。至是,亮又欲率众黜导,又以谘鉴,而鉴又不许。《导传》:南蛮校尉陶称间说亮当举兵内向,或劝导密为之防。导曰:"吾与元规休戚是同。若来,吾便角巾还第,复何惧哉!"又以称书,以为庾公帝之元舅,宜善事之。于是谗间遂息。此导以计卖称自全耳。侃之为人,决不肯称兵废导,亮则实有忌导之心,特为称泄之于内,又为鉴制之于外,未可轻发,遂杀称以泄其忿耳。亮书凿凿,称之入告,岂得目为悠悠之谈哉?理而出之,勿使陶校尉蒙不忠不孝之名,千古无人昭雪也。

**十二日(4月30日)** 晴。过晦若略话,觅一写官为录书计。

《晋书》郭璞、葛洪不入《艺术传》、《隐逸传》,直不可解。景纯为王敦所害,或以其大节特传之。《稚川传》前曰从祖吴时学道得仙,号曰葛仙公,末曰世以为尸解得仙云。此史臣无识,直以为真仙耳,可笑也。

**十三日(5月1日)** 晴。寄子涵书。

七贤中,阮籍最下,颜光禄屏山、王不屏阮,乃以阮居嵇先,实不可解。盖其诗出于怨愤,本非定论。虞预论阮籍裸袒,比之伊川被发,犹属末减。史传称其本有济世志,属魏、晋之际,天下多故,名士少有全者。由是不豫世事,酣饮为常。然《为郑冲作劝晋王笺》。母终,与客围棋,留与决赌,直一不忠不孝之人耳。顾以辞婚解为不党,吐血许为至情,真谬说也。

十四日(5月2日) 晴。李赞臣来。九弟来电,知已到粤。

《晋书·忠义传》颇杂,如王育为振武将军,为刘元海所拘,以为太傅。初未死节,乃因为杜宣主簿,不迎王攸,攸怒之,育执刀叱攸。即目为义,大节已亏。此小节矜意气者能之,乃与杀身成仁者并传乎?

十五日(5月3日) 晴。都中十四换凉帽,津门则十五。得祥仁趾书。客有话春明琐事者,闻之怃然。

曹志乃陈思孽子。史称其"夷简有大度",余观其传,志实无志。齐王攸将之国,志恨其父不得志于魏,因怆然叹曰:"安有如此之才,如此之亲,而远出海隅? 晋[朝之隆],其殆乎哉!"乃极论之。帝览议,大怒,策免太常郑默,免志官,以公还第。夫志为魏之近属,而豫篡朝骨月之谋,于晋太忠,于魏太愸,是亦不可以已乎!

十六日(5月4日) 晴。

十七日(5月5日) 晴,立夏。

十八日(5月6日) 晴。

十九日(5月7日) 晴。得八弟书,作书复之,颇觉语长心重。

二十日(5月8日) 阴,夜雨。寄允言等书,并致仲彭一纸。

二十一日(5月9日) 阴雨开霁。

二十二日(5月10日) 晴。子涵自江宁归,留之午饭。子清七子家事,颇费斟酌也。

二十三日(5月11日) 晴。陈容民由都回。子涵回都。

二十四日(5月12日) 晴。

二十五日(5月13日) 晴。

二十六日(5月14日) 晴。

二十七日（5月15日） 晴。

二十八日（5月16日） 晴。昨日弼臣回，久香同伴亦至。各出闱艺相示，闻有以古注发挥者。考集解本。性者，人之所受以生。天道者，元亨日新之道。《李寻传赞》：以性与天道，为《易》、《春秋》。《后汉［书］·桓谭传》注引郑注谓：性为人受血气以生，有贤愚吉凶。天道，七政变动之占。《潜研堂文集》历引诸说，谓性与天道乃是性合天道。至次章，偶为杨倞《荀子·哀公篇注》所引，竟有以《荀子》"知不务多，务审其所知；言不务多，务审其所谓"。分诠两章者，然以审其所谓指言性与天道，究不可为训也。

二十九日（5月17日） 晴。

三十日（5月18日） 晴。许竹筼昨来，答之。

徐坚讥曲江之文，如轻缣素练，实济时用而窘边幅。《提要》称其"《感遇》诸作，神味超轶，可与陈子昂方驾。文笔宏博典实，有垂绅正笏气象"。坚以富艳求之，不足以为定论。余谓坚讥其文，非讥其诗也。偶取《曲江集》玩之，贬官以后诗尤见身分。如《郡中见鹤》云："远集长江静，高翔众鸟稀。"何等超峻！世乃传其《咏燕诗》"无心与物竞，鹰隼莫相猜"句，谓自解于李林甫，何其以小人之腹测君子之心也。

四月初一日（5月19日） 阴雨，爽甚。得安侄书，今日登轮舟赴粤。

初二日（5月20日） 霁。得九弟书。

初三日（5月21日） 晴。

初四日（5月22日） 晴。至院舍一游。

初五日（5月23日） 晴。

初六日（5月24日） 晴。"王杨卢骆当时体，不废江河万古流。"四杰之名，得老杜此作大为生色。余尤取骆丞之诗，如《从军中》、《行路难》、《帝京篇》、《畴昔篇》、《代女道士王灵妃赠道士李荣》诸作，均沈郁顿挫，乃七古之佳者。少陵实胎息于此。其五言律，如

《望月〔有所思〕》云:"晚色依关近,边声杂吹哀。"何等悲凉!《〔冬日〕过故人任处士书斋》云:"网(结)〔积〕窗文乱,苔深履迹残。"何等真挚!《夕次蒲类津》云:"山路犹南属,河源自北流。晚风连朔气,新月照边秋。"何等浑成!《早发诸暨》云:"薄烟横绝巘,轻冻涩回湍。"何等细腻!其品格在王、杨、卢之上。《讨武后》一檄,凛凛正色,足使牝鸡魄落。较五王乘其耄荒劫之,以兵反正,尤为光明磊落也。

初七日(5月25日) 晴。寄八弟书。

初八日(5月26日) 晴。

初九日(5月27日) 晴。合肥入都,时恭邸寄其《革锦吟》八册见赐,并属题《歌唐集句图》,勉集唐人句为五律十六首应之。孔毅父武仲集古人句赠东坡,坡答之,有曰:"千章万句卒非我,急走(捉)〔投〕君应已迟。"此诗中之戏幻,非正格也。荆公邀坡公集大研诗,坡公率尔曰:"巧匠斫山骨。"坡非不能,而终不为所见高矣。

初十日(5月28日) 晴。都城是日填榜,合肥之侄经畲中式。丰润无人,馆师下第。

十一日(5月29日) 晴。复九弟书。得八弟书。

十二日(5月30日) 晴。寄朱子涵书。

十三日(5月31日) 晴。子涵寄伊墨卿画、钱竹汀隶书联并扇、镜等件。

十四日(6月1日) 晴。《灵枢·经水》云:八尺之士,皮肉在此,外可度量(循切)〔切循〕而得之,其死可解剖而视之。其藏之坚脆,(府)〔腑〕之大小,谷之多少,脉之长短,血之清浊,气之多少,十二经之多血少气,与其少血多气,与其皆多气血,与其皆少气血,皆有大数。近日西医治病颇有死后剖腹之事,似此法汉尚有之。俞理初先生引《华佗传》,饮麻沸散断肠破腹证之。此剖治生人与经剖治死人极不同,又疑死人多气少气不可视。不知经乃承度量循切,非承剖视也。

十五日(6月2日) 晴。作润师书,初五日又生一女也。

《周礼·秋官·序官》:都则中士二人、下士二人、府一人、史二人、庶子四人、徒八十人。注:都则主都家之八则也。当言每都如朝大夫及都司马云。俞理初以则为虚字,言国与都之朝大夫,其人不同,其职掌同也。朝大夫如言山衡、林衡之类,每国者如言大山、大林麓之类,都者如言中山、小山之类。按,都则之官已阙,朝大夫职掌具存,乃掌都家之国,治日朝以听国事。序官每国上士二人,下士四人,云云。不得每都复设朝大夫也。惟注文亦自两歧。既言主都家之八则,又言每都如朝大夫及都司马。疑上句乃旧注。郑康成则云当言每都如朝大夫及都司马,俞即言当言每都之注而演之,总以都则已阙,故言人人殊,其实通经殊不争此。

十六日(6月3日) 晴。寄八弟书,并高丽(葠)[参]二斤。

姚少监以《武功三十首》得名,人称"姚武功"。在北宋不甚显,永嘉四灵始奉以为宗。《提要》谓:末流写景于琐屑,寄情于偏僻。由摹仿者滞于一家,趋而愈下,不必追咎作始,惩羹吹齑。按,集中有《与裴晋公诗》,又有《与白乐天李公垂诗》,其取友之端可想,然亦与杨汝士辈唱酬,是能不阿附两党者,其人宜可取,其诗宜可传矣。但以为文昌三友、黎岳之师,犹未尽也。

十七日(6月4日) 晴。

十八日(6月5日) 晴。

十九日(6月6日) 晴。永诗自都回。

二十日(6月7日) 晴。答永诗买旧墨十馀挺,内有元墨一丸,吴莲洋墨一笏,乃上品也。

二十一日(6月8日) 晴。

二十二日(6月9日) 晴。得陆世兄书,月湖先生之子名庆甲、庆颐字养泉,家贫求助。

二十三日(6月10日) 晴。仲彭回署。

西洋炼铁为钢,于是论洋务者纷然,以刚为泰西独得之秘。李时珍《本草》谓:(刚)[钢]分三种,有生铁夹熟铁炼成者,有精铁百炼出

（刚）〔钢〕者,有西南海山中生成,状如紫石英者。凡刀剑诸刃,皆是钢铁也。余案,《说文》:镂,刚铁也,可以刻镂。又,鉴,刚也。段氏谓刚乃劀之误,引"刀部劀,（刃）〔刀〕剑刃也。刃下曰:刀,鉴也"为证,不知鉴从臤得声,坚、刚同意,似以鉴训刚为是。鉴即作刃之刚铁。《广韵》训铁是其确证。

二十四日(6月11日)　晴。小传胪:状元吴鲁,榜眼文廷式,探花吴荫培,传胪萧大猷,李经畲二甲二名。

二十五日(6月12日)　晴。借再同明十行无注本《管子》,闰月间校之,错误不可枚举。今日择其可取者摘出,以原书寄还,并作书复之。

二十六日(6月13日)　晴。杨洛鉴雪庐,壬午副榜,戊子举人、刘麒祥均来见。

二十七日(6月14日)　晴。答刘康侯,因一吊劼刚侍郎,其眷属回南也。

二十八日(6月15日)　晴。茶孙自粤回,得九弟及安侄书。苏福由都回,得允言书。

二十九日(6月16日)　晴。望课以《晋书·礼志书后》命题,诸生均取一二节立论,无能通阅三卷者。或取钱氏《考异》,无能以《宋书·礼志》对勘者。盖院中高才和惟杨雪庐一人,馀皆文士,而非学人耳。别有校勘记详之。

偶读《袁清容集》,其《开平第一集》如《雨中渡南口》云:"瘦马蹴乱石,高下啮其蹄。陟巇沮洳深,渐觉所历低。"《弹琴峡》云:"下有战士骨,鸣咽水中鸣。"又云:"为作（熏）〔薰〕风弦,散彼岩下情。"第四集《开平三度端阳》〔《端午日由车中抵开平客中三度端阳怆然有怀》〕云:"停车俯首不得语,邻墙箫声杂驼鼓。"按,清容当元极盛之时,身践清华,往来扈从,故其诗偶如劳者之歌,而非怨夫之语,不足状边方险苦也。枫臣昨来,谈及旧时行役,百感顿生,聊尔书之。

五月初一日(6月17日)　晴。复袁爽秋书。

余爱沈石田，书不可得则求其画，画不可得则求其诗。陈明卿、瞿耕石两本，涧于均有之，或校经微倦，或读史馀闲，瀹茗焚香，一编横榻，足以辟睡魔，祛暑气。偶记其《画松》句云："吹灯照影蛟起舞，直欲排空掉长尾。"沈书学山谷。嘲谷书者，辄云"树梢挂死蛇"。余谓死蛇乃黄书之病，舞蛟乃沈画之神。实则画即是书，黄即是沈。学黄、沈者当作舞蛟，勿作死蛇也。

**初二日（6 月 18 日）** 晴，亢热。王枫臣来谈。

匏翁家藏集跋山谷书颇多，今录之。《跋草书李白赠怀素长歌》曰："山谷写此歌，所谓'飘风骤雨'、'落花飞雪'等语，虽自谓可也。"《跋沈启南所藏墨迹》云："山谷论书云'凡书要拙多于巧'，近世少年作字，如新妇于妆梳，百种点缀无烈妇态。观此老杜二诗，乃其所自作，信哉！其为（列）[烈]妇也，与欧阳公谓苏子美论书，而用笔不逮其所论者异矣。沈氏子孙宜世藏之。"《跋阴长生三诗》云："阴长生此诗非山谷书之，几没于世。然此卷卒为世所重者。岂以其诗哉？抑之刑曹，好藏古法帖能识其妙。此又其先博士公时所藏。又其家之故物云。"《跋发愿文》云："启南所藏黄书数种，予尝获遍览，当以此卷为最。"《题李职方所藏草书》云："昔东坡见山谷草书，从旁称叹。钱穆父独惜以为未见怀素真迹，后山谷见《自叙帖》，书法顿觉大进。不审此卷作时是尝见耶？抑或未见耶？职方深于书者，藏此其必能辨之。"《跋山谷草书》云："故太常昆山夏公所蓄。盖出煨烬中，故其下并缺一字。今大理寺副德声，以此为先世物，手补完之，与真迹无异。自是为夏氏后人者尤宜宝藏，不特为古法书矣。"《跋所书南山懒残和尚歌》云："山谷好佛，故书此歌，亦甚著意。然其平生固未尝一笔率易也。"七跋均深有得于黄，故其语极中肯綮。其时吴学苏，沈学黄，均得神似。顾沈宗朱文公说，以"宋四家"蔡端明第一，次苏，次黄，次米。而匏翁所云"未尝一笔率易"，尤为学黄第一吃紧处。观此可得苏、黄之通，可得吴、沈之合。善学者必专守一家，为依门傍户之见必不能成一艺也。

**初三日(6月19日)**　晴,热甚。午后,刘献夫来。得八弟书。

启南有《咏钱》五首,颇足砭世。如云"有堪使鬼原非谬,无任呼兄亦不来",则曲肖炎凉之态。"昨日卖文留短陌,免教愚虏诮空囊",则酷摹酸涩之怀。结云"只除义士并廉吏,万贯填门不易开",则看低多少世人矣。其《落花诗》,随园极赏之,非无佳句,嫌其三十首只是一意耳。

**初四日(6月20日)**　晴。过晦若少谈。复九弟书。夜间思有所营,右手忽微伤作痛。

余最爱陈寿《志》。晦若云,其亡友林主事国赞有《读裴注》一卷,考证极审。其兄国赓亦深于史学。陈兰浦谓之"二林"。

襄廷由都归,言今科本以文廷式为状元,因策仿宣公而误以"闾阎"作"闾面",抑置第二云。

**初五日(6月21日)**　晴,是日夏至。复八弟书。

午节无事。手微酸,仍校《晋志》,以续《汉志》《通典》,订之,所得益多。记《管子·轻重己篇》,言迎气五郊与《月令》合,决为《玄官》之一节,为浅人割足篇数。其出郊里数有四十六里、九十二里、一百三十八里之远。余已据《刘芳传》正之矣。读《汉志》,云永平中,以礼谶及月令有五郊迎气服色,因采元始故事兆五郊于雒阳。注引《月令章句》:东郊八里,南郊七里,中兆五里,西郊九里,北郊六里。斯为确据,复以《皇览》佐之。《管子》之义大明矣。

**初六日(6月22日)**　晴。晦若来谈。许豫生来,知陈叔毅朝考一等。寄伯潜书。

《典略》云:琳作诸书及檄,草成呈太祖。太祖先苦头风,是日疾发,卧读琳所作,翕然而起曰:"此愈我病。"今人以《三国演义》故,辄为操读孔璋为袁绍檄豫州之作,传至操所,因愈头风。可笑之至!

**初七日(6月23日)**　晴。合肥至海口验平远船。薄莫即归,乘铁车也。天津巳初急雨一阵,而海口则未初急雨一阵。读坡公"浙(西)[东]飞雨过江来"之句,真能测天者。

　　刘先主以英雄见忌于操,武侯亦称其延揽英雄。顾在徐州,如陈元龙父子,先主极与周旋。而在先主作牧时,未闻其为先主画一长策也。吕布取徐,珪、登乃为操作间,岂其时操奸未露故耶? 夫韩嵩之说刘表,张昭之劝孙权,尔时以操为汉相,原有此一种迂儒谬论,亦何足责? 元龙文武胆志盛为先主所推,乃亦阉昧如此,特韩嵩、张昭之徒耳! 何云造次难得? 比吾见元龙,亦止能以下床卧之,安得到百尺楼耶?

　　初八日(6 月 24 日)　晴。得允言复书,折弁回也。念弟(姪)〔侄〕远官,一身浮寄,欲隐无归。闷甚! 呼酒,酒恶,薄饮不醉。是日寄谊卿、皞民两书,并以廿元寄陆世兄。漂母千金,人生快意事。余半生落拓,于师友每先施未能,真可愧也。

　　初九日(6 月 25 日)　晴。合肥之弟稚荃先生殁于芜湖。

　　初十日(6 月 26 日)　晴。《牵招传》注:子秀,字成叔。荀绰《冀州记》:王恺令都官诬奏秀夜在道中载高平国守士田兴妻。秀即表诉被诬陷之由,论恺秽行,文辞尤厉。朝臣虽多证明,秀名由是而损。按,秀辨诬可也,及唇不可也。君子处谗谤之际,当知所处矣。

　　十一日(6 月 27 日)　雨。伯平自大同来,寓六吉店,往候之,畅谈片时。

　　十二日(6 月 28 日)　晴。得八弟书。

　　十三日(6 月 29 日)　晴。借集贤书院与伯平小饮,自未至戌,甚乐。

　　十四日(6 月 30 日)　晴。摘《三国志注》竣,欲理《水经注》矣。

　　读《蜀志·刘彭廖李刘魏杨传》,感慨系之,以照烈为主,诸葛为相,而所诛戮尚如此耶! 封之不收荆州,严之违错章,著固当罪矣。彭、廖特因言语,刘威硕与杨威公仅因与魏文长不和,时欲倚文长,不得不废威硕耳。合之魏之崔季珪辈、吴之张惠恕辈,君子处世惟有明哲保身而已。

　　十五日(7 月 1 日)　晴,甚凉爽。得吴慎生书。

《蜀书》杜周等传,读之极有味。如杜微之称聋不出,与谯周之劝降,虽品致不同,然国强时多一隐逸何损？国弱时,即文人不为贰臣而皆为隐逸,亦何益承祚？盖深恨蜀之无才,以至于亡君。德尚第二义也。孟光、来敏,诿诿欢咋以争经义。在割据之世,止合束之高阁。如李钦仲之好技艺,算术、弓弩、器械,似乎木牛、流马、元戎、连弩皆足参预其制度,何以亦同诸人合传？曰：立国在道不在艺,在人不在器也。不求将相之大才,而徒恃工匠之小智,亦何足以立国哉？君子亦务其大者远者耳！观其取孟光对郤正语,曰："今天下未定,智意为先。"知卑视小儒,目光如炬也。

十六日(7月2日)　晴。朱久香来谈。

李胜为魏明帝禁锢,曹爽用之,司马懿复不悦,遂坐爽党以死。承祚无传。裴世期以《魏略》注之,略见生平。按,《水经·济水注》："魏正始三年,岁在甲子,被癸丑诏书,割河南郡县,自巩、阙以东,创建荥阳郡,并户二万五千。以南乡筑阳[县]亭侯李胜字公昭,为郡守,故原武典农校尉,政有遗惠,民为立祠于城北五里,号曰李君祠。庙前有石跰,跰上有石的。石的铭具存。其略曰：百族欣戴,咸推厥诚,今犹祀祷焉。"与《魏略》所云"未尝不称职"合。独恨其受仲达荒语之治,使曹爽兄弟无所顾忌,俱出朝陵,相从族灭,祸及当涂,殆为不智,然如懿之狡狯叵测,实亦非常情所能料耳。

十七日(7月3日)　晴。寄赵菁衫书。得九弟书,知安圃须月杪始可抵桂林。吉云帆来。程鱼门云,同时学人以钱辛楣为第一,文人以袁简斋为第一。迩时如王兰泉、洪稚存均极口推袁,乃其后《蒲褐山房》及《北江诗话》大有微词,何也？观此,知面谀之不可信,又觉目论之不可凭。

十八日(7月4日)　雨。合肥师云,向来桑干断流,其年雨水必多。今年永定河断流至十馀日,决不忧旱矣。

孙夫人还吴一事,余最不解。参之《法正传》："权以妹妻先主,妹才捷刚猛,有诸兄之风。侍婢百馀人,皆亲执刀侍立。先主每入,衷心常凛凛。"故武侯云:"近则惧孙夫人生变于肘腋之下,然妇人从夫,何至有生变肘腋之理!"此殆诸葛之戏言,决非夫人真为。此小髯内间挟逼昭烈也。注引《汉晋春秋》云:"先主入益州,吴遣迎孙夫人。夫人欲将太子归吴,诸葛亮使赵云勒兵断江留太子,乃得止。"亦恐非实。总之,孙、刘本属强合。先主入蜀,夫人偶归母家,而益州既得,权则志在争荆,而不肯送妹。先主因顾汉中不得不让三郡,外和内携,即亦不肯迎妇,而孙夫人遂永衔离恨矣。武侯鱼水君臣,独于三郡让吴之口不能微言感动,备礼迎还,外弭敌衅,内正官仪,乃使法孝直入晋文、子圉之言,聘刘瑁之寡妻为汉中之新后,无故而违礼教,王化之本漓矣。夫孙夫人复还,或不足固吴、蜀之好,而孙夫人不还,实足起吴、蜀之嫌。武侯于先主身后坚主和吴,而于此事则疏谬已甚,较之不求荆州为尤失焉。

十九日(7月5日) 阴。王西庄以周公瑾子胤罪徙庐陵,疑权欲专赤壁功,而胤或恃父勋,致有此谪,乃臆说也。孙、周布衣昆弟之交,似大。帝于公瑾身后无所用,其猜忌胤,功臣之子酗淫自恣。权之答诏必实指其罪,非无过见徙。如虞仲翔比也。世禄之家鲜克由礼,岂能子尽亢宗?虽曰召棠爱树,况其子孙而为勋裔者,一味骄奢淫泆,何以克承世泽耶?西庄之论,为薄视勋臣者劝,余之论为仰承世赏者箴,似各有当耳。

二十日(7月6日) 晴。答吉云帆。

汤伯述以其祖文端公七十五后手写"九经"索题。按,《三国志·向朗传》:"年逾八十,犹手自校书,刊定谬误。"《齐书·沈驎士传》:年过八十,耳目犹聪明,乃手写细书,成(三二)[二三]千卷。文端公以亚相左迁请老,而精力尚能如此,诚人瑞也。文端立朝,大节不挠,确然有守。一因隐志郡王左迁,再因林文忠公左迁,其风骨可想矣。为之作五绝句,以志景仰。

二十一日(7月7日) 雨。过晦若。晦若喜蕹菜,因诵何子贞先生《免海菜诗》有"苦瓜香蕹终朝见,就中最美金鲫鱼"句,以为笑乐。众皆读蕹如瓮,然《集韵》收入钟部,无厌音也。嵇含《南方草木状》:蕹,叶如落葵而小,性冷,味甘。南人编苇筏,作小孔浮于水上,种子于水中,则如萍根浮水面,及长,茎叶皆出于苇筏孔(子)[中],随水上下。南方之奇蔬也。冶葛有大毒,以蕹汁滴其苗,当时萎死。世传魏武能啖冶葛至一尺,云先食此菜。

**二十二日(7月8日)** 雨。自村塾以《千字文》与《百家姓》课学僮。于是,题跋率曰智永《千文》或有作《千字文》者,辄笑其陋。按,《旧唐书·柳公权传》:宣宗召升御殿,御前作三纸,一纸曰"永禅师[真草]《千字文》得家法"。十一字,则省字,字非也。

《旧传》:公权,咸通初改少师。又曰大中初改少师。必有一误。咸通六年卒,年八十八。《新书》云:咸通初,乃以太子太保致仕卒,年八十八。无《旧书》,则年不可考矣。

**廿三日(7月9日)** 晴。王弼臣来谈。

阅先师倭文端公遗书。《公传》:穆宗时,上古帝王事迹及古今臣工奏议二帙,赐名启心金鉴。上卷为帝王盛轨,下卷为辅弼嘉谟。公掌院时,定接见之章,续讲编检分期,以学问相切磋。时开同文馆,上书争之,以此与政府忤。然至今同文馆有何程效?公之见,伟矣。余谒公,仅问数语,然蔼然可亲,循循善诱,觇其德养之深。及会试获隽,则公已疾,亟旋骑箕尾。所作《为学》,大旨专主程、朱。余半生所学,殊无可强附师门者。然无论汉、宋,要以立身行己为先,此则服膺弗失者耳。综观时局,眷念老成,信乎生有自来者也。

**廿四日(7月10日)** 阴。吴慎生尝有罗念庵书一卷子属题,其文曰:"书曰必有容德乃大,必有忍乃济君子。立心未有不成于容忍,而败于不容忍者也。容则能怒人,忍则能耐事。一毫之咈,有勃然而怒。一事之违,即愤然而发,是无涵养之力、薄福之人也。是故大丈夫当容人而不可为人容,当制欲而不可为欲制。观娄师德丙吉之为人,则气自平而理自明矣。稠人广坐之中,不可极口议论,逞己之长,非惟惹祸,抑亦伤人。惟有简言语,和颜色,随问即答,庶几可耳。罗洪先书于淡泊宁静居。"前题"国宝"二大字,宝不作寶。乃明世庙书,并有题云:"朕观罗洪先字,真有仙笔气力,其语言谈论以忍辱为心。卿等当珍坐右。轻轻一状元丢去,慕道访仙,朕切念之。付翰林官秦鸣雷,谕各官钦遵。嘉靖二十三年菊月【既望】午时书于端明殿。"署时不署日,可异。后有方沃园、王幼华两先生跋。沃园跋云:"往在处州学官见先生四箴碑,乃正书,清劲之气,肃人心神,未多见其行草。今观此卷,如飞仙散圣,神游八表,洵如明世宗所云'有仙笔气力'。至世庙御翰,从未复见。今日何幸,获觏二宝。若遇合之奇,岁月之符,则南宫之得苏才翁家稧帖相与仿佛,信神物之归异士,默有司存,宜梁汾之珍视也。康熙十二年,岁在癸丑菊月既望,龙眠方亨咸同毛行九志皋儿子嵩龄观于东流舟中。"幼华跋云:"文恭先生书法向见于淮扬江氏家,轮囷礅落,玩之竟日不忍去。今观斯卷,如对故人,殆崔瑗所谓纤微要妙,放逸生奇者矣。容忍之说与和风庆云之喻,互相发明,真千古格言。余得从梁汾先生处观之,晴窗花发,清和满目。窃幸其遇之奇也。乙丑三月邰阳王又旦识。"按,念庵以嘉靖十八年召拜左春坊右赞善,逾年至京。上常不御朝,十二月先生与唐顺之、赵时春请以来岁元日,皇太子御文华殿受百官朝贺。上曰:"朕方疾,遂欲储贰临朝,是必君父不能起也。皆黜为民。"三十七年,严嵩起唐顺之为兵部主事,次及先生。先生以毕志林壑报之。四十三年卒。以上据《明儒学案》,《明史》则云隆庆初卒。二十三年,据先生罢官已四年,世宗既深赞叹,何无起用之诏? 此语既播,则时相必相率论荐,又何待十四年后,分宜枋政始与荆川并起哉? 疑不能决,遂以是卷归之,不敢率题也。

廿五日(7月11日) 晴。

廿六日(7月12日) 晴。寄安侄书。

廿七日(7月13日) 晴。得袁爽秋书,言曹瞒累胜而士不附,刘豫州累败而士附。余谓不然。如袁涣为豫州所举茂才,虽不为吕布骂先生,然布败归曹,不随先生也。裴潜避乱荆州,刘表待以宾礼,

潜以刘牧非霸王之才遂南适长沙参丞相军事。论先主居中国,能乱
人而不能为治。如元龙父子,先生与之周旋,而元龙遂为曹守广陵。
即入蜀以后,如许文休、刘子初亦皆心向曹公,特无路自拔,勉为蜀用
耳。所以然者,操以汉相之重,挟累胜之威,攀鳞附翼者争欲藉以成
名,其势易集。先主崎岖奔败,妻子不能顾,何能养士?士之与相周
旋者不过孙乾、糜竺下材,为邺下之所不屑用者,焉能得瑰异之材哉?
幸而汉寿来归,武乡感激,以此得士,心乐附名,然终不能抚荆土而定
中原者,实以徐州作牧,无群策群力以自图,流离积年,天下事已定,
而先主亦老矣。岂非天哉?

廿八日(7 月 14 日)　阴。寄八弟及柳质卿书。高阳以腰痛谒
告作,作笺候之。

黄权降魏,已非节士,然未尝为丕谋蜀也。潘浚则异矣。备领荆
州,以浚为治中从事。入蜀,典留州事。及权并荆土,拜浚辅军中郎
将,授以兵。注称:浚始涕泣交横,继则下地拜谢,愈形矫伪。及樊伷
诱导诸夷,图以武陵属蜀。权召问浚,浚答:“以五千兵往,足可以擒
伷。”浚不得已而失身于吴,即不能自拔归蜀,亦不必如孟达之反复失
据,但伷心乎故主,似浚不当授任将兵,亲加刃于旧国,故交方合于
义,乃为侏儒。观一节之说,快意骋才,结新背故,诚憸人也。昔鲁
肃荐庞士元,谓处治中别驾之任,终当展其骥足。浚为先主治中,不
为不遇。岂众人国士之别乎?汉寿守荆之日,初不闻其稍出一谋,而
入吴以后乃卓有树立,负蜀多矣。承祚谓其公清割断,与陆敬风皆有
大丈夫格。夫再醮称贞,何足道哉!

廿九日(7 月 15 日)　雨。闻山东汶、泗均溢。

三十日(7 月 16 日)　晴。以“溥彼韩城,燕师所完”解课士。
案,国朝诸儒从王说者,顾亭林、江艮庭至朱在曾《诗地理征》、陈奂
《毛诗疏》而益坚。以燕为南燕者,则马瑞辰、俞正燮也。胡墨庄从郑
“燕,安”之训,而未申其义。李黼平以为韩近焦获,均在今之榆林。
塞外说甚辨而无根据。余反复诸说而后知《集传》之精也。韩自是应

韩之韩，燕自是北燕。特朱子因《崧高》疏引王肃云："召公为司空，主
缮治。"遂云召康公亦为司空，则非是。今特考之。周之命侯伯时，遣
召公。左氏《僖四年传》：管仲曰："昔召康公命我先君大公曰：'五侯
九伯，汝实征之，以夹辅周室。'赐我先君履，东至于海，西至于河，南
至于穆陵，北至于无棣。"天子有二伯。成王时，必命韩以北方诸侯之
伯，故亦召公往而城之。及厉王之世，二伯失职。宣之中兴，以南征
北伐为二大功。征伐既定，以申伯为南方诸侯伯，以韩侯为北方诸侯
伯。又皆命召虎，可知《崧高》、《韩奕》二诗皆吉甫所作，其文实可互
证。偶变召伯为燕师，而诸儒聚讼纷纷，何关论世，可笑也。因申而
以"崧高"发端，因韩而以"梁山"发端。彼曰："王锡申伯，四牡蹻蹻，
钩膺濯濯。"此曰："王锡韩侯，淑旂绥章，簟茀错衡，玄衮赤舄，（镂锡）
[钩膺镂锡]，鞹鞃浅幭，鞗革金厄。"则锡命同也。彼曰"南国"，此曰
"北国"，则私属同也。娶妻止是当日实事，故并叙之，其曰："为韩姞
相攸，莫如韩乐"，亦即《崧高》所云"我图尔居，莫如南土"耳。"申伯
信迈，王饯于郿"，"韩侯出祖，出宿于屠，显父饯之，清酒百壶"，显父
亦王所命，非有厚薄也。故彼曰"王命召伯"，"世执其功"即此之"燕
师（是）[所]完"，"因是谢人"即与"因时百蛮"一例，王必以寒号城为
韩城，非也。马、俞以南燕姞姓，定燕为南燕，则未知前所赋为娶妻，
此所赋为锡命，不能公私溷为一事，亦非也。

　　宣王命二伯极盛之举，实是衰机。申伯王舅，韩侯所娶，亦汾王
之甥。如诗所云韩侯，缵祖考，为复旧职而申侯则夺齐之伯以与之。
《毛传》于"城彼东方"、"仲山甫徂齐"曰：古者诸侯之居逼隘，则王者
迁其邑而定其居，盖去薄姑而迁于临菑，此必因齐侯失职，仲山甫亦
有谏争，故命往临菑以慰劳齐侯，所云"衮职有阙，维仲山甫补之"，殆
非指谏料民一事耳。及幽王之世，幽固不道，而创乱即是申侯，使非
牧伯，安能连合缯、西夷犬戎以攻幽王乎？南伯既叛，恃北伯以卫王
室，而东迁实依晋、郑，韩无闻焉。岂非方伯失人哉？《史记》于宣王
事寥寥，盖不以诗人铺陈之为实迹也。卓哉！

春秋时,齐桓、晋文为侯伯。齐乃复旧职,晋之伯即韩之伯也。因晋已灭韩,故即以韩之职界之。郑注:史伯曰:"应、韩不在,其在晋乎?"韦昭谓不在应、韩即在晋。是时韩方侯伯,而史伯乃略应、韩而详晋,必韩侯之不才可知也。或疑《黍苗》之诗,曰:"肃肃谢功,召伯营之,烈烈征师,召伯成之。"何以不兼及韩城?答曰:"《诗序》:不能膏润天下,卿士不能行召伯之职。"此诗必戌申之往所作耳,正可为召伯称师之证,燕师即征师也。

**六月朔日(7 月 17 日)** 雨。蔡中郎荐边让于何进,曰:"传曰:'函牛之鼎,以烹鸡多汁,则淡而不可食,少汁则熬而不可熟。'"孔融荐祢衡于曹操,曰:"鸷鸟累百,不如一鹗。"使荐者诚副其言,肯为何进、曹操用乎? 此不必咎进、操,当咎中郎、北海也。士大夫往往有因此失身为权门鹰犬者,不可不慎。

《史记·晋世家》以文侯之命为襄王命重耳。《索隐》云:"太史公虽复弥缝左氏,而系家颇亦时有疏谬。裴氏《集解》亦引孔、马之注,而都不言时代乖角,何习迷而同醉也? 刘伯庄以为盖天子命晋同此一辞,尤非也。"佩纶案,魏默深《书古微》最喜与时贤辨驳。此篇亦复遗之史迁之说,不绝如缕矣。孙渊如《尚书今古文注疏》始以《新序》证之,详《善谋篇》,谓刘向亦今文家,以为文公之命。孔安国今文说也。《文侯之命》、《秦誓》二篇乃春秋战国之兆,圣人前知存此,以志周之兴衰耳。自当是文公,非文侯也。《索隐》牵于后起,乃疑史公,可为妄人。

余读《左传》最不喜和戎五利之说,然迩时意在争郑,尚与诸葛公和吴伐魏相同。若一意主和,自以为有五利,而不知害伏万端,则又魏绛之所不及料耳。

**初二日(7 月 18 日)** 雨。晚,杨生洛鉴来。叩其学,文不甚主桐城,而诗由西昆入手,近宗山谷,学杜之派。以书院屡列前茅,即易名易书,无不脱颖,信为针芥之契,亦文字因缘也。

邲之战。《楚策》:晋曰从政者新,未能行令。其大病在此。《史记·郑世家》所叙最妙。曰："晋闻楚之伐郑，发兵救郑。其来持两端，故迟，比至河，楚兵已去。[晋]将率或欲渡，或欲还，卒渡河。庄王闻，还击晋。郑反助楚，大破晋军于河上。"说尽晋军情弊。此岂宜专罪先縠耶？《晋世家》则云："先縠以首计而败晋军河上，恐诛，乃奔翟，与翟谋伐晋。晋觉，乃族縠。縠，先轸子也。"与左氏微异。然縠已在翟而晋族之，是縠得免矣。恐不如左氏之确也。左氏"归罪"二字最妙。持两端之荀林父不杀，则主战之先縠不得不杀耳，足为孤立妄行者戒矣。

**初三日（7月19日）** 雨。菊耦生日，素心兰始放一花，是日微醉。

与合肥师论曾文正。余以为读《文正集》有三憾：一、粤匪功成，未表扬胡文忠，追赠爵位。一、李兆受但解兵权，不正其害，何丹溪先生之罪？一、天津之案也。

恭近于礼。《（苟）[包]注》：恭不合礼，非礼也。以其能远耻辱，故曰近于礼也。按，如包说则近于足恭矣。《泰伯篇》："恭而无礼则劳。"《仲尼燕居》曰："恭而不中礼，谓之给。"劳近礼者，以礼处己接人，故能远耻辱。若以不合礼为恭，适招耻辱耳。何能远耻辱哉！

**初四日（7月20日）** 阴，午后急雨一阵，夜大雨。各河均溢，永定北运河决矣。

景武之世，董仲舒治《公羊春秋》，始推阴阳，为儒者宗。今就《汉书·五行志》所揽者录之。木传无。

火传。《春秋》桓公十四年"八月壬申，御廪灾"。仲舒以为先是四国共伐鲁，大破之于龙门。百姓伤者未瘳，怨咎未复，而君臣俱惰，内怠政事，外侮四邻，非能保守宗庙终其天年者也，故天灾御廪以戒之。

严公二十年"夏，[齐]大灾"。《公羊传》曰：大灾，疫也。仲舒以为，鲁夫人淫于齐，齐桓姊妹不嫁者七人。国君，民之父母；夫妇，生化之本。本伤则末夭，故天灾所予也。

僖公二十年"五月乙巳,西宫灾"。仲舒以为厘娶于楚,而齐媵之,胁公使立以为夫人。西宫者,小寝,夫人之居也。若曰,妾何为此宫! 诛去之意也。以天灾之,故大之曰西宫也。

宣公十六年"夏,成周宣榭火"。榭者,所以藏乐器,宜其名也。仲舒以为十五年王札子杀召伯、毛伯,天子不能诛。天戒若曰,不能行政令,何以礼乐为而藏之? 子政说同。

成公三年"二月甲子,新宫灾"。仲舒以为成居丧亡哀戚心,数兴兵战伐,故天灾其父庙,示失子道,不能奉宗庙也。一曰,宣杀君而立,不当列于群祖【庙】也。

襄公三十年"五月甲午,宋灾"。仲舒以为伯姬如宋,十①五年宋恭公卒,伯姬幽居守节三十馀年,又忧伤国家之患祸,积阴生阳,故火生灾也。

昭公九年"夏四月,陈火"。师古曰,《公羊经》。仲舒以为陈夏征舒杀君,楚严王托欲为陈讨贼,陈国辟门而待之,至因灭陈。陈臣子尤毒恨甚,极阴生阳,故致火灾。刘敞曰:予按昭九年夏,征舒事且六十岁矣。仲舒之言一何谬乎! 佩纶按,《公羊经》:庄王书入陈,昭八年书灭陈。此文楚严王下有脱字。盖言严王时入陈,今托讨贼灭之,故陈臣子尤毒恨甚也。广川何至有此巨谬。

昭公十八年"五月壬午,宋、卫、陈、郑灾"。仲舒以为象王室将乱,天下莫救,故灾四国,言亡四方也。又宋、卫、陈、郑之君皆荒淫于乐,不恤国政,与周室同行。阳失节则火灾出,是以同日灾也。

定公二年"五月,雉门及两观灾"。仲舒以为此皆僭僭过度者也。先是,季氏逐昭公,昭公死于外。定公即位,既不能诛季氏,又用其邪说,淫于女乐,而退孔子。天戒若曰,去高显而奢僭者。一曰,门阙,号令所由出也,今舍大圣而纵有罪,亡以出号令矣。子政说同。

哀公三年"五月辛卯,桓、厘宫灾"。仲舒以为此二宫不当立,违

---

① 整理者按,《五行志》无十字。

礼者也。哀公又以季氏之故不用孔子。孔子在陈闻鲁灾,曰:"其桓、厘之宫乎!"以为桓,季氏之所出;厘,使季氏世卿者也。子政说同。

哀公四年"六月辛丑,亳社灾"。仲舒以为亡国之社,所以为戒也。天戒若曰,国将危亡,不用戒矣。《春秋》火灾屡于定、哀之间,不用圣人而纵骄臣,将以亡国,不明甚也。一曰,天生孔子,非为定、哀也,盖失礼不明,火灾应之,自然象也。子政说同。

武帝建元六年六月丁酉,辽东高庙灾。四月壬子,高园便殿火。仲舒对曰:"《春秋》之道举往以明来,是故天下有物,视《春秋》所举与同比者,精微眇以存其意,通伦类以贯其理,天地之变,国家之事,粲然皆见,亡所疑矣。按《春秋》鲁定公、哀公时,季氏之恶已孰,而孔子之圣方盛。夫以盛圣而易孰恶,季孙虽重,鲁君虽轻,其势可成也。故定公二年五月两观灾。两观,僭礼之物。天灾之者,若曰僭礼之臣可以去。已见罪征,而后告可去,此天意也。定公不知省。至哀公三年五月,桓宫、厘宫灾。二者同事,所为一也,若曰燔贵而去不义云尔。哀公未能见,故四年六月亳社灾。两观、桓、厘庙、亳社,四者皆不当立,天皆燔其不当立者以示鲁,欲其去乱臣而用圣人也。季氏亡道久矣,前是天不见灾者,鲁未有贤圣臣,虽欲去季孙,其力不能,昭公是也。至定、哀乃见之,其时可也。不时不见,天之道也。今高庙不当居辽东,高园殿不当居陵旁,于礼亦不当立,与鲁所灾同。其不当立久矣,至于陛下时天乃灾之者,殆其时可也。昔秦受亡周之敝,而亡以化之;汉受亡秦之敝,又亡以化之。夫继二敝之后,承其下流,兼受其猥,难治甚矣。又多兄弟亲戚骨肉之连,骄扬奢侈,恣睢者众,所谓重难之时者也。陛下正当大敝之后,又遭重难之时,甚可忧也。故天灾若语陛下:'当今之世,虽敝而重难,非以太平至公,不能治出。视亲戚贵属在诸侯远正最甚者,忍而诛之,如吾燔辽东高庙乃可;视近臣在国中处旁仄及贵而不正者,忍而诛之,如吾燔高园殿乃可'云尔。在外而不正者,虽贵如高庙,犹灾燔之,况诸侯乎!在内不正者,虽贵如高园殿,犹燔灾之,况大臣乎!此天意也。罪在外者天灾外,罪在内者天灾内,燔甚罪当重,燔简罪当轻,承天意之道也。"

《五行志》:先是,淮南王安入朝,始与帝舅太尉武安侯田蚡有逆言。其后胶西於王、赵敬肃王、常山宪王皆数犯法,或至夷灭人家,药杀二千石,而淮南、衡山王遂谋反。胶东、江都王皆知其谋,阴治兵弩,欲以应之。至元朔六年,乃发觉而伏辜。时田蚡已死,不及诛。上思仲舒前言,使仲舒弟子吕步舒持斧(戉)[钺]治淮南狱,以《春秋》谊颛断于外,不请。既还奏事,上皆是之。

佩纶案,《汉书·武纪》:"元光元年五月,诏贤良。……于是董仲舒、公孙弘出焉。"《董仲舒传》:"中废为中大夫。先是辽东高庙、长陵高园殿灾,仲舒居家,推说其意,草稿未上,主父偃候仲舒,私见,嫉之,窃其书而奏焉。上召视诸儒,仲舒弟子吕步舒不知其师书,以为大愚。于是下仲舒吏,当死,诏赦之,仲舒遂不敢复言灾异。"灾在建元六年。若元光元年始举贤良,则仲舒方下吏,赦免之后,岂能预送?彼云窃奏,此云对,亦迥殊,宜《通鉴》移对策于建元初年也。《儒林传》"步舒丞相长史",使以师言为大愚,则追思仲舒之言岂能复今决狱?《淮南王安传》:"上使宗正以符节治王。未至,安自刑杀。"亦未尝遣吕步舒也。以师言为大愚者,古本作吕步昌。钱氏《考异》曰:"《主父偃传》元光元年西入关。而高庙、高园殿灾乃在建元六年,其明年始改元光,计其年月,始不相应。"此志所云均是野史稗官矣。

**初五日(7月21日)** 雨。环署筑防,杵声彻昼夜,树影依槛,涛声到枕。署左右人家均在水中央。所忧方大。

土传。严公二十八年"冬,大亡麦禾"。仲舒以为,夫人哀姜淫乱,逆阴气,故大水也。当入水灾下。班《志》以子政说"亡麦禾"为"土气不养",遂列于此。其实非也。

金传无。

水传。桓公元年"秋大水"。仲舒以为,桓弑兄隐公,民臣痛隐而贱桓。后宋督弑其君,诸侯会,将讨之,桓受宋赂而归,又背宋。诸侯由是伐鲁,仍交兵结仇,伏尸流血,百姓愈怨,故十三年夏复大水。一曰,夫人骄淫,将弑君,隐气盛,桓不寤,卒弑死。子政说同。

严公七年"秋,大水,亡麦苗"。仲舒以为,严母文姜与兄齐襄公淫,共杀桓公,严释父仇,复取齐女,未入,先与之淫,一年再出,会于道逆乱,臣下贱之之应也。子政说同。

十一年"秋,大水"。仲舒以为,时鲁、宋比年为乘丘、鄑之战,百姓愁怨,阴气盛,故二国俱水。

二十四年,"大水"。仲舒以为,夫人哀姜淫乱不妇,阴气盛也。

宣公十年"秋,大水,饥"。仲舒以为,时比伐邾取邑,亦见报复,兵雠连结,百姓愁怨。

成公五年"秋,大水"。仲舒以为,时成幼弱,政在大夫,前此一年再用师,明年复城郓以强私家,仲孙蔑、叔孙侨和颛会宋、晋,阴胜阳。子政说同。

襄公二十四年"秋,大水"。仲舒以为,先是一年齐伐晋,襄使大夫帅师救晋,后又侵齐,国小兵弱,数敌强大,百姓愁怨,阴气盛。

貌传。成公七年"正月,鼷鼠食郊牛角;改卜牛,又食其角"。仲舒以为,鼷鼠食郊牛,皆养牲不谨也。此兼定公十五年、哀公元年言之,当附哀公而列,此志之疏也。

言传。厘公二十一年"夏,大旱"。仲舒以为,齐桓既死,诸侯从楚,厘尤得楚心。楚来献捷,释宋之执。外倚强楚,炕阳失众,又作南门,劳民兴役。子政说同。诸零旱不雨,略皆同说。此志之谬。前水、火亦同说者,何备载之?董说遂不传,志何亦自紊也。

严公十七年,"冬,多麋"。刘向以为,麋色青,近青祥也。麋之为言迷也,盖牝兽之淫者也。是时,严公将取齐之淫女,其象先见。天戒若曰,勿取齐女,淫而迷国。严不寤,遂取之。夫人既入,淫于二叔,终皆诛死,几亡社稷。仲舒指略同。

视传。桓公十五年,"春,亡冰"。仲舒以为象夫人不正,阴失节也。

成公元年"二月,无冰"。仲舒以为方有宣公之丧,君臣无悲哀之心，而炕阳，作丘甲。

襄公二十八年"春，无冰"。刘向以为先是公作三军，有侵陵用武之意，于是邻国不和，伐其三鄙，被兵十有余年，因之以饥馑，百姓怨望，臣下心离，公惧而弛缓，不敢行诛罚，楚有夷狄行，公有从楚心，不明善恶[之应]。董仲舒指略同。一曰，水旱之灾，寒暑之变，天下皆同，故曰"无冰"，天下异也。桓公杀兄弑君，外成宋乱，与郑易邑，背畔周室。成公时，楚横行中国，王札子杀召伯、毛伯，晋败天子之师之贸戎，天子皆不能讨。襄公时，天下诸侯之大夫皆执国权，君不能制。渐将日甚，善恶不明，诛罚不行，周失之舒，秦失之急，故周衰亡寒岁，秦灭亡奥年。此一说《公羊》家言，当是广川说而子政从之者。

僖公三十三年"十二月，陨霜不杀草"。刘向以为今十月，周十二月。于《易》，五为天位，为君位，九月阴气至，五通于天位，其卦为"剥"，剥落万物，始大杀矣，明阴从阳命，臣受君令而后杀也。今十月陨霜而不能杀草，此君诛不行，舒缓之应也。是时，公子遂颛权，三桓始世官，天戒若曰，自此之后，将皆为乱矣。文公不寤，其后遂杀子赤，三家逐昭公。董仲舒指略同。

僖公三十三年"十二月，李梅实"。仲舒以为李梅实，臣下强也。记曰："不当华而华，易大夫；不当实而实，易相室。"冬，水王，木相，故象大臣。

昭公二十五年"夏，有鹳鹆来巢"。刘向以为，有蜚有蜮不言来者，气所生，所(为)[谓]眚也；鹳鹆言来者，气所致，所谓祥也。鹳鹆，夷狄穴藏之禽，来至中国，不穴而巢，阴居阳位，象季氏将逐昭公，去宫室而居外野也。鹳鹆白羽，旱之祥也；穴居而好水，黑色，为主急之应也。天戒若曰，既失众，不可急暴；急暴，阴将持节阳以逐尔，去宫室而居外野矣。昭不寤，而举兵围季氏，为季氏所败，出奔于齐，遂死于外野。董仲舒说指略同。

听传。桓公八年"十月，雨雪"。仲舒以为象夫人专恣，阴气盛也。

厘公十年"冬,大雨雪"。《公羊经》:"雪作雹。"仲舒以为,公胁于齐桓公,立妾为夫人,不敢进群妾,故专一之象见诸雹,皆为有所渐胁也,行专壹之政云。

昭公四年"正月,大雨雪"。仲舒以为季孙宿任政,阴气盛也。

桓公五年"秋,螽"。刘向以为介虫之孽属言不从。是岁,公获二国之聘,取鼎易邑,兴役起城。诸螽略皆从董仲舒说云。按,下二节子政之说一略同仲舒,一异于仲舒。后文公八年"十月,螽"。时公伐邾取须朐,城郚。宣公六年"八月,螽"。向以为,先是时宣伐莒向,后比再如齐,谋伐莱。十三年"秋,螽"。公孙归父会齐伐莒。十五年"秋,螽"。宣亡熟岁,数有军旅。襄公七年"八月,螽"。向以为,先是襄兴师救陈,滕子、郯子、小邾子皆来朝。夏,城费。哀公十二年"十二月,螽"。是时,哀用田赋。向以为,春用田赋,冬而螽。十三年"九月,螽;十二月,螽"。比三螽,虐取于民之效也。其说皆本于广川可知。

严公二十九年"有蜮"。刘向以为蜮色青,近青眚也,非中国所有。南越盛暑,男女同川泽,淫风所生,为虫臭恶。是时,严公取齐淫女为夫人,既入,淫于两叔,故蜮至。天戒若曰,今诛绝之尚及,不将生臭恶,[闻]于四方。严不寤,其后夫人与两叔作乱,一嗣以杀,卒皆被辜。仲舒指略同。疑南越之虫,非广川指。

厘公十五年"八月,螽"。刘向以为,先是厘有咸之会,后城缘陵,是岁,复以兵车为牡丘会,使公孙敖帅师,及诸侯大夫救徐,(兵)[丘]比三年在外。以下无仲舒指略同,当亦从广川说。

文公三年"秋,雨螽于宋"。仲舒以为宋三世内取,大夫专恣,杀生不中,故螽先死而至。

宣公十五年"冬,蝝生"。仲舒以为,蝝,螟始生也,一曰(螟)[蝗]始生。是时,民患上力役,解于公田。宣是时初税亩。税亩,就民田亩择美者税者什一,乱先王制而为贪利,故应是而蝝生。子政说同。《志》有"属蠃虫之孽"句,乃子政引广川以释《洪范》五行耳。

思心传。厘公十五年"九月己卯晦,震夷伯之庙"。仲舒以为,夷伯,季氏之孚也,陪臣不当有庙。震者,雷也,晦暝,雷击其庙,明当绝去僭差之类也。

隐公五年"秋，螟"。仲舒以为时公观渔于棠，贪利之应也。子政说同。

严公六年"秋，螟"。仲舒以为，先是，卫侯朔出奔齐，齐侯会诸侯纳朔，许诸侯赂。齐人归卫宝，鲁受之，贪利应也。子政说同。

宣公三年，"郊牛之口伤，改卜牛，牛死"。刘向以为近牛祸也。是时，宣公与公子遂谋共杀子赤而立，又以丧娶，区祆霿昏乱。乱成于口，幸有季文子得免于祸，天犹恶之，生则不飨其祀，死则灾燔其庙。董仲舒指略同。案，区霿牛祸之说，子政所增殆本广川。《公羊》师说，以释《五行传》。

文公九年"九月癸酉，地震"。刘向以为，先是时，齐桓、晋文、鲁厘二伯贤君新没，周襄王失道，楚穆王杀父，诸侯皆不肖，权倾（于）[天]下，天戒若曰，臣下强盛者将动为害。后宋、鲁、晋、莒、郑、陈、齐皆杀君。诸震，略皆从董仲舒说也。按，襄公十六年"五月甲子，地震"。向以为，先是鸡泽之会，诸侯盟，大夫又盟。是岁三月，诸侯为溴梁之会，而大夫独相与盟。五月，地震矣。其后，崔氏专齐，栾盈乱晋，良霄倾郑，阍杀吴子，燕逐其君，楚灭陈、蔡。昭公十九年"五月己卯，地震"。向以为，是时季氏将有逐君之变。其后，宋三臣、曹会皆以地叛，蔡、莒逐其君，吴败中国杀二君。二十三年"八月乙未，地震"。向以为，是时周景王崩，刘、单立王子猛，尹氏立子朝。其后，季氏逐昭公，黑肱叛邾，吴杀其君僚，宋五大夫、晋二大夫皆以地叛。哀公三年"四月甲午，地震"。向以为，是时诸侯皆信邪臣，莫能用仲尼，盗杀蔡侯，齐陈乞弑君。皆从广川说也。

厘公十四年"秋八月辛卯，沙麓崩"。《穀梁传》曰："林属于山曰麓，沙其名也"。刘向以为臣下背叛，散落不事上之象也。先是，齐桓行伯道，会诸侯，事周室。管仲既死，桓德日衰，天戒若曰，伯道将废，诸侯散落。政逮大夫，陪臣执命，臣下不事上矣。桓公不寤，天子蔽晦。及齐桓死，天下散而从楚。王札子杀二大夫，晋败天子之师，莫能征讨，从是陵迟。《公羊》以为，沙麓，河上邑也。董仲舒说略同。尚有一说主左氏，殆向说非仲舒。

成公五年“夏,梁山崩”。《穀梁传》曰:“壅河三日不流,晋君帅群臣而哭之,乃流。”刘向以为,山,阳,君也;水,阴,民也。天戒若曰,君道崩坏,下乱,百姓将失其所矣。哭然后流,丧亡象也。梁山在晋地,自晋始而及天下也。后晋暴杀三卿,厉公以弑。溴梁之会,天下大夫皆执国政,其后孙、宁出卫献,三家逐鲁昭,单、尹乱王室。董仲舒说略同。

皇极传。隐公三年“二月己巳,日有食之”。《穀梁传》曰:“言日不言朔,食晦。”《公羊传》曰:“食二日。”仲舒以为,其后戎执天子之使,郑获鲁隐,灭戴,卫、鲁、宋咸杀君。子政说同。

桓公三年“七月壬辰朔,日有食之,既”。仲舒以为,前事已大,后事将至者又大,则既。先是,鲁、宋弑君,鲁又成宋乱,易许田,亡事天子之心;楚僭称王。后郑拒王师,射桓王,又二君相篡。子政说同。

十七年“十月朔,日有食之”。仲舒以为,言朔不言日,恶鲁桓且有夫人之祸,将不终日也。

严公十八年“三月,日有食之”。《公羊传》曰食晦。仲舒以为,宿在东壁,鲁象也。后公子庆父、叔牙果通于夫人以弑公。

二十五年“六月辛未朔,日有食之”。仲舒以为,宿在毕,主边兵夷狄象也。后狄灭邢、卫。

二十六年“十二月癸亥朔,日有食之”。仲舒以为,宿在心,心为明堂,文武之道废,中国不绝若线之象也。

三十年“九月庚午朔,日有食之”。仲舒以为,后鲁二君弑,夫人诛,两弟死,狄灭邢,徐取舒,晋杀世子,楚灭弦。子政说同。

僖公五年“九月戊申朔,日有食之”。仲舒以为,先是齐桓行伯,江、黄自至,南服强楚。其后不内自正,而外执陈大夫,则陈、楚不附,郑伯逃盟,诸侯将不从桓政,故天见戒。其后晋灭虢,楚围许,诸侯伐郑,晋弑二君,狄灭温,楚伐黄,桓不能救。子政说同。

十二年“三月庚午朔,日有食之”。仲舒以为,是时楚灭黄,狄侵卫、郑,莒灭祀。

十五年"五月，日有食之"。仲舒以为，后秦获晋侯，齐灭项，楚败徐于娄林。

文公元年"二月癸亥，日有食之"。仲舒以为，先是大夫始执国政，公子遂如京师，后楚世子商臣杀父，齐公子商人弑君。皆自立，宋子哀出奔，晋灭江，楚灭六，大夫公孙敖、叔彭生并专会盟。子政说同。

十五年"六月辛丑朔，日有食之"。董仲舒、刘向以为，后宋、齐、莒、晋郑八年之间五君杀死。楚灭舒蓼。子政说同。

宣公八年"七月甲子，日有食之，既"。仲舒以为，先是楚商臣弑父而立，至于严王遂强。诸夏大国唯有齐、晋，齐、晋新有篡弑之祸，内皆未安，故楚乘势横行，八年之间六侵伐而一灭国，伐陆浑戎，观兵周室；后又入郑，郑伯肉袒谢罪；北败晋师于邲，流血色水；围宋九月，析骸而炊之。子政说同。

十年"四月丙辰，日有食之"。仲舒以为，后陈夏征舒弑其君，楚灭萧，晋灭二国，王札子杀召伯、毛伯。子政说同。

十七年"六月癸卯，日有食之"。仲舒以为，后郏支解郋子，晋败王师于贸戎，败齐于鞌。子政说同。

成公十六年"六月丙寅朔，日有食之"。仲舒以为，后晋败楚、郑于鄢陵，执鲁侯。

十七年"十二月丁巳朔，日有食之"。仲舒以为，后楚灭舒庸，晋弑其君，宋鱼石因楚夺君邑，莒灭鄫，齐灭莱，郑伯弑死。子政说同。

襄公十四年"二月乙未朔，日有食之"。仲舒以为，后卫大夫孙、宁共逐献公，立孙剽。子政说同。

十五年"八月丁巳［朔］，日有食之"。仲舒以为，先是晋为鸡泽之会，诸侯盟，又大夫盟，后为溴梁之会，诸侯在而大夫独相与盟，君若缀旒，不能举手。子政说同。

二十年"十月丙辰朔，日有食之"。董仲舒以为，陈庆虎、庆寅蔽君之明，郏庶其有叛心，后庶其以漆、闾丘来奔，陈杀二庆。

二十一年"九月庚戌朔，日有食之"。董仲舒以为晋栾盈将犯君，后入于曲沃。

"十月庚辰朔,日有食之"。仲舒以为,宿在轸、角,楚大国象也。后楚屈氏潛杀公子追舒,齐庆封胁君乱国。

二十三年"二月癸酉朔,日有食之"。仲舒以为,后卫侯入陈仪,宁喜弑其君剽。

二十四年"七月甲子朔,日有食之,既"。"八月癸巳朔,日有食之"。仲舒以为,比食又既,象阳将绝,夷狄主上国之象也。后六君弑,楚子果从诸侯伐郑,灭舒鸠,鲁往朝之,卒主中国,伐吴讨庆封。

二十七年"十二月乙亥朔,日有食之"。董仲舒以为,礼义将大灭绝之象也。时,吴子好勇,使刑人守门;蔡侯通于世子之妻;莒不早立嗣。后阖戕吴子,[蔡]世子般弑其父,莒人亦弑君而庶子争。按,向以为,自二十年至此岁,八年间日食七作,祸乱将重起,故天仍见戒也。后齐崔杼弑君,宋杀世子,北燕伯出奔,郑大夫自外入而篡位,指略如董仲舒。

昭公七年"四月甲辰朔,日有食之"。仲舒以为,先是楚灵王弑君而立,会诸侯,执徐子,灭赖,后陈公子招杀世子,楚因而灭之,又灭蔡,后灵王亦弑死。子政说同。

十七年"六月甲戌朔,日有食之"。仲舒以为时宿在毕,晋国象也。晋厉公诛四大夫,失众心,以弑死。后莫敢复责大夫,六卿遂相与比周,专晋国,君还事之。日比再食,其事在春秋后,故不载于经。

二十一年"七月壬午朔,日有食之"。董仲舒以为周景王老,刘子、单子专权,蔡侯朱骄,君臣不说之象也。后蔡侯朱果出奔,刘子、单子立王猛。

二十二年"十二月癸酉朔,日有食之"。仲舒以为,宿在心,天子之象也。后尹氏立王子朝,天王居于狄泉。

二十四年"五月乙未朔,日有食之"。仲舒以为,宿在胃,鲁象也。后昭公为季【齐】氏所逐。按,向以为,自十五年至此岁,十年间天戒七见,人君犹不寤。后楚杀戎蛮子,晋灭陆浑戎,盗杀卫侯兄,蔡、莒之君出奔,吴灭巢,公子光杀王僚,宋三臣以邑叛其君。它如仲舒。

　　三十一年"十二月辛亥朔,日有食之"。仲舒以为,宿在心,天子象也。时京师微弱,后诸侯果相率而城周,宋中几亡尊天子之心,而不衰城。

　　定公五年"三月辛亥朔,日有食之"。仲舒以为,后郑灭许,鲁阳虎作乱,窃宝玉大弓,季桓子退仲尼,宋三臣以邑叛。子政说同。

　　十二年"十一月丙寅朔,日有食之"。仲舒以为,后晋三大夫以邑叛,薛弒其君,楚灭顿、胡,越败吴,卫逐世子。

　　十五年"八月庚辰朔,日有食之"。仲舒以为,宿在柳,周室大坏,夷狄主诸夏之象也。明年,中国诸侯果累累从楚而围蔡,蔡恐,迁于州来。晋人执戎蛮子归于楚,京师楚也。

　　严公七年"四月辛卯夜,恒星不见,夜中星陨如雨"。仲舒以为,常星二十八宿者,人君之象也;众星,万民之类也。列宿不见,象诸侯微也;众星陨坠,民失其所也。夜中者,为中国也。不及地而复,象齐桓起而救存之地。乡亡桓公,星遂至地,中国其良绝矣。按,仲舒下有刘向二字,而此节下又有刘向以为云云。或子政一说,同董而又自创一说。或说前刘向二字为羡文。

　　文公十四年"七月,有星孛入于北斗"。仲舒以为,孛者恶气之所生也。谓之孛者,言其孛孛有所妨蔽,暗乱不明之貌也。北斗,大国象。后齐、宋、鲁、莒、晋皆弒君。

　　昭公十七年"冬,有星孛于大辰"。仲舒以为,大辰心也,心为明堂,天子之象。后王室大乱,三王分争,此其效也。

　　哀公十三年"冬十一月,有星孛于东方"。仲舒以为,不言宿名者,不加宿也。以辰乘日而出,乱气蔽君明也。明年,《春秋》事终。一曰,周之十一月,夏九月,日在氐。出东方者,轸、角、亢也。轸,楚;角、亢,陈、郑也。或曰角、亢大国象,为齐、晋也。其后楚灭陈,田氏篡齐,六卿分晋,此其效也。子政说同。

　　厘公十六年"正月戊申朔,陨石于宋,五。是月,六鹢退飞过宋都"。仲舒以为,象宋襄公欲行伯道将自败之戒也。石,阴类;五,阳数；自上而陨，此阴而阳行，欲高反下也。石与金同类，色以白为主，近白祥也。鹢，水鸟，六，阴数；退飞，欲进反退也。其色青，青祥也，属于貌之不恭。天戒若曰，德薄国小，勿持炕阳，欲长诸侯，与强大争，必受其害。襄公不寤，明年齐桓死，伐齐丧，执滕子，围曹，为盂之会，与楚争盟，卒为所执。后得反国，不悔过自责，复会诸侯伐郑，与楚战于泓，军败身伤，为诸侯笑。子政说同。按，属貌之不恭、白祥青祥，皆子政说。

右广川《公羊》灾异说，共□①条。虽不免傅［附］会，存之足以畏天保命，世以言灾异为阴阳家，可云昧于古义耳。

**初六日（7月22日）**  小雨时作时止。西岸皆漫口，水退，灾象已成。

《春秋》鲁十二公，僖称贤君，奚斯作颂，列于《三百篇》。然其人最为可鄙。齐强则亲齐，楚强则亲楚，晋强则亲晋。《泮水篇》所谓"淮夷攸服"，乃攘齐之功以为功，居常与许复周公之宇，亦齐桓反其侵地耳。"戎狄是膺，荆舒是惩。"即云追美周公而南夷率从，故明指僖公言试问召陵之会，果僖公力乎？非僖公力乎？厥后假楚师以伐齐取谷，尤为背德。君子读"木瓜永好"之篇而叹之，鲁之诬游实不如卫之图报者为近实也。

《公羊》僖八年，"秋，七月，禘于太庙"，用致夫人。《传》曰："夫人何以不称姜氏？贬。曷为贬？"讥以妾为妻也。其言以妾为妻，奈何盖胁于齐媵女之先至者也。二十年，"西宫灾"。董仲舒以为厘娶于楚，而齐媵之，胁使立以为夫人，故有此应。十年，"大雨雹"。亦以为言，何休注同。案，僖公因桓得立，三年阳谷之会，方有无以妾为妻之誓。四年召陵伐楚。六年楚人围许，诸侯遂救许。僖无役不从，安得有远聘楚女为嫡之理？《公羊》大师墨守而不明时势，殊可怪也。假使僖果废楚女，则楚必仇鲁，其后僖又最得楚心，何也？

---

①  整理者按，原文此处为空格。

初七日(7 月 23 日) 晴。朱祥来。故里、新居亦因雨大墙圮。

初八日(7 月 24 日) 晴。伯平来谈。时由保定回津,即拟履任。

叶梦得《避暑录话》:叔祖温叟与子瞻议论每不相下。元祐末,子瞻守杭州,公为转运使。浙西适大水,子瞻锐于赈济,且以杭人乐其政,阴欲厚之。公每持之不下,即亲行部一皆阅实,更为条画,上闻朝廷,主公议。观此而知叶氏之为小人也。夫苏公赈济七州四状,与抵润州致林希《论灾伤书》,卓然仁人之言。此岂欲阴行其德,市惠沽名者?而温叟敢于如此,是因尼子瞻而困杭民,可云阴狠矣。公去官由湖入苏,目睹水灾,民生乏食,而奏准之钱一百万贯籴米平粜以代赈者,发运司,格旨不行,复为疏争之。梦得所云"持之不下"者,即此事也。虽温叟狡抗于前,梦得粉饰于后,试问天下后世以苏公为实乎?以叶氏祖孙为实乎?率天下之酷吏,拘文牵义而入吾民为沟壑者,皆此阅实之一说误之也。故遇有水旱偏灾,良有司急起振抚,与其慎重而缓,不如迅速而滥。滥之,患多费,国不以多费亡;缓之,患多蔽,民则以多蔽死。

初九日(7 月 25 日) 雨。作书,上高阳师论水灾。

《吕氏春秋·不二篇》:孙膑,楚人,为齐臣,作《谋》八十九篇,权之势也。梁伯子云:《史》、《汉》皆以孙膑为齐人,此当别有据。余案,此孙武子即伍子胥之确证也。子胥之子在齐为王孙氏,后遂略之为孙。《史》、《汉》以膑为齐人,高诱以为楚人,原其始而言之。

初十日(7 月 26 日) 雨。伯平来谈。

"孟子弟子",赵邠卿注:弟子十五人,乐正子、公孙丑、[万章、]陈臻、公都子、充虞、季孙、子叔、高子、徐辟、咸丘蒙、陈代、彭更、屋庐子、桃应。"学于孟子者"四人:孟仲子、告子、滕更、盆成括。《汉书·人物表》见五人,则公孙丑、万章、告子、乐正子、高子也。宋政和五年,从祀孟庙。视赵注,无盆成括,为十八人。详《宋史·礼志》。吴莱《孟子弟子考》同赵注,张九韶《群言拾唾》载孟子十七弟子,称去季孙、子叔、滕更、盆成括,而益以孟季子、周霄。《经义考》亦去季孙、子叔，而谓告子与浩生不害为两人，因去告子而列浩生不害。焦氏《正义》引周广业说，谓季孙、子叔、盆成括均不必取。

佩纶案，《吕氏春秋·不屈篇》高诱注：匡章，孟子弟子也。《淮南·氾论训》高诱注：陈仲子，齐人，孟子弟子，居于陵。赵注：匡章，齐人也。陈仲子，一介之士，穷不苟求者。焦氏《正义》以诱注无所出，不足取。案，《吕氏春秋》诱《自序》："诱正《孟子章句》，作《淮南》、《孝经》解毕，家有此书，故复依先师旧训，辄乃为之解。"《吕览》解复依师训，则《孟子章句》亦依师训也。诱为卢侍中高弟，其说正足补赵氏不及。焦氏墨守一家，未为通论也。

**十一日(7月27日)**　晴。得八弟书，复之，意甚感喟。

焦氏《孟子正义》云，汉儒征引《孟子》者，如荀卿、韩婴、董仲舒、刘向、扬雄、王充、班固、张衡、郑康成、许慎、何休等，皆所为摭取而说之。汉文立《孟子》博士，授受惜不可考。河间献王所得先秦旧本，不详得自何人。《东观汉记》言"章帝以《孟子》赐黄香"，香能传之读之与否，不可知。刘陶《复孟轲》，所以复者不传。惟《后汉书》程曾，字禾升，豫章南昌人，作《孟子章句》，建初三年举孝廉。在赵氏前，高诱自言正章句。在赵氏后，《隋志》汉有郑康成《孟子注》、刘熙《孟子注》。郑本传不言著《孟子》，刘亦在赵后。余案，《毛传》引《孟子》解《诗》，《史记·五帝纪》引辟丹朱于南河之南及象欲杀舜。赵氏以《孟子》长于《诗》、《书》本此，而焦氏遗之，何也？

**十二日(7月28日)**　晴。晴朗可恃，斯民稍得小休矣。是日田太淑人忌日也。

《巧言篇》："君子屡盟，乱是用长。君子信盗，乱是用暴。盗言孔甘，乱是用餤。"《毛传》：盗，逃也。《笺》云：盗，谓小人也。《春秋传》：贱者穷诸盗。按，此盗字，如申无宇所指之盗。凡窃柄之权奸，盗国之佞贼，皆谓之盗。幽王之世，如申侯在外，皇父在内，皆盗也。诗人以屡盟与信盗并言，深切著明。世之恃盟为固、用盗为臣者，可以悟矣。盟可寻,亦可寒,窃国者并其仁义窃之。悚哉言乎,勿随口读书也。

十三日(7月29日)　晴。得八弟书。以久不得余书,相念之情溢于言表,殆途中音书偶滞耳,然不觉离怀枨触矣。

《中庸》一篇,宋儒由《戴记》取出,列之于《大学》后、《论语》前。国朝诸儒颇有议之者。按,《正义》引郑目录云:曰《中庸》者,以其记中和之为用也。庸,用也。孔子之孙子思伋作之,以昭明圣祖之德。此于《别录》属通论。夫孟子,受业子思之门人,然且汉文时已立博士,况子思亲为圣孙,下开邹峄,自应厘定,附于《鲁论》之后、《孟子》之前,以明道脉。中垒以来,定为子思之作,较《大学》之述于孟子更为明确。观康成所注,尤能发挥昭明圣德之意。篇中引《诗》说礼,不一而足,所论舜、文、武、周皆《尚书》百篇也。郑更于前知,节引《易》,曰:君子积小以高,大于三重。节引《易》,曰:故知鬼神之情状与天地相似,已明《中庸》用中,即大易立中之蕴。于祖述尧舜,宪章文武,上律天时,下袭水土。注曰:"此以《春秋》之义说孔子之德。孔子曰:'吾志在《春秋》,行在《孝经》。'二经固足以明之。孔子所述尧、舜之道而制《春秋》,而断以文王、武王之法度。《春秋传》曰:君子曷为?为《春秋》?拨乱世,反诸正,莫近诸《春秋》。其诸君子乐道尧舜之道欤?末不亦乐乎?尧舜之知君子也。"又曰:"是子也,继文王之体,守文王之法度。文王之法无术而求,故讥之也。"又曰:"王者孰谓?谓文王也。"此孔子兼包尧、舜、文、武之盛德,而著之《春秋》以俟后圣者也。律,述也。述天时,谓编年,四时具也。袭,因也。因水土,谓记诸夏之异,山川之异。圣人制作,其德配天地如此,唯五始可以当焉。又,大经,谓六艺而指《春秋》也。大本,《孝经》也。其言精切如此,于孔子继往开来之绪言之历历,六经殊途同归,万口率由有准。较朱注说精微而不专指圣德者,似更有见也。

《荀子·非十二子篇》:略法先王而不知其统,犹然而犹材剧志大,闻见杂博。案往旧造说,谓之五行,甚僻违而无类,幽隐而无说,闭约而无解。案饰其辞,而只敬之,曰:此真先君子之言也。子思唱之，孟轲和之。世俗之沟犹瞀儒嚾嚾然不知其所非也，遂受而传之，以为仲尼、子游为兹厚于后世：是则子思、孟轲之罪人也。其肆意丑诋，何损思、孟？不过欲自居于孔门嫡派，不得不先毁圣孙始能攘儒家之正统而炫耀于世耳。试读《中庸》一篇，正与荀说相反也。

十四日（7月30日）　晴。得吴清卿、谊卿及陆世兄书，知已为陆养泉荐一馆，岁百四十四金，以五元为修脯，使从师读，可感之至。

十五日（7月31日）　晴。午后，过伯平谈。

《潜研堂文集》：《礼记》出于汉儒，而后世尊之为经，与《易》、《书》、《诗》、《春秋》别而为五，以其中多圣人之微言，七十子之徒所述也。沈休文云："《中庸》、《表记》、《坊记》、《缁衣》皆取子思子，《乐记》取公孙尼子。"休文去古未远，其说当有所自。宋儒以《中庸》出子思氏，特表章之，而不知《表记》、《坊记》、《缁衣》三篇亦子思氏之言也。或谓《缁衣》公孙尼子作。校《释文》引刘瓛说。按《文选注》引子思子曰："民以君为心，君以民为体。"又引《子思子》诗云，："昔吾有先正，其言明且清。"今其文皆在《缁衣篇》，则休文之说信矣。《坊记》一篇引《春秋》者三，引《论语》者一。《春秋》，孔子所作，不应孔子自引。而《论语》乃孔子没后，诸弟子所记录，更非孔子所及见。然则篇中云"言之"、"子曰"者，即子思子之言，未必皆仲尼之言也。仲尼已往，七十子之徒惟子思子独得其传。《汉志》有《子思》二十三篇。唐、宋之世尚存七卷，今已邈不可得，独此数篇附《礼记》以传。而其词醇且简，与《论语》相表里，此固百世而下，有志于圣贤之学者，所宜讲求而体验者欤！子思之学出于曾子，曾子书亦不传，而其十篇犹见于《大戴记》。《小戴记》有《曾子问》篇，《檀弓》、《祭义》、《内则》、《礼器》、《大学》诸篇俱引曾子说。曾子、子思之微言所以不终坠者，实赖汉儒会粹之力。后之人诋諆汉儒，摘其小失屏斥之，得鱼兔而忘筌蹄者，其亦弗思甚矣！《潜研集》。①

---

① 整理者按，此皆节录于《潜研堂文集》卷十七《论子思子》。

十六日(8月1日) 晴。

十七日(8月2日) 晴。张筱帆有书来,托病居武昌。

乐山由运治北上,至德州适遇小轮,遂单舸先发,侵晨到津。合肥留之午饭,余与乐公七年不见矣。交道无间,可以为隙末凶终者砭。晚,乐山迁吴楚公所,复夜话至三鼓而归。

十八日(8月3日) 晴。过乐山夜谈。

十九日(8月4日) 晴,晚大雨。见乐山之子元桐,五岁矣。得高阳复书。

夜,与合肥招乐山饮,正苦烦郁,急雨涤暑,炎歊都解。雨仅在署左右,隔七里之紫竹林即无雨也。

二十日(8月5日) 晴,晨犹雨。乐山行。闷闷者久之。

二十一日(8月6日) 晴。

二十二日(8月7日) 晴。得九弟书。

二十三日(8月8日) 晴,夜雨。伯平来辞行。胡云楣来谈。得九弟书。

《晋书》载诸营既多,故号姚苌军为大营,大营之号自此始也。

二十四日(8月9日) 晴。

二十五日(8月10日) 晴。得安圃桂林第一书,即附数行寄都下。

往送伯平。

二十六日(8月11日) 晴。上二旬万寿节。

二十七日(8月12日) 晴。《管子》有杨忱序,常熟瞿氏校,以序中大宋甲申定为孝宗隆兴甲申。案,王荆公有《杨忱墓志》。忱字明叔,官至朝奉郎、行大理寺丞、通判河中府事,以嘉祐七年四月辛巳卒于河南,年三十九。嘉祐七年为壬寅,上溯之,庆历三年为甲申。明叔父偕,《宋史》有传,末云子忱、愷均有隽才,早卒。明叔为丁文简公度之婿。文简有《管子要略》五篇,见《玉海》及《宋史·艺文志》。序为明叔所作无疑。

高若讷,字敏之,本并州榆次人,徙家卫州。强学善记,自秦汉以来诸传记无不该通,尤善申、韩、管子之书,颇明历学,因母病遂兼通医书,虽国医皆屈伏。按,《东都事略》则谓若讷泥古,方治病,多不效。脱脱修史,殆采其表铭耳。如高敏之岂知喜管子者,亦不过泥古方而已。《事略》亦云喜申、韩、管子。

**二十八日(8月13日)**　晴,夜雷雨一阵。得廉生、再同书,又得吴慎生一缄,寄宣威骸石窝桃。

**二十九日(8月14日)**　晴。于晦若之弟穆若就伯平聘,自都来,托寄伯平一纸。

吴正仪作《事类赋》,人知之。其好篆籀,取《说文》省字义者千八百馀条,撰《说文五义》三卷,无知之者矣。

**三十日(8月15日)**　晴。寄八弟书。

张文潜海人作文以理为主。

子美放废,寓于吴中。韩维责以离都下,隔绝亲交。子美复书曰:“予于持国,外兄弟也。[当]急难[之时],不相[拯]救。[今]又于【未】安宁之时,欲以义相琢刻,虽古人所不能受。”余寄迹此间,亦颇有劝余居都者。读子美书,笑不入耳之谈来相劝勉,大率如斯耳。

**七月初一日(8月16日)**　晴。《魏书·张彝传》:“时陈留公主寡居,彝愿尚主,主亦许之。仆射高肇亦望尚主,主意不可。肇怒,谮彝,因致停废。”《王肃传》:“诏肃尚陈留长公主,本刘昶子妇彭城公主也。”肇固狡横,彝亦鄙甚。魏制则无足怪也。肇后尚世宗姑高平公主。①

**初二日(8月17日)**　阴,有雨数阵。邵补堂来。

---

①　整理者按,此条上有眉批:《幽后传》:彭城公主,年少嫠居。后同母弟,北平公凤。后求婚于孝文。孝文许之。公主志不愿,后欲强之。婚有日矣,公主密与侍婢及僮从十余人,乘轻车,冒霖雨,赴悬瓠,奉谒孝文,自陈本意,因发后与高菩萨奸状。公主屡为外戚窥伺,容色可想,使始终固节,亦才智妇人也。

自典午以来，无终阳氏为望族。北魏阳尼，字景文，免官，曰："吾昔未仕，不曾羡人。今日失官，与本何异?"可谓旷识。妻高氏，勃海人。学识有文翰，孝文敕令入侍后宫。幽后表启，悉其辞也。尼作《字释》未成，高氏所作表启、《幽后纪》、《伯起书》已亡。《北史》亦不载。尔时闺房倡和之乐，惜卒不传。故余《还乡绝句》中有一绝咏之，曰："老去渔阳岂羡官，闺中学侣擅文翰。魏官倘具和熹德，便作班昭一倒看。"今老矣，思此诗，如为今日谶兆也。

初三日(8月18日) 晴。复方铭山书。铭山寄潮扇、夏布及食物来也。

初四日(8月19日) 晴。昨夜作寄安偃第二书，交文报局，寄桂林。

《北齐·宋显传》：显从祖弟绘，少勤学，多所博览，好撰述。魏时，张缅《晋书》未入国，绘依准裴松之注《[三]国志》体，注王隐及《中兴书》。又撰《中朝多士传》十卷，《姓系谱录》五十篇。以诸家年历不同，多有纰缪，乃刊正异同，撰《年谱录》未成，河清五年并遭水漂失。此《晋书》作注之始，厄于水，惜哉。

初五日(8月20日) 晴。昨得高阳书，欲招余入都，复以不能如约。案，《后汉书·苏不韦传》："汉法，免罢守令，自非诏征，不得妄到京师。"思之甚有至理。"万人如海一身藏"，究是卑官非庶人也。

初六日(8月21日) 晴。家忌。

初七日(8月22日) 晴。复吴清卿兄弟书。

初八日(8月23日) 晴。得八弟书。马植轩观察来，时运粮至津。复高阳笺。

初九日(8月24日) 晴。连日拟琴生墓志，心绪甚劣，久之始成。

初十日(8月25日) 晴。买得《唐文粹》及《文粹补遗》，略一翻阅。

十一日(8月26日) 晴，夜大雨。敬信、汪鸣銮赴吉林察狱，以水故绕道至津。杭海向例，星使不拜客。两君以合肥重臣，特修私觌之。敬柳门复过余少谈，辞之不可，余不答也。廿年交妊，脱略形骸耳。

**十二日(8月27日)** 雨，午后始霁，暑衣敛矣。寄乐山复书。

**十三日(8月28日)** 晴。

**十四日(8月29日)** 晴。

**十五日(8月30日)** 晴。作《兰骈馆记》。

**十六日(8月31日)** 晴。

**十七日(9月1日)** 晴。得高阳复书。

**十八日(9月2日)** 晴，天复炎蒸。合肥集贤课以《论语》"一贯"解命题，何、皇两本"一贯"无解，阅者均以阮文达解为主，引《尔雅》：贯，事也。贯，为也。以《中庸》"所以行之者"也。子贡一言，终身行之，与忠恕打通。此仍是时文作法耳。《说文》"王"，董仲舒曰："古之造文者，三画而连其中谓之王。三者，天、地、人也；而参通之者，王也。"孔子曰一贯三为王。《论语》之一贯，即一贯三也。故曰通天地人之为儒。《繁露·王道通三篇》，可取之畅发此义。

《繁露·王道通三篇》：古之造文者，三画而连其中，谓之王。三画者，天地与人也，而连其中者，通其道也。取天地与人之中以为贯而参通之，非王者孰能当是？又云，夫喜怒哀乐之发与清暖寒暑，其实一贯也。

隋阳休之《正月七日登高侍宴诗》："广殿丽年辉，上林起春色。风生拂雕辇，云回浮绮翼。"《御览》三十。

陶诗乃休之所辑，吾乡人，宜读陶诗也。

**十九日(9月3日)** 晴，夜雷雨。与菊耦手谈甚乐。

**二十日(9月4日)** 晴。西河谓汉唐业有以《大学》、《中庸》并《论》、《孟》为小经者，大为谢山所诮，此真自造故实也。

**二十一日(9月5日)** 晴。新吾自都来，得高阳书，以六千金助直振。

二十二日(9月6日) 晴。以六千金交芸楣。

二十三日(9月7日) 晴。闺人小病。复高阳书及振局收条一纸。

二十四日(9月8日) 晴。买得邢子愿《来禽馆集》廿九卷。《四库提要》谓其文近于涩,诗和平雅秀,骨干未坚。在别集《存目》中。阅之,文多应酬之作。其《杂俎》内有《墨谈》数则,谓:乡人孟中丞尝得一挺,乃紫阳先生款。又,姻家[齐河]尹[大]将军得元时一丸,无款识,丝丝起发理,太朴中最含光怪。而以方于鲁墨,专以色泽规模取胜,磨之有香气,无墨气。近日方墨之价如金,惜不一考。《子愿集》也,余欲令写官录一副本以遗安圃。

二十五日(9月9日) 晴。伯行使日本,竹箈使俄、德。

《史通·书志篇》:"古之所【志】制,我有何力,而班《汉》定其流别,编为《艺文志》。……《续汉》已还,祖述不暇。……愚谓凡撰志者,宜除此篇。必不能去,当变其体。近者宋孝王《关东风俗传》亦有《坟籍志》,其所录皆邺下文儒之士,雠校之司。所列书名,唯取当时撰者。习兹楷则,庶免讥嫌。语曰:'虽有丝麻,无弃菅蒯。'于宋生得之矣。"

余谓《艺文志》亦何可去?自秦焚书以后,汉除挟书之禁,置写书之官。及成帝,命陈农求遗书,向、歆奏《七略》,为西汉一大政。使不志之,古籍益无可考矣。志之病有三:一在于《七略》外增入雄、向诸书,便是以意乱《七略》。一在漏略,如贾谊有《左氏纂诂》,竟见《儒林传》而志无之。《古文尚书》之类,言之亦不明了耳。子(元)[玄]论史,专务简括。近人补史艺文多从其说,而于古书存亡及官库校录之迹一不留意,亦何取乎补志耶?

全谢山有《与杭堇浦论金史五帖》、《移明史馆六帖》,当与竹垞《移明史馆》及辛楣先生《论金元史》者并录。

褚登善,于永徽元年以抑买中书译语人地左迁同州刺史。四年,改入中书。宜其不足取重于高宗矣。小节焉可不慎!

**二十六日(9 月 10 日)**　晴。《梁书·文学传》:"昭伯父肜集众家《晋书》注干宝《晋纪》为四十卷。"《北史》同。昔不传矣。

**二十七日(9 月 11 日)**　晴。《梁书·张缅传》:尤明后汉及晋代众家。客有执卷质缅者,随问便对,略无遗失。抄《后汉》、《晋书》众家异同,为《后汉纪》四十卷、《晋抄》三十卷。又,《萧子云传》:以晋代竟无全书,弱冠便留心撰著,至年二十六,书成,表奏之,诏付秘阁。所著《晋书》一百一十卷。子云著《晋史》至《二王列传》,欲作论草隶法,言不尽意,遂不能成,略指论飞白一势而已。其后《羲之传论》乃太宗御撰,殆欲远与景乔争胜也。

**二十八日(9 月 12 日)**　晴。新吾行。新吾收藏颇富,结纳颇多,人亦谦雅。九弟得省河缉私差,书来,严戒之。

《千字文》相传是周兴嗣作。《梁书·萧子范传》:南平王使作《千字文》,其辞甚美,王命记室蔡薳注释之。《隋书·经籍志》:《千字文》,萧子云注。《日知录》已疑之矣。《周兴嗣传》又云:《次韵王羲之书千字》,使兴嗣为文。是梁有两《千字文》也。

**二十九日(9 月 13 日)**　晴。阅卷三日毕,明日交去。

得八弟书。

买《东村集》十卷。《提要》"存目":国朝李呈祥撰。呈祥字其旋,一字吉津,号木斋,沾化人。前明崇祯癸未进士,改庶吉士;入国朝,官至詹事府少詹事。是编诗文各五卷,诗分十集,曰《邸中稿》、《使程自删》、《木斋诗稿》、《游中山草》、《唐城草》、《秋寻草》、《南游诗》、《纪行诗》、《秋游诗》、《东村诗》,集前各有小序。查慎行《序》称其与李攀龙、王士(祯)〔禛〕前后鼎足。今观所作,慎行非定评也。按,孙光祀《少詹墓志》:顺治辛卯,诏求直言,君具《辨明满汉一体疏》,某特疏劾之,下法司具重谳以上,章庙恻然,改谪徙盛京,庚子释回。《提要》略之,疏矣。初白作序,第因其子之请,本非定论。纂辑诸臣特一揭其序言,殆未细观其诗也。

**八月初一日(9 月 14 日)**　晴。郭淮之妻,王凌之妹也。乃王凌之谋,淮既不预,后追妻,乞宥,终无与仲达猜忌之心。史称其方策精详。吾谓其不忠不义也。假使淮感武、文、明三朝之遇,便当义军特起,为曹爽、王凌复仇。捷则诛司马以安曹,不则结伯约以助蜀,乃甘心为仲达屈,何欤? 殆年已垂暮,志气不振,抑仲达真有牢笼之术耶?①

初二日(9 月 15 日)　　晴。左足右手均以电气震荡之。

初三日(9 月 16 日)　　晴。《四库提要》于宋人之诗,编次最无序。如吕元钧《净德集》乃列于欧阳文忠之前,邵子《击壤集》与《周元公集》乃不相次,而文潞公乃在范太史后,何也?

初四日(9 月 17 日)　　晴。晚,樊云门至津,送来香涛书及端溪砚、钦州砂壶。

初五日(9 月 18 日)　　阴,有风乍寒。云门来。午后周子玉观察懋琦自闽至。顾廷一过谈。

初六日(9 月 19 日)　　晴。留云门午饭,邀晦若陪之,谈至夜,送之登舟。

初七日(9 月 20 日)　　晴。周子玉来。午后答陆寿峰。新到幕宾,名恩长,棋品受四子。

初八日(9 月 21 日)　　晴。子晋来,瑞方伯璋见过,因恭邸寄赠一联也。午后答之。

初九日(9 月 22 日)　　晴。《石林燕语》:今天下书以杭州为上,蜀本次之,福建最下。福建本几遍天下,以其易成故也。余谓岂唯书然。今福建学生几遍天下,皆敢为大言,居之不疑。祸天下者,必此类耳。

初十日(9 月 23 日)　　晴,秋分。夜,作《管子·地负考证》序。王南陔先生绍兰所著。先生所著《经说》,伯寅司空刻之。云楣刻其

---

①　整理者按:此条上有眉批:晋诸公赞[曰]:(子)[淮弟]配,城阳太守。裴秀、贾充,皆配为婿,气类如斯,宜望附于司马也。

《说文段注订补》，复刻是编。过伤繁冗，序中亦不能回护也。

十一日（9月24日） 晴。净扫几尘，焚香煮茗，始有意治荆公诗。荆公古诗似韩，此不待论。其七律，姬传以为欧公学韩，于七律不甚留意，荆公留意矣。然亦未超殊妙，所选止五首。今特从七律入手，以证姬传之说信否。

《石林诗话》云：“荆公诗用法甚严，尤精于对偶。尝云用汉人语当以汉人语对，若参以异代语，便不相类。如‘一水护田将绿绕，两山排闼送青来’，‘护田’、‘排闼’皆汉人语也。此法惟公用之不觉拘窘。”

《酬朱昌叔诗》，先云“名誉子真矜谷口，事功新息困壶头”，后改作“末爱京师传谷口，但知乡里胜壶头”，今却以原作为第五首，改作为第一首，没半山推敲之苦心矣。然于此可悟律诗（捶）［锤］炼之法，其中有不必改者，有必须累改而始佳者，在临时消息之耳。

十二日（9月25日） 晴。文芸阁编修来见廷式，己卯世侄，晦若至交也。合肥师称其有志趣。午后答之，不值。

十三日（9月26日） 晴。复八弟及宗载之书。复过晦若，与芸阁谈。

十四日（9月27日） 晴。廷一来。午后，陈仲勉、叔毅、征宇来，夜至铁桥下答之。寄伯潜书。

十五日（9月28日） 阴，夜雨。作怀伯潜一律，并与仲勉昆弟话旧，亦成一诗。

十六日（9月29日） 阴雨，午后展霁。与文芸阁谈甚畅。

十七日（9月30日） 晴。

十八日（10月1日） 晴。

十九日（10月2日） 晴。

二十日（10月3日） 晴。

二十一日（10月4日） 晴。复孝达书。

二十二日（10月5日） 晴。

二十三日(10月6日) 晴。高阳之二公子爝瀛初三完姻,作书贺之。

二十四日(10月7日) 晴。张朴君丈来,时降级调用,奉委运奉天振粮,知兰轩师于今年八月一日下葬。

二十五日(10月8日) 晴。云门送到《关中集》及孝达少作各一卷。

二十六日(10月9日) 晴。

二十七日(10月10日) 晴。答朴君,过云舫。

二十八日(10月11日) 阴,微雨。寄八弟书。

二十九日(10月12日) 阴。得安圃七月十九日书。

三十日(10月13日) 晴。寄九弟书。

夜半得高阳书,广西思恩府刘恩浚捐银六千,河南陕州赵希曾捐银三千助振,高阳亦以一千足之。

九月初一日(10月14日) 晴。复高阳书,款交振局。

初二日(10月15日) 阴。寄伯潜书,晚得其复电,知病已愈,仲勉等已归来矣。

初三日(10月16日) 雨。夜得都电,允言生一子。初三丑刻。

初四日(10月17日) 晴。出吊王云舫嫂氏之丧。

初五日(10月18日) 晴。

初六日(10月19日) 晴。

初七日(10月20日) 晴。得宗载之书、八弟书。胡云楣来,知皞民到津。

初八日(10月21日) 晴。皞民来,午后答之。

初九日(10月22日) 晴。得何子峨书,知方铭山下世,为之怆然。子峨病未愈,而生一子。

初十日(10月23日) 晴。云楣来。

十一日(10月24日) 晴。

十二日(10月25日) 晴。孙茶孙自丰润回。晚得安侄电音。

十三日（**10 月 26 日**） 阴。皞民来谈。

《孔子世家》："鲁乱。孔子适齐，为高昭子家臣，欲以通乎景公。"《史记志疑》："景吏部曰：'欲通齐景，不耻家臣。孔子而如是乎？且据《史》说，景公与晏婴适鲁，既有秦缪之对，而景公悦矣，何必自辱为家臣以求通也？'"余谓梁氏取景说，实不善读《史》者。孔子之齐，为鲁乱耳。其为家臣，以求通景公，为纳昭公计也。先是，景公虽有秦缪之问，而异国小臣仓卒不能自通，故藉高氏通之国。高为天子二守齐之世，卿为之家臣，未足云辱，且鲁已无君，而周室未定，力不能讨。孔子世食鲁禄，请命方伯，意在诛季复昭，降志辱身，正儒者事，岂凡情所能测哉？观景公问政，夫子对以君君、臣臣、父父、子子，此万古不易之经，亦即兼及鲁昭之变。孔传以为指陈恒，朱注以为兼继嗣，不定不知圣人之意，实望景公之定鲁也。夫庆父之乱高子，实来《公羊传》。鲁人至今以为美谈。使景缵桓勋，高承家法，南阳之甲再兴，季固可诛，公固可复，此圣人君君臣臣之恉也。后人不明此意，妄为之讳，其亦未明圣人之意矣。

十四日（**10 月 27 日**） 晴。同云楣招皞民、永诗、子俊饮。

十五日（**10 月 28 日**） 晴。得乐山书。

十六日（**10 月 29 日**） 晴。海门所从龚师之子来，名学海，字云生。赠以四十元。皞民过话。送云舫回都。

十七日（**10 月 30 日**） 阴，大风雨。永诗约晦若、容民赏菊。

十八日（**10 月 31 日**） 晴。程蒲孙太史来见。名秉钊。蒲孙学问渊雅，求见甚切也。己卯举人，本科庶常。

十九日（**11 月 1 日**） 晴。伯潜三月二十七日一书至今日始到，奇甚。

朝鲜吊问，使侍郎续昌、崇礼过津，改海道以示礼恤。彼中请不由仁川登岸，并免郊迎，意甚慢也。寄乐山书。

二十日（**11 月 2 日**） 晴。买得《石淙诗序》，意颇欣然。夜复安侄书。

二十一日(11 月 3 日)　晴。派炮船入都,迎叔母归輤。有王弢甫同年,彦威,原名禹堂。以《秋灯课诗图》求题,却之。复云门一纸,云近实戒诗,弢甫交满海内,亦不愿流传嗤点也。

二十二日(11 月 4 日)　晴。阅课卷,三日竣。

二十三日(11 月 5 日)　阴。卫达三来谈。晚,马植【卿】轩来,赠华锡八所画《洛神图》一幅,画不佳,姑留之。

二十四日(11 月 6 日)　晴。许竹篔前辈复充俄、德使臣,过此,来斋中略谈。

二十五日(11 月 7 日)　晴。得安圃第六书。

二十六日(11 月 8 日)　晴。答竹篔于舟中。

二十七日(11 月 9 日)　阴雨,大风,渐寒。阅卷竣。夜得乐山书。

二十八日(11 月 10 日)　晴。以一联挽铭山,并幛寄潮。联云:终日力战,安知尺籍伍符,罚重法明,谁许冯唐闲处对。眇尔重围,侦以壶镏瓶甀,功深疑浅,可堪沂督笔端摇。

复子峨书。夜,永诗来。

二十九日(11 月 11 日)　晴。寄九弟书。

十月初一日(11 月 12 日)　晴。得樊云门书并其诗集。过晦若少坐。作书问再同疾。

初二日(11 月 13 日)　晴。三兄暨侄孙允言奉叔母柩归葬。初一已由陈家沟东发,辰初由轮车行,午正至胥庄,则舟尚未至也。留茶孙在河干候之,而余先还陀料理葬事,薄莫抵里。

初三日(11 月 14 日)　晴。灵輤晨至胥庄河次,午后抵里,暂奉于旧居之厅中,与三兄及从孙夜话。

初四日(11 月 15 日)　晴。晨起至各茔行礼,归途至珊瑝紫。

初五日(11 月 16 日)　晴,夜大风。与族人聚谈,今年岁事告歉,陀例不肯报灾,族人近又失业,御冬、卒岁之计盖不能备者十之五六也,为之恻然者久之。

**初六日（11 月 17 日）** 阴，微雨，薄莫展霁。董、佟、谷、秦诸家均至，闻张家庄张封翁如柏尚存，年九十六矣。子玠，进士，河南知县。孙，其绅。曾孙凤翰，举人。亲见五代矣，此熙朝人瑞也。

**初七日（11 月 18 日）** 晴。以银六十两散给六门极贫者，长门族兄正佩𫄸、二门族叔凤翔、本门族兄佩续、六门族叔堃、九门族叔文会、十门族叔埴、弟佩彩司之。

借谷霖苍先生家谱为修谱之式，谷甥霖苍十三世孙也。

**初八日（11 月 19 日）** 晴。巳刻葬叔母董太淑人于东茔。

**初九日（11 月 20 日）** 阴，夜月色甚佳。备羊一、豕一，属三兄率允言恭诣始祖茔，以次行礼。余至六门遍问候之，适趁墟者杂遝于衢，颇形丰盛。

**初十日（11 月 21 日）** 阴。午刻，由里至胥庄，允言随行，三兄由里取道玉田以归。

**十一日（11 月 22 日）** 晴。五鼓，乘火轮车至唐沽，允言过其妇翁，挐舟去。余独赴津。

**十二日（11 月 23 日）** 晴。伯行出使日本，过此略谈。

**十三日（11 月 24 日）** 晴。得伯平书。伯行南旋，检旧藏山谷书数种玩之，聊以悦目。姚际恒《好古堂书画记》："近世有名陕拓，必以宋本为佳。然考古之家，皆有验法。《怀仁圣教序》以首行'晋'字不断为验。《醴泉铭》以光武'光'字补凿痕为验。后来拓久，补凿痕隐矣。《坐位稿》以'辄有州对'四字清楚者为验。智永《千字》以后有'侄方纲摹'四字为验。后拓者无。予初得智永《千文》一本。周禹锡所藏。周自记有此四字，验是宋拓，以二十缗得之。予后复得一本，末又有'李寿永寿明刊'六字一行，此则生平仅见。"

**十四日（11 月 25 日）** 晴。周子玉、叶子晋均来。

**十五日（11 月 26 日）** 晴。胡云楣、顾皞民、刘献夫均来。

**十六日（11 月 27 日）** 晴。允言自大沽来。寄安圃第六书。乐山书来。

十七日(11 月 28 日)　晴,晨起微霰,旋止。允言回都。复高阳一笺。过仲彭斋中小坐。

十八日(11 月 29 日)　晴。九弟遣杨顺来,寄绅果梳比。午后至皞民处闲话。

十九日(11 月 30 日)　晴。合肥书兰骈馆素榜,悬之闺中。适得江秋史所藏《兰亭》,乃定武肥本,有阮文达跋。道光甲辰,文达年八十一。合肥有神龙本,乃王秋坪所藏者。[①] 覃溪先生书《神龙兰亭考》于后。嘉庆辛丑两美必合,皆稧帖之佳者。而南阮北翁聚于一笥,亦佳话也。

《兰亭续考》,杨诚斋跋曾氏本:予见元明跋山谷书云,山谷谪黔泝峡,舟中日日惟把玩石刻一纸,盖此记也。故末年书法超绝云。予闻“五更侵早起,更有夜行人”,愿持此句子寄声山谷中。余因赵子函说,思由褚探山谷之源。今见诚斋说,则山谷之源在王不在褚,观其推服《鹤铭》,断为逸少,决不舍《兰亭》之径矣。[②]

二十日(12 月 1 日)　晴。展玩《兰亭》竟日。论古斋萧薰腾以书画来售,略一披览,真伪杂糅,而价目甚昂。

复八弟、九弟各一书。

二十一日(12 月 2 日)　晴。茶孙来。

二十二日(12 月 3 日)　晴。丹崖编修自籍来。庚午优贡,丙子举人,庚辰翰林。

二十三日(12 月 4 日)　晴。八弟书来,十一日子刻生一女,意甚闷闷,当作书广之。

覃溪《谷园集》有《于瞻云寺后拓得石镜溪字诗》一首,注云:后有

---

①　整理者按,此条上有眉批:科坪时守饶州。

②　整理者按,此条上有眉批:《宋史》本传:庭坚楷法妍媚,自成一家,游荆州,得石本《兰亭》,爱玩不去手,因悟古人用笔意,作小楷日进,曰他日当有知我者。

"绍圣元年七月辛亥,同真净禅师爇茗此石上,南昌黄庭坚题"廿四字。

二十四日(**12 月 5 日**)　晴。新吾自粤来。

二十五日(**12 月 6 日**)　晴。作都书一二函。先后得伯潜、清卿书。

二十六日(**12 月 7 日**)　阴,连日雾气弥漫,似晴似雨,作雪不成。晦若生日,来余斋避嚣,以明季国初人卷页及新旧《兰亭》数种同玩,极相悦也。薄暮,张沚莼来,一见之,客去后忽觉疲弱不支,饭后嗽咳,即枕后胃气郁勃,起于腹中,上振囟门,下窜腰际,五夜不能合目,急起静坐,始稍敛摄,终不得半晌眠也。

二十七日(**12 月 8 日**)　晴。病,延医视之,投以疏散之品,不效。合肥劝用金鸡霜,遂服之。余自知病伏已久,而发之猛,非中医所能治也。且疫气方炽,停留长,智非速攻不可。午后,壮热,时作谵语,困甚。得再同书,知病有转机,未大愈,为赭石所误。

二十八日(**12 月 9 日**)　晴。仍服前药。午后渐倦,入夜遗矢,而热渐退矣。

二十九日(**12 月 10 日**)　晴阴不定。热退病清。

三十日(**12 月 11 日**)　晴。前数日问视最殷者晦若、仲彭、永诗,而合肥每日必陪医两次,至是外阁客来恐烦,乃移入内静养。

得安圃弟八书。

夜梦遍阅名人书画,得一幅,波浪掀天,一舟由上游急下,作收帆之状,余于梦中吟其题句,内人推余醒,但记末二句矣,因足成之,醒语究不如梦语也。

一叶扁舟一粟身,风帆到处易迷津。能从急浪滩头转,便是清凉界里人。

十一月初一日(**12 月 12 日**)　晴。

初二日(**12 月 13 日**)　晴阴相间。

初三日(**12 月 14 日**)　阴。复安圃书。

初四日(12月15日) 阴。

初五日(12月16日) 阴。闻都中疫气亦盛。潘伯寅师病五日
而卒。子寿丈亦病,呕也。子涵书来,子清之子同官死军械所。总办
张席珍亦感寒中,厥阴而殁。后闻浙书,同官未死,盖子清之妾毛氏伪造一
电给子涵也。子清有此悍妾,贻累无穷。辛卯七月补记。

初六日(12月17日) 晴。晨至管斋小坐,延永诗略话,属作鹤
巢书,商师席。

祁世长补上尚,孙家鼐擢总宪,徐都转吏右,礼右则钱应溥也。

初七日(12月18日) 晴,始剃发。孙子授病卒。回忆乙亥大
考,十六年耳。人生真一梦也。

初八日(12月19日) 阴。再同来索《耆献类征》,取一部交盐
局寄之,草一纸,不能详也。嶰民来谈。

初九日(12月20日) 阴。病后强将课卷阅竣交院,颇疲累也。

初十日(12月21日) 晴。偶阅《庚子山集》。复八弟书。

十一日(12月22日) 阴,冬至。勉力评两儿史论,不能改也。

十二日(12月23日) 晴,夜有风,全无雪意。仲约得礼部右侍
郎,稍慰迟暮之感。

十三日(12月24日) 晴。前假张巽之《房梁公碑》,颇佳。赵
子函《石墨镌华》云,存六百馀字。此则更漫漶矣,然近日不易得也。

十四日(12月25日) 阴。黄建(芜)[莞]、周懋琦均来。半月
中,饭少睡早,精神疲乏异常。

十五日(12月26日) 晴。头痛作一诗,与顾嶰民,谢其日
本纸。

十六日(12月27日) 风,晨细雨一阵。晦若喜余诗,并索纸十
番去,旋以日本矮笺相报,复用前韵赠之。

十七日(12月28日) 晴。爽秋寄《补编诗》八卷来。

十八日(12月29日) 晴。嶰民来谈,并和余诗。过永诗少坐。

十九日(12月30日) 晴。麦信坚电来,言醇邸病重。

察哈尔部复至都统加公费三千两,副都统加六百两,均如直督原请之数。晨起,作乐山书,并为约定渊若。

二十日(12月31日) 晴。柴振邦由都回,询醇邸病状,绵惙不省人事,殊可忧也。

二十一日(1891年1月1日) 晴。麦信坚电来。二十日。

上奉慈圣至邸,午正回宫。是夜丑初,醇邸薨。

得王廉生书,因作书致伯平。

二十二日(1月2日) 晴。皞民来谈,约作鹤巢书。

日阅课卷十馀本,疲甚。论古自都送《兰亭》一本,称是定武瘦本,玩之,乃上党之旧拓本耳。索价至二百金矣。又有一册,乃覃溪先生自书《兰亭跋》,共七则廿八页,以三十金留之。

二十三日(1月3日) 阴。醇邸谥曰贤,双抬写定,称曰皇帝本生考,立庙邸第,上缟素十一日,守素于北海画舫斋,至邸缟素貂褂黄轿,至适园易服,归亦如之。御前枢臣、师傅会礼部稿也。

得高阳廿日书,又复鹤巢书。

二十四日(1月4日) 阴。课卷竣,过永诗、晦若少谈。

二十五日(1月5日) 晴。复高阳书。

二十六日(1月6日) 晴。阅《苕溪渔隐丛话》。

二十七日(1月7日) 晴,夜大风。皞民来谈。

二十八日(1月8日) 风止。花农来,知子晋甚病。献夫来长谈。午后有帖估携《圣教》来,亦户口册,所拓乃慧秋谷所藏,有铁梅庵、王畅夫二跋,惜索价过昂。"圣慈"、"胜缘"均补,何以渤?"崇"字小横深,字复啄,均不明。留半日归之。

《太平御览》一百九十三引《郡国志》,幽州无终县西平城即李广射石虎之处。

二十九日(1月9日) 晴。读太白诗,王琦注也。塞上读太白诗,颇有悟入处,惜归而中辍。日来复理故业,觉诸家评赞,其讥刺指摘者固属吹毛求疵,称许者亦属隔靴搔痒也。语曰:"有酒学佛,无酒学仙。"余学苏,不学其学佛处;学李,不学其学仙处,自谓取径稍异恒流,未识世之能诗者许我否。得乐山书。吉云帆来谈。请咨引见。

**十二月初一日(1月10日)** 晴,夜大风如虎。复乐山书。

**初二日(1月11日)** 晴,风未已。闻叶子晋病没,恻然。作书致安俦。潘子静来。过晦若少谈。

**初三日(1月12日)** 黄沙蔽天,午后略止,飞雪数片而已。至紫竹林吊子晋,归而皞民来谈。

**初四日(1月13日)** 阴霾竟日。召陈上部泽霖来,曹荛臣过话。

**初五日(1月14日)** 阴。午后,闻子寿丈于初四辰刻殁于鄂藩任所,殊堪痛惜。夜电慰再同,时方病也,恐不能支柱星奔。

**初六日(1月15日)** 晴。寄安圃书。

**初七日(1月16日)** 晴。午后,过皞民,约云楣来谈。

**初八日(1月17日)** 晴。得再同书,乃初三日所发,尚未知寿丈之病也。夜得鄂电,知寿丈因种梅感寒,初三犹谒抚院,初四召首府有所商榷,忽头晕腹痛,更衣坐脱,无所苦也。

**初九日(1月18日)** 晴,大风。得九弟书,作数纸复之。语极婉挚,可作家诫。得允襄夫(娖)〔妇〕寄赟,答之。

**初十日(1月19日)** 晴,午刻风沙。寄再同书并幛,无可慰藉,劝其养疾而已。

**十一日(1月20日)** 晴。捡点书帙,几案顿清,欲稍理故业,而未得暇也。夜稍静,阅太白诗数首。

**十二日(1月21日)** 晴。得云舫书,即复之。

《尔雅》释草众秫,郭注不解众字,邵、郝两家亦释秫累千百言,而于众字不一及。余甚疑之。《尔雅》所释必经文有之,而五经中无以众为谷者。偶读《斯干》①,"众维鱼矣,实维丰年"而恍然也。《传》

_____

① 整理者按,当为《无羊》。

曰：阴阳和则鱼众多矣。《笺》云：鱼者，庶人之所以养也。今人众相与捕鱼，则是岁熟相供养之祥也。《易·中孚卦》曰：豚鱼，吉。按，如《传》、《笺》所解，意殊迂曲。疑众鱼与旂旐对文，众当作众秾之众，解如众秾之茂，如水中之鱼之多则年丰矣，似直捷而明白也。或鱼乃穌字。《说文》：穌，杷取禾若也。所种之术，已把取禾若，自是丰年之兆，亦通。

十三日（1月22日）　晴，大风扬沙，天日俱晦，夜月色皎然。向以"正五九不上官"为唐忌。阅《通鉴》：齐高洋将以仲夏受禅，或曰："五月不可入官，犯之，终于其位。"宋景业曰："王为天子，无复下期，岂得不终于其位乎！"胡身之注：阴阳家之说，上官忌正月、五月、九月，则由来久矣。

十四日（1月23日）　午后昼晦，风霾竟夕。午后，秉烛读《汉书》一卷。

十五日（1月24日）　晴。顾皞民来谈。

阅《通鉴》三、五页，又捡《鲒埼亭集》、《挈经室集》，无所得。

十六日（1月25日）　晴。得都书，附安侄一缄。

魏《高堂隆传》评曰：隆学业修明，志在匡君，因变陈戒，发于恳诚，忠矣哉！及至必改正朔，俾魏祖虞，所谓意过其通者欤！余按，隆于百役繁兴，累疏切谏，可谓难矣。而封禅之议，创自蒋济，隆辄撰其礼仪，何也？

十七日（1月26日）　晴。寄王廉生书。

《汉书·文纪》赞：断狱数百，几致刑措。呜呼，仁哉！及观《刑法志》，高后元年除三族罪，至孝文时新垣平谋为逆，复行三族之诛，殆为过刑，讫汉世遂不能除，宜史迁有文帝好刑名之语也。复从晁错之言，令民入粟边，六百石爵上造，稍增至四千石为五大夫，万二千石为大庶长。渐令入粟郡县，遂开卖官鬻爵之弊，流毒万世，谁谓孝文贤主哉？

十八日（1月27日）　晴。

十九日(1月28日)　晴,午后阴。皞民昨来辞行入都。寄复柳门书。以颍州酒至今名东坡酒。及中山松子、苹婆、粤中橙橘,焚海南香,为文忠作生日。内人藏陆叔平、张正甫奇前、后赤壁两图,文三桥书赋,相与展玩久之。

二十日(1月29日)　微雪。晦若来谈。额裕如升粤臬,胡薪生得府尹。得八弟及载之书。

二十一日(1月30日)　晴。王弼臣解馆。刘献夫来谈。午后,过晦若、容民略话。得乐山书。

二十二日(1月31日)　晴。作书辞集贤席。明年思作汗漫游耳。复载之书。

二十三日(2月1日)　阴。乐山遣其纪纲、任庆及陆宣来,寄惠食物并雪狐马褂、西羊皮袍筒各一件。孝达有电,论再同家事。电再同,并复孝公数语。

二十四日(2月2日)　阴,夜雪。额裕如来谈,云次棠前辈之弟子坚、幼棠均殁,家遭回禄,殊可惨也。

夜复乐山书。

二十五日(2月3日)　雪犹未止。昨得高阳师书,寄都中食物数种。午后作笺答之,并寄食物,数事犹馈岁之礼也。

二十六日(2月4日)　晴。献夫、芸楣来谈。伯平自大名至。

二十七日(2月5日)　晴。伯平来谈。答裕如、献夫、芸楣。

二十八日(2月6日)　晴。伯平来谈。得再同书,复电。

二十九日(2月7日)　晴。答伯平。晚,合肥之表弟李子木观察正荣,自山东工次来。夜,晦若过谈。

三十日(2月8日)　晴。客中又是一年矣。胡云楣来。

廉生书来,以《石淙序》上承登善,下开祐陵,山谷实从此出,积健为雄耳。翁覃溪谓曜不如稷,实则稷不如曜。余深以其言为然。按,《旧传》:元超子曜,亦以文学知名,圣历中修《三教珠英》,官至正谏大夫。《新书》:曜,圣历中附会张易之,官正谏大夫。《宰相世系表》:西祖房耀,字升华,给事中,袭汾阴男。温公《通鉴》误以薛绍尚太平公主者为曜子,据《表》则绍乃瓘子,胡注已正其误矣。《通鉴》:绍母,太宗女城阳公主。胡身之注:据《会要》,城阳先降杜荷,荷诛,降薛瓘。

光绪十七年辛卯(1891)

**正月丙寅朔(2月9日)**　阴。与儿辈论诗。薄暮,阅《山谷诗》一卷。

**初二日(2月10日)**　晴。过晦若略话。伯平来谈。

**初三日(2月11日)**　晴。理《管子注》。案上所聚皆周、秦、两汉之书,颇有古意。

**初四日(2月12日)**　晴。治《管子》,余暇读诗,尽山谷一卷。

《国策》谓张仪破从为衡,赵割河间,韩效宜阳,魏效河外,燕割常山之尾五城,齐献鱼盐之地三百,惟楚仅献鸡骇之犀、夜光之璧。其时,屈原谏止之辞虽不见纳,然仪固有所畏忌也。君子观于此,而叹朝廷之上何可一日无人哉!

**初五日(2月13日)**　晴。合肥生日,贺客如云。余独与内人谈诗竟夕。

僧诗忌蔬笋气。女子之诗亦忌脂粉气。《[文]选诗》于妇人,但存班倢[婕]好《怨诗》、曹大家《东征赋》。《玉台新咏》所录颇多,则皆冶词丽句耳。所以选列朝诗者,虽例录闺英,率皆靡靡不振,所谓绮丽不足珍也。余戊子冬为内人作论闺秀诗十馀绝,颇具古今流别。试以《毛诗》及三家合考之,则《三百篇》中妇人之作居多。要之,当以穆如清风,雅人深致为主。固不宜晓风残月,作妮妮儿女语,亦不必努力作棱角,有类武夫伧夫之习也。

**初六日(2月14日)**　晴。寄再同书。额裕如有折弁入都也。

《管子》曰:商贾在朝,则货财上流。《荀子》曰:贾精于市,不可以为市师。此实千古名言。《周礼》:司市以下,大夫为之。惟禁伪去诈,乃用贾民。诚以贾人工心计,以之谋国,势必利竞锥刀。以之便私,势必广通贿赂,故不得不示以箝制。晁错说上曰:"今法律贱商人,商人已贵富矣。尊农夫,农夫已贫贱矣。"语极悚切,而其意则在入粟县官,拜爵除罪。试问此拜爵者为富商乎? 为愿农乎? 试问此除罪者为奸商乎？为贱农乎？以入粟，故粟价踊贵，无如商贾之力能积贮倍息以取之。农之所利甚微，而商之所利甚大，国之所得甚少，而商之所利其甚多。于是，向之富商均为贵商，向之奸商均为豪商。驯至桑弘羊，以贾人子为御史大夫，实此言阶之厉也。核以管、荀之言，则不独不宜贵居朝列，并不宜畀以市权，杜渐防微，可谓深切著明，洞见症结也。或曰中外通商，商战之天下也，必操务本抑末之说。商人串通外国，不盗为中国漏巵乎？曰以贤士大夫主之，以良善商人辅之，必畀奸商以市之权，其漏巵更甚耳。有识者当已了然。

初七日（2月15日）　晴。康成之学，颇厄于晋王韩之《易》、枚氏之《书》。晋为王肃之甥，故论《诗》《礼》亦多主肃而难郑，其不绝如线矣，而卒不能尽殄，则其体大思精固非小儒所能望也。嗟乎！何晏之《集解》出，而汉儒《论语》无全书。杜预之《左传》出，而贾服旧注无全书。范宁之《穀梁》出，而五家《穀梁》无全书。何劭公之公羊学竟能传留至今，亦云幸矣！《晋书·儒林传》最无史法。范平未尝传经，取以冠首。杜夷止于高行，亦列姓名。至开国之始，过江以来，学派异同，儒术升降，茫然不得其绪，殊可怪也。鄙见当割《韩伯传》入之，以明《易》派，而补顾夸于后。晋扬州刺史有《周易难王辅嗣[义]》一卷。补《枚颐传》而取谢沈。《尚书》十五卷。孔晁晋五经博士，《尚书义》，问郑学。伊说撰《义疏》。以记晚出《尚书》变更之故。《诗》则江熙《毛诗》二十卷。孙毓《毛诗异同评》，字休朗。陈统徐州从事，难孙氏。杨乂。《毛诗辨异》五卷，《异义》二卷。杜预即不能入儒林，当与到、寔叙于传左氏之后。若方、范、殷与范坚，固宜与孙毓兼采也。王愆期、高龙、汪淳之《公羊》，张靖、徐乾之《穀梁》，不宜见遗。范宁当入，与徐邈相次。郭璞注《尔雅》并有《毛诗拾遗》，不当与葛洪并传，等诸方伎。干宝有《周官礼》及《驳难》，亦不当与王隐等并传，夷于史家。至于二《礼》专门，以及《论语》、《孝经》之类，亦宜择要存之。方与《史》、《汉》例合。惜梁公等未能详审也。

初八日（2月16日）　晴。伯平辞回大名。

晋《荀崧传》：时方修学校，简省博士，置《周易》王氏，《尚书》郑氏，《古文尚书》孔氏，《毛诗》郑氏，《周官》、《礼记》郑氏，《春秋左传》杜氏、服氏，《论语》、《孝经》郑氏，博士各一人，凡九人，其《仪礼》、《公羊》、《穀梁》及郑《易》俱省不置。崧以为不可，请郑《易》、郑《仪礼》、《公羊》、《穀梁》均立博士。诏《穀梁》肤浅不足立博士，馀如奏。会王敦之难，不行，此南朝废郑《易》之渐。《公羊》、《穀梁》又不知当立何家，史之疏也。其时孔《传》、杜《注》已立博士，而郑、服并存，犹可藉考汉儒流派，奈何渐就湮没，使晚出之古文、杂陈之武库尽据经生之席哉？典午以清谈为事，于经义本在所略，故崧虽剀切言之，而当事藉端束阁于国。今文遭巫蛊者，非确三经博士厄王敦者。可嗟！特拈出之，为掌经家一嘅。

葛洪著《丧服交除》一卷。此当与环济太学博士之《要略》、孔衍广陵相之《凶礼》并列礼家，不特贺循、蔡谟也。乃《洪传》但言其抄五经、《史》、《汉》，馀皆铺张其得仙之迹，正史乃如小说，可怪也。

**初九日（2月17日）** 阴。偶论明永乐时政事，合肥以成祖为高丽妃所生，菊耦云高皇后所生，余曰皆无据。朱竹垞《南京太常寺志跋》云："海宁谈迁孺木馆胶州高阁老弘图家，借故册府书纵观，因成《国榷》一部，掇其遗为《枣林杂俎》。中述孝慈高皇后无子，不独长陵为高丽硕妃所出，而懿文太子及秦、晋二王皆李淑妃所生也。闻者争以为骇。史局初设，尝质诸总裁前辈，总裁谓宜依实录之旧。今观天启三年《南京太常志》中，设高帝后位，左生子妃五人，右硕妃一人。事足征信《实录》，史臣曲笔不足从也。长陵上阙下书，及宣谕臣民曰：太祖高皇帝孝慈高皇后嫡子。壶浆欲掩，而迹反露矣。"是竹垞之意以成祖为硕妃所产也。《志》四十卷，嘉兴沈若霖编。

**初十日（2月18日）** 阴。《楚国先贤传》：孙俊，字文英，与李元礼俱娶太尉桓焉女，时人谓桓叔元两女俱乘龙，言得婿如龙也。元礼之门谓之登龙，其妇谓之乘龙，真老子犹龙之裔矣。按，东汉好以名称相标榜。其称龙者，若荀氏八龙及管宁等龙头、龙腹、龙尾之类，至武侯卧龙，而龙德备矣。其馀波，若中散亦称卧龙，王浚乃水中龙，皆月旦之馀习也。桓少君挽鹿车为佳话，其后又有孙李乘龙继之。惜少君之父不详其名，不知与桓荣为同宗否耳？何桓氏之多佳婿贤女也？

**十一日（2月19日）** 晴。得再同复书，安圃桂林书。

初九日论成祖事，更以《实录》考之。榆木川崩年六十五，当生于元至正二十年庚子，时太祖为吴公之五年，其时安得有高丽妃？据《太常志》左列生子妃五人，右硕妃一人，则硕妃未生子可知，且成祖即养于高后，不追崇所生，然不应列所生于生子妃五人之下，其为野史传讹无疑。要之，成祖之为篡立，虽孝子慈孙无从掩盖，不系乎所生之为嫡为庶也。竹垞知辨建文从亡诸臣之伪，而于此独主《南志》，始终不满于永乐耳。

**十二日（2月20日）** 晴。《北史·儒林传》：南北所为章句，互有不同。江左，则《易》王辅嗣，《书》孔安国，《左传》杜元凯。河洛，《左传》服子慎，《书》、《易》则郑康成。《诗》则并主毛公，《礼》则同遵郑氏。南人约简，得其英华；北学深芜，穷其枝叶。考终始，要会归，殊方同致矣。孔冲远，冀州名胄。《旧书》称其尤明《左氏传》、郑氏《尚书》、王氏《易》。乃所定《五经正义》，皆宗南学而背北学。即其服习郑氏《尚书》之故，亦并弃之，何也？其序《易正义》曰：西都则有丁孟京田，东都则有荀刘马郑。大体更相祖述，非有绝伦。唯魏世王辅嗣之注，独冠古今。所以江左诸儒并传其学，河北学者罕能及之。其江南义疏十有馀家，皆辞尚虚玄，义多浮诞。斯乃义涉于释氏，非为教于孔门。既背其本，又违于注。云云。夫去两京相传之正脉，而孤守辅嗣老、庄说《易》之旁门，乃以虚玄浮诞归过于《南疏》，真源浊而欲流洁，木枉而求影直矣。《书》之宗孔，其坏河朔旧风者，始于二刘焯、炫。孔《疏》虽光伯、士元并讥，实阴祖士元《述义》，而于郑氏弃若弁髦，尤为反弓射羿。《左疏》深讥汉儒，以为杂取《公羊》、《穀梁》，以杜专《左》释经为甲，虽不以刘氏规杜为然，实仍剿袭旧疏，一味为武库佞友而已。然则孔氏实坏北学之门墙，绝汉儒之流派，不得以《诗》、《礼》二疏之善掩其巨谬也。

十三日（2月21日）　晴。《左传》：蔡仲改行帅德，周公举之，以为己卿士，见诸王，而命之以蔡。杜注为周公臣。《史记·管蔡世家》：蔡叔度既迁而死。其子曰胡，胡乃改行，率德驯善。周公举胡以为鲁卿士，鲁国治。于是周公言于成王，复封蔡，以奉蔡叔之祀。小司马校《尚书》，无仕鲁之文。又谓伯禽居鲁，在七年致政之后。疑《史》无所据。孔颖达《正义》亦以《史》为误。钱宫詹《史记考异》、梁曜北《史记志疑》已纠正之。无论《史记》所述本出左氏，绝非无所据依。即以《尚书》论，子长诵古文，又从孔氏问，故执晚出之《尚书》而置疑于《史记》，此以唐律定汉狱者也。杜氏既有左癖，乃不能引《史》证《左》，殊为率陋。惜服、贾之注久亡耳。

十四日（2月22日）　阴。《左》：昭二十九年，使献龙辅于齐侯。杜注：龙辅，玉名。《正义》：《周礼》：使泽国用龙节，皆金也，以英荡辅之。杜子春云：荡谓以函器盛此节，谓铸金为龙，以玉为函，辅盛龙节谓之龙辅。此献函不献节，故直云献龙辅。玄卿云：盛龙节之玉函耳。案，《说文》云龙祷旱，玉也，为龙文。又《玉人》云：上公用龙，故云龙辅，玉名，盖用此意。余案，《周礼疏》云：昭二十九年，公在郓，赐公衍羔裘，使献龙辅于齐侯。注：龙辅，玉名，所以辅龙节与此别也。是唐初所见杜注必有"所以辅龙节"五字，故贾引以疏杜子春之说。孔复引杜子春以疏元凯，否则但引《说文》及《玉人》足矣，何必纠缠杜子春龙节之注哉？

十五日（2月23日）　阴晴相间。汉以望日祀太一，从昏时到明。此夜游观灯所自始。然元宵诗殆无用太一者矣。沿流忘源，往往如是。

十六日（2月24日）　晴，晚阴。闻慈圣立绮春局。昔汉明德后，置织室蚕于濯龙中，数往来临视，冀圣怀远仪明德，从此修躬桑之典，讲亲茧之文。深宫留意蚕织，亦治象也。日望之矣！后见邸抄，名绮华馆。

**十七日（2月25日）** 雪甚微，保定甚大。复再同书，并遣两马军人都迎之，时河海释冰，轮船已驶行矣。

洪皓留金十五年，忠义之声闻于天下。其子适、遵、迈俱才，可谓不于身必于子孙矣。然三洪之行，均不及其父远甚。此亦"公惭卿，卿惭长"之类也。宋因王抃还赦，沿边被兵州军，适草诏曰"正皇帝之称为叔侄之国"，论者谓前所贬损，四方未闻，著之赦文，殊失国体。要之，此二语既彰前者称臣之辱，复著今者称侄之名，而宣播迤逶，颇自矜诩，较之称大朝小朝与父皇帝儿皇帝相等矣，失国体犹小，而其志趣之卑陋可知。孝宗问侍从、台谏曰："敌人来索旧礼，从之则不忍屈，不从则边患未已。中原归正人源源不绝，纳之则东南力不能给，否则绝向化之心，宜指陈定论以闻。"遵与金安节、唐文若、周必大为一议，大略谓：不宜直情径行，亦未可遽为之屈，谓宜遗金缯如前日之数，或许稍归侵地如海、泗之类，则彼亦可藉口而来议矣。金强宋弱，彼时空索河南陵寝者，固属迂驳。而如此等议论，岂不卑浅可笑？归正人源源不绝，乃恢复之机，今独置而不论，尤见其识见庸下，暗于远图。迈以高忠建责臣礼及取新复州郡，奏称土疆实利不可与，礼际虚名不足惜。黄中及陈俊卿均欲正名。究之，易臣为侄，名亦未正也。迈能以旧礼折伏金使，及使金为金人所锁，水浆不通，三日乃得见，竟辱命而还，视忠宣霄壤矣。谥钦怀宗有意，谥高世祖则谀佞，宜朱子指为佞人耳。景庐尚如此，学不如景庐何足责，但不录而辱国更可恨了。

**十八日（2月26日）** 晴。昌黎云："《尔雅》笺虫鱼，定非磊落人。"连日修改《管》注，积卷纵横，实觉苦乐相间。夜灯，试取昌黎诗读之，不觉月午矣。

《蔡宽夫诗话》云："退之《石鼓歌》云：'逸少俗书趁姿媚，数纸尚可博白鹅。'观此语便知退之非留意于【诗】书者，今洛中尚有石刻题名，信不甚工。"余案，蔡说甚固，殆非留意于诗者。此特烘托法耳。然国朝诸公如阮文达辈，便执此意鄙视王书，亦可笑也。

**十九日(2月27日)**　晴。族叔埴来。

《苕溪渔隐丛话》:"东坡云:'书之美者,莫如颜鲁公。然书法之坏,自鲁公始。诗之美者,莫如韩退之。然诗格之变,自退之始。'"又载山谷语,谓"退之安能润色东野"。洪龟父亦谓山谷于退之诗少所许可。东坡之言深于书法、诗律,为世之肆颜书、尊韩诗者痛下针砭,山谷之诗岂能到退之气象?吾颇疑坡公以孟郊诗为彭蠡,以山谷诗为江鳐柱,皆有贬词。试问能与韩潮、苏海较耶?

《冷斋夜话》又载:山谷读退之《赠同游诗》:"唤起窗全曙,催归日未西",以唤起、催归为二鸟。按,山谷从此等处求韩,不亦琐乎?

**二十日(2月28日)**　晴。顾皡民自都来,代购历代、国朝《词综》两册。余不解音律,不能倚声,留备捡考耳。晦若来谈,复爽秋并致再同书,以一缄属严范孙编修求馆师,均附明日折弁寄都也。

俞理初《胤征序义》曰:"《书序》云:'羲和湎饮,废时乱日。胤往征之,作《胤征》。'《史记》谓帝中康时。郑曰:胤,臣名。《史记》不采《左传》羿事,盖孔安国所不说。据《左传》羿代夏政为帝,夷羿则中康之立,亦犹朱均别守丹商国邑耳。枚书谓中康肇位,四海胤侯,命掌六师。又作传云:夷羿废太康,而立其弟仲康为天子。仲康命胤侯掌王六师为大司马。是羿亦为大臣,不得为帝夷羿矣。宋苏轼谓羲和贰,羿忠夏,羿假命征之。其言无征,而深得枚、孔之意。盖王肃、皇甫谧见高贵乡公、毋邱俭、诸葛诞之事,集此文证之也。南宋、元、明之儒务与苏争而互相攀引,毅然定羲和为羿党,则又一无稽之言,各成一局,且谓孔子书序不明羲和党羿之罪。夫羲和党羿,南宋始有成。案,孔子周人,何由得明之,且非枚书意也。"案,《吴世家》取伍员谏夫差语,《史记》于少康事何尝不证以《左传》?惟伍员之言谓有过灭后相少康不失旧物,则仲康继太康而立,本末失位,或谓为国人所立,或为后羿所立,时远无征,要不得因。辛甲虞箴有"有帝夷羿"一语,遂疑自太康以后,遂羿、浞迭篡也。果自太康,后羿即篡立,何以又有帝仲康、帝相乎?以伍纠辛,不攻自破。

仲康自征其日官，不必强与前篇纽合。枚书取左，如"圣有谟勋"及"木铎徇路"，均非此篇之文，惟"辰弗集于房，瞽奏鼓，啬夫驰，庶人走"，叔孙昭子言《夏书》以证，救日之礼正与书序废时乱日之语合。定是此逸篇之文，无可疑者。然则羲和之罪状了然，又何必忠夏党羿，造此两案臆断之词乎？世或以此讥史迁叙太康、少康之间语过简略，则自孔子之时，杞不足征。《史记》于本纪专取《尚书》师说，正其谨严有法处，何可轻议？左氏两言少康事，亦伍员之说，视魏绛为详叙之《吴世家》而不入《夏本纪》，甚得存疑互见之意。彼交口诋諆，及逞臆杜撰者，皆妄人也。

孙渊如《书疏》取郑注，《禹贡》引胤征"筐厥元黄，昭我周王"，以周为忠信为周之周，此曲说也。胤征疑是成王征之误耳。

**二十一日（3月1日）**　晴。吴匏翁《谒文信国祠诗》言所书《六歌》藏海虞钱氏，已毁于火，而其题跋中尚有信公《过小青口诗》遗墨，动人敬爱。合肥师家藏信公一诗，云得之乡人，云能避疟鬼。此或出于附会，然信公之正气，自胜于子章。髑髅血模糊，即鬼神固当敬之也。惜存葛洲，不获一见之。

吴跋《米襄阳临坐位帖》，谓鲁公圆活清润，能兼古人之长；米则猛厉奇伟，终坠一偏之失。余谓颜与米人品迥异，岂止婢学夫人。

**二十二日（3月2日）**　雨。六国之势宜从不宜衡。从之事难。苏秦激而约从，其志亦大过人，然即无张仪从约亦不能坚。盖从约三晋之利，彼齐、楚、燕方各蓄开强拓土之见，意谓和秦而加兵他国，固远交近攻之策也。而不知秦人以此时蚕食弱国，其势已席卷而至矣。秦之必争韩魏，犹今日泰西之必争我属国也。法取越南，英取缅甸、香港，俄取海葰[参]崴，皆暗与秦人合。扇日本，钩朝鲜，仍此技耳。鼾睡及卧榻之旁而不悟，有心人能勿慨然？

燕在春秋时甚弱，山戎之俎，求助齐桓，至景公之时，犹畏齐献赂，何战国时竟列于六国。《史记》亦不之详也。《国策》苏秦说燕文侯曰：燕东有朝鲜、辽，东北有林胡、楼烦，西有云中、九原，南有呼沱、易水,其地兼今日之盛京、山西大同、陕西榆林界矣。不知强大之基创自何时,疑亦田氏篡齐,三卿分晋之时。厘桓得以其暇,吞并边方耳。史公曰:燕北迫蛮貉,内措齐、晋,崎岖强国之间,几灭者数矣。然于姬姓独后亡,非召公之烈耶? 余谓弱如燕国,乐毅用之而入齐,强弱固无定形也,在于得人耳。

二十三日(3月3日)　晴。得八弟濮院书、安侄桂林书。

元微之《阳城驿诗》云:"商有阳城驿,名同阳道州。……我愿避公讳,名为避贤邮。"诗作于元和五年。及牧之时,则改为富水驿矣。牧之又有诗云:"益恋由来未觉贤,终须南去吊湘川。当时物议朱云小,后代声华白日悬。邪佞每思当面唾,清贫长欠一杯钱。驿名不合轻移改,留警朝天者惕然。"一驿名或以为当改,或以为不当改,议论不同如此。元、白和答诗十首,同者谓之和,异者谓之答,《阳城驿》乃白所和者。小杜正与元、白异耳,非漫然而作也。

二十四日(3月4日)　晴。作子寿丈祭文一篇、挽词五首、挽对一联。

《杜预传》两碑,一沈岘水,一立万山。万字可疑。捡《水经注》,全谢山云当是方山之误,方作万,改正为万耳。两汉之外,史之误字多矣。

二十五日(3月5日)　晴。季士周同年来。午后,至皞民、赞臣处小坐。

八弟书云其内弟注有《阴符经解》,欲求削正。《阴符经》乃李筌伪撰,诸家注亦筌伪为之。其言五贼三盗均极浅陋,乃朱子为之考异,安溪复以易释之,何也? 此等陋书,止宜以神仙丹火之说演之。焦弱侯之禅出自李贽,不妨别树一帜耳。宜儒者所宜言乎?

二十六日(3月6日)　晴。折弁回,得再同书,廿七出都。严范孙荐杜孝廉彤,未知其就馆否。

昨晦若见余挽寿老诗,谓似竹垞挽纳兰容若之作,非所敢当也。而少日实癖嗜朱诗,贪其使事繁博,足资稗贩,贫家无书,据此剽窃,犹胜于以兔园册子为秘本者。偶捡所藏,无江录而有杨谦、孙银槎两注本。孙注后于江、杨,然于直录杨注者,便不著其名,近于盗窃。杨氏于征典之外,间附作诗情事,此纪事之例,最为注诗要著,如《风怀诗》,杨几为征实,近于扬恶讦讼,此类删之可也。如《鸳鸯湖棹歌》,杨氏搜罗和作甚多,孙亦一例去之,此则近于立异矣。覃溪评朱,专据杨注。孙注刻于嘉庆初,或覃溪未见耳,实亦孙逊于杨。

先生《鹿尾诗》云:"东丹王子画,移剌楚材诗。"杨注以耶律楚材作移剌为疑,孙注则于注中但称楚材而并耶律不书矣。夫以先生之博洽,何至不知耶律楚材而误书其姓者?《辽史·国语解》云:以汉字书之,则曰耶律;以契丹字书之,则曰移剌。特一音之转耳。

二十七日(3月7日)　晴。答士周,并送裕如行。过陈雨人,商延馆师。

二十八日(3月8日)　晴。得两弟书,连日必作书一二缄,皆腊尾年头所积,乘轮舟复之。

孟僖子,属说与何忌于孔子懿子师事。圣人宜有以承补过之家风,而体无违之明训者,乃其朋比季氏,实为昭定间一大罪人,上负君,下负师,有不可以情感理测者。岂非孟氏之逆子而圣门之顽徒耶?僖子二十四年卒,何忌以是年代父位,明年昭公伐季氏,使郈孙逆之,何忌苟知礼,则帅师徒助公攻季,岂非不世之勋?即为私计,亦必代季平得政,乃甘心从逆,执郈昭伯而杀之,遂伐公徒,此季氏所不敢为而巤戾所未能为者,何忌肆无忌惮,毅然行之,此则季氏之贾充,昭公不为,高贵乡公亦幸免耳。三都之堕,虽谋出子路,而主之者必夫子,乃堕郈堕费,何忌皆身在行间,及堕成,则纳公【孙】敛处父之请,伪为不知,成亦终不能坠,意其阴谋秘计,姑堕郈费以弱季叔,终留成以挠圣谋,险诈不可思议,视毁圣之叔孙州仇尤不足取。《史记·仲尼弟子列传》不列其名,殆尔时虽不鸣鼓而攻,必早削其籍而绝其人矣。竹垞作《孔门弟子考》,乃补列之非也。竹汀先生刻于叔孙昭子,余稍嫌其过当。若何忌,则百喙无以自解者耳。

二十九日(**3**月**9**日)　阴。得乐山十六日书。

昨因与儿子论北学,颇讥孔氏。后取其《诗》、《礼》二疏考之,其《诗正义》据二刘为本,复云焯、炫等负恃才气,轻鄙先达;《礼正义》以熊安生、皇侃为本,复云以熊比皇,皇为胜矣。二刘及熊皆北学,皇侃则南学也。不知冲远何鄙夷乡先达? 若此,岂以士元始不之礼介,介于中耶? 抑学业博通,故无门户之见耶? 观其舍郑氏《尚书》而用孔,舍贾、服《左传》而用杜,此孟子所谓舍乔木而入幽谷者,何博通之有?

以《礼疏》论之,冲远讥熊氏违背本经,多引外义,犹治丝而棼之。今案《曲礼篇》:"五十曰艾。"《疏》引熊氏云:"案《中候·运衡》云,'年耆既艾',注云:'七十曰艾。'言七十者,以时尧年七十,故以七十言之。又《中候·准谶哲》曰:'仲父年艾,谁将逮政。'注云'七十曰艾'者,云谁将逮政,是告老致政,致政当七十之时,故以七十曰艾。"此即所谓多引外义者,而《疏》亦未有驳诘,盖两注皆出自郑,熊氏引之以博其趣耳。"太上贵德",郑注:太上,帝皇之世。熊氏以郑升帝于皇上,故列考郑说。三皇,与宋均、《白虎通》、孔安国不同之,故《疏》亦无难之。《檀弓篇》:"子思之哭嫂也为位。"注:"善之也。《礼》,嫂叔无服。"《疏》云:"此子思哭嫂,是孔子之孙,以兄先死,故有嫂也。皇氏以为原宪字子思。若然,郑无容不注,郑既不注,皇氏非也。《孔氏连丛》云'一子相承,以至九世',及《史记》所说亦同不妨。虽有二子相承者,唯存一人,或其兄早死,故得有嫂,且杂说不与经合非一也。"孔以皇为胜,亦嫌其时乖郑义。然《疏》显违《史记》,造为子思有兄先死之说,何足难皇? 且郑既不注,安知即是孔子之孙乎? 其意盖以上下子思,皆孔孙也。然即此一节亦足见皇之未必胜熊耳。《王制》:"千里而遥","千里而近"。皇氏谓近乃不满千里,遥乃不啻千里。熊氏以为近者,谓过千里;遥者,谓不满千里。孔氏是皇非熊,此则熊说似迂曲矣。余拟摘其驳熊者别钞之,仿刘文淇《左传旧疏》之例,使北学稍存梗概也。马氏已辑之矣。当合采诸家,汇为一书,曰"礼记旧疏存"。

**二月初一日（3 月 10 日）**　晴。复两弟书。得赵菁衫书，时署山东臬司。

阳休之撰《幽州人物志》，《北齐书》、《北史》并同。休之殁于隋开皇二年，而《隋书·经籍志》并不著录，惟《旧[唐]书·经籍志》云"《幽州古今人物志》十三卷，阳休之撰"。盖开元四部所收也。《太平御览》引用书目已无此书，是宋初已亡，而《新唐书·艺文志》犹列其目，十三卷作三十卷，未知孰是。类书中竟罕征引，无可考矣。余惟《阳氏谱系》，托于雍伯，远脉难征，自士伦以忠清简毅、笃行义烈为卢谌所推，实延世泽，于勿替一家之学，实为北燕大宗。[阳]景文尼造《字释》，未就而卒。从孙承庆撰为《字统》，子烈休之亦撰有《韵略》一卷，见陆慈《切韵序》、《旧唐·经籍志》。是深于小学也。烈弟俊之子辟疆父子并修《圣寿堂御览》，兄弟叔侄并预文林馆，子烈又辑陶诗，是长于编辑群书也。敬安固有集三卷，子烈有集三十卷。《旧唐》作二十卷，此从《北齐书》。无景昭有集十卷，俊之亦自称有集十卷。"阳五伴侣"卖者疑为古之贤人，是优于文辞也。《景德传》则曰"涉猎经史"。藁《叔鸾传》则引柳下惠"则可，吾不可"之说，以拒羊侃，请轻徭薄赋，勤恤人隐，以罢苑囿。均见风采，非不学者所能也。惜今诸集与《人物志》俱佚矣。余仅辑《字统》一卷，略识慨想而已。《字统》本二十卷。

敬安有《刺谗》、《疾壁幸》二诗，见本传。吾乡之人例障于谗，亦其人类北方孤直之故。

**初二日（3 月 11 日）**　晴。迟再同未至，闷甚。复菁衫书。

李贻德有《贾服注辑述》，余取马氏辑佚补之，复取马、李所未及者，得若干条，既为附存矣。因取《南史·儒林传》涉及服、杜者录之，以资考核。

崔灵恩，清河东武城人。灵恩先习《左传》服解，不为江东所行，乃改说杜义。每文句常申服以难杜，遂著《左氏条义》以明之。时助教虞僧诞，又精杜学，因作《申杜难服》以答灵恩，世并传焉。僧诞，会稽余姚人。

沈不害,字孝和,吴兴武康人也。自梁代诸儒皆以贾逵、服虔之义难驳杜预,凡一百八十条。元规引证通析,无复疑滞。

《北史·儒林传》:

李崇祖,字子述,上党长子人也。姚文安难服虔《左传解》七十七条,名曰《驳安》。崇祖申明服氏,名曰《释谬》。

刘昼,字孔昭,渤海阜城人也。就马敬德习服氏《春秋》,通大义。

马敬德,河间人也。张思伯,河间乐城人。善说左氏传,为马敬德之次。当是服氏。撰《刊例》十卷。

刘炫,河间景城人。自为状:"服、杜,并堪讲授。"

**初三日(3月12日)**　晴。陈雨人来。午后,约李赞臣代招章仲璋孝廉为馆师。

《春秋左氏解诂》三十卷。贾。《解谊》三十一卷。服。《杜服注》十卷。残缺。《服杜音》三卷。梁有《春秋释训》一卷。贾。《春秋左氏经传朱墨列》一卷。贾。《左氏膏肓释痾》十卷。服。梁有《春秋汉议驳》二卷。服撰,今亡。《春秋成长说》九卷。服。梁有《春秋左氏达义》,汉王玢撰,亡。按,此书附于服下,不知与服同否,无可考。《春秋塞难》三卷。服。《贾、服异同略》。孙毓,五卷。以上《隋志》,唐略同。

《左氏正义序》。今义疏者,沈文何、苏宽、刘炫。苏氏全不体本文,唯旁攻贾、服。苏疏,隋、唐今不著录。按,马氏就《左疏》辑《苏疏》一卷,然片言只义,不见旁攻之迹矣。

**初四日(3月13日)**　晴。曹苕臣来。午后,刘子进、顾皡民来谈。得允言书。闻再同初一始起程,明日可到矣。

晋《刘隗传》:"隗伯父讷,子畴,字王乔。曾避乱坞壁,贾胡百数欲害之,畴无惧色,援箚而吹之,为《出塞》、《入塞》声,以动其游客之思。群胡皆垂泣而去之。"此即畏匡弹琴之风尚为近理。《刘琨传》:"在晋阳,尝为胡骑所围数重,城中窘迫无计,琨乃乘月登楼清啸,贼闻之,皆凄然长叹。中夜奏胡笳,贼又流涕歔欷,有怀土之切。向晓复吹之,贼并弃围而走。"殊类儿戏,且不应先后两事均属刘氏。明是琨事,因王乔附会也。《新晋书》采之,可谓无识。

初五日(3月14日) 晴。侵晓,扁舟迎再同,行三里许相遇,过而吊之,再同瘦弱可怜。舟泊铁桥下,至暮始还署中。陈儿亦往谒即归。

金源一代,边风未革,儒术至衰。修史者立文艺传而无儒林,致足慨矣。辛楣先生补《元史艺文志》,稍辑辽、金以来著述,始得附见。约而论之,如赵闲闲秉文有《中庸说》《〈论语〉〈孟子〉解》《易丛说》,其学旁及诸子,晚遁于禅,然固五朝文宗也。杨之美云翼辨《周礼》,摘《新历》,亦其次矣。《文艺传》中,如马子卿定国,茌平。则有《六经考》一卷,王从之若虚,藁城。则有《五经辨惑》、《四书辨惑》三卷、《尚书义粹》二卷。是宜别为儒林传,以存一代经学之盛衰者也。小学,则韩孝彦《五音篇》十五卷,韩道昭《改并五音集韵》十五卷,与张天锡、赵昌世之《草韵》十册,郑(昌时)[时昌]之《韵类节事》。仪注,则如张行简之《礼例纂》一百二十卷,张晫等之《大金集礼》,亦宜附焉。至若李纯甫之《中庸集解》,援儒入墨;麻九畴之《学易》,沿流忘源,则不能阑入,庶亦稍存崖略欤。要之,金之学派比元则不足,比辽则有馀,似不宜以文艺为名,没经生之源,破史家之例也。吕迭《尚书要略》亦宜入之,正大间同知集贤院。

欧阳文忠作《五代史》以讥钱氏太切,至钱氏腾谤污以帷薄不根之语。今更考得一事。辽《文学传》,刘辉寿隆间上书,以"'欧阳修编《五代史》,附我朝于四夷,妄加訾毁。且宋人赖我朝宽大,许通和好,得尽兄弟之礼。今反令臣下妄意作史。臣请以赵氏初起事迹,详附国史。'上嘉其言",昌黎不愿秉史笔,谅哉。庐陵特本南以北为索,虏北以南为岛夷之例耳。五代之季,石晋至称契丹为父皇,愈夷狄之,中国乃愈辱也。

初六日(3月15日) 晴。合肥往唁再同,约花农来议南行趁轮事。午后,过再同。薄暮归。闷甚,饮酒微醺。

初七日(3月16日) 大风雪。雪甚大,因风均入阶下,积玉盈除，重裘犹粟，以炭一器送再同。夜得九弟书。

王从之《滹南诗话》："史舜元【卿】作吾舅诗序，以为有老杜句法，盖得之矣。而复云由山谷以入，则恐不然。吾舅儿时，便学工部，而终身不喜山谷也。若虚尝乘间问之，则曰：'鲁直雄豪奇险，善为新样，固有过人者。然于少陵初无关涉，前辈以为得法者，皆未能深见耳。'"从之舅周德卿。然句法二字乃山谷拈出者。学杜不可不知句法。必纯以句法求杜，小矣。从之诗话三卷，讥贬山谷者几居其半，则失之过矣。元裕之云："论诗甘下涪翁拜，不作江西社里人。"斯平允之论欤。

**初八日（3 月 17 日）** 晴，风止。晨起，以再同久病体弱，送之至沪，以尽戚友之谊。辰初发三岔河，午初由新裕南征，戌正至大沽，候潮，西北风，潮小不能行。

《临汉隐居诗话》："王元之《橄榄诗》云：'南方多果实，橄榄称珍奇。北人将就酒，食之先颦眉。皮核苦且涩，历口复弃遗。良久有回味，始觉甘如饴。'盖六句说回味。欧陆文忠公曰：'甘苦不相入，初憎久方知。'极快健也，胜前句多矣。"佩纶案，东坡亦有句云："待到馀甘回齿颊，已输崖蜜十分甜。"此翻元之意也。三作当以永叔为浑成，然亦各肖三公际遇矣。朱竹垞有《橄榄词》，极细腻，然无甚寄托。

查氏水西庄之名，几与水绘园、玲珑山馆南北争长。在津二年，求其遗址，言人人殊，可叹也。舟中阅《莲坡诗话》，云：查浦老人以康熙庚辰、辛巳游津，居于斯堂，与赵秋谷、姜西溟、笪元彦茹芝、朱字绿书、刘大山岩擘笺飞羃，殆无虚日。饮遂闲堂，有留别诗。阿云举学士金罢官后，亦来于斯堂与其父谈宴。更以庄中所种红菱分赠葛信天正笏、张少仪凤孙，葛、张均有诗。莲坡复有别业在曲周。海棠十月盛开，遍征题咏。想见置驿通宾，据辖醉客之概。

**初九日（3 月 18 日）** 晴。巳，潮为西北风所阻，水才八寸馀，舟仍不行，登舟顶回望大沽，形势屹然，诚天险也。过再同谈，见其微有倦乏意，少坐即归，深悔行箧携书太少，枯寂无憀，闭目理杜诗，片刻已薄暮矣。沙鸥飞翔，海天一色，望之廓然意远。夜潮南发。

初十日（3月19日） 晴。申酉间过成山。

《史记·封禅书》：八神，七曰日主，祠成山。成山斗入海。注：成山在东莱不夜县。《子虚赋》："齐东陼钜海，南有琅邪，观乎成山，射乎之罘。"张揖注：于其上筑宫阙也。朱兰坡以观即观于转附、朝儛之观。张说未的。余往来海上，均以夜过成山，未睹其形势。今风定日斜，兀然在目，无论祠阙之迹不存，且石戴土之山近于荒赭，亦不足以骋游观，不及之罘远甚。疑不能明也。颇思以日祠之说证之，当从《齐地记》所云："古有日夜出见于东莱，故莱子立此城，以不夜为名。"殆旧于此山为观日之所欤。舟中无书，归当考之。《汉书·郊祀志》："最居齐东北阳，以迎日出云。"

始皇二十八年登之罘立石，二十九年登之罘刻石，三十七年至之罘射巨鱼。《封禅书》所谓阳主祀之罘也。汉武踵秦政之迹，亦登之罘，浮大海而还。疑即今烟台也。

十一日（3月20日） 雨，东风，有浪。夜半水雾作，驾长误以宁波山为查山，至晨日出始辨之。

十二日（3月21日） 晴。由镇海折回至上海，已未初矣。寓再同于广绍公所，余仍居舟中。

十三日（3月22日） 晴。延费绳武为再同一诊，据云肺经已损，疾不可为矣，勉立一方而去，为之闷损。与沈子梅至书肆买得丛书数种，作致孝达书。时鄂弁已到。伯潜去年有择地相见之约，至沪颇思，电之，而沪上淫秽喧嚣，不可久居，遂以一书明不能如约之故。八弟适濮院，冲替回杭矣。绳武名承祖。

少日四兄以冯注义山诗文见赐。余之稍治义山始此，而略嫌冯注之繁琐沾滞。中年久弃之矣！偶于肆中购徐艺初昆仲《文集注》、姚平山《诗集注》。阅之，姚注虽分体一道，长孺稍改原编之旧，然实便于披览，视冯之强分次序者已胜矣。谁谓后来居上哉？同日又得秀野草堂[顾嗣立]《温[庭筠]诗注》，亦板纸，均佳。

飞卿与玉溪并称，格致不逮远甚。其《西陵道士茶歌》结句云："疏香皓齿有馀味，更觉鹤心通杳冥。"李之所以胜温者，以有馀味而以通杳冥耳。善品诗者必能辨之。

《新唐书》：庭筠，大中末，试有司，私占授者八人，执政鄙其所为，授方山尉。《旧书》：杨收怒之，贬为方城尉。《全唐诗话》宣皇好微行，温不识龙颜，傲然诘之，谪为方城尉。三说不同如此，疑《旧书》为得实，醉而犯夜，为虞候所击，至于败面折齿，乃诉之令狐绹。飞卿固非小杜，令狐更逊太宰，殊杀风景，然今之轻薄少年正恨少此虞候一击。

**十四日（3月23日）**　晴。载之自苏来，本欲赴津，相遇于舟中，留之午饭畅谈。饭后，送再同至江通舟中少坐，至夜分复往，名为生离即同死别，殊不可为怀也。复与载之夜话，止其津门之行。夜半，江海两舟并放矣。终夕展转不能成寐。

载之偶以牙杖问余，曰："世名牙签，亦有本乎？"余曰："陆云与兄机书，曰有剔齿纤一枚以寄兄，即此之谓也。"高似孙《纬略》又引《酉阳杂俎》云，仙人郑思远常（骁彪）[骑虎]，故人许隐齿痛求治，郑拔（彪）[虎]须，及热，插齿间即愈，更拔数茎与之。所谓纤者，当是此类。若以金类、丝类为之，无足奇者，何必寄耶？余案，心，纤也。此必木刺、藤刺为之，故曰纤。若金丝之类，则后人指以为饰。然以《纬略》证之，则宋时已以金银剔齿矣。

**十五日（3月24日）**　晴。夜渡黑水洋，波平风静，月色剧佳。

张思光作《海赋》以示顾凯之。凯之曰："此赋实超木玄虚，但恨不道盐耳。"融即求笔注曰："漉沙构白，熬波出素；积雪中春，飞霜暑路。"此四句后所足也。余谓此四句赋盐则甚工，赋海则已细，似于全篇无所增损。而思光之赋较之玄虚，气象实不能及，宜昭明选木而遗张也。更有庾阐一赋，则更失之略矣。海本难赋，以孟坚之深玮，而《览海赋》亦甚寻常；以子桓之英逸，而《沧海赋》亦不雄阔。下至王粲之《游览海》，孙绰之《望海》，寥寥短幅，无（函）[涵]盖之势而有窘拘之讥,岂特赋文愚于六合者哉?

十六日(3月25日) 晴。戌刻至烟台,即之罘也。亥正复行,登舟顶望月。

义山诗,须深于唐事,始得其用意之所在。冯注惟以牛、李党横据胸中,连篇累牍,无非为令狐而发,何其浅陋也。《宫中曲》:"欲得识青天,昨夜苍龙是。"此以汉薄后事喻大中郑太后,本李锜妾也。视杜[牧]《秋[娘]诗》尤隽雅不露,与"英灵殊未已,丁传(渐)[尽]华轩"参观,寄慨无穷矣。

十七日(3月26日) 晴。未刻至大沽,潮平,载重不能入港也。酉刻,合肥所遣快马轮舟,至月中放櫂,子正丑初始至署中。

允襄、允厘赴州小试,允淑随其婿回福山,均于初十过津。得允言书、鹤巢书。

玉溪《井泥诗》以拙晦为妙,胡震亨谓:"元微之《古讽》各篇,怪其讲道理著魔,不谓此趣士亦复尔尔。"程午桥曰:"刘孝威《箜篌谣》:'岂甘井中泥,上出作埃尘。'诗意本此。"冯孟亭则以为文宗崩,武宗立,杨嗣复远斥江湘,李德裕由淮南入相之时,语虽杂拉,尚有线索可寻,然其诗云:"尧得舜可禅,不以瞽瞍疑。禹竟代舜立,其父吁咈哉!嬴氏并六合,所来由不韦。汉祖把左契,自言一布衣。当涂佩国玺,本乃黄门携。长戟乱中原,何妨起戎氏。不独帝王耳,臣下亦如斯。伊尹佐兴王,不藉汉父资。磻溪老钓叟,坐为周之师。屠狗与贩缯,突起定倾危。长沙启封土,岂是出程姬。帝问主人翁,有自卖珠儿。武昌昔男子,老苦为人妻。蜀王有遗魄,今在林中啼。淮南鸡舐药,翻向云中飞。"以冯说求之,止泥于杨妃水葬之语耳。意以禅代喻弟兄相及,淮南指卫公,亦不甚切。以余意断之,殆与樊川《杜秋诗》同旨,皆为大中初年作,郑太后本李锜妾,杜云"光武绍高祖,本系(由)[生]唐儿"。即此所云"长沙启封土,岂是(由)[出]程姬"也,而"嬴氏并六合,所来因不韦"则语更咄之。"蜀魄"、"淮鸡",明武帝上宾,皇子被废,与"黄门携"相足以见废立之策,均由宦官耳。宣宗以令狐楚用绚,绚由父资得进,则反之曰如"伊尹"者,岂如汉法以父任得官耶?唐儿本程姬侍儿,郑亦郭太后侍儿,尤为精切。线索极为分明,视冯说亦较安也。[①]

**十八日(3 月 27 日)**　晴,易(绵)[棉]衣。买得洋灯一对,于夜读甚宜。洋灯若华,此独雅朴,且灵便也。赞臣、花农均来。

温公一代正人,元祐新政天下,后世翕然称美。顾其学术有不可解者,如《孝经》则信古文,笃好《太玄》而疑孟,作《资治通鉴》则帝魏寇蜀。《程氏遗书》谓:"温公能受人言,尽人忤逆,更不怒,便是好处。"然如东坡之争差役,温公果能受言而不怒乎?

**十九日(3 月 28 日)**　晴。胡令良驹赴清丰,属以再同病状告伯平。

刘真长、王仲祖共行,日旰未食。有相识小人贻其餐,肴案甚盛,真长辞,仲祖曰:"聊以充虚,何苦辞?"真长曰:"小人都不可与作缘。"六朝人能作此语,殊有意也。

宋邓名世《姓氏书辨证》引孔至《姓氏杂录》曰:唐初定清河张为乙门。又曰:唐张大师、延师兄弟三人并列戟,时称"三戟"。张家又有张沛、张洽、张涉兄弟,亦同时列三戟。又,开元中,张说、张嘉贞同时入相,互为中书令,时称大张令、小张令。

**二十日(3 月 29 日)**　晴,午后微阴。得孝达电,再同十八到鄂,拟留之就医,然疾不可为矣。寄廉生书,告之。又寄八弟、九弟复书。午后,皞民来谈。

李卫公相业,余所心折,顾其《羊祜留贾充论》颇谬,其辞曰:"祜岂悦贾充者哉? 良以爱君体国,发于至诚耳。晋氏倾夺魏国,初有天下,其将相大臣,非魏之旧臣,即其子孙,所寄心腹,惟贾充而已。充亦非忠于君者,自以成济之事,与晋室当同休戚,此羊祜所以愿留也。

---

①　整理者按,此条有眉批:李卫公《伐国论》:"苻坚纳慕容婑弟,秦宫有凤兮之谣。"大意亦为郑、杜而发。此诗"何妨起戎氏",亦即暗指此事也。

昔汉高不去吕后,亦近于此。……以惠帝暗弱,……将相皆平生故人,俱起丰沛,非吕后刚强,不能临制,所以存之,为社稷也。后世翼戴其君者,得不念于此哉?"案,充嗾成济,加刃高贵乡公,实弑君首恶。就晋言晋,姑勿深论。武帝既移当涂之鼎,自宜黜佞尚贤,为经国远计。任恺、庾纯刚直守正,疾充如仇,说帝令镇关中,实晋之忠谋也。其时魏之旧臣如王祥、裴秀均已前卒,即存者亦皆甘心二姓,既无兴复曹魏之力,亦无兴复曹魏之心。魏之子孙在当日尚如禁锢,在晋初更若单门,岂赖一充居中镇束? 所言殊不切事情。祐为此启,实素党于充,又逆料充为晋谋臣,根深蒂固,故密为迎合之计,以遂其交通之私,充婿齐王即是祐甥,其戚谊朋情尤为显著,与荀勖劝充连婚储室同一党蔽,而武帝不悟,致充以嗾成济,开典午之基;充女即以弑杨后,杀愍怀,丧典午之业。天道好还,假手于充之父子以示显应。祐折臂绝嗣,可堕愚民之泪而不能欺福善之天。卫公何以称焉?

二十一日(3月30日) 晴,大风。午后,叶子晋来,扶柩至厉坞寺,吊送之。

《西陂年谱》:康熙二十四年乙丑,以事过遵化练泉。泉在城东北隅。文康尝筑亭与客泛舟。后以地震泉涸,余至,泉忽涌出,都人士惊喜,建堂泉上,余题曰"来泉",赋诗刻碑,置堂侧云。今州牧陈以培修复斯堂。州人以堂成之日,己丑遵属中四进士为瑞。所见小哉!

二十二日(3月31日) 晴。作乐山七十生日寿诗三十韵。香涛前辈尝谓余勿作五排,体近俳俗,故自己卯至今十二年未尝作此体矣。寿诗不可存稿。晦若怂恿为之,殊不惬意也。寿联则晦若代撰。

皞民以吉林公牍二册送阅。我朝以黑龙江、吉林开国,而定鼎之后视若周之幽邑,不设民官。康熙年间已有罗刹之患,即俄罗斯也。自明谊定约,黑龙江已半入于俄。光绪初年,因伊犁构衅,余与香涛谋以此经画东方,故有清卿帮办吉林之命。适铭鼎臣请令阎敬铭保道府州县一员赴吉林差遣。旨令合肥保送,余荐皞民,而他道员亦惮边荒。于是,以皞民及李守金镛、员知州启章、查令宗仁应,而员、查迄未往也。铭、吴间有龃龉，皞民颇能调和之，改设州县，而皞民拜分巡吉林之命，稍稍规久远矣。而清卿知几，忽请以所部防近畿，当前敌，遂去。边庭时局既变，皞民亦不安其位，而三省练兵之大臣新命复下，东顾甚勤而边事日坏。吁！

**二十三日(4 月 1 日)** 晴。汉光武不用功臣，然王霸元伯守上谷二十馀年，祭遵弟孙之从弟肜在辽东亦三十馀年，肜后以逗留畏懦下狱免，且本非元功。元伯从帝颍阳，虖沱诡称冰坚，殆与冯公孙芜亭相似。其在北边攻卢芳，治飞狐道，筑起亭障，自代至平城三百馀里。又陈委输可从温水漕，以省转输之劳。久任边方，成效甚著，亦足称矣。

《魏志·杨阜传》："明帝著绣帽，被缥绫半袖。阜问帝曰：'此于礼何法服也？'帝默然不答。"疑"半袖"即"半臂"。

**二十四日(4 月 2 日)** 晴。旨以陶模为新疆巡抚，张岳年为陕西布政使，沈晋祥为甘肃布政使，孙楫为湖南按察使。浙人三，东人一，毅斋丁祖母艰也。

新疆既复，左文襄踵前议奏设郡县，识力可谓忠伟矣。惜规模未定，文襄以俄事内召。其后朝邑长户部，务崇节俭，初欲罢郡县之议。余力争之而止，然裁省兵饷章程束缚一摇手不得矣。余当回部荡平，时曾有求田一疏，其时年少气锐，或涉难事易言，文襄请试办于察哈尔，则未知。近边牧政之重，与控制西域地同势异，且八城地广人稀，无民何以设吏，无田何以聚民，似屯田之策终不可废。沈子惇新疆私议云：四城，谓库车、布古尔、哈拉沙尔皆汉屯田之地，不待复举。屯政既举，即当举阿克苏以东之田回部者，安西关内之藩篱。四城者，又回部之藩篱。今当实阿克苏以东诸城以待四城不虞，即当实安西以东诸府州以待回疆不虞。斯言谅矣！四城指喀什噶尔、叶尔羌、和阗、英吉沙尔。今日之急，煤铁各厂亦可并举也。

**二十五日(4 月 3 日)** 阴。遣陆宣赴察罕为乐山祝寿。

斋中书籍纵横，廿二日尽去客次床几，以书笥十列于东壁，增书至二千卷，今日清暇，督僮辈整比之，颇觉心地开朗矣。

　　读《晋书》一卷。《列传》五十五。刘毅初预义旗，功居宋武之次。史称其深自矜伐，不相推伏。此其取祸之由。然始以义合谋，终以势隙，未推原其隐，宋武志在篡晋，毅自不能苟同。史顾谓其忿躁愤激，恐不然也。观何无忌与毅不平，毅唯自引咎。毅非不能退逊者。其赴江陵，请加督江广，复辄取江州兵及豫州西府文武万余。所谋骎骎相逼，裕欲营建大业，自不能先去强藩，当此之时，非裕杀毅即毅杀裕，是亦危厦之一木、狂澜之一篑也。史称其尝云："慨不遇刘项，与之争中原。"又谓郗僧施曰："昔刘备之有孔明，犹鱼之有水。"众咸恶其陵傲不逊。此亦身败之后诬蔑之言。夫杀毅者不臣，顾以不臣罪毅乎？在宋臣秉笔作《晋书》时旨宜尔，而唐臣乃踵其谬悠，不加申理，何欤？

　　酉刻得鄂电，再同于二十四日酉刻下世，惨哉！

　　**二十六日(4月4日)**　阴，大风。枯坐，念再同侠肠笃行，其以会典积劬，似梅圣俞，去年尝以自况，竟成谶语，弥可痛也。晦若来，少坐即去。

　　《直斋书录解题》：《李义山集》八卷，《樊南甲乙集》四十卷，唐太学博士河内李商隐撰。商隐，令狐楚客，开城二年进士，书判入等。从王茂元、郑亚辟，二人皆李德裕所善，坐此为令狐绹所憾，竟坎壈以终。《甲乙集》者，皆表章、启牒、四六之文。既不得志于时，历佐藩府，自茂元、亚之外，又依卢弘正、柳仲郢，故其所作应用若此之多。商隐本为古文，令狐楚长于章奏，遂以授商隐。然以近世四六观之，当时以为工，今未见其工也。案，直斋论玉溪最允。令狐绹在武宗时，卫公并不以党疑之，义山安能知其父子之党牛李而恶卫公乎？及大中之世，因与武宗有隙，波及朱崖，而绹、敏中承望风旨，入井下石，推波助澜，既以卫公而及郑亚，复以郑亚而及义山，此非义山之忘恩苟合，乃令狐之反噬忌才也。冯浩乃义山罪人。余既于去年辨之，复因直斋之言漫识于此。

二十七日(**4月5日**)　清明,晴。晦若及其弟渊若来。名式棱。渊若书法英健,文笔畅达。余荐之乐山,延主奏记,昨日由杭到津也。得朱子涵书。

《直斋书录解题》:李卫公集有两本,一曰《会昌一品集》二十卷、《别集》十卷、《外集》四卷;一曰《李卫公备全集》五十卷、《年谱》一卷、《摭遗》一卷。四库所收惟《一品集》,《备全》久忘矣。《解题》云:《备全集》,此永嘉及蜀本三十四卷之外,有《姑臧集》五卷、《献替记》、《辨谤略》等诸书共十一卷。知镇江府江阴耿秉直之所辑,并考次为《年谱》、《摭遗》。《姑臧集》者,兵部员外郎段令纬所集,前四卷皆西掖、北门制草,末卷惟《黠戛斯朝贡图》及歌诗数篇。其曰"姑臧",未详。卫公三为浙西,出入十年,皆治京口,故秉直刻其集。余思补辑其年谱,稍得长庆党消长之略,匆匆未暇也。

二十八日(**4月6日**)　阴。复子涵书。得高阳书,询余送再同之故,作笺复之。皥民来谈。

魏以疏忌宗室亡。晋鉴其弊,大封同姓,而八王之乱,晋辙遂东。然东晋仍以任宗室亡也。谢安石既薨,以会稽王道子总录扬州,朝野奔凑。于是,官以贿迁,政刑谬乱,用度奢侈,下不堪【用】命。世子元显继之,至于谋夺父权。于是孙恩外通,王恭内携,而桓玄乘之以起,刘寄奴以兴复为名,遂承典午之禅,实会稽父子酿成祸阶也。夫亲贤并植,则安矫外戚之弊;而用宗室,不知宗室亦良莠不齐。汉用东平则治,齐用萧鸾则篡,何常之有? 世之谋国者尚兢兢笃切,以宗室为必可恃也。

二十九日(**4月7日**)　阴,有风。借观云楣所藏北宋拓《圣教序》,自"是以翘心净土"起,上皆缺,乃伊墨卿藏本,有潘三松、阮芸台、唐陶山、郭兰石跋。郭云:汪孟慈有北宋本,与此无少差池。所见无能鼎足者,乃前朝库裱,纸墨均旧。姚姬传书一行于齐字之侧云:化三为二,唐临《兰亭》有如此云。"圣慈"不泐,"缘"字亦不泐,较铁本尤胜。本王孟津题签,已遗失。

**三十日(4月8日)**　晴暖。李子木来,时东抚奏保送部引见。午后,答裕如,送行。渊若辞,赴察罕,复往送之。寄乐山书,以百元寄载之。

观王孟端《溪山渔隐图》,有乾隆御题,嵇璜、董诰、梁国治、彭启丰、彭元瑞和作。惠山听松庵性海编竹成炉以煮茗,王为绘图,【旋】既而炉毁图亡。康熙间顾梁汾得图,归之。乾隆间知县邱涟借观,毁之。上亲命补图,还庵,复以此卷赐焉。今庵址已为淮军昭忠祠,而秦缃紫得御绘,其族弟恩延得此图,将复建山房。惟御题云:四图回禄,而秦记止云一图,未之详也。竹炉图有吴跋,此图亦有原博跋。[①]

**三月初一日(4月9日)**　晴。裴主事景福愿见情殷,晦若为之通意,因就晦若斋中见之。乃通州知县裴大中之子,字伯谦,己卯举人,丙戌进士,喜收书画,刻有《壮陶阁帖》,颇耆阿(夫容)[芙蓉],故观政户曹,至今不应官也,然视热中者自胜一筹。

《汉书·礼乐志》:"今叔孙通所撰礼仪,与律令同录,臧于理官,法家又复不传。汉典寝而不著,民臣莫有言者。又通没之后,河间献王采礼乐古事,稍稍增辑,至五百馀篇。今学者不能昭见,但推士礼以及天子,说义又(复)[颇]谬异。"兰台修史竟未见河间所辑,与叔孙所撰亦可异也。按,《后汉书·曹褒传》:"章和元年正月,召褒诣嘉德门,令小黄门持班固所上叔孙通《汉仪》十二篇,敕褒曰:'此制散略,多不合经,今宜依礼条正,使可施行。于南宫、东观尽心集作。'"故夹漆讥固以为陋。夫《汉仪》创自叔孙,即肃宗亦知其不合礼经,而扶风既献之于廷,复称之于史。若赞叹不足者,宜疑当世以重固者,为叶公之好龙也。肃宗谓窦宪曰:"公爱班固而忽崔骃,此叶公之好龙也。"

**初二日(4月10日)**　晴,有风。马勇自鄂回,得孝达廿二日书。

《能改斋漫录》:太宗亲征北狄,直抵幽州。俄一夕大风,军中虚

---

　　①　整理者按,此条上有眉批:图内有孟端补题一诗,署永乐壬寅。《画史》及《续疑年录》均云孟端卒于永乐丙申,此可疑也。

惊，南北兵皆溃散，惟高琼随上。上怒。诸将不赴行在，欲行军法。高奏曰："夜来出不意。诸将若有知陛下所在，岂陛下之福耶！"上悟，皆释之。高之门出太皇太后，为天下母。议者以为有阴德之助。余谓母仪如宣仁，自不得谓无积累。如执此为阴德，非失之陋，即失之诬矣。

**初三日（4月11日）**　阴。得菁衫书。挽再同一联，寄本甫。异谶讶三秋，谓诗人少达多穷，梅都官未奏书成，预以墓铭期死友；送行才十日，嗟孝子遭忧增笃，徐骁骑竟因毁卒，空馀经笥付孤儿。

《坦斋通编》：《春秋》书"夏五郭公"，人皆以为阙文。"夏五"固无可疑。至"郭公"，胡氏以为郭亡，盖齐威有郭，何故亡之。问故，以公为亡。疑其未然。按，《春秋》书有蜮有蜚，谓昔无而今有也。至螽之一字，僖、文、宣、哀之世，凡六书之而无他说，恐郭公亦止是一物，直书之以记异耳。《本草》：布谷，江南呼为郭公。岂此物耶？案，说经如此，殊可笑也。邢凯著。

**初四日（4月12日）**　晴。复孝达书。

《东都事略·吕夷简传》：西鄙用兵，刘平死于陈，黄德和诬平降贼，诏腰斩德和。议者以朝廷使宦者监兵，主帅节制不得专，故平失利，乞罢监兵。仁宗以问夷简，夷简曰："不必罢，但择谨厚者为之。"仁宗委夷简择其人，曰："臣待罪宰相，不与中官私交，无由知其贤否？愿诏押班保举，有不职，与同罪。"仁宗许之。翼日，都知押班叩首乞罢监兵，士大夫嘉夷简之有谋。余谓监军为害，自唐已然。仁宗因言者之请，欲罢宦寺兵权，实为善举。夷简既为宰相，便当敷陈古今宦寺之弊，力主罢之，乃请择谨厚为之，阳奉阴违，殊为巧猾。幸而仁宗之意已坚，押班亦属庸才，畏罪请罢设。上以遽改奄党，益坚夷简，亦如秦越之视耳。所以然者，夷简之罢，令素所厚内侍都知阎文应诇，知郭后之语，藉以报复，方阴感内侍之不暇，何敢赞此大计，取怨中官，因为模棱狡诈之说，事成则居其名，不成则不受其祸，所谓"中朝大官老于事"者也。

初五日(**4月13日**)　晴,有风甚寒,复御灰鼠裘。子涵寄《圣教序》一册,是宋拓而不精,复有《宝际寺碑》、《雁塔圣教序》,均是旧拓。午后,吉云帆自都引见来津。

真宗疾久,艰于语言。读《丁谓传》,内臣雷允恭祖谓,敢留已罢之相,悍横极矣。仁宗自嘉祐元年有疾,暴感风眩,虽月馀告痊,而范镇建储之奏即入,意风疾必不能尽瘳。七年之中,似精力已逊故,因温公上疏,尽屏内侍,尚令御药侍臣及扶侍四人立殿角以备宣唤,则病状可想矣。英宗四年,均在病中,殆亦萎靡不振。三朝因循若此,至神宗发愤为雄,又以新法进小人,安得不乱。今每以嘉祐、治平为治世,犹宋人之工于粉饰耳。

初六日(**4月14日**)　阴。元丰之政坏于吕惠卿,绍圣之祸成于章惇,崇观以来之谬举极于蔡京。三人皆闽产也。其尤异者,奸邪如此,而皆有文学,皆享大年。福善祸淫之理,殊不可凭。经明行修之材,固难兼备也。惠卿年八十,惇年七十一,京亦八十。京之书,与坡、谷齐名。惇之文字亦佳,与坡公时有倡和。而惠卿亦有《庄子解》十卷,文集百卷。天予小人以才,殆厚其毒,以为亡宋之具耳。惠卿以子渊见张怀素妖言不以告,坐责祁州团练副使,终以观文殿学士、醴泉宫使致仕。惇贬雷州,未几内徙,改湖州始卒。视吕微仲之死于道中,刘莘老之卒于贬所,转有晚景优闲之福。是以回夭、跖寿之类也,故子罕言命。

初七日(**4月15日**)　晴。江督过境,合肥酬答甚劳。余校《管》馀暇,颇以书画为怡性遣闷之具,较量吏隐闲者之福多矣。

《礼记·缁衣篇》:子曰:"私惠不归德,君子不自留焉。"注:私惠,谓不以公礼相庆贺,时以小物相问遗也。言其物不可以为德,则君子不以身留此人也。相惠以亵渎、邪僻之物,是谓不归于德。归,或为"怀"。疏:君子之人不用留意于此等之人。案:注与疏解"留"字小异,而皆未当也。自,用也。《书·召诰》,郑注。留,止也。《说文》。私惠不归德,君子断不用此而留,言不因私惠而留也。惟不轻受人之私惠，故不为人之私人。孟子无处而馈之，是货之也，焉有君子而可以货取乎？正是此意。

康成先习《韩诗》，后笺《毛诗》，谓《毛诗》最古。《礼注》已行，不复追改。然《缁衣》引《彼都人士》之诗注云：此诗，毛氏有之，三家则亡。是注《礼》时已见《毛诗》也。

**初八日(4 月 16 日)**　晴。得九弟书。夜即复之。粹玉亡日，未暇校《管》，颇觉闷怀。

《晋书·王戎传》：以母忧去职。时和峤亦居父丧，以礼法自持，量米而食，哀毁不逾于戎。帝谓刘毅曰："和峤毁顿过礼，使人忧之。"毅曰："峤寝苦食粥，乃生孝耳。至于王戎，乃为死孝，陛下当先忧之。"帝赐药物，断宾客。《世说新语》亦载其事，谓王鸡骨支床，和哭泣备礼。《晋阳秋》曰：世祖及时谈，以此贵戎。按，《戎传》则云不拘礼制，饮酒食肉，或观弈棋，而容貌毁悴，杖而后起。夫饮酒食肉，居丧有疾之礼也，观弈则非礼矣。仲雄之言未允。陈寿在蜀以父丧使婢丸药，乡党以为贬议，至蜀平，尚沈滞累年。夫贵人则观棋，得死孝之名，寒畯则丸药蒙不孝之谤，岂不异哉？

《晋书》八十二卷，陈寿等十二人列传，十一人皆史才。惟王长文著书四卷，拟易名曰《通玄经》，与承祚诸子不类，而亦厕名其间，殊无例法。

**初九日(4 月 17 日)**　晴。《法书要录》所载妇人能书姓名，偶撮录之。

蔡文姬。蔡邕授神人笔法，与崔瑗及文姬。又见《书断》。甚贤明，亦工书。

卫夫人。文姬传钟繇，繇传卫夫人。李嗣真上下品，张怀瓘第三等，《书断》入妙品。

左姬。王愔《文字志》：在贾逵之后，许慎之前。

皇甫规妻。扶风马夫人，见《书断》，妙品，有才学，工隶书。

谢道韫。李入中下品。亦见《书断》，有才华，亦善书，甚为舅所重。

神品。

　　李夫人。李入下上品。在袁崧后,谢朓前。

　　王羲之妻郗氏。甚工书。神品。

　　郗愔妻傅氏。善书。妙品。

　　王洽妻荀氏。亦善书。妙品。

　　王珉妻汪氏。疑是江氏。妙品。

　　孔琳之妻谢氏。亦善书。妙品。

　以上《书断》。

　　陈炀帝沈后。吴兴人,君理之女,字婺华。

　　唐则天后。

　　刘秦妹马氏妻。刘秦乃翰林书人。

　以上见窦臮《述书赋》。

**初十日(4月18日)**　晴。李义山《风雨诗》:"新知遭薄俗,旧好隔良知。"何义门评云:"'新知'谓茂元,'旧好'谓令狐也。"冯注因之,且曰:"'遭薄俗'者,世风浇薄,乃有朋党之分,而怒及我矣。"此解殊谬。姚平山谓"新知"日薄而"旧好"日暌,得之。"新知遭薄俗",即杜陵"晚将末契托年少,当面输以背面笑",此必义山罢于府,还都后之作。"新知"指轻薄少年,"旧好"则回思往事,感慨系之。其起句"凄凉《宝剑篇》,羁泊欲穷年",意旨正明。茂元乃玉溪密姻,不应以为薄俗也。如冯注,则当云旧交遭薄俗矣。"还都"二字衍。

《史记·孟荀列传》附见三驺子,最有见。其传驺衍云:"驺衍,后孟子。睹有国者益淫侈,不能尚德,若大雅整之于身,施及黎庶矣。乃深观阴阳消息而作怪迂之变,终始、大圣之篇十馀万言。其语闳大不经,必先验小物,推而大之,至于无垠。先序今以上至黄帝,学者所共术,大并世盛衰,因载其禨祥度数,推而远之,至天地未生,窈冥不可考而原也。先列中国名山大川,通谷禽兽,水土所殖,物类所珍,因而推之,及海外人之所不能睹。称引天地剖判以来,五德转移,治各有宜,而符应若兹。以为儒者所谓中国者,于天下乃八十一分居其一分耳。中国名曰赤县神州。赤县神州内自有九州[岛],禹之序九州[岛]是也,不得为州数。中国外如赤县神州者九,乃所谓九州[岛]也。于是有裨海环之,人民禽兽莫能相通者,如一区中者,乃为一州。如此者九,乃有大瀛海环其外,天地之际焉。其术皆此类也。然要其归,必止乎仁义节俭,君臣上下六亲之施,始也滥耳。王公大人初见其术,惧然顾化,其后不能行之。是以驺子重于齐。适梁,惠王郊迎,执宾主之礼。适赵,平原君侧行襒席。如燕,昭王拥篲先驱,请列弟子之座而受业,筑碣石宫,身亲往师之。作主运。其游诸侯见尊礼如此。"按,驺子之学如迂怪而非迂怪。今日验矣!秦皇、汉武若见其书,可息方士、神仙之谬说。史迁微意在此。吾喜其纵论九州,既可破近日拘儒以正心诚意,攘外之陋习,而归本于仁义节俭,又可药近日时尚酣歌恒舞,变【夷】夏之侈心,岂特战国王公大人不能行,即今亦不能行也。然而伟矣!疑《山海经》即是驺子所撰,惜歆校录时未深考,又其术大要出于管子,君臣、上下、六亲皆《管子》篇名也。

十一日(4月19日)　晴。伯平以卓异入都引见,过津见访,与谈再同身后,相对凄然。午后,皞民来谈。

桑弘羊、孔仅兴盐铁之利,设盐官者二十八郡,设铁官者四十郡。《文献通考》已摘录之:常山郡蒲吾,有铁山,疑亦有铁官之误。《汉志》于金、银、铜、锡,皆详所出,而于铁官尤详。固由桑、孔策置铁官之故,实以五金之利,惟铁所用最大也。《续志》于盐铁犹详。自《魏书·地形志》始变《班志》之例,于因革损并之外,旁及庙祠冢墓,而五金之产略焉。使读一代之史,于一朝之物产茫然,徒列食货一志,不甚明悉。盖谋国之法渐失,非记地之例渐淆也。唐虽有盐铁使,大抵详于盐而略于铁。《通考》"历代盐铁"二卷,于铁官采掇太少。读史者宜以五金消长列为一表,自《山海经》始,下及各史,庶几古今治非之政了然在目,庶财货外流得以时其权衡,酌其轻重欤。《晋志》撰于唐,在魏之后。

十二日(4月20日)　晴暄,复御袷衣。云楣、岱东、献夫午后至。午后答伯平,略话。得鹤巢、子涵书。

读《隋书·诚节传》，颇有疑窦。与晦若纵谈。晦若言炀帝之于其父，直楚商臣、蔡般之流。汉王谅以谘议王颇之策，发兵讨广，复君父之仇，正弑逆之罪，实义师，非作乱也。皇甫诞乃以君臣位定逆顺势殊谏谅，致因复以杨素将至，主簿豆卢毓出之狱中，闭城拒谅，为谅袭击遇害。此实杨广之逆党，非隋室之诚臣也。而无忌作传，率更书碑，推行不遗馀力，可怪也。至唐高祖起兵太原，副留守虎贲郎将王威、虎牙郎将高君雅疑有变谋，因祷雨晋祠，以图高祖，为高祖即坐，执杀之。隋虎牙郎将宋老生屯于霍邑以拒唐，为太宗所斩。此实隋之忠臣，而《诚节传》均不录之。时以为有所讳，则尧君素有传，何以遗此三人也？且为唐讳犹可，为广讳则不可。盖自六朝禅代相寻，史何久紊于君臣大义，忠孝嘉名不免倒置失实耳。王颇，《谅传》作颋。

**十三日（4 月 21 日）** 晴。章仲璋来，自绩溪往访之。伯平辞行。慕韩、薛斋兄弟扶子寿丈及朱夫人枢回浙，至河干吊唁。劳玉初同年由吴桥来。

韩太傅作《诗内外传》。《汉书》云燕人。以《徐乐传》考之，无终旧属燕郡，是在北平郡，尝名燕郡矣。偶阅《太平寰宇记》，鄚县有韩婴冢，即太傅也。王公之墓在河间献县，而太傅之冢无知之者矣。岂以《韩诗》已佚，其鬼亦遂不灵耶？鄚属汉之涿郡，故《汉书》又云【司隶校尉】孝宣时涿郡韩生，其后也。司隶校尉盖宽饶，见涿韩生说《易》，好之，即更授焉。夫以韩生系涿郡，则太傅非涿郡人可知。疑由燕郡迁于涿郡，墓不必在鄚。[1]

**十四日（4 月 22 日）** 午后阴，大风，夜雨甚爽。是日奉旨，李督

---

[1] 整理者按，此条上有眉批：《史记》云：婴，燕人。班氏承之。如太傅即居涿，则直云涿人，何必于韩生始称涿郡。韩生且断之曰，其复也，似明之谓太傅燕人，自韩生始为涿人耳。余非欲强以韩生属吾郡，近于争墩之习，特读史得间聊尔书之。下云赵子河内人也，事韩生。此燕韩生谓太傅，以别于其后之涿郡韩生。

办铁路,裕禄会办,部拨三百万为一年兴造工本云。

延仲璋课两儿,辰正开馆。午后,慕韩来。

《曲礼》下:天子以牺牛,诸侯以肥牛,大夫以索牛,士以羊豕。注:牺,绝(色)[毛]也。肥,养于涤。索,求得而用之。佩纶案,宣二年,《左氏传》:莱人使正舆子赂夙沙卫以索马牛,皆百匹。杜注:索,简择好者。杜注不以郑此注释左者,以求得而用之,于彼情事不合也。余疑索牛即持牛。《广雅·释诂》三:索,独也。有特意。《周礼·秋官》:掌客,卿膳特牛,故祭亦以特牛。《杂记》云:上大夫之虞也,少牢;卒哭成事,祔皆太牢是也。言特牛以别于士之羊豕。天子、诸侯之礼,选纯养涤,大夫自不能同之。

十五日(4月23日) 晴。李抟霄大令来,时署天津县事,晚司道招饮,拉皞民作陪。其意谓去年作山长,则赴之;今年解山长,亦不能不赴之也。盖出士周意。

十六日(4月24日) 阴。邵班卿作舟来,绩溪人,廪贡生。其父辅,甲辰举人,守陇州,殉难,赠太仆寺卿。父子均喜谈兵。

余于西汉诸儒子长、子高之后,最推子政。既手辑其著作以志钦仰,因思《汉书》地理分野之学,亦本于子政。《地理志》云:"汉承百王之末。国土变改,民人迁徙,成帝时刘向略言其地分,丞相张禹使属颍川朱赣条其风俗,犹未宣究,故辑而论之。终其本末著于篇。"据此,则分别九州分野乃子政之学,遂为后世地理之祖。

《地理志》:"凡民(函)[禀]五常之性,而其[有]刚柔缓急,音声不同,系水土之风气,故谓之风;好恶取舍,动静无常,随君上之情欲,故谓之俗。"此数语说风俗最精微。《说文》:风,八风也。俗,习也。孟坚精于六书,故其言明晰如此。

十七日(4月25日) 晴。献夫来,得八弟书,由濮院回杭,寓中板儿巷,作书复之。

近日盛传接树之法。如桂则接以冬青,菊则接以蒿艾。余极厌之,以为如吕之易嬴牛之继马也。然其术已见于唐刘梦得诗,"分畦十字水，接树两般花"是矣。山谷《接花诗》："雍也本犁子，仲由元鄙人。升堂与入室，只在一挥斤。"见高似孙《纬略》。山谷之见，本以调停为主，故其诗一则曰"人材包新旧"，再则曰"不须要出我门下，实用人才即至公"，说似中正。而不知吕、章、曾、蔡之徒皆小人之有才者，果引之居中，则枝连蔓引，势必排挤正人，盘据要地而后已。君子即容小人，小人断不能容君子，故元祐之世洛、蜀相攻最谬，变而为调停之策，则更谬矣。即以诗论，升堂、入室均子路事，杂入仲弓，亦复节外生枝，故余于诗不甚取山谷，正谓其识力未老耳。杜陵则不然，其《寄严郑公》则云："新松恨不高千尺，恶竹应须斩万竿。"真稷、契、伊、吕辈语，如《种莴苣诗》之类，分别良莠，用意极深。山谷不此之学，而徒斤斤于句法乎。

十八日(**4月26日**) 晴。王心斋同年祖光授浙江杭嘉湖道，出都，闯然入室，须已全白，几不相识矣。义山有《寄[在朝郑曹独狐李四]同年诗》云："不因醉本兰亭在，兼忘当年旧永和。"彼则怨在朝诸公之疏冷，我则在京时于同年交游素淡，公会率辞，以故真有九州四海之意。盖赋性简寂，实不耐为世俗周旋也。

向戌弭兵之请，最为误事。子罕觥正论振聩起聋，惜乎晋之君臣塞耳不闻也。《穀梁传》乃曰："澶渊之会，中国不侵伐夷狄，夷狄不入中国，无侵伐八年。善之也，晋赵武、楚屈建之力也。"夫屈已言和，而所收之效仅仅数年，何功之有？其后楚灵灭陈灭蔡，荐食鲸吞，而晋不能救，伯业益衰，皆此弭兵虚名，有以骄淫其志而疲弱其气也。故《穀梁》不著之郭会而著之澶渊，言外颇有婉讽之意。若曰宋能成此弭兵之举，天胡为而火之欤？按，三十年五月，宋灾。董以为伯姬守节，忧伤国家之患，积阴生阳。说甚迂曲。刘子政以为听谗以杀太子痤之应。所见亦小。盖明以华夷狎盟为宋之罪，故以火示警耳。兵犹火也，弗戢自焚，佳兵固属不祥，然五行不能主火，如五材不能废兵，故谋国者不可以不明《春秋》。

十九日(**4月27日**) 晴。答心斋。

近日考求彝鼎,动直千金,甚者目为周秦三代之器。余极不然之,然自汉已然。《史记·梁孝王世家》:"初,孝王在时,有罍樽,直千金。孝王诚后世,善保罍樽,无得以与人。任王后欲得之。平王襄直使人开府取樽罍,赐之。"孝武以一鼎改元。孝宣时,美阳得鼎,议荐宗庙,赖张敞之言而止。《说文》叙郡国,亦往往于山川得鼎彝,其铭即前代之古文,皆自相似,然则彝鼎之文与孔壁之书、张苍所献之《左氏》古文相似,岂两书古文即如今所见之钟鼎乎?乃今纷纷以意释文,甚或取以证经,以阮文达之博通亦复尔尔,殊可笑也。夫以梁孝之时,得罍尊已直千金,今日得三代之器何翅万金乎?愚妄相欺,较书画、磁器之求唐宋尤谬。

二十日(4月28日) 晴。《史记·伯夷列传》引《采薇》之诗,梁曜北以史公漫举一诗而属之夷齐,说甚浅谬。且云:魏糜元《吊夷齐文》咎二子饿死背周为非,不为无见。真大坏风教之言。首阳山在辽西,故其辞曰:"登彼西山,采其薇矣。"而曜北谓西山岂得以首阳当之,已属强词夺理。《论语》:"饿死首阳,民到于今称之。"又曰:"武尽美矣,未尽善也。"盖以臣伐君征诛而得天下,究不可以为训,故孔子身为周臣,犹立此言,以定万世人臣之准。而曜北毅然为此谬说,竟不知名节为何物,然则糜元之赋胜于孔子之言欤?

二十一日(4月29日) 晴,夜有风。连日意绪郁勃,评《冯注义山诗》,颇为玉溪剖白,一洗《新》、《旧》两书之诬矣。大致主朱长孺,而辟徐湛园、冯孟亭。

寄唐鄂生书,论再同身后家计。午后,范肯堂秀才当世来,南通州人,能为古文,预修《湖北省志》。吴质甫极称之,荐为合肥塾师。尝为漱兰客。

世传香山幸朱崖之贬,尝有诗记之,汪立名已辨其诬。至卫公,于香山之事则无辨之者。《旧书》言武宗素闻居易之名,及即位,欲征用之。德裕言居易衰病不任朝谒,因言从弟敏中辞艺类居易,即日知制诰,召入翰林。小说家因造卫公以如意帖香山诗,有读此恐回吾心之说。案,《旧传》:香山于开成四年,自为墓志,曰予年六十有八,始患风痹之疾。大中元年卒,年七十六。武宗即位,居易年已七十,兼苦风痹,势难引之入朝,因推爱其从弟。卫公本无党,即史亦云卫公不以敏中为党疑之也。此可云居易为卫公所恶乎?宣宗问令狐楚之子,白敏中以令狐绪有废疾,因荐绹可用,岂得谓敏中有怨于绪耶?盖权势之地,人所必争。宣既积憾于武宗,卫公断不能久于其位。敏中固属迎合揣摩,亦利得卫公处耳。世以敏中负卫公,则造作语言,反以为卫公有积憾于白傅,殊可愤叹也。

**二十二日(4月30日)** 晴。得安圃书。酉刻答范肯堂。

《唐书·郑纲传》:始,卢从史阴与王承宗连和,有诏归潞,从史辞潞乏粮,请留军山东。李吉甫密潜纲漏言于从史,帝怒。学士李绛曰:"诚如是,罪当族。……纲任宰相,不当如犬彘枭獍。恐吉甫造为丑词以怒陛下。"案,史言敬、宪修怨,然亦何至为谮人,此实诬蔑之词也。纲孙颢,尚万寿公主。宣宗朝恩宠无比,而令狐绹子滈为颢姻家,怙势招权,疑崖州之贬,颢与有力焉。据史先贬崖州,万寿下嫁后两月。然后知敏中、绹、颢之极力以倾卫公者,不独迎大中意旨,亦兼修敬、宪旧怨也。纲,一默守位之人,敬、宪何至忌之。惟罢相于元和之世,而大中方柄用,元和子孙则以为上入敬、宪之谗,故然造作语言,以无冢乘而觊国恩,丑诋名臣,悍然不顾。子京无识,不加刊落,何也?捡《旧书·郑纲传》,果无其事,知其出于私家之臆说,而非旧史之公言矣。赞皇公父子,祖孙三世,品节勋业卓然可观,不幸而遇牛、李、白、令狐之徒,既厄卫公于瘴海,复诬及敬、宪,诋刺百端,盖党祸本肇于牛李对策之年,其追憾敬、宪,一脉相承有以也。子京修史,既不加察。温公于维州之役,是僧孺而非卫公,故于唐人之诋卫公者颇采撷之。于是,牛李及卫公之邪正是非,绪杂无定论矣。

**二十三日(5月1日)** 晴,午后阴有风。过晦若,少坐。李发赴粤。寄九弟书,并购粤刻数种。

《蜀志·宗预传》:诸葛瞻初统朝事,廖化过预,欲与预共诣瞻许。

预曰："吾等年逾七十，所窃已过，但少一死耳，何求于年少辈而屑屑造门耶？"《孟光传》：谓郤正曰："天下未定，智意为先。储君读书，宁当效吾等竭力博识以待访问，如博士探策讲试以求爵位邪！"年九十馀卒。《向朗传》："年逾八十，犹手自校书，刊定谬误，积聚篇卷，于时最多。开门接宾，诱纳后进，但讲论古义，不干时事。"此三老者，均不可及。虽不为时用，有裨于风俗不少，岂若谯周之无耻乎？

　　**二十四日（5月2日）**　晴。唐宝历元年，尊号肆赦。李逢吉以李绅之故，所撰赦文但云左降官已经量移者与量移，不言未量移者，盖欲绅不受恩例。韦处厚上疏论之，乃改赦文，绅获沾恩例，及处厚作相，尝病前古有以浮议坐废者，故推择群材，往往弃瑕录用，为时所讥。夫一眚而掩大德，二卵而弃干城，本非用人之道。况以浮议坐废，其无大过。可知此正韦司空之特识，乃以此为时所讥，史臣从而录之，何其陋也。柄国二年，颇叶时誉，所讥止此，又非所当讥，可云贤相矣。既以李绅事推之，弃瑕者殆即此流耳。何可重诬处厚乎？

　　**二十五日（5月3日）**　阴，夜大风。皡民来谈，借云楣《兰亭》观之，有赵味辛跋，传是唐襄文物，展转归赵氏、方邵村。时帖在吴恩鲁岱渊堂玉虹。宋倦陬葆（口）[淳]均有题识，云：定武瘦本，笔意不恒，墨花满纸，顾与国学本相似，旧存三跋则孙文介、慎行，字闻斯，别字淇澳。董文敏、陈眉公也。后归周荐农。云楣以二百金得之。虽不必校为瘦本，然名跋林立，已足贵耳。

　　沈子梅自沪致旧书数种，力不能全置，以贱值留其半，馀皆归之。

　　**二十六日（5月4日）**　晴，风雨尚未止。花农来。

　　近日为古文者，全从八家出。然八家实从经子史出也。欲温经以为古文之源，而疲于注《管》，时复作辍。昔见外舅廷尉公每日必温经一卷，老辈真不可及。合肥云，曾文正清晨必手点史一卷。乘此暇日，拟仿而行之。

　　刘先主流落依操，而操曰："今天下英雄，惟使君与操耳。"又云："生子当如孙仲谋。"两言中已定三分之局。武侯亦云："曹操难与争锋,孙权可与为援而不可图。"是武侯亦知先主不能混一也。观其以管、乐自比,皆伯佐而非王佐,诚知汉不可复兴,特汉贼不能两立耳。先主在许,几为郭嘉、董昭所留,在京几为周瑜、吕范所留,是其神光难掩,致遭群忌也。然则士君子处困顿之世,惟宜韬采敛锷以待时来,无庸过立崖岸矣。

二十七日(5月5日) 晴。午后,过皞民,借《玉溪生诗意》五册。阅邸抄,刘铭传以病解台抚。

《汉书·酷吏传》:义纵少年时常与张次公俱攻剽,为群盗。以姊义姁故拜为中郎。夫袁盎,故盗,在汉初犹可言也。次公,与纵在武帝时竟以盗得官。汉法虽严,而用人不拘一格如此,亦可异也。杨仆有边功封侯,自不宜入《酷吏传》。传中但云"治放尹齐,以敢击行"而已。使其子孙贵显,孟坚亦不复列之矣。汤、周以有子出,杨仆以免为庶人,入史例纯乎炎凉。谁谓孟坚良史乎?

二十八日(5月6日) 立夏,夜风雷。《旧唐·韦贯之传》:"新罗人金忠义以机巧进,至少府监,荫其子为两馆生。贯之持其籍不与,曰:'工商之子,不当仕。'忠义以艺通权幸,为请者非一,贯之持之愈坚。既而疏陈忠义不宜污朝籍,词理恳切,竟罢去之。"考《管子》,"工之子恒为工,商之子恒为商"。即在今日,讲求机算,中外通商,但予以利益,何患无良工廉贾出其间。惟一技片长授以官,资使与士人相溷,于是工不安于工,商不安于商,仕路固淆,而工商亦无实效矣。贯之之言,实万世不易之良法也。特拈出之,以告世之讲求工巧商情者。

二十九日(5月7日) 晴。仲璋、赞臣均来。

读《裴晋公传》,末云:"晚节,稍浮沈以避祸。王播,广事进奉以希宠,度亦掇拾羡馀以效播,士君子少之。复引韦厚叔、南卓为补阙拾遗,俾弥缝结纳,为自安之计。而李宗闵、牛僧孺等不悦其所为,故因度谢病罢相,出为襄阳节度。"案,宗闵因晋公荐文饶恶之。疑晋公晚节不至浮沈如此,然即此参观,方掇拾弥缝为避祸自安之计,而后生新进转能藉口诋诬,欲固位而转失位。则假如一心坚执之,为愈乎行百里半九十。老臣可以此自警也。

**四月初一日(5月8日)** 晴,天气遇暖,已易单衣。寄鹤巢、子涵及家书。

《旧唐·路随传》:"韩愈撰《顺宗实录》,说禁中事颇切直,宦官恶之,往往于上前言其不实,累朝有诏改修。及随进《宪宗实录》后,文宗复令改正。随奏条示旧记最错误者,宣付史官。诏曰:'禁中事,寻访根柢,盖起谬传,谅非信史。宜令史官详正刊去。'"今旧纪仍著韩名,而与《韩集》详略互异。温公《考异》谓:《崇文总目》,《顺宗实录》有七本皆题韩撰,五本略而二本详,编次者两存之,中多异同,至新史则采掇无遗。今韩集所载,乃李汉所编。而朱子仍《外集》详定者,然于禁中事,初无甚切直之处,殆亦删削之馀耳。

**初二日(5月9日)** 晴。至晦若处少坐。申刻,范肯堂来。夜得高阳师书及杨椒山书一卷,书刘希夷《公子行》,有高凤翰、谢宝树跋。

**初三日(5月10日)** 晴。心绪甚劣,扰扰竟日。

《书》:"咨十有二牧。曰:惇德允元,而难任人,蛮夷率服。"《史记》:"命十二牧论帝德,行厚德,远佞人,则蛮夷率服。"颜渊问为邦,亦曰:"放郑声,远佞人。"夫远佞即能使蛮夷服从,今之识时务者必以为迂矣。不知此古今至论也。其时四凶既放,四门已开,天子之侧已无佞人,故又明诏十二牧,亦以远佞人为训。盖恐佞人不升王廷而在牧伯左右,亦足为害,防微杜渐,可谓深切著明。孔子以告颜子乃内圣外王之学,亦云佞人不远,则虽备四代之制度而不足以为治也。佞人来矣。佞人来矣,公羊之传《春秋》真得古意也。以今日洋务论之,肇衅之由大抵督抚左右均有汉奸为之耳目,立约之后大抵关海要害皆有汉奸为之钩通。防则将帅之侧佞人主事,而防无实际。商则市廛之中佞人司权,而商为漏卮。诸公衮衮以不谈洋务者为迂儒,而佞人则皆善于揣度迎合,以洋务为进身之梯者也,亦谁肯昧古帝之圣贤远佞之言乎？

初四日（5 月 11 日） 晴。柳质卿同年自浙来。

明堂位是故鲁王礼也。天下传之久矣。君臣未尝相弑也。礼乐、刑法、政俗未尝相变也。天下以为有道之国是，故天下资礼乐焉。郑注：春秋时鲁三君弑；又士之有诔，由庄公【弑】始；妇人髽而吊，始于台骀。云"君臣未尝相弑，政俗未尝相变"，亦近诬矣。佩纶案，据此，则《明堂位篇》乃春秋以前书也。盖古鲁国之礼文而采之入祀者，不得以春秋之事断之，疑为近诬。郑《目录》曰：此于《别录》属《明堂阴阳》。此与《管子·幼官篇》皆古阴阳家之遗文耳。

初五日（5 月 12 日） 晴。合肥约至晦若处少坐。复高阳书。

余少日学诗，邵香（严）［岩］丈授以《小仓山房诗》读之，后乃旁涉韩、白诸家，而于国朝最爱竹垞，不喜渔洋，犹沿随园说也。入都后，如子俊、孝达均詈随园，遂不复深览。年来偶一阅之，则随园诗侭有功夫，未可轻贬。阮文达《孙莲水［春雨楼］诗序》："随园之才力大矣，门径广矣。有醇而肆者，亦有未醇而肆者。学之者不善，盖其肆而肆焉，以为出于随园，而随园不受也。即不敢肆其词，而遗其醇焉，以为出于随园，而随园亦不受也。"立论可谓精到允确。

初六日（5 月 13 日） 晴。毛太淑人忌日。竟日枯坐。

初七日（5 月 14 日） 晴，酷热似初伏，夜有风。皞民来谈。

《史通·直书篇》："当宣、景开基之始，曹、马构纷之际，或列营渭曲，见屈武侯，或发仗云台，取伤成济。陈寿、王隐，咸杜口而无言，陆机、虞预，（咸）［各］栖毫而靡述。至习凿齿，乃申以死葛走达之说，抽戈犯跸之言。历代厚诬，一朝始雪。考斯人之书事，盖近古之遗直欤？"案，《武侯传》云："及军退，宣王案行其营垒处所，曰：'天下奇才也！'"与晋之祖对垒，即借其祖之言以赞之，复申之所遇或值人杰，使其意不尽言之蕴，一览可知承祚实具苦心。至成济之事，承祚自难，直书触讳。然直录："皇太后令云：'赖宗庙之灵，沈、业即驰语大将军，得先严警，而此儿便将左右出云龙门，雷战鼓，躬自拔刃，与左右杂卫共入兵陈间，为前锋所害。此儿既行悖逆不道，而又自陷大祸，重令吾悼心不可言。'"仍当日旧史之文，而昭已严警，则固蓄无君之心，帝为前锋所害，明是抽戈犯跸。在当日，秉笔者亦自天良未漓，故寿但详录之，而弑逆之迹自不能掩也。子玄于承祚所处之地并未深思，一味刻核，过矣。

初八日（5 月 15 日）　晴，晨微雨，为风所散。《史记·货殖传》："吴楚七国兵起时，长安中列侯封君行从军旅，赍贷子钱，子钱家以关东成败未决，莫肯与。唯无盐氏出捐千金贷，其息什之。三月，吴楚平，一岁之中，则无盐氏之息什倍。"案，息虽至重，惟子必不过于母。《索隐》谓出一得十倍，岂有借一还十之理？此盖谓较旧息什之，如略以三厘行息，今则以三分也。向以四厘，今则以四分也。然则贷钱无救于贫，而在家则家愈贫，在国则国愈贫，亦可想矣。近日洋债之说大起，至于入都陛见诸公亦皆贷洋债以应急，视载宝而朝者尤甚。噫！世风日下，可慨也。

初九日（5 月 16 日）　阴，大风时作。此三日可衣棉。得黄铁生、秦生书，以再同墓铭相属，从其生前书谶也。

《高贵纪》又录："昭奏云：'成倅弟太子舍人济，横入兵阵伤公，凶戾悖逆，干国乱纪，罪不容诛。'"是昭已自纳供状矣。承祚微婉之笔，故子玄不能体会也。《后妃传》于明元郭皇后，则曰："值三主幼弱，宰辅统政，与夺大事，皆先启咨于太后而后施行。"则一切诏令特假太后为名，千载之后自然明白，尚谓承祚杜口无言，抽毫靡述乎？寿之长在三国，迭为内外之辞，各存其真，子玄忽谓史其谤蜀，又忽谓其详蜀，均属失言，至曹马之际，固有不能直言无忌者耳。

初十日（5 月 17 日）　晴。合肥以朱兰坡先生所选《古文汇抄》见畁，乃浙中一道员所馈者。

《宋绶传》：为参知政事，章惠皇后营建道观，谏官、御史皆言近诏罢修寺观，而复有此修造，是诏令数更也。仁宗曰："此太后自出奁中物尔。"绶因曰："是岂知太后所为，但见忽兴土木违近诏尔。太祖尝谓唐太宗受人谏疏，直诋其罪，曾不为耻，岂若自不为之而使人无言。望深鉴皇祖之言，常防外廷之议。"绶于章献时以忤意改官，复能为此言，洵为贤相。惜道观是否罢营，传竟略之耳。然其言足为兴土木者戒也。

十一日（5月18日）　晴。范希文负天下望。然元昊以书求和，仲淹谓无事请和，难信，以书有僭号，不可以闻，乃自为书，令去僭号。元昊复有书不逊，仲淹焚其书不以闻，坐夺一官，知耀州。此举所失甚钜，朝廷小惩之，未为过也。观武侯得魏臣书不报而作正议，此真汉相身分。夏之于宋，岂若魏之于蜀乎？当时军中语曰："军中有一韩，西人闻之心骨寒。军中有一范，西贼闻之惊破胆。"此自三军媚其主帅之谣。西人实未心寒胆破也。读史至此，止觉其可笑，不觉其可敬，故吾于有宋不甚取希文。

十二日（5月19日）　晴。《守山阁丛书》刻《大唐西域记》十二卷。《四库提要》谓天、西咸归版籍，《西域图志》一一征实传信。此书音译既多乖舛而侈陈灵怪，尤属诞漫无稽，然山川道里，颇有足备考证者。然国朝所得新疆、西藏、廓尔喀、五印度，实未入版图也。今英人踞之，时为窥滇入藏之计，则五印度山川险要亦今时务之亟，释地者所宜留意也。佛国灵奇，汉唐以来极意崇奉，今为岛夷所据，菩提贝叶尽为莺粟，梵宇琳宫尽为洋屋，青狮白象一夷驯之，菩萨金刚一夷奴之。吁！

十三日（5月20日）　晴。沈子梅自上海来，买得《文选楼丛书》。陆宣自塞上还。得乐山书，知凤疾已痊。

《说文》"有部"：有，不宜有也。《春秋传》曰："日月有食之。"从月，又声。凡有之属皆从有。段氏曰："谓本是不当有而有之。偁引伸遂为凡有之偁，凡《春秋》书有者，皆有字之本义也。"案，下文馘，有文章也。龓，兼有也。岂复训为不宜有迆彰，不宜兼有乎？以本义释有字，即以引伸义释从有之字，《说文》之例不应杂乱若此。有字之见于经者，莫古于"大有"，《杂卦传》："大有，众也。"岂得云大不宜有乎？

疑当作丕宜有也。《说文》：丕，大也。以丕训有，即《易》之"大有"、《小雅·裳裳者华篇》"左之左之，君子宜之；右之右之，君子有之"，维其有之，是以似之。《正义经总》之有之明，明者皆有也。是宜有互训之证。有无相对，不应假借为之也。存此说，以俟精于小学者。

丁公雅有《管子要略》五篇，见于《玉海》、《东都事略传》。著《迩英圣览》十卷，《龟鉴精义》十二卷，《庆历兵录》五卷，《编年总录》八卷，而不及《要略》。何也？仁宗尝问，用人以资与才孰先？度曰："承平时用资，边事未平用才。"谏官孙甫乃谓度自求柄用，宜杜耶。公之不答。仁宗曰："度侍从十五年，数论天下事，顾未尝及其私，岂有是哉？"余谓公雅两言极妥，孙甫之劾不近深文周内乎？

十四日(5月21日)　晴。沈子梅复来。章宜甫解延庆，奉亲南旋，殊可羡也。葛季良之眷亦扶柩随之而还。季良者，琴生幕友，塞上所识也。

《韩诗外传》曰："智如源泉，行可以为仪表者，人师也。"此与"师严，然后道尊"相发明。汉之经师，无不尊严可为仪表者，非徒解经不穷也。其后师道日废，徒以学术相尚，而不问其行谊。于是，张禹之徒遂为帝师而便便经笥，遂有师弟相嘲者，虽昌黎以《师说》挽之，无益也。应璩《百一诗》曰："子弟可不慎，慎在选师友。师友必良德，中才可进诱。"吾愿世之为父兄者，欲得佳子弟，先在择良师。与其取浮夸之士，不如延朴厚之儒，尚不至误子弟耳。

十五日(5月22日)　晴，晚微阴。合肥奉命大阅海军。酉刻乘海晏轮，候潮，于明日出大沽。幕中于式枚、陈重威从行。

十六日(5月23日)　雨。许应骙、祥麟授仓场，谭钟麟以尚书衔补吏部左侍郎。

连日因录塞上诗未及评樊南诗也。夜，少暇，复理之。义山有《嘲樱桃诗》及《樱桃答诗》，殊不可解。今怪为刺郑颢之作。惟有郑樱桃已明点矣。又有《代卢家人嘲堂内诗》，亦是同时作，颢已昏卢氏，因选尚万寿公主，堂帖追还也。郑颢恃宠，经营作相，决非端人。

令狐滈与之为姻家，交通贿赂，义山自击其事，故有此诗。孟亭每谓玉溪诌附令狐，竟不相答，殊可怪也。

**十七日**（5 月 24 日） 晴。闻海上有雾，合肥到旅顺已薄暮矣。

**十八日**（5 月 25 日） 晴。午后，皞民来谈。复铁生、秦生书。

陈儿作《陆贾论》，谓贾乃儒者，非辩士。大意以"马上得之，讵可以马上治之"两语，规汉王为定汉初基，甚于叔孙朝仪、萧何法律。以"天下安，注意相；天下危，注意将"两语，告曲逆为平吕本谋，甚于绛侯入军、朱虚夺节。余颇取之。近日《新语》或非真本。然圣人居高处，上则以仁义为巢，乘危履倾，则以仁义为杖，亦儒家粹语也。观其两使南越，侃侃不挠，卒使之奉正朔、去帝号，固不仅游说之力。今使材甚乏，安得如贾者而衔命殊方乎？吾尝谓奉使皆如苏武，可谓不辱君命矣。然成一节而不了公家事，若尽如随何，陆贾其益实过于子卿也。乃今之求使绝域者，率以浮华之士应之，上不能如贾，下不能如武，归则赏优褒重矣，如何如何。

**十九日**（5 月 26 日） 夜有风。得八弟书。陈文祺入都。寄廉生书，索《会典馆条例》，为再同作墓志。

《楚语》：伍举曰："德义不行，则迩者骚离，而远者距违。"注：骚，愁也。离，畔也。伍举所谓骚离即屈平所谓离骚，皆楚言也。扬雄为畔牢愁，此《楚语》注所本。

《史记》：楚怀王使屈平为宪令，草稿未定。上官大夫见欲夺之，不与，乃谗曰："平为令，众莫不知。"王怒，疏平。平既奉王命为令，上官岂能夺之，殆恐有不便于己者，属平改之耳。观此，平乃法家耳。余不甚喜《离骚》，以平学术涵养均非儒者也。

**二十日**（5 月 27 日） 晴。复八弟一纸。邵班卿来谈。得寿伯荔书。富，竹坡长子。

班卿亦尝治《管子》。其言云：桓公伐山戎，以山戎病燕，此燕乃南燕，非北燕。以《左氏传》：庄三十年，公及齐侯遇于鲁济。《传》曰：遇于鲁济，谋山戎也，以其病燕故也。《公羊传》：庄三十一年六月，齐侯来献戎捷。齐大国也，曷为亲来献戎捷？威我也。其威我奈何？旗获而过我也。齐伐，病北燕，无之山戎，无须远谋于鲁，归亦不必迂道于鲁，明是燕为南燕。山戎当在太行山东之戎。对中国言之，则曰北戎，非右北平之无终也。其说甚辨。盖从俞理初“燕师所完”解悟出。《春秋》书南燕曰燕，书北燕曰北燕，本分明也。然以桓公所救之燕为北燕，不独《管子》为然，《穀梁传》：“桓内无因国，外无从诸侯，而越千里之险北伐山戎，危之也。则非之乎？善之也。何善乎尔？燕，周之分子也，贡职不至，山戎谓之伐矣。”《史记·齐燕世家》亦曰“伐山戎，至于孤竹”。《燕世家》并伐周之南燕，亦以为北燕也。两说并行，在西汉时竟无从厘定一是耳。故余于卑耳之溪略发其端，不料班卿竟专主南燕，言之凿凿如是。

**二十一日(5月28日)** 阴，又袷衣。复伯茀书，商竹坡遗稿。以《手评玉溪生诗》送皞民一勘。皞民专学玉溪也。

《韩诗外传》，余笃好之。其论《诗》“王猷允塞，徐方既来”，谓事强暴之国难，使强暴之国事我易。事之则宝单而交不结，约定而反无日，割赂而欲无厌。故明主不道也。上下一心，三军同力。仁形义立，教诚爱深。而强暴之国如赤子归慈母，世之谋国者必将以此为腐儒之见。然恃宝、约、割地三端果能立国乎？盍亦反其本矣。

**二十二日(5月29日)** 晴。过永诗谈。

子产有言：“夫大国之人，令于小国，而皆获其求，将何以给之？一共一否，为罪滋大。大国之求，无礼以斥之，何餍之有？”郑，介晋、楚之间，而子产能为此言，故两大无由生隙，故知交邻之道非一味谄媚所能持久也。小国其然，况大国乎？

《儒行篇》：“其过失可微辨，而不可面数也。其刚毅有如此者。”夫儒者有过，正赖直谅之友规之。其人忠告善道，固所乐受。即苦口逆耳，更所乐从。若不可面数，则其弊必至。不闻善言而止，岂儒者事君可以犯颜直谏，而其自处转深闭固拒如是？充其量，訑訑之声音颜色，亦得谓之刚毅乎？此欲抬高儒者身分，而转失儒者谦冲集益之度量，恐非圣人之言。

**二十三日（5 月 30 日）** 阴。约赞臣来谈。

天下本富莫切近于农桑。北方农功之惰，一时骤难挽回。一由于水利之不兴，一由于农政之不讲。盖永乐所迁皆各省富户，安知力农？重以本朝圈地庄头辈，上诳王公，下欺民户，以水旱荒熟诿之于天，甚可怪异也。余尝博考北方农荒之故，为说一篇，以望为官为绅者，然余亦不能践其言也。至冀州，桑土既蚕，见于《禹贡》，今亦废弛。妇女终日逸居，夫役之如奴隶，非不卑顺，而井灶之外，茫然不知饲蚕之法。乡间无知之者，其病则葱蒜烧酒之气，皆足害蚕。余推求其故，当以原蚕有禁，北方以养马，故遂不养蚕。盖渐染边风故耳！然如近豫东各郡，似可仿野桑生茧之法行之。如丰润、玉田地本肥美，宜蚕果木之园林立，岂不可推行蚕桑者，推以木棉纺织之利亦甚易举，而良有司（膜）［漠］不关心，殊可慨也。合肥纳汪仲伊说教民种桑，议已下而事竟中止，尤为可惜。因为肃毅夫人及内人论蚕桑，偶笔之。

**二十四日（5 月 31 日）** 阴。《五帝本纪》："太史公曰：学者多称五帝，尚矣。然《尚书》独载尧以来，而百家言黄帝，其（言）［文］不雅驯，荐绅先生难言之。孔子所传宰予问五帝德及帝系姓，儒者或不传。余尝西至空峒，北过涿鹿，东渐于海，南浮江淮矣，至长老皆各往往称黄帝、尧、舜之处，风教固殊焉，总之不离古文者近是。"此古文谓《古文尚书》也。承上"《尚书》独载尧以来"，故省"尚书"二字耳。《索隐》谓："古文即帝德、帝系二书。"非也。下文又云："予观《春秋》、《国语》，其发明五帝德、帝系姓章矣，顾第弗深考，其所表见皆不虚。书缺有间矣，其轶乃时时见于他说。非好学深思，心知其意，固难为浅见寡闻者道也。余并论次，择其言尤雅者，故著于篇。"盖太史公本五帝德及帝系姓以作《五帝本纪》，尧、舜则取《古文尚书》，黄帝、颛顼、高辛则兼取百家，而择其尤雅者，以与《春秋》、《国语》相证，极为明白，何段氏以子长所传乃夏、欧阳《尚书》非古文乎？其自叙曰："年十岁,则诵古文。"盖兼《古文尚书》、《左传》、《国语》系本而言。惟其能识古文,故太史所藏之书皆能读之。其从孔安国闻,故特互相引证而已。太史公学术最博,谈则学天官,受易,习道论;迁则《尚书》、《左氏》、《公羊》据闻于董生、《礼》据五帝德帝系姓、《论语》、《孟子》、管、晏、老、庄、申、韩、司马法,无不兼综条贯。盖以儒者承其父道家天文之传,而并通百家也。西汉之世,一人而已。子政不能望其肩背。况班孟班乎?余别有《史公学术考》详之。

二十五日(6月1日)　晴。至范肯堂处小坐。皥民来。潘子静踵至。午后,寄颂民书,时改捐州同。赞臣来。

《列女传》曰:"楚伐息,破之。虏其君,使守门。将妻其夫人,而纳之于室。楚王出游,夫人遂见息君,曰:'人生要死而已。生离于地上,岂如死归于地下哉!'乃作诗曰:'谷则异室,死则同穴。有如不信,矢如皎日。'遂夫妇俱自杀。楚王贤之,乃以诸侯礼合葬之。"班固《古今人表》与许夫人厘负羁妻并列中品,与《左传》相纪贞淫迥别。魏默深先生《诗古微》主《鲁诗》说,定《左传》为子骏所窜,且释前两章。一说大车为槛车,言被虏载以槛车也;又曰大车,毳衣子男之车服也。尔,息君也。子,楚子也。予,息夫人也。较之《毛传》、《郑笺》为直捷。息夫人有庙,在楚,非其夙著节烈,安能立庙。杜牧之诗:"至竟息亡缘底事,可怜金谷坠楼人。"不知息夫人更烈于绿珠也。此亦足以雪千古之诬,而杜后人之喙矣。余尝谓妇人之节,较男子之名尤易诬蔑。一人造谣,群起和之,其冤即不能白,所以志书中抹杀。烈妇往往被祸,非幽魂果能为厉?实天道神明不能不诛之也。诬贞节之罪,当与淫恶同。余此言固非假果报以警此耳。

二十六日(6月2日)　晴。得九弟四月初十日书。寄乐山一纸。

从来名人不必定有贤子。如虞翻谪海而诸子均知名,东坡之子叔党均象贤,可谓积善馀庆,其他则贤少而不肖多,岂名因造物所忌耶?抑或谕教未至也。渊明有《责子诗》,而诸子果无达者?义山《骄儿诗》颇小时了了,而《蔡宽夫诗话》谓白乐天喜义山诗,愿为其子,义山生子遂以白老名之,既长,略无文性。温庭筠戏之曰:以尔为白老,后身不亦忝乎? 不知即衮师否? 要之,衮师亦无所表见也。

张汤之父见汤劾鼠,文辞如老吏,更当笞之,乃遂使书狱所,以陷入《酷吏传》中。此教之非其道也。曹参因其子窃言"无以请事,何以忧天下",遂笞之,曰:"趣入侍,天下事非汝所宜言。"此教之得其分也。父为丞相,子岂宜预闻相事乎?

二十七日(6月3日)　阴。夜,王枫臣自宣化来,知乐山病甚危笃,因招仲璋来余斋中杂谈,至三鼓始去。石聘之有书。

二十八日(6月4日)　晴。寄聘之书。

偶读半山《鲧说》,曰:"尧咨孰能治水四岳,皆对曰:'鲧。'然则在延之臣可治水者,惟鲧耳。当此之时,禹盖尚少,而舜犹伏于下也。夫尧之圣,群臣之仁贤,其求治水之急也。而相遇之急如此,后之不遇者亦可以无憾矣。"节录。此盖为开直河而发。余以为尧以天下传舜,群臣实有不服,如敖之朋淫于家,用殄厥世,其一也。次则为鲧。《吕氏春秋·行论篇》:"尧以天下让舜。鲧为诸侯,怒于尧曰:'得天之道者为帝,得地之道者为三公。今我得地之道,而不以我为三公。'以尧为失论,欲得三公。怒甚猛兽,欲以为乱。比兽之角,能以为城;举其尾,能以为旌。召之不来,仿佯于野以患。舜于是殛之于羽山,副之以吴刀。禹不敢怨,而反事之,官为司空。"云云。诸子所传皆秦未焚书以前之说。是鲧非不敢治水,乃不肯为舜治水也。观鲧化为黄熊,疑亦如北人无择自投清泠之渊,未必由舜吴刀副之,故禹遂世其官,卒平水患,始以地道为三公,终以天道禅帝位,非徒干父之盅,实以述父三志,继父之事也。鲧不以禅代为然,固执一节,虽未得尧、舜公天下之意,然一心事一主,亦古之贤臣也欤!

二十九日(6月5日)　晴。得安圃第三书。聘之函至,云乐山略愈。晚与仲璋答枫臣。

《淮南·主术训》:"蘧伯玉为相,子贡往观之,曰:'何以治国?'

曰：'以弗治治之。'简子欲伐卫，使史黯往规焉，曰：'蘧伯玉为相，未可以加兵。'固塞险阻，何足以致之！"伯玉为相，三传俱无，此说不知何本？[①]

三十日（6月6日） 晴。《表记》："子曰：君子不以色亲人。情疏而貌亲，在小人则穿窬之盗也欤。子曰：情欲信，辞欲巧。"郑注："巧，谓顺而说也。"《疏》："与巧言令色异。"案，孔《疏》非也。《诗》及《论语》巧言皆谓小人，未有属之君子者。此"情欲信，辞欲巧"足上意，谓以色亲人者，情则欲人之信己，故辞欲巧以助其色不足，正是巧言令色足恭一辈耳。天下安有如簧如流之君子哉？有色厉而内荏之小人，有情疏而貌亲之小人，孔子均断为穿窬之盗。盗亦有道。若辈在盗中，特穿窬者耳，鄙之甚矣。

五月初一日（6月7日） 晴。枫臣来，得吉云帆书，以牛乳八（合）[盒]寄伯潜。

魏默深《庸易通义》谓安溪李氏深于《易》，故《中庸·馀论》专以《易》道发挥，可谓精微广大，曲鬯旁通，故广李氏之义于《中庸》之通《易》者，标举数章于后。按，康成《中庸注》于祖述尧、舜节，以志在《春秋》，行在《孝经》，发明之。余尝推之《诗》《书》《礼》，而惠氏《周易述》已阐《庸》、《易》相通之蕴，子思之学如此，然文王之德之纯，直以文王比天，此周公宗祀文王明堂之旨，即圣人系《易》之旨，而惠氏、魏氏均未及之。安溪之书，余未见，不知尝言之否。文王之德，《论语》《中庸》两赞为臣为君之道，贤于尧、舜矣。

初二日（6月8日） 阴，有风，急雨一阵，天气颇凉。午后，杨玉书来，时新授河南归德镇总兵。

汉右北平郡之县十六，至后汉仅存其四。县志以丰润为土垠、无

---

① 整理者按，此条上有眉批：《淮南》本之《吕氏春秋》，《杂篇》且有"史鳅佐焉。孔子为客，子贡使令于君前，甚听"数语。高诱注："伯玉，卫大夫，蘧庄子无咎之子瑗，谥曰成子。"伯玉之世系及谥仅见于此。

终二县地，又开平之石城废县为汉县，不应一邑而兼三县之地。顾亭林《日知录》云："《辽史》'滦州'统县三，其三曰石城，唐万岁通天元年改石城县，在滦州南三十里。今县在其南五十里。辽徙置，以就盐官。今开平中屯卫即辽石城废县。"不独非汉之石城，且非唐之石城也。钱坫《汉地里志斠诠》谓："石成，今奉天府西北地，《水经注》白狼水所径者也。今水在府西北边外，合大辽水，似与《水经注》原流又异。"按，《水经注》：石城川水出西南石城山，东流径石城县故城南，《地理志》：右北平有石城县。据此，则郦以为汉之石城。北屈，径白狼山。又按，《三国志》：公出卢龙，堑山谷五百余里，未至柳城二百里，与蹋顿遇。公登白狼山，望柳城。云云。则白狼山在柳城之西三百里，卢龙之东三百里，石城县又在白狼山之南，何得在奉天边外乎？且《魏志》云："上徐无山五百馀里，经白檀，历平冈，涉鲜卑庭。"钱以平冈在永平东北四百里，白檀在密云县南二十里，而徐无则在今遵化州东，密云在遵化之西，永平在遵化之东，岂得由遵化经密云以至永平之东北乎？殊可笑也。大要北方地理诸书均不能详尽，余思考之，而学不及也。

**初三日（6 月 9 日）** 晴。晚，合肥回津，初二在海上遇大风，甚危险。夜，晦若来。

默深先生《诗古微》申三家而抑毛、郑，然笔力横绝，足以自申其说。其《书古微》亦有心得，而《舜典》、《太誓》补亡则涉于意造矣。以《诗》论，毛与三家本不必尽同，岂得谓毛皆误而三家皆是？以《书》论，杜林所传《古文尚书》，其解释不必尽同伏、孔，岂得谓先梅赜而伪造？盖子政《七录》既亡，班氏于经术源流叙次不免阙略。范《史》隳其传经之家学，而修史又不得作史之学识，而颇删旧史，于是东汉之经学亦传之失真。今欲抹倒贾、郑于二千年后，孤行直起，以承西汉经师，名为微言大义，实则专己守残。谓乾、嘉诸公汉学已极精极确，生其后者不得不稍立异同，势必画西汉、东汉之界以与之角。然以西都为宾，东都为主，固非。以东都为宾，西都为主，亦失之。固自宜汉宋兼综，不必立户分门，落叫嚣凌竞之派也。论两书之优劣，则《书古微》更小于《诗古微》，以《书古微》是有意作棱耳。

初四日(6月10日)　阴,夜大雨。高阳寄食物四种,作书复之。云楣、皞民均来。得聘之书,知乐山渐愈。

《宋书·刘穆之传》:"高祖书素拙。穆之曰:'此虽小事,然宣彼四远,愿公小复留意。'高祖既不能厝意,又禀分有在。乃曰:'但纵笔为大字,一字径尺,无嫌。大既足有所包,且其名亦美。'高祖从之,一纸不过六七字便满。"窃疑大字更难于小字。高祖既拙于书,使作大字,不更拙乎?此自妄传之语,而休文性喜诬宋,故录之入史耳。

初五日(6月11日)　阴,夜雨甚快。铁路利害,纷如聚讼。局外可守,不言之戒。近有创胶莱铁路之说者,谓可辟成山之险,而以铁路用起重机器载轮船而北。闻之失笑。夫开胶莱河辟外洋,从内洋乃元初之故迹,刘应节、崔旦之馀说,河不易开。魏默深先生已辟之矣。当轮舟畅行之日,无故绕道迂回,舍舟就车,且欲以路载至重之轮舟,虽外洋有此法,决不可耳。而谈之者津津有味,亦可谓不明事理矣。

初六日(6月12日)　阴,时有微雨。顾廷一来。王枫臣、于晦若来此久坐。寄安圃侄四五两书。四内驿,五附都中书。

默深先生所著《诗古微》、《书古微》。余既竭数日之力读之,因思《易》为秦火所遗,渊源最正,宜取西汉《易说》发挥为《易古微》,以存三圣人大义之万一。乃本朝说《易》诸家,如惠氏汉学用《易述》但及荀、虞、张氏,止是集解、类抄。旌德姚仲虞先生默而好湛深之思。其于《易》,先虞后郑,以及西汉旧说,可谓详矣。惜其以东汉为注,反以西汉为疏,因而旁及诸子,泛滥无归,成一家之言,而转紊千古之绪,亦非经师授受之正也。拟以考《易》、《殷礼》之暇,兼掇西汉《易·(谊)[颐]》,积久成编,姑识岁月以待之。

初七日(6月13日)　阴,夜大雨。黄花农、沈子梅均来。伯平前辈自都引见回。复高阳书,寄枇杷四篓。

《汉光武纪》:之长安受《尚书》,略通大义。《明纪》:师事桓荣,学通《尚书》。十岁能通《春秋》,不知何传,殆无师法。《章纪》:但言好儒术。《和纪》:无所称。《安纪》:年十岁,好学史书。桓帝则以好音乐著。顺、灵、献皆无闻。盖东京帝学之衰更甚于西京也。而明德马后则能诵《易》,好读《楚辞》,尤善《周官》、董仲舒书。和熹邓后则能史书,通《诗》、《论语》,自入宫掖,从曹大家受经书兼天文算数,故东朝教令文辞粲然可观。

《和熹纪》:诏中官近臣于东观受读经传,以教授宫人,左右习诵,朝夕济济。许冲献《说文》书:"慎前以诏书校东观,教小黄门孟【喜】生、李喜等,以文字未定,未奏上。今慎已病,遣臣赍诣阙。"夫使黄门宫人均诵经传,想见宫闱教化之盛。然如刘珍等皆经术湛深,乃令其为黄门教授,亦可谓轻朝廷,羞当世之士矣。疑许君不肯自贬其节,故托以文字未定,不即奏上,而旋已病,辞官而去。观《说文》之上仅赐布四十匹,知已忤中旨。而许君之意微婉,世竟无表之者,为阐其幽于此。

**初八日(6月14日)** 晴。仲彭来谈。

检书,偶取曾文正《求阙斋文钞》读之。文正《与许仙屏书》:论古文,以为欲著字之古,宜研究《尔雅》、《说文》小学训诂之书;欲造句之古,宜仿效《汉书》、《文选》;欲分段之古,宜熟读班、马、韩、欧之作;欲谋篇之古,则群经、诸子以至近世名家,莫不各有匠心章法。《复吴广文敏树书》谓惜抱才弱,固为百年正宗,未可与海峰并薄。所言均积学有得之言。其文亦坚劲雄直,卓尔不群。即不以功业论,亦同治以来一作手也。公之学以礼为宗,天资不如学力。高山仰止,慨慕久之。

佩纶案,集古人论文之语观之,最为有益。曾南丰谓陈后山曰:"要当且置他书,熟读《史记》两三年。"《与王介甫书》云:"欧公更欲足下少开廓其文,勿用造语及摹拟前人。韩、孟之文虽高,不必似之也,取其自然耳。"《潜溪诗话》云:"老坡作文,工于命意,必超然独立于众人之上。"李方叔云:"东坡教人读《战国策》,学说利害;读贾谊、晁错、赵充国章疏,学论事;读《庄子》,学论理性。又须熟读《论语》、《孟子》、《檀弓》,要志趣正当;读韩、柳文,记得数百篇,要知作文体面。"其他精语甚多,姑择数则以为初学之范。

**初九日(6月15日)** 晴。伯平、云楣、赞臣来谈。过晦若谈,未数语即归。午后,容民、晦若相继来谈。

本朝崇尚汉学。孙芝房之论,谓红巾之乱由汉学启之。然洋、粤、捻、回四起,其弊在道光末年文武酣嬉,恐其弊不得归咎于一二儒生也。独中兴以来,汉学已成弩末,宋学更成绝响。而举世滔滔,大抵有文无行之徒起而攘臂,大为风俗人心之害。更有洋学兴于其间,以外洋无父无君之理而饰以中国之文字,害更深于杨、墨、佛、老。吾恐数十年后尧、舜、周公之教必为耶稣、天主所渐苞。而遗经古义不亡于秦火者,将亡于洋氛也。以政教言之,言自强者无非西法是尚,求其能通古今利害以自强者,无有也。而陋儒则惟空言无济,仍小楷白折之见推之,可以治平,可以修攘,此可虑者一。以风俗言之,布帛线针无一不西洋是尚,而钜钱之流出外洋,无人过问,不久必钱空用券,此可虑者二。士大夫以读书自命者,大不谈经济,小不究机算,稍稍能文,便狂于言而诡于行,不知礼义廉耻为何物,败名丧(捡)〔检〕,且更甚于颛蒙,其可虑者三。勇营习气更深于绿营。虽著名之将领言及西洋,谈虎色变,貌为大言,亦复全无条理,其可虑者四。工匠无才,便于购洋人器械,浮开价值,不能制器,又不能制制器之器,弊已伏而利未兴,其可虑者五。吾退而以空文自见,然空文之能否自见,尚当视乎世运。孔子曰:"微禹,吾其鱼;微管,吾其左衽。"今之患迫于洚水,危于荆蛮,安得神禹、管仲复生乎?

**初十日(6月16日)** 晴。晚与合肥论洋布机器局事,甚愠。余已废弃,分当不交人事,而贫困无归,遇事又不能默默,非吏非隐,殊自愧也。

半山诗颇有独到处。其《题淮西碑》云:"桓桓晋公忠且壮,时命适与功名偕。"无限古今成败之感,纳入七字中。义山《韩碑》极意铺排,究是书记语矣。杜陵云"书贵瘦硬方通神",昌黎云"羲之俗书逞姿媚",至东坡则云"环肥燕瘦各有态",皆有独见。半山《题颜公坏碑》则云:"但疑技巧有天得,不必勉强方通神。"殊不凡也。意其为人实有(函)[涵]盖一切之概,故出辞如此。世传其囚首垢面,书如骤雨惊风,恐非实耳,抑能言而不能践耶!

**十一日(6月17日)**　晴,昨夜左臂作痛,不能成寐,午后用电气治之。约楚宝来谈。晚,伯平辞,回大名。

元鼎五年,诏曰:"辛卯夜,若景光十有二明。《易》曰:'先甲三日,后甲三日。'朕甚念年岁未咸登,饬躬斋戒,丁酉,拜况于郊。"应劭曰:"'先甲三日',辛也。'后甲三日',丁也。"据此则蛊爻乃郊时斋戒之象,此西汉易家古义,故汉武诏用之。若考《殷礼》,则殷之郊礼必用丁也。

**十二日(6月18日)**　晴。汉成实贤主,使非外戚专权,张禹为佞,得贤臣辅之,足以为善。观朱云,在元帝之世已与陈咸废锢。及帝世,上书求见,帝即见之。使拒而不见,云虽欲请上方以斩张禹,岂能闻于堂上哉?其言既出,虽死犹荣。况旋已意解乎!刘向以上无继嗣,政由王氏,上书极谏。天子召见向,叹息悲伤。其意谓曰君且休矣,吾将思之。虽劫于王氏,不能用向,然使泄向之言,向必得祸,似尚能审固机密者。惜其终为权臣所蔽也。至于哀帝一纪,尤多可疑。赞云:"雅性不好声色。即位痿痹,末年浸剧。"而《董贤传》则云:"常与上卧起。偏藉上袖。"又召贤女弟以为昭仪,此何故也?袁子才疑之,惜入于小说,太觉支离。盖上之痿痹属实,而其意则在抑王氏以复主权,无如大臣皆拘文牵义。旧学如师丹,至戚如傅喜,皆不测其意旨,相继罢去,举朝无非虚名尸位之庸臣,不得已而欲拔用新进,冀其为我腹心,适得美丽,自喜之,董贤转来群嫉,而主势益孤,主德益损,暮景摇惑,复入周护、宋崇之说,征莽还朝,而汉亡征见矣。然则哀之失,不在多杀而在游移;贤之罪,不在佞幸而在无具。使哀帝当日励精图治,柄用贤臣,决不征还王氏,预择宗室贤者,立为太子以定根本。虽元后在内,而群材夹辅,国本已坚,即十莽岂能乘间而入。失此不图,身既夭折,辱及祖父两世,而大统亦随以倾亡,何以见孝成于地下乎?

十三日(**6 月 19 日**)　晴。沈子梅、顾皡民相次来谈。晚,楚宝来。阅其文,何学?曰学韩。诗涉韩、苏,似不深。

与皡民谈《庄》,义甚合。皡民言,凡著一书,成一诗,若无关于一时风气之盛衰,一朝政事之治乱,均不足存。谓《潜夫论》、玉溪诗皆是也。语颇有意。余就所究心诸书推之。如《易》,则殷、周之际,文王恐殷之将亡,与祖伊因故三百八十四爻,及得长言以感悟帝辛,故其书可以为经;《春秋》,则周、秦之际,孔子知春秋之将为战国,百家之将乱吾儒,故二百四十年反覆长言,存此内圣外王之理,故圣人所以为万世师;《庄子》,则专为楚发,存儒、道两家微言大义,于书中所见已小矣,然非系乎盛衰治乱者,实不足睹。初唐不如杜,以杜即史也。温不如李,以李有时事也。黄不如苏,以苏于两党进退尤详也。至元、明之后,家各一集,人各一书,知此者鲜矣。

十四日(**6 月 20 日**)　阴,有急雨一阵。南中教案迭起,江南、安徽、江西、湖北不下数十处。

新莽之篡宗室,乃颂功德,仅翟义一人首先起兵,可谓汉之忠臣,乃《汉书·翟方进传》于篇末追叙童谣,以郡中怨,方进请陂下良田不得而奏罢陂。虽以为乡里归恶之言,而言外若幸翟氏之覆宗为快者。班叔皮之赞亦曰:"义不量力,怀忠愤发,以陨其宗,悲夫!"夫怀忠愤发,岂待量力而始举事,其后平林、新市及伯升之起,亦皆不量力者。若人之待量力而始起兵,则乱臣贼子亦无见诛之日矣。叔皮作王命论者,而所见如此乎?

十五日(**6 月 21 日**)　晴,午后阴。是日丑刻夏至。得乐山一纸,知病已见愈。

前论汉哀一则,适馆师以孔光论课儿辈。沧儿论颇深至,大致以立中山，沮傅太后尊号，均附王氏，而不能寻出证据。余以《哀纪》推之，孝哀之立，乃成帝特赏赵皇后昭仪助成之，王根阴自结于傅太后，不尽由得太后之赂遗而决非元后之本意也。元后与傅太后本有嫌，观王凤因日蚀遣共王之国可证。且哀帝既立，元后敕莽，避帝外家，其不悦之意可想。故先得微指，始请中山，明知迂阔不见用，聊以避祸而免入定陶之党也，亦不料孝哀之竟立［孔］光之相，虽云孝成已刻侯印书赞，而即夕帝崩，非元后之力不能爰立，且既有嫌于孝哀，故屡沮傅太后，不独为王氏，亦以自为与师丹、傅喜之正论不挠有间矣。班氏亦是王党。观《叙传》，伯由王凤荐，得召见，莽少与稚兄弟同列友善，兄事斿而弟畜稚。斿之卒也，修缌麻，赙赗甚厚，则其交深谊密可知。故成帝季年立定陶王为太子，数遣中盾问近臣，稚独不敢答，岂非王氏不欲立哀帝之明证乎？故哀帝即位，光罢相，而稚亦出为西河属国都尉也。疑《董观传》所纪哀事亦不甚确。班氏以其祀不得志于哀帝，故扬其恶耳。世动以史迁为谤书，而不知班氏之更为谤书也。吁！

**十六日（6月22日）** 晴，午后烦热有微雨意。得高阳书。修理《管》注，苦无养性之乐，到是始定日注《管》而夜读书，或诗或文，不事考证，以畅其趣。

魏默深先生谓横云山人《明史稿》是非失实，固已。按，《万季野先生家传》云：季野力辞鸿博，以布衣参史局，不署衔，不食俸。《史稿》五百卷皆出其手。疑祖南抑北，自季野已然，不始横云也。吾乡谷霖苍辑《明史纪事本末》，惜于故乡人物别无一书，盖有明三百年直隶士大夫嘉言懿行湮没者不少耳。纪文达负一代博学之名，而不著书于乾、嘉以前，乡先正文采风流亦无纪述。盖北人质直，不善标榜也。

**十七日（6月23日）** 薄暮雷雨一阵。倭国均云徐福之后，而《魏略》则云倭人自称太伯之后。见《通典》。自是译者妄传，彼中岂知附会谱系乎？

《元和郡县志》于吾里独阙卷中。考《通典》州郡八,玉田属渔阳郡,石城属北平郡。是吾邑当兼唐玉田、石城两县之边界也。

**十八日(6月24日)**　晴。仲璋处小坐即回。得廉生书。

读介甫诗,尽一卷。

介甫《白沟行》:"棘门霸上徒儿戏,李牧廉颇莫更论。"雁湖注引欧阳公《奏疏》:"外以李昭亮、王克基当契丹,内以曹琮、李用和等卫天子,安得不取笑四夷?"又引沈文通《和王微之渔阳图诗》云:"燕山自是汉家地,北望分明掌股间。"谓沈亦公所善,想当时诸贤皆有兴复意,窃味全篇已微见经理之意。按,元丰主战,元祐主和,前有熙河之败,后有靖康之祸,至今论宋事者每以元祐为君子,而以元丰为小人,即以主和为是,而主战为非,不知政、宣之失乃在屏斥忠贤,任用宵小奄寺。艮岳花石扰及天下,亡征已具,即不结金伐辽,金已灭辽亦必骎骎南牧,不得以绍述为名,归狱于荆公也。元祐更新之政,亦多矫枉过直,示弱辽夏尤失体之大者。宣和诸臣固无赖之小人,元祐诸臣亦无用之君子,不足以论和战之得失。温公《通鉴》论维州事,袒牛抑李,眼孔如此,岂足当国?坡公守登州,即议水师赴定州,颇筹边计,毕竟聪明人容易唤醒,然而权轻事生矣。

**十九日(6月25日)**　晴。得九弟书,寄大西洞端砚二方、《粤东三大家诗选》一部。

曹瞒之为汉贼,固已。然汉祚之倾始于桓帝,而桓帝之立则曹腾之谋也。当质帝之崩,李固、杜乔欲立清河王蒜,梁冀未有以相夺,腾不为蒜所礼,乃夜往说冀以青盖车,迎志入南宫,至是而固、乔之罪已定,宦寺之权更张,不待黄巾、郿坞而汉之业已倾。李固狱中所谓汉室衰微自此始,诚东汉定论也。我不知腾有何功德而养孙遂为受禅之主,传祚数世,真腾倾汉于前、操、丕篡汉于后,谓之善继述可耳。

**二十日(6月26日)**　晴。过献夫,吊其妻丧。午后,范肯堂来。吕定之前辈来访,就容民斋中与谈。

朝廷用贤,不可犹豫。《萧望之传》:上方倚以为相,则[弘]恭、[石]显因其子上书,诏前事,征诣廷尉,迫令自杀。冯野王忠信质直,智谋有馀,上方倚以代凤。于是王凤使尚书劾奏王章私荐野王,而野王以赐告归杜陵,不敬劾免矣。《大学》曰:"见贤而不能举,举而不能先,命也。"命不得读为慢,亦非一人之命,直是无可奈何而委之于命之命,盖国家之命运所系耳。君不密则失身,谅哉!

师丹以不肯崇傅太后尊号罢,史极称之。然其人实非经世才,乃一拘儒耳。哀帝初即位,多匡改成帝之政,如出侍中王邑、射声校尉王邯等,正其收回政柄处,岂可与封后父、封舅同讥?如丹言,则王氏之权必令其世之不替乎。眼光太浅,宜哀帝之不悦也。盖师丹乃哀帝太子后始为太傅,亦王氏之所引用耳。

二十一日(6月27日) 晴。晚浴,浴后甚爽。

于晦若言国朝隐逸均是明之遗民。余谓史公无《隐逸传》,隐逸本不必传,必传之则必取其有系于风俗者。前代隐逸有不可解处。尚子平既知富不如贫,贵不如贱,何以为王邑一出,虽力辞其荐莽,然不如出之为超矣。晋夏仲御,人说之使仕,勃然作色,及贾充造访,以作何戏问,语殊轻狎,乃为作《鲋鲟》之歌,殊失身分。张忠巨和垂老为苻坚一出,以东岳之士而殁于西岳。宋纤令(文)[艾]年已八十,乃受张祚之聘,为其伪太子之友,尤属进退失据。至宋种放、常秩之徒,益不足道矣。惟(张)[孙]缅所遇之渔父殆是真隐,然《籧篨竹竿》之歌,亦与《庄》、《骚》所载之渔父为亡是公,为不知何许人耳。史者所以纪一代之政治得失、人才消长,似此人流,不过槃涧岩谷之徒,何足入传,真隐不能传,传者皆非隐也。故班、马均无此一门。

二十二日(6月28日) 晴,夜微雨一阵。夜,仲彭来谈,并借高青邱诗。

《御览》四百八十八引《文士传》曰:"张叔[序],字彦真,遇党锢去官。道逢其友人,相与语天下云:'嫉害忠良,岂但道之不行,恐将不免。'二人相向而泣。有老人过,嗟曰:'二丈夫何泣之悲哉!龙不隐鳞,凤不藏羽,罗网高悬,忧在机后,泣将何及?'二人欲与之语,不顾而去。"余虽辑《党锢表》,不知张叔[序]在《表》中否,可考证入之。

与仲彭论青邱,亦是不隐鳞藏羽者,入山不就征,归山不预事,何至以上梁文贾祸?

**二十三日(6月29日)**　阴。复宗甥书,寄银五十金,助其秋试之费。

管仲非鲍叔不能相齐。管氏虽云世祀,而《春秋》不见其子孙行事,即齐管修亦未必是管子之后。独鲍子之后则屡见于《左氏传》,如鲍国文子论阳虎,责其亲富不亲仁,卓然有大臣之风。杜注:成十七年,由鲁施氏臣召而立之,至今七十四岁,盖九十馀,益知鲍叔之世泽长矣。独喜陈、鲍甚睦,遂逐栾高、桓子,因之而大,遂萌篡齐之阶,此则有忝祖武耳。余生平最恶晏子,满口说礼可以已乱,而沮孔子,党陈氏,直小人之尤。其所以得名,不过收拾一二虚名,如北郭骚、越石父之类,为之揄扬也。

**二十四日(6月30日)**　雷雨,微雨即止。顾皞民来谈。午刻得于渊若书,知乐山病未愈,久恐不支。过晦若略谈即返。

杜陵自比稷、契,而其《夜遇王倚饮诗》结云:"但愿残年饱吃饭,但愿无事常相见。"萧条至矣!非经历患难之后,不知此语之沈痛。所谓天下无如吃饭难也。其赠友诸篇,无不情真语挚。而其晚年作乃云"晚将末契托年少,当面输心背面笑"。愤激至矣!非经历世态之后,不知此语之酸凉。所谓臭味不相入也。其后惟玉溪生有此一种笔墨。"如何雪月交光夜,更在瑶台十二层",写得君门万里光景出。"夕阳无限好,只是近黄昏",写得叔季之世光景出。人惟超然世外,静观万变,热肠愈冷,冷中复热,乃得此种血性语,非世人所知也。"不识庐山真面目,止缘身在此山中。""几度木兰舟中语,不知原是此花身。"以山中之人语山,以花外之人语花,远近之间,迷悟迥别。

二十五日(7月1日) 阴,微雨颇凉。《释名》一书专以谐声解字,其原出于《孟子》。如助者籍也,彻者彻也,庠者养也,序者射也,校者教也之类。《春秋繁露》尤多。《楚庄王篇》:韶者昭也,夏者大也,护者救也,武者伐也。《三代改制质文篇》:正者正也。《仁义法篇》:仁之为言人也,义之为言我也。《深察名号篇》:士者事也,民者瞑也,王者皇也,王者方也,王者匡也,王者黄也,王者往也,君者元也,君者原也,君者权也,君者温也,君者群也。《祭义篇》:始生故曰祠,善其司也;夏约故曰礿,贵所初礿也。先成故曰尝,言甘也;毕熟故曰烝,言众也;祠礿约礿成尝烝众,皆均祭之为言。际也,察也。《循天之道篇》:荈之为言济欤,皆是许君所称博采通人所明言。仲舒说者惟一贯三为王一事,实则仲舒固深于小学者也。其后如《白虎通义》此类尤众,若辑之以为汉诂,亦复可备捡考耳。《论语》:政者正也。又开《孟子》之先。雅言即读,应《尔雅》之谓也。

阮文达以《释名》“心,纤也”为善,著为释心之说。案,《繁露·深察名号篇》:“栣众恶于内,弗使得发于外者,心也。故心之为名,栣也。人之受气苟无恶者,心何栣哉? 吾以心之名,得人之诚。人之诚,有贪有仁。仁贪之气,两在于【人】身。身之名,取诸天。天两有阴阳之施,(人)[身]亦两有贪仁之性。天有阴阳禁,身有情欲栣,与天道一也。”余疑栣即任字。《说文》:“妊,身怀孕也。”言心怀贪仁之性,故《白虎通》直作任字。心之为名,任较纤字尤义足。此说兼孟、荀性善、性恶两说。善米性禾之喻与性相近,意尤相足,竟无人发明董子之义者。许君《说文》云:“性,人之阳气性善者也。情,人之阴气有欲者。”许君取孟子之说,兼采《繁露》。不曰贪曰恶而曰欲,尤为下语有分寸,是知孔孟之言性若合符节,而董子“阴阳两施”、“贪仁两孕”之语,尤足补孟子之未及,而破荀子之一偏也。后儒纷纷,喜不取之,详《东塾读书记》。

二十六日(7月2日) 阴雨。寄乐山书。

王晋卿以侍主疾时与婢通，主薨，为主之乳母所诉，上批："诜内则朋淫纵欲失行，外则狎邪罔上不忠。"落驸马尉，均州安置。其后还朝，与东坡先生相见殿门外，和其诗，引有"予得罪，贬黄冈"。晋卿亦坐累远谪，实则东坡以二年贬，晋卿以三年坐他事贬，想见东坡为贤者讳之意。《画继》则云晋卿虽在戚里，斥远声色，而从事于诗画，竟不知乳母之诉虚实耳。《宋史》仅书其谪均州而以后不书，并苏诗亦未读，想见修史之草草。

二十七日(7月3日)　阴。得子涵复书。

《续通鉴长编》："神宗谓辅臣曰：'唐明皇晚年逸豫，以致祸乱。如本朝无前世离宫别馆、游豫泰侈之事，非特不为，亦无余力可为也。盖北有强敌，西有黠羌，朝廷汲汲枝梧不暇。然二敌之势所以难制者，有城国，有行国。自古外裔能行而已，今兼中国之所有，比之汉、唐尤强盛也。'"嗟乎！神宗之言未几，而宣、政之间，艮岳花石纲所为如此，惜无人以其父训告之者，良可痛也。窃谓当宋神宗之世，夏则童昏，辽亦乱弱，而其经营西事，熙河方捷，永乐已摧，所柄用者不过李宪、高遵裕、徐禧辈，宜其辱国丧师，畏辽尤甚。正人如富弼、司马光辈所上疏，皆游侠无实；王安石阳为大言，实主弃地之说。此自宋之太弱，并非辽夏之太强。神宗谓敌强于汉唐，亦未确，托此言以自解耳。然尚知有畏敌之心，不敢安于逸豫，实贤主也。况今日之敌船坚炮利，环列争雄，其兢兢业业又当何如耶？

二十八日(7月4日)　晴。柳质卿来，与谈畿辅水利。

汉章帝好儒术，其诏令极佳。如命赵憙、牟融，则引《诗》："不愆不忘，率由旧章"、"三事大夫，莫肯夙夜"、"予违汝弼，汝无面从"。二千石劝农桑，则曰："'五教在宽'，帝《典》所美；'恺悌君子'，《大雅》所叹。"地震，则曰："仲弓季氏之家臣，子游武城之小宰，犹诲以贤才，问以得人。"讲《五经》同异，则引"学之不讲，是吾忧也"，"博学而笃志，切问而近思，仁在其中矣"。日食，则引《诗》"亦孔之丑"。又诏引《春秋》"无麦苗"及开匮反风之应。三月又诏，则引"刑罚不中，人无所措手足”。五月试贤良，则曰：“尧试臣以职，不直以言语笔札。”岐山得铜器，如酒樽，又获白鹿。则曰：“上无明天子，下无贤方伯。‘人之无良，相怨一方。’斯器亦曷为来哉？”元和元年丁未，诏则引《律》及《令丙》而曰：“‘鞭作官刑’，岂云若此？”十二月，诏则引《书》“父不慈，子不祗，兄不友，弟不恭，不相及也”。二年正月，则引《诗》“君子如祉，乱庶遄已”。五月，赐高年、鳏、寡、孤、独帛，则引“无侮鳏寡，惠此茕独”。七月，则引《春秋》“三正”、“三微”。三年二月，告郡守相，则曰“四国无政，不用其良”。乙丑敕御史，则引：“《诗》：‘敦彼行苇，牛羊勿践履。’《礼》，人君伐一草木不时，谓之不孝。”皆儒者仁者之言。范《史》仅以长者推之，未尽其美也。

汉章帝永初四年二月乙亥，诏谒者刘珍及《五经》博士校定东观《五经》、诸子、传记、百家、艺术，整齐脱误，是正文字。《管子》定在其内，何以后汉竟无人注释之，不可解也。

**二十九日(7月5日)**　晴，午后阴，夜雷。范史《邓后论》曰：“邓后称制终身，号令自出，术谢前政之良，身阙明辟之义，至使嗣主侧目，敛衽于虚器，直生怀懑，悬书于象魏。借之仪者，殆其惑哉！然而建光之后，王柄有归，遂乃名贤戮辱，便孽党进，衰斁之来，兹焉有征。故知持权引谤，所幸者非己；焦心恤患【虑】，自强者唯国。是以班母一【言】说，阖门辞事；爱侄微愆，髡剔谢罪。将杜根逢诛，未值其诚乎！但蹊田之牛，夺之已甚。”按，范论“所幸非己”、“自强惟国”最有见。和、熹与宣、仁相似，使其年至五六十，称制终身，何至有建光以后之秕政哉？汉法东朝，虽不称制，仍预朝政。有窦太后则绾臧下狱，孝武不能袒之；有王太后则婴夫下狱，孝武亦不能生之。此不能以地道无成之迂论以该之也，但当论其贤与不贤耳。且不称制而预朝政，反不如称制而预朝政。称制，则日与廷臣相侒。不称制，则日与宦寺相接。故就称制言之，以宋之明献章肃而王曾可以去丁谓，吕夷简可以论宸妃上下之情，不隔也。彼汉哀之制于傅太后，王莽事事假元后之命，岂必称制哉？晋孝武时,谢安以天子幼冲,欲请崇德太后临朝,王彪之曰:"上垂及冠婚,反令从嫂临朝,岂所以光扬圣德?"安不欲委任桓冲,故请太后临朝,已得专决,遂不从其言。谢傅之深谋远识,可谓审势达权,千古卓见。彼韩魏公之厉声撤帘,不免客气用事,未几而濮议起矣。有识者明于古今之故,当不以吾言为谬也。

六月初一日(7月6日) 晴。午后,过皞民,招同柳质卿、刘永诗夜饮。

余废居已七年,思卜地为偕隐计,意在江南。质卿言木渎有葛园、钱氏端园,葛园有楼,可居眷属,其池宜荷芰,端园后即灵岩山馆旧址,闻之神往。考《吴郡志》,灵岩山即古石鼓山,又名砚石山,董监《吴地记》。案,《郡国志》曰:吴王离宫在石鼓山,越王献西施于此山。山有石马,望之如人骑。南有石鼓,鸣即兵起。亦名砚石山。又有琴台在其上。《越绝书》云:吴人于砚石山作馆娃宫。刘逵注《吴都赋》引扬雄《方言》云:吴有馆娃宫,吴人呼美女为娃。故《三都赋》云:"幸于馆娃之宫,张女乐而娱群臣。"今吴县有馆娃乡。又云砚石山有石城,去姑苏山十里。阖闾养越美人于此,上有两湖,湖中有莼充贡。按,此即今灵岩山。以上皆董监所记。今按,砚石山有吴馆娃宫、琴台、响屧廊,有西施洞、砚池、玩月池。琴台下有大偃松。山下平瞰太湖及洞庭两山,山前十里有采香径。梁天监中始置秀峰寺,今为显亲崇报禅院云。

初二日(7月7日) 阴雨。得沈丹曾书。

阅《南史·后妃传》。《齐高昭刘皇后传》:"炒胡麻,始内薪,未及索火,火便自然。"此特灶有馀火耳,何足为异而侈为奇瑞。梁武丁贵嫔生而有赤痣,在左臂,又体多疣子,至是并失所在。夫疣子,一朝落去,亦事之常,何足异也。后主沈后,陈亡入隋,炀帝恒令从驾。[1] 故

---

① 整理者按,此条上有眉批:后主以仁寿四年卒,年五十二,则后至大业中已将六十矣。菊耦校《陈书》,谓余此语误疑诚大误也。

萧后亦入突厥蒙丑声，宜矣。① 其他所叙亦多秽迹，似正史之体不应若此。又阅《北史·后妃传》，如魏以道武开基，纪既失于限断，后妃亦然，均失史例。《文宣段昭仪传》：婚（日）[夕]，诏妻元氏为俗弄女婿法戏文宣，文宣衔之。后因发怒，欲杀元氏。疑其法甚虐侮，过于今俗闹新房者。此俗浙江、皖南尤甚，北方则无之也。冯小怜已赐代王达，尚谮达妃，可云无耻之尤。周静帝之后司马氏嫁为隋司州刺史李丹妻，与陈沈后均至贞观时犹存，虽皆失节之后，然亲见隋亡，亦是快事。若使之共论南北废兴，不更胜白头宫女乎？

**初三日(7月8日)** 雨。菊耦生日，夜煮茗谈史甚乐。

魏崔浩性不好老、庄之书。每读不过数十行，辄弃之，曰："此矫诬之说。不近人情，非必老子所作。老聃习礼，仲尼所师，岂设败法之书以乱先王之教？ 袁生所谓家人筐箧中物，不可扬于王庭。"案，窦太后好老子、辕固，以家人言折之，实有儒生卫道之功。至伯深，若解功成名遂身退一言，何至受祸，惜其不读竟五千言也。《儒林·刘献之传》："博观群籍，见名法之言，掩卷而笑曰：'若使杨墨之流不为此书，千载谁知其小也！' 曾谓其所亲曰：'观屈原《离骚》之作，自是狂人。'"案，名法与杨墨迥异，不知献之何指？ 北魏时，诸子之学如此，宜百家善本蚀灭殆尽矣。

《魏书·儒林传》亦少通儒，如陈奇，修奇，河北人。常非马、郑解经失旨，始注《孝经》、《论语》，颇传于世。与游雅论天与水违行，不合，不得叙用。雅以葱（领）[岭]以西，水皆西流。奇葱（领）[岭]以西，岂东向望天折之。然雅此说岂赞扶马、郑者，直意说耳。奇竟以

---

① 整理者按：此条上有眉批：萧后之弟瑀以贞观二十一年卒，年七十四，大业十四年实年四十四，后为瑀姊，晋王元妃，帝遇弑，年五十，则后亦当在五十下，四十四以上矣。所欠惟一死，决无丑秽之事。《北史》、《隋书》均殁其年岁，启人疑窦。李延寿于窦建德置后于武强县之上，著其妻妒悍一语，尤可怪。盖深恶广以及后耳。然后决非无耻之流，述志一赋亦堪矜悯，故为辨而白之。

此致祸，殊可笑也。献之讲《左氏》，至隐八年便止，云义例已了，是何家法？张吾贵三旬之中，兼读杜、服，而好为诡说，此业安能久传？刘兰排毁公羊，又非董仲舒。史称仲舒为祟，亦未必然。然想见其色厉内荏，安有名儒而为厉，亦安有名儒而见厉者？此亦史识之陋也。

**初四日（7月9日）**　晴。得石聘之书。过晦若，范肯堂在坐。

《北齐·李铉传》：宝鼎，南皮人。撰定《孝经》、《论语》、《毛诗》、《三礼义疏》及《三传异同》、《周易义例》，合三十馀卷。又作《字辨》。

刁柔。子温，饶安人。留心《礼仪》氏族，参议律令。《魏书》逢勒成之际，志存偏党，为时论所讥。

冯伟。伟节，安喜人。明礼传。宝鼎弟子。张买奴。平原人。

刘轨思。渤海人。

鲍季详。渤海人。《礼》、《左氏春秋》。

邢峙。士峻。郑人。三礼、《左氏春秋》。

刘昼。孔昭，阜城人。受李宝鼎三礼。马敬德。服氏，《春秋》。

马敬德。河间人。左氏。子元熙。长明，以《孝经》授皇太子。

《前叙》言：张买奴、马敬德、邢峙、张思伯、张雕、刘昼、鲍长暄、王元则，并得服氏之精微，皆徐遵明门下也。而《本传》则甚略。

权会。正理，郑人。郑《易》、《诗》、《书》、三礼。明风角，识玄象，注《易》一部。

张思伯。乐城人。左氏传。撰《刊例》十卷。亦治《毛诗章句》。

张雕。中山北平人。尤明三传。

孙灵晖。武强人。惠蔚族曾孙。三礼、三传皆通宗旨。子万寿，博涉群书、礼传。

张景仁因胡人何洪珍、中人邓长颙进，所工草隶而已，岂宜列之儒林？与石曜以《石子》十卷，言甚浅俗，而滥厕其间，皆可异也。

**初五日（7月10日）**　晴。《周书·儒林传》最谨严有法。卢景宣修"五礼"，长孙绍远正"六乐"，以官高不入，入儒林仅六人，皆硕学也。太祖、世宗、高祖三代重儒，故其效如此。《北史》去二卢，尤合。

卢诞。涿人。

卢光。景仁，辩弟。精三礼，善阴阳，解钟律，又好玄言。撰《道德经章句》。

沈重。德厚，吴兴武康人。行世者，《周礼义》三十一卷、《仪礼义》三十五卷、《礼记义》三十卷、《毛诗义》二十八卷、《丧服经义》五卷、《周礼音》一卷、《仪礼音》一卷、《礼记音》二卷、《毛诗音》二卷。

樊深。文深，河东猗氏人。《孝经》、《丧服问疑》各一卷，撰《七经异同说》三卷、《义经略论》并《月录》三十一卷。

熊安生。植之，长乐阜城人。《周礼义疏》二十卷、《礼记义疏》四十卷、《孝经义疏》一卷。

乐逊。遵贤，河东猗氏人。著《孝经》、《论语》、《毛诗》、《左氏春秋序论》十余篇。又著《春秋序义》，通贾、服说，发杜氏违，辞理并可观。

熊植之实北方儒宗，而《北史》纪其为或所诳，因熊光古冢连年相讼，至率族向冢而号。复见徐之才、和士开，因其讳"雄"讳"安"，乃称"触触生"，殊为烦猥。

**初六日(7月11日)**　晴。得唐鄂生书。寄复伯潜一缄，附沈丹曾复信。

"南北史"虽总八书，而删繁去复，体例亦未画一。如辑其逸事，为之作注，因以考其得失亦一快也。《晋书》注能脱稿，宜即从事于此。《陈书·何之元传》：之元屏绝人事，锐精著述。以为梁氏肇自武皇，终于敬帝。究其始终，起齐永元元年，迄于王琳遇获，七十五年，草创为三十卷，号曰《梁典》一书，分为六意，一曰《追述》，二曰《太平》，三曰《叙乱》，四曰《世祖》，五曰《敬帝》，六曰《后嗣主》，而削太宗大宝不书。《北史·许善心传》：父亨，著《梁史》未就。善心修续父书，为七十卷。其传全载其目，与姚书不同，使取之以考《梁书》，亦一朝得失之林也。道光间，童太守濂权运使尝有意注《南北史》，延诸名流，以一年为期，不果成。今惟汪梅村补志十馀卷，亦尚阙佚。

**初七日(7月12日)**　晴。季士周来谈。

熙河弃地，本末创于司马温公。其大旨以真宗割云、夏等州，除赵德明为定难军节度。故事，其与执政书深以微为边患，更出不逊，诬为忧。其后范尧夫依违，文潞公附和，而言路如苏辙、刘挚、王岩叟亦皆力主其说。惟安焘在政府林立，在言路稍持不可弃之说。二人固皆章、吕馀党。吕文靖虽以兰州乃蕃地非夏境为言，然五寨则置不论。举朝怯懦，庸暗如此。不独为夏人所轻，为元丰诸人所笑，直为误国戏疆，自贻伊戚而已。当宣、仁手诏垂问吕大防、范纯仁时，微仲请会州一路，更不攻取，而弃地则不但弱国威而又有取侮四夷之端，因论今日西夏无继迁元昊之强，若边帅参用武人，固无足畏。语极确凿，视范之闪铄搪塞者迥异。而温、申二公竟不转圜，专以息事安人为胜算，弃四砦以易永乐之俘，轻弃险要，徒长教骄。其时秉常已卒，夏势日衰。凡温公所虑，无一中者。较之决改役法，所见尤迂谬也。吾尝谓宋无人焉。即元祐不为元符，洛、朔、蜀日相攻击，亦于朝政何裨。凡此类皆授小人，以绍述之隙而徒曰天祚大宋，必无是事乎？

**初八日（7月13日）** 晴。刘献大来。范肯堂言其乡人邹家祥尝经献夫延请不至，合肥为之作合，献夫属余代致。邹，庚午同年，优贡也。字彦升，亦通州人。

余尝疑范纯夫、刘元城论哲宗觅乳母事，以为可疑。范疏有闻已有近幸宣仁。密加考察论止疏章，或以为刘、范似太过。及观《通鉴长编》所采曾布《日录》述哲宗病状，又叹二公之杜渐防微为不可及。腰痛液泄，吐血咳逆，无一非好色之证。元符岂独自戕其生，深负宣仁保养之勤，永裕付托之重耳。观责降韩才人为红霞帔，谓其于哲宗服药时犹使气骄妒，可想矣。

**初九日（7月14日）** 晴。浴。午后，邵班卿来。

元祐诸贤，如山谷之罹党籍，尤为可叹。山谷在元祐时入史局，两次还官，一为赵挺之所弹，一为韩川所驳，终不得进一阶。书成，请封其母，其母盖虑叙官必为人所嫉也。乃命下之日，其母卒。安康之名，亦为虚祝，殊可悲痛。服阕，而朝局已变，谪命旋行。靖国之初乞太平六日而罢，复以文字之祸贬死宜州。终其身，竟无展眉舒气之一日。较之义山之厄于令狐，不同一侘傺乎？江西一脉，昌于身后，殆孝友潜德积久必发之故与。

初十日(7月15日)　晴。李子木自都回。

魏柏乡《兼济堂集》，余箧中有之。今不知遗落何所矣。偶于选本中见其《李淳风论》云："太宗以《秘记》，有唐三代之后，女主武王代有天下。问李，李对曰：'其人已在宫中，不过三十年当王天下，杀唐子孙殆尽。'后其言果验。世莫不神其数。余以为太宗取巢刺王妃，家法不可言，高宗复尤而效之。武代之祸实太宗酿成，使李乘间劝其正刑于之化，高宗他日不致渎乱，武氏何由复入掖庭，何对不及此而徒以天之所命，人不能违，使太宗诿诸数之无可如何耶！"持论甚正。然太宗已因疑似杀人，李此言止其妄杀，实为谲谏。即如公所言，太宗嫌其迂阔，亦未能因之悔祸。盖太宗玄武之事实过于残忍，建成、元吉既死，并其诸子尽戮之，尤令高祖难堪。武氏尽杀唐子孙，正以报其惨毒。而承乾谋反，濮王夺嫡之变，复令帝亲见之，晚景亦殊可怜。要其设心太酷，即末年修省亦不能解武王之谶矣。余尝谓中宗、睿宗均是庸才，使武后不临朝称制，彼中宗之昏庸，自嗣圣以至景龙，不知朝政之弊又将如何？故长孙无忌劝立晋王，实乱唐之渐，殆有天焉。

十一日(7月16日)　晴。得省三金陵书。洪翰香来。

赵则平最不忠，于宋太祖一误不可再误之说，人尽知之。殆由河阳一罢，怨望实深，故晚节披猖，窥太宗微指，以干进欤？曰是不然，即太祖中年，普已不为所用矣。如太祖以幽、燕地图示普，普曰："此必曹翰为之。"太祖曰："然。翰可取否？"普曰："翰可取，孰可守？"太祖曰："以翰守之。"普曰："翰死孰可代？"太祖曰："卿可谓远谋矣。"又曰："吾欲取太原。"普默然久之，曰："此非臣所知也。太原当西北二边，使一举而下，则二边之患，吾独当之。何不姑留，以俟削平诸国，则太原弹丸黑子之地无所逃矣。"太祖笑，曰："吾意正如此。"案，两策均谬。幸而契丹君臣亦无志中原耳。设有桀黠之谋,乘宋人经营江湘之会,以锐师先据太原,则其烽直逼汴梁,宋且无以为国矣。夫取太原即以关中之边将镇之,取幽、燕即以中山之边将镇之,何至选懦恇怯乃尔。太祖为其所愚,毕世不取太原,即以此语告太宗,后乃取诸童騃之手。太宗既不如太祖之英武,诸将功名既盛,志气已衰,于是南北之势成而宋卒不振矣。虽然,亦由宋之得国其速易,尚不及魏武,而欲望其混一区宇乎?普负太祖,实由太祖负周世宗耳。此一脉,宋之执政传为秘授,故专款辽、夏,坐待金源之起,以至于亡。

**十二日(7月17日)**　晴。复载之、八弟各一书。

两淮南王皆冤狱也。厉王骄则有之,决无谋反之意。其铁椎椎辟阳侯为母报仇,人子至性,然死机即伏于此。观"薄太后及太子诸大臣皆惮厉王"一语可知。初以谋反谷口,令人使匈奴、南越,事觉治之。及张苍等劾治,初无反迹可言,而遽以弃市之罪断之,殊不可解。既徙岩道,乃至传车不敢发封,所以语侍者,及不食而死。果谁证之,而谁知之者。其为兄弟不容明矣。至淮南王安,则尤拊循百姓,好儒多文者。其必以反死之者,既由孝武之世阴行贾、晁之策而速祸者,更有两端。修成君,王太后之爱女,帝之大姊,以其女妻太子迁,帝亦甚爱淮南矣。而太子弗爱,三月不回席,王闭太子,太子终不近妃,妃遂求去。此失内援,帝固憾之矣。是时故辟阳侯孙审卿善平津,怨厉王杀其大父,乃深购淮南事于弘,弘乃疑淮南有畔逆计谋,深穷治其狱。夫狱至深穷治之,安有不定为畔逆者?然则淮南之死,弘有力焉。伍被所言多引汉美,浮夸无实,而遽执其单词,据为铁案,何其忍欤。帝欲杀被,而弘谓被当诛。盖不诛被,则锻炼淮南之迹著,不若并被诛之为无迹耳。史公所叙,历历如绘,汉之寡恩于斯可见。悲夫!高诱以伍被为八公,谬矣。

**十三日(7月18日)**　晴,酷热。鞠耦小病。李赞臣来。得颂民书。

汪容甫作《荀子年表》,尊荀卿至矣。然汪氏知卿之传经,不知焚书坑儒之祸亦卿为之。斯为卿之弟子,其相秦也,请诸有文学、诗书、百家语者蠲除去之。当入秦之始,辞于荀卿,以"诟莫大于卑贱,悲莫深于穷困"为言,卿不闻有所匡正也。物禁太盛之说亦保身之义,而非术道之言。盖平时以性恶之说导诸弟子,故韩非、李斯所学不同,同归惨刻。又平日排斥思孟、游夏诸贤,欲以己之所学直接洙泗,骎骎以师道自居,故斯之言辨白黑而定一尊,欲尽灭六经百家而独存其书。故自西汉之初,经学均由荀出,则兰陵之计已得上蔡阴行之,亦由王安石之经义、字说,得蔡卞而益尊也。容甫见不及此,反以为荀卿之功,无乃堕其术中乎?

**十四日(7月19日)**　夜,大雷雨。鞠耦愈,适得顾韶女士画册十二幅,相与展玩,以祛睡魔。

使臣将命专对,如《春秋》所纪,卓然可睹。至《三国志》,则颇著嘲笑之辞。《费祎传》:"孙权性既滑稽,嘲啁无方。诸葛恪、羊衜等才博果辩,论难锋至。"是也。如《伊籍传》:"权逆折以辞,籍适入拜,权曰:'劳事无道之君乎?'籍既对曰:'一拜一起,未足为劳。'及张温使蜀,亮促秦宓至。温问'天有头有耳有足'之类,至曰:'天有姓乎?'宓曰:'姓刘。'温曰:'日生于东?'宓曰:'虽生于东而没于西。'"一时辨论纵横,要亦何关使事,而连篇累牍以为美谈。至《薛综传》:"西使张奉于权前列阚泽姓名以嘲,综因有:'有犬为独,无犬为蜀,横目苟身,虫入其腹。''无口为天,有口为吴,君临万邦,天子之都。'"且附会以为诸葛恪、费祎之事,实则兴戎召侮之梯,非敬事折冲之选也。南北朝此风尤炽。凡涉使臣则刺刺不休,嘲谑相踵,是亦不可以已乎?其原出于《晏子春秋》、《战国策》,实皆传闻粉饰之语,而孙仲谋乃创此风,可叹也。

**十五日(7月20日)**　阴,夜月色皎然。《魏志·刘馥传》:表为扬州刺史,单马造合肥空城,建立州治,广屯田,兴治芍陂及茹陂、七门、吴塘诸堨以溉稻田,至今为用。子靖,镇北将军,遂开拓边守,屯据险要。又修广戾陵渠大堨水,《水经注》作戾陵堰,戾陵乃燕王旦之陵,似当作戾陵渠。溉灌蓟南北；三更种稻，边民利之。《贾逵传》：为豫州刺史，遏鄢、汝，造新陂，又断山溜长溪水，造小弋阳陂，又通运渠二百馀里，所谓贾侯渠者也。《任峻传》：颍川枣祗建置屯田，太祖以峻为典农中郎将，数年中所在积粟，仓廪皆满。军国之饶，起于枣祗而成于峻。《杜畿传》：为河东太守，渐课民畜牸牛、草马，下逮鸡豚犬豕，皆有章程。百姓勤农，家家殷实。《郑浑传》：为下蔡长、邵陵令。所在夺其渔猎之具，课使耕桑，又兼开稻田。为阳平、沛郡二太守。郡界下湿，患水涝，百姓饥乏。浑于萧、相二县界，兴陂遏，开稻田。一冬间皆成。比年大收，民赖其利，刻石颂之，号曰郑陂。《梁习传》：为并州刺史，表置屯田都尉二人，表置屯田都尉二人，领客六百夫，于道次耕种菽粟，以给人牛之费。观司马芝以诸典农各部吏民，末作治生，以要利入。即奏《管子·区言》以积谷为急。武皇帝特开屯田之科，专以农桑为业。云云。足征魏武能用管子之术，其陂渠耕桑之利，南至扬，北至蓟，安得不国富兵强乎？今置农事不讲而于末务求富强，非策之得也。

**十六日(7月21日)** 阴，夜雨。昨夜玩月，感凉甚倦，皞民来谈，良久始去，遂昏卧竟日。

孝成许皇后善史书，常宠于上，乃因连失子女，旋为赵氏所谮，驯至自杀，殊可哀也。班氏于后传欲归美班婕妤，故于后多抑词。今细考后实，冤甚。盖其始王凤为许嘉争权，上既退嘉，然凤犹不佑许氏，故谷永专以日蚀之咎攻后宫，既为凤解，并为凤倾。后姊谒祝(譖)[诅]后宫有身者及凤等，此出赵氏之谮而皇太后主之，故后坐废而班获全。其后因姊嬻与定陵私通，诬及后。此出王莽之谮，未一按问，遽赐之药。夫后之废，定陵佐帝以立赵后，岂后不知之，安能折节于长？此自长与其姊谲词锻炼成狱，而班氏不为之别白，后身已死而心迹并不能明，此尤可怪也。其云"后宠时，后宫希得进见"，尤为谬论。婕妤非由少使大幸为婕妤，居增成舍乎？李平非由侍者赐姓卫者乎？观谷永、许、班并论，则未废之先，班已阴与许敌，将废之际，赵又明与许争，班以供养长信令，许以王凤不佑废，情迹显然矣。刘向以日蚀与孝惠、孝昭同，已断定孝成之亡嗣，与谷永义异，且指实在王氏，而《五行志》于河平三年后日食但存谷永而不及向，一若向未尝言灾异者，何也？疑向言后宫或亦兼许、班，而固削之耳。既言论许、班，惟谷永，而《后传》又云采向、永之言，亦混。向但虑亡嗣，未云后宫骄侈。其时弊不在后宫，在东朝耳。

**十七日（7 月 22 日）**　雨。已愈，而人甚倦怠，伏枕读《穀梁》一卷。

米襄阳《砚史》云：端州四岩：下岩、上岩、半边岩、后砾岩。下岩第一，石细，眼圆，碧晕。仁庙已前赐史院官砚多是。后来皆上岩，干紫色，理粗性硬，眼黄不圆，而青色淡。岩深处间有润者，而眼终不如下岩也。半边，理同上岩，眼长如卵，有瞎眼，有死眼，有翳眼。后砾，间有极细软者，土人不贵。别有叶樾《端溪砚谱》云：下岩水底脚石十倍于南壁石，南壁十倍于中岩北壁石，半边山南诸岩倍于中岩南壁石，盖后（历）〔砾〕最下耳。

**十八日（7 月 23 日）**　晴，是日天气又热。史大令恩培来，以所撰《遵化志》见示，体例似更，考证殊率，并寿老《省志》均未细捡，可叹也。余久离乡曲，思得志乘善本以资披览，而旧志极陋，闻史有志，冀其不俗，不料率浅如此。

晚，崔禄赴州，为侄孙辈取录遗卷，得允言书，内附安侄第七书，言旧疾时动，书法亦甚草草，殊可虑也。

阅守山阁所刻《难经集注》。【钱】序云："命门"二字并不见于《内经·素问刺禁论》，七节之旁，中有小心，杨上善以为肾，马元台以为心包，亦无命门之说。后人谓命门在两肾中间，形如胡桃，此真无稽之谈。而俗医靡然从之。《难经》之意不过以肾为一身之根本。人身在血在气，血为阴，气为阳，两肾之中以右肾为尤重，故名之曰命门。非谓两肾分别有命门也。余案，俗医谓两肾之外别有命门，此亦不足置辨。《难经》要旨既以肾为命门，实有特见。钱氏必斤斤于此，何也？惟《难经》所云肝重四斤四两，心重十二两，脾重二斤三两，肺重三斤三两，肾重一斤一两，胆重三两三铢，胃重二斤二两，小肠重二斤十四两，大肠重二斤十二两，膀胱重九两，人有长短肥瘦之不同，何得合九州而一例之，当声明以何等尺寸，人何等年龄为准，长不过若干，短不过若干，方明此特目验诸一人而以之齐天下之人，宜其久而无征不信也。大抵五行之说最易支衍。人生不外五行而必分别部居，强立五行之目，又几于一支一节之中无不五行者，五行全而药杂人死矣。不独医然。凡中国之说经论事，但杂以五行阴阳之说，便拘牵不通。故余为汉学，必破去五行，方有真理。子政以《洪范》五行说灾异，别具苦心，然其分别太繁琐，故亦不足动听。灾异自应警惧，必举一事以应之，则禳厌之说又借以售奸矣。

十九日(7月24日)　夜雨。复八弟一书。午后，闻弟代理富阳帘缺。

马贵与曰："圩田、湖田多起于政和以来。其在浙间者，隶应奉局；其在江东者，蔡京、秦桧相继得之。大概今之田，昔之湖。徒知湖中之水可涸以垦田，而不知湖外之田将胥而为水也。主其事者，皆近倖权臣，是以委邻为壑，利己困民，皆不复问。《涑水记闻》言：'王介甫欲兴水利，有献言欲涸梁山泊者，介甫然其说，复恐无贮水地，刘贡父言，在其旁别穿一梁山泊则可以容之矣。介甫笑而止。当时以为戏谈。'今观建康之永丰圩、明越之湖田，大率即涸梁山泊之策也。"余谓治水之策，必有地以资潴荡。今北方之水二淀二泊均就关塞，垦为田畴。民夺水之居，非水夺民之居也。黄河亦然。故欲治水者，除水患当持久，兴水利当留馀。徒知填淤之可田，而不知占地之害水，亦宋以后治水一大病也。

二十日(7月25日)　午后大雷雨，入夜未止。复安侄书，由都转寄。今年第六书也。

余前以杜预附公间为谬，观为《律》作注一端可知。《齐书》："晋张斐、杜预共注《律》三十卷，自泰始以来用之，《律》文简约，或一章之中，两家所处，生杀顿异，临时斟酌，吏得为奸。永明间，尚书删定郎王植乃集定二注，表奏之。"观此知元凯偏颇，不于晋世发其伏，终为后人摘其瑕矣。案，后世定律令者，动遭横祸。晋之律令修于贾充，其女南风、午及嗣孙谧同日诛死，此或成济一事漏网，不尽由修律之咎。魏太武神麚中，崔浩定律令，未几，浩夷三族。隋文帝时，令高颍等更定新律，至大业时颍亦遇祸。唐贞观二年，诏长孙无忌、房玄龄等复定律令，至高宗时，房之子及长孙相继以罪诛，其何故哉？狱者，天下之大命。定一狱之轻重，所出入不过一二人，定一例之轻重，所出入至于十馀世，不翅千万人矣。当事者视定律如修书，漫不经意，则其罪固不得不示以重罚，此天地好生之德，自然之理，非果报之谈也。或疑萧何因秦律，其得祸当甚于崔浩诸人，而庆流后裔者，何日史言之矣。汉兴，破觚为圜，斫雕为朴，网漏于吞舟之鱼，而吏治烝烝，不至于奸。是萧律未尝苛密也。汉之酷自吕后始，而文景沿之不革，至葅醢韩、彭，则又高祖意旨，所谓三尺何出也。

　　二十日(7月25日)　微雨渐霁①。复宗甥一纸。

　　《闻见前录》："太祖遣曹彬伐江南，临行，谕曰：'功成以使相为赏。'彬平江南归，帝曰：'今方隅未服者尚多，汝为使相，品位极矣，岂肯复战乎？更为吾取太原。'因密赐钱五十万。"邵伯温以惟名与器不可假人，谓太祖得之。余谓邵说非也。治国之经，不过信赏必罚。太祖以曹彬堪任将帅，既许以使相之赏，而事后复有反语之言，何以励臣子而饬军行哉？作法若此，故军功之赏最轻，而辽、夏终不能混一耳。

　　二十一日(7月26日)　晴。寄八弟书。

　　余在塞上，颇思取许氏《说文》诂《易》，以许自云《孟氏易》也。方解六十四卦名已，解有不可通处，因之中辍。及阅《文献通考》，《晁以道古易》亦取许氏，可云先得我心。巽岩李氏谓晁氏专主北学，与吕

---

①　整理者按，日记手稿"二十日"有两记。

氏不相祖述，而往往暗合。吕谓吕大临与叔也。余谓《易》之道广矣大矣，秦火所不焚，而自两汉以来，其旨愈传愈晦。理数两论，分之固非，合之亦不尽是。三圣人之理数必不止此耳。就宋而论，伊川、东坡、汉上三派，亦各有见，皆出龚深之上。朱子于东坡《易传》列入杂学，辨中亦门户之见而已。纪文达云《易》家著作太多，真洞见症结之谈也。

二十二日(7月27日)　晴。鞠耦蓄荷，叶上露珠一瓮，以洞庭雨前瀹之，叶香、茗色、汤法、露英四美具矣。兰骈小坐，遂至夕照衔山，时管书未暇校注也。

阅阮文达定香亭、小沧浪《笔谈》两种。

《经籍纂诂》不采《说文》、《广韵》，极有见。其后又以《说文》【《广韵》】入补遗，何也？不采《说文》则可，入补遗则不可。

许劭评曹操为清平之奸贼，乱世之英雄。其能拔士，至与林宗并称"许郭"。范史称其守节好耻，然子将实非知人者。王室之将乱，欲避地以全老幼，而转徙陶谦、刘繇间。逮孙策平吴，与繇南奔豫章而卒。其流离颠沛，观刘繇可想矣。太史慈暂渡江至曲阿，或劝繇可以慈为大将军。繇曰："我若用子义，许子将不当笑我耶？"是子将不但无益于繇，实有损于繇者。乌能知人？许靖与劭不协，固同以汝南月旦著，亦因避孙策走交州，至群从妻子略尽，然后乞哀曹公，书又不得达。晚年憔悴入蜀，亦与子将等。裴世期讥文休，谋臣若斯，难以言智，孰若与张昭、张纮之俦同保元吉？余谓宜与子将并讥也。或谓父休为许贡、王朗客，子将为刘繇客，故不肯依策，此其有守处，吾独笑其素好人伦，何以与许贡、王朗、刘繇辈交，而不能得一奇士哉？

二十三日(7月28日)　晴。午后，范肯堂来。晚过晦若小坐，而李赞臣至，遂回斋中。

杜畿子恕从赵郡还。阮武谓之曰："相观才性可以由公道而持之不厉，器能可以处大官而求之不顺，才学可以述古今而志之不一，此所谓有其才而无其用。可试潜思，成一家言。"恕在章武，遂著《体论》

八篇、《兴性论》一篇。武所谓"持之不厉",世固有之,似恕不至此。"求之不顺",似嘲笑语。惟其力持公道,即不能坐致大官也。"才学可以述古今而志之不一",最为聪明人药石,荀子所谓"不两而精"也,拈出以为读书之法。

二十四日(7月29日)　晴。皡民来。沈丹曾自闽至。

阅《溉亭(考)[述]古录》。钱岳原先生所学于九经、小学、天文、地理,靡不综核,尤长乐律。阮文达以为蔡邕、荀勖之流。其《与王无言书》云:"士君子读书,宜务知大者远者,馀俱可略。是故于经,宜考圣王之制作,而不必泥于训诂之说;于史,宜观豪杰之谟略,而不当纤悉于事迹同异之间……然后为有用之学。昔苏明允取《国策》及迁、固之史熟读之,遂自比于贾谊,而二子亦皆具宰相之材。明允之学,知史不知经,故近于纵横,然不可谓非伟特之士也。"语殊恢廓。

二十五日(7月30日)　阴,夜雨。得乐山书,病尚未愈也。晚,肯堂来谈。

宋冲尝劝郭林宗仕,泰曰:"吾夜观乾象,昼观人事,天之所废,不可支也。"然犹周旋京师,诲诱不倦。徐稚以书戒之曰:"大木将颠,非一绳所维,何为栖之? 不遑宁处!"泰纳其言。夫有道之隐,志已决而犹不免周旋者,范孟博所谓贞不绝俗也。此可为法。"万人如海一身藏",此之谓欤!

《党锢列传》:"张俭举劾侯览及其母罪恶,请诛之。览遏绝章表,并不得通,由是结仇。"《通鉴》则云:"览丧母还家,大起茔冢。俭章遮截不通,遂破览冢宅,藉没资财,具奏其状,复不得御。"《考异》引《袁纪》:"俭行部(下)[至]平陵,逢览母,按剑怒曰:'何等女子干督邮,此非贼邪!'使吏卒收览母,杀之。"范书《(范)[苑]康传》亦云俭杀览母。《侯览传》、《陈蕃传》均不云俭杀其母。若果杀之,苑康不止徙日南也。案,俭自杀其母,康自捕其余党,故康以此徙日南,不得以康未死刑,遂谓俭未杀览母也。或俭杀其母,或破冢而毁其母尸,所以览衔恨入骨,必欲置俭死地。一宦官之母,有何关系? 因此宗亲殄灭,党锢遍天下。俭亦失之过激乎！然尔时其母罪恶，必有僭妄难堪不得不杀之故。惜无可考矣。

二十六日(7月31日) 午后阴。读《费祎传》，以为祎不如琬远甚。琬自知才不逮武侯，而以"武侯数窥秦川，道险运难，不若乘水东下，乃多作舟船，欲由汉、沔袭魏兴、上庸"。此如子午谷奇计，虽非至策，然其意则与武侯同。盖汉贼不两立，非蜀并魏，即魏并蜀也。至祎则云："丞相犹不能定中夏。如其功业，以俟能者。"姜维每欲兴师大举，常裁制不从，与其兵不过万人。其意专主自守，不知蜀非能守之国。此即不为郭循所刺，终亦为魏所困。盖大失诸葛本意矣。延(秋)〔熙〕九年秋，大赦，孟光于众中责祎，谓赦乃偏枯之物，祎但踧踖。诸葛公以宫中之事属董允。黄皓畏允，不敢为非。及祎以陈祗超继允，上承主指，下接阉竖，使后主追怨允，而皓势日炽，此皆祎疏阔之咎也。然则武侯重祎，特以其使吴能结权欢，非谓其足备股肱，如琬之由武侯密指耳。

二十七日(8月1日) 晴。得子涵书。

武侯所以不用水军攻魏者，以先主伐吴时，吴班、陈式水军屯夷陵夹江东西岸，及猇亭之败，兵遂弃船舫，由步道还鱼腹，则所有船舫均为吴所获。可知若大治战舰，则吴人疑忌，所得不过魏之支体，一失则舟械均为敌资，且两道大举，力固有所不及也。卒之，王浚楼船风利不得泊。吴班、陈式不能得之于权者，浚乃得之于皓。蜀之水军非不可用，如琬之计亦愚虑之一得，若事事甘于不逮丞相，苟且草率至于亡，岂诸葛临终交代之意乎？

二十八日(8月2日) 晴。午后，皥民来谈。晚，仲璋过余斋小坐。

隗嚣之据西州，初不纳方望之言，轻应更始之征。至季父崔、兄义谋叛归，嚣竟告之，诛死，可谓忠矣。及三辅扰乱，乃称疾勒兵，复亡归天水，尽据故地。有功于汉，又受邓禹之爵，耻为述臣，遣子恂随来歙诣阙。使其一心终始，何难比迹窦融。乃因王元、王捷不愿专心内事，顿尔变计，置爱子于不顾，耻臣光武而转屈于子阳，卒至身死国破。其故何哉？前失诸方望，故后欲得于王元，不知乃成两错也。至王元，即为嚣决距陇之计，自宜守桀犬吠尧之性，不效则继之以死，方为不负隗。王乃陇亡降蜀，蜀亡降汉，吾不知其何面目见季孟地下也。元初拜上蔡令，迁东平相，坐垦田不实，下狱死。疑光武君臣后知其说嚣之计，以他事杀之耳。

二十九日（8月3日） 晴。《刘巴传》注引《零陵先贤传》："先主欲遣周不疑就巴学，巴答曰：'昔游荆北，时涉师门，记问之学，不足纪名，内无杨朱守静之术，外无墨翟务时之风，犹天之南箕，虚而不用。赐书乃欲令贤甥摧鸾凤之艳，游燕雀之门，将何以启明之哉？愧于"有若无，实若虚"，何以堪之！'"周不疑为先主甥，是先主有姊妹也。《庞统传》注引《襄阳记》："德公子山民，亦有令名，娶诸葛孔明小姊，为魏黄门郎，早卒。子涣，字世文，晋太康中为牂柯太守。"山民所娶乃武侯小姊，姊必不止一人，是武侯亦有姊妹也。武侯子瞻所尚必是先主幼女。汉寿之孙统、费祎之子恭，所尚必后主女。是鱼水君臣，复联姻好。而后主娶桓侯二女，以女妻安国之子。先主与关、张布衣昆弟之交，亦可云累世不替也。

三十日（8月4日） 晴。《魏志》以二荀与贾诩合传，裴世期以为魏世如诩之俦，其比甚多，不编程、郭之篇而与二荀，失其类矣。余谓世期此论殆失陈氏之意。操之建魏，以破袁绍为基。绍以操败于宛，益骄。操至，出入变常。或独以度胜、谋胜、武胜、德胜策之，遂先破吕布，以与绍拒于官渡。及许攸来降，言淳于琼等将兵运粮，将骄卒惰，可击。众皆疑之。唯攸、诩劝操。《诩传》又有"明胜绍，勇胜绍，用人胜绍，决机胜绍"之说，明以此贯串三人，深得龙门合传之旨，且以深得袁、曹当日成败情事。其以良、平推之，若曰此固操之良、平。具此史识，故《彧传》以忧薨，明年太祖遂为魏公矣。刺操而非惜彧也。夫以刘、项拟袁、曹，而独惜此公爵，岂能欺天下后世乎？不特此也。吾以为诩造魏之功，更大于二荀。何以言之？卓死，傕、汜等亦欲解散,而诩劝攻长安以至子师被害,群雄纷起,是炎汉之灭,成于诩之一言,汉之罪魁固即魏之功首矣。然诩能造魏,实亦灭魏。子桓、子建争立之际,因诩一言而定。使子建得立,其少子志得承帝祚,则魏世有长君三马亦未能乘权得柄,诩纯以智计用事,实为世之憸人。二荀与之合传,其品可知。世期盛称彧、攸,不知陈氏固以奸党目三人,非以功臣目三人也。何疑其不类乎?

**七月初一日(8月5日)**　晴。得劳玉初书。九弟亦有书至。

邓艾著《济河论》,论运漕灌溉之道。又以为:"昔破黄巾,因屯田积谷于许都以制四方。今三隅已定,事在淮南。可省许昌左右诸稻田,并水东下。令淮北屯二万人,淮南三万人,十二分休,常有四万人,且田且守。水丰常收三倍于西,计除众费,岁完五百万斛以为军资。六七年间,可积三千万斛于淮上,此则十万之众五年食也。以此乘吴,无往而不克矣。"平蜀之后,请以陇右兵二万人,蜀兵二万人,煮盐兴冶,为军农要用,并作舟船,豫顺流之事。艾以稻田守丛草吏,而于南北形胜了然胸中。使其不死,则浑、浚之功全属士载矣。然艾之死,未必不由于此。司马氏方营篡魏之策,使艾由蜀入吴,戡定两国,威权震主,挟之以助魏诛昭,实非昭所能御。即其心不忠于魏,而以吴、蜀人士均归于艾,手管重兵,隐若敌国,亦不能遽篡,篡即艾入而讨之矣。此其所以一闻钟会之谮,即毅然槛车征之也。及践祚之后,与王凌并听立后,其意可知矣。观《钟会传》,后昭于邵悌密计,因会杀艾,复欲藉以杀会,展转阴恶,视汉之菹醢韩、彭尤酷,而艾、会贪主功名,蜀社方迁,而两宗继覆,亦何为哉?

**初二日(8月6日)**　晴。孝达有电,论寿老、再同循吏孝子事,以其父子均非要人所喜,意颇迟回。余谓再同两世能忤要人,胜于循吏孝子矣。何必吏馆有传始传哉?吏之循不循,子之孝不孝,亦待要人喜怒而定,则天下事可知耳!

孔㧑轩《公羊通义》,《左》、《穀》之外,全以《繁露》为主。惜未取两《汉书》中用《公羊》谊者。推之,即以《繁露》论,亦未能疏通发挥也。余读《繁露》,既取以证《管子》,而又取其引《论语》以证《春秋》。包蕴甚富。如解"昭二十三年,公如晋,至河,公【复】有疾",则引"内省不疚,夫何忧何惧"。解"介葛卢来少善之"、"州公实来少恶之",则引"礼云礼云,玉帛云乎哉! 乐云乐云,钟鼓云乎哉"。讥文公丧娶,则引"政逮于大夫,四世矣"。美子反与宋平,则引"偏其反尔"及"当仁不让"。讳宋宣穆弗言,则引"苟志于仁,无恶"。解莒人灭鄫,则引"大德不逾闲,小德出入可也"。他若"赦小过"及"治民先富后教,治身先难后获","躬自厚而薄责于人","攻其恶,无攻人之恶","谁能出不由户,何莫由斯道",均引用之,足为《公羊》家之达例。而引"唯天为大,唯尧则之"谓桓文不尊周室不能霸,引"正名无所苟"则以五石六鹢之辞为证,均深得微言大义。如取而绅绎之,可以明《公羊》,可以通《论语》。其引《诗》、《书》、《孟子》、《孝经》之类,亦皆有意。此外惟引《管子》,《管子》诚古书也。

**初三日(8月7日)** 晴。得高阳书。容民来谈。

孝宗问刘大夏曰:"卿前言天下民穷财尽。祖宗以来征敛有常,何今日至此?"对曰:"正谓不尽有常耳。如广西岁取铎木,广东取香药,固以万计,他可知矣。"又问天下军若何,对曰:"穷与民等。"帝曰:"居有月粮,出有行粮,何故穷?"对曰:"其帅侵克过半,安得不穷。"帝太息曰:"朕临御久,乃不知天下军民困,何以为人主!"遂下诏严禁。按,大夏此言千古! 军民贫困之弊,均不外此。有国者,所宜知也。然禁有司之扰民易,禁将军之扰兵难。是在明于择帅耳。

**初四日(8月8日)** 晴。邵班卿来。午后,皞民至。合肥以沈石田长卷《江天暮雪图》见示,与皞民同观之。画既超秀,书尤俊拔,图为刘蓉峰所藏,名恕,刘园主人也。展转归薛觐唐侍郎,其子次申以贻合肥。

《晋书》疏舛,有极可笑者。《华恒传》:尚武帝女荥阳长公主,拜驸马都尉,至东晋成帝时,恒始卒。而同卷中《卢谌传》又云:选尚武帝女荥阳公主,拜驸马都尉,未成礼而公主卒。谌旋没于刘粲,入石氏。公主若一人,既不能死而复生,又不能于华恒未卒之先复选卢谌。此抄合旧晋而失之不考者,必有一误。

余最喜陆纳祖言。其延桓温饮,王坦之、刁彝在坐。唯酒一斗,鹿肉一拌。不独直率,且其旁若无人之概,足以折骄倨之桓温。温乃更敕中厨设精馔,酣饮。何其鄙哉!及会稽王道子以少年专政,委任群小。祖言望阙而叹曰:"好家居,纤儿欲撞坏之耶!"忠爱忧危之悃,溢于言表。史称其恪勤贞固,始终不渝。洵不愧斯言也!

王述性急,至食鸡子,以箸刺之,不得,大怒,掷地。鸡子圆转不止,便下床以屐齿踏之,又不得。瞋甚,掇内口中,啮破而吐之。而跻重位,能以柔克为用。谢奕骂之。述但面壁。何也?史定不实,一鸡子小事,叙至五十字,令人发笑。

**初五日(8月9日)** 晴。镜江、永诗均至。午后,邵班卿送《(濂)〔濂〕亭文钞》两册来,乃武昌张裕钊所作也。复高阳书。

全谢山有《读魏相传》文,云:"厚斋谓弘恭、石显之祸,开于弱翁。盖其由许广汉以进,亦刑人也。不能制恭显(明)〔宜〕矣。〔近者〕何学士义门非之,谓弱翁欲由许氏以发霍显弑后之(罪)〔奸〕耳。附会宦官,则非其所为也。予读褚先生续《史记》,相以府掾陈平等劾,中尚书坐之大不敬,长史以下皆死,或下蚕室。是则弱翁阿附宦官之明文也。宣帝以刑馀为周召,其所由来者渐,而宰相因以〔之〕逢君。厚斋未曾引及此,而义门亦考之未详也。少孙之书,时亦有足采者,此类是也。"余谓弱翁实非贤相。诬霍氏以报宿憾,因许氏以固宠,荣媚宦官以探内指。谢山之论甚允,尝作《魏相论》,与汪梅村大同,乃改之。作《书霍光传后》,极白霍氏之诬,至宦官之祸,东汉之十常侍,季汉之黄皓,尽人知之,而西汉已于萌其端。吕后之张释卿不足论,文有赵谈、北宫伯子,孝武则李延年,元则恭、显。至于杀萧望之,死周堪、张猛,其毒甚矣,而实孝宣酿成之。且许后本刑馀之女,岂宜正位中宫?元帝以广汉外孙为天下主,辱国甚矣。岂非西汉亦亡于宦官也耶?故吾谓宣非令辟,相非贤臣也。

**初六日(8 月 10 日)**　雨,家忌。余最不喜六朝人。故《南北史》及八书均无所得。偶阅周两塍所辑《捃华》,云:"王宏领选,将加荣爵于人者,每先呵谴责辱之。若美相盼接,必无所谐。人问其故,答曰:'王爵既加于人,又相抚劳,便成与主分功,若求者绝官叙之分,又不微借颜色,即大成怨府。'闻者悦伏。"阅之,不觉失笑。以爵位与人,屏绝私谢足矣。先召而谴呵之,其人若良直,肯受此谴呵乎? 求仕者,加一二谴呵即群不敢至,日相盼接,无乃劳谦,岂非诡诞乖常,此与谢笑颜嗔,均觉做作气太重。王秀之为晋平太守,期月求还。或问其故,答曰:"此郡沃壤,珍阜日至,吾山资已足,岂可久留,以妨贤路。"时人以为恐富求归。此较贪墨不已者,似求归尚为知足。然作官但营办山资,人人如此,置国计民生于不顾,明矣。国家亦何赖有此具臣乎? 至沈巑自云:以清获罪,重除丹阳。欲以人肝代米。为"承奉要人"计,亦"烹阿封即墨"故套。然清廉吏不能承奉要人,往往获罪,亦古今一辙耳。蔡撙在吴兴,不饮郡井,不知从何处取水。乐法才为建康令,不受奉禄,武帝嘉之。夫受禄所以养廉,顾井岂能扰民? 并此而不受不饮,亦矫节沽名之见,君子所不取也。大抵六朝风尚如此,而作史者又率笔为文,全无翦断耳。

**初七日(8 月 11 日)**　晴。闺人小病,佳节悒悒无憀,命酒少酌,殊不豁畅。

《爱日斋丛钞》:"温公为张文潜言:'学者读书,少能自第一卷读至卷末。往往或从中、或从末,随意读起,又多不能终篇。光性最专,犹常患如此。从来惟见何涉学士案上,惟置一书读之,自首至尾,止校错字,以至读终,未终卷,誓不他读,此学者所难也。'"张芸叟《答孙子发书》论《资治通鉴》,其略云:"温公尝曰:'吾作此书,唯王胜之曾阅之终篇,自馀君子求乞欲观,读未终纸,已欠伸思睡矣。'"温公所言学者之通患,盍以何学士、王胜之之事为读书法。

裴晋公《寄李习之书》曰:"昔人有见小人之违道者,耻与之同形貌共衣服,遂思倒置眉目,反易冠带,不知其倒之之非也。故文之异,在气格之高下,思致之浅深;不在礛裂章句,隳废声韵也。人之异,在风神之清浊,心志之通塞;不在于倒置眉目,反易冠带也。"余谓晋公此言,宰相之器,文人之言。夫今之学孙樵以为文者,皆"礛裂章句,隳废声韵"者也。矫时文之弊,而去古文亦远矣。今之讲宋学以立品者,皆"倒置眉目,反易冠带"者也。矫俗人之弊,其去宋儒亦远矣。甚至矫中国疲弱之弊,而必习西国语言,口吸洋吕宋烟,手持洋人玩好,便目为洋务人才,而兵士均戴洋笠,海军必奏洋乐,亦与"倒置眉目,反易冠带"何异?实则袭外洋之皮毛,而其怯懦更甚于勇营。羊质虎皮,不值晋公一笑耳。

初八日(8 月 12 日) 晴。永诗来谈。

向疑诸葛公好为《梁父吟》一事,以为"一桃杀三士"之语,诡诞不经,何武乡致意于此?《晚学集》谓诸葛自为词而自歌之,今皆不传,所传者惟《步出齐城门》一篇耳。此说甚允。又附朱瀚之说,云:尝考《乐府解》,曾子耕太山之下,天雨雪,旬日不得归,思其父母而作《梁父歌》,本《琴操》也。武侯早孤力耕,为《梁甫吟》,意实本此。又,陆机、沈约皆有作,一则云"丰水零露",一则云"秋色寒光",叹时暮而失志,正与雨雪思归有合。此说亦探原之论。按,《琴操》《梁山操》者,曾子之所作也。曾子幼少,慈仁质孝,在孔子门有令誉。居贫无业,以事父母,躬耕力(则随父母之【宜】利)[作,随五土之行],四时惟宜进甘脆。尝耕泰山之下,遭天霖泽,雨雪寒冻,思其父母,旬月不得归,乃作《忧思之歌》。歌亦不传。疑武侯见之,故时时好为《梁父吟》也。从来求忠臣,必于孝子之门。武侯忠于汉室,其时王室如毁,全家漂泊于荆州。既不能出正群雄,又不能归依先垄。其忧从中来,必有不能自已者,而岂区区一桃三士之慨所能拟其胸次哉?

初九日(8 月 13 日) 晴。得安圃书。

初十日(8 月 14 日) 晴。得八弟书,知十一至富阳视事。

十一日(8 月 15 日) 雨。皥民来,小坐即去。以西洋参一斤寄乐山。

**十二日（8 月 16 日）** 雨止放晴。闺人连日小病，余亦郁勃无憀，信步至容民处，略话即返。阅苏诗一册。

**十三日（8 月 17 日）** 晴。阅苏诗，稍有悟入处。

坡诗自钱唐始纵笔，人皆知之。然放笔为直干，不足尽坡之妙也。试玩其汪洋中之渟蓄，乃知海之大，无所不有，请更续之。曰：黄州始敛笔，如《子由自南都来别》，开口即云"夫子自逐客，尚能哀楚囚"，一"自"字、一"尚"字，何等曲折沈痛！《过淮诗》，若写己之肝肺、铁石便浅，乃云："独喜小儿子，少小事安佚。相从艰难中，肝肺如铁石。"夫以小而安佚之儿之尚能耐此艰难，何况于我，此缩临《北征》而无其迹者。《定惠院海棠》云："自知醉耳爱松风，会拣霜林结茅舍。"且拓且煞，便觉咫尺万里，视他手规规自睫者，相见去霄壤矣。更于《临别黄州》一律及《夜行武昌山闻黄州鼓角》两诗参之，开合动荡，节短韵长，所谓"鼍愤龙愁为余变"，先生自道其诗境也。更于《岐亭五首》参之，分观则一首各具一义，合观则五首同其一义，亦且五首之中，万象渟涵，众峰复互，结之曰"空堂净扫地，虚白道所集"，非结岐亭，乃结束黄州一案也，犹之以"兹游奇绝冠平生"结束海上一案也。盖统观坡诗，则一首之中忽纵忽敛；分观坡诗，则一生之中几纵几敛。言其道则用行舍藏，言其诗则神明规矩。世人但知其纵，不知其敛，亦且但喜其纵，不喜其敛，岂徒皮相汗血，直是自堕野狐禅耳。

**十四日（8 月 18 日）** 夜急雨一阵，甚快。复八弟书。阅苏诗竟日，因取《三苏集》置案头，拟披览一过也。

老苏坚悍，其文虽坡不能掩之，所谓子虽齐圣，不先父食也。子由奏议独绝，其他文往往不及，如作《和陶诗序》，经坡公改定后，觉原作有无限支词客气在。以诗附坡，固邾莒之于齐晋。即以文论，亦然。其作《商论》，以齐强鲁弱，齐未亡而鲁亡比商周，此宋人之见。夫商六百祀，周八百年，周祚固长，商祚亦岂得谓之短促？且贤圣之君六七作，武丁固中兴，即纣之世亦尚未失天子之威命，此岂周室东迁以后所能比方者？后世与其为周，不如为商，明矣。则颍滨此论可废。唐之失,内有宦官,外有藩镇。藩镇之祸至五代而止,宋亦以兵劫天子得禅。此岂足以为法?而子由乃以藩镇能制宦官,为其弊由府兵在外。夫充唐中叶之弊,府兵在外固属之藩镇,府兵在内亦属之宦官耳。其魁柄下移则一也。而极唐之弊,则由于肃、代已为宦官所制,使宿将、功臣均遭猜忌,而藩镇之弊已开。不从此立论而徒就其迹以议之,亦何为哉?规其意,但使守府仅存即以为正统尚在,所据第在有天子之名,而于天子之柄漠然不会。与《商论》同一隔膜。吾以为东周之存不如商之亡,唐之患在藩镇,实在宦官。

颍滨自东坡殁后,其人若存若亡。岂所谓惠子既葬,吾无以为质耶?然晚节优游,亦颇能自适。睹其《第三集》诸作,一种冲和淡远之致,自是得力黄老之故。虽颓率,不害其佳。其《题东坡遗墨后》曰:"憪然自一家,岂与馀人争。多难晚流落,归来分死生。"全自至性中流露。若《服栗诗》云:"入口锵鸣初未熟,低头咀嚼不容忙。"乃似道士口诀。又有《那吒诗》云:"佛知其愚难教语,宝塔令父(亲)[左]手举。"乃似小说盲词,不解何以粗恶。若此虽曰"交游谁识面,文字(只)[略]存诗",而因避祸养晦之故,不作诗可也。作此等恶诗以自伤其品,自坏其律不可也。东坡决无此等败笔矣。

**十五日(8月19日)** 晴。检旧筒,得奏稿数通,皆甲申三月易置政府后所上,以疏逖小臣而毅然欲以只手挽回内外大局,非圣慈在上,必不全矣。感喟久之!晚,作伯平一书,灯下阅《坡集》一卷。

《姜伯约传》,陈寿责其"玩众黩旅,明断不周"。案,伯约以区区之蜀屡扰小鲜,诚非胜算。然尔时之蜀,进取固亡,退守亦亡,不足以责伯约。其失在放仗降会,所疑于臣节不完者以此。寿不忍斥之,故曰"明断不周"耳。裴世期以为:"若令魏将皆死,兵事在维手,杀会复蜀,不难。设使田单之计,(解后)[邂逅]不会,复可谓之愚暗哉!"此说亦曲为维原,然证之《钟会传》,群官已闭置益州诸曹屋中,乃十五日事。胡烈军兵与诸军兵鼓噪赴城,乃十八日事。时方给维铠仗也。此三日中,会固疏阔,维亦未能机警,以致仓卒之际,与会俱死。使其放仗之时，预为出奇，设间计，何不私藏甲仗死士以为之备，及临时又迟速，惟会命是听，是维不能用会，而[会]能用维耳。且幸而艾、会构衅，维得有此一举，即不幸而死，人犹得原维之以万一。艾、会同心凯旋，维岂非随例还洛，何面目见凉州士大夫乎？故不当降而降，既失身于始；当备而不备，又失计于终。"明断不周"，此之谓也。然与其仓卒遇胡烈之变，不如慷慨效瞻、尚之殁耳。

**十六日(8 月 20 日)** 雨。刘献夫、李赞臣、范肯堂、卫达三均来，得都下书，接桂电，安佺于初九日举一子。

姚姬传有《贾生明申商论》一篇，其略云：申商明君臣之分，审名实，使吏奉法令而度数可循守，虽圣人作，岂能废其说？然使述此于景、武之时，则与处烈风而进翟者何异？……惟文帝仁厚，而所不足者在于法制。故贾生劝之立君臣，等上下。法制定，则天下安。此皆申商之长也。申商之短在于刻薄，贾生之智足以知文帝必不如申商之刻，特患不能用其长耳。景帝之天资固薄矣。提杀吴太子于嬉戏，疏张释之而诛周亚夫。其资如此，而晁错又以申商进之，何怪有吴楚之难？云云。余案，姚氏之所见，何浅也。汉文托于黄、老，实好刑名。即位之时，尽诛惠帝诸子，以为皆吕后族，此或迫于平、勃。其后淮南王之徙严道，绛侯之下请室，疑忌城阳、济北，亦何尝不刻薄寡恩乎？贾生本儒家，所请改正朔诸事，本有志于润色太平，而其学从李斯、吴公出，则不免偏于名法，又微窥帝之意旨，故《治安》诸策参用管子、申子而痛贬商君治秦，此管、商之分，即贾、晁之分。太史公云：贾生、晁错明申商者。以贾属申，以晁属商。而姚氏溷而一之，无非事后论人之识，何足以得文帝、贾生之微哉？

**十七日(8 月 21 日)** 晴。叶九来奕苞《金石录补》有唐薛稷《兰亭叙》，云："唐拓《兰亭》最多，而薛本不甚著。晋江曾宣靖收藏李后主御库墨帖，有薛拓。定武本为墨池水鉴诸家俗笔钩勒，失其神理。此本乃曾氏从真迹上石，犹可想其行笔遗意。盖稷为褚河南甥，绝类《同州圣教》而精警过之。所谓何无忌酷似其舅者耶！《述书赋》云

'少保师褚，菁华却倍'，非虚语也。"案，《旧唐书》云：稷，外祖魏徵，家多有虞、褚旧迹。稷锐意模仿，当时无及之者。若稷为褚甥，何不云多藏其舅褚遂良旧迹耶？恐九来误记。见董跋，亦有此说，殆沿讹久矣。[①]

十八日（8 月 22 日）　晴。晚，顾皞民来。

余最喜惠半农之学，而未得见其文也。偶得《国朝文选》本，睹其《王安石论》《温公论》两首，有实获我心者。其论荆公也，曰：熙宁皆可行之法，安石非行法之人。大旨谓身进而韩魏公、富郑公已退，愿引险诐倾侧之人以自辅，谓当刚以自强，和以接物。其论温公也，曰：其始安石激之以怒众，其既温公矫之以悦众，而章惇、蔡卞之徒遂假之以乱众。萌乎激，成乎矫，卒乎乱，激与矫皆非也。东坡尝言，昔之君子惟荆是从，今之君子惟温是随。二公既负盛名，而左右附和之人实众。人徒见荆公之法，吕、曾为其爪牙，而不知温公之门下流为洛党，其气焰亦复不少，实皆有理无情，迂执之见。即元祐之末，政事已棼，何待绍圣乎？山谷屡以人才包新旧为言，而不知才则决不宜调停，法则决不宜不调停。温公创为以母改子之说，则惇、卞之徒自必创为以子述父之说。其时宣、仁已属衰年，温、申均为笃老，安得不谋深虑远而徒恃不可知之天，曰必无是事乎？以东坡之明白，尧夫之婉曲，而差役一事尚不能入，则亦与荆公之坚僻何异？半农谓二十六年而法三变，病日益深，诚得北宋治乱之要也。余颇欲作《熙丰元祐用人行政得失论》一篇，俟之异日，而略发其端于此。

十九日（8 月 23 日）　晴。马植轩来。

读孟县王检讨晦，字石和，康熙丙戌进士。《韩献子记》，因及公孙杵臼、程婴存赵孤之事，为详考之。

鲁曾煜字启人，号秋塍，浙江会稽人，康熙辛丑庶吉士，有《秋塍集》。《屠

---

①　整理者按，此条上有眉批：阁帖有褚《与薛八侍中书》，称舅，疑亦伪造，不得与史争审。

岸贾论》云："屠岸贾以赵盾弑灵公,一旦执邦宪,急治灵公之贼,以朔娶【赵】成公女,恐景公不肯灭赵宗,故不告而诛及赵孤。既立屠岸贾及族人,骈首就僇,甘之如饴。其人能行春秋之律,执大义,死其宜者也。"

梁玉绳《史记志疑》云："下宫之事,《左[成八年]疏》及《史通·申左》并以《史》为谬。后儒历辨其诬。刘向采入《说苑·复恩》、《新序·节士》,不足据也。考鲁成二年为晋景十一年,栾书始代赵朔将下军,朔前卒矣。成八年为晋景十七年,[庄姬谮同、括,杀之。则]安得言[晋]景三年杀[赵]朔、同、括、婴齐乎?赵氏家乱,(何)[无]关于国。若果治贼,则当其时不能治,迨十年之久致其诛于子若弟[,有是情]哉?韩厥[既]谏,贾不[见]听,奚以不告景公,而但令赵朔趣亡,与许其立后乎?[庄姬为成公女,故]赵武从母畜公宫。[同、括被杀时,其]去朔卒已逾七年。武之生虽幼,亦十岁以上,安得言是遗腹,而或索宫中或匿山中乎?且孤儿处(宫中)[公宫],客何计以出之哉?《左传》[韩厥]请立赵后,即在晋景十七年。阅二年,景公卒,安得言居十五年,[韩厥]因公病祟,谋立赵孤乎?《晋语》献公时有屠岸夷,其后无考。或云贾之父,非。藉使有贾,晋方鼎盛,焉容擅兵相杀,[横索宫闱,]而诸大夫竟结舌袖手,任其专恣无忌耶?[愿孤报德,视死如归,乃战国侠士刺客所为,春秋之世,无此风俗,则]斯事[固]妄诞不可信,[而]所谓屠岸贾、程婴、杵臼,恐亦无其人[也]。史公爱奇,述之兼著于《年表》、《韩世家》、《自序》传中,而《晋世家》与《左传》合,岂非矛盾两伤欤?"

佩纶案,中垒持《穀梁义》,而《说苑》、《新序》两载此事,则程婴、公孙杵臼之说乃《穀梁》家旧义也。《左氏》:晋景公梦大厉,曰:"杀余孙。"则所谓卜之大业之后,不遂者为祟,即指此事。所传年岁稍讹。古书亦时有之,不能画一。梁氏何所见而以《史》为诬乎?且如梁氏之言,献公时既有屠岸夷而《左氏传》亦有程、郑,是晋确有屠岸、程两族,安得谓屠岸贾、程婴均无其人,信《左》疑《史》,不亦专己守残乎?

余考之《国语》及左氏《赵文子冠叙》，于伯宗被杀之后，而括、同之事，栾郤为征。《左氏》成十五年，三郤害伯宗，谮而杀之，及栾弗忌，乃悟屠岸贾即栾弗忌，盖始则栾弗忌与三郤并治赵氏，其后郤氏又委罪于栾弗忌而杀之也。十五年乃鲁成十五年，讹为景公之十五年耳。[①] 观文子历见诸卿，三郤之言独异。虽张老以为亡人之言，实则内愧辞支耳。立孤复田，当在此时。悼公时乃为卿将军也。栾弗忌因赵氏家乱，以治灵公之贼，颇具苦心。故杜注以为贤大夫，韩之得赵，私恩而已。成八年为周简王三年，则三年亦非误也。

　　**二十日（8 月 24 日）**　晴。晚，翰香来。夜，子涵奉外姑马夫人赴苏，舟泊浮桥，下夜午省之。

　　《后汉·冯绲传》：绲以车骑将军征荆南，时"前后所遣将帅，宦官辄陷以折耗军资，往往抵罪。绲性烈［直］，不行贿赂，惧为所中，乃上疏曰：'势得容奸，伯夷可疑；苟曰无猜，盗跖可信。故乐羊陈功，文侯示以谤书。愿请中常侍一人监军财费。'尚书朱穆奏绲以财自嫌，失大臣之节。有诏勿劾。"余谓绲少以疑诈传玺书知名，必有卓识，而临事乃乖谬如是。夫将帅之权悉专阃外，尤以军财为要宗。今乃请常侍监军，何啻以汤止沸。夫其诬陷将，率以不贿赂也。绲之意以为使我私贿，不可俾以管财之权，则公财入其掌握，既明己之不私，而又听彼之乾没。是无入贿之名，而彼得中饱之实。然充其量，私竭度支，刻削军食，其弊不更大乎？且将帅日与宦官为伍，礼节疏阔，彼必含怒，而不肖裨校附之为奸势，且挠我军法。朱穆仅以以财自嫌劾之，尚未痛陈监军之弊也。卒之，监军使者张敞奏绲将传婢二人戎服自随，又辄于江陵刻石纪功，请下吏案理。虽黄隽议以为罪无正法，不合致纠。而军还盗贼复发，绲复免官，岂非自贻伊戚哉？绲内畏宦

---

　　①　整理者按，此条上有眉批：《楚世家》郤完之宗姓伯氏，子嚭及子胥皆奔吴，以此推之，郤宛亦晋之郤氏，而伯宗乃郤之同宗也。然则栾、郤为征，即栾弗忌与伯宗，可知此栾更确矣。

官,外抚降寇,无非用谲。未闻君子之大道,小时了了,岂能称才?

二十一日(8月25日) 晴,连日酷热。子涵来谈。午后,送外姑至紫竹林,假公所暂憩,至酉刻两儿同返。子涵话京朝近事,外姑亦述崇让前尘,百感横生,不堪回首。

二十二日(8月26日) 晴。至紫竹林,顺道答马植轩。薄暮始返。晚浴。

廷尉有《结一庐杂钞》一册,纪本朝饷项出入盈虚之数,用意甚深。子涵出都时,写一副本见诒。其言切实著明,欲边海各省得封存之旧,以备西洋,且预防土木奢纵之害。《杂钞》在同治初年,而所见如此,可云远识矣。

二十三日(8月27日) 晴。留子涵晚饭,竟夕不能成寐。

二十四日(8月28日) 晴。崔琴友同年来。名澄,榜名登,庚辛两次同年,两子入词馆,惠人胞侄也。其人好读《庄》、《老》,日以养生为事。午后,携两儿送马太夫人之行,夜宿紫竹林,与子涵谈,竟夕不能成寐。

二十五日(8月29日) 晴。巳刻,子涵奉母登新裕舟,午刻展轮。余即返,饭后酣睡。夜得《别下斋丛书》,阅之。

吕居仁作《江西诗社宗派图》:"宗派之祖曰山谷,其次曰陈师道无己、潘大临邠老、谢逸无逸、洪朋龟父、洪刍驹父、饶节德操,乃如璧也、祖可正平、徐俯师川、林修子仁、洪炎玉父、汪革信民、李锗希声、韩驹子苍、李彭商老、晁说之叔用、江端本子之、杨符信祖、谢薖幼槃、夏倪均父、林敏功、潘大观、王直方立之、善权巽中、高荷子勉,凡二十五人,居仁其一也。议者谓陈无己为诗高古,使其不死,未必甘为宗派。师川固尝不平,曰'吾乃居行间乎'?韩子苍云'我自学古人',均父又以在下为耻。"《云麓漫钞》云居仁姑记姓名而纷纷如此。方阅《山谷内外集》,录之以资考核。

二十六日(8月30日) 晨起,急雨一阵,始解秋暑,竟日微阴。张曜卒。福润升抚,汤聘珍升东藩,胡燏棻升广西臬司。午后,芸楣来见。

储六雅先生大文，有《存研楼集》。有《斛律光论》，云：当孝昭执杨愔、燕子献，时金为左丞相，至同入云龙门，而光且追子献杀之。济南由是遂废。不识神武、文、宣，曾何所负于金与光也。又云：光之闻和士开被杀也，曰龙子作事，固自不似凡人。士开淫乱，诚为罪首，然当是时，帝不为，济南之续者盖无几。帝卒以此疑之矣。佩纶案，储说非也。光死，自以还都不散兵为帝所疑，因入祖珽之谮，至琅邪王俨之杀和士开，自以兵少不入，帝得从容召光定计，方德光之不暇，何至疑光，光虽幸士开之死，称为龙子不凡，然终不就俨而就后主者，以女为皇后故也。其助孝昭杀子献，助后主执琅邪，无非粗疏附势，甘为鹰犬，于逆顺是非全不了然，所以终为祖珽辈谗间而死。在齐，固自坏长城；在光，亦自破门户，岂能责以古大臣之义乎？从来武夫率意，往往如是，无足深责。每惜汉“三明”，卒如张奂，少学《尚书》，举贤良，此岂得以武将目之？然宦官矫制，使与少府率五营士围[窦]武，奂虽振旅而还，不知本谋。然中常侍之浊乱，窦、陈之忠，公平日岂一无所闻，乃仓卒引兵，迫武自杀，岂得以见欺？竖子自解，此必平日有不慊于游平之事，迫于中官积威，成此谬举。事后为清议所非，而少府之拜，不免觖望，因而让还封爵以自掩。盖试问其党恶害正之罪，岂让爵所能解乎？张华在武帝时，决伐吴之策，何等明爽！及中台星坼，少子劝之逊位，华不从，又何等游移！及赵王欲杀贾后，使司马雅告之，华知其必将篡夺，距之。夕而难作，此为如何事？而执政徒以言语相距，岂非天夺其魄，不特此也。华为杨骏所诛，不预朝政，及骏诛，觊其见用，故于废杨太后时，请依汉废赵太后为孝成后事，虽语较《春秋》绝文姜少有依据，然试使以子废母、以妇废姑，岂能以以姑废妇之例相证？似此三纲既绝，止能引疾而去，尚欲主人，本朝而为之引经据典哉。斛律光乃一将耳。奂及华，皆读书有学识者，仓卒间尚如此，不叹晓人志士之难得哉。

**二十七日(8 月 31 日)**　晴。花农、缉廷均来。午后，玉初至。

颜之推《观我生赋》注:"梁元帝时,王司徒表送秘阁旧事八万卷。乃诏:'比校分为正御、副御、重杂三本。左民尚书周弘正、黄门侍郎彭僧朗、直省学士王珪、戴陵校经部,左仆射王褒、吏部尚书宗怀正、员外郎颜之推、直学士刘仁英校史部,廷尉卿殷不害、御史中丞王孝纯、中书郎邓荩、金部郎中徐报校子部,右卫将军庾信、中书郎王固、晋安王文学宗菩业、直省学士周确校集部。'其后兵败,悉焚之,海内无复书府"云。

祖珽与和士开、陆媪忽离忽合,始则藉势,终则争权。其为人亦何足取?而之推感其旧恩,辄云孝征用事,朝野翕然,政刑有纲纪矣。骆提婆等苦其以法绳己,潜而出之。于是教令昏僻,至于灭亡。岂得为公论?李百药《北齐书》于珽决政时,亦称内外称美,然密启以诛琅邪,腾谣以死斛律,卒亦不能掩也。之推决非为盲老翁,所愚直是怀私恩而背公议。其人名重,足以淆乱观听,故百药亦参用其说耳。

**二十八日(9月1日)** 晴。崔琴友来谈。

《易·旅》:"六二:旅即次,怀其资,得童仆,贞。"《音义》:"资,本或作资斧,非。"余案,当作资斧。九三,丧其童仆。九四,得其资斧。承六二资斧童仆,最为分明。若二爻,但作资,则资货与斧殊不相类矣。王注殊不了了。子夏传及众家并作齐斧,然齐斧与童仆亦不类也。即郑、虞亦未安耳。

琴友言《大学》于平天下反复申明,曰德者本也,财者末也,而其言曰必骄泰以失之。廿一史中,亡国不尽骄泰,而独曰骄泰者,盖或失之贫,或失之弱。其病无不始于骄泰,其病之见征无不成于财不足,至财不足而国不国矣。而务财用者,方且以聚敛为事,所以无如之何。其言颇有所见。盖汉之亡不亡于哀、平,而亡于元、成之际。宋之亡,不亡于徽、钦,而亡于神、哲之际。明之亡,不亡于启、祯,而亡于嘉靖、万历之际。问其何以亡?皆骄泰也。继之以财不足,而亡征具矣。君子知财不足之故由于骄泰,则所以格君心之非固当有在,而不必以理财为急矣。

二十九日(9月2日)　晴。樵孙寄《无欲斋诗抄》一册,乃鹿忠节公著。按,《无欲斋诗抄》,《四库》入《存目》中,称其"大节凛然,诗笔亦有遒劲之气"。今考其五世孙荃原序,知公本有诗集八卷,未刊,岁久已佚。安溪相公属魏司空廷珍以残稿书而刻之为一卷,间附评语,是为成云洞初刊之本。四库馆开,直隶督臣采进,奉旨抽毁两叶。荃复重刊行之,仍冠安溪原序,而无评语,是为家刊之本。余已得高阳、吴桥二集,故复索忠节遗书合藏之,想见明季吾乡忠义之气,至今光焰万丈也。

八月初一日(9月3日)　晴。闻仲约前辈视顺天学。午后,过仲璋略谈。得安侄第九书,与允威,病仍未愈,殊可念也。

读《左氏传》,以《史记》证之。

《鲁世家》:"初,惠公适夫人无子,公贱妾声子生子息。息长,为娶于宋。宋女至而好,惠公夺而自妻之。生子允。登宋女为夫人,子允为太子。"《索[隐]》云:"《左传》文[见]分明,不知太史公何所据而为此说。谯周深不信然。"梁氏《志疑》亦云:"不闻卫宣、楚平之事,始自惠公,想因隐亦娶于宋称子氏,故误也。"佩纶案,梁氏之说未尽。隐公二年,十有二月,夫人子氏薨。《左氏》以为桓公之母,《公羊》以为隐公之母,《穀梁》以为隐公之妻,史公备闻三家之说,其时张苍、贾谊必有传授口说,如此故不取《公羊》,而斟酌《左氏》、《穀梁》之言,以志《春秋》托始之征,固不必据《左》以难《史》,亦不必因《史》以疑《左》,然存史氏一解,益见隐公之处父子兄弟间,变而不失其正,而桓公之罪上通于天矣。

子般,《史[记]》作:"斑长,说梁氏女,往观,围人荦自墙外与梁氏女戏。"左氏作:"雩,讲于梁氏,女公子观之。"左氏乃古文。史公所释为长说者。子骏释为雩讲,于是以女公子为句,作为子般之妹。而史公则读公子观之为一句也。或前是后非,或前疏后密,无从考核。尝谓今古文之《尚书》之纷纷聚讼,其误由文字不画一者半,误由师说不画一者亦半,必欲执此废彼,皆专己守残之见也。

**初二日(9月4日)** 晴。琴友、肯堂、皞民均来。

齐桓公之蔡姬,《史记》以为蔡缪侯之女弟。定四年,刘文公将令诸侯于召陵,将长蔡于卫。祝鮀私于苌弘而止。《史》则云蔡侯私于周苌弘以求长于卫,卫使史鳅言康叔之功德,乃长卫。案,此史公是也。鳅、鮀均从鱼,故子骏误鳅为鮀,二人皆字子鱼,故无分别。观其言侃侃不挠,乃直哉之辞,非佞者之语。梁氏以《史》为误,非也。

**初三日(9月5日)** 晴。《史记·晋世家》:"太子申生,其母齐桓公女也,曰齐姜,早死。申生同母女弟为秦穆公夫人。"果尔,则晋文为桓婿,秦穆又为桓之外孙婿,三霸后先,英才固有种耶。庄廿八年,《左氏传》:献公烝于齐姜,生秦穆夫人、太子申生。注:齐姜,武公妾,故僖十五年疏云,申生之母本是武公之妾。武公末年,齐桓始立,不得为齐桓女。马迁妄也。《大事表》有齐姜,辨驳《左氏》之诬,谓庄二十八年,晋使申生居曲沃,系献公十一年,若烝武公妾,所生想当在即位后,年不过十岁,以稚子守宗邑,适足启戎心而使民慢,何谓威民惧戎。又《史记》重耳奔狄,年四十三,计守蒲年三十二矣。申生居长,其生当在献为世子时,窃意齐姜乃未即位之适夫人,后因宠衰见废,横加之罪。左氏因而甚之耳。申生为千古纯孝而其母蒙不韪之名,不得不为之辨。余按,曲沃并晋在齐桓七年,其能得周命,安知不倚齐援,故《史记》所言足发晋武谲险之隐,左诬不待辨也。独申生以谗自杀,正召陵伐楚之时,桓及管仲竟不能讨晋献易树子之罪,固由申生自杀不肯归过于父,伯主无由而知,亦以专力攘外,不能兼顾其私钦。诡诸不预葵邱之盟,内愧于中,因宰孔一言而止。厥后,会秦立夷吾,以女妻重耳,均由于此恨。左氏之为刘歆窜改也。疑齐姜乃桓女弟,故妻重耳以女,或重耳之妻当依《列女传》作宗女。

**初四日(9月6日)** 晴。阮文达有《南北书派论》、《北碑南帖论》,言之极详,大致以北派为宗,而于二王有微辞。今北派盛行,实文达之言开之也。其《跋鲁公坐位帖》亦云,鲁公楷法亦从欧、褚北派来,而非二王之派。强入之南派,是使李固搔头、魏征妩媚,殊无学识矣。余谓文达此说似过。大要碑与帖迥殊，而南与北无别。书家未有不长于隶者。今以草、行属之南而以隶、楷属之北，亦就其迹言之耳。岂得以鲁公书为出于《张猛龙碑》后行书乎？试观《兰亭》所改数字，均有隶意，似右军草从隶出，未可岐而二之也。

初五日（**9 月 7 日**）　阴。皞民来。时台抚邵友濂过津，欲调之至台为助也。

《能改斋漫录》载柳公权《谢人惠笔帖》云：“近蒙寄笔，深荷远情。虽笔管甚佳，而出锋太短，伤于劲硬。所要优柔，出锋须长，择毫须细，管不在大，副切须齐，副齐则波磔有冯，管小则运动省力，毛细则点画无失，锋长则洪润自由。顷年曾得舒州青练笔，指挥教示，颇有性灵。后有管小锋长者，望惠一二管，即为妙矣。”余不能作书，而用笔每喜管小锋长者，得此书益信，或者于书家尚可入门乎？录之以备择笔之准范。

初六日（**9 月 8 日**）　晴。过皞民，观坡公所写《金经》，乃吴清卿所藏伪迹也。

陈后山云：“余以古文为三等，周为上，七国次之，汉为下。周之文雅；七国之文壮伟，其失骄；汉之文华赡，其失缓；东汉而下无取焉。”余方辑汉文为读本，阅此爽然。但西汉之文岂得以“华赡”二字尽之，是以好古之弊不可为训也。《徐师录》又谓：“陈后山初见南丰先生，南丰问：‘曾读《史记》否？’后山曰：‘自幼即读之。’南丰曰：‘不然，要当且置它书，熟读《史记》三两年尔。’后山如南丰之言，读之后，更以文见南丰，南丰曰：‘如是足也。’”果尔，后山方得力于《史记》，而乃薄西汉之文以为失之缓，可乎？然骄与缓之失，亦为文者所宜知也。

初七日（**9 月 9 日**）　晴。连日琴友来话，不能多读书。张沚莼以所藏《圣教》见示。“纷纠”二字尚完，非北宋即伪本也。审视，还之。皞民过谈。

初八日（**9 月 10 日**）　晴。过晦若略话，肯堂、容民在坐。

阅《平宋录》三卷。杭州路司狱燕山平庆安撰，实刘敏中所作也。其中有宋太后书，传于淮东制置李知院诏，曰："吾老矣，值此时艰，比奉大元皇帝诏书，俾相率来附，以全宗社，以保族属，以救万姓。然事已至此，无可奈何，举国内属。今大兵在城，三宫不惊，九庙如故，百姓安堵。其馀州县，已戒嗣君下诏开谕，俾各以其地归于大元。卿自守孤城，勤劳已至，但根本已拔，纵欲固守，民其何辜？毋重困一方之民。"云。少帝诏亦相同。此等文字类皆随降诸臣所拟，岂能与言体例？然都辇已降，正赖一二孤臣固守偏隅，维持宗社。即不能如少康一旅，复至中兴，亦庶几梁之天启，北汉之乾祐，尚可支吾岁月，乃迫于元之兵威，托故主纶言为新朝腾说，欲使兵不血刃，而忠义灰心，争来纳土。择笔者真全无心肝之流也。夫谯周、郤正所学甚为宏通，而终于获罪，名教非以其臣节之亏欤！

**初九日（9月11日）** 晴。寄八弟书。

**初十日（9月12日）** 晴。寄高阳一纸。晚送琴友行。

琴友劝余治《左氏》，取其辞令，足以折敌。余曰此风已古矣。今之西人固恃辞令折之，然实非辞令所能折也，然有时亦可以辞令折服。如巴夏礼论渐加茧税，防其缫丝之利。余以土货改造本不合条约折之。巴狡甚，亦遂罢议。是在人耳。

《左氏》辞令亦有不可尽信者，如子产毁垣之类。由平日与晋卿志气联络，故敢于如此，不由辞令之善。王孙满，"鼎之轻重"，似乎词严义正。然尔时形势，楚亦未敢犯周耳。最不善者莫如晏婴，其与叔向私语一段，直是为陈氏作篝火狐鸣。婴乃陈氏之党。夫子称其善与人交，久而敬之，亦尚未尽知其隐曲也。势足以吞敌，虽如吕相之绝秦，似过实正。势不足以折敌，虽如管仲之责楚，似壮实浮。若政出多门，不心竞而力争，即行人皆如子员。今二国之成，亦所补者小耳。故灵公无道而不丧，正以治军旅与治宾客并重，否则恃专对之，长而无禁侮之实，辞令奚为？

**十一日（9月13日）** 晴。皞民来谈，借《圣教》一本观之，乃崇禹舲所藏。今质之一富人者,覃溪以为南宋拓而殷述斋以为北宋也。述斋名寿彭,述斋之说何足以驳覃溪乎? 禹舲以殷说为然,敝帚自珍耳。

禹舲跋:"始得金匮孙文靖二册。一项子京本,一宝严本。又得兖州空山堂牛氏本、纪文达本、郭万象本、魏唐钱士升本、缺字本。为七佛同龛之室,其复钱本以遗文孔修先生。又得曹秋岳北宋本、吴门沈氏二藏本。此本为伊墨卿所得,归之叶云谷,叶归之卢厚斋,卢之后人归之禹舲。"

诸跋中所见宋本:

伊云:南堂本。方环山所藏,有顾师仁跋。翁云:潘毅堂所得鱼门旧本。王芑孙云:满洲嵩龄与九汉军玉栋筼圃及虚舟先生藏本。筼圃本即读易楼宋户口册子拓本,去年见之。赵怀玉云:家藏一本,得之汪容甫,与此相仿。陈其锟云:见黎瑶石山人宋拓本,索价千金。吴荣光云:程氏三长物斋本。及余所得玉壶秋碧本,均北宋。而未免挽淡其无一字一笔描补者,惟此与余飞香阁本耳。殷云:家藏柯敬仲手题庆历拓本,与此如一纸拓出。崇云:慎郡王、郭允伯二本,此尚过之。

**十二日(9月14日)**  晴。晚,作伯平夫人王氏墓志一篇,寄伯平书。

**十三日(9月15日)**  晴。吴太守炽昌辞,回广东。午后,永诗来谈。

《春秋》:宣九年,陈杀其大夫泄冶。《左氏传》引孔子曰:"'民之多辟,无自立辟。'其泄冶之谓乎。"《诗·大雅·板》,笺:"民之多为邪僻者,乃女君臣之过,无自谓所建为法也。"此诗乃凡伯刺厉王之诗。孔子引之,以刺陈灵,正其君臣,宣淫之过。《穀梁传》云:"称国以杀大夫,杀无罪也。"正合圣意,乃杜注则云:"泄冶直谏于淫乱之朝以取死,故不为《春秋》所贵而书名。"释《诗》则云:"邪僻之世,不可立法。国无道,危行言孙。"一若泄冶,大不为《春秋》所取者。孔《疏》从而文饰之,责泄冶进无匡济远策,退不危行言孙,怀宠不去,仕于乱朝,以区区之身欲止一国之淫昏,死而无益,以比干为仁,泄冶为狷,此出王肃伪造家语,与杜注互相表里,盖魏晋之间,视君臣如传舍,故其立言乖讥如此。孔冲远当贞观之世,见谏臣屡被诛夷,而巢剌王妃事同辰嬴,乃借此为君文过,而自托于明哲保身之智,谓情色之惑,君不能得之于臣,父不能得之于子,显直于君父,适所以益谤而致罪,似此颠倒是非,实经生中之蟊贼,《左氏》之罪人也。余每思仿刘氏规杜之例,取杜之纰(缪)[谬],痛加纠正,以发明《春秋》之旨,惜学识未深至耳,姑发其凡于此,以告世之读《春秋》者。

十四日(9月16日) 雨止骤凉。同一伐南唐也,世宗之正胜于宋太祖之谲。陈觉矫命欲杀严续,帝曰:"续乃忠臣。朕为天下主,岂教人杀忠臣乎!"何等光明磊落! 林仁肇有威名,宋潜画其像,引使者观之,问何人,曰林仁肇也。将来降,持此为信。国主鸩杀仁肇。此何等举措也! 艺祖无一足取。余最不喜之。

宋太宗之逼德昭,路人皆知。《宋史》云:帝闻之惊悔,往抱其尸,大哭曰:"痴儿何至是耶!"此亦事后自文之言。《长编》乃引《涑水记闻》谓德昭好啖肥猪肉,因而遇疾不起。虽云为学者讳,然既无史臣之任,此等事存而不论足矣。必曲为掩芘,以欺天下后世,是何心乎? 温公此举与杨士奇改《建文实录》何异!

宋太宗既杀涪陵,乃从容谓宰相,廷美母陈国夫人耿氏,朕乳母也,后出嫁赵氏,生廷俊。云云。李昉曰:宫禁中事,非陛下委曲宣示,臣等何由知之。毕氏《考异》谓,果如太宗言,则宣宗私其子之乳母而使有子,是淫也。杜后又不能容,而使出嫁,是妒也。一言而两彰父母之失,乡党自好者耻之。身为天子,忍言之乎? 此诚欲盖弥彰耳。余以为,兄弟亲疏岂以同母不同母为定有罪,则诛管、蔡不足病周公。反是,则凉薄残忍而已矣。太宗欲掩其杀弟之名,而诬其父母。此而可忍,孰不可忍。宋之开国如此,不足道也。

十五日(9月17日) 晴,夜月色甚佳。邀赞臣陪仲璋饮,夕两儿侍谈刻馀。

张芸叟云,司马迁年二十南游江淮,上会稽,探禹穴,窥九疑,浮沅湘,北涉汶泗,讲业齐鲁之郊,过梁楚,西使巴蜀,天下靡所不至。晚年方敢论次前世,著书成文,天文地理,古今治忽,无所不总。故学者居一室之内,守简策,胶旧闻,任独以决天下事,鲜有不谬者。余因之慨然,少年浮寄江南,未得山川之助,南闽北傲,倍历坎坷。及今伏处一室,寂若山居,见闻不广,宜其文字之不进而识力之不高也。盖慨想"濯足万里流,振衣千仞冈",一涤此尘襟【也】俗抱耳。

十六日(9 月 18 日)　晴。过晦若谈。朱久香解馆来辞。

唐之初,政莫谬于用封德彝。《旧传》谓伦为其舅所知,曰:"此子智识过人,必能致身卿相。"其营仁寿宫,为杨素策。独孤必悦,素叹伏,以为"揣摩之才,非吾所及"。其后引与论宰相之务,终日忘倦。所谓宰相之务,揣摩而已。遂以此揣摩之计结虞世基,谄顺炀帝。及化及弑逆之际,复揣摩化及,进数帝罪,此在高祖初基,任用已嫌其过。当贞观政令一新,岂宜复宠之,以仆射恩礼始终,至身后以阴附建成始黜赠官,改谥为缪,转失之私矣。在德彝,善用揣摩,身后终于败露,亦足见揣摩之无益,而以卑谄从逆之小人,用其揣摩小术,可以欺神尧,并可以欺贞观,亦足见人情易诱,虽明君亦不能免。此揣摩之技所以至今不绝,而世之相士者且以能揣摩为作卿相之符。悲夫! 许敬宗恶封德彝,或有所憎入欤。

十七日(9 月 19 日)　晴。送久香。张楚宝来。与仲彭同话良久。午后,永诗过谈。傍晚,饮酒一升,食蟹八辈,醉卧凉榻上,快甚。

十八日(9 月 20 日)　晴。顾皞民以《右军感怀帖》墨迹见示,前有贞观十三年敕,题名五人,刘洎、马周、颜师古、岑文本,官阶皆十五年、十七年所除,其伪显然。而后有梁风子楷《右军题箑图》,颇佳。

十九日(9 月 21 日)　晴。宋之开国最不正。操之篡汉,取诸群雄之手,丕始受禅。然千古乱臣贼子,犹云操、莽。太祖功绩亦不甚著,特以周室孤儿寡妇,乘兵权在握,仓卒攘取。陈桥之变,苟且已甚。史臣曲为之讳,则曰诸将露刃定议策太尉为天子,惊起未应,黄袍已被于身,似太祖本不知谋者,然不能自掩其实。杜后闻之曰:吾儿素有大志，今果然矣。所谓大志者，何志哉？篡而已矣。《涑水记闻》谓王彦升擅杀，韩通欲斩之，既乃废弃终身。毕氏以《东都事略》考之，则彦升膺边州重任，初无废弃之事。温公特曲护之词耳。《宋史》亦云太祖幸天宝寺，撤通及其子画像。虽后修之史不能与温公争审，第以温公之说求之，亦何解于篡周之恶。夫擅杀周臣与擅废周主，盗有归矣。自蹈篡位之罪，而以助逆之臣为非，有是理乎？其为弟所弑，子亦凶，终非不幸也。其后，宋北不能制辽，西不能制夏，亦正坐此。盖始基不正，时虑藩镇效尤，兵备不修，名不正，事不成，无足怪者。以宋臣多文饰，论者每宽于艺祖，特深论之，以褫奸雄之魄。

二十日（9月22日） 晴。作《居庸关道颂》一篇，应州人之请，实以塞亡友之诺。

二十一日（9月23日） 晴，天气复暖。花农来谈。胡云楣云，得阁帖祖本。余颇疑之。云楣送余审定，则肃府本耳。第九册诸舍帖阙十八字，相传肃府仅得九册，而阙第九册，以他本足之。按，各本惟泉本阙此十八字，而左思《咏史诗》阙"俊沈下僚"四字，肃府补此四字，而诸舍帖未补，盖未知其有残佚也。

二十二日（9月24日） 晴。得八弟书。洪翰香以家刻汲古阁《说文》样本见赠。

二十三日（9月25日） 晴。浴罢，夜过范肯堂一谈。

近日作古文者，墨守《古文辞类纂》一书，皆康氏刻也。实则吴刻视康多一卷，乃姬传晚年定本。惟吴所藏本无方、刘之文，别本有之，今亦如康本一例刻入。鄙见删之为允。其圈点有时文选家气，吴刻已遵姬传削去。而或者不以为然，真儿童之见也。偶与肯堂谈，因笔之。

二十四日（9月26日） 晴。皡民来谈。午后，邵班卿自都应试归。过仲璋，与之畅话。夜至容民处略坐。

阮文达于广东学海堂发文笔策问，云：六朝至唐皆有长于文、长于笔之称，颜延之云"竣得臣笔，测得臣文"是也。何者为文？何者为笔？何以宋以后不复分别此体？按，文笔之称，自《晋书·蔡谟传》"文笔议论，有集于世"。其后分析最明者，莫如《金楼子》："不便为诗如阎纂，善为章奏如伯松，若此之类泛谓之笔。吟咏风谣，流连哀思者，谓之文。"《文心雕龙·总术篇》："今之常言有文有笔，以为无韵者，笔也。有韵者，文也。"最为明晰。然此自六朝人语，至唐而止，未可以概周秦两汉也。乃文达固执此义，作《文选序书后》，谓必沈思翰藻，始名之为文。凡以言者著之简策，不必以文为本者，皆经也，子也，史也。极之以八比为文，而唐宋诸大家乃经、子、史，非文，其说已奇。又作《文言说》，以为孔子以用韵比偶之法，错综其言而自名曰文，何后人必欲反孔子之道而自命曰文，且尊之曰古。此欲矫后世古文之说，而持之太过，转近支离者，有不可以辨者，今为详考于左。

刘天惠《文笔考》云：《汉书·贾生传》以能诵诗书属文，闻于国中；《终军传》云以博辨能属文闻于郡中。《司马相如传》云文艳用寡，子虚乌有；《扬雄叙传》云渊哉若人，实好斯人，初拟相如，献赋黄门；至若董子工于对策，而《叙传》但称其属书；马迁长于叙事，而《传赞》但称其吏才，皆不得混能文之举焉。盖汉尚辞赋，所称能文必工于赋颂者也。余按，此说谬甚。广川有《山川颂》，子长有赋八篇，见《艺文志》，岂不能为辞赋者？况《汉书·儒林传》称仲舒通《五经》，能持论，善属文；江公讷于口，正与贾生、终军同被属文；三名而所谓属文者，乃指其说《公羊》之文，非指辞赋也。《太史公自序》云，于是论次其文，十年而遭李陵之祸。班氏《司马传赞》曰其文直，其事核，正与《序传》史才相发，非指辞赋。由此推之，经亦文，史亦文，安得举文而嫥属之有韵者乎？

《论语》一书，言文者甚多，如"则以学文"，马融曰："古之遗文也。"文胜质则史，使文专主有韵之文，子岂以史目之？而马融云《左》之遗文，则决非专主有韵之《诗经》矣。或以文对质，或以文对行。文之所包甚广，如以有韵为文，直言曰言，以释《易》之文言，则夫子之文章皆有韵者，夫子之言性与天道皆无韵者，其说可通乎？文达欲矫古文之说，立异而不求其安，遂欲以六朝之常语强律圣人，斯则引唐律以定汉狱，可怪之至也。

《说文》：文，错画也。象交文。此文字本训。然奇耦相生，亦如错画，不必耦句，始为错画也。辞意相综，亦如错画，不必有韵，始为错画也。阮氏引《考工记》"青与白谓之文"，谓两色相偶而交错之，乃得名曰文。说殊胶泥。以《孟子》证之，其文则史，不以文害辞，是《诗》与《春秋》均为文，何有韵、无韵、奇偶之别哉？

**二十五日（9月27日）** 晴。刘献夫丁艰，候补道李兴锐勉林署津海关道。昨得九弟书，复之。

张天如《汉魏六朝百三名家》，其集名多由意造。以隋唐《经籍志》考之，当云《大中大夫东方朔集》，《文园令司马相如集》，《胶西相董仲舒集》，《谏议大夫王褒集》，皆均之曰东方大中、司马文园、董胶西矣。至刘向、刘歆，《隋志》作《谏议大夫刘向集》、《大中大夫刘歆集》，《唐志》但称名，而天如则改称字矣。如《张敞集》，《隋志》一卷录一卷，《唐志》二卷，就班书辑之，颇可复旧，而天如遗焉。盖就其文多者汇之成集，故未细考，故褚大补《史记》亦名之曰集。果尔，则司马《史记》亦即《司马迁集》，《汉书》亦即《班固集》耶？余端居多暇，思辑两汉三国之文以自娱，而梅氏所选《文纪》不可得，张氏所集又复体例不善，乃以四史及旧类书为主，分门别类，冀得两京文字之流别，于以上绍周秦，下瞰六朝，姑识其缘起于此，其详则书成时述之也。

《古文苑》以韩元吉所次九卷本为善。章樵本，取史册所遗补之，为廿一卷，已失其旧。然守山阁所刊有校勘记，于所补者一一证其所出，均有据依。故余选此读本亦兼取之。其九卷本亦多可疑者，如汉高祖《手敕太子》，不类高祖生平；《董仲舒集叙》，明是撮《汉书》为之；而章峒麓乃为之饰注，云班据以作传，非也。此类与其博取，不如从删，以严汉文之界限耳。

**二十六日（9月28日）** 晴。吊刘献夫母丧。晚，李赞臣、洪翰香均来。

孙渊如有《续古文苑》,其所辑汉文不少,皆一一注明所出。今全采之。《墨池编》载赵壹《非草书》一篇,云:苟任涉学,皆废仓颉、史籀,竟以杜、崔为楷。私书相与,犹谓就书,适迫遽,故不及草。草本易而速,今反难而迟,失指多矣。佩纶案,此非汉人语也。旧帖中云,匆匆不及作草者,以不别作草稿,而即以此行楷之字启上之耳,云作草书也。然唐以后已不达斯义。东坡云"颇欲草书续其终,待我他日不匆匆",亦沿此误。

二十七日(9月29日)　晴。寄都中书,有折弁也。

二十八日(9月30日)　晴。《观林诗话》:涪翁跋半山书云,今世唯王荆公字得古人法,自杨虚白以来,一人而已。往时李西台能赏杨少师。今定林寺壁,荆公书数百字,未见赏音。佩纶案,山谷他日论书又云比来苏子瞻独近颜、杨气骨,又云东坡本朝善书自当推第一。荆公、东坡二人书不相类,而自涪翁言之,竟似殊途同归。此与论元丰、元祐时政而曰人才包新旧者似之,至公实调停之见耳。

二十九日(10月1日)　晴。午后,过献夫,复至皞民处少谈,马植轩来。

三十日(10月2日)　晴。感寒,遍体酸痛。

九月初一日(10月3日)　雷雨。合肥内侄赵曾重由都至。皞民来谈。

初二日(10月4日)　雨时作时止。阅《唐文粹》一二卷。得八弟书。

初三日(10月5日)　晴。王翼北由山东德州入都,舟行至杨村十馀里之打渔庄,被盗劫去衣物,折回天津,留宿写管斋。顺天捕务废弛,盗贼横行,以都津密迩之运河,连舻夜泊,竟敢以洋枪刀械拥入舟中,肆行劫掠,可叹可恨。合肥即饬云字营马队会缉,以靖孔道盗源。是日又得都电,前月廿三日瑞姑生一男也。

初四日(10月6日)　雨。

初五日(10月7日)　晴。

初六日(10月8日)　晴。袁厨回。允言寄来《廿一史文钞》,乃明楚北戴光禄羲所选。戴字驭长,别字正野,体例甚劣,还之。过献夫。

初七日(10月9日)　晴。得元《纂图互注》荀、扬、文中子三种。《荀子》为戈顺卿所藏,《扬子》《文中子》两种则孙渊如所藏。此元时坊本,校雠不精,舛误不少,然卢抱经校《荀子》,颇据以订正,以改字,究少明本也。

初八日(10月10日)　晴。杨瑞生来辞行,赴河南。昨适有昆冈钱应溥赴豫察办事件之命,未知何事也。晚招皞民、永诗及翼北夜饭,蒯礼卿挈眷出都。

初九日(10月11日)　晴。翼北偕孝达之侄白泉孝廉棸偕行,请合肥派马兵二人送之。午后,把酒持螯,蟹不肥而饮甚畅,颓然醉矣。复八弟一书。晦若来话。

初十日(10月12日)　晴,是日午前微雨。初八日乐山有书,今日有暇复之。得都电,翼北中东闱十五名。

南书房用陆宝忠、张百熙。廉生考而未得,以资序较后也。

缪小山荃孙过津,未见,送刻书数种,曰《三水小牍》,曰《吴兴记》,曰《集古录目》,曰《缪燧名宦录》,曰《缪鉴效颦集》,纸板甚精。

十一日(10月13日)　晴。袁伟庭观察世凯自朝鲜乞假回籍,过谈。

石笥山房有书周遇吉事,据榆次王瑊所作《节录[补闻]》一篇,谓:"李自成急攻城,语守陴以周遇吉献,否且屠,遇吉闻之,乃使人缒己城下,见自成大骂,竟为贼磔杀。"问其故老,往往与瑊合,因作论,哀其死而恨其失。余谓稚威此文居心刻薄极矣。按,《明史》本传:"遇吉退保宁武。贼大呼五日不降者屠其城。遇吉四面发炮,杀贼万人,火药且尽,外围转急。或请甘言绐之,遇吉怒曰:'若辈何怯邪!今能胜,一军皆忠义。即不支,缚我予贼。'于是力尽,城陷。遇吉巷战，被矢如蝟，竟为贼执，大骂不屈。贼丛射杀之。阖家尽死。"事惨烈如此。顾据王瑃单辞轻加诬蔑，宅心不厚如此，宜其潦倒以终也。

十二日（10月14日）　晴。袁伟庭又来，赠权怀素《平百济碑》一通。作寄安圃及贺廉生书，交都寓。夜阅电音，北榜发，襄厘均下第，同村刘镇疆中式。丰润中张士麟及杨毓鑫、王芸阁，共四人。

元王恽《玉堂嘉话》引鹿庵先生云："'前汉列传多少好样度，于后插一铭词，篇篇是个墓志碑表，作者观此足矣，不必他求。'曹南湖亦尝说作铭辞法度，谓如一人有数事好处，取其重者论之。及详《史汉论赞》，其原盖出于此。"

刘禹锡有《西汉文类序》，云："商周之前简而野，魏晋以降则荡而靡，得其中者汉氏，汉氏之东则衰矣。"惜其书不存。

东坡《答刘沔都曹书》云："识真者少，盖从古所病。梁萧统集《文选》，世以为工，以轼观之，拙于文而陋于识者，莫统若也。宋玉赋《高唐》、《神女》。其初略陈所梦之因，如子虚、亡是公相与问答，皆赋矣。而统谓之叙。此与儿童之见何异？李陵、苏武赠别长安，而诗有'江汉'之语。及陵与武书，词句儇浅，正齐梁间小儿所拟作，决非西汉文，而统不悟，刘子玄独知之。"按，近姚姬传选《古文辞类纂》，其辞赋类一门即本东坡此说，而习桐城诸人昧其所自，问之茫然矣。东坡文学周、秦、西汉，故能知昭明所短。阮文达乃坚立《昭明文选》之序，强欲以此上例两汉，所论殊泥。

十三日（10月15日）　晴，甚暖。过晦若，其两弟秋试被放也。阅《后山文》一卷。

《后山集》乃云间赵骏烈刊本，《四库》所收即此本也。《提要》云："其古文在当日殊不擅名，然简严密栗，实不在李翱、孙樵下。殆为欧、苏、曾、王盛名所掩，故世不甚推。弃短取长，固不失为北宋巨手也。"案，魏衍《记》谓先生之文早称于曾、苏二公，世人好之，犹以二公故也。观其论文之语，见于《徐师录》者。知瓣香南丰，渊源有自耳。世以后山诗胜涪翁，未为公论。其文则过涪翁远矣。

十四日(**10 月 16 日**)　晴。皞民来谈,不甚畅。得九弟书。

十五日(**10 月 17 日**)　晴。得桂林电,安圃署臬司,弁归,得廉生父子书。

读《文纪》:后二年,与匈奴和亲,诏亦自恳至。后六年,匈奴入上郡矣。乃知彼族非可以信义结因。和,弛备无策之尤者。

买得《通德遗书》及幼耜孔氏《说经稿》。幼耜为"三礼"之学,既集康成诸书,复取测《周礼》《仪礼》,别有《明堂禘袷吉凶服用篇》,于郑注亦颇辨正。粟轩之从兄也,名广林。

十六日(**10 月 18 日**)　晴。作《送皞民之台湾诗》二首。

十七日(**10 月 19 日**)　夜雷雨。午后,皞民来谈,自翼北留宿斋中,读书之课中辍,今夕少暇,思复旧课,以免学殖之日荒也。内人以余困于虫鱼,诗文渐少奇气,劝余稍辍考证。其言亦是。乃捡三史于案头,拟日阅十馀叶,以培其气。夜为儿子改定论四篇。

卓茂之封褒德侯,论者皆以为表彰循吏也。其实不然。茂,元[帝]时学于长安,仕哀、平间。及王莽居摄,以病免归郡,常为门下掾祭酒,不肯作职吏。《传》末又云,茂子同县孔休、陈留蔡勋、安众刘宣、楚国龚胜、上党鲍宣六人同志,不仕王莽,故光武以宣袭封安众侯。复求休、勋子孙,而胜三子赐,宣之子永亦俱贵显。封茂之,诏曰执节淳固,实嘉其不仕于莽,心不忘汉也。此《传》必诸家《后汉书》之文。范史移蔡勋于《蔡邕传》中而表彰苦节之义,晦矣。其时不仕王莽者,如蔡茂以病自免,往归窦融;宣秉见王氏据权专政,隐遁深山;王丹当王莽时连征不出,隐居养志;王良当王莽时称病不仕,教授诸生;郭丹以王莽之征与诸生逃于北地,皆当通为合传以彰其节。范生刘宋之世,不知忠节之义,故不复重之,幸而旧传未尽刊落耳。冯衍不仕莽朝,而为廉丹所辟,劝之不听,及丹死,然后亡命,要为进退失据者,不足与诸贤伍也。

十八日(**10 月 20 日**)　晴。张朴君自都来。

十九日(**10 月 21 日**)　晴。邵班卿来谈。得润师书。晚,仲彭过斋中闲话。

二十日(10月22日)　晴。仲彭招至其斋,与张楚宝晤商馆师事,有厂肆永宝斋李应若以书画来售,买扇面十馀,价甚昂。

二十一日(10月23日)　晴。张朴君来谈,复与李客评量书画良久。

二十二日(10月24日)　晴。复八弟书。送献夫扶柩回籍。廿五登新裕舟。过朴君丈,知张师母宁夫人下世,为之怆然。

二十三日(10月25日)　晴。洪翰香来。

邵班卿以邱心坦履平诗来正,云今之郊、岛。阅之,则吴提督长庆、周臬司馥客耳。余谓郊、岛寒瘦,亦诗人不易到之境。寒定不热,瘦定不肥,不肥不热亦足以为诗人矣。恐非“忽骑将军马,自称报恩子”者所能几也。

《四库提要》:郊诗托兴深微,结体古奥。自韩愈以下,莫不推之。虽苏有“空螯小鱼”之诮,元遗山有“高天厚地一诗囚”之句。究之郊诗品格,不以二人减价。

《六一居士诗话》云:“岛《哭柏岩禅师诗》:‘写留行道影,焚却坐禅身。’时谓烧杀[活]和尚,此可笑也。若‘步随青山影,坐学白塔骨’,又‘独行潭底影,数息树边身’,皆是岛诗,何精粗顿异也。”《苕溪渔隐》云:“余于此两联,但各取一句而已。‘坐学白塔骨’,可见禅定之不动,‘独行潭底影’,可见形影之清孤,岛尝为衲子,故有此枯寂气味形之于诗句也。”

余谓作东坡始可讥贞曜,作六一始可讥浪仙,否则与为轻俗不如寒瘦。观韩、孟联句,竟是劲敌,而郊《赠昌黎》诗云:“众人尚肥华,志士多饥羸。愿君保此节,天意当察微。”岛《寄韩潮州》诗云:“峰悬驿路残云断,海没城根老树秋。”便似韩作,未可以寒瘦轻之也。

二十四日(10月26日)　晴。皞民及张沚莼来。云楣已弋获武清之盗,电廉生来领失物,盗皆河南、山东人也。

二十五日(10月27日)　午后阴,微雨。以银四百两寄吴壮孙,为叶子晋偿之也。交西号日昇昌寄。张朴君、李赞臣、陈觐虞、范肯堂先后来。

二十六日（10月28日）　晴。合肥赠《浙江画》一册，有张苞堂题。苞堂名燕昌，海盐人。夙耆金石，撰《古来飞白书考》。又于范氏天一阁藏书中获北宋石鼓文拓本，因撰《石鼓文释存》。此卷即以飞白书端，曰石鼓亭所藏神品，台湾邵友濂所赠也。余旧藏《浙江》一卷，有纪伯紫、王于一、吕半隐、萧尺木、费此度诸人题。午后，与菊耦展旧藏画卷观之。菊耦以法黄石所画《海市图》及诗雄阔可爱。余则以桃源一幅为佳，因笑曰："吾定畸人，卿其虎女也。"

偶举"烛影斧声"之事问闺人，谓："此事太宗果弑否？"闺人云："太宗直弑耳。以《春秋》之法，必书弑君，明甚。何以言之？《通鉴长编》：宋皇后夜召德芳。继恩以太祖传位晋王之意素定，乃径趋开封召晋王。王犹豫不行，继恩促之。后见王，愕然，遽呼'官家'。据此即见瑕隙。夫太祖果欲立弟？何崩时寂无一言？然则帝自遗命立子，而晋王阴结宦官直入，突然夺之孤寡，其后乃以'金匮'之说愚天下耳。宋后之丧不成，德芳、德昭之死，其无兄之迹已不待书而自显。初何烦考《湘山野录》哉！且以湘山之说证之，则是夜帝本无疾，忽焉而崩，尤可疑怪。《榖梁》谓郑伯克段，处心积虑成于杀。太宗本建陈桥之策，导兄以不臣，旋即报兄以不弟。盖代周之日，兄已显而己尚微故，如商人之让惠公。及海内小康，威名已立，则弑其兄杀其子而代之，视齐之武成等耳，亦处心积虑而成乎杀者也。宋臣文字缘饰弥缝，使弑兄之罪不彰，均不足据耳。"余曰："卿竟如老吏断狱，识力甚辣。"

廿七日（10月29日）　晴。送皡民行。廉生遣纪来，昨夕至。寄来明拓唐帖四本。《皇甫》、《雁塔》、《圭峰》、《玄秘》。

廿八日（10月30日）　晴。皡民来辞，赴台湾。约晦若、容民来斋中，以旧书画共赏之。时论古来此，颇携有名人小品，力不能得，姑纵观以饱眼福。

以食物数种寄润师，杜夫人有疾也。此事直难慰藉。思之，辄怅触于怀。

廿九日（10月31日）　晴。毛荔生世兄自都来，赠汤文正《嵩谈录稿》、《铁梅庵临圣教》一本。午后，复廉生书，以权怀素《平百济碑》拓本赠之，报其精拓《雁塔》，刘燕庭藏本也。贾戈什入都。寄都中家书，附安圃十一书。

廉生有宋拓《大观帖》，乃沈寿榕所藏，售与其尊人莲堂先生者。何义门有《大观帖跋》，云："其惊鸿游龙之势，固是天人。止使笔尖著纸，不宜用尽腕力，却锋中意到，于古法无参差也。中有别字，乃遽入石，岂左右无正人？如《书》所谓'仆臣谀，厥后自圣'者耶？此又《丙丁龟鉴》之一事也。"翁覃溪《复初斋》有《大观帖跋》数则，大致以《太清楼帖》无翻本，其亮字不全本乃权场本，亮字顶脚微微尚露画痕，石边皆有刻工姓名。近日多有禠宝贤初拓充《大观》者。陈香泉《隐绿轩题识》云："从华亭总宪处观退谷所藏宋搨，止存八卷，亮字未磨，墨色纯黑，与世所谓宋拓起霜者迥然不同。"今廉生仅寄一卷，不知亮字全否，墨色沈黬，字皆飞动，可宝也。

三十日（11月1日）　晴。午后，【答】联仙荪自安庆来。答毛荔孙。荔孙仅存一弟，名绳锡。仙荪有二子二孙，长子笔帖式，次子廿一读书。

余以黄山谷《夷齐庙碑》实出于褚，因留意河南之书，为探原穷本之计。廉生深醵之，为余物色褚《雁塔》、《圣教》甚勤恳。赵子函以《同州》遒逸婉媚似胜《慈恩》。此说非是。又云，二碑按年代、官品，王元美均以为不合，署名处皆后人附益。《玉海》：太宗制《圣教序》，高宗为太子，又述记并勒碑，置慈恩寺浮图。永徽四年十月，褚遂良所书，则《大塔》似是真迹，而同州本反胜。何也？佩纶案，褚公以贞观二十二年拜中书令。高宗即位，赐爵河南县公。永徽元年进封郡公，寻坐事，出为同州刺史。三年，征拜吏部尚书，同中书门下三品监修国史，加光禄大夫，其月又兼太子宾客。四年，代张行成为尚书右仆射，依旧知政事。碑书于永徽之冬十一月十二月。太宗文则题太宗末年之官，高宗文则题本年之官，又何不符之处？而元美妄疑之耶。广川书跋谓《慈恩》疏瘦劲练，不减《铜甬》等书，谅矣。盖王、赵止据后来拓本，广川所见则原拓也。

王山史《砥斋题跋》：褚公《圣教序记勒碑》、《慈恩寺浮图》，结体、用笔婉丽秀颖，令人有馀思，所谓"瑶台青琐，窅映春林，婵娟美女不胜罗绮"者也。而王弇州以为轻弱不足言，盖其胸中先为同州本所据故耳。余按，《慈恩》公所自书刻石者，《同州》乃摹刻。郭征君谓《同州》饶骨，《慈恩》饶韵，而《同州》尤有（队）〔坠〕石惊电之势，其言自不可易，如弇州轩轾，则过矣。佩纶谓山史说亦模棱。既定《同州》为摹，岂其摹刻转胜自书？夫青出于蓝，冰寒于水，容或有之，而当日书法能驾河南而上之者，定属何人？龙朔时，河南窜死炎州，又谁肯摹书托名乎？然则《同州》定是后来伪刻，岂能与《慈恩》抗行？河南书此碑，时年五十九，本工隶书，又以兼摹稧帖，尽得南北两派之分合。指实锋中，微妙全在毫颠，实生平之极作。其明年，迭遭贬徙，流离瘴乡，才四年而摧折，未闻更有大书深刻之碑。则观褚书者，当以此为最佳之本。岂可随波逐流，拾明人唾馀以轻诋之哉？褚公以显庆三年卒，年六十三。

**十月初一日（11 月 2 日）**　晴。午后，答仙蘅。晚过晦若、容民一谈。

近人收求四王、吴、恽，争出高价。于是真赝杂陈，往往割裂旧画，改题其名，续凫截鹤，毁坏名迹实多。永宝前以恽册见示，亦颇清妍而失之薄弱。其题中乃多别字，然索价已三百金。论古一册较佳，价至五百金，而画已黯淡失神。余故不蓄王、恽，亦李卫公不蓄《文选》意也。偶取《瓯香馆集》读之，便如见其画矣。录数则以志其高趣。《题石谷画元人逸趣》云："笑我痴颠成痼癖，问君何事最销魂。自言只爱王郎笔，半幅云烟墨一痕。"又《题石谷册》云："鸥波昔石谷，石谷今鸥波。英雄惟使君，天下如君何。"注云："三年不见石谷，笔墨遂臻极致,观其含毫傅色,经营苦心,自董宗伯以来未有能与其奇者。"又云:"石谷不喜余喜生,尝对孙承公云:'正叔研精卉草,日求其趣,于烟云山水之机疏矣。'予不以为然,已而思之。写生与画山水用笔则一,蹊径不同。久于花叶,手腕必弱,岂能通千岩万壑之趣乎?石谷终岁未尝于写生著意,然间一为之,必有过人处。盖其得力于山水者深。笔精墨灵,而其馀不可胜用也。石谷进我,殆几于水仙之移人情哉。"观此则,南田之倾倒石谷,与石谷之爱重南田,交情胶漆,世必谓南田遁而为花卉以与石谷争名,何其陋也!道艺一理,能成大名,未有不虚心者。

初二日(11月3日) 晴。终日枯坐,意甚躁。夜读史一卷,无所得。

阅《宋季三朝政要》,文文山"妻欧阳氏,亦守节而死。天祥为祭文曰:'忠臣不事二君,烈女不更二夫。天上地下惟汝与吾。'天祥弟璧知惠州,奉母夫人就养。归附后,历广西宣慰使。天祥叹曰:'兄为国,弟为家,各行其志。'云"。文信国、史阁部之弟均事二姓,殊愧其兄。欧阳夫人则胜祁、黄二夫人矣。失名。

宋以周显德七年受禅,至十六传,而幼君名显,改元德祐,合"显德"二字。彰著于命名改号之间,人之不觉。杜太后将终,召太祖曰:"汝自知所以得天下乎?政由柴氏使幼儿主天下。群心不附,若周有长君,汝安得至此!"岂料三百年后,似道贪权,利于立幼,卒至覆国,是亦其初取于孤儿寡妇之报也。余最不满于艺祖之受禅,而传国竟三百年,已为至幸。宋儒尊君,忘其所以,若有深仁厚泽者,然此论可为精确。

初三日(11月4日) 晴。得都门书。永宝寄一《雁塔》。廉生定为明初拓本,惜序后年月衔名廿二字失去,究是一病。过晦若一谈,论古以子昂《五骏图》来售,后有石庵、墨卿、船山暨庆听泉、盛子大诸题,题真而图本八骏已失其三,此五马又失去,而估人以恶马五充之也。①

《山谷题跋》:"余在黔南未甚觉书字绵弱,及移戎州,见旧书多可憎,大概十字中有三四差可耳。今方悟古人沈著痛快之语,但难为知音尔。李翘叟出褚遂良临《右军文赋》,豪劲清润,真天下之奇书也。"案,山谷豪劲清润,乃赞河南,非赞王也。而纷欣阁本题曰《书右军文赋后》,失之。

初四日(11月5日)　晴。午后,洪翰香来,以小唐碑遣闷,考证竟日。得安侄书。

《皇宋书录》引《缙云冯时可文集》云:老苏书法律不足,韵度有馀。蜀人本不能书。元祐间,东坡始以笔画名世。其流虽出于二王,其实已滥觞于老苏泉源中矣。老苏书今已无存,录此以资考核。

近人均言朱子书学曹瞒,此何所本?《书录》引周益公云:"朱元晦言先君子及某喜学荆公书,多储真迹。惟此纸有跨越古今,开阖宇宙之气。"则朱子书学荆公也。南轩亦言荆公书有晋宋间人用笔佳处。

山谷评子由书云:"子由书瘦劲可喜,反复观之,当是捉笔甚急而腕著纸,故少雍容耳。"《缙云文集》云:"颍滨本无书名,然风味极高,真可以兄弟东坡。苏叔谦携此示余,谓之曰:'世间绝无颍滨书,惟其少,尤宜爱惜。'"按,(汪)[冯]时可谓坡书在老苏泉源中,颍滨可以兄弟东坡。此等议论如今之善应酬者,可笑也。

初五日(11月6日)　晴。寄安圃及诸侄孙书。召孙茶孙来买笔。过容民略话,夜饮微醉,读苏诗十馀叶。

初六日(11月7日)　晴。取合肥所藏帖,观《武梁祠画像》,乃黄小松旧藏,何子贞长题颇佳。夜,儒弟自里来。

东坡(《琴诗》)[《听贤师琴》]云:"平生(不)[未]识宫与角,但闻

---

①　整理者按,此条上有眉批:《钤山堂书画记》:有子昂五马图二,此为妄人题以"五骏图",转失之。庆听泉以为八骏失三,亦误。

牛鸣盎中雉登木。"出《管子·地员篇》。《钦定律吕正义》本此以《管子》为弦音。东坡之说必有所据,惜不可考矣。余从此悟以"雉登木"为句,"木"与"角"韵,而鸣音疾,以"清"、"鸣"字为句,"鸣"与"清"亦韵也。是能读《管子》者,莫如东坡矣。余数年来作《管》注,读坡诗为两家结一重缘,亦熟能生巧欤。

初七日(11月8日)　晴。复章颂民书。崔琴友自安庆复来。

《前汉·循吏传》六人耳,后汉既列循吏传,而郭伋、杜诗、张堪等复列特传,不入循吏篇中,殊不可解。因儿辈作杜诗论,拈此示之。蔚宗自云,循吏已下论赞,天下奇作,而体例乃如此,其疏何也?

党锢之风自后汉而严,然西京已见萌(牙)[芽]。杨恽之狱,诸在位与恽厚善者,韦玄成、张敞及孙会宗等皆免官。翟方进因红阳侯立之狱劾陈咸,复奏立党友,朱博、孙闳及咸归故郡。又素与定陵侯交,至内惭,谢罪乞骸。及起视事,条奏长所厚善孙宝、萧育,刺史二千石以上免二十馀人。及光武初年,蒋遵以肤受之诉,致禁锢,戴凭为言,帝怒曰:"汝南子欲复党乎?"此皆党锢之先机也。不知本于汉律,抑出于后王之例。方进以定陵之党幸而自免,复条奏他人以自解,居心尤不可问,宜其相业之不终矣。

初八日(11月9日)　晴。王汉辅自都来。翼北之弟,名崇烈,今年北闱眷录。得廉生两书。昨取合肥所藏《武梁画像赞》,阅之,乃黄小松物,披展至三更,不觉受凉,夜不成寐。

《潜研堂·金石跋尾》云:武梁石室画象,娄机云宋以后碑石湮没,好事家得宋拓本,诧为希世之珍。乾隆丙午,小松于嘉祥县南三十里紫云山得之,土人名武宅山,其名裂而为五,即此本也。又乾隆己酉,济宁李东琪营治武氏祠,复得左石室画像。亦见潜研跋,则此本无之。

初九日(11月10日)　晴。昨夕失眠,甚惫。永宝、隶古均来。观书画遣兴,惜少佳者。晚,仲彭约至其业师夏建侯处一谈。得都中书。

阅《明儒学案》。吴康斋与弼为石亨荐以谕德,辅东宫,辞归。先生知石亨必败。南还后,人问其故,第曰:"欲保性命而已。"或谓先生跋石亨族谱自称门下士,顾泾凡允成论之曰:"此好事者为之。"梨洲以为,若先生不称门下,则大拂其愿,先生必不能善归,所谓"欲保性命",其亦有甚不得已者乎?佩纶谓,梨洲之见陋甚。使门下之称果出康斋,不足以为儒者矣。出于托名,或者近之。然吾谓康斋多此一出,既不受官,何取仆仆道路乎?

**初十日(11月11日)**　晴。慈寿圣节。

复阅书画竟日,都中书来。

阅《南丰类稿》。据《行状》及《宋史》,《类稿》五十卷,尚有《续稿》四十卷,《外集》十卷,今止存此。此本为查溪玄孙才、道、行、思、仪、彦、华、祚校刊,其大致与明成化六年南丰知县杨参刊本同,惜不得顾崧龄校刻之本。

**十一日(11月12日)**　晴。复都中书,寄五十金买图书石。又得廉生一缄。永诗约谈。

永宝送明季、国朝名人尺牍十八册,始文震孟至黄易、王芑孙等。明人均小字疏行,乾嘉间则字大行密矣。小松一札,拓汉碑均用松烟,可资考证。

**十二日(11月13日)**　晴。崔琴友来。午后,赞臣过话。

**十三日(11月14日)**　阴。过晦若略话。得八弟书,改代为署。夜饮破寒。

隶古送一《升仙太子碑》来,碑阴无薛书,还之。

**十四日(11月15日)**　阴,始著灰鼠裘。复八弟书。寿文旧仆史升来,知其父子均葬湘乡,本甫有一书及再同事,实均不详。差弁入都,寄宁夫人挽幛。

姚姬传选五七言唐宋诗今体,以补渔洋,颇为时流取法,然于唐之派别颇不清也。其中唐一卷,云:"大历十子以随州为最,其馀诸贤亦各有风调。至于长庆,香山以流易之体极富瞻之思,非独俗士夺魄,亦使胜流倾心。然滑俗之病,遂至滥恶,后皆以太傅为藉口矣。非慎取之,何以维雅正哉?"按,中唐诗非随州、香山两派所能尽也。柳子厚、刘梦得、张文昌当各为一派。元遗山《鼓吹集》直以子厚居首,是其私淑所在。东坡初学梦得。韩昌黎虽不以七律名,然其《和卢库部元日朝回》及《晋公破贼回重拜台司》两首,格律直逼杜陵,此文昌之胎源也。今置昌黎不入选,而文昌仅选其"晓来江气连天白,雨后山光满郭青"一首,岂非信手摭拾乎?宋七言亦略。宋初及荆公一卷,即大谬。宋初当自为卷,所谓升平格律未全回也。此下荆公、子瞻、鲁直当各为一卷,于以上承三唐,下启南宋。鲁直一卷,自应附入西江各家,以存其流别,然后以放翁殿之。

**十五日(11 月 16 日)**　晴。潘子静来。午后无事,读柳文一二首。论古送归文休昌世写经四册及石谷画十二幅,画真乃两本合成者,不足收矣。丹崖编修自都来,沿途感冒,误服药,病剧,由舟迁浙绍商船公所,夜往视之。

**十六日(11 月 17 日)**　晴,夜雾。翰香来,言琴生之子恒复又殇,为之悲怆不已。

陈后山云,杜之诗法,韩之文法也。诗文各有体,韩以文为诗,杜以诗为文,故不工耳。余按,杜文不工固已,以韩谓不工于诗,此后山之偏见也。《苕溪渔隐》论昌黎诗至三卷,续辑一卷,皆枝枝节节而论之。虽毁赞互见,其未窥昌黎诗之全体则一。夫诗文本是一事。昌黎之诗,与其文同。李汉所谓摧陷廓清之功,比于武事。苏明允所谓渊然之光,苍然之色,畏避不敢迫视者。不独称其文,实兼其诗言之。文公以李杜并称,其诗实奄有李杜之长。李之奇而超,杜之厚而重,公尤得之。盖探原于二《雅》、三《颂》、楚《骚》、汉赋、古乐府,以成一家之体。籍得其高亮,郊得其坚瘦,荆得其议论,苏得其波澜。实中唐一大家,与白香山一平一奇,各极其妙。而学韩者易失之粗,学白者易失之滑。韩、白不任咎也。世不知韩,至玉溪所谓【语】句奇语重喻者少耳。

**十七日（11月18日）** 晴。晚过肯堂一谈。

肯堂方评《骚》，分章集解，其意以王逸、洪兴祖及朱子各家所说均未尽合，故自为之。桐城派往往若此。且谓《远游》非屈作，乃后人以《大人赋》窜改，《招魂》乃招怀王，非招屈原，亦原作而非宋玉所作。余不谓然。《远游》为屈作，汉以来无异辞。岂得以《大人赋》起句偶同，规模近似，疑为伪托。果尔，则孟坚《两都》亦后人伪托以压平子《两京》乎？斯言可悟矣。《大招》或以景差所作，叔师仍以为原作，此即司马子长所谓《招魂》，叔师所谓《大招》其魂也。明黄文焕《楚辞听直》始据史驳《楚辞章句》，似不必沿其谬说耳。肯堂最虚受，余言此则未以为是。

**十八日（11月19日）** 晴。晨起，闻丹崖已于昨夕逝世。午后，得九弟书，知子峨已于八月间作古。同患同戚，为之恻然。

**十九日（11月20日）** 晴。得高阳书，亦无好怀。午后，班卿、翰香来谈，均因琴生家事也。谈次愈形郁郁。晚得八弟及都中书。

**二十日（11月21日）** 晴，午后阴惨。复都中书。

**二十一日（11月22日）** 晴。刘芗林来谈。

司马子长于《屈贾列传》录贾生二赋以吊屈，明合传之意，不以其赋也。于《相如传》，读其赋以存辞赋一派，足矣。班氏不达此旨，既录相如，复录扬雄，而《叙传》中又录其《幽通赋》，实为失体。史者，记一代兴衰，此何关于国计民生哉？《儒林》一传，于经学源流甚略，使节此无关系之词赋而详有授受之群经，千载以后不知少若干聚讼矣。班氏讥子长先黄老而后六经。余以为黄老、六经，汉时学派不得不兼存之。辞赋，特一小门耳，而烦复若此。班固，文人非经生亦非史才也。《叙传》叙其书旨，因而附及家乘。太史公世为史官，故不嫌其详备。班氏既作国史，实改子长之文，亦止能存太史公《叙传》于《叙传》之前，何故又将扬子云《叙传》全行载入并录其《太玄》、《法言》之目乎？如以为《太玄》、《法言》果尊，然《太玄》拟《易》，《法言》拟《论语》，何不于《儒林传》将《易》之同异，《论语》之篇目一一全载乎？此其意为轩轾，全无限断，实非史之体例。世人以汉家制度全备于此书，不得不推尊之，不知其存者什之一，而其亡者什之九矣。乌足以为班氏之功？

廿二日（11 月 23 日）　晴。巳刻往送丹崖同年归榇。午后，肯堂来谈。

《草堂杜诗笺》，仅存廿二卷。黎庶昌使日本，得南宋足本四十卷，高丽本补遗十卷，以校廿二卷本，则十九卷后三卷即补遗之前三卷也。而黎刻亦漏去上元庚子冬末诗十馀首。杜诗苦无佳注。钱蒙叟注云："宋人之宗黄鲁直，元人及近时之宗刘辰翁，皆奉为律令，莫敢异议。余尝为之说，曰：自宋以来，学杜者莫不善于鲁直，评杜者莫不善于辰翁。鲁直不知杜之真脉络，所谓前辈飞腾，馀波绮丽者，而拟议其横空排奡，奇句硬语，以为得杜衣钵。此所谓旁门小径也。辰翁不识杜之大家数，所谓铺陈终始，排比声韵者，而点缀其尖新俊冷，单词只字，以为得杜骨髓。此所谓一知半解也。弘、正之学杜者，生吞活剥，以捃撦为家当，此鲁直之隔日疟，其黠者又反唇于西江矣。近日之评杜者，钩深抉异，以鬼窟为活计，此辰翁之牙后慧，其横者并集矢于杜陵矣。余之注杜，实深有慨焉，而未能尽发也。其大意则见于此。"按，钱氏狃于幽、厉变雅，定、哀微辞之见，几于篇篇讪谤，语语刺讥，诛为太过，而钱之人品、心术不足道，学问实卓绝一时，故抉蔡、黄之误，以诗证史，以史订诗，亦颇有疏通证明能得杜陵心曲者。近人盛称仇、杨两家，实不然也。如钱注，所谓不以人废言耳。拟去其太甚，过而存之，亦彤管节取之道欤。

廿三日（11 月 24 日）　晴，北河已见冰。朝阳马贼作乱，名学好教，匪其首僭称平清王，名郭海，有伪总督名李春廷，建昌、义州应之，热河告急，直、奉以师会剿。

载之自虞山来，留之午饭。其到汲，以未缴捐免保举被驳，现来长芦领款，藉商出处。

廿四日（11 月 25 日）　阴。李勉林来。午后，答勉林。至载之处久谈。晚归,得廉生书,以其从伯白海先生诗见示,诗中有酬先人一律,敬录之。依原韵。

彦和四十九文心,体格从来有四深。翡翠兰苕才细小,珊瑚铁网气阴森。千金价索需神骏,三筐书供赋上林。写示诸生言可赠,赠言都作老龙吟。先生名延庆,嘉庆甲子举人,乙丑进士,官兖州教授,国子监博士。

**廿五日(11 月 26 日)** 晴。午后,载之来谈,至暮始去。

**廿六日(11 月 27 日)** 午后阴。作安圃书,交九弟寄桂。

**廿七日(11 月 28 日)** 晴。载之来谈。复廉生书。

钱竹汀先生《与冯星实鸿胪书》:"(苏诗)《年谱》'先生于景祐丙子十二月十九日',不见干支,以《辽志》朔考证之,是年十二月实乙巳朔,则公生日当为癸亥。施元之为壬戌,殊未足信。"竹汀本精于历算,此说一出,注家均以苏公年命为丙子辛丑癸亥乙卯,而以施注壬戌日癸卯时为非。王文诰并以《子平家言》为之推算,无不应验。余案,《石林燕语》:契丹历法与本朝素差一日。熙宁中,苏子容奉使贺生辰,适遇冬至,本朝先契丹一日,子容议各以其日为节致庆,神宗喜。其后,奉使者不知此,遇朔日有不同,至更相推谒而不受,非国礼也。据此,则辽、宋建朔不同,未可据《辽志》以驳施注矣。

《宋史》:太祖改元乾德,命宰相撰前世所无年号以进。既平蜀,蜀宫人有入掖庭者。帝阅其奁具,得旧鉴,有"乾德四年铸"字。帝大惊,出鉴以示群臣,宰相皆不能答,乃召学士陶谷、窦仪,仪曰:"此必蜀物,昔伪蜀王衍有此号,当是其年所铸也。"帝乃叹曰:"宰相乃须用读书人。"由是大重儒臣。《石林燕语》则云:韩王为枢密使,卢多游为翰林学士。一日,偶同奏事,上初改元乾德,因言此号从古未有,韩王从旁称赞。卢曰:"此伪蜀时号也。"帝大惊,遂令检史,视之果然。遂怒,以笔抹韩王面,言曰:"汝争得如他!"韩王经宿不敢洗面。翌日奏对,帝方命洗去。自此赵、卢之隙益深。案,卢以开宝二年始直学士院,安得乾德间即为翰林学士,此梦得之妄也。《耆旧续闻》又云:

江南保大中浚秦淮,得石志,案其刻有"大宋乾德四年"字。令诸人参验,乃辅公祐反江东时年号。然则窦仪又不知辅公祐已有此号矣。类纪之,以见考证之不易也。

杜子美诗"功曹非复汉萧何",刘贡父以为误用邓禹事。梦得驳之,以为萧何为主吏,孟康注:主吏,功曹也。杜用事精审,未可轻议。余案,《三国志·虞翻传》注:策曰:"卿复以功曹为吾萧何,守会稽耳。"杜实用此事,梦得考之未审也。

**廿八日(11 月 29 日)**　晴。徐天麟《两汉会要》,东汉据范书为本,旁贯诸家;西汉于本史外,汉制见于他书者,概不采掇,未免失之太隘。即以律学言之,东汉既特立一门,而西汉则总曰律令,殊多遗漏,今为略分晰之。

相国萧何,攈摭秦法,取其宜于时者作律九章。《刑法志》。原。

晁错,为内史,法令多所更定,错所更令三十章。《晁错传》。原。

路温舒,求为狱小吏,因学律令。本传。

赵敬肃王彭祖,为人刻深,好法律,持诡辨以中人。《景十三王传》。

以宽为奏谳掾,以古法义决疑狱。《兒宽传》。

张汤,劾鼠,父见之,视文辞如老狱吏,大惊,遂使书狱。《张汤传》。如[淳]曰:"决狱之书,谓律令也。"

与赵禹共定诸律令,务在深文。同上。

杜周,少言重迟,而内深次骨。客有为周曰:"君为天下决平,不循三尺法,专以人主意指为狱。狱者固如是乎?"周曰:"三尺安出哉?前主所是著为律,后主所是疏为令,当时为是,何古之法乎!"少子延年亦明法律。《杜周传》。

陈咸,以律程作司空。《陈万年传》。

郑弘,字稚卿。兄昌,字次卿。皆明经,通法律、政事。次卿用刑罚深,不如弘平。《郑弘传》。

于定国,其父于公为县狱吏、郡决曹,决狱平。定国少学法于父。《于定国传》。

丙吉，字少卿，治律令，为鲁狱吏。《丙吉传》。

翁归，少孤，与季父居为狱小吏，晓习文法。《尹翁归传》。

郑崇，父宾明法令，为御史，事贡公，名公直。《郑崇传》。

淮阳宪王钦，壮大，好经书、法律。《宣元六王传》。

薛宣，以明习文法，诏补御史中丞。《薛宣传》。

文翁，乃选郡县小吏开敏有材者张叔等十馀人亲自饬厉，遣诣京师，受业博士，或学律令。《循吏传》。

黄霸，少学律令，喜为吏。同上。

严延年，少学法律，丞相府归，为郡吏。《酷吏传》。

案，汉律令为专门之学。《张苍传》：及以比定律令，如[淳]氏以为定十二律之法令于乐宫，臣瓒谓以比故取类，以定法律与条令也。当从臣瓒之说。河平诏书：其与中二千石、博士及明习律令者议减死刑。足证明律与明经并重，故兒宽能以古法义决疑狱，而董仲舒亦有《春秋》决事也。至《酷吏传》，诸人则概以刀笔吏抑之，不得冒居明习法律之科，其旨微矣。其时，如张释之之治黄、老，张敞之通《左氏》，隽不疑之修《公羊》，皆无不兼明法律，特史略之。惟朱博自以起于武吏，不通法律。故恐为官属所诬，乃自矜耳。飘已久，令掾史与正监共撰前世决事吏议难知者数十事，持以问之，因平处其轻重。此特久吏习于政事，以意复之，究不得为明习法律也。《后汉·郭躬传》，父习《小杜律》。《陈宠传》称，父咸敛其家律令书文，壁藏之，宠因以明习家业。天麟于东汉有《律学》而不溯其源流，近于数典忘祖。《提要》讥其仅掇班书。以此一节观之，即班书亦多漏义矣。

**廿九日（11 月 30 日）**　晴。载之来。

**十一月初一日（12 月 1 日）**　晴。乐山调热河都统，作乐山书。午后，载之来谈。

**初二日（12 月 2 日）**　晴。吴慎生自南回都，赠蟹百辈、蚶十斤，留之畅谈，言南中伏莽尚多，未可谓之乐土。

**初三日（12 月 3 日）**　大风。盛杏孙来，约载之赴上海商局。午后,与载之定议。

初四日(12月4日) 晴。载之来辞,以舍利狲马褂狐皮套裤赠之。念姊氏云亡,谓之怃然。有秀水金茂才尔珍,字吉石。与吉人有旧,以书画来售,留名人扇面数十叶而去。寓上海天官牌坊,人不俗,回纥也。得润师书,言师母久病。王子裳比部咏霓携书来。

初五日(12月5日) 晴。以载之事,寄谷士书,遣陆宣赴察罕。寄乐山书,是日得乐山十月二十九日复函,疾已渐愈。

初六日(12月6日) 晴。永宝回都,遣朱存偕行,省杜夫人疾,并寄慰濮子泉书及廉生、慎生各函,明日晓发。

初七日(12月7日) 晴。邵班卿作一文,难毛西河不当以甲兵车卒徒兵分为三等,其后半乃定车兵每乘百人,以四两分于车之前后左右,分为四队云云。余嫌其意断。班卿执之甚坚。余不好辨,一笑置之而已。盖班卿所守乃明王氏应电之说,而一乘百人之说实不始于应电。《〈牧誓〉序》:"武王戎车三百两,虎贲三百人。"《伪传》云,兵车,百夫长所载。《孔疏》谓,欲见临敌,实有百人。国朝沈冠云亦谓,一车百人,一军一百二十五乘,六军合七百五十乘。秦文恭以六军千乘之说驳之。方恪敏强为之说,则引《司马法》甲士三人,步卒七十二人,复据杜牧《孙子注》谓,又有炊家子二十五人,一车原有百人。要之,皆臆为之解耳。车战万不能用读书者,与其武断,何如阙疑。

王参元家失火,子厚作书贺之,云:"家有积货,士之好廉名者,皆畏忌,不敢道足下之善。"《困学纪闻》云:"尝考《樊南四六》,有《代王茂元遗表》云:'与弟季参元,俱以词场就贡,久而不调。'《志王仲元》云:'第五兄参元教之学。'"今《王仲元志》已佚,参元之名复见于《李贺小传》。参元能与柳子厚、李长吉交,其人可知,然则义山之婿于王氏,焉知非出于参元之文字投契,今必以茂元多货诬及义山,何也?

初八日(12月8日) 晴。班卿来谈。

初九日(12月9日) 晴。昨夕合肥感寒。云楣来谈。

初十日(12月10日) 晴。得乐山书,复之。时潘万才有建昌、榆树林之捷。

十一日(**12 月 11 日**)　晴。张楚宝来谈。合肥已小愈。

十二日(**12 月 12 日**)　晴。楚宝、赞臣均来久坐。

十三日(**12 月 13 日**)　阴。

十四日(**12 月 14 日**)　晴,有风。

十五日(**12 月 15 日**)　晴。寄都门高阳、霸州二公书。乐山书来,十八日启行。

十六日(**12 月 16 日**)　晴。复乐山一书,并附云帆一纸。云楣来辞行。

十七日(**12 月 17 日**)　晴。吕庭芷来谈。夜睡甚迟。合肥未大痊。与仲彭久谈,至丙夜始寝。

十八日(**12 月 18 日**)　晴。司道同来问合肥疾,欲改用中医,不许。午后,送云楣行,夜少暇,以吉石所留扇五十二叶归之。

十九日(**12 月 19 日**)　晴。寄载之书。

二十日(**12 月 20 日**)　晴。云楣来谈,时入都展觐,连日以竹垞、渔洋两集互阅。

二十一日(**12 月 21 日**)　晴。合肥派马队五营出口会剿,以副将吕本元统之。卫、贾先后至。寄乐山书。安圃有书,其孙命名恭颐。

二十二日(**12 月 22 日**)　晴,至日一阳来复。合肥渐愈。夜过晦若杂谈。复安侄一纸。

二十三日(**12 月 23 日**)　晴。得高阳书,午后复之。

二十四日(**12 月 24 日**)　晴。背小作冷。夜,晦若来杂谈,良久而睡。

二十五日(**12 月 25 日**)　晴。晚,朱存自都回,得润师复书,以韩柳文、《通艺录》还都肆。廉生一纸,诙谐而已。

二十六日(**12 月 26 日**)　晴。复润遇书,过仲璋少谈。

二十七日(**12 月 27 日**)　晴。枯坐竟日。

二十八日(**12 月 28 日**)　晴。晚过晦若,谈不畅。

二十九日（12 月 29 日）　晴。复廉生一书，交明日折弁。邵班卿来谈。

三十日（12 月 30 日）　雾，大风。得袁爽秋书，附送芍农诗数律。箧中有《韦苏州诗》，乃汲古阁本，拟以席刻校之。

朝阳、赤峰贼平。赤峰贼首李国珍为潘万才生擒枭示。朝阳贼首杨悦春父子为聂士成募获，一月之内肃清。惟此次教匪滋事，闻由蒙古欺客民，教堂欺在理而起。今贼已戡定，蒙古仇杀良懦，教堂求保护，势皆益横，而村民则一月间迭罹蒙教兵贼之害，殊可闵也。

十二月初一日（12 月 31 日）　晴。明日合肥有差弁入都，复允言一纸。允釐修喜期定四月十七日。

初二日（1892 年 1 月 1 日）　晴。连日心境不静，读书苦无所得。

初三日（1 月 2 日）　晴。过晦若少坐。

初四日（1 月 3 日）　晴。有以书求售者，纸板甚佳，而价直甚昂，付之一叹而已。

初五日（1 月 4 日）　晴。仲彭之第五子殇，过其斋中慰之。午后，至晦若处久坐。

初六日（1 月 5 日）　晴。得乐山书。合肥召余至斋中久谈，因乐山乞振款及都中电告，赐寿匾联也。近日稍能读书，检阅《管注》，又改正数处。

《石鼓歌》世传韩、苏两作，子由和诗不称，可置之不论。韦苏州亦有此篇，在韩之先。《苕溪渔隐》曰："苏州《歌》云：'周宣大猎兮岐之阳，刻石表功兮炜煌煌。石如鼓形数止十，风雨缺讹【数止十】苔藓涩。今人濡纸脱其文，既击既扫白黑分。忽开满卷不可识，惊潜动蛰走云云。喘逶迤，相纠错，乃是宣王之臣史籀作。'韩诗'从臣才艺咸第一'，初不指言史籀。欧公《集古录》：'至于字画，亦非史籀不能作。'盖原此歌。坡诗：'忆昔周宣歌鸿雁，当时史籀变（科斗）〔蝌蚪〕。'亦原于苏州也。"此歌有关考证，诗亦非韩所能掩耳。

**初七日（1月6日）**　晴。复乐山书。午后，鹤巢以近作《哭弟诗》见示。

**初八日（1月7日）**　晴。复鹤巢书。

**初九日（1月8日）**　晴。卢同年昌诒自山东来，因议处屠仁守案罢官者。字栗甫，湖北人，庚辛两次同谱也。

**初十日（1月9日）**　晴，夜雪。作廉生复书一纸，并寄还《大观帖》。

**十一日（1月10日）**　雪霁。寄家书。夜得乐山书，以教民横恣上疏。

**十二日（1月11日）**　晴。朝阳靖乱，合肥优叙。

**十三日（1月12日）**　晴。卢栗甫来谈。

**十四日（1月13日）**　晴。李赞臣同年来。

**十五日（1月14日）**　晴，大风。栗甫又来。夜复袁爽秋、王廉生各一书。

买《带经堂全集》一部。余不好渔洋诗，故箧中惟《精华录训纂》及《渔洋绵津合刻》，均未毕善也。此本纸板初刻精雅，以十六金留之。《提要》谓渔洋之文，视竹垞则瞠乎后。又云，张云章《文略序》谓以先生诗为今之太白、子美，群知非溢美矣。以先生之文为昌黎、柳州，容有或信或不信者，盖当时公论已尔。先生以诗名一时，古文特天资开悟，自然修洁，实则非所专门。云章必以诗文并称，非笃论矣。佩纶谓，渔洋之文，于论诗则自抒心得，于朝章国故则洞悉源流，如茂先说《史》、《汉》，衮衮可听。窃谓诗为专门，却有习气，文非专门，却无习气。

**十六日（1月15日）**　晴，有风。《提要》论怀麓，云："何、李如齐桓、晋文，功烈震天下，而霸气终存。东阳如衰周弱鲁，力不足御强横，而典章文物尚有先王遗风。"论空同，云："其诗才力富健，实足笼罩一时，而古体必汉魏，近体必盛唐，句拟字摹，食古不化，亦往往有之。"论大复，云："与李梦阳俱倡复古之学。然天分各殊，取径稍异。

故集中与梦阳论诗，两不相下。平心而论，摹拟蹊径，二人之所短略同。至梦阳雄迈之气与景明谐雅之音，亦各有所长。正不妨离之两美，不必更分左右袒也。"论沧溟，云："资地本高，记诵亦博。其才力富健，凌轹一时，实有不可磨灭者。汰其肤廓，撷其英华，固亦豪杰之士。誉者过情，毁者亦太甚矣。"纪文达于诗家持论最为得平。录之，足为学前、后"七子"者先路之导。诗至今日，已全不知有汉魏、六朝，即初、盛亦寥寥绝响。学"七子"者，亦徒就"七子"句摹字拟而已，所以每下愈况也。使就"七子"之说，多取汉魏、初、盛读之，而以己之性情遭际合之，亦必能自出机杼，成一家言。诗中真消息，决非稗贩所能工耳。

**十七日（1月16日）**　晴，甚寒。连日补注《管》书，暇辄以诗陶写性灵。

渔洋有言："刘公𫍯论诗云：'七律较五律多二字耳，其难什倍。譬开硬弩，只到七分，若到十分满，古今罕矣。'予因思唐宋以来，为此体者，何翅千百人，求其十分满者，惟杜甫、李颀、李商隐、陆游，及明之空同、沧溟二李数家耳。"余谓公𫍯此言深知七律甘苦，渔洋求其人以实之，转涉于偏。东川岂足方驾杜陵？剑南亦难接武玉溪，明之二李更不足道矣。七律如子美，可云特开世界，有千门万户之观。惟右丞隐若敌国，玉溪乃其分支。唐贤三分其鼎，馀无人焉。宋如王荆公、苏端明有意求工，王谨严而韵少，苏动荡而响浮。南渡如务观，非不对仗整齐，情味隽雅，而两璧相较，虽色泽相似，而厚薄迥殊。下至明"七子"，则如醇漓之不可并陈，栌梨之不可并语矣。而渔洋合之，岂非见虎贲而误为中郎，爱叔敖而相及优孟乎？余于国初六家，喜朱而不喜王，然王之七律极力讲求而脱七子蹊径。朱于七律一体，少日颇似玉溪，而少一种沈郁顿挫之致，亦画肉不画骨者，盖得义山之馀波绮丽而未知其前辈飞腾也。今学诗者，动以七律为应酬，而不知此体之已成绝响。安得少年英绝，深得唐贤三昧，从三家讨出消息，变化开阖，自成一体以张吾说耶？

十八日(1月17日) 晴,有风。仲彭来谈。得安圃电,寄三百金还载之。夜阅遗山诗。

明益藩有《盛明十二家诗选》。今取其选七律之例阅之,录备考核。

"七言律诗,最忌庸、腐、枯、弱、俗、浊、纤、巧。初唐沈、宋、崔、杜,雄整俊丽,遂为七言之祖。虽大而未化,亦尽美矣。盛唐王维,雄浑俊丽,温厚从容,岑参潇洒绮丽,高适典雅森整,俱到自然,皆入圣域。然犹未若杜甫神机天妙,兼三子之所长,而又能变化纵横以尽七言之妙,抑又大焉。学者先学初、盛七子,而终之以杜,则不作天宝以下诗矣。中唐大历诸子,间有佳篇,但终少一段深厚处。此可与知者道也。今所选十二家,以初、盛为准,但七言律全工者在唐人,即不能多,况后世乎?选中全锦固多,得半者亦间或取之,斯体古今难精,故选宜从宽,庶裨后人。"

案,此言深得七言甘苦,然诗如义山,岂可以晚唐废之,盖因"七子"之派如此耳。

空同《出塞》云:"关塞岂无秦日月,将军独数汉票姚。"大复《元夜仲修宅对月》云:"宫前火树晴相照,花外金珂晚并还。"《得献吉书》云:"天边魑魅窥人过,日暮鼋鼍傍客居。"【昌谷】《答雷长丈》云:"万里江湖双涕泪,百年天地几交游。"昌谷《晚过献吉》云:"开轩历历明星夜,隐几萧萧古木秋。"《华泉病起偶成》云:"镜中白发羞空老,江上青山笑未归。"沧溟《宣武门眺望》云:"五陵佳气蓬莱外,大漠青山睥睨前。"《朝退望西山霁雪》云:"千峰曙色开金掌,并马寒光生锦袍。空翠欲浮仙阙动,晴云犹傍帝城高。"望其词藻,读其音节,居然初盛诗中佳句,无如死于句下,全无灵秀隽妙之趣。此之谓塑罗汉、泥美人。渔洋以神韵救之似已,而所谓神韵者,又非洛神之神光离合,乍阴乍阳,不过翠羽明珰,锦衣绡带而已。其为假诗,则一也。近人自命能诗者,非"七子"即渔洋,真得鲜矣。

十九日(1月18日) 晴。卢栗甫来。兰斋作东坡生日,以东坡笠屐图悬斋中,设祀。适合肥封瑑,后来斋午饭,相与纵谈片刻。闻有差弁入都,复鹤巢一纸。陈绍甫太守赠《洪右臣古文》四册,文笔不健,不如其诗,陈洪之弟子也。

二十日(1月19日)　晴。夜,李子木自山东来。

《御选唐宋诗醇·剑南诗序》引刘克庄之说,曰:"诗学杜甫,南渡而后为一大宗。朱子与《与徐赓载书》:'放翁诗读之爽然,近代惟见此人为有诗人风致。'今诸家诗具在,可与游匹者,谁也?"称许甚至。及《钦定四库提要》则云:"游诗法传自曾几,而所作《吕居仁集序》又称源出居仁。二人皆江西派也。然游诗清新刻露,而出以圆润。实能自辟一宗,不落黄、陈之旧格。《后村诗话》仅摘其对偶之工,已为皮相。后人选其诗者,惟取其流连光景,可以剽袭移掇者,转相贩鬻。放翁诗派遂为论者口实。夫游之触手成吟,利钝互陈,在所不免。朱彝尊跋,摘其自相蹈袭【盾】者至一百四十馀联。是陈因窠臼,游且不能自免,何况后来!然其托兴深微,遣词雅隽者,全集之内,指不胜屈。安可以选者之误,并集矢于作者哉!今录其全集,知剑南一派自有其真,非浅学者所可藉口焉。"《诗醇》选于乾隆十五年,主纂辑者梁文庄诸臣。《提要》成于乾隆四十二年,总纂辑者纪文达诸臣。此可见两家之诗学浅深,又可见圣学之日进无疆,故后论尤形允当也。

二十一日(1月20日)　晴。折弁回,得廉生复书。夜作复九弟信,语多感(概)〔慨〕。

余少学四六,酷耆子山,其诗未及细读。案,信守朱雀桁,望敌先奔,其后历仕诸朝,如更传舍。《提要》谓其立身本不足重,而四六则六朝大成,"四杰"先路。张燕公曰"兰成追宋玉,旧宅偶词人",杜拾遗曰"后来嗤点流传赋",均推挹其文也。然拾遗《赠李太白》则曰"清新庾开府",又自喻曰"庾信平生最萧瑟,暮年诗赋动江关",则于其诗亦推挹弥至。今取其诗校阅一过,亦自流丽清澈,但出处既乖,立言终不得体。如《拟咏怀诗》云:"智士今安用?忠臣且未闻。惜无万金产,东求沧海君。"此以留侯报韩自况也。夫留侯有家财,故散财求客，如无财，则亦有漆身吞炭以报仇者，必待有万金之产而使可报仇，则所谓忠臣智士不如货殖矣。子山所谓仇者何人，以为萧詧则詧，非仅魏师，安能害元帝。欲为元帝报仇，舍魏何属？即不能报，何故靦颜仕之？此殆作于周已受禅之后，然弥形其失据耳。至云"始知千载下，无复有申包"，则正自画供招。尔时因聘留魏，即不效子卿之节，亦应痛哭请其罢兵，计不出此，转委咎于他人之不乞师乎？立言如此，盖无足取。少陵以之自况并况太白，所不解也。

二十二日（1月21日）　晴。寄高阳书，适有差弁，复以食物与诸侄孙。

《明史·文苑传》：李梦阳，与"何景明、徐祯卿、边贡、朱应登、顾璘、陈沂、郑善夫、康海、王九思号十才子，又与景明、祯卿、贡、海、九思、王廷相号七才子"。李攀龙，"与濮州李先芳、临清谢榛、孝丰吴惟岳辈倡诗社。王世贞初释褐，先芳引入[社]。明年先芳出为外吏。又二年，宗臣、梁有誉入，是为五子。未几，徐中行、吴国伦亦至，乃改称七子。名播天下。摈先芳、维岳不与，已而榛亦被摈，攀龙遂为之魁"。益藩所选十二家，前七子则李、何、徐、边，后七子则王、李而别入顾璘、薛蕙、高叔嗣、王廷陈、姚汝循、张文介六家。顾亦十才子之一。璘，字华玉，上元人，官刑部尚书。廷陈，字稚钦，黄冈人，由吏科改裕州知府，以忤巡按削籍。叔嗣，字子善，祥符人，官湖广按察使，少受知空同，复交马理、王道。诗新清婉约，弇州称其诗如高山鼓琴，沈思忽往，木叶尽脱，石气自青，俱列文苑传。汝循，字叙卿，上元人，由刑部郎中出知大名府，谪嘉州，有《锦石斋集》。《提要》讥其貌似陶、韦，《静志居诗话》亦云诗格不高，然五古远仿陶、韦，近体能宗大历，故益藩置之李、何之列。文介，字惟守，龙游人，有《少谷集》。《四库》未收。《明诗综》亦仅录四首。今其集不易得。益藩所选为可贵矣。蕙，字君采，号西原，亳州人，所著有《西原遗书》、《考功集》。西原以议大礼下诏狱，寻复职，未几罢归，屡荐不出。《静志居诗话》称其"古诗自《河梁》以暨六朝，近体自神龙以迄五季，靡不句追字琢，心慕手追，敛北地之菁英，具信阳之雅藻，兼迪功之精诣，卓然名家。其与用修论诗云：'近日作者，有拆洗少陵，生吞子美之(病)[谵]。求近性情，无若古调。'直以沿流讨源自许。晚年究心讲学，于诗不师《击壤》，尤人所难"。《提要》亦称其"清【挹】削婉约。古体上挹晋宋，近体旁涉钱、郎。虽拟议多而变化少，然笔墨之外别有微情，非生吞汉魏，活剥盛唐者比。其《戏成》五绝句，取何景明之俊逸，病李梦阳之粗豪，所尚略可见矣。又云蕙与湛若水俱为严嵩同年。若水垂耄，不免作《钤山堂集序》。蕙初亦爱嵩文采，颇相酬答。迨柄国以后，恶其为人，不相闻问，旧时倡和，悉削其稿。其诗格蔚然孤秀，实有自来。所树立又不在区区文字间也"。

二十三日(1月22日)　晴。钱受之、朱竹垞均不取沧溟，谓其生吞活剥，而以弇州为较胜。竹垞云："名虽七子，实则一雄。"余以为"后七子"之排眇目山人最为凉薄。诗社中作此恶习，实可慨叹。钱受之云："七子结社之始，尚论有唐，茫无适从。茂秦主选十四家诗，熟读之以夺神气，申咏之以求声调，玩味之以哀精华，得此三要，则造乎浑沦，不必塑谪仙而画少陵也。诸人心师其言，厥后虽争摈茂秦，其称诗之指要，实自茂秦发之。"今《明史·谢传》全录其语，茂秦亦可以无憾矣。竹垞则谓弇州污漫，"如曹孟德放荡无威仪，笑时头没杯案，不失为英雄。四溟馨折虽工，特公孙子[阳]之修饰边幅，仅堪作清水令"。余谓孟德、子阳两喻，可移赠"[朱]贪多"、"[王]爱好"两家也。

二十四日(1月23日)　晴，微嗽。《明史·归有光传》："有光为古文，原本经术，好《太史公书》，得其神理。时王世贞主盟文坛，有光力相觝排，目为妄庸巨子。世贞大憾，其后亦心折有光，为之赞曰：'千载有公，继韩、欧阳。余岂异趣，久而自伤。'"此说本之虞山，所谓弇州晚年定论也。然震川觝排弇州亦似太过，开近日古文家一段叫嚣习气。而以震川继韩、欧，究似溢美也。

二十五日(1月24日)　晴。昏卧竟日。

竹垞之诗,《提要》以为少学王、孟。观其《文集》,《与高念祖论诗书》:"唐之世二百年,诗称极盛。然其间作者类多长于赋景,略于言志,其状草木鸟兽甚工,顾于事父事君之际或阙焉不(阙)[讲]。惟杜子美之诗,其出之也有本,无一不关乎纲常伦纪之目,而写时状景之妙,自有不期工而自工者。然则善学诗者,舍子美其谁师也与!明诗之盛,无过正德,而李献吉、郑继之二子,深得杜子美之旨。论者或诋其时非天宝,事异唐代,而强效子美之忧时。嗟乎!武宗之时,何时哉?使二子安于耽乐而不知忧患,则其诗虽不作可也。"此书作于大同,是竹垞少日亦未瓣香王、孟耳。

**二十六日(1月25日)**　晴。得高阳书,并食物四种。

竹垞论诗语,摘录之:

诵诗论世者,宜取《玉台》并观,毋偏信《文选》。《玉台新咏跋》。

迩者诗人多舍唐学宋,予尝嫌务观太熟,鲁直太生,生者流为萧东夫,熟者降为杨廷秀,萧不傅而杨傅,效之者何异海隅逐臭之夫耶?《书剑南集后》。

学诗者以唐人为径,此遵道而得周行者也。唐之有杜甫,其犹九达之逵乎?外是而高、岑、王、孟,若李,若韦,若元、白、刘、柳,则如崇期剧骖,可以交复而岐出。至若孟郊之硬也,李贺之诡也,卢仝、刘叉、马异之怪也,斯绠缲而登险者也。正者极于杜,奇者极于韩,此跻夫三峰者也。宋之作者,不过学唐人而变之尔,非能轶出唐人之上。若杨廷秀、郑德源之流,鄙俚以为文,诙笑嬉亵以为尚,斯为不善变矣。《王学士西征草序》。

正、嘉以后,言诗者本严羽、杨士宏、高棅之说,一主乎唐,而又析唐为四,以初、盛为正始、正音,目中、晚为接武、遗响,斤斤权声调格律之高下,使出于一。吾言其志将以唐人之志为志,吾持其心乃以唐人之心为心,其于吾心性何与焉?至谓唐以后事不必使,唐以后书不必读,则惑人之甚者矣!退之有云:"惟古,于辞必己出,降而不能乃剽贼。"夫辞非己出,未有不流为剽贼者。若王先生言远,庶几辞必己出者欤。《王言选诗序》。

予年二十，始学为诗。起居、饮食、梦寐，惟诗是务；六经、诸史、百氏之说，惟诗材是资；席研之所施、友朋之所讲习，未尝须臾去诗也。《高户部诗序》

竹垞又有《与渔洋论明诗》一篇及作桐乡《冯君诗序》，则不以派为然，作《沈明府不羁集序》，则不以格为然，而此五段尤为精理名言，可为后来学诗之津梁也。

**二十七日(1月26日)**　晴，嗽止。张汦莼来谈。

竹垞论诗之语，余已择要录之矣。其论古文亦具有心得。《与李武曾》曰："既至大同，闭户两月。深原古作者所由得与今之所由失，然后知进学之必有本，而文章不离乎经术也。西京之文，惟董仲舒、刘向经术最纯，故其文最尔雅。彼扬雄之徒，品行自诡于圣人，务掇奇字以自矜，尚安知所谓文哉！魏晋以降，学者不本经术，惟浮夸是务。文运之厄数百年。赖昌黎韩氏始倡圣贤之学，而欧阳氏、王氏、曾氏继之，二刘氏、三苏氏羽翼之，莫不原本经术，故能横绝一世。盖文章之坏，至唐始反其正，至宋而始醇。宋人之文，亦犹唐人之诗，学者舍是不能得师也。北宋之文，惟苏明允杂出乎纵横之说，故其文在诸家中为最下。南宋之文，惟朱元晦以穷理尽性之学出之，故其文在诸家中为最醇。学者于此，可以得其概矣。以武曾之才，正不必博搜元和以前之文。但取有宋诸家，合以元之郝氏经、虞氏集、揭氏傒斯、戴氏表元、陈氏旅、吴氏师道、黄氏溍、吴氏莱、明之方氏孝孺、王氏守仁、王氏慎中、唐氏顺之、归氏有光诸家之文，游泳而绅绎之。而又稽之六经，以正其源；考之史，以正其事。本之性命之理，俾不惑于二氏百家之说，以正其学。如是而文犹不工，有是理哉？"《报李天生书》云："不惟不以唐宋之文强足下，并不以秦汉之文劝足下。所期于足下者，载道之谓也。试取古人而神明之，勿规仿其字句，抗言持论，期大裨于世道人心而不为虚发，将足下所为分者，未始不合也。"此二书为古文之道尽之矣。今之作伪桐城及专摹秦汉、活剥三唐者，安得以此药之。

二十八日（1月27日）　晴。合肥七十生辰，赐寿，新吾赍至。

二十九日（1月28日）　晴。得孝达书。寄王梦楼楹联小五言、洋灰鼠裘一领、川冬菜两篓。午后，又得润师书。肆雅寄到《中州集》一部。

三十日（1月29日）　晴。得乐山书，寄灰鼠羊皮、女皮袄筒各一件，桃红、漉合色江绸女衣料各一端，乃其夫人赠内子者。羊皮马褂两件，乃乐山与儿子者。书来，有引退意。胡云楣送来《管子·地员考证》两部。

余少而癖嗜竹垞，通籍后遍阅乾嘉老辈遗集，则心所依归者惟钱竹汀先生。先生于书无所不窥。其小学不如段之凌躐，其经学亦不如戴、王之破碎，而诗文亦纡馀委备，自入欧、曾之室而无考据家之习气。其序人诗文，不免应酬、假借，然中有精义存焉。如序《春星草堂诗集》云："昔人言史有三长，愚谓诗亦有四长，曰才、曰学、曰识、曰情。放笔千言，挥洒自如，诗之才也；含经咀史，无一字无来历，诗之学也；转益多师，涤淫哇而远鄙俗，诗之识也；境往神留，语近意深，诗之情也。有才而无情，不可谓之真才；有才情而无学识，不可谓之大才。"序《半树斋文稿》云："文之古，不古于袭古人之面目，而古于得古人之性情。性情不古若，微独貌为秦汉者，非古文；即貌为欧、曾，亦非古文也。退之云'唯古于词必己出'，即果由己出矣。而轻佻佻遒，自诡于名教之外。阳五古贤人，今岂有传其片语者乎？"其言足与竹垞相发明。

## 光绪十八年壬辰（1892）

正月元旦（1月30日）　雪。一冬少雪，元旦祥霁，丰年之兆也。香山有《四十五诗》一律，云："行年四十五，两鬓半苍苍。清瘦诗成癖，粗豪酒放狂。老来尤委命，安处即为乡。或拟庐山下，来春结草堂。"读之心地豁然。以香山之才，年四十五方为江州司马，流落天涯，况鄙人乎？"老来尤委命，安处即为乡。"真素位而行，一帖良药也。

《随园诗话》载：王楼村先生学三山，谓香山、义山、遗山也。晦若因之改【遗】香山为虞山，余皆不以为是。余亦有三山，则义山、半山、眉山耳。香山与义山太不类，遗山亦不足学。由半山以溯昌黎，由眉山以规李、杜，此学诗之津梁，通唐、宋之界，而上无晚唐波靡之音，下断西江粗直之派，则亦诗之中流也。

唐人小说载香山爱赏玉溪，欲后世为之子。玉溪生儿，因名白老。然义山诗并无赠白之作，即《长庆集》中亦无赠李一篇。玉溪诗多散佚，《长庆集》似无遗漏矣。此等曲说，特因义山作《香山墓铭》曲为傅会耳。而冯孟亭注《骄儿诗》竟引之，刺刺不休，亦何其所见之乖谬也。

白诗太多，如能择其雅正遒炼者录出一编学之，亦自有味。徐、沈两选均太略，且非真知白者。

**初二日（1月31日）** 雪。余最不喜桐城。盖李临川、钱宫詹之说先入为主也。近日作古文者，于鹿门所选八大家，亦未涉猎。案头置姚姬传《古文辞类纂》一部，便高视阔步，有睥睨一切意，甚无谓也。偶阅"序说"一门，归震川寿序数篇，亦复入选，体固陋劣，文实不佳。如《周弦斋寿序》云，"兄弟中，河南行省参知政事子和[最贵显]"，不知明为何官，此意造《会典》。较之，称知府为太守，知县为大令，太觉草野。①《戴素庵寿序》乃泛泛应酬之作，人为乡愿，文亦乡愿，此何足以为法？妇人寿序更难出色。《顾文康夫人序》，前后追溯文康，无非庸腐。及夫人生平，则曰："公之德厚而顺，其坤之所以承乾乎？夫人之德静而久，其恒之所以继咸乎？"尤觉宽廓可笑。然犹云应酬之作也。其母吴氏《事略》，其父尚在，妇以夫为纲，子以父为纲，乃通篇不及其父一字，直是大谬。王弇州以为韩、欧阳，定是晚年荒乱

---

① 整理者按，此则上有眉批：参政乃布政司参政耳，不宜袭宋相之名也。

之论,而虞山奉为神明,桐城尊为鼻祖,殊不值通儒一哂也。桐城方胜于刘,刘直乱杂无绪耳。然则姚选有删及方、刘者,当是定本,惜康、吴两本均以多为贵,不知抉择也。士大夫欲作古文,当自出手眼,为周秦汉魏,为韩,为欧曾,为三苏,为半山,即不然,亦宜博考三唐两宋间,求其理解,而以本朝诸学人之经说史论参之,无徒博古文之虚名,恃姚选为秘本,稗贩偷窃,以水济水,流于空滑无味之文也。

初三日(2月1日) 雪。袁爽秋代张樵野作《合肥寿序》,用阮文达《圣寿宗经说》之体,全用纬书组织。樵野不敢书,袁甚愤,自以活字板制送合肥。然仪征所用皆《钦定经说》,所以精切。合肥未尝考定。纬书其说近于泛填,且魏晋间劝进之文,颇以谶纬并行,似非臣下所宜用。张不书送,亦未可非也。

伯之为言白也,明白于德也。《春秋·元命包》。《〈王制〉疏》。《说郛》。

召公,贤者也。明不能与圣人分职,常战栗恐惧,故舍于树下而听断焉,劳身苦体,然后乃与圣人齐,是《周南》无美而《召南》有之。《乐动声仪》。《初学记》。《御览》。

紫宫之垣,上将建威武,次将正左右,贵相理文绪。《史记索隐》。立三台,以为三公。《公羊疏》。左角理,物以起;右角将,卒而动。故曰左角理,右角将。

此类似尚可引,其他若燧人四佐、黄帝七辅之属,不免陈因,且凡将相均可用。爽秋此文未免求新转腐矣。

大抵寿序断不可入集。今以寿序托始震川,家家集中均有之。实则此非雅言也,转不如存公牍文字尚足考证时事,应酬信札尚能流露性情。闻曾文正亦不以寿序为然,所作全不存稿。今所存乃黎庶昌辈所录耳。

初四日(2月2日) 晴。曹荩臣来。

《坦斋通编》,宋邢凯撰。其论荆公,曰:"荆公素有德行,刘元城称之平生不屈,故自奇特,程伊川重之。及观陈瓘《尊尧集》则安石自圣,造为神考圣语,鄙薄君上,如曰:朕仰慕卿道德。如曰:以朕比文王,恐为天下后世所笑。既无尊卑之分,他何足尚。吕海弹章云:大奸似忠,大诈似信。老泉作论云:不近人情,鲜不为大奸慝。是时新法未盛行,新学未甚广,而切切言之。又韩魏公见其《答杨忱》一书,知其只为一身优于翰林,非宰相器,可谓有先见之明矣。"余案,邢氏此论亦近于苛。荆公日录,必不敢妄造神宗之语,如所摘两言,正见神宗求贤若渴,圣不自圣,德量亦未至失尊卑之分。吕疏、苏论以为奸邪,正明道所谓吾党激成者。宋之纪纲废弛,政教宽疲,本不足以自强。荆公意在振作,而更张无渐,君子囿于旧习,小人视为捷途,于是欲罢不能,遂成一牢不可破之局。荆公本意已失,特恋恋爵位,不得不执拗到底耳。至《答杨忱》一书,具在集中,止是泛泛之语,何从窥其底蕴?彼所欲交者,乃欲交其学问,非欲考其经济。荆公即天下才,亦不能执一初交之人,而与之谈经天纬地之事业也。此与《注虎图诗》以为介甫刺韩魏公同一不根之谤,不足为据。要之,神宗志在有为,见老成所言大抵持重,仍旧不免近于迂阔,故乐用一素有名望之介甫,意欲藉以富强。其时上实虚怀,荆公所言亦娓娓足以动听。其后在位日久,渐渐骄满,则荆公之术亦遂不能牢笼固结,是以终于去位。由后而论,洛、蜀争而小人进。由前而论,亦正人与一荆公争而小人进。吕、章、二蔡纷纷,初不关荆公事,特借荆公为嚆矢也。

**初五日(2月3日)** 阴。是日合肥七十,赐寿,宾客如云。余以却轨不预戏筵,独坐一卷,静寂之至。复乐山、孝达各一书。

《陈后山谈丛》云:"李公麟云'吴画学于张而过之',盖张守法度而吴有英气也。眉山公谓:'孙知微之画,工匠手尔。'"余谓岂独画然,凡学皆然。徒拘拘法度而无英气以运之,皆工匠手也。然徒恃英气而不以法度为范围,则亦不羁之马终必偾辕矣。以此语悟为文为诗为书之道,并可悟处事之道。法度,经也。英气,权也。法度,公也。英气,独也。法度,迹也。英气,神也。法度,古也。英气,我也。凡事无我则呆矣。

**初六日（2月4日）** 晴。午刻，合肥少子蕡吾以疫疾殇，名经进，年十四。殊堪惋惜。范肯堂来谈，蕡吾乃其弟子，与论中殇丧服。

**初七日（2月5日）** 晴。蕡吾殡于郊。余往视之，甚为惨恻。卢栗甫来。李子木亦至。晚至合肥斋中杂谈良久。

蔡絛作《铁围山丛谈》，尊绍圣而薄元祐。絛为京子，不得不存曲笔。朱服虽依附舒亶、吕惠卿，尚非死党。既坐，与东坡游，贬官。其子著书立说，何妨存两祖之说，甚或归心元祐，未始非涣群之公，韩蛊之智。于舒、吕极力推崇，而于二苏时致不满。于坡、颍何损毫末？徒为其父攘羊之证耳。《萍洲可谈》真不幸而存者矣。坡公以头间生疡，妨巾裹，则谓其不欲青衣以外物介胸中，不知其在讲筵上以道服衬朝衣也。以朝云之死，为食蛇羹，哇之，病数月竟死，此亦何损于坡，亦何损于朝云耶？且云先公在元祐背驰，与苏辙尤不相好，知庐州，以讲"三经义"为辙门人吴俦所论，降知寿州，服之，初降以讲经义，后降以与东坡游，均是文字之累。或必引而入于吕党，诚不解其何心，字曰无惑，实则大惑耳。至云元祐垂帘政由帷薄，则直是丧心病狂矣。又以孟后之孟家，蝉为禅，蝉声同，伏废后之兆。坡公之苏公堤，堤为低，音同，为官职不高之兆。岂非小儿呓语乎？

**初八日（2月6日）** 晴。得高阳师书。

黄朝英《靖康缃素记》："景文公诗云：'镂管喜传吟处笔，白波催卷醉时杯。'读此诗，不晓白波事。及观《资暇集》云：'饮酒之卷白波，盖起于东汉，既禽白波贼，傁之如卷席然，故酒席仿之，以快人情气也。'疑出于此。余恐其不然。盖白者，罚爵之名，饮有不尽者，则以此爵罚之。故班固《叙传》云：'诸侍中皆引满举白。'［左太冲］《吴都赋》云：'飞觞举白。'注云：'大白，杯名。'又魏文侯与大夫饮酒，令曰：'不醨者浮以大白。'于是公乘不仁举白浮君。所谓卷白波者，盖卷酒上之白波耳，言其饮酒之快也。故景文公以白波对镂管者，诚有谓焉。"余按，卷白波，当以《资暇集》为据。

古人作诗，断句辄入他意，最为警策。如老杜，云"鸡虫得失无了时，注目寒江倚山阁"是也。黄鲁直作《水仙花诗》亦用此，云"坐对真成被花恼，出门一笑大江横"。至陈无己，云"李杜齐名吾岂敢，晚风无树不鸣蝉"，则直不类矣。余谓山谷学杜也粗，其病在"大江横"三字，欲以江映带水仙，而"大"字、"横"字则有粗犷气，非水仙，直是水师矣。陈更由黄出，所谓一解不如一解。山谷于书云"看帖胜摹帖"，如此类则直是摹帖耳。前为《步里客谈》。

**初九日(2月7日)** 大雪。复高阳书。连日陪合肥闲谈遣闷。

国朝诸儒研求许书，可云精博。然段氏之擅改武断，究不可训，是以钮树玉、徐承庆纠正随之，姚之声系最为挂漏不可解。余颇思以朱骏声之《说文通训【声】定声》改为声系，而尽汰其支离傅会之说，较姚之声系转详。其说钱氏溉亭尝言之，其《与王无言书》云："仆少好《说文解字》一书，暇辄观之，遂能渐悟其旨。尝以为文字之作，虽别为六书，求其要领，实不越形声而已。建首之文，形之本也，亦声之本也。有形即有声，至于声形相切，文字日繁，而其条理要自杂而不越。许氏分部主形而不主声，一部之中，众声杂奏，形之疑似，分别甚明，而声无统纪，故其书有以声为形，如句协诸部者，则几自乱其例矣。夫文字惟宜以声为主，声同则其性情旨趣殆无不同。若夫形特加于其旁，以识其为某事某物而已，固不当以之为主也。然仆岂好为是异说哉！盖亦尝及诸制文之理矣。文者，所以饰声也。声者，所以达意也。声在文之先，意在声之先。以童子时诵习者证之，如政者正也，仁者人也，谊者宜也，非孔子之言乎？今年春，取许氏之书，离析合并，重立部首，系之以声，而采经传训诂及九流百氏之语以证焉。凡三阅月，草创甫竟，数十年之后庶几其有成矣。"惜其书二十卷未能刊行。朱氏《定声》疑即本之，与钱说略同。特其于六十四卦中，择数卦名以为部，似乎标新立异，实则不知妄作，愈形其陋。且许书以形，钱书以声，两说本相济为用，不可偏废。朱乃创为转注之说，直以许之假借当之，而别以经典承用之字为假借，直于六书之理茫然，可谓治丝而棼者矣。如此类，似皆可汰而去之。与《字汇》、《正字通》之恶劣相去几何哉？许《叙》曰：建类一首，同意相受，考老是也。曹仁虎《转注古义考》曰唐人之误，惟左回右转之说，学者易知其非。今就《说文》老考论之，考字与老同义，则论转注者自不能离乎【声】意，考字从丂得声，则论转注者自不能离乎声。故转注近乎会意，而与其会意不同；转注近乎谐声，而与谐声不同也。噫！后人以转注与会意、谐声混，尚为毫厘之差，谬以千里，而朱乃以许之所为假借定为转注，岂非指鹿为马，以白为黑者乎？王菉友《说文释例》云："转注者，一义而数字。假借者，一字而数义，实转注、假借两门，分风擘流之语也。"然王又引伸其说，谓以缀说叕，犹以糸说厽，段氏之说即以转注而兼明假借。此则不然。如夌或以陵代之，烁或以乐代之，此皆展转传写之误，本非假借，何关转注，且以缀说叕、以糸说厽即是考老之例，亦与假借无涉也。桂氏馥直云："老训考，考训老。《尔雅释诂》有多至四十字共一义者，其转注之法欤？"斯言也，足以正朱之谬矣。

**初十日(2月8日)** 晴。山谷《跋东坡水陆赞》曰："或云东坡作戈多成病笔，又腕著而笔卧，故左秀而右枯。殊不知西施捧心而颦，其病处乃自成妍。"东坡喜诸葛笔，而山谷《书吴无至笔》云："学书人喜用宣城诸葛笔，著臂就案，倚笔成字，故吴君笔亦少喜之者。使学书人试提笔去纸数寸，书当左右如意，所欲肥瘠曲直，皆无憾。然则诸葛笔败矣。"以此两跋互勘，似山谷于东坡书微有不满，故其《跋与张载熙书卷尾》云："凡学书欲先学用笔。用笔之法欲双钩回腕，掌虚指实，以无名指倚笔，则有力。"其言如此，似山谷之书必提笔而非卧笔矣。而陈后山《谈丛》云："苏黄两公皆善书，皆不能悬腕。逸少非好鹅，效其宛颈尔。正谓悬手转腕。而苏公论书，以手抵案使腕不动为法，此其异也。"据此，则山谷用笔亦与坡公同不悬手，何自匿其短耶？余初学山谷用悬腕法，腕甚苦，书终不工，遂以坡法肄之，每以为憾，阅后山语，窃幸暗合涪翁矣。

山谷于书，兼取荆公。《姑溪居士集》有《山谷书摩诘诗跋》，鲁直此字自云比他所作为胜。盖尝自赞以为得王荆公笔法，自是行笔既尔,故自为成特之语,至荆公飘逸纵横,略无凝滞,脱去前人法律而屹能传世。恐鲁直未易到也。端叔似谓黄书逊于荆公,然世知涪翁书,荆公书且罕见传本矣。

十一日(2月9日)　晴。《雪履斋笔记》:张俊有爱姬,乃浙妓张秾,颇涉书史。柘皋之役,俊发书属以家事。秾引霍去病、赵云事以坚其心,俊以其书缴奏。上亲书奖谕。张、韩皆中兴名将,皆有奇学,又皆出微贱,亦奇矣。余谓此等书札定是事后幕客代为之。宋南渡后,君弱将悍,辄以上闻,正其政法不纲之一端,不足奇也。

咸淳石屋题名:"三年九月二十八日,贾似道领客束元嘉、史有之、廖莹中、黄公绍、王庭来游,子德生、诸孙蕃世侍。"按贾之诸孙曰蕃世,而分宜子曰世蕃,奸佞命名,若合符节,亦可怪也。

《向氏图画记》:翰林张择端善画城郭、舟车、人物。其所作《清明上河图》、《西湖争标图》,绍兴中入内府,并选入神品。《上河图》今真赝纷如,而《争标图》世不知之,亦遂无摹本矣。

《三朝北盟会编》:"韩世清败刘忠,于蕲州得一妇人,自称柔福帝姬,小名环环。"案,《四朝闻见录》:"韦太后归,言柔福已死,遂下之狱,诛之,谓此乃伪称帝姬也。"安知非韦忌柔福知其在金之隐,杀之以灭口乎?

十二日(2月10日)　晴。仲璋来夜谈。

十三日(2月11日)　晴。过晦若少坐。

《汉书》极为谨严,独《孝哀纪》叙其外宠董贤,又病瘘,猥亵参差。余既断为谤史矣。因考《南史》,宋后废帝《陈太妃传》称:始有宠,一年衰歇,以赐李道儿。寻又迎还,生废帝。先是人间言明帝不男,故皆呼废帝为李氏子。《顺陈太妃传》:明帝素肥,晚年废疾不能内御,诸弟姬人有怀孕者,辄取其母入宫。及生男,皆杀其母,而与六宫所爱者养之。顺帝,桂阳王休范子也,以陈昭华为母。按,明帝凡十二男,不应皆出诸弟遗种。此盖萧氏篡窃后污蔑之词。如惠帝,诸美人子,绛侯、曲逆[侯]阴谋,皆以为吕氏子。桓温废海西公,则诬以在藩夙有痿疾,嬖人相龙,计好、朱灵宝等参侍内寝,而二美人田氏、孟氏生三男,长欲封树,其后海西。乃终日酣嬉,耽于内宠,生子不育,以保天年。夫有子者,且可诬以痿,何况无子!似此构造谤言,真木沈石浮者矣。桓氏终于夷灭,故史尚明其伪。若孝惠诸子及孝哀之不能为人,宋孝明之不能内御,几于铁案,无复以为曲逆之阴谋,班固之肆谤,萧齐之杜绝群望者矣。然与其子不象贤,亡为俘虏,废受酖屠,转不如无子之为愈择贤缵绪,宋仁宗、高宗可法也。

十四日(2月12日)　晴。仲彭来谈。

《韵府群玉》一书为《佩文韵府》所本,故四库收之,标题曰"晚学阴时夫劲弦辑,新吴阴中天复春注"。《提要》云:"黄虞稷《千顷堂书目》云:阴幼遇一作阴时遇,字时夫,奉新人。数世同居。登宋宝祐九经科,入元不仕。其兄中夫名幼达。据此,则时夫乃幼遇之字,而中夫又时夫之兄,与世所传不同,当必有据。"余案,此黄氏误也。此本前列"大德丁未前进士竹埜倦翁八十四岁书于聚德楼"。一序。次阴复春序,曰:"延祐改元,甲寅秋乡试后五日幼达书。"次阴劲弦序,曰:"敬遵先子凡例,时遇谨白。"明是竹野翁为宋宝祐九经科,入元不仕,而其子相与辑此书,竹埜叙曰见季子蒅几万签,则书为弟辑可知。时夫一名时遇,而字劲弦;中夫一字幼达,一字复春。如谓宝祐登科为时夫,则宋宝祐凡六年,以第六年戊午计之,至大德丁未已五十年,其父八十四岁,在宝祐则三十四岁,时夫即早生,十六七即登科矣。岂其书乃荒陋如此,更至延祐改元为五十七年,时夫兄弟亦六十许矣。身为畸人,乃孜孜为此熏香摘艳之琐事,亦非人情。盖倦翁以三十馀登九经科,入元不仕,而二子复应元科举,故蒅几万签,钩新标异,为此一编,因于乡试之期刊而行之,藉以取名。黄氏误合父子为一,致有此误。《提要》所见乃延祐本,非大德本,亦小误也。

十五日(2月13日)　晴。卢栗甫来辞,回山东。

余评义山诗,增出剌郑颢之说,颇自觉其精当已详考,墨诸书眉矣。更有未尽者,如《又效江南曲》云:"莫以采菱唱,欲羡秦台箫。"意

尤分明显浅。《无题》云："东家老女嫁不售，白日当天三月半。溧阳
公主年十四，清明暖后同墙看。"老女自喻公主，以刺戚畹。《蝶诗》
云："重傅秦台粉，轻涂汉殿金。"《银河吹笙》云："不须浪作缑山意，湘
瑟秦箫自有情。"喻己以宗室流落，令狐、郑以戚党翩翔。《无题二
首》，一七律云："身无彩凤双飞翼，心有灵犀一点通。"一七绝云："岂
知一夜秦楼客，偷看吴王苑内花。"亦言己虽疏远而一心事主，彼虽贵
近而藉势于权，秦楼、双凤互相发明。冯孟亭乃谓次首乃窃窥王茂元
姬人，太伤轻薄，何其目光如豆乎？《韩碑》一首亦是自喻。碑因唐安
公主而仆，亦况令狐与郑颢以公主之势排隐异己，扶植私人而已，在
摈斥之列耳。要之，宣宗一朝专任元和子孙，固有成见。而倚任令
狐，实同与郑氏姻娅之故；宠爱郑颢，实因公主下降之故。《新旧[唐]
书》虽言之不详，其迹自不能掩，而读史者略之，甚至注义山之诗亦复
略之。于是，《无题》各篇，沈郁顿挫之怀，千古莫喻，强作解人，则以
为刺入道公主而作。求之史，既于情事不合，且公主入道即间有放
恣，亦于国事何涉？而烦义山为之扬垢播污，谈及中冓乎？惟其目击
权奸戚党，蔽日滔天，为国为身，情难自已，故不觉反复长言，托于香
草美人之旨，而注家转以盗赃诬及良人，执此吹求，势且以《离骚》为
屈子之有遗行矣，不亦哀哉！

　　十六日(2月14日)　大风扬沙。是日开馆，邀赞臣来陪仲璋。
余嗽疾未愈，闷甚。

　　十七日(2月15日)　风稍止，犹寒栗异常。云楣来，所刊《管
子·地员考证》讹字甚多，为之复校更正，以儿辈不循学，规挞之。

　　十八日(2月16日)　晴。韩芰舟孝廉来话。
桂未谷《晚学集稿》有《书魏志吕布传后》一篇："布请于曹公曰：
'明公将步，令布将骑，则天下不足定也。'太祖有疑色。刘备进曰：
'明公不见布之事于建阳及董太师乎！'于是缢杀布。"后人谓先主恐
曹公得布难制，故杀布以除其患，先主之高智也。馥以为不然："人之
反复有如布者乎？布能甘心为禽虏，伏首以听曹公之驱策乎？不能

则间隙生，间隙生则布以不自安。当此时，使客说布，其言易入，则董卓之事无难再见矣。是先主活布，适所以杀曹，不此之图而畏其得布难制，魏将勇如布者岂能尽杀乎？故吾谓先主计短也。"余按，未谷之言未挽时势。布败于濮阳，东奔先主，结为兄弟。先主之有恩于布大矣。及与袁术相持，布即乘虚袭取下邳，狼子野心，此岂能以恩结情感者？操之权术百倍于卓，使得布而使智能之士驱策用之，足以展布之长，并足以制布之诈。布焉肯反复，转为先主用？是布得生益于曹而害于刘，劝曹杀布乃自除切肤之灾，非为曹计也。先主由许复出，仍据下邳。使魏武既赦吕布，或即留布守徐，或与先主均暂还许，而邀击袁术之役即以布与先主并将，则先主且不能再至下邳。虽其后为曹公挫败，未能以徐为基，而先主初念未尝不望得徐。魏武既杀布，复挟先主同还，而以徐授车。曹其阴谲过人，即非先主言，亦必杀布，明矣。何云先主计短耶？

十九日（2月17日）　晴。得吴兰石书论寿丈事。复高阳一纸。索孝达所作合肥寿序，复之。

灾异之说，推求过密往往舛误，而儒者不废其说，藉以警动人君。盖君之分位至尊，惟敬天足以动之。王荆公创为"天变不足畏，人言不足恤"之说，后世非之，而《史通》乃亦有此论。如《书志篇》曰："吉凶递代，如盈缩循环，此乃关诸天道，不复系诸人事。"何其悍然不顾也。近西法流行，动以天道与人事全不相涉为词。余未敢以为是。使文王、箕子为愚人则可，否则《易范》之理何尝不兼数学，不明此而慢天之，念一生水旱灾祲视为适然之故，未有不危亡者，后之君子幸察余言。

二十日（2月18日）　晴。得都中书。晦若来小坐。
《宣纪》贬李朱崖制，"方处钧衡，曾无嫌避，委国史于爱婿之手，【假宏】宠秘文于弱子之身"。卫公婿不知何人，询之晦若，亦不知。《武纪》："宰相监修国史李绅、兵部郎中史馆修撰判馆事郑亚进重修《宪宗实录》四十卷，颁赐有差。"亚乃李习之之婿，与卫公无涉。顷阅

《唐语林》,云:"路相随幼孤。其母问:'汝识汝父否?'曰:'不识。'曰:'正如汝面。'随号绝久之,终身不照镜。李卫公慕其纯笃,结为亲家,以女适路氏。"则卫公之婿,路相三子也。而《路(隋)[随]传》不载其子,《世系表》亦遗之,知唐事遗略多矣。

　　刘三复,卫公辟为宾佐。时杭州有萧协律者悦,善画竹,家酷贫。白乐天尝叙曰:"悦之竹举世无伦,颇自秘重,有终岁求其一竿一枝不得者。"又遗之歌曰:"馀杭邑客多羁贫,其中甚者萧与殷。天寒身上犹衣葛,日高甑中未扫尘。"悦年老多病,有一女未适。他日,病且亟,谓其女曰:"吾闻长史刘从事,非有通家之旧,复无举荐之力。欻自原阙众为贤侯幕府,必有足观者。今知未昏,吾虽未识,当以书托汝。"三复得其书,数日未决。会夜梦有黄衣使,致藁一束于其门。言于卫公,公曰:"藁,萧也。此固定矣。"三复遂成婚。亦见《语林》。此极佳话。三复子邺遂为相,可云吉耦,诗不云乎"白茅纯束,有女如玉"。萧女必有容色,可知其对择不嫁,故重其选也。

　　**二十一日(2 月 19 日)**　　晴。《困学纪闻》八:"'行一不义,杀一不辜而得天下,皆不为也。'诸葛武侯谓汉贼不两立,其义正矣,刘璋之取,可谓义乎?"按,此迂论也。昭烈不取璋,必为曹氏所取,取璋反经合权,安得谓之非正。吾以为昭烈最失之计,莫甚于不取荆州。刘琮代表遣使降操,先主屯樊,不知曹公卒至,至宛乃闻之,遂时其众去,过襄阳,诸葛公说先主攻琮,荆州可有。先主曰吾不忍也。此所谓小不忍而乱大谋者。夫琮已降操,此取操之荆州,非取表之荆州,何不忍之有?说者谓曹公师已迫境,昭烈之意恐取荆州亦不能有,故阳示不忍,实则力有所不及。审如是,则诸葛为失言乎?观曹公,恐昭烈据江陵,轻军到襄阳,闻先主已过,精骑急追,实有望外之喜。昭烈与其以辎重徐行,日止十馀里,何如急攻襄阳,扼守以拒曹操,然后使关侯之师来会,结吴拒曹,赤壁之功未必不在襄阳。取之于琮,曹不能争,孙亦不敢争,舍此不图,藉吴力以败曹。于是,暂借荆州,遂生吴、蜀争荆之衅。夫先主之舍襄阳而趋江陵,曰以人为本耳。当阳一败，人众全为曹所获，人于何有？即为人众计，亦宜顺人心以据襄阳，明甚。然则何以愎谏若此，曰畏曹也。其时诸葛之谋未著，而阿瞒之用兵如神，乃昭烈夙所震惊者，故不觉其瞀乱至此。及自结孙权，从武侯之策，则舍此计无复亡耳。备岂英雄哉？失之琮，得之璋，何王氏独以不正为疑耶？

二十二日(**2 月 20 日**) 晴。巽之辞，回都。

二十三日(**2 月 21 日**) 晴。武亿《授堂文钞》："《史记·荀卿列传》云：'翟，或曰并孔子时，或曰在其后。'《索隐》：'按《别录》云：墨子书有文子。文子，子夏之弟子，问于墨子。如此，则墨子在七十子之后也。'案，《外传·楚语》：'惠王以梁与鲁阳文子。'《经》：'文子，平王之孙，司马子期子，鲁阳公也。'惠王十年为鲁哀年十六年，孔子方卒。又翟本书《贵义篇》'子墨子南游于楚，见楚献惠王'。《楚世家》无此名，是献惠王误衍一'献'字。案，献亦衍字，史子异文耳。审是。则翟实当惠王时，孔子未卒。故太史公一云并孔子时，说非无据。自班志专谓在孔子后，后人益为推衍。毕氏据本书称中山诸国亡于燕、代、胡、(貉)〔貊〕之国，以中山之灭在赵惠文王四年，当周赧王二十年，则翟实六国时人，至周末犹存。窃以翟既与楚惠王同时，必不能历一百九十馀年尚未即化，此固不然。中山诸国之亡，盖墨子之徒续记而窜入其师之说，以贻此谬，何可依也？"按，毕氏《墨子》最为陋简，得汪容甫两序及此篇足以纠正其钜失。特容甫为人狷执，措词间有过当处，转似崇墨轻儒。闻王树枏有《墨子注》，当求之，如未的，思详考周、秦、诸子以论墨子之学，训诂特其末节耳。

二十四日(**2 月 22 日**) 晴。作伯潜书，未封，又得其十二月十二日书，并复之。晚复乐山书。

竹垞诗近有翻刻本，原刻二十三卷。《青官再建》五律一首，后已刓去，翻本则有之。其诗曰："震惊由地奋，巽命自天申。复睹重光日，毋烦四老人。堂悬银牓旧，笥出纻衣新。愧远青云路，难扬蹈舞尘。"然原本即事之后，青宫再建之前，尚有《某重过草堂话旧》二律，刓本虽去其名,尚存其诗,翻刻本即直删之,似亦未见原刻矣。孙注无此三首,杨注有《再过草堂》二律,而亦阙其名,盖雍正间禁人也。然前一卷《咏白杜鹃花应东官教》未删,必竹垞后人畏祸刓改,去之未尽耳。当日党祸甚炽,亦可略见一斑矣。拟求未剜本考之,原刻已剜本虽存二律,而剜其题,亦不可解。"龙眠山下白鸥沙,谢傅园林迹已赊。兴发诗题千丈壁,人传画杀满川花。白盐赤米前朝寺,僧帽儒衣到处家。才子趋庭齐著作,清门偕隐最堪夸。　　罗雀门间地百弓,抽帆且檥鸭阑东。当涂书重嵇中散,左海经传郑小同。雨过旗枪茶栅外,月明歌板幔亭中。客游到处休都骑,难道新诗不御穷。"

题曰《某泊舟绣鸭滩,重过草堂话旧,以二诗见投赋答》,而初过草堂之时,赠答如何,全集无之。疑竹垞已自删之矣。与晦若同阅,定为戴名世。闻《南山集》近有刊本,当一核之。嗣得一本,有《青宫再建诗》,而无此首,与翻刻本同,然则竹垞此卷竟是一剜再剜耳。

**二十五日(2 月 23 日)** 晴。芰舟又至,递公呈请再同学行,宣付史馆。

兰骓馆易一联,乃吴学士清鹏所书,文曰"白月半窗抄术序,清泉一器授芝图"。合肥询术序所出,余曰:"此皮袭美诗也。"记《纬略》考此三字最详,云:"初不知术序所出,后读《道藏·仙经》有载紫微夫人撰《术》,序其略曰:'吾察草木之胜负,益【及】于己者,不及术之多验乎? 所以长生久视者,远而更灵,非谓诸物减于术也。以术之用,今之所要。末世多疾,宜当服饵。今撰术数方,以传好尚。'此服术之法也。《列仙传》载涓子饵术、陈子皇饵术、南阳文氏食术。梁庾肩吾亦有《谢陶贞白赉术并启》。袭美诗最好用术,如:'多携白术锸,爱买清泉缸。倚杉闲把易,烧术静论元','白石静敲蒸术火,清泉闲洗种花泥','度日竹书千万字,经冬术煎两三缸',皆言术也。"余按,唐人多好用术入诗。王绩云:"龟蛇采二苓,赤白寻双术。"张九龄云:"去去勿重陈,归来茹芝术。"李白云:"庭寒老芝术。"孟郊云:"饭术煮松柏,坐山勇灵霞。"李洞云:"带土移嵩术,和泉(煮)[送]尹鱼。"柳子厚更有《种术》一篇,类书均未采撷也。陆士衡《招隐诗》亦云:"嘉卉献时服,灵术进朝餐。"术之为用,视参蓍为平和,故服食家尚之。近日于潜已乏佳术矣。

二十六日(2月24日)　晴。余自安圃出都,两年不入帝城。高阳、霸州两师累书召之,谊不可却,非所愿也。巳初,携三仆陆行,未正饭杨村,六十里,日暮蔡村宿,廿五里。

《中州集》载玉田诗人二人,王寂《拙轩集》今已由《大典》辑出,而卢待制元诗仅录一首《闲咏》,云:"天近苍龙阙,居连白马堂。松声得邻舍,山色出宫墙。巷陌轮蹄少,庭闲日月长。九衢红雾里,亦有白云乡。"格律颇老。案传,元字子达,父启臣,字云叔,第进士,仕官亦达,自号浭水先生。《和赵元发刘师鲁葛藤韵》云:"乳兔生长角,鏖汤结厚冰。木终成假佛,发不碍真僧。莫认指为月,须明火是灯。拈花微笑处,只记老胡曾。"子达幼而敏惠,年未二十试于长安,为策论魁,擢第后又中策魁。明昌初,章庙设宏词科,命公卿举所知,子达与郭黻、周询、张复亨就试,凡七日,并中选,遂入翰苑,累迁至待制。二兄,长庸,弟曾,名进士,又俱擢高第。时人以燕山窦氏比之。《屏山故人外传》云:"尔子安,字希谢。翔,字仲升。仲升,正大末登科。"卢氏世有诗名,累叶科第,而州志遗之,殊可慨也。

二十七日(2月25日)　晴。蔡村晓发,行三十三里,至安平午饭,黄沙蔽天,勉进十八里,至马头,左耳忽大痛,彻夜不寐,寒热交作,夜半耳中流脓血甚多,然耳轮外并不肿也。

二十八日(2月26日)　晴。由马头折回,宿杨村,耳痛如前,作书半幅,谕允言使告高阳、霸州两师。

廿九日(2月27日)　晴。午刻回署,延洋医诊视,耳尚湿湿也。合肥疑余过肥体虚,而洋人力辨为体实,姑妄听之。

记朱竹垞有《耳疾示王周二上舍诗》,曰:"我齿未七十,恒苦两耳充。患此已三年,入秋辄内讧。始焉轮湿湿,既乃气爞爞。床下鬨斗牛,门前失吠狵。有如两豆塞,难使五药攻。因之日静坐,物理究初终。是非始听闻,褒贬将安穷。属垣第自苦,察察尔何功。逸柄变白黑,治道淆污隆。君子天地贬,小人地天通。世事付一聩,葆我以太冲。免慑丧匕雷,免惊擿鹞风。人劳我则逸,羡疚丁我躬。"云云。颇欲和其韵,而狭字竹坨已牵强,且体疲头眩,且俟之病痊后也。案,耳为心候,或以为肝,或以为肾,欲聋则必先流汁。余病殆以将聋之渐欤。然耳疾究无碍于事,方今时艰世悬,正以塞耳不闻为妙。属国沦亡,倘以褒如充耳为讥,吾知免矣。

　　**二月初一日(2月28日)**　晴。余少日不好渔洋诗,廿馀年来久不挂眼。去年,伯潜以余诗词太直、意太尽见规。适得《带经全集》,因复披阅一过,终觉途泽多而无所为真神韵,七古、五绝太弱太呆,尤所不喜。窃以固哉之见,纠谬一二,以待他日君子论定。【过《观音碥》五古,结句云:"镌我《郿阁铭》,敌彼《小海唱》。"《晋书·隐逸传》:夏统曰:"伍子胥谏吴王,言不纳用,见戮投海。国人痛其忠烈,为作《小海唱》。"观音碥,本名阁王碥,贾汉复改名,有宋荔裳《栈道平歌》题壁,此何能以子胥事相拟,而借之收束通篇乎?直谓之炼句可耳。《河间从山公乞沧酒诗》第二联"朔风初过毛苌里,西日难遮庾亮尘",用毛公切河间,"庾亮尘"句借用尘字,究嫌凑韵。《赣州谒王文成祠》"万古许孙同庙食,一时张桂太倾危",桂尝谓公事不师古,言不称师,张与文成何涉?若以大礼为言,则文成亦以为然者,即出附会,然大礼与文成又何涉乎?此则凑字而已。又有《送袁士旦之玉田》诗云"水出弹筝峡,春(深)[生]种玉田",案,玉田无弹筝峡,遍考《水经注》及历代地志以及《畿辅安澜志》、《方舆纪要》,亦无出弹筝峡之水,不知所本,注家以《昌平山水记》弹琴峡为证,则尤误。要之,以弹筝峡对种玉田,终是牵强。

　　**初二日(2月29日)**　晴。起甚晏,耳疾未愈,烦懑之至。

　　**初三日(3月1日)**　晴。得粤督电,马丕瑶内艰,张联桂护抚,安圃兼署藩司。

　　高阳师专足送书问疾,命抄胥作一纸复之,闺人喉痛,扰扰竟日。

左耳似有聋意。

　　**初四日（3月2日）**　阴，晨小雨，旋雾。得允言书，言杜夫人病，又亟作数行复之，甚累也。

　　**初五日（3月3日）**　阴。载之月朔到沪，作书复之。

　　**初六日（3月4日）**　晴。检点积卷，欲有所作，终日心绪梦如，不能数纸，辄掩卷欲起。洋医云当理胃，中医云有脾湿，竟不知病在何经也。

　　晚得都电，边外姑杜夫人已于今日寅刻去世，得年六十四，殊堪悲恻，作电复之。

　　**初七日（3月5日）**　晴，夜雪。夜至晦若处闲话。

　　**初八日（3月6日）**　雪霁，有风。云楣辞行，力疾强起见之。

　　**初九日（3月7日）**　晴。寄都中书。是日高阳亦有书至，耳汁渐止，微有聋意。

　　**初十日（3月8日）**　晴。复高阳书，手作两纸，甚累。晦若来，知其弟渊若以家事辞乐山归，谈次颇烦懑也。

　　**十一日（3月9日）**　风，寒甚。

　　**十二日（3月10日）**　雪。

　　**十三日（3月11日）**　阴。

　　**十四日（3月12日）**　又雪，风大，甚寒。

　　**十五日（3月13日）**　大风，甚寒。仲彭入都。晚，过晦若略话。得乐山书。买王氏《书画苑》、《贷园丛书》、徐氏《喻林》。

　　**十六日（3月14日）**　晴。陈仲勉叔毅自闽来。得伯潜书。

　　**十七日（3月15日）**　晴。答二陈，不值。渊若由热河来晤良久。得润师复书。

　　**十八日（3月16日）**　晴。午后，仲勉来话。

　　**十九日（3月17日）**　雪。春寒甚厉，醉睡而已，耳疾若失。得黄秦生书。

　　**二十日（3月18日）**　晴。过晦若、渊若少谈。

二十一日（3月19日） 晴。得高阳书。连日颇阅晋史，间有所得，懒于札记，随即忘之，然亦读书一适也。

二十二日（3月20日） 晴。仲璋赴礼闱，延泾县增生吴修甫元瑞代庖。

《晋书·王导传》："彝初过江，见朝廷微弱，谓周颛曰：'我以中州多故，来此欲求全活，而寡弱如此，将何以济！'忧惧不乐。往见导，极谈世事，还，谓颛曰：'向见管夷吾，无复忧矣。'"《温峤传》："于时江左草创，纲维未举，峤殊以为忧。及见王导共谈，欢然曰：'江左自有管夷吾，吾复何虑！'"两说皆因导为元帝委仗，朝野号为仲父，因而附会名流之说，以为茂弘之重，实则陶士行有言"苏武节当不如是"。导尚不足为子卿作奴仆，况夷吾乎？史不删，并而两载之，尤为复沓。

二十三日（3月21日） 晴。督儿辈课文。沈丹曾自闽来，宗子戴自浙来。

二十四日（3月22日） 晴。得八弟书。

二十五日（3月23日） 晴。闻河冰已解，此心翩然，遂定入都之计。鞠耦亦知余怀郁勃，所见相同，因令借舟束装。

二十六日（3月24日） 晴。得安侄书，并寄安边桂两块、檬罗桂两小块、乳汁桂一块，专治利疾，皆上中品也。申初登舟，永诗来谈，夜泊北仓，行三十里。

夜不成寐。闻归雁，偶成一律："尝尽江湖险，翻忘塞外寒。稻（粱）[粱]诚足恋，菹醢恐无端。我亦倦游者，悲歌行路难。长风思借翮，何处水云宽。"展转反侧，至四鼓始得睡。津航中夜来。

二十七日（3月25日） 晴。微明用津航乘顺风挖舟早发，辰正已过杨村矣。初始起，傍午风逆，黄沙蔽天，过蔡村后，轮舟因迷不能行，泊两时许，风略定，始解维至傅庄。轮舟阁浅而止，适得一测河，炮艇留之，同泊荒岸，距河西务尚三十里也。傅庄一名王家务，是日行一百二十里。

口占四绝：今年占闰苦春迟，节到司分水不澌。终是楫师能体物,冰消毕竟不多时。　下水轻便上水难,半程篙桨似危滩。世情最是风神惯,偏卷狂沙助逆湍。　数家临水自成村,又得鲜鱼网晒门。问客营营竟何事,茅柴新瓮坐开尊。　夜半荒鸡喔喔啼,闲踪今日宿河西。如何枕上闻严鼓,犹激风云梦瘴溪。

二十八日(3月26日)　晴。旁风行一百里,宿香河,日方落,即停舟。余嫌其惰,遂以夜发,微明已至马头,夜适顺风也。

二十九日(3月27日)　阴。顺风西正抵通州,杨艺舫来夜话。

三月初一日(3月28日)　晴。晨起,由通州车行,午刻到都,寓绿胜盒。诸从孙均来。申刻至南宅,高阳邀晚饭,至二更始返。

初二日(3月29日)　晴。至龙泉寺吊边师母。过润师,留午饭,饭后略话即返。许鹤巢来谈。厂肆书画估沓至矣。

初三日(3月30日)　晴。遣朱存归。午后至南宅,王翼北、张叔宪均来。叔宪病后颇有老态。高阳来答,并约晚饭。夜至绳匠胡同,二更回绿胜盒。捡各家所送书目,可取者寥寥也。

初四日(3月31日)　阴,黄霾蔽日。润师招谈,于次棠在坐,十年不见,彼此均居废籍。次棠忠劲之气未衰,而论人渐入和恕,亦韬光养晦之故也。午后,仲彭来寓小谈。

初五日(4月1日)　阴,有风。晤许香如。光荣,鹤巢之子。晚,高阳来召,余不能饮,枯坐而已。

初六日(4月2日)　晴。过润师,次棠在坐,谈马江事,竟日始返。廉生来,至夜分禁城已开始去,仿佛庚辰、辛巳在广雅夜谈,光景已十年矣。

初七日(4月3日)　晴。至常宅,乐秋娶叶尔根觉罗氏,郎中奎焕之女。已生子矣,名毓焯,小名辛儿。张夫人留饮,王云舫馆中略话即归,途遇廉生,还乡祠买定李怡亭书,遂为回津计。晚,廉生遣杨姓送书来。杨颇长于目录之学。名世桢,字维周。至永宝取瓷器数种。

初八日(4月4日)　晴。约仲彭同返。午前书笥均料理完,因增书四簏，亦足豪也。高阳钱余，自言盛馔敬客，多年师生须脱略形骸，并出大涤不谷各种精品助醉后谈兴。而高阳年迈易倦，余亦病后颇疲，纵话至日暮，长揖遂别。过南宅略话。夜诣润师，二鼓始回。尚有送书人在寓，复得士礼居残刻一二种。德宝始知余入都，买琴一，甚旧。

初九日（4月5日）　晴。辰刻，允襄、允燮、允襃来送。辰正，发都门，未初到潞河舟中，车至通州西门内忽覆，手足微伤，似戒闲人不宜时入都也。酉刻，仲彭亦至，并延一琴师。三舟以仙航拖之。琴师别顾民舟缓行。均明日凌晨言迈。夜与仲彭小饮。

初十日（4月6日）　晴。无风，行甚驶，亭午已过香河。午后，逆风，泊舟两时许。薄暮始至河西务也。夜泊蔡村。

十一日（4月7日）　晴，骤暖，易棉袷。巳刻至署。九弟寄《宋三贤集》。柳河东、穆参军、尹河南。余在都正得穆集抄本，见此可发一笑，物罕见珍，此之谓矣。

十二日（4月8日）　晴，有风。过晦若小谈，仙航入都，以百五十金偿书价。新吾以禊帖数种寄内人，皆明翻伪跋，还之。子久之子，袁启之世承来，赠未断《圣教》一本。

十三日（4月9日）　晴，颇寒。以羊毫十管寄高阳，并复八、九两弟书。载之仆自汳携书画箱来，遣之赴沪。连日料理所购书籍，兴致甚佳。晚，吴挚甫、范肯堂均来。

载之自沪寄严铁桥《全上古及先唐文目》来，阅之，甚惬意也。

王渔洋补谥文简，《灵岩山人稿》作文懿，当有据，此足备考谥法者订正。《名臣传》作文简，此殆弇山误记。

十四日（4月10日）　阴。晦若来话。

宋熊方《后汉书补表》十卷，鲍以文所刊，经钱竹汀、卢召弓校正，足补范书之阙。其九卿外兼表百官，虽非前书之例，余颇以前书不表百官为太简，此实变通尽善，非可以为失体也。性好陈寿书，亦思为之补表，适得万氏《历代史表》，当取之为权舆而稍补缀订定焉。未知能耐烦分擘否？姑识于此。洪龆孙有《三国职官表》。

《辽金正史纲目》，青浦杨陆荣采南著，向无刊本。潘志万笏盦手钞一本，复为校正其误，共六册三十卷，抄以戊寅，距今十五年矣。不知近人已为刊行否，俟访之藏书家。

十五日（4月11日） 晴。过肯堂，答吴挚甫也。肯堂昨以《中复堂全集》见赠，报以《古微堂内外集》及《书古微》。晚，捡择石、道古各集，不觉月午。

十六日（4月12日） 晴。允言自里至大沽顾廷一处留七日，以巳午间至津，饭后来署。荣履吉自山东来。

十七日（4月13日） 晴，夜雨，旋大风。履吉辞，回山东。允言午后亦返都下。复伯潜书。

余评义山诗，既主朱长孺、冯孟亭矣。都下又得程午桥本，拟择其足助予说者录之。如《潭州》一首，谓伤卫公之远贬，以浑河中谓叹大中讨党项之无人；读《任彦升碑》，以为为令狐子直作，皆恰合情事，乃益叹孟亭之穿凿附会，诬蔑文人，为心劳日拙耳。

十八日（4月14日） 风。寄都中书，并还书一箧。《西河集》，不全。

字沧儿曰伯苍，潜儿曰仲黯，沧别字义初，潜别字确初。

俞长城，字（宀）［宁］（庙讳）世，其《可仪堂文稿》，艺海珠尘刊之，有《留侯论》，甚佳。其略曰：高帝欲废太子者，以列国分争，强臣跋扈，惠帝以仁柔处之，惧天下莫肯臣也。于是，废立之议兴，傲然数不臣之士，父不能致而子致之。帝于是爽然自失。留侯之计所以慰帝，而非以劫帝。太子立，赵王必不安，乃求倔强不屈之周昌而传之。若曰太子有四皓，赵王有周昌足以相持，而不知太子不恃四皓，赵王非周昌所能全，帝之似智而实愚也。噫！古今嫡庶宗孽之争，皆其君父自诒之。高帝本无废太子之意，而吕疏戚密，其迹有似于废立。于是吕氏阴结留侯为自固计，即留侯亦疑帝之将废惠帝也，以为此足以乱汉而亟为之谋。盖当日见闻但知吕直戚曲，吕孤戚昵，而不料吕氏之得权,几杀高帝子孙殆尽也。高帝雄猜,外以诈驭群臣,内并以诈驭妻子,徒以正嫡夺宗之迹为戚姬母子召祸,而更使周昌以速之。戚姬、如意之死,非吕后杀之,实高帝自杀之耳。然古今英雄暮年荒乱,往往于嫡庶间颠到错乱,酿成家祸,覆辙相寻,岂独汉高也哉!

十九日(4月15日) 晴。晚饭以青蛤下酒,陶然醉矣。夜阅《厄林》一卷,无所得。

二十日(4月16日) 晴。文美送来《文恭集》四十卷,乃浙江翻聚珍本。案,聚珍初刻止四十卷,其后复收《大典》所未辑者,厘为五十卷,补遗一卷。此本尚是四十卷者,少文一百馀首,以四金留之。又得《池北偶谈》一种。余向不喜渔洋,故此类全未收取也。今乃无意遇之。津门书少,收例稍宽。

《池北偶谈》:"宋柳开仲涂《河东文集》十五卷,附行状一卷。门人张景所编。其文多拗拙。石守道极推尊之。其过魏东郊诗,上拟之皋、夔、伊、吕,下拟之迁、固、王通、韩愈,殊为不伦。《东郊野夫传》,开所自述,与《补亡先生传》,皆载第二卷。又穆修《伯长集》,代州冯秋水方伯如京顺治中刻之金陵,文拗拙亦与开类,诗尤不工。唐末宋初,风气如此,其视欧、苏,真陈涉之启汉高耳。景,字晦之,遁窜,改姓名曰李田。所至题曰:'我非东方儿木子也,不是牛耕土田也。欲识我踪迹,一气万物母。'景作柳集序,破题曰:'一气,万物之母也。'见《湘山野录》。"据此,则穆集已有冯刻,然《四库》所收乃钞本,粤刻《三宋人集》亦据丁雨生所藏抄本,盖冯刻已如星凤矣。

二十一日(4月17日) 晴。蒯理卿自籍来杂谈。得载之书。

阅毕仲游《西台集》三十卷,聚珍板。仲游《上苏学士书》称其"知畏于口,未畏于文",深戒其以文字贾祸。又,《上温公书》称其欲废新法而左右皆安石之徒,惧其祸之,犹在于绍圣事。不啻著蔡先知。《提要》已盛称之。其《青苗议》曰:"《管子》云:'农群萃而州处,少而习焉,其心安焉,不见异物而迁焉。'后世之治民者,虽不能尽如《管子》之说,至于耕田力作而禁追扰,徭役之外,稀使至于城郭,则近日之政尚或有之。自散青苗，农民憧憧来往于州县。"余喜其此言能分别荆公之学术与《管子》之治理迥然不同。《役局议》曰："非无定法，无定心。"《役钱[议]》曰："熙宁以来，大姓兼中民，中民兼下户。"《熙河兰会议》曰："今已取而复弃之，弃之利如彼，其害如此。守之利如此，其害如彼。非遥度之所能尽，必有驰至河陇，图上方略者然后可决。"均极明白简当。此才元祐竟不大用，惜哉！

二十二日（4月18日）　晴。得都中书。李怡亭寄来书两种，《辍耕录》及《频罗庵集》也。

山舟题袁简斋先生《随园雅集图》，其第三首云："小园庾信江陵宅，妙绘王维辋口[川]图。我比陶公归更早，至今松竹尚荒芜。"自注："先生有三十七致仕，章同书归时三十六也。"因忆余早有隐居之意，使秦时道中患腹疾，几于一饭三遗矢。适过介山，翻然萌去志，述之孝达，此为戏语，余正色言之，孝达力以为不可。还朝复命，旋有译署之寄。时越事方棘，不敢辞。时年正三十六也。坐此因循，遂为世网排挤，沦谪薪粲，有愧前贤远矣。盖自恨知几之不早耳。

都中书价如一哄之市，有极可笑者。《旧唐书》列入正史，既有殿本、阁本，复有岑氏惧盈斋本，搜遗网佚，亦已大备。论此书，自当后来居上。闻人本为之嚆矢，厥功自不可没。然非如宋元旧本之经史子集后来翻刻，或有省改，因而贵尚祖本者可比也。近一贵宦忽觅闻人本甚急，因之门下诸公亦均购求此书，厂市甚少，索价遂至百金。余入都，时有以樊姓家藏本来售，每卷均涂抹，如《易知录》上标题价犹八十金，旋为一贵宦门客取去。余辛巳岁以百金得监本《金史》，中附冯刻《三国》及此本。廉生以为此一书足以偿矣。因叹书之高下亦随贵宦为轻重，可叹也。晦若有此书，赠一师去矣。

二十三日（4月19日）　晴。寄复载之、晔民两书。李少轩同年来。肇南，由洗马守凤阳。恭邸寄《革锦吟》九、十两卷。庚寅、辛卯。

袁正献公《絜斋集》，《永乐大典》所辑，聚珍板刊行。《提要》谓厉樊榭《宋诗纪事》遗之，盖未见斯集也。诗一百七十七首，真气流溢，颇近自然。如《营房告成有亭翼然名曰劝功为诗训迪有众》，颇具深意。其《上陈舍人》云："亦有济时策，无因通帝阍。公居清切班，日对龙颜温。嘉会千一遇，论恩毋惮烦。"《送黄畴若尚书》："强敌未殄灭，罢甿正恫瘝。譬如建大厦，运斧无输般。"《送楼叔韶》云："古人重世家，非为世其禄。世禄非不朽，风流要相续。……尉职最亲民，亦足行所学。吾民为安枕，微官有馀乐。"均有蕴蓄，而不流于有韵语录。有《白髭》诗，云："人生恶白髭，镊去恨不速。欲留少年容，藻饰欺盲俗。"一首尤浅近透快，居然乐天矣。絜斋有《管仲论》，可录出。

絜斋有《蜡梅》一首："金相玉质竟同科，暗里清香万斛多。绝俗风流宁不似，调羹功用竟如何。"颇有所讽。其《咏凌霄》云："侵寻纵上云霄去，究竟依凭未足多。"《拒霜》云："霜陨叶枯红粉落，元来枨也（果非）[未为]刚。"非不刻意求新，而失之直腐，无回味矣。

**二十四日(4月20日)** 晴。寄八弟书。鹤巢寄闹艺来。

阅《敬斋古今黈》。李冶，仁卿，真定栾城人，金末登进士第，辟知钧州。金亡后，家于元氏。世祖屡加礼聘，最后以学士召就职，期月以老病辞。其出处不能始终一致，良可惜也。其书《四库》辑存八卷，论经史子集各有心得，然亦无甚深微者。其论诗云："欧阳永叔作诗，少小时颇类李白，中年全学退之，至于暮年则甚似乐天矣。夫李、韩、白之诗，其词句格律各有体，而欧公诗乃具之，但岁时老少差不同，故其文字亦从而化之耳。"以欧公诗为似乐天，此语颇合。欧之性不似韩，故诗文皆学韩而不近也。文不似韩，却自成一家。诗不似韩，却不能自成一家。又并世有王半山、苏眉山两公，亦欧之不幸欤！

敬斋于苏诗用典错误处亦颇有指摘，然亦无伤坡之全体，且可为学苏者作箴砭。其一条云："徐凝为《庐山瀑布诗》，云：'千古长如白练垂，一条界破青山色。'坡笑之，谓之恶诗。及坡自题云：'擘开苍玉峡，飞出两白龙。'予谓东坡之擘开与徐凝之界破，其恶一也。此[宇]文叔通《济阳杂记》云尔。冶近读坡集，其《游潜山诗》：'擘开翠峡出风雷，截破奔崖作潭洞。'①然则坡之诗，峡凡两度擘开矣。殊不知擘开用巨灵事，岂得与徐凝同讥乎？"又云："东坡《雪诗》：'欲浮大白追馀赏，幸有回风惊落屑。'或以为落屑亦体物语。或者之言非也，此盖用陶侃竹头木屑事耳。所见无乃沾滞，信考据家不可与论诗矣。"又云："东坡《书韩幹二马》云：'赤髯碧眼老鲜卑，回策如萦独善骑。'按，《晋书》王湛乘其侄济马，姿容既妙，回策如萦，善骑者无以过之。此善骑之骑，自合作去声读之。书传中言善骑射者多矣。今押作平声，定误。"佩纶案，《说文》：骑，跨马也。从马，奇声，渠羁切。《广韵》收入支韵者，训跨马，安得以押平韵为误乎？东坡每行役必携小学，未可轻议。

**二十五日**（4月21日） 晴。归来倏已半月，案头书籍纵横，今日始稍稍清理，欲定课程未果也。年未五十已有老境，可叹。

阅《济美集》钞本，有何义门、惠红豆、马曰璐、改琦收藏图书。又名《经济文集》，元李士瞻著。《提要》："士瞻字彦闻，先世新野人，徙居荆门。至正初，中大都路进士。拜翰林学士承旨，封楚国公。以至正二十七年卒。《元史》不为立传。惟《顺纪》载：'枢密副使李士瞻上疏极言时政，凡二十事。'大抵当时急务。盖亦谠直之士也。是集为其曾孙伸所编，始于右司掾，而迄于奉使闽中。故《元史》所载《时政疏》不在其中。然所载往来简札至七十馀通，几居全集之半。拳拳忧国之忱，亦不在《时政疏》下。《元史》于顺帝时事最疏略，存此一集，深足为考证之助。正不徒重其文章矣。"此集曰《济美》者，后附其子继本之作。《提要》称继本《一山文集》九卷。此止寥寥八页，亦称孙伸、侃编定，殆全集流传甚少，至四库开时马裕进其足本，故此集不足者不复置论矣。俟求得《一山全集》九卷再考之。

《中州文表·姚牧庵集》非足本。刘昌云：《牧庵集》五十卷，闻松

---

① 整理者按，东坡诗原作："擘开翠峡走云雷，截破奔流作潭洞。"诗题乃《同正辅表兄游白水山》，而非《游潜山》。盖李冶误记。

江士人家有刻本，南北奔走，竟莫能致，其刻仅十之二。黄梨洲序《天一阁书目》亦云：“闻胡震亨有《牧庵集》，后求之不得。”《永乐大典》厘为三十六卷。较《年谱》所载虽少十之二三，较《文类》所选已多十之五六矣。独恨全集松江士人存之而秘不示人，终于散佚。藏书家之悭吝，视啬于财者，尤可恨耳。《牧庵集》亦足补《元史》之阙，俟收元人集较多，当料理之。

二十六日（4月22日） 阴，暖复御袷衣，薄暮雨。阅《简斋集》。《提要》：“与义之生，视元祐诸人稍晚。故吕本中《江西宗派图》中不列其名。然（建炎）[靖康]以后，北宋诗人，凋零殆尽。惟与义为文章宿老，岿然独存。其诗虽源出豫章，而天分绝高，工于变化。风格遒上，思力沈挚，能卓然自辟（町畦）[蹊径]。《瀛奎律髓》以杜甫为一祖，以黄庭坚、陈师道及与义为三宗，（虽）[是固]一家门户之论。然就江西【诗】派中言之，则庭坚之下，师道之（前）[上]，实高置一席无愧也。”《揅经室外集》呈进《增广笺注简斋诗集》三十卷，《无住词》一卷，阮撰《提要》云：“《简斋集》十六卷，《四库全书》已著录此本。胡稚笺作三十卷，末词一卷。盖稚作注时去杂文，每卷复厘为二卷，首有楼钥序并稚自序，及所编《年谱》，及续添《诗笺正误》。钥序称稚约居立学，日进不已，随事标注，遂以成编，贯穿百家，出入释老。云云。今观所注多钩稽事实，能得作者本意，绝无捃拾类书，不究出典之弊。凡集中所与往还诸人，亦一一考其始末，固读《与义集》者所不废也。”案，聚珍本第一卷杂文、第十六卷词，胡笺去杂文，每卷厘为二卷，则诗二十八卷，其二卷乃续笺也。不知诗之首数与此集有增益否？阮《提要》略之，疏矣。《宋诗钞》编年，聚珍则分体，其七古类中《旨字叠韵》二首，《义字叠韵》，《次葛汝州后》，不知所和为何人？阮云集中往还诸人一一考其始末，亦未拈出此节为何人，似于两本初未推勘也。简斋当南渡时，仕至参知政事，不为不达，非下吏沈沦者比。乃阅其传中，赵鼎主用兵，上主议和。与义言，若和议成岂不贤于用兵，万一无成则用兵。必不免于君相之间调停两可，初无剀切深透之论。虽旋即引疾，然其所蕴蓄亦颇可睹矣。文人论事全无实用，而徒于诗中作慷慨激越之音，终为浮声空响耳。徽宗以《墨梅诗》赏之，高宗复以"客子光阴诗卷里，杏花消息雨声中"二语激赏以至执政，又以见其用人之轻，此何时而以诗拔人耶？至二刘因论后村以为简斋以老杜为师，造次不忘忧爱。须溪以为较胜黄、陈，比东坡，云：如论花，高品则色不如香，逼真则香不如色。吴《钞》取之，尤属井灶之见。晦斋《序》述与义论诗之旨，云学苏者指黄为强，附黄者指苏为肆，必识苏、黄之所不为，然后可以涉老杜之涯涘，然简斋亦未能自行其言也。

　　**二十七日（4月23日）**　雨，复著棉衣，亦间有衣裘者。寄吴谊卿书，以百元送陆小湖，助其婚费。月湖师相期甚切，余不能周恤其子，愧悚之至。诚陆氏一荒庄也。作九弟一纸，亦觉百端交集也。阅闱中策题，经庸熟，史问《新旧唐[书]》，乃知厂市《唐书》所以增价，次《荀子》，均谢、郝之说。次东三省水道，《朔方备乘》。次农书，亦皮毛。

　　阅《浮溪集》。《提要》云：藻工于俪语。所作代言之文，如《隆祐太后手书》、《建炎德音》诸篇，皆明白洞达，曲当情事。诏令所被，无不凄愤激发，天下传诵，以比陆贽。虽杨万里《诚斋诗话》纪藻与李纲不叶，其草纲罢相制词，至比之骧兜、少正卯，颇不免为清议所讥。然其文章自能雄视一代，固未可以一眚掩也。佩纶案，藻始为黄潜善所恶，其后复为言者所论，以为蔡京、王黼之客，秦桧死，始复职，不解何故，乃与忠定不咸，致于清议。今全录其词，以为文人轻于下笔之戒。

　　《李纲落职鄂州居住制》：朋奸罔上，有虞必去于骧兜；欺世盗名，孔子首诛于正卯。肆朕纂承之始，昧于考慎之宜，相靡有终，刑兹无赦。具官某空疏而不学，凶愎而寡谋，志轻天下而自谓无人，权震朝廷而不知有上。靡顾国家之大计，但营市井之虚名。专杀尚威，伤列圣好生之德；信狂喜妄，为一时群小之宗。比再被于延登，朕颇怀于虚伫。而果于修怨，奸以事君，庇己姻亲，至擅刊夫诏令；括民财力，曾罔恤于基图。念存体貌之恩，姑解钧衡之任，虽居远外，犹极优崇。谓上印以投闲，能阖门而讼过。乃倾家积，阴与贼通。伊举错之非常,于听闻而实骇。宜镌宠秩,移置偏州。昔汉弃京房,罪本缘于不道;唐诛元载,恶盖在于阘愞。往革乃心,毋忘予戒。

馆臣案,李心传《系年要录》:建炎元年八月,殿中侍御史张浚论纲擅易诏令,窃庇姻亲等十馀事。上召礼部侍郎兼直学士朱胜非草制,罢纲为观文殿大学士、提举杭州洞霄宫。时浚章不下,所坐皆宰相,黄潜善密传。右正言邓肃疏辨纲实无罪,不知遣词者何所据,而言十月以浚论纲罪。未已,落纲职。十一月,浚复论纲素有刚愎无上之心,复怀怏怏不平之气,当置之岭海,乃命鄂州居住。中书舍人汪藻草制,云云。即此篇也。藻盖凭张浚前后论章遣词,视朱胜非之得自密传更复不同。故比之骓兜、少正卯、京房、元载因是为清议所讥。《宋史》列之《文苑》,而曰属时多事,诏令类出其手,虽艳之,实惜之也。佩纶案,浮溪又有《秦桧制》,曰:“定策而安刘氏,素闻周勃之贤;矢谟而翊舜朝,终赖皋陶之智。”以缪丑为皋陶、周勃,则忠定自是骓兜、正卯矣。虽曰官责代言,然亦见其胸无黑白,岂得以箭在弦上自解乎?

**二十八日(4月24日)**　雨止,微阴。忠定入相,肘腋间有黄潜善、汪伯彦两小人,即无张浚一劾,亦不能久于其位。而魏公之劾,则专以杀宋齐愈一事。齐愈论纲,谓:“民财不可尽括,西北之马不可得,东南之马又不可用;至于兵数,郡增二千,岁用千万缗,费将安出!”纲即憾之不应,过于范宗尹、颜岐也。迨齐愈狱起,以一缄囊授浚曰:“齐愈不过远贬,它时幸为我明之。此李(实)[会]劝进张邦昌草稿也。”时御史王宾未得实,闻有文书在浚所,遽发箧取之。宾密谕会,使自辨析而证齐愈。齐愈引伏。法寺当齐愈谋叛斩,该大赦,罚铜十斤。帝曰:“使邦昌之事成,置我何地?”乃命杀之。据《三朝北盟会编》所引《遗史》,则曰:李擢与齐愈在围城中,皆非纯臣。擢先发制人,具齐愈议立邦昌事缴,驳之曰:“新除谏议大夫宋齐愈,昨三月初,同王时雍等在皇城司聚议,乞立张邦昌,拜大金赐诏毕,书立状,时雍等恐惧不敢填写邦昌姓名,而齐愈奋然执笔大书‘张邦昌’三字,仍自持其状以示，四坐无不惊骇。齐愈自言'自从二月在告不出'，诞欺若此！今除谏议大夫，士心以为当是陛下未知其人邪佞，而朝廷未有人论列，更乞圣裁！"遂罢谏议大夫，令御史台王宾根勘具案。宾勘得：众议推举状草，齐愈问王时雍："举谁？"后参验，王时雍语即是要举张邦昌，辄自用笔于纸上书写"张邦昌"姓名，呈时雍，又遍呈在座。李会状亦同，似此罪状明确，即不杀亦宽大特恩，杀之实不为失刑。而魏公以素与齐愈相习，信其饰词，受其来箧，徇朋友之私，忘宰国之急，君父之仇，而以劾忠定自任。夫忠定进退，系南宋兴衰，而罢相迁谪，实浚一力倾之。其罪视富平、符离尤重矣。忠定于伪命一事，持之甚力。浮溪草隆祐制，亦在围城中者，其必有憾于忠定，故于其去也，不禁喜溢胸宇，踊跃行词，致立言全无皂白耳。

因此事复检《建炎以来系年要录》，阅之，据日历六月癸未，齐愈罢官根勘，乃在李相上三议之前。《要录》乃据张栻私记耳。南轩以诬善为干蛊，既诳得徽公，又欲诳天下后世，而不知形迹之不可揜也。吕中《大事记》云，浚，齐愈友，潜善客，然则极论忠定，其为徇私迎合可知。窃谓魏公如晋之刘琨。琨初亦为贾谧客，而晚节以臣复自任，终亦无成。若劾忠定一事，则小人之尤耳。琨所不为矣。

**二十九日（4月25日）** 晴。至吴修甫处少谈。

朱胜非《秀水闲居录》云：李纲拜相再阅月，御史张浚，黄潜善所引，力攻纲，至贬海南。浚出使陕蜀，富平之役，追还薄谴，俾居福州，而纲自南迁回，亦寓是州焉。先是，纲百计求复用，富于财，交结中外，不效。及浚至，纲谓此奇货，可以倾心结纳。浚亦自云深悔前日之言，相与欢甚。绍兴四年冬，金、齐合兵犯淮泗，朝廷震恐。宰相赵鼎者，尝失身于伪楚，初无敢荐者，而浚独荐为言事官，鼎德之。至是乘急变召浚，浚复秉枢机。召命下，纲赆行百余奁，皆珍异之物，又以《论时事疏》托之。浚至行在，即日进纲疏，且降语奖谕。明年敌退，鼎左相，浚右相并兼都督，即起纲帅豫章，许其入觐。又云，李纲靖康初以右丞充御营使，谋劫敌砦，失利罢政，遂兴伏阙之变，京城大乱。

渊圣大惧，除纲知枢密院事。纲坚卧不出，众益乱，渊圣益惧。于是，
赐予无度，昼夜络绎，拥集门巷，行路不通。有人约计物价，不啻百馀
万缗。三月，上皇归自江浙，以纲为迎奉使。上皇畏之，群阉尤畏之，
日加重赐，随行珍奇既尽，至解御服犀带赐之，宸翰褒嘉，具实恳告，
闻者扼腕。至于拜纲宣抚使，往援太原，赐予金二万两，他物称是。
由是纲之私藏过于国帑，乃厚自奉养，侍妾歌童，衣服饮食，凡资身之
具极于美丽。每飨宾客，肴馔必至百品，道路府传常至数十担。张相
自福州被召，赆行一百二十合，合以朱漆缕银装饰，样制如一，皆其宅
库所有也。余按，张、李解隙定交，此自有忠定雅量，魏公富平败后，
盛气渐摧，悔心颇切，故能以国事释憾。朱本张邦昌之戚，似此任意
诬蔑。读之可怒，亦复可笑。然忠定犹蒙此谤，吾辈横遭口语，不足
怒，尤矣。

**三十日（4 月 26 日）** 晴。濮子泉扶柩回杭，泊舟三岔河韩家门
口，往吊之。袁伟亭来。午后，寄孙慕韩一纸。

洛阳耆英会。

富彦国弼，年七十九。文宽夫彦博，年七十七。席君从汝言，年七
十七。王安之尚参，年七十六。赵南正丙，年七十五。刘伯寿凡，年七
十五。冯肃之行已，年七十五。楚正叔建中，年七十三。王不疑慎言，
年七十二。张昌年问，年七十。张景元焘，年七十。

温公未及七十，用狄监卢尹，故亦预会。元丰五年也，时温公年
六十四。

东坡《六一集序》曰："欧阳子论大道似韩愈，论事似陆贽，记事似
司马迁，诗赋似李白。"推崇至矣。实则欧阳之才学识，不逮此四人
远甚。

**四月初一日（4 月 27 日）** 晴。崔琴友同年自皖来，合肥留之署
中。午后，答之。

南宋以淮西之变罢张魏公，此罪之当罚者。秦桧主屈己求和之
义，众论皆以为非，而高宗百折不回者，以还梓宫、太后及河南地耳。

以还河南为桧功,则金人败盟,复失河南,岂得不以为桧罪,而上意决不用魏公,桧亦不待罪求去。大奸劫制,牢笼之术,殊不可测。其后遂罢诸将兵柄,毅然诬僇岳侯,谓非与金通谋,夫谁信之。《北盟会编》载金人李大谅《征蒙记》曰:兀术诸军饥苦耳,不忍闻,独与萧平章计议,大言檄宋,约诣辕门计议,如敢违拒,星雷水陆越江。月馀,忽萧平章跃骑走报,与南使同来,止淮为界,班师回泗,点集军马,辎重、骡马依稀四分,奴婢十中无六七,惜哉。军机至此而不能决,若能决,无一人一骑回也。噫! 宋之君臣方以得和为万幸,而金人议论乃如此,可谓朝无人矣。兀术遗言,如宋败盟,即用智臣为辅,遣天水郡主桓安坐汴京;若守誓言,供须岁币,色色往来,竭其财赋,使重敛扰民,必作叛乱。十五年后,南军衰老,纵用贤智,亦无驱使。噫! 自淮界中分之后,桧一相十八年,果中其南军衰老之计。使非完颜内乱,以亮之枭雄,长驱南牧,岂采石一捷所能久持? 夫战固不易言,主和者尚无以公孙禄殁世之说误乃国是也。

**初二日**(4月28日) 晴。伯平自大名来。夜过晦若一谈。汤伯述由都引见回。得崔惠人同年书。

虞允文杨林之捷诚非赤壁、淝水可比,然尔时海陵果由采石渡江,则李显忠尚未至军,刘锜之疾已笃,金人长驱而下,席卷江东,紫茸不往攻泰州,其下无由弑逆,即大定已立。亮终不能抚有南邦,而宋之为宋已不能国矣。然则虞公之功岂可没哉! 蹇驹《采石毙亮记》、员兴宗《采石大战始末》所记,诚不免铺张失实。王明清《挥麈三录》、赵甡之《遗史》则痛诋允文不遗馀力。熊克《中兴小历》则云,时王权所留水军车船咸在,而诸将未有统属,莫肯用命,尽伏山崦。惟张振、王琪稍任其责。允文自建康来,因使人督之。敌舟渐近,于是振、琪与统制官时俊、盛新等徐出山崦,列于江岸。我军用海鳅船迎击之,皆死斗,人舟沈溺,遂不能济。原云沈溺数万,今不取。其意亦归功诸将,尚得其平。盖诸将非有一二人先作备御,即一书生慷慨激劝,亦无由藉手以却敌也。然能战自是诸将之功,劝其力战自是允文之功。功狗、功人两不相掩。及李显未至军，允文即以京口无备欲往任之，乞其分兵相助，所见殊为忠壮。刘锜大功出一儒者语，自因瓜洲一败引咎自责，其极推允文，正见锜之孤愤。乃全谢山作《刘锜论》，则以世之讥短刘太尉，皆允文之徒所造谤，而以允文杨林之胜张皇已甚。即据赵甡之《遗史》为断，且云：亮于次日弃采石而趋瓜步，亦岂以允文之胜，盖亮素畏太尉，闻其以病退，而瓜步已下，故思合势以进，非因败而走也。假使亮次日不去，金师竟渡，未卜允文何以应之？乃会逢其适，徒而夸大之，且谓太尉愧死，不亦过乎？所论殊未平允。夫杨林之捷，不能走亮，实已败亮。亮至瓜洲，允文亦至镇江，其气固惟敌是求，即亮采石复济，允文亦岂无以应之乎？谢山之意以为临敌之际，宿将必过于书生，不知宿将之善于避事更胜于书生也。

**初三日（4 月 29 日）**　晴，午后阴，夜听内人弹琴。伯平来。饭后，作《刘叔涛诗序》一篇。崔琴友、袁伟亭先后至。

温公进《资治通鉴表》曰："臣之精力尽于此书。"其于《宋次道书》曰："某自到洛以来，专以修《资治通鉴》为事，至七八年，仅了得宋、齐、梁、陈、隋、六代以来奏御。唐文字尤多，托范梦得将诸书依年月编次为草卷，每四十年为一卷。自课三日删一卷，有事故妨废则追补。自前秋始删，到今已二百馀卷，至大历末年耳。向后卷数又须倍此，共计不减六七百卷，须更三年，方可粗成编。又须编删，所存不过数十卷而已。"其费功如此。温公居洛十五年，故能成此书。今学者观《通鉴》，往往以为编年之法，然一事用三四处出处纂成，自其为功大矣。不观正史精熟，未易决《通鉴》之功绩也。《通鉴》采正史之外，其用杂史诸书凡二百二十二家。以上《纬略》。佩纶案，《通鉴》以资治为主，故删之令简。然使当日少弃多取，则累代稗史杂史附之以传，岂非幸事？宋三大书之外，以《资治通鉴》为一大书。惜《元龟》不载所出，《英华》断自《文选》以后，而《通鉴》又裁剪过严耳。

**初四日（4 月 30 日）**　阴，仍衣棉。姚馨圃自都来，持润民师书见之，时赴兖曹济道任。伯平之弟佩珩大令文玮来谈。

《辍耕录》："卢疏斋先生《文章宗旨》云：'古今文章大家数，甚不多见。六经，不可尚矣。战国之文，反复善辨。孟轲之条畅，庄周之奇伟，屈原之清深，为大家。西汉之文，浑厚典雅。贾谊之俊健，司马之雄放，为大家。三国之文，孔明之二表，建安诸子之数书而已。西晋之文，渊明《归去来辞》，李令伯《陈情表》，王逸少《兰亭叙》而已。唐之文，韩之雅健，柳之刻削，为大家。夫孰不知，然古文亦有数。汉文，司马相如、扬雄，名教罪人，其文古。唐文，韩外，元次山近古，樊宗师作为苦涩，非古。宋文章家尤多。老欧之雅粹，老苏之苍劲，长苏之神俊，而古作甚不多见。盖清庙茅屋谓之古。朱门大厦，谓之华屋，可；谓之古，不可。太羹玄酒谓之古。八珍，谓之美味，可；谓之古，不可。知此者，可与言古文之妙矣。夫古文以辨而不华，质而不俚为高。无排句，无陈言，无赘辞。'"云云。案，疏斋此论，鹿门八大家所昉，桐城派无排句之说亦本于此。然所谓无排句，取其不华不俚也，非不准有一排句之谓。试以疏斋所指大家言之，孰是无排句者乎？古不古之说甚细，此即诗家古调、唐调之别。学古文者不可不知。

**初五日（5月1日）**　晴。午后，答陈伯平昆仲。过晦若，商定《诗序》。都中寄时文数种。晚，崔琴友、洪翰香来小坐。复赵菁衫书。

昨见沈文起先生《幼学遗书》有《王荆公文集注》，因思《东坡文集》独无注，颇存掇拾之意。检张金吾《爱日精庐藏书志》有《经进东坡文集事略》残本二十九卷，为宋迪功郎新绍兴府嵊县主簿臣郎庙曰讳晦之所进。张氏曰，晦之即注《陆宣公奏议》者。前有孝宗《御制文集赞》及《赠太师制》。东坡诗文衣被天下，然《文集》未有注者。是书钩稽事实，考核岁月，元元本本，具有条理，可与施元之、王十朋诗注相颉颃。原书卷数无考，今存卷一至卷十一，卷三十至卷四十，又二十一至二十七。每卷二字，俱有补缀之迹。细审板口，似是五字，所改或卷五十一至五十七欤？《季沧苇书目》著录，注：宋板，不全。

此本每卷俱有沧苇记，即季氏旧藏也。余案，月霄藏书及身斥卖，不知此本兵燹以后尚存否？若据以为底本，岂非快事，又不知世尚有全书否？

初六日(5月2日)　晴。毛太淑人忌日，祀毕，枯坐怆然。

初七日(5月3日)　晴。黄秦生自徽州来。国瑄。袁伟亭辞行。午后伯平过谈，晚崔琴友来小坐。仲璋由都回，在班卿处候榜。

《史通·品藻篇》："班书《古今人表》，仰包亿载，旁贯百家，分之以三科，定之以九等。其言甚高，其义甚惬。及至篇中所列，奚不类于其叙哉！若孔门达者，颜称殆庶，至于他子，难为等衰。今乃先伯牛而后曾参，进仲弓而退冉有，求诸折中，厥理无闻。又楚王过邓，三甥请杀之，邓侯不许，卒亡邓国。今定邓侯入下愚之上，夫宁人负我，为善获戾，持此致尤，将何劝善？如谓小不忍乱大谋，失于用权，故加其罪。是则三甥见几而作，决在未萌，自当高立标格，置诸云汉，何得止与邓侯邻伍，列在其中庸下流而已哉？又其叙晋文之臣佐也，舟之侨为上，阳处父次之，士会为下。其述燕丹之宾客也，高渐离居首，荆轲亚之，秦舞阳居末。斯并是非瞀乱，善恶折拿，或珍瓴甋而贱璠玙，或策驽骀而舍骐骥。以兹为监，欲谁欺乎？"宋王观国《学林》亦云："《古今人表》第九等谓之愚人。班固以不道之君、逆恶之臣皆置之九等。桀、纣、妲己、管、蔡、幽、厉、州吁、赵高之徒，皆在九等，宜矣。而鲧与周平王亦在九等之列，盖鲧在舜之时，群臣佥举以为可治水，则其才智固已素称于朝，不幸而绩用弗成，则智有所困，而力有所不足故也。殛鲧，所以戒群臣。鲧非愚也，譬犹战而败绩耳。战而败绩，岂遽尔为愚人耶？周平王为西戎所逼，东迁以避之，迫于不得已也。平非不道之君，鲧非逆恶之臣，班氏列在愚人之等，误矣。又如荀卿居第二，而孔子弟子则居第三，老子尝为孔子师，乃居第四。列子者有道之贤，庄周尝师之，乃与师旷、扁鹊同居第五，孔文子为孔子之所称美，而反居第七。如此之类，升降不伦，不可胜计，奚足以尽公议耶？《表》无汉人，有古无今，岂书未成欤？"案，钱竹汀先生作《廿二史考异》，于《班表》颇存回护。次古人不表今人，乃小颜［师古］之说。竹汀则云："今人不可表。表古人以为今人之鉴。孟坚《序》但云究极经传、总备古今之略要，初不云褒贬当代，则知此表首尾完具。"又《原序》："桀、纣，龙逢、比干欲与之为善则诛，于莘、崇侯与之为恶则行。可与为恶，不可与为善，是谓下愚。"钱云："依此文，桀、纣当并列九等。今《表》以纣与妲己、飞廉、恶来列九等，而桀与末喜、于莘乃在八等，又失载崇侯名，皆转写之讹脱也。"今本次第亦展转错误，与张晏、刘知几所见本歧异。如张晏云：老子在第四，今本列第一格，乃唐人刊定本。《旧唐书·礼仪志》天宝元年丙申诏《史记·古今人表》元元皇帝升入上圣，正谓此也。南监本老子在第四格，鄹子之后，此班氏元本。张晏云：田单、鲁连、蔺子在第五，今本鲁、蔺在第二格，田单在第四格。又，张说寺人孟子在第三，今在第四格。嫪毒上烝昏乱，恶不忍闻，乃在第七，今本不列毒名。至知几所指，如晋文臣佐，今本则舟之侨、阳处父均在第三，士会在第四矣。燕丹宾客，则高第四，荆第五，秦第六矣。《史通》原注乃五、六、七三等。邓侯原注第七等，今则在第六。三甥本第六等，今则第五，非转写讹舛，即后人以意升降，均失其旧。《文集》又有《汉书古今人表跋》，云："此《表》为后人诟病久矣。予独爱其表章正学，有功名教，识见复非寻常所能及。观其列孔子于上圣，颜、闵、子思、孟、荀于大贤，孔子弟子列上等者三十馀人，而老、墨、庄、列诸家降居中等，孔氏谱系具列表中，俨然以统绪属之。其叙次九等，祖述仲尼之言，《论语》二十篇中人物，悉著于表，而他书则有去取。后儒尊信《论语》，其端实启于此，而千馀年来鲜有阐其微者，遗文具在，可覆按也。古贤具此特识，故能卓然为史家之宗，徒以文章难跨，百代推之，犹浅之为丈夫矣。"佩纶案，钱氏之说过涉推崇班《序》，以未知焉得仁？定仁为二等，智为三等，令尹子文之忠、陈文子之清，皆孔子论定，所谓未知者而冒居三等。智人三列，固已显背。《论语》臧文仲窃位蔽贤，居蔡，山节藻棁，何如其智也，亦在智人中。逸民七人，伯夷、叔齐、朱张、少连均在二等，可也。虞仲何与周章并居五等？既以朱张为人名，不应独遗夷逸，而柳下惠不见《表》中，尤为疏漏。子禽、陈亢，定是一人，而陈亢、子禽均居五等，陈子亢又居六等。其于《论语》之学疏舛实多，恐不能尽以传写重沓讹误为之曲解。叔梁纥生圣子，逼阳之役勇闻诸侯，何至与弑逆之中行偃、被僇之扬子同侪下上？是亦颠倒任意者耳。要之，此《表》实《汉书》一赘疣，不存可也。

初八日(5月4日)　晴，已刻阴晦。陈儿患水痘。黄秦生来，留之午饭。盛宣怀过谈。得九弟书。

初九日(5月5日)　晨雨雹。秦生来竟日。

初十日(5月6日)　阴。汤伯述来。午后，答秦生。连日枨触旧游，百感横集，读书不能终卷也。袁启之大令过谈。晚与琴友至仲彭处小坐。

晦若最喜鲒埼亭古文。余亦爱其文之隽快，然其中亦有过当者。如《春秋五霸失实论》，以五霸，齐一、晋四。文公垂老得国，急于求霸，既有成矣，而围郑之役见欺于秦，此其所以深恨也。幸襄公真肖子，足以继霸，自灵以后而始衰，成公以邲之败，几失霸，至景公而复振，至厉公而又衰，中兴于悼，其规模赫然有先公风。平公以后，至昭、顷则无讥矣。故文也，襄也，景也，悼也，接齐桓而五。案，晋成公以鲁宣九年卒于扈，十二年始战于邲，则晋景公之三年也。安得以邲之败属成而谓景公复振乎？邲败之后，景虽拓土赤狄，睾战胜齐，而前者宋人告急委之，鞭长莫及。后者阳桥之役，鲁人窃与楚盟，晋亦不能讨也。既而归公子穀臣与连尹襄老之尸，以求知䓨。既而归钟仪以求成，始终畏楚。华元之合晋、楚，遂开向戌之先。是谓华夷狎主，齐盟中国，失伯之渐，岂得侪诸五霸之中？夫霸政以攘楚为功，厉虽不终鄢陵之役，上继城濮，下开三驾，何可没也？若厉以被弑见抑，则齐桓身后，至于诸子争立，虫出于户，岂得复屏小白乎？要之，春秋谨内外之防，严华夷之界。楚庄、吴夫差，决不能推之为伯，即秦穆亦止倔强西戎，安有尊王御侮之绩？五霸之说自当求诸东西二伯中，以五霸桓公为盛语求之，谅非自桓而始。与其为齐一晋四之说，不如以齐僖小霸，开桓之先，而以襄、悼续文之后，较为平允耳。他日更与晦若决之。

十一日(5月7日)　晴。秦生来辞，将入都见高阳，作一书与之。午后，赞臣、楚宝均见过。

余在塞上，以李雁湖《王荆公诗注》甚略，颇取宋人稗说补之，复求沈文起《荆公文注》不得，时以为念。谢山有题《雁湖注荆公诗跋》，云："《荆公诗注》五十卷，见于昭德《读书志》，而不详谁作。今雁湖之卷与之合，然晁侍郎年辈不及见嘉定以后书，则《志》所列别是一本，非雁湖作也。但不知雁湖之前既有注，何以绝不一引及之，不可解矣。雁湖居抚州，筑峨峰草堂以笺公诗，又引曾景建以自助，其功甚勤，其材甚博，然尚不能无失。信乎注书之难。"吴兔床骞《拜经堂诗话》："雁湖《王半山诗注》，海盐张氏所雕者，乃元刘辰翁节本，失雁湖本来面目。曾见知不足斋所藏半部，笺注并全，每卷后又有庚寅补注，不知出自何人。晁氏《读书志》亦未之及，或疑即雁湖所补。考壁以宁宗开禧丁卯出居临川，笺注诗集，当在是时。其卒于嘉定壬午，至理宗绍定庚寅，雁湖殁已八载，安得复出其手？或其门人如魏鹤山序中所谓李四美之流为之，则未可知耳。"观此两则，雁湖以前有注，雁湖以后有补注，而张刻尚非雁湖足本。藏书不多，何能轻言著述哉！

十二日(5月8日)　阴。过晦若，以容民下第甚闷，鹤巢、永诗均报罢，无一相识者。得都中书，九弟寄素心兰八盆来。

琴友淡泊诚确，而性好道书。偶谈老、庄，亦有心得。顾独癖耆神仙之说，以为长生可致，未免其蔽也。愚尝告合肥，以亲见纯阳，得其秘授，欲传之。合肥师大笑而止。琴友畏余口，亦不告我也。案，世所传纯阳诗大都呓语。《直斋书录解题》有《肘后三成篇》一卷，"称纯阳子，其言小成七，中成六，大成五，皆导引吐纳修炼之事"。又有《纯阳真人金丹诀》一卷，与《三成篇》微不同，大要皆依托也。明段元一，自号涵虚子，又号永明道人，崇祯间摭拾《道藏》之言，以端的上天梯五字为号，著《化机汇参》五卷六十四篇。序称亲请正于吕洞宾。《提要》称其为乩仙幻术所惑，可云透顶之识。余每笑秦皇、汉武皆聪明英异之才，乃惑于神仙，为方士所弄，又何怪宋真宗之愚骏、徽宗之佻达者？名臣大儒如李邺侯之说直，乃自称尝与赤松、王乔、羡门、安期游处，终属诡诞不经。朱子少耽禅学，已为识者所訾，乃为《参同契》考定同异，实则所校勘不过六七处，馀皆随父诠释，有类笺注。虽云贬谪之后藉此排遣，殊属学力不纯，较昌黎之邀大颠同游，亦复何别？东坡《靖长官诗》，虽文人游戏，有托而逃，然亦习闻东封西禅之说，见理不真，究属诗中一病耳。夫求仙与养生，截然不同，静与躁，啬与贪，极相反也。以躁与贪求长生，可乎？

　　**十三日(5 月 9 日)**　晴，午后阴。润师寄雁湖《荆公诗注》来。余昨方考证此本，亦巧合矣。又赐年刻《陆宣公奏议》一部，皆精本也。昨得子涵一纸，索北食，寄之。午后，仲璋来谈，商定回馆日期。陈儿病嗽将半月，令林联辉视之，据云所患颇重，以屋小霉气所蒸也。

　　《鹤林雨露》："叶石林云：'杜工部诗对偶至严，而《送杨六判官》云"子云清自守，今日起为官"，独不相对，切意"今日"当是"令尹"传写之讹耳。'余谓不然，此联之工，正为假'云'对'日'。两句一意，乃诗家活法，若作'令尹'字，则索然无神。且送杨姓人，故用子云为切题，岂应又泛然用一令尹耶？如'次第寻书札，呼儿检赠篇'之句，亦是假以'第'对'儿'，诗家此类甚多。"又云："杜诗'桑麻深雨露，燕雀半生成'，后山诗'辍耕扶日月，起废极吹嘘'。或谓虚实不类。殊不知生为造，成为化，吹为阴，嘘为阳，气势力[量]与雨露日月正相配也。"案，罗氏如此论诗，殊涉纤琐。

　　**十四日(5 月 10 日)**　晴。得八弟书。李筱荃丈寄《广雅局丛书》来。晚，邀仲璋、修甫便酌，令陈儿来斋中静养。

　　**十五日(5 月 11 日)**　晴。以儿辈书室须小改窗户，暂移儿案于晦若之西斋，琴友下榻处也。屋尚洁净，然院亦逼侧。署中甚隘，少隙地也。仲璋回馆，修甫辞归赞臣处。

伯述极称孙可之古文，此欲求异于桐城，而失之奇僻者。《读书志》引东坡之言，称"学韩愈而不至者为皇甫湜，学湜而不至者为樵"。毛晋以坡为非，《提要》则深韪之。此实可之定评也。汪韩门有《孙文志疑》一篇，谓三十五中惟《文粹》所传十篇为真，馀者皆伪托，此亦极力回护可之之说，故纪文达不以为确。《可之集自序》云："检所著文及碑碣书檄、传记铭志得二百馀篇，丛其可观者三十五篇，编成十卷。"窃谓十卷本乃其二百馀篇足本。今存三卷，乃其三十五篇选本也。三十五中十篇独佳，则姚氏选择之精耳。即以十篇论之，《武侯碑阴》云："武侯之治，比于燕奭，彼屠【秦】齐城、合诸侯，在下矣。"《陈志》固云："梁益之民，咨述亮者，言犹在耳。虽甘棠之咏召公，郑人之歌子产，无以远譬也。"则亦仍本之承祚，未为创见。《西斋录》简古自喜，然以"天后擅政之年，下系中宗"，此说《通鉴》取之，何义门、全谢山均不以为然。惟后世牵以称临也，句亦未妥帖，前云"丛冗秃屑"，后云"丛阁饱帙"，与其自序"丛其可观者"参看，有意造奇，实则捉襟肘见矣。《复佛寺奏》与《谏佛骨疏》，无论文字高下，一则自奏，一则拟之，令李行方代奏，李亦卒未奏也。一虚一实，分量遂相去远矣。学韩不成，其敝犹可为湜，学孙不成，则涩而怪，奚可择术不精，走入僻径乎？

十六日(5 月 12 日)　晴，天气渐暖，御裌衣。吕庭芷前辈来。洪翰香过谈，云胡墨庄先生之族从孙会试过此，有家藏《墨庄遗书》可以寄赠，询墨庄先生家事，则惟一霜居孙妇，不知有遗息否？午后，过晦若，久坐，论古文甚畅。晚，朱存言黄定侯超群已于去年下世。马江同事，零落已尽矣。胡名青云，己卯举人。

合肥处送闱墨来，阅之。寄宗湘文、龙松琴两书，皆久忘作答者。

十七日(5 月 13 日)　晴。午后，翰香偕刘仲仪文凤来。刘生，桐城人，集贤都讲也。

十八日(5 月 14 日)　晴，有风。廉生寄书数种来，作书复之。

午刻，载之寄赠《圣教》一册，乃程易畴藏本，有拙老人宏远堂藏记，易畴及何蝯叟两跋，未断本也。沈石田一小幅，亦精绝。安圃书来，云粤西有乱，首逆已擒。至仲彭处少谈。为黄秦生寄朱亮生书。

《直斋书录解题》："《唐百家诗选》二十卷，王安石以宋次道家所有唐人诗[集]选为此编。世言李、杜、韩诗不与，为有深意，其实不然。按此集非特不及此三家，如王右丞、韦苏州、元、白、刘、柳、孟东野、张文昌之伦，皆不在选。意荆公所选，特世所罕见，其显然在人者，固不待选耶？抑宋次道家独有此一百五集，据而择之，他不复及耶？未可以臆断也。"馆臣案："晁公武《读书志》云：宋敏求为三司判官，尝取其家所藏唐人一百八家诗，选其佳者凡一千二百四十六首，为一编。王介甫观之，因再有所去取，且题曰：欲观唐诗者，观此足矣。世遂以为介甫所纂也。"《提要》云："《读书志》作于南宋之初，去安石未远。晁氏自元祐以来，旧家文献，绪论相承，其言当必有自。邵博《闻见后录》引晁说之之言，谓荆公签帖其上，令吏抄之，吏厌书字多，辄移所取长诗签，置所不取小诗上。荆公性忽略，不复更视。今世所谓：《唐百家诗选》曰'荆公定'，乃群牧司吏人定也，其说与公武又异。然说之果有是说，不应公武反不知。考周煇《清波杂志》，与博所记相合。煇之曾祖与安石为中表，故煇持论多左袒安石，当由安石之党以此书不惬于公论，造为是说以解之，托其言于说之耳。"今本为宋牧仲所刊，余购得之。较《读书志》所云多十六首，《提要》以为《读书志》写者之误，此书或以为伪。阎百诗先生历引《唐诗品汇》及《书录解题》以证其真，然以《读书志》考之，诗已溢于次道原选之数，不见荆公去取之迹，然则此本乃次道所选，非吏人易之，亦非荆公定本也。否则昭武《读书志》误耳。高达夫、皇甫茂政、岑嘉州、韩致尧四家最多。

**十九日（5 月 15 日）**　晴。医云陈儿已痊，而余咳矣。仲璋来谈，问四六源流。得八弟书，寄琴弦四分，作一纸复之。谊卿书来，云清卿五月可入都。

二十日(**5 月 16 日**)　晴,甚暖。复谢载之。两至晦若处久谈遣闷。咳甚,不能阅书。晚,李子木自都来。

二十一日(**5 月 17 日**)　晴。得鹤巢书,卷为戴兆春所摈,久困场屋,为之慨叹。

二十二日(**5 月 18 日**)　晴,甚暖。复谊卿书。午后,翰香来。重校《临川集》。塞上校李注,此以李注过《临川集》。

二十三日(**5 月 19 日**)　晴。得高阳书。

二十四日(**5 月 20 日**)　晴。以时鱼两尾寄高阳。晚,秦生来。陈儿已愈,令回书室。

二十五日(**5 月 21 日**)　晴。秦生来,夜咳甚,不能成寐。

二十六日(**5 月 22 日**)　晴。昏卧竟日,夜作一笺,谢润师赐书。

二十七日(**5 月 23 日**)　晴。

二十八日(**5 月 24 日**)　晴。沈丹曾来。寄伯潜书。吴兰石及秦生均来谈。连日扰扰,不能读书。为秦生作香涛一纸。

二十九日(**5 月 25 日**)　阴,晚大雨。午后,送秦生归。移尊至晦若处小酌,共尝时鱼,雨中凉爽,酒亦微醺。复劳玉初一纸。

梁诗五孝廉来,商子峨《管》注,意欲写定刊行,请余一阅,允之。子峨考证稍疏,议论颇有阐发处,似宋明人说经,为《管子》开一生面,似亦可存耳。

**五月初一日(5 月 26 日)**　晴。夜,秦生来,得廉生书也。载之寄羊毫及新翻《圣教》。

**初二日(5 月 27 日)**　晴。容民下第,归咯血,偕晦若连骑候之。汤伯述来。晚过晦若久坐。

三馀堂送书来,得《宋诗纪事》一百卷,《才调集》二冯评本,乃阙一卷矣,还之。韦縠编,十卷,千首。

《提要》云:"縠生于五代之际,所选取法晚唐,以秾丽宏敞为宗,救粗疏浅弱之习,未为无见。至冯舒、冯班意欲排斥宋诗,遂引其书于昆体,推为正宗。不知李商隐等,《唐书》但有'三十六体'之目,所谓西昆体者,实始于宋之杨亿等,唐人无此名也。"

冯武序:"先世父默庵、钝吟两先生,承先大父嗣宗公博物洽闻之绪,学无不该,尤深于诗赋。默庵先生名舒,字己苍,以杜樊川为宗,而广其道于香山、微之。钝吟先生名班,字定远,以温、李为宗,而溯其源于《骚》《选》、汉魏六朝,虽径路不同,其必谨饬雅驯则一也。"两先生皆右西昆而辟江西,诚恐后来易入魔道。

又云:"韦君以白傅冠通部,取其昌明博大,有关风教诸篇,而不取其闲适小篇也;以温助教领第二卷,取其比兴邃密,新丽可歌也;以韦端己领第三卷,取其气宇高旷,辞调整赡也;以杜樊川领第四卷,取其才情横放,有符风雅也;以元相领第五卷,取其语发乎情,风人之义也;以太白领第六、第七卷,而以玉溪生次之,所以重太白而尊商隐也;以罗江东领第八、第九卷,取其才调兼擅也。其他如司空表圣非不超逸,而不取,以其取材不文也;李长吉歌行,非不峭媚,而不取,以其著意险怪,性情少也;韩退之非不协《雅》《颂》,而不取,以其调不稳也;柳柳州非不细丽,而不取,以其气不扬而声不畅也;高达夫、孟浩然非不高古,而所取仅一二篇,以其坚意不同也;韩致光香奁非不艳冶,而不取,以其发乎情而不能止乎礼义也;襄阳、东野非不奇,而所取亦仅一二,以其艰涩也。要之,韦君此书,非谓可尽一代之人,亦非谓所选可尽一人之能事,合者取之,不合者弃之,亦自成韦氏之书云尔。"

余按,简缘之说亦类于固哉高叟,实则韦氏不过宗法中晚。二冯一喜元、白,一喜温、李,因之立说,要自成为冯氏之学,非韦氏之书必如此也。赵饴山执此以与渔洋抗衡,楚固失矣,齐亦未得。

**初三日(5月28日)**　晴。午后,敔卿来。阅散馆单,伯潜之弟叔毅改部属。阅《归太仆集》竟日。同年王玉森梅舫以疾久不散馆,此次入都散知县。

**初四日(5月29日)**　晴。过晦若谈。赞臣来。朱存辞去。塞上三年,旧仆均无一去志。余以为人情不薄,及来津,又闲居四年,则瓦解矣。世岂有颍士奴哉？

载之寄翻刻宋拓《圣教》一本。"佛道崇虚"之"道"字，两点有黑子间之，此已摹失。"波"、"飞"二字亦无黑子。

初五日（**5月30日**）　阴雨。寄黄铁生书，交联仙蘅转致，并复廉生数行。夜作九弟书，论乡事。乐山有书，复之。

初六日（**5月31日**）　阴。枫臣来辞。午后，刘儒章教授世珍来，以己丑进士归班选奉天昌图府教授，乃乙亥伯潜所得士，同邑县西北人。

初七日（**6月1日**）　晴。得载之书，复高阳一笺，交姚斛泉。李观察兴锐来，以薛叔耘电见示，不预世事，一笑置之。

《大云山房杂记》引《默记》言，欧阳文忠省试请题，乃目眊瘦弱少年。各书皆言公貌丰，岂弱于前而丰于后耶？此《记》可笑。人少年瘦，晚年或肥，此何足怪？

《记》又云："昭烈伐吴，乃欲伐吴之后灭魏耳。盖以荆州前事为戒，恐出师中原，吴（蹑）[摄]其后也。又其时吴弱小于魏，先攻弱小，举弱小则足以持强大矣。况魏为国之贼，吴为贼之党。春秋之义，宜先剪者哉。后世以猇亭不幸，遂斥为愤兵。不知昭烈生平，未尝以一事悻悻，不过以吴杀前将军为出师之名，其谋则未尝不深远也。"余案，此说甚是，然尚有未尽。武侯隆中之对本云："天下有变，则命一上将将荆州之军以向宛、洛，将军身率益州之众以出秦川，百姓孰敢不箪食壶浆以迎将军者乎？"荆州未失，隐然以上将属前将军矣。即失荆州，亦止能自出秦川，而命赵顺平辈攻吴，故武侯谓"法孝直若在，则能制主上，令不东行；就复东行，必不倾危"。其意盖欲昭烈征魏，别将东行，若东行不致倾危，亦是一策，但终失讨贼之义。日久，则魏已定矣。

初八日（**6月2日**）　晴。得九弟书。花农来。过晦若略话。

初九日（**6月3日**）　晴。以衣料针黹复都寓，答允燮之贽也。答庚乐秋一纸。连日整理书帙，眉目稍清。夜得陈伯平太守书。

初十日(6月4日)　晴。得子涵书。复谊卿一纸。

十一日(6月5日)　晴。赵燧冬明经曾槐、罗与三孝廉崇龄、陈佩珩司马文玮均来。复子涵书。

余十八游海陵，从载之得《两当轩诗》，爱不忍释手，抄全集，半月而成。诗笔顿进，其后抄本为八弟取去，案头亦未购《两当轩》也。今日书贾偶持书数种来，中有此集，遂买之。披阅一过，如遇故人。按，子木论诗云"中有黄滔今太白"，翁覃溪亦云"诗非双井乃太白"，其序中并云稚存评其诗出于太白，然稚存《然犀集》中则谓仲则诗宗少陵、昌黎，亦时时染指昌谷也。今观仲则有《诗评》七则，云："杜固诗之祖，而李东川实可谓祖所自出。后人法门亦遂无所不备。篇幅虽少，而浑然元气，已成大观矣。　愚见欲以岑嘉州与李昌谷、温飞卿三家汇刻，似近无理；然能读之烂熟，试令出笔，定有绝妙过人处，亦惟解人能知之也。　阮亭云：欧阳文忠七言长句，高处直追昌黎，自王介甫辈皆不及也。愚谓欧、王异派，各有佳处，不能较优劣也。　王诗得辛味居多，其沈雄处，要不减前人。　二晁宗苏参黄，其沈峻刻炼处，又公然有离立之势。补之篇幅尤大，按其胜处，竟直入昌黎之室矣。人多谓附苏而传，讵知有非苏亦传者耶？　遗山诗学杜兼李，天资才力，为后起之劲。微嫌其成句太多，然不害为盘盘大手笔也。伯生沈郁顿挫，不肯为一直笔，固是后来之雄。但有过为团刻处，一失之运掉不灵耳。"此可得其宗旨所在。稚存与之深交，为得其实。袁翁以为似太白，就其资近耳。潘瑛《诗萃》云："七古神奇变化，独近青莲。观其《太白墓诗》有云'我所师者非公谁'，可以知所本矣。"不知学韩即上兼李、杜，下启欧、王也。

十二日(6月6日)　阴，小雨时作时止。为两儿改文字数篇。答永诗。陆蔚廷同年乞假南旋。

十三日(6月7日)　晴。安圃有书，以二百金还载之。

十四日(6月8日)　晴。复安圃书，寄家塾束脩廿两。

十五日(6月9日)　晴，蒸暖。寄都中书，并附润师启，明日均交摺便。

十六日(6月10日)　晴。过晦若谈。得云舫书。闻梅舫同年欲改教,书生末路,闻之慨叹。直隶同年入词馆六人,晓帆乃戊辰补殿试者,子铮散馆知县,心斋以杭嘉湖道摄臬事,云舫以祭酒直上斋,皆须髯苍然矣。梅舫久病,无子女,今年已六十,最为潦倒也。赵燧冬辞行。

《韩诗外传》:"学以为人,教以为己。"此两语道尽世儒伎俩。

十七日(6月11日)　晨雨,凉爽。午后,答陈佩珩。为两儿改赋两篇、诗四首,甚觉疲乏。

乐府中有阅世语。《饮马长城窟行》:"枯桑知天风,海水知天寒。入门各自媚,谁肯相为言。"读之,煞有馀味,少时亦自忽略读过。

《尚书孔疏》引《晋书·皇甫谧传》云:"'姑子外弟梁柳边得《古文尚书》,故作《帝王世纪》,往往载《孔传》五十八篇之书。'又云:'晋太保公郑冲以古文授扶风苏愉,字休预;愉授天水梁柳字洪季,即谧之外弟也;季授城阳臧曹字彦始;始授汝南梅赜字仲真,为豫章内史。遂于前晋奏上其书而施行焉。"此两事今《晋书》皆不载《尚书》后。案,以王肃注与孔传多合,遂谓伪古文非谧所造,即肃所造。余谓谧、肃自造而自引之,未免心劳日拙。焉知非伪书窃承《世纪》及肃注乎?是亦未可以窃铁之疑断邻人也。古文真伪聚讼纷如,末学不复置论矣。阎百诗谓《论语》前经无论字,论道经邦出于《考工记》,坐而论道。全谢山云阎必以古文为伪,故有此说。是谢山之说颇主西河,然《鲒埼集》亦未昌言之也。

十八日(6月12日)　阴。督两儿作课。九弟寄《三朝北盟会编》来,作书复之。夜,浴甚爽。

谕教之法,必择正人。以汉文之贤主,岂不知贾、晁优劣?然贾傅怀王而晁为太子家令,使贾生即老寿,景帝之世亦未必能大用也。而晁以刻核导景,景即以夷三族报之,待师傅之恩可云薄矣。其后仁柔如孝元,乃迫萧望之自杀。若孝成之尊礼,张禹询以外戚,则更谀之。虽禹之老耄负国，亦以帝之懦更甚于孝元，王氏之权更甚于恭显，殆深鉴于萧傅之祸也。至于幼主即阼例选名儒，如孝昭之蔡义、夏侯胜，孝和之桓郁，均恩礼始终，惜乎天禄不永，究为憾事。宋之哲宗元祐，众正盈廷，讲读极一时之选，然伊川竟特行贬黜，其他亦以绍述论起，概予贬谪，极无旧学之情，岂德由天纵，固非讲幄所能挽回匡救耶？至万历之于江陵，则又有说矣。

**十九日（6月13日）**　晴。过晦若谈。伯平有书来，复之。陈儿又病，甚闷闷也。

《岑嘉州集》，《四库》竟不收，未详其故。今通行者，明刻八卷本。正德谢元良刊。又有三卷本，乃钱遵王所藏，后归汪氏振绮堂。又有明初七卷本，昭文张氏所藏，云较明八卷本为善，未之见也。《直斋书录解题》亦无岑集。《苕溪渔隐》于嘉州诗未录一条，似宋人不喜嘉州之证。惟荆公《百家诗选》嘉州诗最多，疑荆公亦有所矫也。集有京兆杜确《序》，称其："遍览史籍，尤工缀文，属辞尚清，用意尚切。其有所得，多入佳境，迥拔孤秀，出于常情。每一篇绝笔，则人人传写。虽间里士庶、戎夷蛮貊，莫不讽诵吟习焉。时议拟公于吴均、何逊，亦可谓精当矣。"七卷本，张金吾又跋称，历考《唐书·艺文志》、《崇文总目》、《郡斋读书志》、《通志》、《通考》均称十卷，从无作八卷者。此本与确《序》合，似无脱佚意者。诗七卷，文三卷，合十卷欤。亦见《季沧苇书目》，惟跋云卷四有《唐博陵郡安喜县令岑府君墓铭》、《果毅张先集墓铭》二首，八卷本所无，不知两文何编于第四卷中，殊无体例可寻，又无排律一类，似诗少于八卷本矣，亦未见其善本耳。按，《直斋》"别集类"未收十卷本，"诗集类"收八卷本，《通考》并收。张亦考之未审也。七卷、三卷定是十卷残本，未能校其优劣。

嘉州，《新》、《旧》均无列传。《直斋》云："嘉州刺史岑参，文本之曾孙。天宝三年进士，为补阙左史郎官，与杜甫唱和。"晁氏云："南阳人，文本裔孙。天宝三年进士，累官补阙、起居郎，出为嘉州刺史。杜鸿渐表置幕府，为职方郎中兼侍御史，罢，终于蜀。参博览史籍，尤工缀文,属词清尚,用工良苦,其有所得,往往超拔孤秀,度越常情。每篇绝笔,人竞传讽。至德中,裴坰荐杜甫等,尝荐其'识度清远,议论雅正,佳名早立,时辈所仰,可以备献替之官'云。集有杜确序。"按,确《序》:"参,天宝三载进士高第,解褐右内率府兵曹参军,转右威卫录事参军,又迁大理评事,兼监察御史,充安西节度判官,入为右补阙。频上封章,指述权佞,改为起居郎,寻出虢州长史,又改太子中允兼殿中侍御史,充关西节度判官。圣上潜龙藩邸,总戎陕服,参佐寮史,皆一时之选。由是委公以书奏之任,入为祠部考功二员外郎,转虞部库部二正郎,又出为嘉州刺史。副元帅相国杜公鸿渐表公职方郎中兼侍御史,列于幕府,无几使罢,寓居于蜀。时西川节度因乱受职。公著《招蜀客归》一篇,申明逆顺。旋轸有日,吉往凶归。"晁、陈撮叙殊不详也。《宰相世系表》作嘉州都督。案,乾元元年三月,剑南节度使卢元裕请升嘉州为中都督府,寻罢。《旧书·地理志》"剑南道"。参为元帅府参佐,始刺嘉州。德宗以元帅会军于陕州,乃代宗即位时事,都督府罢久矣。其后始出为嘉州,乃刺史也。《世系表》误。

　　**二十日(6月14日)** 晴。洪大使恩毓来,候选入都。雅宾同年来。福建遗缺,将补延平。容民入署。

　　以《文苑英华》、《唐百家诗选》校明刻《高常侍岑嘉州集》,因叹世之议荆公《诗选》,殊无真见也。其说曰:"吏厌书字多,辄取所签长诗移置所不取小诗上。荆公性忽略,遂不及察。"此实谬论。荆公自作一诗,往往推敲入细,改至三五次始定。岂于选诗忽略至此,坐令吏人欺蔽,形如木偶乎? 夫诗之佳否,岂以长短为凭,安见荆公不一取小诗而必尽取长篇者? 即以高、岑二家断之,高诗七十二首律诗仅□首,馀皆古诗长篇。岑诗八十一首,选古诗至四十五篇,此岂吏之所易置者乎? 且其选两家诗于其名篇俊作尽入,搜罗去取甚有深意。不知何者不惬公论,而其党必造为此说以诬荆公也。夫荆公之新法可议,而其文章固未可轻议。或因其文而取其人,务翻定论;或因其法而议其文,全作贬词,皆非也。

**二十一日（6月15日）**　晴。杨上舍朝庆字云史，伯行之婿。来谒。夜杜、李两贾赴沪，以二百金交其物色书帖。答雅宾同年。

**二十二日（6月16日）**　晴。杨雪庐孝廉来。

得高阳复书，寄狼毫十支，作书谢之。午后，答容民。夜至仲璋处小坐。寄二百金与载之。闽督卜宝第乞老，允之。

**二十三日（6月17日）**　晴。季士周来，商戴子辉求合肥书院事。

《汉魏百三名家》仅存西汉九人。《提（库）［要］》谓枚叔亦可辑成一集。案，《隋经籍志》汉之有集者：《武帝集》一卷梁二卷。《淮南王集》一卷梁二卷。骑都尉《李陵集》二卷。谏议大夫《谷永集》二卷。司空《师丹集》一卷梁三卷，录一卷。光禄大夫《息夫躬集》一卷。《班婕好集》一卷。合所辑九集，共十六集。① 其梁有隋亡者，曰《晁错集》三卷。曰汉弘农都尉《枚乘集》二卷，录各一卷。曰光禄大夫《吾丘寿王集》二卷。曰太常《孔臧集》二卷。曰丞相《魏相集》二卷，录一卷。左冯翊《张敞集》一卷，录一卷。曰射声校尉《陈汤集》二卷。丞相《韦玄成集》二卷。曰凉州刺史《杜邺集》二卷。骑都尉《李寻集》二卷。共七集，合前为二十六集。《旧唐［书］》以开元四部为志，所列汉集曰：《武帝》二卷。《淮南》二卷。《贾谊》二卷。《枚乘》二卷。《司马迁》二卷。《东方朔》二卷。《董仲舒》二卷。《李陵》二卷。《相如》二卷。《孔臧》二卷。《魏相》二卷。《张敞》二卷。《韦玄成》二卷。《刘向集》五卷。《王褒集》五卷。《谷永集》五卷。《杜邺集》五卷。《师丹集》五卷。《息夫躬集》五卷。《刘歆集》五卷。《扬雄集》五卷。视梁，阙班婕好、晁错、吾邱寿王、陈汤、李寻五集，而卷数或多于梁。今九集已非原本。此十七集，以严氏所辑《汉文》考之，武帝存诏令九十八篇，赋一篇，辞一篇，《河渠书》有《瓠子》、《宣房》两歌。几溢二卷之数。

------

① 整理者按，此条上有眉批：九集惟《贾谊集》隋已亡，《褚少孙集》即所补《史记》，古无此集，乃张氏臆撰。

淮南存二篇，班婕好存三篇，孔臧存六篇，晁错存九篇，司马迁存四篇，吾邱寿王存三篇，李陵存四篇，《文选》有诗三首。魏相存七篇，韦玄成存六篇，陈汤存二篇，谷永存廿五篇，师丹存四篇，李寻存五篇，息夫躬存四篇，而《张敞集》则全辑之，得十五篇，与严同。《枚叔集》则周守敬辑之，得廿四篇。严辑不收诗，仅十五篇。《文选》谢朓诗注引《枚乘集》有《临灞池远诀赋》，今亡。大可为《隋志》作证也。

二十四日（6 月 18 日）　阴。摺弁入都，寄复陈仲勉、叔毅及寿伯苾书。

二十五日（6 月 19 日）　晴。雅宾来谈。

直遵化之南馀一舍，有山壁立而秀者，莲峰也。求之图志，不知其所本。里俗旧云，以其诸峰环列，状若浮莲，或谓山有莲池，而因以名焉。辽大安八年，祐国寺僧传戒上人普鉴厥初往来山间，驻锡泉上，初谓莲华院，后岁旱得雨。报谢之夕，池有神龟浮镜而出。又山巅时见大窀堵波，宝塔龟镜之名始于此矣。王寂拙轩《宝塔山龟镜寺记》也。其《记》又谓，灵踪秘迹皆质于传戒之塔铭与义熙之石刻。义熙盖晋安帝年号，此地非晋有，何从而致此。相传是碑与石罗汉像三，皆发地得之。惟池废但存一井矣。此碑乃遵化一故事，而今州志遗之，亦足见秉笔者之浅陋耳。因与儿辈说乡事，笔之。

王寂之弟名寀，自号曲全子，拙轩有其《诗集序》，惜已不存。[①]

《中州集》：寂，蓟州玉田人。而寂叙其父《行状》，乃大名莘人，六世祖昼乃文正从弟，为辽人所得，羁縻于景州南部落，因家焉。葬遵化县，未涉玉田一字也。

二十六日（6 月 20 日）　晴。李大令振鹏来，求见甚切，见乃干以事，可鄙，揖而退之。午后，延永诗来为陈儿一诊。夜，薄饮醺然。得谊卿书。

---

① 整理者按，张氏误，检四库收录《拙轩集》，卷六有《曲全子诗集序》，卷五有《宝塔山龟镜寺记》。

二十七日(**6 月 21 日**)　晴,夏至。复谊卿书,寄五十金,还金吉石书画价,交载之。

二十八日(**6 月 22 日**)　晴,大风。晨起,得苏州书估侯念椿书,言有宋无注《管子》一本。半叶十行,行廿一字。属谊卿致之。廉生寄书数种。永诗昆仲同来。雅宾辞行。有持晓岚先生所藏朱文正、彭文勤、翁覃溪、钱辛楣诸公尺牍均与文达书也。来售者,欲以贱值得之,索价太昂,摩抄良久而已。

二十九日(**6 月 23 日**)　晴。得宗氏昆仲两书。子涵寄聚珍板八十馀种来。傍晚,送雅宾行,并闻李村夫人过津,至潘子静处见之。

《论语意原》,宋郑汝谐撰。《提要》云:真德秀称其出于伊洛,然所说解颇与朱子异。如以卫灵公问陈非不可对,乃有托而逃;以子贱为人沈默简重,非鲁多君子,不能取其君子,皆足以备一解。至以“使民战栗”为哀公之语;以“见善”、“如不及”二节连下齐景公、伯夷、叔齐为一章,则太奇矣。然综其大致,精密居多。朱子亦云,赣州所刊《论语解》,乃是郑舜举侍郎者,中间略看,亦有好处。是朱子不以其异己为嫌。案,《意原》致三嗅为三叹,而以雉之欲集必回翔而后下,叹其或飞或下皆得其时,此缪协说也。以问子西为郑大夫,此马融说也。“善人之道”与“论笃是与”为一章,此何晏《集解》本也。是亦兼取古义。于“吾十有五而志于学”章,谓圣人次第言之,舍是而论生,知非知圣人者也。于“子张问行”,“书[诸]绅”,则云其学少进。于“纣之不善”章,则云不善莫如纣,子贡犹恕之。回视古人之心,盖已洗涤无遗,见其学问积久,从少至老,日有进益,故言之亲切如此。其兼采宋儒之说,正与朱子《集传》体例相同。如“匹夫小谅”节引程子说,朱子亦引之。宜朱子不以为异己,而称其亦有好处矣。

六月初一日(**6 月 24 日**)　晴。复子涵一书。晚,刘仲仪来。捡点子涵所寄各书,不觉竟日。

初二日(**6 月 25 日**)　晴。阅《涑水纪闻》。邀永诗来,为陈儿定方。

**初三日(6月26日)**　晴。鞠耦生日,值伯夫人小极,未能拨罂取醉也。廉生寄《九家注杜》,三馀书估亦送书来。周子玉调荆宜施道,而天津亏万四千金,作书乞怜于余,云以应酬致累。余微知之,故子玉到津,虽馈一盆花、一串茶,皆不受也。盍亦觅受其苞苴者为之地乎? 世事若此,亦可慨叹矣。

《渔洋精华录》,惠定宇先生为之训纂。虽以李杜文章未得如此博学通儒为之作注者,竹垞、杨孙各注逊之远矣。乃吴中金荣林始复有笺注之刻,其《凡例》云后始见惠注,实则无一非惠注也。其所增益,皆习见之典,惠所不屑取者及不必注者。而近日笺注易得,训纂难致,何也? 其卷末有补惠注二十一纸,龙辅见《左传》而引《三馀帖》;勃海,《史》《汉》习见而引《博物志》;定武《兰亭》亡于【建】靖康,乃引《春明梦馀录》,其陋如此,馀仍掇拾惠注而已。宜征君有金氏笺注辨伪之录也。尚有征君未及辨者,《谒王文成[公]祠》"一时张桂太倾危",征君知渔洋用事小误,因徐龙友云"张璁与文成无涉",遂引擒宸濠时张忠、许泰谗文成于武宗事而加禁语,疑张指张忠,桂指桂萼,笺注不知有《明史》,乃云惠云张忠、桂萼谗于武宗,不可发一大噱乎? 然定宇于诗词所涉甚浅,亦多遗漏。于"寒肌起粟",不知引坡公《雪诗》;于"吹香",不知引李颀"密叶吹香饭僧遍","麦饭"不知为《五代史·家人传》语,"大漠"不知为《后汉·窦宪传》语,又为《提要》所讥。至《提要》云是书先有金注,栋书出而荣书遂为所轧,则似未一捡金注,未知金之窃取惠书耳。

**初四日(6月27日)**　晴。复廉生书。得安圃一缄。

《环溪诗话》,《四库》收一卷,《学海类编》者三卷。偶从李估借得旧抄本,乃戈小莲过义门旧抄。其论诗以实字为佳,如"一句说半天下"、"满天下"之类太浅近,《宾退录》已驳之矣。其论山谷云:"除拗体似杜而外,以物为人一体,最可法……然亦有可有不可,如'春至不窥园,黄鹂颇三请',【是用请】是用主人三请事;如咏竹云'翩翩佳公子,为政一窗碧',是用史,可也。又如'残暑已趣装,好风方来归'、

'苦雨已解严，诸峰来献状'，亦无不可。若'提壶要酤我，杜宇赋式微'，则近于【穿】凿，不可矣。不如'把菊避席，云月供帐，黄花韬光，白鸥起予'、'兰含章[而]鸟许可'，以至《演雅》一篇，大抵以物为人，而不失为佳句。是山谷所以取名也。"按，环溪以杜为一祖，韩、李为二宗，与西江派异，故所取于山谷止此。然所得于山谷，固谷诗之一节，而山谷之所以得名在此类，山谷之所以落派亦在此类。其秘旨以比为赋，自能避俗生新，如《咏猩猩毛笔》云："平生几两屐，身后五车书。"此浑成而大方者。若以车走羊肠喻煎茶，以牛角萤栗喻牡丹，非山谷为之，罕能妥帖者，句法过于研炼，往往成穿凿之病，此在善学者矣。

**初五日（6月28日）**　晴，甚热，夜半微雨。终日读书，虽解衣磅礴，而心地清凉，知以瓜镇心，犹未得书中之趣也。

《宾退录》载姚平仲乘青骡亡去，奔蜀，至青城山，留一日，复入大面山，行二百七十馀里，度采药者莫能至，乃解纵所乘骡，得石穴以居。乾道、淳熙之间始出，至丈人观，时年八十馀，紫髯长数尺，面奕奕有光。行不择崖堑荆棘，速若奔马。为人作草书，颇奇伟，然秘不言得道之由。陆放翁所作《平仲小传》如此，复有诗寄之。案，靖康劫寨之役，平仲首谋，漏语于数日之前。所谓谋人而使人知之，兵法已疏。及战败，惟一死足以自解，乃健骡行遁，反致老寿，其人全无心肝，而放翁称美之，以为得道不足训也。年八十馀，世所恒有，速若奔马，亦武人所恒有，此岂得道耶？吾尝谓宋之不振久矣，金人兵临城下，种师道迁延师期，请过春分节，亦畏金耳。尔时固无一能战之将也。无事则酣歌恒舞，有事则张皇乞和，及敦情无厌，仓卒欲一战，以邀天幸之功。其势必至于此。李忠定《传信录》曰：平仲于二月一日亲率骑万人劫金寨。虽种师道不知，余时以疾给假，卧行营司。夜半，上遣中使降亲笔曰："平仲已举事，卿可将行营司兵出封邱门，为之应。"余具札子，辞以疾，且非素约，兵不预备。斯须之间，中使三至，责以军令，不得已力疾会诸将。诘旦出封邱门，战于幕天陂。而平仲所折不过千馀人，恐以违节制为种师道所诛，即遁去。云云。夫平仲之卤莽图功，与钦宗之不更兵事，不足责矣。忠定此段亦多可议。夫二十七日与平仲同对期，二月六日举兵，此时忠定即有病。围城之中，何可请假，此一失也。平仲改期，忠定主国事，主战事，晏然不知，此二失也。既奉御笔，则平仲兵已去。惟有衔枚疾起，以夜赴之，即不能转败为胜，尚又可冀右援交绥，乃往复迁延，俟诘旦始出国门，此三失也。然则忠定亦书生耳。天下事，不可以成败论，然此举关系非轻，岂能尽诿其过于君父乎？忠定无一自责之语，而复多粉饰于其间。吾亦败将，窃不取之。

**初六日（6 月 29 日）** 晴，时有阴云，颇凉爽。过晦若。晚翰香来。

**初七日（6 月 30 日）** 雨。新盛触礁沈于成山。八弟、子涵书来，均由舟中抢出者，沾湿不可读矣。夜，容民来谈。得八弟书。

**初八日（7 月 1 日）** 晴。得子涵书。廉生寄《雁塔圣教》一本，以补余明初拓阙字，居然一色。

校《太玄》。以冯嗣宗校本、何义门校本合勘。

**初九日（7 月 2 日）** 晴。琴生处老仆来。颂民寄物四包。伯夫人病笃，内人终夜侍守。余亦枕上反复不能成寐，以合肥今年老运推之，深为忧问也。

**初十日（7 月 3 日）** 晴，夜大雨。巳刻，伯夫人下世，寿五十五。合肥属其甥士珩料理丧务。临殁竟无一言，顾余若有所属。

**十一日（7 月 4 日）** 晴，大雨。卯刻，伯夫人大敛，余率两儿吊唁。连日疲倦，即枕片时，复与合肥略商丧礼。内人为伯夫人所钟爱，素性笃孝，伤痛不能自持，亦无从劝慰也。

**十二日（7 月 5 日）** 晴，家忌。寄安圃第四书。

**十三日（7 月 6 日）** 晴。清卿入都，过此吊唁，合肥留之午饭，邀余作陪，饭后过余斋略话。

**十四日（7 月 7 日）** 晴。清卿来邀余午饭，辞之。未刻，答清卿,出示张公[之]洞卷,申刻还。

十五日(7月8日)　晴。清卿来谈,得一新莽鹰符"广有郡",乃汉广阳国,今京师也。

十六日(7月9日)　晴,甚热。过晦若。晚,清卿来辞行,以有事谢不见,赠元押两枚。十二,折弁回,得家书,叔毅分刑部,自都回闽过谈。

十七日(7月10日)　晴。清卿来话别。午后,至舟中送之。有画师陆恢廉夫在坐。翰香来,以其族人书籍数种来售。晚,楚宝过谈。范肯堂之弟仲林明经来,名钟。

十八日(7月11日)　晴,晚大风,微雨,甚凉爽。过晦若少谈,容民、楚宝均在坐。得两弟书。

十九日(7月12日)　雨。复两弟书。

二十日(7月13日)　阴。复颂民书,以其去年生子,寄小儿镯锁之类贻之。

二十一日(7月14日)　晴。连日复手校《太玄》一过,以祛闷怀。

二十二日(7月15日)　雨。吴赞臣来,新署天津道也。是夜耿耿不寐。

二十三日(7月16日)　晴。晨起,酣睡至午始觉。作伯夫人挽联,云:高爽开列,得承彦家风,论才堪配武乡,为丞相理八百株桑,聪慧早成生重器;忠款信诚,助齐桓内治,善过自惭重耳,使亡人有二十乘马,艰难备历负虚名。自以为颇工切,而众口谓齐姜非卫姬女,对为不称,如此论古,可叹也。

二十四日(7月17日)　晴。入伏。过晦若谈。

二十五日(7月18日)　晴,雨一阵。寄朱子涵复书。八弟书来,为余推五星,向不甚信,一笑置之。

二十六日(7月19日)　雨。汤伯述以《水经释地》抄本见赠。

二十七日(7月20日)　晨雾。寄高阳书,又附寄廉生一缄,得伯潜五月二十八日书。

**二十八日(7月21日)**　阴,凉爽如秋,夜雨。刘芗林、子进、杨艺舫、沈子梅均来,均闯然而入,不能不见也。崔琴友由芜湖来。

蓝鼎元作《仪封先生传》:"张文端请革先生职,刑讯定拟极刑。圣祖察其冤,命入都陛见,当事以同知胡某监行。瓜州、维扬、邵伯、高邮父老乞一见,均为胡所格。至淮安,总河来会,见先生所乘船败,以己舟易之。行暮,将泊清口,胡督舟子乘夜渡黄河,细雨方霏,周天如墨,涛浪湍急,皆曰命毕矣。然不得不行。俄而雨霁浪静,星斗灿烂如昼,遂渡黄河。舟人皆大喜相庆贺,先生亦不以为意。"此说奇谲无理。总河既易以己舟,则舟子皆总河之舟子,于法不当夜渡。虽有胡之迫促,亦未必肯行。胡即奉当事指,不畏已拟极刑之巡抚,独不畏总河乎?且胡亦人耳,即媚权贵,亦不过贪利禄之见,设冒险夜渡,清恪固故葬鱼腹,胡岂有泅水之技可以入河不死哉?若云舍死以期杀清恪,则手刃之可矣。何取费此周折?若形容先生之胆识,则抗噶礼,何惧黄河?此亦尽可不论也。与袁子才作《陈恪勤传》叙李丞事,同一过当。李丞因狱卒私哺恪勤,杖四十。及督南河,李官邳睢同知。南岸崩,刍茭翔贵。公勒令李倾家治河,河平,来验工官,缨帽小车,即李所杖江宁狱卒也。既李竟惭恨死。此与李广杀醉尉何异?书之,殊伤恪勤雅量。要之,皆不善学史公者。

**二十九日(7月22日)**　晴,雨后凉爽。赵氏昆仲及新吾、友山均廿一来,廿九行。

吴赞臣来,时永定决口,论河工许久。晚,至仲彭处略话。琴友来相约也。得廉生书。

国朝诸儒崇尚考证,名为汉学,其端发自顾亭林、阎百诗诸先生。自乾隆、嘉庆间,彬彬称盛矣。其间主张太过,至于诋毁程、朱,门户之见太重。江藩作《汉学师承记》,嗤毁宋学,不遗馀力。余尝心非之。方植之东树殆心疾其非,乃著《汉学商兑》四卷,大攻汉学,然其言亦多过当。其上卷列诸儒诋毁宋学之说,如毛西河毁朱子,谓道学本道家学，两汉始之，历代因之，至华山而张大之，宋人又死心揭地以依归之。钱辛楣云："训诂者，义理之所从出，非别有义理出乎训诂之外。"又曰："训诂之外，别有义理，非吾儒之学。"中卷之下，引惠氏曰：《通俗文》惜不传。盖因南宋俗儒，空谈道学，凡有用之书，至南宋而皆亡。中卷之上，引焦理堂曰：宋儒言性言理，如风如影。戴东原曰：程、朱以"理"为如有物焉，得之于天而具之于心，启天下后世人人凭在己之意见而执之曰"理"，以祸斯民，更淆之以无欲之说，执其意见甚坚，而祸斯民甚烈。又曰：《大学》开卷说"虚灵不昧"，便涉异学；《论语》开卷说"可以明善而复其初"，出《庄子》，全非孟子"扩充"言学之意；《中庸》开卷说"性即理也"，如何说性即是理？汪容甫云：宋（学）[世]禅学盛行，入之既深，遂以被诸孔子。求之经典，惟《大学》之"格物致知"，可与传合。又称墨子与曾子相表里，孔、墨但不相谋。诚如方氏之说，太觉谬妄，敢于立言辞而辟之可也。然宋儒之独到处千古常存，汉学家驳之，朱子不见损。方氏尊之，朱子亦不见益。乃反唇相讥，其气嚣陵，其语庞杂，其识琐碎，所谓女子与贾竖争言，殊失大体。至国朝诸儒之考证，亦自不废江河流传万古。方氏惟以小学音韵为汉学诸公绝业，为唐宋以来所未有，而其他率一笔抹杀，而结之曰主张宗旨既偏，则邪说谬言实亦不少，未免有意轻蔑，与江藩之过推汉学同一谬妄。此皆门户相激之偏，遂至学士大夫成一攻讦之派。吾谓真能通经之汉儒，真务究理之宋儒，必不如是。或曰方因阮刻《皇清经解》，不取望溪，故创为此论，未知确否。

居今日而论儒术，汉学家流于琐碎，于小学尚未深通，辄拾乾嘉诸儒唾馀，摇唇鼓舌，所谓碎义逃难者，正汉儒之所鄙。宋学家竟已绝响矣。窃谓必泥汉学，不过归于无用；必泥宋学，亦不过归于无用，去通经致用甚远。夫人生此世必以切于世用为主，穷通得失，自天主之，而所自主者，则在砥名厉行。以汉学之考证，求之制度事物，识其大者而小者可遗。以宋儒之义理，归之身体力行，践其实者而空者可略。于是，达而在上，则建言行政，均能斟酌古今，有裨实济；即穷而在下,治经自无汉儒党同妒道习气,穷理自无宋儒讲学标榜习气。可谓子夏曰:"女为君子儒,毋为小人儒。"如此,庶平君子矣。余思辑《汉儒近思录》,专取汉人躬行实践之语,依《近思录》分门别类,使治经、穷理两途归于制行立身,而免于口舌之争。又思辑《汉唐以来学案》,申明通儒之学,断以外能济世、内能律身为主。而所谓训诂也,语录也,特学中之支流,不必千气万力,耗精神于无一用之地,而使吾儒所以自谬与所以教人者,无以异于朝市之争凌。虽余非其人,庶一息尚存,此志勿懈耳。

三十日(7月23日) 晴,仍凉爽。得鹤巢书。楚宝来谈。吕庭芷前辈送爽秋诗一册来。

闰六月初一日(7月24日) 晴。复廉生书。夜,乐山商渊若复来。过晦若,不之许。

初二日(7月25日) 晴。琴友来谈。晚过琴友,翰香在坐。复八弟、载之各一书。

初三日(7月26日) 晴。午后,琴友来谈。夜,过晦若。得谊卿书。

初四日(7月27日) 雨,甚凉。阅苏诗竟日。

初五日(7月28日) 晴,夜雨。昨夜耿耿不寐,晨起即枕至巳正始醒。午后,得侯念椿书,所寄《管子》即莫子偲所藏明本,作宋本求售,每卷前两行均剗去,以掩其迹,殊可厌也,还之。

初六日(7月29日) 晴阴仍未解。作祭伯夫人文一篇。得高阳书。

初七日(7月30日) 阴。送琴友行。沈子梅、洪翰香来。午后,吴挚甫、二范同来杂谈。明日有折弁,寄廉生书。并寄一帖一图。

初八日(7月31日) 阴。侯估寄书四种,均不可留,留柳文一种而已。邵班卿来。

初九日(8月1日) 雨。过晦若略坐。得九弟书。

初十日(8月2日) 阴。得八弟书,寄《玉海》一部与儿辈。写祭文讫,夜甚凉,仍浴。

十一日(8月3日)　晴。复九弟书。

十二日(8月4日)　晴。袁启之来。

十三日(8月5日)　晴。内人为伯夫人讽经三日,从俗例也。晚,陆宣来,得乐山书。

十四日(8月6日)　晴。吴至父归莲池。

十五日(8月7日)　微雨。过范肯堂小坐。

十六日(8月8日)　阴,甚热。得鹤巢书。

十七日(8月9日)　阴。寄廉生书。赞臣来。

十八日(8月10日)　晴。夜,阍人骤患霍乱,扰扰竟夕。

十九日(8月11日)　阴,夜微雨。盛杏孙来。

二十日(8月12日)　晴。寄鹤巢书。鞠耦已愈。

二十一日(8月13日)　晴。濮子泉自浙来。志仲鲁自粤来。

二十二日(8月14日)　晴。朱伯平自都来。午后,楚宝过谈甚久。楚宝,梅村弟子,故论文具有根柢,合肥姻戚中此为通人。

二十三日(8月15日)　晴。友山来。得安圃书。

二十四日(8月16日)　雨。答友山。

二十五日(8月17日)　阴。寄安圃书。

二十六日(8月18日)　阴。白镜江赠一册,乃拜石墨笔花卉。大兄以赠李墨缘者,三十年故物重逢,不能割爱,遂留之。晚,约楚宝来谈。

二十七日(8月19日)　雨。赞臣、翰香来谈。

偶检《金匮》阅之。张机仲景,举孝廉,建安中官长沙太守。书亦名《金匮玉函经》,晋高平王叔和所编。范史《方术传》有郭玉、华佗。玉著《针经》、《诊脉法》传于世。佗临死,出一卷书与狱吏。吏不受,佗举火烧之。仲景所著,晋人编之。而范氏竟不著于《方术传》中。岂以其学不足传,抑其书至宋已不显耶?窃谓太史公作仓颉、太仓公列传,以系医学源流,遂有深意。班氏沿袭龙门,独删去此类,以为高简，而医学亡矣。《艺文志》引谚曰："有病不治，常得中医。"此不知为刘子骏所引，抑孟坚所增？然臣子之于君父，断难执有病不治之说以自解，而病之在本原者可以不治治之，病之在外感者不治即死，焉可据时谚而尽废医药哉？班氏谬改史例，致西京一代，仓公之外，医派不传，承祚乃于《国志》列华佗及其弟子吴普、樊阿二人，以遥接仓公一脉。范史纪东都一代，自不能专以华佗了之，甚矣其疏也。近日医道日陋。合肥因中国之医不足恃，乃笃耆洋医，而洋医之入中国者，技殊不精，且外国长于疡科而短于方药，其药皆出自外洋，华人不知其性，殊非慎重之道也。

二十八日（**8 月 20 日**）　晴。阅《汪梅村文集》。其集中《与戴子高书》云："中西诸法，溽溟莫测，以南丰吴氏为指迷方；索易戎夏，目眩吴楚，以宛溪顾氏为醒心汤；小学以高邮王氏为洗眼擅场；史学以嘉定钱氏为青囊；散文以桐城姚氏为长桑；骈文以西溪曾氏为折肱之良；诗以新城王氏为岐黄，可知其学力之大凡。"又《答甘建侯书》，谓："无益于世莫如治经，垂绪于后莫如读史。经有十四，则《三礼》、《毛诗》为上，《书》、《左氏》次之；史二十四，则宋、明为要，史、汉、三国、晋、五代次之。"又言："胡文忠教人十书：《通鉴》、《皇朝经世文编》、《农政全书》、《五礼通考》、《纪效新书》、《行水金鉴》、《日知录集释》、《近思录》、《方舆纪要》、《张太岳集》。按，公案头犹有《武备志》、《筹海图编》、《孙子十家注》。盖公方经武备也。士铎议学术十书曰：《宋元明儒学案》、《学案小识》、《汉学师承》《宋学渊源》二记、洛浙关闽四学编、《先正事略》，此学人之纲领也。拟以五代十国、宋、辽、金、元、明六代为通纪，分国政财赋，文事及礼，武备及疆事，国政及职官，舆地及水利河防，交邻注以词令仪注道里六项，年经月纬而略其馀，加以舆图小注，此前人所未为也。"读书必专始能精，此即东坡八面受敌法。学者不必泥于汪说，但就性之所近，识大识小，执一为之，久必有获。

二十九日（**8 月 21 日**）　阴，紫竹林大雨，津微雨一阵而已。余向持论,以为国朝人之汉学,大抵皆宋《黄氏日抄》、王氏《困学纪闻》两派而加详耳,可以傲明儒之弇陋,不足以傲宋儒。而项安世所著《项氏家说》,则亦开国朝经学之先。其说《易》,反对旁通胪举诸家,即仲氏《易》所本也。其说《诗》,拈押韵疏密及变例重韵,即顾、江、段、王与阮云台论《诗》韵所本也。其说《周礼·九谷》,即程易畴《九谷考》所本也。其以《说文》说经,即本朝诸家均不外此矣。然则所谓汉学者,正是宋人之汉学,而汉之微言大义转不如是耳。

项氏又曰:徐幹《中论》"考伪"、"遣交"二篇,前篇诋郭林宗之徒,周行郡国,训掖后学;后篇诋徐孺子之徒,游学四方,千里会葬者也。幹为魏氏父子兄弟所敬,想见当时人士讲说大率类此,故魏氏之兴,卒变节义,而为通人,则幹之所愿亦已行矣。应劭贤于徐幹远矣。至论汉之人物,则意与幹同。以韩棱阴助太守为当禁锢终身,以皇甫规上书入党为当伏大辟,至谓范滂、杜密、徐稚、郅恽皆为罪人,文人率名自古而然。辨博文雅之人,自以为当世师表。而海内乃皆尊名节如水赴壑,心所不平,固应出此,曾不思得志,而逮名士,论以大辟,则曹节、王甫何其幸哉。语殊透快!

**七月初一日(8月22日)** 晴。晨起,别著布卦,得大有之豫。

宋元嘉十三年,文帝疾笃,刘湛说司徒义康,以檀道济立功前朝,威名甚重,左右腹心并经百战,"宫车一日宴驾,不(可复)[复可]制"。义康因矫诏杀之。道济见收,愤怒,目光如炬,脱帻投地曰:"乃坏汝万里长城!"其后魏人南牧,帝复思之。史亦深以道济为冤。案,徐传谢废营陵,时以道济先朝旧将,威服殿省,且有兵众,乃召道济以谋。告之谢晦,夜邀其同宿。道济就寝便熟。案,废立大事,以晦之处心积虑尚复悚动不眠,诚天良之未尽澌灭,而道济处之坦然,直是全无人心。乙酉诘旦,道济引兵居前,是杀二侍者,伤少帝指,扶之出阁,皆道济军士为之。谋每出于徐传,力则资于道济。科其谋逆之罪,不啻赵盾之有赵穿、司马师之有贾充也。讨谢晦之役,帝欲召道济,王昙首以为不可。帝以道济止于协从,本非创谋。道济至,即攘臂自任,以未陈可禽对视,诏暴徐传谢弑逆之罪。若己无与焉者,面诈背不汗,其狡也。正其愚也。元恶既除,从逆乌能苟免?义康虽云矫诏兄弟之仇不反兵,所谓权而不失其正者。武帝鸩零陵,距羡之弑当阳首尾不及三年,天道可云不爽,而道济为宋大将,视君如仇,宜其不得良死,安足当长城之目哉?

**初二日(8 月 23 日)** 晴。复清卿书。

**初三日(8 月 24 日)** 晴。得高阳书,知赴醇邸园扫青。伯平亦有书至。夜,晦若、楚宝来谈。

**初四日(8 月 25 日)** 晴。复伯平书。新吾自都来。

**初五日(8 月 26 日)** 晴。张巽之自都来。

**初六日(8 月 27 日)** 晴。家忌。得筱荃丈书。

东汉之世,矫节取名。余所不喜。如许武以二弟晏、普未显,乃割产,自取肥田广宅、奴婢强者。乡里皆称弟克让而鄙武,以此并得选举。武乃以理产所增三倍,悉推二弟。夫使前之独取厚产,二弟皆知其意,是一家谲谋以欺乡里而罔举主也。使晏、普不知,及其既为选举,乃自明以还之,是武迫于公议,饰为此说以释二弟之疑也。相率为伪,与兄弟阋墙者,相去不能以寸耳。赵元叔强通羊陟,陟尚未起,因举声哭。陟遂奇之,与袁逢共荐。及过候太守皇甫规,门者不即通,规追书谢之,仍去不顾。一则冀其称荐,故动之以哭,一则示其孤高,故绝之以书,皆矫诈也。祢正平袭元叔之馀风,而不能先傲后屈,操、表、祖又非羊陟、皇甫规比,遂致自杀其躯矣。

**初七日(8 月 28 日)** 大雨如注。端午桥工部方、劳玉初大令乃宣均来。新吾、巽之午后至。晚,载之自沪来会吊,留之夜饭,雨小止去。

《津逮秘书》收宋人题跋,独遗攻(愧)〔媿〕,盖未见其集也。录其《跋王伯长定武修禊序》,云:定武本凡"湍、流、带、右、天"五字全者,皆谓在薛绍彭之前,然不能知岁月之久近,此诚善本。王顺伯谓是熙宁前摹拓于中山者为可贵。近见毕少董所藏董氏淳化阁本,尤为精好。自言为儿时亲在定武，见青石本"带石天"三字已阙坏，大观再见之事，与旧所见无异，则五字未必皆绍彭剜损也。更当考绍彭在中山时岁月云。近以五字损本、五字不损本，纷纷聚讼，殆亦未见楼跋尔。

初八日(8月29日)　雨，晚雨止放霁。伯夫人立主。午后，载之之侄子容茂才彭年来。致廉生书。

《石淙诗》阙张昌宗、易之名，攻〔愧〕[媿]跋，章达之所藏。此刻列武三思以下十二人，复有姓名残缺者，则二张之名剜削，自宋已然矣。他日拟以此跋录于帖后，以资考证。

余作《庄子汉义》，取苏《记》及荆公《论》之意，以分别内外篇之旨。兹阅攻〔愧〕[媿]《张正字庄子讲义跋》云，大率探庄生之深旨，得二公之遗意，凡世人真以为荒唐谬悠者，皆推引以通乎六经之意，与余竟先后同揆。张君名兴祖，广汉人，兴字又与余小名同，亦一异也。

初九日(8月30日)　晴。顾廷一来。载之小坐即去。

初十日(8月31日)　晴雨相间，夜大雨。吉云帆来谈。

十一日(9月1日)　巳刻雨止，晚乃大晴。是日合肥夫人之匶，拟殡于北河新浮桥之新宅，以雨改期。《异义》："《公羊》说雨不克葬，谓天子诸侯也。卿大夫臣贱，不能以雨止。"本朝儒，如毛西河《春秋传》、孔氏《公羊通义》、万氏《学春秋随笔》，则皆据《王制》"庶人县封，葬不为雨止"之文，在大夫士即无冒雨而行之理。况殡又轻于葬乎！及改期已决。巳刻，乃雨止渐晴矣。

十二日(9月2日)　晴。复高阳书。载之来谈。

十三日(9月3日)　晴。得边润师书。晚仲璋来谈。以弟病欲解馆南返，却之。

十四日(9月4日)　晴。巳刻赞臣来。午后，载之过谈。合肥治事日有恒课，而吾辈读书不能有恒，诗文均无进境，为可愧也。以后当自努力，岁月堂堂坐耗，诚为可惜耳。

十五日(9月5日)　晴。王汉辅来，送侄孙女回都也。侄孙女欲来署，止之。劳玉初、邵敞卿同过谈。

十六日（**9月6日**） 晴。载之来久坐。得仙蘅复书。

十七日（**9月7日**） 晴。午后，至侄孙女舟中小坐。寄复安圃及边师书。

渔洋《十种唐诗选》，合唐殷璠《河岳英灵》、高仲武《中兴间气集》、芮挺章《国秀集》、元结《箧中集》、失名《搜玉集》、令狐楚《御览诗集》、姚合《极玄集》、韦庄《又玄集》、韦縠《才调集》及《文粹古诗》为十种。诸家所选，各有命意。《文粹》以宋人选唐诗，搜罗极博，不名一格，又非九种可比。今渔洋乃强而齐之，近于削趾适屦，截鹤续凫，殊属无谓。如殷选于姓名之下各有品题，仲武亦然。渔洋自应存其原品，而加以按语，著所以去取之故，乃通体无一字之评，无一语之按。令读者莫测其复选之奥妙，尤不可解。疑此书乃托名渔洋者。果渔洋，则可鄙极矣。

十八日（**9月8日**） 晴。午后，载之叔侄来。子容将回南，先行。清卿至，则已将饭，辞之。侯念椿寄来蒋氏《书目》，美不胜收，索价万金也。

十九日（**9月9日**） 晴。检点书籍，临褚《圣教》数纸，颇有所得。

二十日（**9月10日**） 小雨，夜大风。清卿来谈。得廉生两书。

二十一日（**9月11日**） 晴，乍凉。清卿索龚幼公汉章诗，作三绝与之。寄书与谊卿，料理蒋氏书，力不能致，思择一二以自娱。

荆公之人之法之文，余已屡论之。偶从书肆得蔡元凤《荆公年谱考略》，于荆公被诬失实诸私记辨驳殆尽，并主李穆堂先生说，以司马温公《谏青苗书》、苏明允《辨奸论》皆为伪作，亦颇有证佐。盖其意犹以温公、老泉为重，故不能不以为伪造，而荆公人品始可附为君子，不得不为此孤掌之鸣。自论青苗，则穆堂、元凤均不能不以为执拗，而以韩、欧、小苏之说为是。天下无两是之说。三公是，则荆公不是矣。然则荆公盖为出此，曰始则所见者小，以为可一县，亦可天下也。继则人言藉藉，一改正，即须去位，不得不力持之，止此一念以至群小杂进,贻害无穷。盖荆公品实高,而学与才不足济之耳。神宗实大有为之主,熙宁实可有为之时。用安石如此其专,惜其所操之术不过如此,而所为老成者又专以简陋安静为主,与安石更张枘凿之不相入。荆公固非,而攻安石者亦未必是。及温公作相,荆公之所行者,或有成效,或有流弊。然民间久亦相安,乃取其法而尽更张之,更张本不安静,而更张安之之更张以求安静,实则亦不安静。于是宋之为病乃益深矣。荆与温,当分任其咎也。穆堂不敢斥温公,不免游移其词。而不知荆公立异于前政,温公立异于荆公,皆私心也。余向持此论,因以论今日之政。所谓土枪土炮,泄沓因循,以为是者皆温公之类也。所以轮车铁路,扬厉铺张,而舍国本人情于不顾者,皆荆公之类也。噫!

二十二日(9月12日)　阴,午后始晴。前夕感寒,昨夜卧不适,晨兴颇倦乏。申酉间,载之来,小坐即去。召楚宝来,商明日送殡礼节。

温公《涑水记闻》,据《玉照新志》云:元祐初修《神宗实录》取引甚多。徐德占母事,其一也。按,《记闻》十六卷,载蔡承禧言,"[徐]禧母及妻皆非良家,禧与其妻先奸后婚,妻恃此淫佚自恣,禧不敢禁"。云云。禧为鲁直姊夫,其妻即鲁直《与徐师川书》所谓八姊郡君者也。安得谓其非良家而有遗行乎?蔡景繁丑诋之,温公直书之,未免诬人闺阃。修《实录》时,范、黄、晁、张皆预其列。山谷见之,必当驳正,何仅隐其妻事而仍及其母事乎?疑明清之言不确。否则,不徒谤史,直秽史矣。

二十三日(9月13日)　晴。送伯夫人殡,暂停于防军公所。内人(欧)[呕]吐作冷,勉强成礼而归。仲彭伴灵。

二十四日(9月14日)　晴。吴玉君秀才来。慎生之族侄,名瑞熙。清卿许其荐北洋者,实未荐也。寒士谋食,贸贸然,可鄙亦可闵也。为言于合肥资遣之。

二十五日(9月15日)　阴。得吴壮孙书。迁藩正街,与何六福堂同居。夜,仲璋来话。

二十六日(**9 月 16 日**)　晴。载之来谈。午后,张巽之来辞行。

二十七日(**9 月 17 日**)　晴。夜,容民来小坐,同过晦若,谈不畅,废然而返。

二十八日(**9 月 18 日**)　晴。赵少屏增琦来,亮臣之子也,赴处州。

二十九日(**9 月 19 日**)　晴。买李竹懒《六研斋笔记》三种、《紫桃轩杂缀》两种,皆抄本也。

三十日(**9 月 20 日**)　晴。与合肥商去住。合肥不愿其去,婉留之,力不能归,情不可却,殊怅然也。

《六研斋二笔》云:曹县张黄坡名庚,为褒城令,改筑衙宇,掘地得银把杯二,上刻"孔明佳玩"四字,后其家镕以输官银,辄片片碎,不受镕而罢。余谓此呓语也。"孔明佳玩"四字,即非汉时语,以此推之,亦相如犊鼻、洪厓幞头之比耳。

又乌须发方用猪板油一斤,蜂蜜一斤,核桃肉一斤,好茶叶一碗,共捣碎和合,用锡器盛之,于饭甑上蒸熟。每早起取少许化沸水冲服之,三月须发无不黑者。此方亦平淡无奇,不效,初无大碍。但油、蜜著锡器中,三月恐不能食矣。

**八月初一日(9 月 21 日)**　晴。璩楚珍孝廉玠来谒,集贤生徒也。晚,翰香辞,赴芜湖。

**初二日(9 月 22 日)**　晴。阅《二程遗书》。朱子记云:"先生[门人]记其所见闻答问之书也。始,诸公各自为书,先生没,[传者]颇以己意私窃窜易。家有先人旧藏,皆著当时记录主名,语意相承,首尾通贯。盖未更后人之手,故其书最为精善。后益以类访求,得凡二十五篇,因稍以所闻,岁月先后,第为此书,篇目皆因其旧,而又别为之录如此,以见分别次序之所以然者。后附录一卷,则行状、墓表之类也。"此本为吕氏宝诰堂刊本,藏书家以为佳刻。

"今之学者歧而为三,能文者谓之文士,谈经者泥为讲师,惟知道者乃儒学也。"见卷六。余按，谈经、能文，四科之文学该之。知道，则德行也。古之学者，造诣各有浅深，是以儒分为八耳。

伊川先生云：汉儒近似者三人，董仲舒、大毛公、扬雄。见卷三。不知伊川与子云何所取，岂以《法言》耶？游定夫录明道语，则云扬子于出处之际不能无过，光武之兴，使雄不死能免诛乎？古之所谓言逊者，迫不得已。如《剧秦美新》之类，非得已者乎？此说较伊川为正。光武朝，表章不仕莽者，而仕莽者亦颇厕高位。莽大夫亦未必见诛，但儒者出处岂宜如此苟且立言，岂宜如此谬妄，作《剧秦美新》时，其心固已死矣。

**初三日（9 月 23 日）**　晴。朱云甫编修来。锦。昨夕得廉生书，并寄聚珍三种。刘彭城、强祠部集及《周髀算经》也。明日，适有摺弁，作书复之。又得安圃书，亦复一纸。又得侯念椿来书，有宋本《新唐书》，顾千里手校，求售不能得也。

阅《秦淮海集》。苏门四学士，如淮海者，向特以词人目之。及读其《财用策》两篇，所见乃超出宋人熙、丰、元祐诸公之表。其上讥新法也，而其末云："今国家北有抗衡之虏，西有假息之羌，中有大河之费。公私窘急，可为塞心。此正人臣扬榷敛散以究盈虚，以济用度之秋也。而耻（用）〔言〕财用之事，是晋人而已矣。晋人王衍者，口不言钱，而指以为阿堵物。臣窃笑之，以为此乃奸人故为矫亢，盗虚名于暗世也。何则？使颜、闵言钱，不害为君子；盗跖呼阿堵物，岂免为小人哉？晋人尚清谈而废实务，大抵皆类此矣。昔管仲（道）〔通〕轻重之权，范蠡计然否之策，萧何漕关中之粟，财利之臣也。东郭咸阳之鬻盐，孔仅之治铸，桑弘羊之均输，亦财利之臣也。士大夫言财利，有如东郭咸阳、孔仅、桑弘羊所为也，则不可有如管仲、范蠡、萧何之所为也，亦恶乎而不可哉。"亦不甚取温公一派，其文虽不及毕西台，然议论、识力沾溉于子瞻者不浅矣。

**初四日（9 月 24 日）**　晴，午后阴。有折弁入都，寄安圃、廉生书，又作巽之一纸。

《瀛奎律髓》，余有吴瑞章重校本，兹复得纪文达评本。文达之言曰：“文人无行，至方虚谷而极。周草窗之所记，不忍卒读之。至其论诗之弊：一曰党援。坚持‘一祖三宗’之说，一字一句莫敢异议。一曰攀附。元祐之正人，洛、闽之道学，不论其诗之工拙，一概引之以自重。一曰矫激。词涉富贵，则排斥立加；语类幽栖，则吹嘘备至。是直诡托清高以自掩其秽行。凡此数端，皆足以疑误后生，瞀乱诗学，不可不亟加刊正。海虞冯氏尝有批本，曾于门人姚考功左垣家借阅。顾虚谷左袒‘西江’，二冯左袒晚唐，冰炭相激，负气诟争，遂并其精确之论，无不深文以诋之。矫枉过正，亦未免转惑后人。因于暇日，细为点勘，别白是非，命曰：瀛奎律髓刊误。方氏之僻，冯氏之激，或庶乎其免耳。”文达以校四库书，不暇专意于诗，而论诗极为深透。余学苏而苏之今体未敢以为精纯。观文达之论，亦云苏诗古胜于今，王见大必为文忠佞臣，处处回护，转近阿私矣。此评不主晚唐，亦不主“西江”，学诗者可以为法。

学杜须从义山入，半山说也。学杜须从山谷入，虚谷说也。文达主半山，而不以虚谷为然。余遂服膺此语。

**初五日（9月25日）**　晴。昨夜得沈丹曾书。先是，丹曾过津，欲为余及伯潜联朱陈之好，言之再三。余以儿子顽钝且恐伯潜劫于其乡议，未敢轻问名也。丹曾力任之，至是书来报，允以旧交而成姻好，从此婚嫁愿了，庶可作禽向之游乎？伯潜有来津意，作电询之。

阅《初月楼古文绪论》，吕月沧述吴仲伦语也。吕名璜，吴名德旋。其论桐城三家，极推姚惜抱，乃恪守桐城者。品第乾嘉名家，均有识，然亦有过当者。如袁简斋文不如其小说，朱竹垞叙事文较议论为优，但少风韵之类是也。竹垞不循八家之辙，学问渊懿，议论风韵均佳，惜不选剔一番，使尺牍考证之体阑入散文中，遂为古文家所摈。随园小说最下乘，其文尽有佳处，非刘、姚所能到，不必强合之也。

《史记》如海，无所不包，亦无所不有。古文大家未有不得力于此者。韩文拟之若江河耳。　　古文善用疏，莫如《史记》。后之善学者,莫如昌黎。看韩文浓郁处,皆能疏。柳州则有不能疏者。
《史记》于《左传》长篇只用一二语叙过,正是其妙处。须知质而不俚,
只是叙此等如道家常,所以高耳。　　　此三则论《史记》。而又曰:归
震川似《史记》,岂震川胜韩、柳乎?震川不免小说气,才学识均平平,
亦无二千年事供其叙述,岂能望龙门肩背乎?

初六日(9月26日)　雨意油然,沈阴竟日。仲彭回署,将南行
也。得载之及八弟书。

初七日(9月27日)　雨。午后,过仲彭少谈。夜,仲璋过斋中
小坐。朱祥撤回。

初八日(9月28日)　晴。赞臣来,遣王升回里经理祠墓一切。

初九日(9月29日)　阴。至防军公所一行。复八弟载之及柳
质卿书。

初十日(9月30日)　晴。鞠耦因昨日赴伯夫人灵所归,彻夜不
寐,孕几五月,忽然漏血,延医吴江盛星山孝廉钟岐、常州陈鞠生、刘
雨人两茂才及李诚甫同诊。陈名廷儒,刘名鹗,李名沐仁。后察之,非孕
也,扰扰几及半年。

十一日(10月1日)　晴。内人病未愈,申酉间颇急,入夜少平。

十二日(10月2日)　晴。内人病稍愈。得正孺书。

十三日(10月3日)　晴。内人病如昨。

十四日(10月4日)　晴。内人病已。晚,仲璋来话。

十五日(10月5日)　晴,夜月色时有时暗。有差弁入都,寄复
正孺书,以修敬与鹤巢。夜不成寐。阅徐灵胎医学八种,颇有所
得。惜老矣,不能从事于斯。良相良医均不易为也。得润眉子歉砚
一方。

灵胎笃信《神农本草》。按,《汉书》引《本草方术》,而《艺文志》阙
载。贾公彦引《中经簿》有《子仪本草经》一卷,不言出于神农,至《隋
经籍志》始载《神农本草经》三卷,与今分上中下三品者相合。孙渊如
偕其从子冯翼从《大观本草》厘正之。记曰:医不三世,不服其药。郑

康成曰:慎物齐也。孔冲远引旧说云:三世者,一曰黄帝针灸,二曰《神农本草》,三曰《素女脉诀》。康成《周礼注》亦曰:五药,草、木、虫、石、谷也。其治合之齐,则存乎神农《子仪》之术。窃疑旧说以《素女脉诀》为一世,恐不足据,当是世官之意也。如士之子恒为士,农之子恒为农。

十六日(10月6日)　晨晴,午后阴。寄九弟书,商治家祠祭器。夜有所感,不能成寐。是日得高阳复缄,论合肥赠公专祠立传谢恩事。

侯朝宗有《金陵赠范司马》七古一章,贾静子开宗曰:"崇祯十一年,景文为南司马。是岁,相杨嗣昌,太子中允黄道周论之,下吏。御史成勇救道周,并逮勇。景文会诸公卿申救不得,去位。十五年,起为相。燕京陷,死之。故侯子己卯在金陵,是时景文亦以司马去位,寓金陵而赠之也。"徐恭士作肃曰:"崇祯三年,景文佐司马(赠)〔镇〕通州,侯子父司徒公佐司马镇昌平。五年,景文去之,司徒并通州代之。与景文素善。九年,司徒为温体仁、薛国观所忌,下狱,久不解。景文盖尝营救之也。寓金陵,及营救侯司徒。"《范文忠集》似未说,姑记于此。

读扬子《法言》。宋人所以尊扬子者,以其汉儒而好论名理,与宋人学问相近。至"汉公之懿",称之谓自周公以来所未有,勤劳过于阿衡,亦以为危行言孙,孙则有之。所谓寂寞投阁,清净符命,亦危行耶。直不可解也。雄本文人,罔知名节,即言理亦极平浅。《法言》何足以拟《论语》,仍是其辞赋之习,华辞而已。其称史公为实录,又曰圣人有取而括之以爱奇。又非史公微指,及历论各传,率以三五语、一二字该之,自谓简抄,实则皮毛之见,不足以得史公之深也。语语抱定孔子,宋人便以为得圣道,正其善于藏拙处。自云制律不如弘、恭,草奏不如陈汤,以大儒而与宦者较量,弘、陈并称,知其全无分晓也。

十七日(10月7日)　晴。得家书。

十八日(10月8日) 晴。黄秦生自鄂来，留之便饭始去。午后，得载之书。

十九日(10月9日) 晴。秦生来谈。买宋学士《道古堂集》。余箧中集部最少。

二十日(10月10日) 晴。鞠耦病愈。章焕之来谈。午后，蒋性甫太史来见，名式理。与允言同年，廉生次子之内兄，玉田人也。其胞叔祖轶伦与先人己卯同年，官完县教谕。复玉初书。玉初为录范文忠遗书拙跋来。夜得叔毅一缄。

二十一日(10月11日) 晴。得廉生复书，寄宋凤墅石刻褉图来，以二金得之。鞠耦酷嗜《兰亭》，得此颇可喜。腾以明益藩重刻褉图，则八金矣。

买影元抄《千金方》一部，价六金。日本人所影抄。

乐山书来，欲设滦阳镇，或添练河屯协两营，属为酌定。古北口练军常驻芦台、热河，地面辽阔，腹背单寒，非设总兵不可，仅练两营乃因陋就简之计，恐合肥尚不以为然，以饷无所出耳。边海并重，平时嫥重海防，及有战事又主和议，此何策也。思之可笑。

二十二日(10月12日) 晴。季和以回避其叔，调大理，近劾河款，山中枢府之所忌，故由副宪左迁之也。铁香亦亡，同时建言诸臣零落殆尽矣。

二十三日(10月13日) 晴。永宝估郭、刘二姓来，留《道因碑》一本。冰善逝三字尚完。据称宋拓，索二百金，又六如、衡山两图、西涯两卷，价均甚昂，坚置斋头而去，姑以之消遣半日。张巽之为致薛曜《封祀坛碑》，不及《石淙诗序》之清楚矣。镜江来小坐片刻。

二十四日(10月14日) 晴。陆蔚廷自粤来，午后答之。一事已过百，闲人竟不能劳，可慨也。

二十五日(10月15日) 晴。寄九弟书。菁衫寄《望海亭记》来。

阅《陆清献年谱》。先生论《汉书》之失，有云：《儒林传》叙《易》独详，而于《毛诗》、《春秋》三传甚略。毛公及公羊、穀梁子皆不载其名。及其授受《尚书》，自伏生以上亦绝不知其授受。余夙论如此，不意先生竟先言之。近日动谓道学家空疏，殊未然也。考据家护前之见太重，处处推尊汉学，于班氏语语据为典要，不知其书乃摭拾而成，于经学并未入门，故言之疏漏太尔。《史记·儒林传》寥寥，却当时博士具官均已全列矣，不若班之紊杂也。别有《儒林传纠正》详之。

阳明之功，本不必以讲学重。然既有阳明之功，坐言起行，议者亦自可宽假。乃尊王学，如汤文正，固属持之太过；辟王学，如清献，则又绝之太严，皆客气也。应潜斋至曰阳明之功，谲而不正，诡遇获禽。又曰阳明自少驰马试剑，独学无师，而坚于自用。于一代名臣必欲刮垢求瘢，深文周内，恐非与人为善之旨，必如此而始为程、朱入室弟子，无怪愈讲愈迂，空谈心性而不知世事矣。

《三鱼堂》有《致谷老师霖苍先生书》二札。《年谱》：先生以顺治十三年补博士弟子员，时谷公为提学也，较小曹之识何义门为不侔矣，而邑志遗之。两书采入《浭小录》，亦泛泛通问语。

**二十六日（10月16日）** 晴。寄张巽之、王廉生书。以《望海亭记》寄允言。晚，得谊卿、载之两书，均论买书事。

**二十七日（10月17日）** 晴。复载之书。午后，赞臣来话。

阅《亭林遗书》。亭林诗颇得杜意，文亦不俗，品学俱第一流故也。《郡县论》九篇，言之反复郑重，不免迂阔难行，转起儒无益于人之诟病，以此知立言之不易。

**二十八日（10月18日）** 阴。寄九弟书。士周来谈，携戴子辉前辈书一缄。午后，阅旧拓一二种。若诗，若文，若书法，近均有悟境，而不能如少年之精专，心绪筋力为之蹉跎半世，一事无成，如何如何。

**二十九日（10月19日）** 晴。寄鹤巢书。

得《邹道乡集》，乃道光间刊本。李申耆任校刊，而删节外纪，入年谱中，究不如依旧本全刻为是也。按，振绮堂有宋刊本，惜刻时仅据明万历本耳。外纪乃道乡裔孙忠允所作,万历本始有之,删尚无碍。

三十日(**10 月 20 日**)　晴。吴赞臣来,时方恭钊已到吴,将卸道篆也。申刻,刘雨人秀才来。晚,得乐山及八弟书。

买得朱休度《壶山吟稿》。朱,字介裴,官广灵知县,秀水朱稼翁之族孙也。其侄鸿谓其诗貌近宋金,而晚律之细已入老杜之室。鸿著有《杜诗双声叠韵表》,即本之介裴,故介裴亦以双声、叠韵为诗,然诗格则不甚高。

九月初一日(**10 月 21 日**)　晴。复乐山书。永诗由都来。晚,约仲璋来话,玉初书至。

以《艺文类聚》大字本复校引《管》数十条。此王氏原本也。夜,检褚《圣教雁塔》三本两明本,一刘燕庭拓本。细勘一过,《雁塔》定在《同州》之上,以《同州》为佳者实皮相之见也。

《玉照新志》:"石才叔苍舒,雍人也。与山谷游从,尤妙于笔札,家蓄图书甚富。文潞公帅长安,从其借所藏褚遂良《圣教序》墨迹一观。潞公爱玩不已,因令子弟临一本。休日宴僚属,出二本令坐客别之,客盛称公者为真,反以才叔所收为伪。才叔不出一语以辨,但笑启潞公云:'今日方知苍舒孤寒。'潞公大哂,坐客赧然。"据此则,褚之墨迹,北宋犹存。惜潞公不泐石作别本,而徒临一赝迹也。然今日果得文氏临本,亦瑰宝矣。

初二日(**10 月 22 日**)　晴。袁伟庭书来,荐梁如浩者留意制造,属余见之。香山人,字孟亭,三十二岁,从陈副宪兰彬出洋,询之,云陈已浚矣。午后,永诗来谈。李诚甫为内人一诊,脉甚和。赞臣来话。得安圃书。明日有折弁,复之,并寄还忠义堂颜帖两册。

阅《长短经》,校其引《管》者。惜宋本已经校改,读画斋本也,恐不尽可据矣。

初三日(**10 月 23 日**)　晴。午后,复吴谊卿书,又得八弟一纸,时弟有卸富阳之说。

初四日(**10 月 24 日**)　晴。午后,吊唐景星。复赵菁衫书。阅

《癸巳类稿》一册。

陈定九鼎《东林列传》用意甚关激劝,而体例殊未尽善。《熹纪》岂宜附列传之后? 东林肇自龟山,有宋诸臣止须撮叙,列为首卷亦属无谓。其中本非东林而忠正者,则进之;本东林而晚节不终者,则去之,殊涉袒护。至流为二氏,如熊开元、姜垛、方以智辈因老而为僧,亦一概不入,尤属无理。三子之为僧,不欲剃发易衣冠也。较殉节者次一等则可,岂得谓之攻异端乎? 余作《汉党锢、唐牛李、宋元祐三表》,以庆元党禁、东林列传均有成书,不复厝意。今略一翻阅,乃偏激若此,似宜重为补正,以存其实。盖当日东林声气太广,贤愚不免杂揉,无所用其回护,录正人以见东林之实有根柢,录伪士以见吾道之未许攀援,斯则劝惩并寓,扬激兼施,庶为公论耳。

七录者,天鉴一,雷平二,同志三,剃稗四,点将五,蝇蚋六,蝗蛹七。或百馀人,或二三百人,或多至五百馀人。与《东林党人榜》并考,当有可观。余仅有点将一录耳。

**初五日(10月25日)** 晴。樊介轩自浙来。午后,得伯潜书,寄《左海集》一部,即作三纸复之。寄乐山书,论幕友事。

阅《黄漳浦集》。集有《书管子后》三章,于仲不甚满意。而公年五十五还山守墓,以前疏批旨有朋串之语,乃于石养山中坚庐之上,别构数椽,左曰十朋轩,壁间位置曰管葛,曰郑董子产、广川,曰吴郭季札、林宗,曰晏丙平仲、丙吉,曰张李留侯、邺侯,曰黄王叔度、文中,曰田羊田叔、叔子,曰疏魏广、舒,曰管陶幼安、渊明,曰邴皇邴原、皇甫谧,曰申阮申屠蟠、阮孝绪,曰梅张梅福、张翰,曰周沈周磐、沈麟士,凡二十六人。右曰九串阁,壁间位置曰屈贾,曰鲁李仲连、太白,曰乐王毅、猛,曰刘韩向、愈,曰汲魏长孺、郑公,曰黄张黄霸、乖崖,曰五马第五伦、马宾王,曰高苏高允、苏颂,曰谢李安、纲,曰王白右军、乐天,曰陆苏宣公、眉山,曰宋范宋璟、文正,曰裴韩晋公、魏公,曰张赵曲江、清献,曰李马李绛、温公,凡三十人。又以管仲居首,至五十六人之不甚相类。公自别有取意,不敢妄议。惟以严旨中语,采以名其轩阁,究属非宜。此等处,公不免稍涉意气耳。此本乃陈恭甫所辑。

初六日（**10 月 26 日**）　晨起，微雾旋晴。巳刻，介轩复来，留之便饭，粗具鸡黍而已，饭后送之登舟，至经堂一转而返。寄蔚廷一书。

初七日（**10 月 27 日**）　阴，微雨。昨得秦生书，借炮艇，其侄妇王贞女过门，将还鄂渚也。作一纸交艇弁。午后，为陈儿改赋一篇，艰涩之至。

张文潜《柯山集·读唐书四首》，其论裴晋公、李卫公，以晋公中和、卫公矜才快意，故安危不同，此亦处世有得之言。然以晋公处宦者刘承偕长流，卫公诛郭谊为说，则不甚相类。夫刘承偕有宠于母后，而刘悟以其监军积侮为言其罪，本不至于死也。斩之则伤母后之意，流之则足安藩镇之心，是亦足矣。况度先请斩，复云不能斩，则流之，是逆揣宪宗之必不斩而始出于流也。此在度，特无甚关系之事，不足以定其生平。泽潞乃武宗、卫公君臣一生作用。卫公云，刘稹小子安知？及谊始教之而终卖稹以求生，卒斩之。当藩镇积重之后，不赦稹则足以杜子弟自为留后之风，不赦谊则足以绝将佐相助为虐之弊。卫公权之熟矣！以为求名而杀之，殆一孔之论也。独牛僧孺闻刘从谏灭而叹，卫公构成其往来之迹近于抵隙报嫌，稍失雅量，然当日有无往来亦难取决。要之，晋公遇文宗，故恩礼不替，卫公遇宣宗，故贬谪横加，气运为之，不关其处事之和与刻也。独两公于宦者均不敢稍示惩创，亦足见尔时奄寺之横矣。

初八日（**10 月 28 日**）　晴。折弁回，得廉生复书。翼北寄李字元押一枚、图书石七方。

欧阳通师相武后月馀，以张嘉福请立武三思为太子，通与岑长倩固执不可，遂忤诸武，为酷吏所陷，被诛。其忠于唐室，不愧世臣，乃不入宰辅传，而附之《率更传》后。事实寥寥，《新》《旧》一辙，忠义为书名所掩。欧阳文忠、宋子京之史例亦可议矣。《旧传》："子通，少孤，母徐氏教其父书。每遗通钱，绐云：'质汝父书迹之直。'通慕名甚锐，昼夜精力无倦，遂亚于询。"《新传》则云："母徐教以父书，惧其堕，尝遗钱使市父遗迹，通乃刻意临仿以求售，数年，书亚于询。"由旧史之说特给言父书可售，钱以策其子肆书耳。如新书所云，则先卖询之书以取利，后仿询之迹以诳人。此母子竟是贩卖伪书画手段，何以称为贤母肖子乎？不知何所据也！因阅《道因碑》，偶驳正之。

**初九日（10月29日）** 晴。改赋两篇。

**初十日（10月30日）** 晴。至防军公所小坐，聊以遣闷。晚与仲璋少谈。

阅《逊志斋集》，乃康熙间淮南俞氏本也。燕世子仁厚，其弟高煦狡谲，有宠，尝欲夺嫡，正学谋以计间之，白帝，遣张安赐世子玺书。世子不启封，并安送燕王。此计可云迂拙。年谱载之。《明史》即据之作传。余以为逊国诸臣事实被三杨删削殆尽，此必非其实也。谱于俞斌复姓事盛称之，而传则云方氏察其伪言，于官不知。俞氏于康熙间刻书，何尚沿其谬误。孙诒让家有三十卷本，与通行之廿四卷者编次迥殊，惜不可得见。要之，正学一代孤忠，未能稍有展布，并其欲复《周礼》六官之说，恐亦不足信耳。

**十一日（10月31日）** 晴。合肥云，仲良引疾又赏假，闻孝达请觐之说，永诗来话。

借苏子由《古史》录其《管仲传》一篇，《古史》直不足取，夹漈踵之作《通志》，皆宋人之谬也。

**十二日（11月1日）** 晴。孙慕韩自浙入都，少谈，欲往答之，以舟在大王庄，不果。得九弟书，阅后惘然。夜，慕韩赠《武林掌故丛编》十四函，乃杭州丁氏所刊。丁氏颇有藏书，惜所刊有井灶之见，不足与鲍渌饮作仆隶也。至舟一谈，并晤仲玙，时已泊吴楚公所后涯矣。戌正回署。

**十三日（11月2日）** 晴。伯行由日本回，至经堂唁之。汤伯述、曹荩臣来话。

**十四日（11月3日）** 阴。晚，伯行来谈。得高阳书。

**十五日（11月4日）** 晴。寄廉生书，交差弁。吴赞臣来谈河工。薄暮,秦生来,迎其侄信成聘室王贞女过门守志,舟泊铁桥下。夜,步行登舟答之。

十六日(11月5日)　晴。邵班卿午后来话。

留秦生午饭,寄本甫复书,以三十金寄吴壮孙,以二十元诒贞女。晚,陈容民来谈,刘义自粤来。得九弟书。

十七日(11月6日)　阴。午后,李芍农前辈过谈,晦若亦至,坐至一时许,无甚要语,盖芍公素性如此。秦生乘轮南下。夜,挑灯独坐,不觉惘然。

十八日(11月7日)　阴。往答芍农学使,小坐即归。伯平奉其太夫人来津。午前过我,答之,未值。夜,作复高阳书,论畿辅水患,宜疏通海口。

十九日(11月8日)　晴。伯平来谈。得乐山书。复九弟书【后】。午后,不能稳卧,闲检旧书,聊以破闷。

二十日(11月9日)　晴。夜,阅《宋学士集》。景濂之文雍容浑穆,为有明开国文臣之首,年六十八致仕而归,可云进礼退义矣!乃因其孙慎陷入胡党,太祖欲置之死地,赖马后懿文营救,始得远徙茂州,竟卒于夔,去致仕仅四年耳。使其恋恩不去,庸知不如青邱辈之竟被刑章。以此证之,仕宦实为畏途。子陵之不仕光武,非无见也。

二十一日(11月10日)　晴。杨俊卿卸西宁回幕。

魏收《北魏书》,当时目为秽史。《提要》于《北史·收传》所诋各节,一一均为辨证,谓平心而论,"未甚远于是非",即《北史·收传论》亦云:"勒成魏籍,婉而有则,繁而不芜,志存实录。"按,《史通》最指斥《魏书》,今具录之。《题目篇》云:"魏世邻国编于魏史者,于其人姓名之上,又列之以邦域,申之以职官,至如江东帝主,则云僭晋司马叡、岛夷刘裕;河西酋长,则云私署凉州牧张实、私署凉王李暠。可谓滋章之甚。"《采撰篇》云:"沈氏著书,好诬先代。而[魏]收党附北朝,尤苦南国,遂云[司]马叡出于牛金,刘骏上淫路氏,可谓助桀为虐,幸人之灾。"《断限篇》云:"党附本朝,凌驾前作,遂乃南笼典午,北吞诸伪,比于群盗,尽入传中。但当有晋元、明之时,中原秦、赵之代,元氏膜拜稽首,自同臣妾,而反列之于传,何厚颜之甚耶!"《杂说(中)》云:"刘氏献女请和,太武以师昏不许,此尤可怪也。何者? 江左皇族,水乡庶姓,若司马、刘、萧、韩、王,或出于亡命,或起自俘囚,一诣桑乾,皆成禁脔。此皆魏史自述,非他国所传。北之重南,其礼如此。安有屈己求昏,疑而不纳。其言河汉,不亦甚哉!"《曲笔篇》云:"魏收高自标举,为失已多,而李氏《齐书》称为实录者,何也? 盖以重规李百药字。亡考未达,伯起以公辅相加,字出大名,事同元叹,既无德不报,故虚美相酬。然必谓昭公知礼,吾不信也。语曰:'明其为贼,敌乃可服。'如王劭之抗词不挠,可以方驾古人。而魏收持论激扬,称其有惭正直。不彰其罪,而轻肆其诛。盖由君懋书法不隐,取咎当时。或有假手史臣,以复私门之耻,不然,何盗憎主人之甚乎!"其他小小指摘,不一而足。盖知幾之于佛助,直深恶而痛绝之,然大致恶其重北轻南。知幾,彭城人,不免町畦未化也。夫南指北为索虏,则北必斥南为岛夷。南北诸史都不能免此恶习,何独痛诋佛助?《史通》议论纵横,微伤愤激,此亦其不平之一端欤!

**二十二日**(11月11日)　阴。王福自籍来。琴生旧仆,录之籍中。伯平、伯行均来谈。

《张南轩集》论《温峤得失》,谓其绝裾而行,将【母】命,岂无他人? 其意不过以江左将兴,奉檄劝进,微幸投富贵之机,赴功名之会耳。此论甚陋。峤盖功名之士。观其全传,初则称王导为夷吾,继则推庾亮为盟主。平苏峻之役,推奉陶侃,其谋发于峤之从弟充。侃未即下,峤遣使谓之曰:"仁公且守,仆当先下。"去已二日,赖毛宝说之,峤始改书。所以然者,以侃、亮有嫌耳。此岂乃心君国所为哉? 至其绝裾而南,则非徒赴功名之会,亦兼有避祸害之心。其时琨已失势,依段正碑。峤策其不能有为,必为正碑所害,故藉此自脱,苦请北归,亦非诚意,特藉之自解耳。盖其人绝有机智,不独王敦、钱凤在其算中,即王导、庾亮、陶侃亦落其度内。峤称钱世仪精神满腹,可以移为峤之传赞。狡变如此,岂待然犀烛怪始知其不复永年哉?观陶、桓公表,称其"忠诚著于圣世,勋义感于人神",似余说为过刻,然此表正见侃之待人以诚。至于太真之赴国难,大抵推崇庾亮之意居多。观其数战皆北,使非充、宝有谋,以侃为盟主,虽洒泣登舟,何益哉?

二十三日(11月12日)  阴。昨夜内子又病,晨起延医诊治,扰扰竟日。

二十四日(11月13日)  晴。得载之书,知已回上海。内子病,较昨日略平,尚未痊复也,夜不成寐。廉生有书论《道因碑》。

二十五日(11月14日)  晴。南中寄新蟹,与合肥持螯共酌,薄醉解愁。俊卿来谈。

二十六日(11月15日)  晴。永诗来。内人病瘥,心境略畅。

二十七日(11月16日)  晴。复廉生书。高阳请假,以前书卜之,似有感冒,驰笺候之。夜得乐山一纸。

二十八日(11月17日)  晴。乐山仆任庆至,附复乐山书。

二十九日(11月18日)  晴。有折弁入都,复鹤巢书。

十月初一日(11月19日)  晴。鞠耦大愈。李怡庭、杜心垣自南致书帖来。午后,陆伯沄世泰自都来谒,月湖师之从子也。得宗载之书。

得黄荛圃旧藏影宋《管子》抄本十三卷以下,黄氏补抄、元本《千家注杜》、杭堇浦《续礼记集说》抄本、明初刻《贝清江集》四十卷足本。万历刊本三卷。康熙桐乡金氏刊本十三卷,其本有天台徐一夔序,乃其子翱编刻者。《邵目》仅许氏有四十卷抄本,不多觏也。金刻亦足本。邵注误也。

初二日(11月20日)  阴,作雪未成。邹岱东以家庖甚美,献于合肥,招余及肯堂、晦若诸子孙辈同尝之,大致效《随园食单》有意出奇,非真知味者。坐无酒人,陶然自酌,已半醉矣。

初三日(11月21日)  雨。陆伯沄来谈。

初四日(11月22日)  雨甚大。李、杜来议书价,拟全取之。得秦生电,贞女到鄂,妇姑相安。

　　长吉之诗,杜樊川《叙》之,谓:"使贺且未死,少加以理,奴仆命骚可也。"刘须溪驳之,谓:"樊川反复称道,非不极至,独惜理不及《骚》,不知贺所长正在理外。"董伯音亦云:"长吉诗深在情,不在辞;奇在空,不在色。"至谓其理不及,则又非矣。诗者,缘情之所,非谈理之书。显而言理,则有礼;幽而言理,则有易。不必依于理,而不能自已于情之所之,则为诗。如以理为诗,直名为易,与礼不得名为诗。《骚》之《天问》、《九歌》,《风》之十五国,若律之以理,所存者盖寡,如以君臣理乱激发人意疑贺无,有则若《宫体谣》、《黄家洞》、《猛虎行》、《吕将军》、《瑶华乐》、《假龙吟》、《龙夜吟》数十篇,皆隐约讽喻,指切当世。恨读者之不深,殊不能知之矣。此皆推尊昌谷太过耳,亦未喻樊川之语意也。王琦琢(庵)〔崖〕痛驳须溪,引宋潜溪之说,谓之醉翁癫语,而于长吉精神、樊川评骘亦未之解。樊川精于诗。所谓理者,即老杜熟精《文选》理之理。奴仆命骚,乃世人推许之论。杜则云盖骚之苗裔,理虽未及,辞则过之。是杜已就世之说长吉者翻进一层,谓其理不及骚,而辞已过骚。推崇如此,尚有疑于樊川之不足长吉耶?夫长吉之诗,从骚得法而理不及骚者,年为之,境为之,时代为之,此天限长吉耳,不足为长吉病。余箧中有王琢崖及(姚□□)〔陈本礼〕①《协律钩玄》本。姚以各本汇集,自附己意,故曰钩玄,然所见尚未尽惬。拟暇日一评点之,与所评【长吉】玉溪诗合为一编,然亦未暇耳。

　　**初五日(11月23日)**　晴。约楚宝来谈。

　　阅《刘孟涂集》,亦桐城派也。有《与仪征相公论文书》,大致以仪征不取望溪,因言震川熟《史》、《汉》,学欧、曾,而时艺太精,不能不囿于八家。望溪之弊与震川同,然其大体雅正,可以楷模后学,不得不

------

　　①　整理者按,手稿原空。李贺诗清代注家有姚文燮,当缺"文燮"二字。另,陈本礼笺注李贺诗为《协律钩玄》,而姚氏注本乃《昌谷集注》。盖张佩纶张冠李戴之误。

推为一代之正宗。学《史》、《汉》者由八家而入,学八家者由震川、望溪而入,则不误于所向,然不可以律非常绝特之才。必也以汉人之气体,运八家之成法,本之以六经,参之以周末诸子,则所谓争美古人者,庶几其有在焉。盖欲媚仪征也。其论骈体也,云:骈中无散,则气壅而难疏;散中无骈,则辞孤而易竭。与余持论相合,然观其散文,才气纵横而失之理不卓、骨不坠。骈体亦立意矫俗,自以为取法《离骚》,实则《淮南》、《抱朴》一派,亦嫌未能遒健,所谓骈中之散,近于弱;散中之骈,近于浮。盖欲改望溪之薄弱而多用骈以骋其气,而不知其筋脉之拘挛为病也。姚姬传称其文命意遣词俱善,如此做去,吾乡古文一脉庶不断绝,殆指其少作而言。观其《致阮文达书》,即窃取《古文辞类纂》,议论以先秦诸子、六经装点门面而已,实未能有所心得也。观其致韩桂舲、陈笠帆、曾宾谷书,均未同,而言近于江湖游客之派,此又错学昌黎《上时相书》而居之不疑者,是则惜抱所不屑为者矣。

**初六日(11月24日)** 晴。伯沄回都,志仲鲁以道员分发江苏来见,即乘轮南下矣。

穀人祭酒以骈文著,诗亦有声。《蒲褐山房诗话》称其诗才超越,继朱、查、杭、厉之后,隐然以浙派目之。覃溪先生之《序》独曰:"予之望君以少陵,而他人之知君者目以樊榭。然樊榭一生精力多在南宋,而以铁崖乐府神趣行之。夫铁崖不及道园,而以樊榭与铁崖较量,口露单窭之状,则何也?诗家之韵味,与考订家之研核途不同也。无他,仍于杜未深耳。杜非貌似之谓也。义山以移宫换韵为学杜,是真杜也。山谷以逆笔为学杜,是真杜也。今之读杜者,凿求之则妄,执守之则泥,非[深]彻乎《三百篇》以下变通之故者,不可以读杜;非历宋元以来诸家之利病者,不可以学杜。此不传之秘也。君应笑而许我否?"余谓覃溪论樊榭当矣。其由虞、黄入杜,是覃溪诗境,与穀人无涉。祭酒诗才笔不雄,去樊榭尚远,有效老杜《诸将五首》,如云呼风啸,空拳抟地,棘天荆战,骨撑入穴,此时如破竹据桥,有将独横矛,不免失之堆垛琐碎,亦未涉杜藩篱也。然则覃溪之誉,故属过情,即蒲褐山房之品,亦非汝南定评耳。浙派中如竹垞、樊榭,各有独到处,未易接响也。

初七日(11月25日) 晴。张小船、崔琴友来。琴友自南,今年屡至。鞠耦之病小有反复,闷甚,夜不成寐。

《至正直记》载虞邵庵之论,云:"一代之兴,必有一代之绝艺足称于后世者。汉之文章,唐之律诗,宋之道学,国朝之今乐府,亦关乎气数音律之盛。其所谓杂剧者,虽曰本于梨园之戏,中间多以古史编成,包含讽谏,无中生有,有深意焉。是亦不失为美刺之一端也。"按,此论出于邵庵恐未必确。即以文论,元之今乐府可与汉文、唐诗、宋道学并乎?直是谬说。此何关于一代之气运哉?余谓一代之兴,必有一代之绝胜。独至处不在文章之末也。汉之兴,以法律;唐之兴,以致典;宋之兴,以礼教;元之振古铄今,实以武功。观俄国至今强盛如此,而当日并入版图,可云武矣。至于汉之经术、宋之道学,则与晋之清谈同为一时之风气,谓汉以经术治以经术乱,宋以道学存以道学亡,皆文人意为之说,不值一哂也。然经术明,则朝多通儒。道学盛,则朝多正士。其人心风俗自有相持不敝者,所以享国久长,非若祖尚玄虚之再传即乱,是亦与世运颇有关系。若元之曲,则有何关系乎?疑孔行素之私撰,托之邵庵耳。《直记》多秽亵语,甚至其叔续娶孀妇,其姊受绐恶尼,均列于篇,殆妄人也。

初八日(11月26日) 晴,晨有风。借宋本《周礼》五册,欲以嘉靖本对校,未暇也。晚得宗甥电,八弟因服凉药病危,焦急万状,驰电载之,赴富以备不虞。

初九日(11月27日) 晴。晚,琴友来谈。永诗自保定来。

初十日(11月28日) 晴。得沪电,八弟病稍愈。载之十一日由沪赴富阳。合肥幕中延一黄介臣,孝廉,祖戴,乙亥举人。乃松泉编修之从弟也。许枢及汪柳门所荐耳。

十一日(11月29日) 晴。得吴谊卿书。复高阳、廉生书。

十二日(11月30日)　风,晴。杏孙来。午后,晦若约谈,少坐即返。

十三日(12月1日)　晴。张绍华来,以陆伯沄属之。

十四日(12月2日)　晴。寄都中云舫、蔚廷、廉生、鹤巢书。李、杜之便也。

十五日(12月3日)　晴。仲彭由合肥回,往返两月。得孝达书,论铁政。

十六日(12月4日)　阴。于兰骈之西屋安床位置略备,以北宋婺源本《周礼》校嘉靖本。

十七日(12月5日)　阴。得洪翰香、章颂民、刘献夫书。

十八日(12月6日)　阴。刘映藜来,永诗之弟也。欲出门,倦懒而止。

十九日(12月7日)　阴。袁启之来。得九弟书,复献夫、翰香、颂民各一缄。得载之电,八弟已痊,卸富阳,又生一女。十四日亥刻,庆姬所出。

二十日(12月8日)　阴。九弟寄祭器一箱来,作书复之。李仲仙观察来,入都候简也。

二十一日(12月9日)　阴。介轩寄《九曜》石拓本来,并得高阳书。夜得都电,允言又举一男。

二十二日(12月10日)　阴,有风。永诗来。冯仲治由河南还都过此,时服未阕。毛荔孙来自都门。

二十三日(12月11日)　阴。过永诗,其女为允燮之妇,出见归安,将返都也。闷甚,夜被酒校《周礼》一卷。

二十四日(12月12日)　晴。复高阳书。

二十五日(12月13日)　晴,天气稍和。杏孙来,论孝达铁厂事。校《周礼》两卷。

二十六日(12月14日)　晴。夜,复介轩、慕韩书。

二十七日(12月15日)　晴。得八弟书,病初愈,倚枕作。知富阳交卸，府委代理新城，敷衍度岁而已。

二十八日（12月16日）　晴。仲仙携书画一笥，皆精品，邀余为之鉴别。最佳者大痴山水一幅，程青溪《栈道图》亦有气魄，馀皆王、恽、戴诸贤卷册，因鞠耨未能健，尚须医药，不及纵观细赏也。

二十九日（12月17日）　晴。余生日，忽忽又一年矣。是日校《周礼》竣。

三十日（12月18日）　晴。过仲仙，过楚宝略谈。

崔浩之祸，固由国史，然魏世祖后亦悔之，有"崔司徒可惜，李宣城可哀"之语，何至盛怒之下夷族及其姻亲。《浩传》第曰：真君十一年下诏诛浩，其后叙浩毁佛经，害李顺，以示报应而已。《北魏书·李顺传》已亡。考之《北史》："顺死后数年，其从父弟孝伯为世祖知重，居中用事。及浩之诛，世祖怒甚，谓孝伯曰：'卿从兄往虽误国，朕意亦未便至此。由浩潜毁，朕忿遂盛。杀卿从兄者，浩也。'"浩之谗顺，通国皆知，而孝伯宣播帝语，明是掩其倾浩之迹，疑浩之族孝伯有力焉。《浩传》叙其梦云："俄而顺弟息号哭而出，以戈击之，悉投于河。"是隐指孝伯辈也。《高允传》：浩之被收，允直中书省，恭宗使吴延召允入，仍留宿宫内。翌日，恭宗入奏世祖，命允骖乘，谓曰："入当见至尊，吾自导卿。脱至尊有问，但依吾语。"允请曰："为何等事也？"恭宗曰："入自知之。"是收浩之事。恭宗预闻，何极力为允脱罪，曾不为浩一言？恭宗之总百揆，浩实辅政。使与浩相得，谅不至视其族灭极不申请。凉州之役，李顺等言姑臧无水草，恭宗亦有疑色。及世祖至姑臧，以泽草茂盛诏恭宗，疑此诏乃浩为之。恭宗虽谓宫臣以言者何面见帝为解，而忌浩之智已萌于此。是则浩之祸实萌于凉州一役，违众建议，以气陵人也。第不解伯起作史之因，何不直叙其事，岂其详于《李顺传》中而今佚之耶？要之，浩之罪，高允所云"犯触罪不至死"之语，得之当时，世祖震怒，于上太子坐视，于下极无一人为之申理，必别有故，而以浩之三世宠眷，倏忽诛夷，又可慨然于仕宦之为畏途也。

十一月初一日（12月19日）　晴。仲仙来，与之偕至晦若处略坐。复安圃书,并寄鹤巢一纸。

王敬则以高武旧将起事,百姓担蒿荷锸逐之十馀万。明帝之疾已笃,东昏至,急装欲走,少日而败,岂武进陵竟无灵爽,不能假手以复金翅食小龙之仇哉?盖萧鸾诚为猜忍,而敬则初非能忠于故主者。其反也,特以张瑰平东之号,咄咄相逼,谢朓泄谋,徐庶告密,仓卒而起迹。其至会稽后,心怀忧恐,画自安之策,初未尝处心积虑为高武子孙求复旧基也。且为高武讨明帝自是义举,敬则两与乎?弑岂能令其成义举之名,此中盖有天焉?萧子显乃高帝之孙,亲见明帝杀戮同宗之惨,故于敬则之举兵有幸词,于敬则之兵败有惜词,实则明之戮高武子孙与齐之害宋宗室何异?所谓天道好还,疏而不漏,袁、刘忠于宋而不能救宋之亡,况敬则之于高武乎?此类篡弑得国之君,为臣不忠,天亦不使其得享忠臣之报也。《礼志》:永明十年,诏褚渊、王俭、柳世隆、王敬则、陈显达、李安民,配飨太祖庙廷。时敬则、显达尚存,辄称故骠骑大将军王敬则、故镇东大将军陈显达,亦奇。

**初二日(12月20日)** 晴。鞠耦又病。

《皇华纪闻》云:"东阿令李君经邦说:'阿胶真者,煮用阿井,浸用狼溪之水。'狼溪,城中水也。旧闻杭西湖产莼,必浸以萧山湘湖之水乃佳。物类相感,志惜未及此。"今阿胶佳者极少,更无人知以狼溪浸胶之说矣。

**初三日(12月21日)** 阴。

**初四日(12月22日)** 晴。鞠耦之疾,医者莫明,殆由思母郁闷所致,守不药[之戒],中医之说得之。

**初五日(12月23日)** 晴。独坐无憀,阅诗话自遣。

《南齐书·王敬则传》:"与寿寂之同毙景和。"又云:"太祖命敬则于殿内伺机,未有定日。既而杨玉夫等危急殒帝,敬则时在家,[玉夫]将首投敬则。"叙弑苍梧事浮沈。若玉夫自行弑逆者,非为敬则讳,为太祖讳也。按,《南史》叙七月戊子事亦云道成与直阁将军王敬则谋之,即子显所谓伺机,则明是道成、敬则预结玉夫伺机弑帝耳。

特子显深没其交结之迹,遂若敬则自伺机,玉夫适行弑逆者,否则苍梧之首何以径将投敬则耶?《南齐书》又云:"敬则驰首诣太祖,太祖虑苍梧所诳,不开门。乃于墙上投进其首。"似太祖仓卒闻变,全不知情,以《桓康传》证之:"七月六日,少帝微行至领军府,帝左右人曰:'一府人皆眠,何不缘墙入?'帝曰:'我今夕欲一处作适,待明日夜。'康与太祖所养健儿卢荒、向黑于门间听得其语。明夕,敬则将帝首至,扣门。康谓是变,与荒、黑晓下拔白刃欲出。"是玉夫所以必七夕行弑者,道成得桓康之报,刻期殒帝,而不遽开门者,康等恐苍梧之诳阻之也。夫篡弑之祸,自春秋时已乱贼接迹。至于六朝,则"杀老牛莫之敢尸"之说久迂,视之名分荡然,视如草菅。齐之国祚最促,高武子孙受祸尤惨,岂非自积之馀殃哉。

**初六日(12月24日)** 晴。吴赞臣、盛杏孙均来。

萧顺之为梁武之父,传附《武纪》。《梁书》仅具官位。《南史·武纪》前稍详,如云:"宋帝昏虐,齐高谋出外,顺之以为一旦奔亡,则危几不测,不如因人之欲,行伊、霍之事,齐高深然之。"又云:"袁粲据石头,顺之闻难作,率家兵据朱雀桥,黄回觇人还告曰:'朱雀桥南一长者,英威毅然,坐胡床南向。'回曰:'萧顺之也。'遂不敢出。时微皇考,石头几不据矣。及齐高即位,深相忌惮,故不居台辅。"此或梁武即位后粉饰之词。以齐之创业,全赖其父,隐然若肇基王迹者。就今所言,皆实亦一篡逆之死党耳。何足为荣哉?考《南史·鱼腹侯子响传》:"上遣顺之领兵征子响,顺之将发,文惠太子素忌子响,密遣不许还,令便为之所。子响见顺之,欲自申明,顺之不许,于射堂缢杀之。子响密启藏妃王氏裙腰中,具自申明。及顺之还,上心甚怪恨。百日于华林为子响作斋,上自行香,及见顺之,呜咽移时。顺之惭惧,感病,遂以忧卒。"《南齐书》作于梁时,有所隐讳,自不如《南史》之得实也。合而观之,前则助逆臣而导以不忠之计,后则媚太子而成其不友之愆,遂至取忌怀惭,郁郁以致是,亦宋、齐间一险陂无义之人耳。梁之积累如此,宜其享国不长欤!

初七日(12 月 25 日)　晴。李子丹来谈,儒弟及王升来。

初八日(12 月 26 日)　阴。

初九日(12 月 27 日)　晴。

初十日(12 月 28 日)　晴。得廉生书。李估自都中来。

十一日(12 月 29 日)　阴。

十二日(12 月 30 日)　大风扬沙。捡点书籍,略有就绪,惟宋本《祖龙学集》不知遗落何所,闷甚。

十三日(12 月 31 日)　晴,风略止,甚寒。得乐山书。复玉初一纸。忽患外痔,甚痛,殆衰象也。

十四日(1893 年 1 月 1 日)　晴。过晦若少坐。合肥召谈朱少桐事,遂过仪斋。

俄使争大、小帕米尔。洪钧据俄图以为非中国界,遂撤苏满之卡。俄即进兵守之。译署惶惑,求计于合肥。罗丰禄据英图"喀约"驳洪说,一曰薛使所寄图,乃英地学家裴良所绘之界,靡特雅什里湖、苏满、及哈喇、及马尔巴尔、喷赤、坎巨提、棍杂、那夏尔等均中界;一曰泰谟斯新报图,英、俄之界,俄界系由图攸克苏山口,循穆尔格阿布河,及奥克色斯江,则舒格南等处自非俄地;一曰英领事云,英、俄约,自维多利亚湖南向直画一线之东,皆中国,则大、小帕米尔自属中国。合肥据以复译署,并调停其间,拟以乌斯别里山口之经线为界,北自乌斯别里山口一直往南,至阿富汗界之萨雷库里湖为止,如此则大帕米尔可得大半,小帕米尔亦全境均在线内,盖作书时本拟痛斥洪说。晦若以胡文忠图据内府舆图,大小帕米尔在界外,遂以洪图非据俄图,实据胡图。合肥两存其说,不免迁就,不知内府之线乃喀什噶尔界线,非中俄界线也。余既不预闻公事,事后知之,深惜合肥持论尚未能斩截了当。俄得此地,足以窥印度,瞰后藏,并践回八城藩篱,即合肥力争亦无能挽回,而洪钧不待约定,遽创议且撤苏满之守,开门揖盗,真误国奸人也。

十五日(1 月 2 日)　晴。三日来人颇懒闷。

《吕东莱集》四十卷者不可得。余所藏乃陈思胪本二十卷者,亦佳。其《家传》叙吕好问劝张邦昌事委曲详尽,所谓含垢忍耻以就大计者。然人生遇此等变故,即忍死斡正,终是可惜,不如一死塞责为斩截痛快。姜伯约之于蜀亦然。

十六日(1月3日)　阴,有风。捡得《龙学集》,为之一快。午后,阅《毛诗稽古编》一二卷,为润师代作陈春麓《读诗识小录序》。春麓,名震,文安人,乃陈子翙之族,润师大父之师。其所录杂采汉、宋,间以评骘,非说经之体也。得子涵书。

十七日(1月4日)　晴。寄润师书。

阅《紫岩诗选》,诗凡三卷。于石,字介翁,婺之兰溪人,宋逸民也。沈椒园有跋云:"介翁貌古气刚,善诙谐。幼慕杜古高之为人,后从王宗庵业词赋。年三十而宋亡,遂高隐不出,以诗自豪。所居乡名紫岩,因以为号。晚徙城中,更号两溪。集久不传,传者仅此册耳。同里门人吴师道,字正传,元至治间进士,为之选次。金履祥为之序。诗凡三卷,内阙二页,其来已久,不复能补矣。乾隆丁亥汪生中容(叔)[甫]持赠,藏之隐拙斋。"此本为知不足斋重录,后有"通介叟过眼,时年八十二"一行,惜未刻入丛书。其诗若存若亡矣。

十八日(1月5日)　阴。

十九日(1月6日)　雪。复子涵书。

二十日(1月7日)　雪霁。寄帖数种,还隶古。复廉生书。连日心境粗浮,读书殊无所得。

《谢晞发集》,惟平湖陆大业所编者较有条理,共《晞发集》十卷,《晞发遗集》二卷,《遗集补》一卷,附《天地间集》一卷,《西台恸哭记注》《冬青引注》一卷。《天地间集》已非完帙原五卷。余所藏乃明歙县程煦所刊,仅诗文五卷,附录一卷,非足本,即知不足斋本亦不全也。

二十一日(1月8日)　晴。

二十二日(1月9日)　阴。

**二十三日(1月10日)** 阴。与邵班卿书,论等韵之学。

玉初以《等韵一得》两卷本,《皇朝通志·七音略》以国书十二字头为主,又有书询《康熙字典·等韵》两卷本之何书。余案,《字典》两卷半出于《贯珠集》之歌诀,其下卷通咸十六摄则取之《切韵指南》,特刘氏始通终咸,故曰《切韵》。《字典》用等子旧法,始果终流,故曰《切音》,惟前揭十二摄及寄韵借寄入诸歌诀,不知所本。证之《提要存目》,于梅建所刊重刊《马氏等音外集内集》云,"借用入声,即叶秉敬《韵表》之说"。疑借入歌诀盖取诸此,寄韵则《指掌图》旧例也。《指掌图》二十图,一独高交骄骁,二独公〇弓〇,三独孤〇居拘,四独钩〇鸠樛,五独甘监〇兼,六独〇〇金〇,七开于奸犍坚,八合官关勤涓,九开根〇巾斤,十合昆〇君均,十一开歌嘉迦〇,十二合戈瓜〇〇,十三开冈〇姜〇,十四合光江惟〇,十五合鳏肱〇局,十六开揠庚惊经,十七开该皆〇〇,十八开〇〇姬鸡,十九合傀〇归圭,二十合娲乖〇〇,《字典》之十二摄迦十二合叶,十一开。结借入作平,十一开第四。冈十三开,十四合。庚十六开,并十五合二独。减十八开并三独。高一独。该十七开,并二十合。傀十九合。根九开并六独十合。干七开八合。钩四独。歌十一开。其以根并金以干并甘最谬,乃参以《字汇横图直图》而成者,特以《切韵指南》平上去入分等,望之了然,似乎异《字汇》,两图之凌杂耳。其时安溪未预修书,故《音韵阐微》已变其说,不待《提要》始痛诋《字汇》也。

**二十四日(1月11日)** 阴。午后,突得富阳宗甥电,八弟于廿三日辰刻去世,闻之悲痛无似,庶母一生苦节仅存八弟,竟无一丁,如何! 电商九弟赴杭,风雪波涛,未知其气体能耐此劳苦否? 天色惨淡,枯坐斗室中,热泪横流,万感交集,真不知有生之乐也。

**二十五日(1月12日)** 阴,有风。九弟电来,欲以其次子承继八弟,报允之。

**二十六日(1月13日)** 大风扬沙,奇冷。

**二十七日(1月14日)** 风霾如昨日。

**二十八日(1月15日)**　昨夜风略止,侵晨风仍猛烈,冷甚,滴水皆冰。得仲良书。

**二十九日(1月16日)**　风。得九弟电,初三四赴杭,呵冻作书,泪痕满纸。

**三十日(1月17日)**　风略小,仍寒。载之似可到杭,作一书交湘文转交。三兄书来,欲赴富阳,毕竟手足情深,视漠不关怀者迥异,作书止之。

慈圣发内帑二万振恤顺、直。闻饥民遍地,连日风势如虎,冻馁而死者甚众,殊堪悯恻也。

**十二月初一日(1月18日)**　晴,有风。晦若、容民来相慰藉,湘文亦有电。

**初二日(1月19日)**　晴,风止。得鹤巢书,以寄皞民词一阕见示。

**初三日(1月20日)**　晴。合肥送《遵化州志》来,未暇细阅,交汤伯述作序。

**初四日(1月21日)**　晴。有摺便入都,寄安圃书。第十一号。又寄九弟一书,交湘文转送。

**初五日(1月22日)**　晴,晨起微雪,渐霁,天似较昨夕略寒。得昨日九弟电,初四坐德公司船赴沪局,事王大使德昌代办。

**初六日(1月23日)**　雪。复谊卿书。

**初七日(1月24日)**　雪。《宋史·包孝肃传》:"初,有子名繶,娶崔氏,通判潭州,卒。崔守死,不嫁。拯尝出其媵,在父母家生子,崔密抚其母,使谨视之。繶死后,取媵子归,名曰綖。"偶阅《南涧甲乙稿》则云"通判潭州者名诞",不知史误,抑韩无咎误记也。包孝肃祠在崔氏节妇台,世传孝肃无子,因其对仁宗一言,实则有子也。

**初八日(1月25日)**　雪甚大。电沪局,询九弟到沪否。

**初九日(1月26日)**　雪霁。晦若约谈,与伯述商《州志序》耳。小坐遣闷。

初十日(1月27日)　晴。阅《木钟集》。买祭田六十亩,择族中无田者种之,以租供祭扫,以粮济族中之贫寒者。银四百七十两,九弟所寄者三百金,余以百七十金足之。

十一日(1月28日)　晴。寄都信及鹤巢书。得九弟书,乃十一月初所寄。

阅《南江文抄》四卷,半应制,及《四库提要》末,有时文序。

十二日(1月29日)　晴。得玉初书。

十三日(1月30日)　晴。复玉初书。张筱传自通州来。夜得载之书,云得八弟十一月十一日亲笔,尚云病体渐愈,距其殁十二日耳。不知因何变证?阅之,泪下不止。

十四日(1月31日)　晴。李赞臣来,过仲璋略话,电复载之,并以电问沪局,探九弟到沪否,心境纷如。

十五日(2月1日)　晴。在兰骈馆半日,与内人茗谈遣闷而已。

十六日(2月2日)　晴。花农来谈,得廉生书,云翼北之病渐愈。

十七日(2月3日)　晴。保定廪生许涵志上书合肥,愿执贽从余游。合肥许之。今日来见,字士先。乃浙江绍兴籍,寄居保定者。其父官教谕,从兄涵度官山西忻州,资以膏火,肄业莲池,似不满于主讲者,故自求名师。然余非其人也,辞之不可,许以寄文而不许其称师。询其所业,则经沾左氏,诗好昌谷,年二十七矣。

十八日(2月4日)　晴。至夏茂才处小坐。仲彭处馆师。

十九日(2月5日)　晴。寄润师及廉生、鹤巢书。

二十日(2月6日)　晴。至晦若处小坐,赞臣来。

二十一日(2月7日)　晴。仲璋有疾,候之。

二十二日(2月8日)　晴。高阳馈岁,有书贾振胜入都,捡食物答之,亦不暇作书也。龚厚庵署牧来云,明年正月二十六日州考。

二十三日(2月9日)　晴。

二十四日(2月10日)　晴。八弟生日也。念七、八两弟,为之愀然不乐者竟日。

二十五日(2月11日)　晴。课两儿,为明年应小试计。

得九弟电,眷属至杭,八弟区停湖上,明年迁回。

二十六日(2月12日)　晴。得九弟电,五姊殉烈后,攒于浙之鸡笼山者三十二年,拟迁之还里,启棺,面色如生。噫! 异矣! 以此悟忠骸烈骨万年不朽也。

二十七日(2月13日)　晴。至海军公所答谢伯行。仲彭以八弟事来喭也。得高阳书。

二十八日(2月14日)　晴。赵菁衫以渔翁小像题,并赠秋谷临褉一册。不佳,疑是伪迹。牙板一方,万字香四(合)〔盒〕。

二十九日(2月15日)　晴。王怀祖先生论古韵当分二十一部,又论《诗》随处有韵,云:《诗补韵》不载,而所谓《诗补均》不可得见。忽有以《六书音均表》来售者,附录一册,全是《诗》韵,虽仍照十七部而分配入部,大有更易,后附《经义述闻》“论《诗》韵”一条,“軌牡上”考证一条,与《述闻》小异,即《述闻》所谓初说段氏大以为是者也。《六书音均表》亦有评改,签题“王怀祖更正本”,而书无图记,不知为王怀祖手迹,抑复抄之本? 以索价太昂,力不能有之,乃竭两日之力悉录之《六书音均表》上,从此斋中又增韵书一种矣,亦急景明年中破闷之具也。

三十日(2月16日)　晴。寄九弟书。

《徐骑省集》,藏书有旧抄本。孝达云,有明刊本,未之见也。近黟县李宗煝得旧抄刻之,适有书贾持售,因翻阅一过,以消遣岁华。有《除夜》一首,云:“寒灯耿耿漏迟迟,送故迎新了不欺。往事并随残历日,春风宁识旧容仪。预惭岁酒难先饮,更对乡傩羡小儿。吟罢明朝赠知己,便须题作去年诗。”案,此诗在第二卷,犹其仕南唐作。度年未衰老,不知何以凄苦乃尔,知屡国君臣衰飒之气已流露于毫端矣。

## 光绪十九年癸巳(1893)

**正月初一日(2月17日)** 晴。去年储书渐富,懒与扰兼,未能务学。今年当努力于其大者要者,书此以自验其勤惰。

道州何文安公凌汉《宋元学案序》云:"先河后海之义,汉儒之功,实先诸儒。自先秦以迄有唐,六艺源流,具有端绪。梨洲之于学案,由明儒以及宋元。然则由宋元以上溯汉唐,综其师承门径,辑成一书,其可少也哉!"余自谪居放还日,怦怦于此事,惧其学术浅陋,藏书不多,恐不能卒业作辍者屡矣。窃考《太史公自序》、《论六家要指》,而其指归则在"绍明世,正《易传》,继《春秋》,本《诗》、《书》、《礼》、《乐》之际"。其传儒林,曰:《鲁诗》多本于申公,《齐诗》皆本辕固生,燕、赵间言《诗》者由韩生。《尚书》由伏生,《礼》由高堂生,《易》本太史公家学,故传经系次尤详。而《春秋》三传,仲舒,《公羊》;胡毋,《春秋》;江生,《穀梁》;太史公《十二国表》则兼取《左氏》。绎之,皆学案也。班氏推之,则曰:《易》有施、孟、梁邱之学,施家有张、彭之学,有翟、孟白、之学,梁邱有士孙、邓、衡之学,有京氏之学,有费直、有高氏学,高、费未尝立学官。伏生《尚书》有欧阳氏学,有大、小夏侯之学,大夏侯有孔、许之学,小夏侯有郑、张、秦、假、李氏之学,而孔氏古文为别派。《鲁诗》申公之后有韦氏学,有张、唐、褚氏之学,《齐诗》有翼、匡、师、伏之学,《韩诗》有王、食、长孙之学,而《毛诗》则本于徐敖。《礼》有大戴、小戴、庆氏之学,大戴有徐氏,小戴有桥、杨氏之学。"三传",《公羊春秋》有颜、严之学,颜有泠、任之学,复有管、冥之学,《穀梁》有尹、胡、申章、房氏之学,而言《左氏》则本之贾护、刘歆。绎之,亦皆学案也。范史《儒林传》便已紊杂,而统观后书,如《桓荣传》,有《桓君大小太常章句》。《郑兴传》:"世言《左氏》者多祖于兴,而贾逵自传其父业,故有郑、贾之学。"《张霸传》:"霸以樊倏删《严氏春秋》犹多繁辞,乃减定为二十万言,更名《张氏学》。"疑本各家《汉书》之旧文,犹得马、班分别学派遗意。拟以国朝诸儒之《传经表》为主,厘为

《两汉诸儒学案》，以次推之魏晋南北朝及隋唐五代焉。

初二日（**2 月 18 日**）　晴。午后，邀县学武校官联璧、珏生来谈，询以州考事。

全谢山《宋元学案》一以程、朱为宗，是也。卷末立荆公新学（略），苏氏蜀学（略），则非是。汪玉山《与朱子书》曰："东坡初年亦辟禅学，其后乃溺之，谓其不知道可也，概与王氏同贬，恐太甚。"余谓荆公新学使天下弃注疏而入于空陋，此为学之大害也。苏氏之学何害于人？朱子立道之大闲，本无取辞而辟之。所以与王氏同贬者，以洛、蜀交哄之故。以东坡《易传》与颍滨《老子解》同入《杂学辨》，则颍滨之支离，孔老并称，实为大谬，而东坡之《易传》何罪？特不合于伊川《易传》而已。朱子论二苏，乃云小苏胜于大苏者，岂定论哉？谢山之学，亦未能优入圣域。千载而下，平以论事，亦宜取苏氏《书传》、《论语解》细为参考，瑕瑜并见，折衷定论。乃于蔡氏之取苏氏《书传》，朱子之取东坡《论语解》一概抹杀，而徒取朱子之《杂学辨》列之，且以李屏山为王、苏馀派，锻炼周内，于苏氏何损毫末？以此尊程、朱，所见亦甚陋矣。且讲学之名亦惟洛、闽始有之，坡、颍本未尝讲学，乃为之创立讲友，同调名目，一若三苏，呼朋引类，创兴蜀学，以与洛学角者，岂非捕风捉影乎？如高平、庐陵亦为之强立讲友，同调若干人，皆属武断。其内外出入之辞，殊未允惬也。

初三日（**2 月 19 日**）　阴。花农来。寄九弟电。闻慈寿以今年举行癸巳恩科。

初四日（**2 月 20 日**）　晴。复高阳书。

阅《元宪集》，宋宋庠撰。《大典》中辑出共四十卷。《提要》云："《通考》于是集之下又附注曰：'一作《湜中集》二十卷。'其名又异。然《永乐大典》实只标《宋元宪集》，则非《湜中集》明甚。故今仍旧目，不取《通考》之名焉。"今案，《元宪集》三十六卷有《缇巾集记》云："余幼学为文，尤耆篇什，而不能工。亡逸颇多。一日忽得新旧诗十馀册于几案间，乃小儿充国等所次。览之，不觉掩口胡卢而笑，谓之曰：

'此燕石也，与瓦甓无异。虽缇巾什袭，庸足宝乎？'儿曹恳祈，姑为限断。凡五百馀首，勒成十二卷，命曰《缇巾集》。"是湜中乃缇巾之讹。缇巾，莒公自定集名，元宪则后人所题也。《记》存集中，而馆臣不知考证，辄据《大典》以驳，误本《通考》，殊可怪也。《记》乃约录。《大典》本载全部，四库例删青词之类，存三十六卷耳。集多骈文，与景文足以方驾燕、许，诗亦工雅，不得以升平格律未全回一笔抹倒也。《提要》称其泈泈乎治世之音，夏竦见其《落花诗》，以为有台辅器，竦乃一奸，竟能识人于未遇，亦奇。

**初五日(2 月 21 日)**　晴。张筱传来。过晦若少坐，论储书并近年书价之贵。

阅《景文集》。本传称集百卷。《艺文志》则称百五十卷。馆臣就《大典》所载，釐为六十二卷。别有日本《佚存丛书》本，称原一百五十卷，今存三十二卷，内又残阙十卷。其所存自十六卷至三十二卷皆律诗也，八十一卷至八十五卷皆表状也，九十六、九十七两卷为序，九十八为说录题述，九十九为论，一百一为杂文策题补词，一百二为斋醮文，一百七为行状，一百十八至一百二十五为启状。元序乃文化庚午天瀑山人撰，已知中国有六十二卷本，故以此宋本残帙刻入丛书，云初疑其以《大典》辑本颠到错乱，以夸彼族收藏之富，及详细检阅，如律诗内《皇帝迩英阁讲毕五经》五言十韵一首，为《大典》本五言长律内所无，其斋醮各文惟《祈雨》为《大典》本所存，馀皆例加芟削，而佚存本尚存数首。若竭数日之力以两本对勘，必可补出数篇。倭一岛国，安能及中朝收书之博？其文学亦仅仅通顺。又乌及乾隆馆臣，而藉此一刻，足备校订之一助，亦泰山不让微尘意也。子京又有《西州猥稿》一种，自序尚存集中，今所传《北宋小集》中有之，则从《成都文类》、《律髓》、《文翰》诸选本采辑而成，亦非原第矣。

**初六日(2 月 22 日)**　晴。寄安圃第一书。

十年购书，间有精抄本，然心绪烦劣，不能审阅也。晴窗偶检《邓巴西集》，阅之，系人抄本经校者，从《元文类》补文五篇，《石渠宝笈》

补《郑金事平安书》二通,乃从鲍氏通介叟家藏本过出,亦善本也。又得《居竹轩》及《蒲顺斋闲居丛稿》,亦抄本。然余所以爱者,则以黄荛圃所得旧抄《管子》、顾千里所得旧抄《韩子》两种为最。两本,《管》已为金陵局所刊,《韩》则吴山尊刊之,然局刊《管》本少一页,抄本诚可宝矣。

初七日(2月23日)　晴,地震。为两儿改课作三首,颇形迟钝,子为豚犬,我作马牛。读杜陵"有子贤与愚,何其挂怀抱"句,不觉自笑。然《选》理传家,杜亦何能作达哉? 得玉初书。

《公是弟子记》:"五经者,五常也。《诗》者,温厚仁之质也。《书》者,训告信之纪也。《易》者,渊微智之表也。《春秋》,褒贬义之符也。惟《礼》自名其道专也。"此说甚谛。公是未与伊、洛游,故讲学者罕相称述。《提要》谓"元丰、熙宁之间卓然一醇儒",洵然。此本乃宋淳熙赵不黯校本传刻者,犹善本也。

初八日(2月24日)　晴。得皥民书,复玉初一缄,又与乐山书,皆论延订丁季莘孝廉事也。

初九日(2月25日)　阴。陈序东来。

阅毛滂《东堂集》,忽寄苏内翰,忽寿蔡元度,忽上曾太尉书。蔡卞之王夫人读其"贪恋恩波未肯飞",笑谓"适从曾相池中飞来"。诚为可鄙。然元祐、元符之间,两党迭为胜负,文人求名丐食,其间稍不自持,即不免出素入缁之病。读之,止觉其可怜耳,忍苛责之哉。

初十日(2月26日)　阴。阅《秦淮海集》。淮海有《法帖通解》,辨证阁帖。摘录之。《千文》乃梁武得羲之所书千字,使周兴嗣次之。蔡远浪《释辰宿》一帖,兴嗣文也,岂得为《汉章帝书》? 欧阳文忠以谓前世学书者已有此语,不始羲之,殆亦可疑。《辨汉章帝书》。古文虽非科斗,而世常谓之科斗,以其类科斗尔。此帖题曰《仓颉》,了不与科斗相类,乃近大、小二篆。《辨仓颉书》。仲尼铭季子墓,字径尺馀。唐张从绅记旧本湮灭,开元中,玄宗命殷仲容摹拓,至大历中萧定又刻于石。此字乃后人依仿。《辨孔子书》。汉碑存者皆隶,而程邈此帖乃小楷，岂敢信以为秦人？《辨史籀、李斯》。文忠考魏、吴二《志》，权以是年闰十月方取荆州，至十二月竣，明年正月告捷，繇安得于闰月先贺？《辨钟繇》。

以上各条，均极谛当。其论怀素草书，引欧阳文忠云："魏晋时人逸笔馀兴，初非用意，自然可喜。后人乃弃百事而以学书为事，如一未至，至于终老穷年，疲敝精神，而不以为苦，是真可叹也。怀素之徒是已。"文忠此论，可谓名言。虽永叔、少游均不以书名，未足服善书者之心而关其口。然士大夫立身行己自有不朽者在，诗文已是馀事，书则更是馀事。徒取工于书，遂欲以此傲天下士，实则人亦污下，其书亦世亦不复珍之矣。

**十一日(2 月 27 日)**　昨夜微雪，今日放晴。阅《晋书·刘寔传》。寔"尤精《三传》，辨正《公羊》，以为卫辄不应辞以王父命，祭仲失为臣之节，举此二端以明臣子之体"。《王接传》："常谓《左氏》辞义赡富，自是一家书，不主为经发。《公羊》附经立传，经所不书，传不妄起，于文为俭，通经为长。任城何休训释甚详，而黜周王鲁，大体乖硋，且志通《公羊》而往往还为《公羊》疾病。[接]乃更注《公羊春秋》，多有新义。后丧乱尽失。长子愆期，流寓江南，缘父本意，更注《公羊》。"

**十二日(2 月 28 日)**　晴。武珏生来，为儿辈商定，认保廪生俞联翔蔼人，派保廪生吴廷濂兰坡轩。

阅《刘后村诗集》十六卷，《诗话》二卷，馀二卷。《后村大全集》，昭文张氏有之，《四库》著录者五十卷，此姚培谦所刊者耳。后村虽受业西山，晚节不终，年已八十，乃为秋壑一出。渔洋有是集跋，谓其论扬雄作《剧秦美新》、《元后诔》，蔡邕代作《群臣表》，阮籍作《劝进表》，均词严义正，而其《贺贾相启》、《贺贾太师复相启》、《再贺平章启》，谀词诏语，蹈雄、邕之覆辙而不自觉。较陆放翁《南园记》犹存规戒者，抑又甚焉。老而干进如此，名节荡然，不足置论。其诗更弱于文，姚虽扬之，实亦江湖之末派耳。其《诗话》两卷，于放翁、诚斋极为推崇。

放翁,云"古人好对,何被放翁用尽";诚斋,云"今人不能道语,被诚斋道尽"。又云,放翁,学力也,似杜甫;诚斋,天分也,似李白。盖其生平宗旨所在。其末云,余涉世龃龉,每诵欧公"平生名节为后生描画略尽"之言,辄为慨然。晚逐于朝,交游皆掉臂去。此亦翟公署门之慨,不知为秋壑一出,后生之描画,昔为虚构,今为实征。士大夫脱节凌迟,大抵因一蹶之后,世态炎凉,愤而求进,转丧生平。可慨也!

**十三日(3月1日)**　晴。余尝论魏之高贵乡公,以操、丕禅让窃国,殃及其子孙。然在魏之诸臣,苟有同心锄奸者,未始不可成功。王沈为公所引,号为文籍先生,乃闻公谋,与王业驰曰司马昭,封安平侯,其罪与成济等,孽子浚遂覆其宗,有心见天道之倚伏也。夫沈罪至重法,不宜有令子,况彭祖又(很)〔狠〕愚凶悖以速之亡。论者徒以彭祖承贾后,与孙虑共害愍怀,神人共愤,以致中有伏尸之祸,不知沈告密以害高贵,浚即党奸以害愍怀,旨出于公间之女,谋成于处道之儿。杀司马家儿者,即是当日助司马杀曹氏之嫡裔,悬象森浮,可畏!其不为乱臣贼子,宽也审矣!裴秀亦为高贵乡公所引,号为儒林文人,而《秀传》不及之,但云:曹爽故吏免,顷之,为廷尉正,历文帝安东及卫将军司马,军国之政,多见信纳而已。夫司马氏至昭得政,已历三世。魏臣皆其爪牙腹心。高贵乡公欲于此时谋之,决非仓卒所能侥幸。秀虽未预密谋,亦未至如沈、业之背主而与贾充为僚婿,岂有不心向司马者?然则文籍儒林,皆为司马之间谍耳。岂不哀哉?其后,秀子颜虽正色立朝,卒以附贾后为赵王伦所杀。秀之奸不及沈,故颜之祸亦不及浚。合观之,足以明天意矣。

**十四日(3月2日)**　晴。阅《涧泉日记》,韩无咎子淲撰。其中卷记无咎交游甚详,如徐应祺厓,则云作兼净亭在水竹间,先公为作铭。尹彦明焞,则云伊川高弟在道山时,先公尝拜之。刘竹简一止,则云有文词,先公出入其门,为作行状。张子韶九成,则云先公得游其门,号横浦先生,好禅学,士论或以为不醇。程可久迥,则云号沙随先生,有《易解》,先公尝招之一饭。淲近年亦得一二通问。蔡肩吾逌,则云蔡文忠齐之孙,流落川蜀。先公典铨,日以文卷来访。先公奇之,既荐之,又作鼎说以送之。庞祐甫谦孺,则云先公友也,自号白蘋老人,善骚雅。王德修时敏,则云先公友也,从吕居仁学。芮国器煜,则云作祭酒,有文名,先公与之善。范元卿端臣,则云先公友也,谈论滑稽,文采可观。李仁甫焘,则云先公与之同在从班,往来亦相善。陆子寿九龄,则云先公仅与一日相会,时望归之。洪景庐迈及其兄洪适、遵,则云先公均与之相善。范致能亦然。此外如章冠之甫、赵德庄彦端、陆务观游、毛平仲开均一一举其生平。若晁氏、吕子则更其姻娅,使排比之,何减子厚先友记也。朱子亦其先友,而滹未叙及,但云张敬夫之识见、吕伯恭之议论、朱元晦之编集,各具所长。又云朱强辨自立处,亦有胆略,似未得朱子之深也。

　　十五日(3月3日)　晴,有风。

　　十六日(3月4日)　晴。得九弟电,已于昨日由沪回粤,乘广利船。过容民话,晦若、永诗在坐。

　　郗方回当桓温北伐时,请督所部出河上。《愔传》。时愔在北府,徐州人多劲悍。温恒曰:"京口酒可饮,兵可用。"深不欲愔居之。而愔暗于事机,遣笺诣温,欲共奖王室,修复园陵。《赵传》。超取视,寸寸毁裂,乃更作笺,自陈老病,不堪人间,乞闲地自养,得会稽太守。按,嘉宾此策逆探温之隐衷,使其父顿失兵柄,不独误国并且卖父,疑方回始终不知其故,直至嘉宾卒后,门生呈箧中,往反密计,乃见此稿耳。《晋书》于《方回传》中云:"用其子超计,固辞解职,劝温并领。殆不谅方回之意,乃受子之欺,非用子之计也。北府劲悍,愔诚非将帅才,不足制温,然有超在温幕,亦不至忌愔而遽夺其兵。废立之谋,或当稍有所遏,抑而不得骋如此,则王、谢在内,愔在外,足以相维不敝,而温亦庶几逆迹不彰。计不出此,乃导温夺其父柄,迁之散地,其后乃因方回优游闲地,不若谢安石之入掌机权,不亦大谬乎? 超之赞温,皆逢恶助奸,无一足取,殆郗氏不肖之子,典午不令之臣也。谢傅得政,宜加显僇,乃犹有散骑常侍临海太守之除,岂以其父故耶? 超之党温,路人皆知,而方回必见书始不复哭,亦暗蔽甚矣。"

十七日(3月5日) 晴。已初二刻,两儿由铁道车回里应试,二十七日州考也。请馆师仲璋孝廉送考,仆人则苏福、东升、张林及厨人袁华。视余庚午北来襆被,不携一仆,光景迥殊矣。送仲璋后,因昨夜感寒颇咳,斋中小卧片刻。

十八日(3月6日) 晴。王观国《学林》论艺精斯掩德,引戴安道破琴不能为王门伶人,殷洪乔不能为寄书邮,以为二子能辨之于早。夫琴,艺也。寄书邮岂艺乎? 士大夫不甘以一艺自见,可引之事正多,而引洪乔为证,考据家往往疏于持论,可笑。

十九日(3月7日) 晴。寄介轩书,以子俊疏稿与之,时为子俊作传也。

二十日(3月8日) 晴。伯行南归,得载之书,论八弟富阳新城交代。

二十一日(3月9日) 晴。过晦若。觅杨俊卿一谈,商交代办法。复载之书。赞臣来。

二十二日(3月10日) 晴。出门答武珏生,顺道至赞臣处小坐,诣海军公所一转,得曼农电,已回粤矣。高阳有书来。夜,沧、潜启,知已到州。

二十三日(3月11日) 晴。得伯潜书。赞臣来谈。买《尚书后案》一部。篋中止学海堂本也。

二十四日(3月12日) 晴。出九,便觉暄和。吕定之前辈来谈。复载之书。

新城何世璂《然灯记闻》,自述为渔洋口授。其一则云:"为诗须博极群书。如十三经、廿一史,次及唐宋小说,皆不可不看。所谓'取材于《选》''取法于唐'者,未尽善也。"余谓"取材于《选》""取法于唐"固非,而经史之外,如唐宋小说,则宜博观而约取。大抵宋以后之事且不宜多用,自宋以后之碎事俚语一味阑入,则诗味顿薄矣。吾于竹垞,正嫌其杂用宋元词语入诗耳。又云:"七律宜读王右丞、李东川,尤宜熟玩刘文房诸作。宋人则陆务观。若欧、苏、黄三大家，只当读其古诗、歌行、绝句；至于七律必不可学。学前诸家七律，久而有所得，然后取杜诗读之，譬如百川学海而至于海也。此是究竟归宿处。"此论七律甚精，异于前宗"七子"之说矣。又云："学者从其性之所近，伐毛洗髓，务得其神，而不袭其貌，则无论初盛中晚皆可名家。不然，学中晚而止得其尖新，学初盛而止得其肤廓，则又无论初盛中晚，均之无当也。"且历诋"世之依附盛唐者，但知学为九天阊阖，万国衣冠，而自命高华，自矜壮丽"，为优孟衣冠。此殆渔洋晚年之论，足为学"七子"者痛下针砭。

二十五日（3月13日）　晴。夜，地微震。得廉生复书，并赠《天壤阁丛书》一部。

二十六日（3月14日）　晴，午后大风。晚，得鹿乔笙书，复之。为其祖壮节公祠事，求合肥奏请列入祀典，已奉旨俞允矣。

二十七日（3月15日）　晴。得九弟十四日书，述八弟身后诸事，悲怆之至，作书复九弟，竟日郁郁不能作他事。陆伯沄来。余荐之筱传处，为鹤巢所误，因病南归，赠以十二元而已。

二十八日（3月16日）　晴。得乐山书，合肥以事属孝达，而因铁厂借款颇相持不下，乃由鄙人从中通之。五年来，先施于厚禄，故人者惟此而已。然究无谓也。爽秋授皖南，将出都门，有书通意，以书复九弟并简载之。

二十九日（3月17日）　晴。枯坐竟日。寄子涵书。

《汉书·儒林传》：司马迁亦从安国问，故进书载《尧典》、《禹贡》、《洪范》、《微子》、《金縢》诸篇，多古文说。王氏鸣盛云，如《汤诰》、《太誓》皆古文说。

二月初一日（3月18日）　雨，晚霁。代乐山订丁孝廉，明日有摺弁，寄都门书，附复安圃第二缄。得孙慕韩书。

阅纪文达、朱文正两集，思得《笥河集》参考之。

《永乐大典》辑逸书之奏，出于竹君学士，而文达实总其成。文正、文达同日宣麻，文正正拜，而文达协揆。尔时畿辅人物之盛如此。文达一生精力在《四库提要》。其集中一鳞片爪，无非龙之全体。文正作《文达墓铭》，谓晓岚初则文人相矜，后乃折服，不敢道一不字。然文正之学，似非文达匹也。

《竹书纪年》，余以为伪。阎百诗不信《竹书》而信《史记》，是也。王氏鸣盛亦以为晋人伪撰，而徐位山则笃信之。孙渊如复刻之《平津馆丛书》中。暇日思考证之，偶阅知足斋有《书孟子四考后》篇，以《竹书》为不足据，因漫记于此。

初二日（3月19日）　晴。得子涵书。遣王福赴杭迎五姊及八弟夫妇之枢，附海晏南行，寄载之书，又寄朱洁泉一缄，询以交代事，扰扰竟日。

初三日（3月20日）　晴，是日春分。得安圃书。仙蘅前辈寄宣纸、徽墨，索余书并以一联见赠。午后，复赵菁衫书。

初四日（3月21日）　阴，微霰。连日复读《庄子》，颇有订郭注之误处。又阅徐文靖《竹书纪年》，笑其拙滞。检孙刻《竹书纪年》有洪筠轩序。今本《竹书纪年》之非旧，《提要》可为推勘入微矣，而筠轩强为之辞，《庄子》所谓犹一蚉一虻之劳也。今日几案洒然，笔墨生润，颇有读书之乐。

郑学至国朝诸儒掇拾殆遍。《隋经籍志》"儒家类"：《孟子》七卷，郑注。《焦氏正义》竟不能征引，其佚久矣。

《隋书·牛弘传》：里仁上表请开献书之路，以秦皇下焚书之令，为书之一厄。王莽之末，长安火起，宫室图书，并从焚烬，为书之二厄。孝献移都，西京大乱，一时燔荡，为书之三厄。刘、石凭陵，京华覆灭，为书之四厄。周师入郢，萧绎以文德之书，及公私典籍，重本七万余卷，悉焚之于外城，为书之五厄。周氏创基，保定之始，书止八千，及后收集，方盈万卷。及东夏初平，获其经史，四部重杂，三万余卷。所益旧书，五千而已。今御书单本，合一万五千馀卷，部帙之间，仍有残缺。比梁之旧目，止有其半。至于阴阳河洛之篇，医方图谱之说,弥复为少。于是下诏,经籍稍备。按,《隋书·经籍志》:平陈以后,检其所得,多太建时书,纸墨不精,书亦拙恶。于是总集编次,存为古本。召天下工书之士,京兆韦霈、南阳杜颖等,补续残缺,为正副二本,其馀以实秘书内、外之阁,凡三万馀卷。修《经籍志》时,考见存,分为四部,合条为一万四千四百六十六部,八万九千六百六十卷。甚矣,聚书之难也!

**初五日(3月22日)** 晴。心绪纷如,读画自遣。

**初六日(3月23日)** 晴。以牛乳饼干匣寄伯潜。读书竟日无所得。得沪电,王福今早已到沪矣。

**初七日(3月24日)** 晴。折弁回都下,书以局刻书三种寄允褒。午后,得仲璋书,知州考初九,可定长案,即作复缄,并所需之洋烛等件交专人带州。复高阳书。

**初八日(3月25日)** 晴。得载之书,八弟交代仍未了结,闷甚。

**初九日(3月26日)** 晴。载之书甫复,又得载之书,则所存公款尚无侵蚀,前书亦太过。甚矣,身后无人之难也!

**初十日(3月27日)** 阴。复刘仲良书。午后,袁爽秋来谈。晚得两儿电,沧州试第一,潜第九。

**十一日(3月28日)** 晴。爽秋来谈,留之午饭。得载之书。夜,武珏生来询考试事。

**十二日(3月29日)** 晴。午后,爽秋来,晦若亦至,所谈皆日下事也。复载之书。

**十三日(3月30日)** 晴。阅《笥河集》。都中杨估寄书目来,苦无异书到眼也。赞臣来话。寄廉生书。

**十四日(3月31日)** 晴。刘子征总兵来。爽秋夜话。丁季莘由保定至,赴乐山之招。

**十五日(4月1日)** 晴。爽秋辞,仍回都。午后,儒弟及王地师来,知允襄、允燮已回里应岁科考矣。

读《庄子》,以《吕览》、《淮南》证之。

十六日(4月2日)　雨。得儿辈复书,允言之书亦至。

十七日(4月3日)　晴。永诗来。

十八日(4月4日)　晴。摺弁入都,复廉生书,问翼北之疾。

甚矣,张茂先之无识也!贾后谋废太子,刘卞劝华以太子四率精兵万人废后,华不从,卒为赵王伦坐以后党害之。人皆为茂先惜,实不足惜也。楚王玮矫诏害汝南王亮、太保卫瓘。帝用华计,以驺虞幡麾众,众走执玮。玮临死,出怀中青纸诏,流涕以示监刑尚书刘颂,颂亦歔欷不能仰视。青纸诏者,后遣黄门赍以授玮者也。是时华既执政,若追究授诏之黄门,得其情实,即以矫诏之罪坐贾后,废而幽之,谁曰不宜?乃于暗主虐后之间,欲以弥缝补阙为功,女史之箴何足感动弑姑不道之贾南风乎?杨后之废,引赵太后为孝成后故事、愍怀之事,亦不能强谏,始终依违,立小异而不能力争。即中台星坼,华果逊位,其能免乎?原之者,谓其拘牵文义,似后有母道,非臣下所敢废,然亦思贾后亲弑其姑,乃名教罪人,《春秋》之所必诛,安可泥常经而不识权变哉?推其隐衷,得柄由裴颜赞成,颜为贾之姻连,华实颜之昵友,感颜亦即感后,其弥缝聊以恤人言而已。意在助后为政,非忠于晋也。张林责以式乾之议,谏若不从,何不去位,宜华之不能答欤?

十九日(4月5日)　晴。杜估自都来,以《线断[本]皇甫[诞]碑》请售,验"务"字已坏,后半并补以"三监[本]",索价三百金,还之。

二十日(4月6日)　晴。伯夫人冥寿,至公所行礼,俗例也。复寄州寓百金,以济考费。

二十一日(4月7日)　晴。得都电,知允褒亦往应院试,州县皆补卷也。寄九弟书。

二十二日(4月8日)　晴。得孝达电,时徐大理致祥劾孝达。廉生云,语涉及余也。得载之电。

杨估寄书数种来,殊少佳者。附廉生一缄,知翼北病略愈矣。

二十三日(4月9日)　阴,晚微雨一阵。寄伯潜书,附奶饼,馀皆闲文也。孙荼孙来,托以雇船载区事,悒悒竟日。

阅《笥河集》。表彰江慎修、汪双池两先生遗书,推尊之至。箧中无汪书,适有以《参读礼志疑》来售者,因留之。文章有神,即古人亦能感召也。稼书先生于《礼经》甚有心得,视空言讲学者自异矣。

清献《读礼志疑》曰:贾公彦《周礼仪礼三疏》有功学者。《唐书》不为立传,止附见于其师《张士衡传》中,其生平及字均不可考。可惜!但载其子大隐以直谏著于武后之世,又载其传业赵人李元植,该览百家,高宗时数召见,以帝暗弱颇箴切其短。帝礼之不癗,迁巴令。可想见公彦之教。按,《旧唐书》儒学有《公彦传》,但载洺州永平人,永徽中官至太学博士,撰《三疏》而已。语太寥寥,与《新唐》不立传相等。《新唐·士衡传》云,以礼教诸生,当时显者永平贾公彦、赵李元植。后又云公彦传业元植,亦欠分明。永平乃永年之讹也。

**二十四日(4 月 10 日)** 晴。偶得雷学淇《介庵经说》。契至汤八迁者:契始居蕃,见《水经·渭水》注引世本。后封商,见《诗》。昭明居砥石,复迁商,见世本《荀子》。相土居商邱,见《左传》。子亥迁殷,见《纪年》。上甲徙司马,见世本《路史》。帝甲九年复居商邱,见《纪年》。汤居于亳。见《书序》。至盘庚五迁者:仲丁迁嚣河,亶甲居相,祖乙圯于耿。见《书序》。迁庇南,庚迁奄。见《竹书》。共十四迁,不止十三迁。儿辈试题有"自契至汤八迁解",因摘记之。

又《吕览》首时曰:武王立十二年,而成甲子之事。《唐书》〔释〕一行《日度议》,引《管子》、《家语》亦云十二年。今《管子》书无此语。余案,此可收入《管子逸文》。

《唐书·历志》一行日度议,《竹书》十一年,庚寅周始伐商,而《管子》及《家语》以为十二年,盖通成君之岁也。

《道藏》无《管子》,而俞理初《癸巳类稿》引《道藏》本,不知以何本误作《道藏》也?俟考。

**二十五日(4 月 11 日)** 晴。晚,仲璋忽归,言母及弟病,欲回里,实因敥卿之母病也。谈考事竟夕,神为之疲。有始无终,师道、友道均为未合耳。得儿辈书。

二十六日(**4 月 12 日**)　晴。洪子彬赠牧斋《初学集》,乃明刻。吉云帆来。得九弟书。寄谕儿帖。

二十七日(**4 月 13 日**)　晴。史竹孙来。得菁衫书。

二十八日(**4 月 14 日**)　晴。吕子庄来,选房山训导,菁衫内弟,在万全相识者。寄谕儿帖。

二十九日(**4 月 15 日**)　晴。借《有学集》观之。绛云藏书,而其中宋本题跋甚少。既为降人,而又深文曲诋,似长乐老之叙历朝恩遇,同一无耻。牧斋则长乐之变相耳。昔人谓王觉斯人品日下,书亦随之,而钱诗则《有学》胜于《初学》。余以为《初学》诗文站得住,《有学》诗文则站不住,未闻无地以自处而可以为诗文者也。凡诗文能胜人者,均先以人品衡之,有人品高而不能诗文者,未有人品不高而能为诗文者。余固哉之论如此。

杂阅宋人集中题跋以考《管子》,无所得,仅取韩无咎《读管子》入抄。

三月初一日(**4 月 16 日**)　晴。五姊及八弟夫妇双柩至津,登舟一恸,遣王福、郭升及八弟之仆娄升送回,命族弟佩纪于河头迎归,俟秋冬卜葬。

初二日(**4 月 17 日**)　晴。复九弟书。乐山来书,云丁季莘已到滦阳。

初三日(**4 月 18 日**)　晴。得州寓书,三属经古合,取沧儿第一,允褒十一,潜儿十二名。

初四日(**4 月 19 日**)　晴。以波罗蜜果诒晦若。闷甚,检书辄不能终卷也。

严铁桥《书汉书律历志后》云:"汉兴承秦建亥,用秦颛顼历。百有二年,孝武改朔建寅。邓平、司马迁、唐都、(洛)[落]下闳等造太初历。煌煌巨典,顺孔圣承天之文,为万世则而行。仅百馀年,莽移汉祚,改用三统,十许年而(汉)[莽]诛。史法于秦颛项故术略宜编次,【次】至邓平术胪列周详,末及三统,庶为信史。而孟坚末杀颛项术,并末杀邓平术,专取三统以充篇,是直莽历志岂汉历志哉?"余夙纠班,每谓班氏党于王莽,于《自序》中直言之,故于王莽事津津乐道,不独《律历志》也。即以十《志》言之,惟《天文》为其妹昭及马续所修,馀皆固作。《礼乐志》则纪王莽兴辟雍,及乐陵夷坏于王莽,而以世祖事入之,不知断代为史,亦不应阑入光武。与《艺文志》以东京或入或省,搅乱向、歆同一,失于限断。《刑法志》亦然。《食货志》叙莽事数千言。《郊祀志》亦以莽兴神仙事终之。《地里志》详纪莽曰某某。《沟洫志》,莽末施行之空语,亦必详列之。俨然以莽为一朝附于《汉书》之中。今阅班书者,喜其足资考证,而不知其深乖史法也。夫固既立自注之例,则莽事何嫌附注于下,而于汉之大政更加详载,亦谁以为烦冗者? 莽事愈多,则汉事从略,终为全书之疵。三长中,少一识字也。班书纪莽事太多,望溪文已议之。

**初五日(4 月 20 日)**　晴。得刘献夫书。

**初六日(4 月 21 日)**　大风。仲璋来辞行,赆以洋蚨三十番,匆促不能具卮酒也。

**初七日(4 月 22 日)**　阴,重御棉。案上元瓷水盂为新来小僮误碎,骇而遁去,自愧不为奴仆所信,盖余从不以误碎物呵斥僮仆,惟书则禁止涂抹耳。复载之书,并附符笑拈复信。

**初八日(4 月 23 日)**　阴,粹玉忌日,风霾。得都中书,知翼北病又剧,此子恐不复永年矣,甚为怅闷。柳质卿来,适有事未得见。

**初九日(4 月 24 日)**　晴,尚御棉衣。《说郛》一部,以无意得之。富华阁碑贾王春山来,欲赴朝鲜拓碑,乃廉生所荐,此君古兴可谓豪矣。

**初十日(4 月 25 日)**　晴。复献夫书。

开元贤相推姚、宋。然宋之心术,余不甚取之。赵彦昭劝崇,是否为燕公指使,亦无显证。说诣岐王不遇,畏文献当国耳。崇乃以岐王陛下爱弟,张说辅臣而密乘车出入王家,恐为所误,于是说出相州。说之归,诚明皇久矣,而崇尚能浸润构谮,其心地险谲至矣。安得谓之贤臣也?小说以死姚崇算生张说为佳话。后阅《燕公集》,则姚碑乃奉敕撰,并非私家所请,直是姚家门生故吏所捏造耳。燕公为明皇东宫侍读,久相爱重,即《五君咏》候苏瑰忌日,致颂之说亦属讹言。《许公碑》亦燕公所撰,小许公岂不知之,必待其《五君咏》而知为父执耶?燕国子均、垍从贼,本不宜附其传末。《旧书》因均、垍复附陈希烈,尤谬。姚诸子通馈遗,宋子浑与李林甫善,计纳薛稷女甥,均秽家声,而姚曾孙有武功,宋转一衰不振,何欤?

十一日(4月26日) 晴。会经书估,以南来书请阅,中有《俨山分集》,索价十金,还之。偶阅其《传疑录》,曰:《周诗》有周不显,帝命不时。毛曰:不显,显也。不时,时也。《集传》亦因之。不字当是丕字,清庙之不显不承即《书》之丕显丕承。汪容甫所本也。又以周宇文护母留齐贻书护曰:昔在武川镇生汝兄,大者属鼠,次者属兔,汝身属蛇。谓此乃胡语,不知后汉已有岁在龙蛇之说矣。

十二日(4月27日) 晴。买《康对山集》,足本不易得,《四库》所收乃十卷本也。劳玉初来。

十三日(4月28日) 晴。吴挚甫来,与之谈及马羲园遗诗,属刻之,以终子俊之志。申刻,李、杜两估自都来,将南下搜书。余以蒋氏书委之。寄廉生书。

十四日(4月29日) 晴。得高阳书。

楼攻(愧)〔媿〕有《答杨敬仲论诗解书》,反复论辨,颇有裨于经旨。如《氓》之诗,"士之耽兮,犹可说也。女之耽兮,不可说也"。杨注引俗说,以女淫为大丑,此即《毛传》"女与士耽,则伤礼义"。楼驳郑笺云:"士有百行,可以功过相补。至于妇人,无外事,惟以贞信为节。然功过相补,则士可耽也。每疑其害教,近得一说,无与士耽,已是自悔而反正之言,盖其初来即我谋,后又以车来,则非女之奔之也。其言曰始者以士之耽兮,故我今日犹可说也。若是女之耽兮,则我不可说也。如此则得诗之意，又免功过相补之害教。"其说甚厚。《狼跋》之诗，毛、郑均以狼兴周公，程氏谓无以豺狼譬圣人者。楼取蜀人杨少卿民望说，诗人盖以狼之跋疐比四国，而公处其中不惧。此说最为得之。楼称杨书以《左传》、《尔雅》、《大学》所引多牵合，"先王在商，世难拘以周礼、文王以服事；商不应作礼乐。皆前辈未发，尤用服膺"。惜敬仲《诗解》不可得也。

十五日(4月30日)　雨。阅《张燕公集》。《郭代公行状》："太平公主、窦怀贞潜结凶党，谋废皇帝，睿宗犹豫不决，诸相皆阿谀顺旨，惟公廷争不受诏。及举兵诛窦怀贞等，宫城大乱，睿宗步[出]肃章门观变，诸相窜外省，公独登奉承天门楼躬侍。睿宗闻东宫兵至，将欲投于楼下，公亲扶圣躬，敦劝乃止。"两《唐书》叙此甚略。《旧书》云："睿宗登承天门，元振躬率兵侍卫之。"《新书》云："睿宗御承天门，诸相走伏外省，独元振总兵扈帝。"于睿宗仓皇几欲自投之状，均讳之。明皇前戕韦庶人，不启睿宗可也。今以君废臣，自应一面发兵讨太平，一面以兵扈上皇，同御承天门观变，乃阴谋锄贼，置老父不顾，设元振不至，睿宗自投，不知明皇将何以为人，何以为子也？厥后，以骊山讲武，军容不振，坐代公纛下，将斩之，未必不以其党附上皇为憾。明皇之不孝，宜归自蜀道，受李辅国之毒也。郭在太学，有人以五世未葬求济，郭举资界之；后入朝，有人马前送状，得骡马二十馀匹，帛三千匹，即太学请葬士所报也。此本琐事，《旧书》不载，为得体。《新书》载前遗后，又以薛稷、赵彦昭相诮为骇叹，均失神理。

十六日(5月1日)　阴。李怡庭为致书数种，颇有佳者。劳玉初来谈。吕子庄辞，赴房山任。

十七日(5月2日)　晴。《旧书·张说传》："初，说为相时，玄宗欲讨吐蕃，说密奏许其通和，以息边境，玄宗不从。及瓜州失守，王君㚟死，说因获巂州斗羊，上表献之，以申讽喻。"《新书》："说密请和，帝曰：'待王君㚟计之。'说出，告源乾曜曰：'君㚟好兵以求利，彼入，吾言不用矣。'后君㚟破吐蕃于青海西，说策其必败，因上巂州斗羊。帝识其意。后瓜州失守，君臬死。"由刘书言之，则燕公因君臬已死，始献斗羊，是为迎机利导。由宋书言之，则燕公先策其必败，因献斗羊，是为先事抒诚，后因此复相，似《新书》为得实矣。《燕公集》有《右羽林大将军王公神道碑》亦奉敕撰。夫君臬与燕公和战异议，而碑极称其忠勇气力，并云即叙者老生常谈，和亲者竖儒怯计，以骤括己之密请和戎，盖承敕而作，体制如斯，足证姚文献碑亦非梁公之遗命秘算也。《燕国集》有《高元福碑》，乃力士父，更有《代伎女祭元十郎文》，殊可笑也。

十八日(5月3日)　晴。得廉生书。儒弟来，酌定八弟葬期。陆眉五由太仓至。

《曹子建集》以无《七步诗》者为佳本，然子建实有《七步诗》，见于《世说》。诗云："其在灶【在】下然，豆在釜中泣。本是同根生，相煎何太急。"《文选·竟陵王行状》注亦引之，则古本有此诗可知。又，《张燕公集》今通行本二十五卷，而朱竹君有宋刊三十卷本，不知当日何以不献之四库？宋王禹偁《小畜集外集》仅存七卷，为纪文达所藏，盖唐及北宋专集传刻渐希，不知永乐辑《大典》时，何以亦未搜罗，抑馆臣未及采择耶？偶因《曹集》略及一二，其详具余书目附注中。

十九日(5月4日)　晴。爽秋来，之芜湖任。复高阳书。

二十日(5月5日)　晴。沧儿岁入第一名，潜儿第七名，允褒十四名，以书告九弟及鹤巢、朱子涵、边润师。命两儿还里展墓，明日可归。

二十一日(5月6日)　晴。两儿回津。复乐山书。

二十二日(5月7日)　晴。眉五来。

二十三日(5月8日)　晴。连日书估南来者集津，颇有所得。

二十四日(5月9日)　晴。得九弟书。过晦若少谈。李、杜南去。寄谊卿及朱式如书，并假二估以资，为物色佳帖异书也。作函谢仲璋。

二十五日(5月10日)　晴。料理回里，寄九弟一缄，并函谢鹤巢及复廉生书。

二十六日（5 月 11 日） 晴。乘轮车回里。未刻至胥庄，酉刻至陀。由庄至陀，向西北行，过赵家庄八里，小稻地三里，岔口七里，王家庄五里，至陀五里。族中凋零，仅子中秀才老健可谈，年六十九矣。重阳日生，明年七十，乞余一联。

二十七日（5 月 12 日） 晴，夜大风。至家祠行礼后，于五姊、八弟灵前一奠，出东门，至所卜坟地察穴阅工。刘芝坪孝廉镇疆来。午后，秦宅甥女来。刘玉书上舍钟琪来，九弟之内侄也。夜耿耿不寐。

二十八日（5 月 13 日） 晴，风止。巳刻葬八弟夫妇于小齐家陀。未刻葬五姊于清湖庄之东。悲伤之馀，疲乏殊甚，然夜仍不能寐也。

二十九日（5 月 14 日） 雨。敬诣祖、父各茔，并至二叔茔及珊网砦。雨中疲甚。午后，酬丧事、诸族人，至六门一走。

三十日（5 月 15 日） 晴。至五姊、八弟墓设祭毕，回明致书屋。早饭不能下咽，即令仆从先发。过族兄子中秀才及刘芝坪。兄弟辈送余歧路，不觉惘然，九弟在远，送者皆族昆弟也。申初到河头，寓同和客店，孙小云来，与之闲行，晚即枕即酣，盖连日疲乏甚矣。四鼓时醒，起，秉烛以候明。

四月初一日（5 月 16 日） 晴。早车回津。吴乐山因来谈淮部旧事，颇足醒脾。午初到署。

初二日（5 月 17 日） 晴。崔琴友来，其子祥惺已入泮。过晦若少谈。柳质卿来见。寄九弟书。

初三日（5 月 18 日） 晴。以于术寄廉生，翼北久病也。乐山亦病，求医于津，复书候之。

初四日（5 月 19 日） 晴。以《五音类聚》寄玉初。寄载之书。质卿复来。晚，至琴友处略谈。

初五日（5 月 20 日） 晴。得庚乐秋书，并王云舫一纸。午后，保定书估奎文堂王姓由内所荐来，无可取者，买《孟亭集》。阅之，其考证金石书画,学甚浅陋,宜注玉溪诗之支离,诗学玉溪而劣甚,并不能望西昆肩背,何也?意甚郁郁,未二鼓,即入内斋,与鞠耦略谈旧事。

**初六日(5月21日)** 昨夜甫即枕,雷声殷然,雨势颇急,晨起湿,云尚油油也。生母忌日,枯坐无俚。午后,与鞠耦略话,属仆辈整理书籍,而卧榻上观之。有持《四【成】世司成诗卷》来售者,为鄂拜、鄂尔奇、鄂容安、润祥。鄂拜乃文端之父,润祥则刚烈之侄孙也。中有石庵、竹君、覃溪、蔗林诸公诗,值昂,还之。

**初七日(5月22日)** 晴。清秘又持米二帖来,一《珊瑚帖》,一《复官帖》,快雪堂曾刻之。由安仪周展转归傅文忠、成邸、定邸,索价千五百金,让至千金,无力购之。内人暇中双钩之,惟妙惟肖,亦闲中一乐也。琴友南还。

**初八日(5月23日)** 晴。得刘献夫书。芟林来。赵梓芳自南来,因仲良保送引见,年六十六矣。

**初九日(5月24日)** 晴。吊邵班卿母丧。午后,晤梓芳。
前读两《唐书》,叹广平之后不振。今日检颜鲁公所撰《宋文贞碑》,碑侧有记云:"公第六子衡,谪居沙州,参佐戎幕,河陇失守,介于吐蕃。以功累拜工部郎中兼御史河西节度行军司马,与节度周鼎保守燉煌,仅十馀岁,遂有中丞常侍之拜。恩命未达,而吐蕃围城,兵尽矢穷,为贼所陷。吐蕃素闻太尉名德,曰:'唐天子,我之舅也。衡之父,舅贤相也。落魄如此,岂可留乎?'遂赠以驼马,送还于朝。大历十二年十一月,以二百骑尽室护归。士君子伟之,乃古来所无也。上欲特加超奖,且命待制于侧门。"而《旧书》云,衡居官坐赃,流贬。又云,衡最粗险,广平风教无复存矣。《新书》亦云,衡最险悖,广平之风衰焉。虽史笔之于家碑体裁迥异,史或直笔,碑或曲原。而衡于沙州贬后,又有复参戎幕,洊至中丞常侍一事,史胡略之,不可解也。《世系表》衡仕至检校左散骑常侍,是后亦未有超奖。然鲁公所纪之为确实,可知华之子俨能与鲁公交,请其撰碑大书,则诸孙中亦尚有贤者。

史亦稍刻矣。

初十日(5月25日) 晴。得热河电,乐山病重。

十一日(5月26日) 阴。顾廷一来。

十二日(5月27日) 雨。闷坐,无所事事。

十三日(5月28日) 阴。拟阅太白诗,忽忽一日,仍未开卷也。

十四日(5月29日) 阴。得都门书,杨估寄书十馀种来。

阅陆仲昭时雍《古诗镜》、《唐诗镜》。其《总论》以神韵为宗,情境为主。余谓渔洋拈"神韵"二字以开一时风气,实潜取仲昭也。仲昭上下千古,颇有特识,学诗者不可不阅其《总论》也。

十五日(5月30日) 晴阴相间。丁春禀富阳交案已结。

考差题"泽梁无禁"、次"辞尚体要"二句,诗"密林生雨意"得"林"字。姚合《郡中西园诗》一作许浑,按原刻《少监集》席刻作"雨气",《韵府》作"雨意",不知何本也。

十六日(5月31日) 晴。寄九弟及载之书。李拚霄来。晚赵宇香自山东至。得菁衫书。

十七日(6月1日) 阴,微雨旋止。过晦若略话。湖北参案免议,赵凤昌革职,驱逐回籍。孝达之巡捕也。后为提要处,常州人。粤督复奏,平和劲赵乃江督奏语尔。

复献夫书。载之有书至。

十八日(6月2日) 阴。得章颂民书。

唐贞观十七年,赵国公无忌、河间公孝恭、莱国公如晦、郑国公徵、梁国公玄龄、鄂国公敬德、卫国公靖、宋国公瑀、褒国公志玄、夔国公弘基、蒋国公通、郧国公开山、谯国公绍、邳国公顺德、郧国公亮、陈国公君集、郯国公公谨、卢国公知节、永兴郡公世南、渝国公政会、莒国公俭、英国公勣,并胡国公叔宝,图形凌云阁。见《新书·秦叔宝传》。按,太宗兼文武之资,以得天下,然群策群力,亦一时将相之功。而新、旧两书于诸将叙述均少精神。《旧书·[秦]叔宝传》贞观十二年卒,《新书》并此节之,则十三年由翼国改封胡国,竟不知其为殁后、为生时矣。迹其改封，必叔宝有子孙承袭，传皆遗落不载，殊为疏阔。程知节子处默袭卢国公，处亮尚太宗女清河长公主，授驸马都尉左卫中郎将，少子处弼官至右金吾将军，处弼子伯献开元中左金吾大将军。《新书》并省去，第曰：子处亮尚清河公主而已。安得曰文省而事增乎？惟《尉迟敬德传》极为铺叙。考《旧书·许敬宗传》：为子娶尉迟宝琳孙女。《新书》作敬德女孙，敬宗与敬德同时，不应年辈参差，子娶鄂公曾孙女，似《新书》得实，《旧书》误衍一"孙"字耳。多得略遗，及作宝琳父敬德传，悉为隐诸过咎。太宗作《威凤赋》以赐长孙无忌，敬宗改曰赐敬德。按，鄂公未降之先，为秦叔宝所破，其后破世充、建德，及息巢之役，与秦、程皆同预密谋，不应鄂公凌烟之名遂列于杜后房前，疑亦许敬宗有所抑扬，而旧、新两书均沿其谬也。

十九日（6月3日）　晴阴相间。李赞臣来谈。得热河电，乐山病仍如前。九弟书至，草草复之。

二十日（6月4日）　晴，夜雨。洪翰香自芜湖来。

二十一日（6月5日）　晴。翰香复来。午饭时士周及杨艺舫踵至。

二十二日（6月6日）　雨。寄李村夫人书。

二十三日（6月7日）　夜雨。得廉生书，言翼北病危，语甚酸恻。秦艺林来。

二十四日（6月8日）　夜雨。与合肥论驳仆事。过晦若。复廉生书。连日欲踵章作《隋书·经籍志考证》，粗创条例，旋复作辍，无非心绪之扰杂耳。内人又小病，殊闷闷也。

二十五日（6月9日）　晴。秦艺林来。

《老子·论德章》："失道而后德，失德而后仁，失仁而后义，失义而后礼。"此数语最有病。按，《韩子·解老篇》作"失道而后失德，失德而后失仁，失仁而后失义，失义而后失【义】礼"。然后恍然，《老子》古本如此，删去下之"失"字，不可通矣。

二十六日（6月10日）　晴。陆眉五自都来。得蔚廷书。翰香及其兄露轩至。潘子静函告蒋处之书不能成交易，闷甚。

二十七日（**6月11日**） 晴。张筱传来谈。

隋受周禅，遂为无耻。尉迟迥举兵，实为义举。韦孝宽受周累世深恩，乃甘心为坚爪牙，至朝歌察迥有变，称疾徐行，又欲怒斩兄子艺，具得迥谋，是其心固已党于杨氏矣。此何待李浑之申意，孝宽背周即隋之罪已无可逭。破迥之后，未及隋氏受禅而死，列于《周书》，转若周之纯臣者，李穆诣坚，浑亦代布腹心，卒为宇文述陷之诛死，天殆假手以正其背周之恶，非不幸也。当尉迟兵起，若孝宽与之合力，足以杀坚。惜哉！

二十八日（**6月12日**） 晴。翰香来谈。

《北史》、《隋书》及唐新、旧两书《李密传》均不详尽。《通鉴》所叙较有眉目，今略辑之。

蒲山公李密，弼之曾孙也。少有才略，志气雄远，轻财好士，为左亲侍。帝见之，谓宇文述曰："向者左仗下黑色小儿，瞻视异常，勿令宿卫！"述乃讽密使称病自免，密遂屏人事，专务读书。尝乘黄牛读《汉书》，杨素遇而异之，因召至家，与语，大悦，谓其子玄感等曰："李密识度如此，汝等不及也！"由是玄感与为深交。时或侮之，密曰："人言当指实，宁可面谀！若决机两阵之间，喑呜咄嗟，使敌人震慑，密不如公；驱策天下贤俊，各申其用，公不如密。岂可以阶级稍崇而轻天下士大夫耶！"玄感笑而服之。

玄感反，召密。密适至，玄感大喜，以为谋主，谓密曰："子常以济物为己任，今其时矣！计将安出？"密曰："天子出征，远在辽外，去幽州犹隔千里。南有巨海，北有强胡，中间一道，理极艰危。公拥兵出其不意，长驱入蓟，据临渝之险，扼其咽喉。归路既绝，高丽闻之，必蹑其后。不过旬月，资粮皆尽，其众不降则溃，可不战而（禽）[擒]，此上计也。"玄感曰[："更言其次。"密]："关中四塞，天府之国，虽有卫文升，不足为意。今帅众鼓行而西，经城勿攻，直取长安。收其豪杰，抚其士民，据险而守之。天子虽还，失其根本，可徐图也。"玄感曰：

"更言其次。"密曰："简精锐，昼夜倍道，袭取东都，以号令四方。但恐唐祎告之，先已固守。若引兵攻之，百日不克，天下之兵四面而至，非仆所知也。"玄感曰："不然，今百官家口并在东都，若先取之，足以动其心。且经城不拔，何以示威！公之下计，乃上策也。"玄感至东都，自谓天下响应，得韦福嗣，委心膂，不复专任李密。福嗣每画策，皆持两端。密揣知其意，谓玄感曰："福嗣元非同盟，实怀观望；明公初起大事而奸人在侧，听其是非，必为所误，请斩之！"玄感曰："何至于此！"密退，谓所亲曰："楚公好反而不欲胜，吾属今为虏矣！"李子雄劝玄感速称尊号，玄感以问密，密曰："昔陈胜自欲称王，张耳谏而被外；魏武将求九锡，荀彧止而见诛。今者密欲正言，还恐追踪二子；阿谀顺意，又非密之本图。何者？兵起以来，虽复频捷，至于郡县，未有从者；东都守御尚强，天下救兵益至，公当挺身力战，早定关中，乃亟欲自尊，何示人不广也！"玄感笑而止。玄感解东都围，引兵西趣潼关。宇文述等诸军蹑之。至弘农宫，父老遮说玄感曰："宫城空虚，又多积粟，攻之易下。"玄感以为然。弘农太守蔡王智积谓官属曰："玄感闻大军将至，欲西图关中，若成其计，则难克也；当以计縻之，使不得进，不出一旬，可以成擒。"及玄感军至城下，智积登陴詈之；玄感怒，留攻之。密谏曰："公今诈众西入，军事贵速，况乃追兵将至，安可稽留！若前不得据关，退无所守，大众一散，何以自全！"玄感不从，遂攻之。三日不拔，乃引而西。宇文述等军追及。玄感大败。独与弟积善徒步走，谓积善曰："我不能受人戮辱，汝可杀我！"积善斫杀之，磔尸东都市。

案，玄感直一无赖少年，法主从之为逆，玄感不用良谋，诚为自取灭族。然尔时即用法主上策，亦不能有功也。由黎阳长驱入蓟，岂救兵不能四集乎？弗以玄感不用密言，遂谓其真可制胜入关之策。唐用之以开基，然唐起于隋已敝之后，玄感反于隋未乱之时。即行中策，亦无能为此。非成败论人，善读史者当有远见。

二十九日（6月13日） 晴。卫达三来。

密亡命为人所获,送东都。《考异》:"《隋书·密传》:'密间行入关,与玄感从叔询相随,匿于冯翊询妻之舍,寻为邻人所告,遂捕获,囚于京兆狱。'又云:'及出关外,防禁渐弛。'又云:'至邯郸,密等七人皆穿墙而遁。'《唐书》虽不云囚于京兆狱,亦云出关。按,密若自关中送高阳,不当与韦福嗣同行。今从贾闰甫《蒲山公传》及刘仁轨《河洛行年记》。"樊子盖锁送福嗣、密及杨积善、王仲伯等十馀人诣高阳,密与王仲伯等窃谋亡去,悉使出其所赍金以示使者曰:"吾等死日,此金并留付公,幸用相瘗,其馀即皆报德。"使者利其金,许诺,防禁渐弛。密请通市酒食,每宴饮,喧哗竟夕,使者不以为意。行至魏郡石梁驿,饮防守者皆醉,穿墙而逸。《河洛记》曰左乐驿,今从《蒲山公传》。密呼韦福嗣同去,福嗣曰:"我无罪,天子不过一面责我耳。"

按,密以福嗣两端,尝请玄感斩之,安肯呼之同去乎?

大业十二年。密之亡也。往依郝孝德,《考异》引《壶关录》,不取。孝德不礼之;又入王薄,薄亦不之奇也。密困乏,至削树皮而食之,匿于淮阳村舍,变姓名,聚徒教授。郡县疑而捕之,密亡去,抵其妹夫雍邱令邱君明。君明不敢舍,转寄密于游侠王秀才家,秀才以女妻之。君明从侄怀义告其事,帝令怀义自赍敕书与梁郡通守杨汪相知收捕。汪遣兵围秀才宅,适值密出外,由是获免,君明、秀才皆死。

**五月初一日(6月14日)** 晴。黄秦生来。清卿有书寄山谷淡山石刻,晚陈觐虞过我闲话,头痛卧一时许始解。

**初二日(6月15日)** 晴。午后,秦生来。得乐山及高阳书,复乐山一纸。

**初三日(6月16日)** 晴。洪翰香来。午后,得翼北凶问,殊可痛惜。

**初四日(6月17日)** 阴。端午赐枢臣。慈圣御笔画扇。合肥亦得赐二扇,有专弁谢恩,附寄高阳及廉生书。

**初五日(6月18日)** 晴。牛李党,《旧书》指牛僧孺、李宗闵;《通鉴·唐纪》五十九,牛僧孺入相,德裕以为李逢吉排己,由是牛李之怨益深，则以牛指牛僧孺，李指德裕。盖温公之误也。《通鉴》于长庆党意在执中，而宋人议论喜安静、恶生事，不免祖牛李而贬卫公，有极不公者，试拈一二则以为读史眼鼻。

八关、十六子。《考异》曰："按宰相之门，何尝无特所亲爱之士，数蒙引接，询访得失，否臧人物，其间忠邪溷淆，固亦多矣。其疏远不得志者则从而怨疾之，巧立品目以相讥诮，此乃古今常态，非独逢吉之门有八关、十六子也。《旧[唐书]·逢吉传》以为'有求于逢吉者，必先经此八人纳赂，无不如意。'亦恐未必然；但逢吉之门，险诐者为多耳。此皆出于李让夷《敬宗实录》。按，栖楚为吏，敢与王承宗争事，此乃正直之士，何得为佞邪之党哉！盖让夷，德裕之党，而栖楚为逢吉所善，故深诋之耳。"按，栖楚极谏《敬宗实录》以为卖直，并云克明之难皆栖楚兆之，诚为偏谬。然李逢吉之护惜栖楚，虽云重其敢言，亦必平时亲昵，始肯为之调剂，亦何能因其一节之长而遂欲出之八关之列哉！然犹云善善从长也。维州之罪，温光亦曲为奇章，原之胡氏云：米脂，四寨之弃，大率类此，不足论矣。牛僧孺为山南东道节度，汉水溢壤，襄州民居此，自堤防不办，罢为太子太师，初非苛罚。《通鉴》则曰：德裕以为僧孺罪而废之，牛、李与刘从谏交通。河南尹吕述言积稧破报至，僧孺出声叹恨。孔目官郑庆言从谏每得僧孺、宗闵书疏，皆自焚毁。此或吕、郑希旨诬之，然德裕奏请贬黜，示以直报怨而已。《鉴》则以郑庆之言出于德裕所令，不亦锻炼周内乎？

**初六日（6月19日）** 阴。得鹤巢书。

《五代史·任圜传》称其相明宗，"选辟才俊，抑绝侥幸，公私给足，天下便之"。余以为任圜之负庄宗至矣。圜素为庄宗所奖赏，当魏王之杀郭崇韬，命圜代将其军。《欧史》。其时明宗监国，圜攻康延孝于汉州，旋至渭南，继岌遇害，圜代总其军。《薛史》。欧作：魏王先至渭南，自杀，益为圜解。今不取。按，继岌以从袭告以时事已去，王宜自图，乃自伏于床，命仆夫李环缢杀之。其时圜若不在军中，则王死，军必四溃。圜安得代总其军以归？以情势推之，圜必以继岌孺子不足奉,观望不前,故一任李□□辈杀王,而圜既不究继岌被害之故,全师以为己功,明宗遽命为相,非嘉其全师之功,嘉其杀继岌之功也。《欧史》于《继岌传》云:"继岌面榻而卧,环缢杀之。"即继以"任圜从后至",何其巧耶?"圜率征蜀之师至京师,明宗抚慰久之,问圜继岌何在,圜具言继岌死状。"嗣源与圜之奸谋毕露矣。继岌虽云童骏,人情无不惜死。观其处置郭崇韬事,初则不肯负心,亦尚非全无识见者,其在渭南浮梁虽断,左右虽溃,而任圜之军固在,何难召圜以决进止,乃遽以从袭一言仓皇就榻,甘就缢死。初无死中求活之一念,岂情也哉? 然则当日情事,必任圜已受嗣源之密指,因迫继岌杀身以为己功。观其葬继岌后,并不追究从袭辈,直以自杀为言,罪状明白矣。圜当日心乎庄宗以胜蜀之师拥戴? 继岌与孟知祥相结以平内难,名正言顺,虽败犹荣,况未必败乎? 计不出此。委心明宗,及判三司,复以成都富饶,欲连蜀财以富国,欲因知祥为庄宗近姻,欲扰之以不安其位。计既不成,终为安重诲所忌,矫制赐死,聚族而歼,可谓天道不爽矣。薛、欧无识,不能深抉其隐,率以恕词,予之不示,奸邪之幸乎?

初七日(6月20日)　晴。吴乐山来,致廉生书慰之并谕侄孙女一纸。

初八日(6月21日)　晴。赞臣来。

初九日(6月22日)　晴。陈冠生自都回浙过此。蔚廷寄《李光禄传稿》。

初十日(6月23日)　晴。盛杏孙来。得乐山电,索肉桂。

十一日(6月24日)　雷雨。过晦若。以桂寄乐山。

十二日(6月25日)　晴。至蔚廷书。

十三日(6月26日)　大雨竟夕。屋皆穿漏,河水长三尺许。

十四日(6月27日)　晴。《梁书·徐勉传》:"常与门人夜集,客有虞暠求詹事五官,勉正色答云:'今夕止可谈风月,不宜及公事。'故时人咸服其无私。"按,《江蒨传》:"勉因蒨门客翟景为第七儿繇求蒨女昏，蒨不答，景再言之，乃杖景四十，由此与勉有忤。除散骑常侍，不拜。是时勉又为子求蒨弟葺及王泰女，二人并拒之。葺为吏部郎，坐杖曹中幹免官，泰以疾假出守，乃迁散骑常侍，皆勉意也。王泰出阁，高祖谓勉，蒨应居选部，勉对曰：'蒨有眼患，又不悉人物。'高祖乃止。"既能修怨，即能市恩，风月之谈特以拒虞喜耳，不得谓之无私也。

十五日（6月28日）　晴。右北平郡县十六，钱坫及洪亮吉、李兆洛说异，今列之。洪与李均本《一统志》。

平刚。钱：永平府东北四百里。李同。　无终。今玉田县。今蓟州治。
石成。今奉天府承德县西北。李同。　俊靡。遵化【东】西。西北。
廷陵。阙。　赞。阙。当在遵化。　徐无。遵化东。遵化西北。
字。子谷口。李同。山海关边外。　土垠。丰润东十。同。　白狼。奉天西北。承德西北。
夕阳。阙。滦州西南。　昌城。永平西南。滦州西南。
骊成。抚宁。乐亭西南三十。　广成。奉天西北。承德西北。
聚阳。阙。　平明。阙。

又阅陈澧《汉书地理志水道图说》，以抚宁为絫，海阳为乐亭，字为滦州，似较明。而说龙鲜、封大、缓虚三水，既曰阙疑，又列之滦州、丰润之间，盖以《水经注》此三水在鲍邱之东、濡之西也。然以《水经》论，则濡之西尚有素河、九潨口、清水、木究水、北阳孤淀诸水。以《汉志》论，则右北平下字县榆水出东，《水经》已湮其迹矣。甚矣！右北平之地理水道不易条分缕晰也。尚有洪颐煊及吴卓信两家未见。

白狼在奉天、承德。此说最谬。《水经注》石城川水出西南石城山东流，径石城县故城南，北屈径白鹿山西。顾亭林云，白鹿山即白狼山也。据此，知白狼在今承德府属之建昌。《一统志》白狼山在县境，今名布祜图山是也。《魏志·田畴传》："上徐无山，出卢龙，历平冈，登白狼堆，去柳城二百馀里。"以此度之，平冈在今之平泉，白狼在今之建昌，距宁远道里差合，而石城故县定是汉之石城，在建昌白狼山之东北可知。《魏书·地形志》"广兴"下云："有鸡鸣山、石城、大柳城。"白狼、石城、柳城相距在二百里间。李以柳城为永平，大误。又以广兴为在锦县,似皆未审。

十六日(**6月29日**) 晴。辽西郡县十四。

且虑。永平城东。卢龙东。 　　海阳。乐亭。滦州西南。 　　新安平。永平城东。滦州西。 　　柳城。锦州宁远州西南平山营城,是。永平府境。

令支。永平东南。迁安西。 　　肥如。永平。卢龙北三十。 　　宾从。□□□①。徒。当在锦州。 　　交黎。奉天西北。昌黎县地。 　　阳乐。永平城东。抚宁西。 　　狐苏。锦州府地。锦县地。 　　徒河。锦州府地。□□□。 文成。□□□。卢龙县境。 　　临渝。奉天西境。承德县西。 　　絫。昌黎。同。

十七日(**6月30日**) 晴。约赞臣来话。

辽东县十八。

襄平。奉天府城。辽阳州北七十。 　　新昌。□□□。海城县东。无虑。锦州广宁。广宁治。 　　房。奉天海城。广宁东南。 　　候城。奉天北境。承德县北。 　　辽队。海城县地。海城西六十。 　　辽阳。辽阳州。同。 　　险渎。□□□。广宁东南。 　　居就。辽阳州西八十里。州西南。 　　高显。□□□。奉天府境。 　　安市。盖平东北七十里。同。

武次。奉天东境。承德东。 　　平郭。盖平地。铁岭东北四十。西安平。辽阳东南鸭绿江入海之所。辽阳东。 　　文。□□□。奉天府境。番汗。□□□。朝鲜京畿道国城西北。 　　望平。开原。广宁东北一百五十。 　　沓氏。□□□。辽阳州境。

十八日(**7月1日**) 晴。潘子俊来。得谊卿书。晚,陈序东、龚厚庵商《州志》。晚过晦若略谈。

渔阳郡县十二。

渔阳。密云西南三十里。同。 　　狐奴。顺义东北二十里。三十里。

雍奴。武清。武清东北八。 　　泉州。武清东南三十里。四十里。

平谷。通州北。平谷县东北十二。 　　安乐。通州西北。顺义西南。

---

① 整理者按,手稿空缺,此标"□"以示几种说法之别,下同。

屖奚。密云西。密云东北。 犷平。密云西南。密云东北。 要阳。密云东南六十里。承德府西。 白檀。密云县南二十里。承德府西南。 第三误厕。 路。通州东南。通州东八。 滑盐。平谷县西北。承德府西南。

《汉书·李广传》"弥节白檀"注,孟康曰白檀属右北平,误也,但临右北平。盛秋而弥节白檀,则白檀当与右北平接界。洪《志》:滦平县,白檀故城,在县西南。汉要阳废县,在县西南。《魏武纪》建安十二年乃堑堙谷五百馀里,经白檀,历平冈,涉鲜卑庭,东指柳城,未至二百里,虏乃知之。《田畴传》亦言嘿回军,从卢龙口越白檀之险,出空虚之地。其后但言出卢龙,越平冈。以《武纪》互勘,白檀在卢龙口外,必先经白檀而始达平冈,其在滦平无疑矣。

十九日（7月2日） 晴。《水经注》"鲍邱水"篇:泃水,出北山,山在傂奚县故城东南,东南流径博陆故城北,又屈径其城东【又屈径其城东】。世谓之平陆城,非也。汉武帝玺书,封大司马霍光为侯国。文颖曰:博大陆平也,取其嘉名而无其县,食邑北海、河东。薛瓒曰:按渔阳有博陆城,谓此也。今城在且居山之阳,处平陆之上,匝带川流,面据四水,文氏所谓无县目,嘉美名也。按,此段郦注支离。以瓒说考之,疑即右北平之聚阳,莽之笃睦也。瓒误右北平为渔阳,犹孟康之注白檀误渔阳为右北平。笃睦、博陆,一声之转,且居及聚亦声之转,在且居山之阳,故名曰聚阳也。

二十日（7月3日） 晴。晚,赞臣及洪氏弟兄并来,与伯述在晦若坐上商议《州志》事,宜属伯述先创体例。

《水经注》以秦置右北平治此,指无终。莽所谓北顺也。后汉治土垠,晋治徐无。《方舆纪要》无终城在玉田县治西,徐无在县东,土垠废县在县西北六十里。又垠城在县东十里。是汉、晋右北平太守治均在遵、玉、丰境内,拟立《右北平太守表》,漫纪于此。

《右北平太守表》。

汉。李广。 路博德。 师子将。见《元和姓纂》。 卑躬。见《元和姓纂》。河间人。本《风俗通》。

东汉。衡方。汉碑。　　贱琼。亦见《风俗通》。　　张宇。见《唐宰相世系表》。又见《燕公集》，皓子。　　刘政。《后汉·刘虞传》

晋。刘膺。《宋书·武纪》。宗正德后。膺生熙，熙生旭孙，旭孙生混，始过江。　　韦广。《梁书·韦叡传》。叡族弟爱之高祖，其子轨，孝武太元时居襄阳。　　阎鼎。见《世系表》。赞孙，亨子。字玉铉。安成亭侯死，刘聪之难。此河南新安之阎鼎，与《晋书》阎鼎别是一人。沈炳震以鼎传不言其祖即赞为疑，不知彼乃天水，此乃新安，彼字台臣，此字玉铉，彼假豫州刺史，此为北平太守，非一人也。

前赵。杨平。

后赵。阳裕。段辽北平相。石虎建武四年北平太守。

前燕。孙兴。俊朝。迁中山太守。　　杨铉。《隋·高纪》。《唐宰相世系表》。震八代孙。

秦。皇甫杰。苻坚时。

二十一日(7月4日)　晴。至海防公所。

二十二日(7月5日)　晴。

二十三日(7月6日)　夜雨，雷震大王庙棋杆。

二十四日(7月7日)　晴。佟莲溪来。汉勋。由两粤还。得九弟书。

二十五日(7月8日)　晴。至海防公所。

二十六日(7月9日)　晴。晚得玉初书。

二十七日(7月10日)　晴。白镜江署赵州来谈。季士周、盛杏孙亦至。午后，孙小云表兄来。李抟霄复请见，皆褦襶子也。钱念劬太守自外国还。

二十八日(7月11日)　晴，夜大雨。佟莲溪复来。晦若、容民晤谈片刻。得廉生复书，以《畿辅通志》一部送伯述备考。

二十九日(7月12日)　晨霁，晚阴。午后，得热河电，乐山本日辰刻卒于任所，其夫人先于廿二日中风去世，殊可伤也。

六月初一日(7月13日)　晴。至公所。抟霄来。

初二日(7月14日)　阴。昨夜受寒,晨吐泄交作,昏卧竟日。得子涵书。伯行来,以病未见。

初三日(7月15日)　晴。鞠耦生日,以失母故,寂然寡欢,余亦病馀懒茶也。午后,晦若约伯述来谈志例,适赵梓芳父子叔侄至,罢谈而散。

初四日(7月16日)　晴。伯行来谈。答赵氏父子,归觉头目眩晕之至。午后,阅寿老所修《畿辅志》,欲考证陡河,不得要领。

初五日(7月17日)　晴。朱伯平来,与之略话。约龚厚庵来商修志事,得赵菁衫两书,致吕子庄一缄。

初六日(7月18日)　晴。得廉生书,过伯行。午后,赞臣来。寄元世兄书及乐山幛,遣陆宣赴热河。

初七日(7月19日)　晴。得魏大令撝儒书,述乐山身后情形。是日读邸抄,乐山照都统例赐恤,赏银五百两治丧,子元桐赏员外郎。夜,翰香来。

初八日(7月20日)　雨。得献夫书。

初九日(7月21日)　雨。吴赞臣、曹苓臣均来。内人小病。

初十日(7月22日)　晨雨止,申后又雨。伯夫人周年忌,至经堂一行,午后返。

十一日(7月23日)　大雨。刘秀才功懋来。仲彭处,权馆者。

十二日(7月24日)　雨。先慈忌日。

十三日(7月25日)　雨。

十四日(7月26日)　雨。周玉山来,云盗风甚炽。沈子眉来,云常熟瞿氏藏书有出售意。

十五日(7月27日)　晴,午后雨。容民来谈,子眉复过谈。

十六日(7月28日)　晴。至经堂。晚过梓芳丈略话。水溢,闻都城尤甚。

十七日(7月29日)　晴,晚雨。伯夫人匶归葬,送至紫竹林,薄暮始返。梓芳父子明日行。

十八日(**7月30日**)　晴。

十九日(**7月31日**)　晴,酷热。水势益长。午后,洪鲁轩辞行。黄立庵上舍树成自湖南来。

二十日(**8月1日**)　晴。

二十一日(**8月2日**)　阴,夜微雨一阵。省晦若疾,晚浴后受凉。

二十二日(**8月3日**)　晴。疾矣,昏睡竟日。

二十三日(**8月4日**)　晴。马植轩恩培、史竹孙均来。两人同名也。是日作烧,因乡人勉接之。夜,微汗就愈。

二十四日(**8月5日**)　晴。文美来售书,中有朱武曹校诸子九种,大抵录王氏《杂志》之说。索价甚昂,手录其校《管》一册。仅十馀条,已说耳,亦浅甚。又有焦里堂《毛诗物名释》稿本,阙《二南》、《卫风》、《郑风》、《秦风》至《曹风》、《小雅》“鹿鸣”、“南有嘉鱼”两什,《周颂》“清庙”之什。此书未知刊行否?

二十五日(**8月6日**)　晴。

二十六日(**8月7日**)　晴。过晦若。

二十七日(**8月8日**)　晴。晚,马植轩又来。陈序东率遵化书办董事至。得献夫书。

二十八日(**8月9日**)　晴。万寿节。伯述、永诗来谈,与永诗商馆师,复献夫书。阅《二林居集》,儒释杂糅,殊无足取。

二十九日(**8月10日**)　晴。李怡庭寄书帖来。

三十日(**8月11日**)　晴,酷暑。

七月初一日(**8月12日**)　晴。赵再盦同年来,以长沙府明保引见也,即答之。

初二日(**8月13日**)　晴。洪翰香来。

初三日(**8月14日**)　晴。晦若、伯述来谈。

初四日(**8月15日**)　晴,夜雨。

初五日(8月16日)　晴。赞臣来。

初六日(8月17日)　晴,渐凉。先人忌日。得高阳书。

初七日(8月18日)　晴。

初八日(8月19日)　雨。

初九日(8月20日)　晴。遣王福归里,寄九弟书。

初十日(8月21日)　晴。杨彝卿及抟霄来,复高阳书,闻廉生得河南试差。

十一日(8月22日)　雨雷。黄秦生来。晚过晦若一谈。

十二日(8月23日)　晴。翰香来。晚,薛次申至,并见秦生。

借晦若《穆堂别集》阅之,《漕行日记》于截尾帮留津春运言之甚详,有以见河运之艰,自国初已然,复河运者可以悟矣。

十三日(8月24日)　晴。《元次山集》有《为董江夏自陈表》,其略云:"潼关失守,皇舆不安,四方之人,无所系命。及永王承制,出镇荆南,妇人童子,忻奉王教。意其然者,人未离心。臣谓此时,可【系】奋臣节。王初见臣,谓臣可任,遂授臣江夏郡太守。近日王以寇盗侵逼,总兵东下,旁牒郡县,皆言巡抚。今诸道节度以为王不奉诏,兵临郡县,疑王之议,闻于朝廷。臣则王所授官,有兵防御,邻郡并邑,疑臣顺王,旬日之间,置身无地。臣本受王之命,为王奉诏;王所授臣之官,为臣许国。忠正之分,臣实未亏;苍黄之中,死几无所。"江夏本自陈,而王之总兵东下,本因寇盗,不啻为永王代陈,然则永王信冤也。即董为王党,次山贤人,肯为之执笔诡词,颠倒黑白耶? 此足为太白诗一佳证。

十四日(8月25日)　晴。夜遣沧儿入都应秋试,潜儿年才十七,余意不欲其速成,拟以待来年也。寄都中诸师友书五函。高阳、润师、鹤巢、蔚廷、慕韩。

十五日(8月26日)　晴。过晦若小坐,遇肯堂。

十六日(8月27日)　晴。先祖忌日。

得张祈伯书,寄褚帖、曼生沙壶。廉生亦有书至,以今日行也。

王福由里回。

十七日(**8 月 28 日**) 阴,微雨。秦生、厚庵来。汤伯述入都。

十八日(**8 月 29 日**) 晴。士周来,因交蔚廷信也。

毛稚黄《恽氏论画记》:世传北宗以唐李思训、昭道父子为主,俱极工整丽密之致。由刘松年、李唐、马远、夏圭辈观之,岂复有二李遗意耶?故北宗以李将军论,则可谓衣钵失传矣。余因断自刘、李、夏、马始。近言北宗惟仇、唐,不及唐之高秀,而精工又得士气,最不易得。渐则戴静庵、文进远宗马、夏,然视仇又千里矣。画之北宗已失传然,岂惟画哉?学派亦复无衣钵,此吾北人之耻也。安得一二贤者振起之乎?毛说见《潠书》。

十九日(**8 月 30 日**) 晴。

二十日(**8 月 31 日**) 晴。寄乐山挽联。夫妇各一副。

二十一日(**9 月 1 日**) 晴。黄定侯建篏、秦生及谷士同年均来。谷士由河南藩司入都。

二十二日(**9 月 2 日**) 晴。寄吴兰石书,以秦生荐师,询其在籍否。一康孝廉泽溥,一孙孝廉承灝,均莲池高材生也。后得兰石书,康已下世三年,孙则病,兼有烟癖。

二十三日(**9 月 3 日**) 晴。

二十四日(**9 月 4 日**) 晴。

二十五日(**9 月 5 日**) 晴。

二十六日(**9 月 6 日**) 晴。陈养源来。允颐,容民之兄。得伯平书。

二十七日(**9 月 7 日**) 阴。过晦若。秦生赴保定。夜,梦子俊。

二十八日(**9 月 8 日**) 晴。李抟霄来。晚持螯取醉,醒则夜已半矣。得永诗书,荐常熟孙同康,即今年在学幕阅两儿文者,余意不欲延名士,复之。

二十九日(**9 月 9 日**) 阴。辑《字统韵略》成。

国朝人有《古兵仗考》,所考殊陋,今更博征之,使与桂、米、谷释甲相次。王晫《兵仗记》。

盾。瞂也。所以扞身蔽目。　　瞂。盾也。　　䤩。盾握也。
戗。盾也。　　橹。大盾也。

刀。兵也。　　剑。刀握也。　　镖。刀削末铜也。　　玅。佩刀
下饰。　　剑。人所带兵也。　　剽。刀剑刃也。　　镡。剑鼻也。

镆。镆铘也。铘同。　　璏。剑鼻玉也。　　戈。平头戟也。
戣。《周书》:侍臣执戣立于东垂兵也。　　戟。有枝兵也。从戈倝。《周
礼》:戟长丈六尺。戛戟也。　　戴。长枪也。　　戉。斧也。　　戚。
戉也。　　柯。斧柄也。　　矛。酋矛也。建于兵车,长二丈。矜,第柄
也。　　稂。矛属。　　矠。矛属。　　猎。矛属。　　䥽。铤也。
铤。小矛也。　　铊。短矛也。　　釹。矛也。　　锬。长矛也。

錞。矛战柲下铜镈也。　　镈。柲下铜也。　　铳。侍臣所执兵也。
《周书》曰:人冕执铳。　　殳。以杸殊人也。《礼》:殳以积竹,八觚,长丈二
尺,建于兵车,旅贲以先驱。　　杸。殳也。　　杸。军中士所持殳也。

矢。弓弩矢也。从入象镝栝羽之形,古者夷牟初作矢。　　栝。一曰矢
栝。　　弓。以近穷远象形。《周礼》:六弓,王弓、弧弓、夹弓、庾弓、唐弓、大
弓。　　彃。画弓也。　　弭。弓无缘可以解辔纷者。　　弰。角弓也。

弧。木弓。弨。弓弩嵩弦所居也。　　弩。弓有臂者。《周礼》:四弩、
夹弩、庾弩、唐弩、大弩。　　弹。行丸也。　　弦。弓弦也。　　榜。所
以辅弓弩。　　檄。榜也。

**八月初一日(9 月 10 日)**　晴。阅《庭立记闻》。宋南渡四大将,
韩、岳伟矣。张俊、刘光世何以并称? 曰:奸俊无足道。刘乃刘锜,非
光世也。《宋史·俊传》甚明,而传论又以为光世,此史臣之谬。吾谓
南渡四将,韩、岳外,当数刘锜、吴玠。许周生云,开禧二年,史官章颖
上《南渡四将传》,刘锜、岳飞、李显忠、魏胜,皆不能遂其志,赍恨以终
者。纶案,四将之说,必本旧说。据章颖所上《传》为是,次则《俊传》,
高宗且以俊胜于世忠矣。舍当时语而别有优劣,则史论非事实也。

**初二日(9 月 11 日)**　晴。至敩卿处略谈。夜,陈劭吾选开州。

惟彦内所。寄实夫书。

近刻《三国志证闻》一书，钱仪吉撰。《刘封传》，"本罗侯寇氏之子"。引赵一清云，罗侯，地名也。《水经注》云："潩水西过长沙罗县西，罗子自枝江徙此，世犹谓之罗侯城。"按，此说非是。《封传》："孟达与封书曰：'以足下之才，弃身来东，继嗣来侯，不为背亲也。'"又云："若足下翻然内向，非但与仆为伦，受三百户封，继统罗国而已，当更剖符大邦，为始封之君。"是罗侯乃其父封爵，非地名也。

初三日（**9月12日**）　晴。马植轩回里过谈。赵菁衫遣其从子恩浙来，以曹宾及先生小像索题。名鈖，澹庵先生之子。

初四日（**9月13日**）　晴。魏芷汀来，知乐山未予谥，并言朝阳之乱，蒙教欺民于先，而贼兵劫民于后，迭受四害，孑遗可哀。

《[少室山房]笔丛》：《春秋繁露》十七卷，自宋以来，咸以为疑。刘氏《七略》"春秋类"惟《公羊治狱》十六篇，绝无"繁露"之目。《隋·经籍志》始有之，或以为即《公羊治狱》十六篇，非也。余读《汉·艺文志》，儒家有仲舒百二十三篇，东汉不可考。《隋志》特出《繁露》一十七篇。今读其书，为《春秋》发者，仅仅十之四五，意此八十二篇之文，即《汉志》儒家百二十篇。东京而后，章次残缺，好事因以《公羊治狱》十六篇合于此书，又妄取班氏所记《繁露》之称系之，而儒家之董子世遂无知者。后人既不察百二十篇所以亡，又不深究八十二篇所从出，徒纷纷聚讼篇目间，故咸失之。当析其论《春秋》者，复其名曰《董子》可也。佩纶颇韪其说。因取《繁露》考之，自第一至十七皆说《春秋》，较《汉志》《公羊治狱》多一篇，而《灭国》分为上下，实止十六篇也。此十六篇即《公羊治狱》无疑。自十八篇《离合根》至八十二篇《天地施》六十五篇，其中及《春秋》者，如《三代改制质文》，如《爵国》，如《仁义法》，如《观德》，如《奉本》，如《深察名号》，如《郊义》，如《郊祭》，如《顺命》，间亦阐发《春秋》，然旁征博引，与前十七篇微异。案，《汉书·董传》："仲舒所著，皆明经术之意，及上疏条教，凡百二十三篇。而说《春秋》事得失，《闻举》、《玉杯》、《蕃露》、《清明》、《竹林》之属，复数十篇,十馀万言,皆传于后世。掇其切当世施朝廷者著于篇。"所谓"数十篇"即《志》之十六篇,百二十三篇即《志》之儒家百二十三篇。虽尚阙五十八篇,而以《汉书》三策及《五行志》所载补之,与玉函所辑《春秋》详密,而于篇目离合之故不置一词。与孔氏《公羊通义》、陈氏《公羊疏》全以《繁露》为本,而不知《繁露》即《公羊治狱》,故采胡说而详识之。

初五日(9月14日)　晴。寄九弟书。吕定之前辈来。

太史公"牛马走"有解作"先马走"者,其说颇是。《越语》:勾践身亲夫差前马。《韩非子》云:为吴王洗马。《淮南子》云:为吴王先马走,乃马前引导之人。《汉书·百官表》:太子太傅、少傅属官有先马。张晏曰:先马员十六人。

《晋书·顾众虞潭传赞》:"顾实南金,虞惟东箭。铣质无改,筠心不变。"《顾荣传》:"荣言:'陆士光贞正清贵,金玉其质;甘季思忠款尽诚,胆干殊快;殷庆元质略有明规,文武可施用;荣族兄公让明亮守节,困不易操;会稽杨彦明、谢行言皆服膺儒教,足为公望;贺生沈潜,青云之士;陶恭兄弟才干虽少,实事极佳。凡此诸人,皆南金也。'"《薛兼传》:"少与同郡纪瞻、广陵闵鸿、吴郡顾荣、会稽贺循齐名,号为'五俊'。初入洛,司空张华见而奇之,曰:'皆南金也。'"史臣亦云:"顾、纪、贺、薛等并南金东箭,世胄高门。"何一时品藻均以南金东箭为评,不可解也。东箭本孔融《答虞翻书》:"闻延陵之理乐,睹吾子之治易,乃知东南之美者,非徒会稽之竹箭也。"潭本翻孙,众亦荣族,今但知潭、众为金箭,不知虞有两世箭,顾有三人南金,且一时纷纷品题如此,是皆以词人执史柄,故复沓可议耳。

初六日(9月15日)　晴。为陈儿及杰侄改《赵云论》各一篇。

《王祥传》:"母常欲生鱼,时天寒冰冻,祥解衣将剖冰求之,冰忽自解,双鲤跃出,持之而归。"《王延传》:"母卜氏尝盛冬思生鱼,敕延求而不获,挞之流血。延寻汾叩凌而哭,忽有一鱼长五尺,踊出水上,延取以进母。卜氏食之,积日不尽。"两孝子均姓王,均冰剖得鱼,事相类。《嵇绍传》:"绍之行也,侍中秦准谓曰:'今日向难,卿有佳马否?'绍正色曰:'大驾亲征,以正伐逆,理必有征无战。若使皇舆失守,臣节有在,骏马何为!'闻者莫不叹息。"《卞壸传》:"壸司马任台劝壸宜畜良马,以备不虞。壸笑曰:'以顺逆论之,理无不济。若万一不然,岂须马哉!'"两忠臣均不畜良马,事又相类。

初七日(9月16日) 晴,似南中桂花蒸。《张宾传》附石勒《载记》后:宾卒,勒"流涕,顾左右曰:'天欲不成吾事耶,何夺吾右侯之早也!'程遐代为右长史,勒每与遐议,有所不合,辄叹曰:'右侯舍我去,令我与此辈共事,岂非酷乎!'因流涕弥日"。及考《载记》:"清河张披为程遐长史,遐委昵之。张宾举为别驾,引参政事。遐疾披去己,又恶宾之权盛。勒世子弘,即遐之甥也,自以有援,欲收威重于朝,乃使弘之母谮之曰:'张披与张宾为游侠,门客日百馀乘,物望皆归之,非社稷之利也,宜除披以便国家。'勒然之。至是,披取急召不时至,因此遂杀之。宾知遐之间己,遂弗敢请。未几,以遐为右长史,总执朝政,自是朝臣莫不震惧,赴于程氏矣。"观此则,勒杀张披已疑宾,宾以忧死耳。岂宾死而又悔之耶?方之苻坚之于王猛,勒为不终矣。

勒将营邺宫,时大雨霖,中山西北暴水,流漂巨木百馀万根,集于堂阳。勒大悦,谓公卿曰:"诸卿知不?此非为灾也,天意欲吾营邺都耳。"前在襄国,勒下令曰:"去年水出巨材,所在山积,将天欲孤缮修宫宇也!其拟洛阳之太极起建德殿。"遣从事中郎任汪帅使工匠五千采木以供之。何石氏屡有漂木之异?既云所在山积,仍须发徒采木,其诈妄明矣。

初八日(9月17日) 晴。李抟霄来,赠画扇两握,乃其夫人缪珊如所绘也。天津知府邹振岳卒。得廉生邯郸道上书。

夜,耿耿不能成寐。

初九日(9月18日) 微雨。复安圃书,并谕沧儿以复蔚廷书交士周。

初十日(9月19日) 晴。

**十一日（9月20日）**　晴。刘芗林来。余在翰林屡论朝鲜君昏后谬，臣下朋党，军政不修，终为日本所吞并。而袁伟廷狃于花房、竹添之役，侈然自大，于朝鲜则操之过蹙，于日本则漠不加意。心以为危，以询芗林。芗林亦以日本甚贫不足虑立论。余终不谓然，语云知己知彼，百战百胜，徒知日本之贫而不知中国之苟安姑息，患更甚于日本也。北洋将骄卒怨，合肥老矣，左右又无良佐，徒恃一虚憍尚气之袁伟庭以支吾朝鲜，恐厝薪火上，自以为安耳。吾谋不用，尤愿吾言不验，则中国之福耳。芗林既去，为之太息久之，所谓曲突徙薪，无人领会也①。

**十二日（9月21日）**　晴。纪爱来。

**十三日（9月22日）**　夜微雨。得沧儿书，寄首场文字，平妥无出色处，二三较佳。

偶与潜儿论今科诗题，记郝文忠有"伊昔诗家杜少陵，酷爱赋马并赋鹰"。不知少陵不独马、鹰诗多，并喜以马、鹰作对如此。《醉歌行》："天马长鸣待驾驭，秋鹰整翮当云霄。"前又有《醉歌行》则云："骅骝作驹已汗血，鸷鸟举翮连青云。"《送李校书》云："代北有豪鹰，生子毛尽赤。渥洼骐骥儿，尤异是龙脊。"《赠别贺兰铦》云："老骥倦骧首，苍鹰愁易驯。"《赠陈二补阙》云："皂雕寒始急，天马老能行。"《送郭中丞》云："雕鹗乘时去，骅骝顾主鸣。"《观安西兵过赴关中》云："老马夜知道，苍鹰饥著人。"《简王明府》云："骥病思偏秣，鹰秋苦怕笼。"《简高三十五》云："骅骝开道路，鹰隼出风尘。"《寄刘峡州》云："放蹄知赤骥，捩翅服苍鹰。"凡十馀联，各有佳处。然究嫌犯复，或少陵之性爱马爱鹰，信手拈来，不自觉耳。又《赠韦左丞》云："老骥思千里，饥鹰待一呼。"

今科策问颇有笔误。如"姜嫄育契"，"拓跋建都统万"，均为人所诟病。记江邻几《杂志》：欧阳公知贡举，出《丰年有高廪》，云见《大

---

① 整理者按，天头有溥仪批语："智烛几先。"

雅》,为御史吴中复所弹,罚金四斤。乃知通人往往犯此,不足为怪也。捡原书,乃主省试,余亦误记。

十四日(9月23日)　阴。作书谕沧儿,属十八九即归。

十五日(9月24日)　晴。夜,得九弟书。七月十九日得一子,以生母生日得此书,为名之曰慈佑。兄弟六人,今止两房幸得五子矣。添丁之喜,南面王不与易也。

十六日(9月25日)　晴。《三朝北盟会编》:建炎四年五月,岳飞与刘经合军戍宜兴。岳领兵赴建康,经欲杀其母妻而并其军。岳令姚政图之,遂杀经。《金陀粹编》则以为岳王夫人事,云:在宜兴日,先臣尝召至行在,部下谋叛,夫人得之,不言。一日,会诸将于门,即坐告之,捕斩叛者,一军肃然。夫人李氏,名娃,字孝娥,封秦国夫人,晋封楚国。据此,则武穆夫人亦有才智矣。夫人有五子二女,长安娘,夫高祚,次即银瓶也。明钱士升《南宋书》诬夫人弃姑更嫁,岳王不欲迎之。谬甚!孝宗《复楚国夫人告敕》云:"眷念前朝,既下生还之命。志伸今日,再加甄叙之封。"是岭海言,旋子孙复仕,门户再兴,犹及见之。世艳称梁夫人亲执枹鼓,而李夫人不显,故表而出之。大致由《庭立纪闻》摘叙。

十七日(9月26日)　晴。

十八日(9月27日)　晴,凉。陆眉五来。复九弟书。

十九日(9月28日)　晴。复菁衫书。

二十日(9月29日)　晴。复联仙蕙书。

二十一日(9月30日)　晴,夜雨。

二十二日(10月1日)　阴。过晦若杂谈。闻陈冠生去世。冠生得大魁,十年三世相继委化,家业亦折阅殆尽,真如昙花一现耳。

二十三日(10月2日)　晴。刘兰谷来。名盛芬,省三之子,直隶试用道。

二十四日(10月3日)　晴。

二十五日(10月4日)　晴。巳刻沧儿回。

二十六日（10月5日）　晴。郭升回粤，交以衣物，赐寿罩十岁，慈佑满月也。纪爱亦将回泾。复颂民书。

二十七日（10月6日）　晴。

二十八日（10月7日）　阴，夜雨。寄都中书。陈牧、龚令来。

二十九日（10月8日）　晴，易棉衣。借晦若《东塾集》阅之。赞臣及袁启之来。

兰圃先生《北辰解》引《春秋合诚图》"北辰其星，五在紫微中"，《史记·天官书》，《索隐》引。为最古最确之说。又有长白山说，以上殷台、西盖马二县为大清发祥之地。其说以《汉书·地理志》之马訾水今鸭绿江，盐难水今佟家江，鸭绿源出长白山。《汉志》于近塞之水源出塞外者，必著之马訾，不言出塞；外则长白，乃汉西盖马之山。上殷台虽无考，以水道钩稽，不在高句丽之北之西之南，又不在西盖马之西之南，又在高句丽之东，西盖马之东之北为长白之北无疑也。按，马訾为鸭绿江，盐难为佟家江。《一统志》云尔。东塾以水源不言塞外，定为西盖马境内，读书得间。上殷台必在长白山之北，则太无证佐，未敢信为必然。

三十日（10月9日）　晴。得伯平书。

《晋书·任恺传》："恺既失职，乃纵酒耽乐，极滋味以自奉养。初，何劭以公子奢侈，每食必尽四方珍馔，恺乃逾之，一食万钱，犹云无可下箸处。"按，《何曾传》："厨膳滋味，过于王者。每燕见，不食大官所设，帝辄命取其食。蒸饼上不坼作十字不食。食日万钱，犹曰无下箸处。"《劭传》食必尽四方珍异，一日之供以钱二万为限，时论以为大官。御膳无以加之，曾、恺、劭三传略同。曾一日万钱，劭一日二万钱，恺一食万钱，以再食为节，是恺等于劭而非逾于劭，且恺语遂与曾同，未免复沓。他如卫瓘之被害，则曰："初，瓘家人炊，饭堕地尽化为螺，岁馀及祸。"《石崇传》亦云："崇家稻米饭在地，经宿皆化为螺。时人以为族灭之应。"稻米之粒在地为虫蛾所食，安能化而为螺？粒小螺大，不类。《陶侃传》："刘弘谓侃曰：'吾昔为羊公参军，谓吾其后当居身处。

今相观察,必继老夫矣。'"《应詹传》亦云:"弘请为长史,谓之云:'君器识弘深,后当代老子于荆南矣。'"殆以弘为镇南,詹殁后亦赠镇南,与弘、侃同镇荆州相类。故傅会之,殊觉无谓。

九月初一日(10月10日)　晴。赵再盦、燧冬叔侄来,陈觐虞亦至。

初二日(10月11日)　晴。黄立庵辞行。

初三日(10月12日)　晴。得载之书。赵再盦辞行,李仲仙放湖南盐法道来见,以子俊《读鉴随录》、《使蜀日记》稿本交再盦,携至长沙交吴壮孙。

阅何博士备论文,似苏长公,故长公喜之。其论汉武最佳。论李广祖孙,谓武帝用广失之难,用陵失之易,亦近似其劣伯升而优光武,长仲达而短武侯,则皆成败论人之见,读书泥于句下,不足与之论兵,亦不足与之论史。其论伯升,谓当举宛之威,因世祖破寻邑之势,勒兵誓师,以儆新市平林之骄将而黜更始,此说诚快。伯升之失,在起兵时,不即自立,至新市、平林,已议立圣公,则伯升难以发言。当时张印拔剑而众即从之,是伯升亦苦无强助,非不欲梗议,力不能也。既立更始,其罪未著,反而相残,则势且瓦解,如破寻邑之势,足以制更始,则光武闻伯升之变,亦反斾征之耳。何驰诣谢为?至谓五丈原之役,武侯千里负粮,饷师十万而求战者十旬,仲达提秦雍之劲卒以不应而老其师,尤为谬妄。夫仲达之策,武侯必西上五丈原者,聊以安众心也。岂真有制敌之算哉?幸而武侯星陨,懿复解严,否则事未可知。不敢穷追,疑武侯诱之入伏,然亦谍候不明之故。生仲达之智且出死诸葛下,乃泥于"将略非所长"一语,反复赞扬司马,而以诸葛为堕其术中,真书生之目论也夫!

初四日(10月13日)　晴。答仲仙。寄都门书。

阅邸抄。周福清之家人以万元券贿关节,为御史所劾,革职归案审办。周与正考官殷如璋辛未同年。周,绍兴人也。浙江科场弊窦已深,非彻底根究不能摧陷廓清。如周者,尚是笨伯耳。周以庶常改官江西,为沈文肃所劾,引见掮中书,终以此败,可叹也。

初五日(10月14日) 晴。张子莼来。时开缺修墓。崔琴友由南至。

初六日(10月15日) 晴。陈庶常树屏来见。字介庵,望江人,壬辰进士,合肥延课子孙。李怡庭、杜心垣自杭州来。得式如书。《结一庐书目》四本并至。

《张畅传》,《宋书》两见,已为校刊诸臣所纠,更以《南史》证之,小有同异,无所增损。其叙与李孝伯问答事,即今之译署问答也。如《宋书》云:"孝伯追曰:'长史深(相敬爱)[自爱敬],相去步武,恨不执手。'畅因复谓曰:'善将爱,冀荡定有期,相见无远。君若得还宋朝,今为相识之始。'孝伯曰:'待此未期。'"《魏书·李孝伯传》则曰:"今当先至建业以待君耳。恐尔日君与二王面缚请罪,不暇为容。"如《南史》及《宋书》所叙,不应孝伯顿尔辞穷,如《魏书》所云,亦不应张畅顿尔默息,似此任意抑扬,何关使令,乃彼此铺叙,累累千馀言,殊为浪费笔墨。孝伯因此进爵宣城公,尤为可怪。李延寿于《南北史》,叙畅则曰:"随宜应答,吐属如流,音韵详雅,风仪华润。孝伯及左右人并相视叹息。"叙孝伯则曰:"风容闲雅,应答如流,畅及左右甚相嗟叹。"而两传则问答互有详略,殊不周悉,何如尽叙于一传中,而以互相嗟叹括之乎?此于史笔殊少剪断也。大约八书及《南北史》,此类冗词甚多,恨不删其复重,以归画一,庶不以辞累耳。

初七日(10月16日) 晴。仲仙、琴友、赞臣、翰香同来,久坐。晚,李、杜以书帖来售,苦乏佳本。

初八日(10月17日) 午后疾雷风雹。晦若、容民、伯述杂坐。

初九日(10月18日) 晴。

初十日(10月19日) 晴。

十一日(10月20日) 晴。晦若屡来,以候电传红录也。此君于科名事极所垂意,每届如是。

十二日(10月21日) 晴。后领落卷,第十五房评:词旨修洁,前路略有滞语，次有作意，惟于下二章太略，下注一备字。房官，南海戴鸿慈少怀。

阅录竟，沧儿下第，仲仙、琴友均来。琴友南回。寄子涵书。

**十三日（10 月 22 日）**　晴。电朱式如问书。甄贵自浙来。得式如一纸，求金甚急。

都中盛行国朝画家，云"四王吴恽"。吴画罕见，偶得《墨井诗抄》两卷。前有钱蒙叟序，未刻。渔山乃明都御史文恪公恂之七世孙，问诗于牧斋，问画于烟客，弃家浮海，至西洋，经数万里，归而隐于上海，或往来嘉定，画益奇逸。年八十四尚存。张朴村《小传》，节。《鸥陂渔话》云："渔山老年好用西法作画，其后竟从西教。"徐紫珊跋渔山像："邑之大南门天主坟有碑云'天学修士渔山吴公之墓'。两边小书云：'公讳历，圣名西满，康熙二十一年入耶稣会，二十七年登铧德，行教上海嘉定，五十七年在上海，卒于圣玛第亚瞻礼日，寿八十有七。'"此渔山入彼教确有明征也。余尝见日本画法，始知陈老莲之衣纹石皴多取资于东洋，不料墨井之法又窃取于西洋也。夫兼收并蓄，为六法别开生面无不可，乃以物外之高人，竟蹈泰西之邪教。吴生吴生，竟不能以画工论矣。惜哉！

**十四日（10 月 23 日）**　晴。送仲仙、燧冬行。若农复沧儿文，所以慰藉之者甚至。

**十五日（10 月 24 日）**　晴。盛道来。午刻为沧儿定课程。夜，乐山旧弁陆宣回，询乐山家事，为之怆郁竟夕。

**十六日（10 月 25 日）**　晴。《旧唐书》："李宓率兵击蛮于西洱河，粮尽军旋，马足陷桥，为阁罗凤所擒。"《新唐》亦同。《通鉴》系之天宝十三载。《容斋随笔四》引《高适集》中有《李宓南征蛮》一篇，序云："天宝十一载，有诏伐西南夷，丞相杨公兼节制之寄，乃奏前云南太守李宓涉海自交趾击之，往复数万里。十二载四月，至于长安，君子是以知庙堂使能，而李公效节。"以证宓归至长安，未尝败死。其年又非十三载也。余案，洪说甚泥，高诗明云前云南太守李宓，此十一载之役即《通鉴》所云剑南节度使鲜于仲通讨南诏，国忠掩败为功是也。宓涉海自交趾为奇兵，故史从其略，及至长安叙功，十三载复讨南诏，以宓为帅，故《鉴》书剑南留后李宓，盖宓以十一载立功，十三载败绩。以诗证史，历历如绘。奈何合为一事乎？其诗云："野食掘田鼠，晡餐兼薁僮。"洪云："味诗中语，师非胜归。"第高止叙其悬师深入之艰，非谓其粮尽援绝。下云："收兵列亭（候）［堠］，拓地弥西东。"胜归明甚。宓狃于蒲骚，始以深入小利，终以深入大挫耳。

十七日（10 月 26 日）　晴。以元押张字寄九弟，复载之书，为潜儿定课程，沧令校《水经注》，潜令抄《文献通考》。

陈眉公《晚香堂小品》无甚可取，惟论渊明有深入处。其意谓陶公《命子篇》曰："夙兴夜寐，愿（我之）［尔斯］才。尔之不才，亦已焉哉。"其《责子篇》曰："虽有五男儿，总不好纸笔。……天运苟如此，且进杯中物。"盖先生不仕宋，即诸子皆不欲其仕宋，故作诗自污以晦其才，才则必以陶氏门地拔矣。此苦心也。善乎！庄生曰："以不才终其天年。"此意注陶者均未见，及杜陵以不达讥之，更被靖节瞒过矣。

十八日（10 月 27 日）　晴。李赞臣来，复吕子庄书。

阅《尔雅新义》。江郑堂《汉学师承记》称，余古农撰《注雅别钞》，专攻是书及蔡卞《毛诗名物解》等书，就正于惠松厓，松厓以为不足辨。余谓农师此书附会穿凿。初阅之，未有不失笑者。然其于虫鱼草木皆舍偏旁以本字释之，可以悟六书假借之理，盖草木虫鱼皆后人加其偏旁孳乳之字，其原名即属本字，从何字得声即从何字得义，决非浸然。《释名》专以谐声为解，《新义》专以本字为解，各得一义，固可节取，以为订正故书之助。

十九日（10 月 28 日）　晴。寄子涵一纸。过晦若略谈。

二十日（10 月 29 日）　晴。遣王福偕李怡庭至浙取书。

二十一日（10 月 30 日）　阴。杜心垣来，以旧拓《八关斋［碑］》来售，索价甚昂，还之。寄都门书，附巽之一纸。

二十二日（10 月 31 日）　晴。得鹤巢书。

《四朝闻见录》："考亭先生，太常初谥文正。《丁集》云'初谥文忠'。

考功刘弥正覆谥，谓先生当继唐韩文公，又尝著《韩文考异》一书，宜特谥曰文。且谓：'本朝前杨亿，后王安石，虽谥曰文，文乎？文乎？岂是之谓乎？'旨从之。自后议诸贤谥，周元公以下，如程正公、吕成公之类，均用一字。"朱子功在《四书》诸经，可以为文，如以《韩文考异》之故得谥，恐绍翁之说未确。且文正、文忠何遽不如一字之文，亦不可解也。姑记之以资考证。

**二十三日（11 月 1 日）**　晴。韩芰舟孝廉来谈。得子涵书。

**二十四日（11 月 2 日）**　晴。黄花农来，借翰香所藏《齐民要术》校本。

阅《春渚纪闻》。其论琴，云："余谓古声之存于器者，唯琴音中时有一二。不患其器之朴拙，使人援弦促轸，想见太古自然之妙，然后为胜。近（日）[世]百器惟新，惟琴器略无华饰，以最古蛇腹纹为奇。至有缝张（弛）[池]拆，而声不散者，亦不加完，独此有三代遗制云。"又云："蔡中蔡中郎《琴赋》云：'左手抑扬，右手徘徊，指掌反复，抑按藏摧。'嵇叔夜亦云：'徘徊顾慕，拥郁抑按，盘桓毓养，从容秘玩。'人知藏摧毓养四字之妙，虽试手调弦，已胜常人十年上用。"鞠耦好琴，近以幽忧久不弹矣。书此贻之，俾知琴之妙理。

褚彦回，聚袁粲舍，援琴奏《别鹄》之曲。王彧、谢庄并在坐，抚节而叹曰："以无累之神，合有道之器。"彦回何足当之？然以琴为有道之器，自是佳语。

**二十五日（11 月 3 日）**　晴。复子涵书。恭邸寄《苹锦吟》并序跋题词。余集唐十六首，仅存十首，其六首因涉牢骚删之，盖敬慎不败之意也。李抟霄来，言陈冠生身后可闵！

**二十六日（11 月 4 日）**　晴。过晦若。

《松崖（日）[笔]记》："列子明于《易》，有一则与《乾凿度》同。《仲尼篇》：'颜回曰：吾昔闻之夫子曰乐天知命故不忧。'此《系辞》，为孔子作之明文也。欧阳公谓《十翼》非夫子作，失之。"佩纶案，惠说是也。余尝谓颜子冠四科之首，不当学无所传。韩子显学，有颜氏之儒,定是颜子门人,其学著于《论语》,曰"约我以礼",又曰"非礼勿言,非礼勿视,非礼勿听,非礼勿动",则所授受于圣门者在《礼》。《系辞》又曰:"颜氏之子,其庶几乎?"则《礼》之外,又传《易》。观《庄子》所述圣门弟子,颜渊之问最多,皆与《易》理相发明,不应尽属寓言。盖庄、列之派,承颜子学术之绪馀。其流入于道家,故不得不稍失其真,而即其精微奥妙,以上窥孔子,铸颜之化,知性与天道,颜固可得,而闻亦足以发者。余《读庄》十篇中详演其义,足与松崖之说相发明,私幸读书得间,默契惠氏矣。

二十七日(11月5日)　晴。得子涵书。韩芰舟、郑进士辅东来。

二十八日(11月6日)　晴。赞臣来,过晦若,复子涵书。

二十九日(11月7日)　晴。赞臣及郑觐侯来。

阅《郁离子》,《四库》入"杂家存目",原十卷,今止二卷。《四库》所存有天台徐一夔序。此本乃章氏重刻本,无徐序,而有吴从善序。本附载《青田集》中,盖基初仕元不得志,弃官入山时作。其书殊少精义,大抵挟《国策》之唾馀,而传以六朝之浮藻,牵而际遇明祖,声名日盛,而此书今尚留传。倘不幸而死,则其人槁首黄壤,书亦覆瓿而已。其中有极可笑者。曰:"赵人患鼠,乞猫于中山。猫善捕鼠及鸡。月馀,鼠尽而鸡亦尽。子告其父,曰:'盍去诸?'其父曰:'吾之患在鼠,不在无鸡。夫有鼠,则窃食毁衣,穿垣墉,伤器用,不病于无鸡乎?吾将饥寒焉。无鸡者,弗食鸡而已,去饥寒犹远。'"此以喻以将防敌,虽贪亦可用耳。然不思将之贪,至于虐取其民人,掊克其士卒,食鸡过饱,其势且不暇捕鼠矣。去猫之计固疏,孰如更求良猫之专捕鼠而不食鸡者乎?疑青田有感于明之菹醢功臣,为此矫枉过正之说,非作于元时,否则无取义也。

十月初一日(11月8日)　晴,有风。陈伯平来。

近日好用"一代伟人"四字。《魏志·钟繇传》:"时司徒华歆、司空王朗,并先世名臣。文帝罢朝,谓左右曰:'此三公者,乃一代之伟人也。'"语本诸此。《晋书·燕载记·韩恒传》:"后与李产俱傅东宫,从太子入朝,俊顾谓左右曰:'此二傅一代伟人,未易继也。'"前则篡朝之元老,后则偏霸之师臣,沿袭殊为无谓。至秃发、傉檀,丧国颓声,殊无足取。而姚兴遣使,观衅其尚书郎韦宗,因傉檀机变无穷,辞致清辨,亦叹曰"车骑神机秀发,信一代之伟人",则尤谬。《晋史》不加刊削,殆失之诬。

初二日(11月9日)　晴,大风。仲彭归。午后,翰香来。

《何义门集》,道光间韩崇、吴云、翁大年辑刻,中有《家书》云:"阁百诗先生扶病赴四府之招,加以炎暑,于初九日谢世。东南读书人又弱一個,惜哉!個当作个,原本如此。竹垞先生近何如?渠所缉《明诗综》,前偶见五六卷。费日力于此,殊不可晓,诗之去取几于无目。高季迪名价却要几社诸妄语论定,即此已笑破人口;其《诗话》并有即将《列朝小传》中语增损改换据为己有者。甚矣,其寡识而多事也。二十年来所敬爱之人,一见此书,不觉兴尽。封面再得渠亲写八分书,便是二绝矣。书名先走样,不妨是薛孝穆文在之流;每卷刻一州同同定,又在茂伦之下。"按,《提要》谓:"钱谦益《列朝诗集》[出],以记丑言伪之才,济以党同伐异之见,逞其恩怨,颠倒是非,黑白混淆,无复公论。彝尊乃编纂此书,以纠其谬。……不横牵他事,巧肆讥弹。……所评品,亦颇持平。于私憎私爱之谈,往往多所匡正。"是竹垞之选明诗,正与蒙叟立异,而义门谓其增损《列朝诗集》据为己有,此必有憾于竹垞而为此言,不止文人相轻也。特不知义门选时文费日力,于此又何益耳。

初三日(11月10日)　晴。伯平来谈。秦生自河工回。孙小云及族弟佐轩佩綵来,得慕韩书。

《陔馀丛考》引王充《论衡》云:"左氏传经,词语尚略,故复选录《国语》之词以实之。"唉助谓《国语》非一人所为,盖左氏集诸国史以释《春秋》,后人便传著邱明也。云崧主其说,以为左之采《国语》,仙人之脱胎换骨也;《史记》采取《国语》、《左传》,则天吴紫凤,颠到短褐也。余谓不然。《史记》采《左氏》,乃删节之。其不同则《左氏》本古文,子长与子骏释文同异耳。《左氏》当日所据书,不止《国语》,是以互有详略,凡一切典礼语言决非任意增损者。

**初四日(11月11日)** 阴,颇寒。小云、佐[轩]先(复)[后]来。寄都中书,晚过晦若。

《陔馀丛考》云:《新书·李泌传》:"德宗谓泌曰:'人言卢杞是奸邪,朕殊不知。'泌曰:'此乃杞之所以为奸邪也。'"《旧书》杞及李勉《传》则俱以此语为勉之言,而《泌传》不载。《通鉴纲目》与《新书》同,《旧书》应误。余按,《新书》及《通鉴》均取诸《邺侯家传》,似不得与《旧书》争审也。时杞由新州除澧州刺史,袁高以杞奸邪,贬未塞责,故德宗与勉论之。勉所对失指,以是见疏,由此罢知政事。而李繁掠美诬善,有以见《家传》之不能核实。宋子京、司马君实均过信而采之,误矣。

**初五日(11月12日)** 晴。刘仲仪来,龚厚庵亦至。宗湘文寄抄本《孙雨人弟子职注》,与前慕韩所寄共两本,均抄自仁和丁氏也,作书复之。载之亦有书至。

《顾千里集》为刊者删去《学制备忘记》与段氏驳辨诸篇。余深恨之。其《与阮云台书》,谓:"近人痛斥王子雍,而不能言其所以然。又读《说文》,反复有年,见许氏自有义例,具在本书,后来治此者驰骛于外,遽相矜炫,非徒使许氏之指沈晦,且他书亦苦牵合附会。意欲刊落浮词,独求真解,就本书之义例,疏通而证明之。"惜涧薲终未卒业,其言则确有心得。本朝汉学家皆支支节节,未能就一书融会贯通。此深中其病。

**初六日(11月13日)** 晴。伯平来辞,回大名。

伯平好填词。余未娴词律,每不深谈,而伯平强之,因询以所好何家,以竹垞、樊榭对,日来每以醉蟹下酒。余因举樊榭《张龙威送醉蟹词》云:"无复爬沙样,风味付厨娘。纤手红椒擘绣匡,只合糟邱葬。春雨潇潇夜窗。背灯情况,画眉人肯分将。"只是"糟邱"一句说醉蟹耳,馀亦蟹之恒词。记樊榭又有《酒蟹诗》:"草泥才出海边田,不共茶铛煮碧泉。渔舍西风成昨梦,醉乡清味破中坚。香留皂荚看灯夜,瓶卧黄花小雪天。可惜老饕情思浅,只将一语为君传。"结意亦不切蟹。以樊榭之体物,然且未尽巧合。咏物诗亦甚难矣。其词与竹垞殆未能颉颃也。

伯平又云,于宋不喜姜、张,喜吴梦窗。《吴文英词稿》,汲古亦刻之。沈义甫云,梦窗深得清真之妙,其失在太晦。张叔夏至谓其"如七宝楼台,圻碎不成片段"。沈伯时《乐府指迷》称与梦窗讲作词之法,然后知词难于诗。盖音律欲其协,不协则成长短之诗;下字欲其雅,不雅则近缠令之体;用字不可太露,露则突而无深长之味;发意不可太高,高则狂怪而失柔婉之意。此诚词家秘旨。然诗亦岂有不协、不雅、直突、狂怪以为工者?词究诗馀,有工诗而不工词者,未有不工诗而能工词者也。

**初七日(11 月 14 日)**　晴。植轩辞行。午后,送伯平。夜过容民,闻红庙走占,仍未合龙。

**初八日(11 月 15 日)**　晴。花农、秦生均来。午后,陈介庵以所书散馆卷过余略话而去。洪鲁轩由里来津。晚得九弟书。

《潜邱札记》:"古者不分银锡,而银皆称锡。《卫风》'如金如锡',金为黄金,则锡非银乎!《考工记》:攻金之工皆曰金、锡,金即铜,锡即银也,故曰金几分,锡居几,以为斧、斤、戟、刃之属。枭氏为量,煎金锡,声中黄钟之宫。假如以今之锡,岂可掺和作斧、斤、戟、刃,而量能声中宫乎?况今之锡与铜亦不可掺和以冶也。《史·平准书》、《汉·食货志》皆称银、锡,(武汉)[汉武]造银、锡为白金,其称犹为近古也。《越绝书》:'赤堇之山破而出锡,若邪之谷涸而出铜,欧冶用以为纯钩之剑。'尤可证铸兵用铜,盖必兼以银乃淬利也。"余按,百诗此说殊误。《考工记》:"攻金之工,筑氏执下齐,冶氏执上齐,枭氏为声,枭氏为量,段氏为镈器,桃氏为刃。金有六齐,六分其金而锡居一,谓之钟鼎之齐。五分其金而锡居一,谓之斧斤之齐。四分其金而锡居一,谓之戈戟之齐。三分其金而锡居一,谓之大刃之齐。五分其金而锡居二，谓之削杀矢之齐。金、锡半，谓之鉴燧之齐。"枲氏，郑注：量，当与钟鼎同是，亦六分其金而锡居一者。宫声乃金声，非锡声也。《说文》：银，白金。铅，青金。铜，赤金。铁，黑金。金以黄为之长，而银、铅、铜、铁皆可以金。该之，锡则银铅之间，故《诗》及《考工记》均以金、锡并言，不得谓锡中无银，正不必谓锡即指银也。

初九日（**11月16日**）　晴。马弁振芳自宜昌回。李怡庭及王福亦报今日由杭起程。

初十日（**11月17日**）　晴。至海防公所。晚过晦若一谈。寄王廉生、许鹤巢书。

十一日（**11月18日**）　晴。延刘仲仪秀才课读到馆，李赞臣、洪翰香作陪。

十二日（**11月19日**）　阴。午后，佟莲[溪]来，范肯堂过谈，复载之书。

阅《浮沚集》。永嘉周行己撰。《提要》称其"早从伊川程子游，传其绪论"。陈振孙称为"永嘉学问所从出"。其"学虽从程氏，而与曾巩、黄庭坚、晁说之、秦观、李之仪、左誉诸人皆相倡和。集中《寄鲁直学士》一诗，称'当今（诗）[文]伯眉阳苏，新词的烁垂明珠'。于苏轼亦极倾倒，绝不立洛、蜀门户之见"。观集中有《寿时相三首》云："皇天佑德必生贤，尊主功高五帝前。岳骨昂精来间气，彭龄耽寿与齐年。远无忧患身先退，近有湖山乐更全。只恐苍生须谢傅，每闻人诵衮衣篇。　　每闻人诵衮衣篇，又值君臣庆会年。腊雪已先调鼎实，春风还是作霖天。经纶道自心源出，损益时随世变迁。当宁旰宵怀旧德，非公谁与济商川。　　非公谁与济商川，年德俱隆文武全。省事省心民自定，足兵足食务当先。烹鲜取治惟无扰，置器期安在不偏。公寿且千君且万，四方永永乐尧年。"其诗中相已罢退，玩"省心省事"及"烹鲜无扰"，决为元祐中宰相，以为范忠宣，则文武秉资似为近之，然亦未及其贬谪事，岂作于忠宣未贬之先耶？贤如忠宣，即何必名为时相乎？当细考之也。

十三日(11月20日) 阴。答陈介庵。晚,仲义来谈。黄秦生以先集乞序,夜阅数册。

近日读书,每苦爱博不专,虽手不释卷,而掩卷辄忘,因忆朱子有言:"昔陈烈先生苦无记性,一日读《孟子》'学问之道无他,求其放心而已矣',忽悟曰:'我心不曾收得,如何记得书?'遂闭门静坐不读书百余日,以收放心,却去读书,遂一览无遗。始知为学不可不先治心也。"又云:"读书无疑者,须教有疑;有疑者却要无疑,到这里方是长进。"以此二说参之东坡"八面受敌法",须以专静反复求之,庶不至虚掷光阴耳。

十四日(11月21日) 阴,微雨,夜雨止作霰,大风。过晦若略话,阅《子寿文集》竟。

十五日(11月22日) 晴。花农来。吴兰皋辞回粤东。

朱子颇疑《古文尚书》,故阎氏以下攻古文者,均援朱子为证。西河既为古文冤词,即不能不诋及朱子。然朱子疑之未尝攻之,如人心、道心之别,屡有问答,未尝以为伪也。而今文中亦颇有致疑者,如《康诰》"外事"与"肆汝小子封"等处,则曰:"只合阙疑。""君子所其无逸",东莱解"所"字为"居"字,则曰:"若某则不敢如此说。"盖当日于《尚书》未能通体贯彻,故与《春秋》均未有论著。此正见贤者心虚处,然偶有一二乃极通达。如解"金曰从革":"从者,从所锻制;革者,又可革而之他。故与'曲直'、'稼穑'皆成双字。'炎上'者,'上'字当作上声,'润下'者,'下'字当作去声,亦此意。"孝达以从革为从横,以篆文黄字与革近也。然实从朱子此说悟出,从横双字。"《康诰》'天畏棐忱'犹曰'天难(谌引)[谋尔]',颜注《汉书》云'棐',古'匪'字,通用。孔《传》训作'辅'字,殊无义理。"又云"率乂于民棐彝,乃是率治于民非常之事"是也。蔡[沈]《[尚书集]传》不从,何欤?乃阎攻古文,则以朱子谓古文可晓,今文不可晓为病;而西河又以朱子疑古文为非,皆非能通贯《朱子全集》而执单词以为口实耳。

十六日(11月23日) 阴。晦若来。时因慈寿,外吏及盐商均报效,官员三万,商八万也。元公子桐寄乐公折件,求撰行述。

　　阅《吴礼部集》。有《题牟成父〈邓平仲小传〉跋》,大略为:吴曦之诛,实杨巨源、李好义举。义之功,为安丙辈媢忌掩没。李心传《朝野杂记》亦略于巨源。近有续陈均《宋编年》者,颇载巨源事,而复以擅杀孙忠锐之罪归之。惟俞文豹《吹剑录》具载巨源本末,并所撰诏书,及丙与彭辂谋夺巨源兵,令樊世显杀之大安城下,又言其妻子流离困苦状,使人愤惋。平仲之志壮矣。使牟君不记,世未必知之也。今《吹剑录》抄本载巨源甚略,赖《宋史》略采之,而邓平仲事,《牟传》不可考矣。此礼部之疏,何但详巨源而转不略采平仲之事实乎?李好义亦遇毒死。礼部载其一词,有云"逆党却封侯",又云"厅上一员闲总管,门前几个纸灯球"。词殆怏怏不迁深怨安丙之作。安既攘功,却得佳传,而杨、李事迹,《杂记》所载均有专书,惜今皆散佚矣。惜哉!

　　**十七日(11 月 24 日)**　晴。仲彭来谈。得安圃书。陆蔚廷寄史馆《子俊传稿》来,十五年而始成,可慨也。肯堂陪吴挚甫过我,适晡时谢之。

　　礼部有《跋司马丞相人物记》一篇,云:"文正《人物记》,其间书元祐元年或书丙寅,正公为相时也。盖因其所见所接者记之,而时疏其才行贤否于下。而所记如蔡京、卞、曾布辈,亦未知其何以处之。"礼部既获见真迹,如京、卞、布三人之下,所注为贤为否,殊不详言。闷甚!文正以变役一事深赏蔡京,谅不以为无才。余尝谓司马人相已是暮气,幸而即死,否则举错必有大乖物望者,非奇论也。又《跋牟成父济邸事略》:"据方回所跋《宝庆录》,谓弥远既访求得理宗,杨后欲见其人,因策士曰令理宗入内廷,后于帘中审视之,计遂定。牟则谓宁宗崩,弥远夜召理宗,使杨谷、杨石白后,后持不可,七往返,以危言胁之乃从,与方所记异。以事推之,方记当是。"今《宋史》于《杨后传》全采牟说,而《镇王竑传》直谓弥远之立理宗始终,藉《郑清之传》语事前初未相见者,恐权奸布算,必不如是之疏忽也。清之自附善类。牟略能发其隐,而曲为后讳,不知杨史当日踪迹甚诡密矣。

十八日(11月25日)　晴。复安圃第九书。交都寓。

永嘉之学如叶水心,乃一大宗。其议论断断几与朱、陆相抗为鼎足。其言务为新异,尤背谬者,则为不满曾子"一贯"之传,古今无间言。水心以为:"忠以尽己,恕以尽人。虽曰内外合一,而自古圣人经纬天地之妙用固不止于是。子贡虽分截文章、性命,自绝于其大者而不敢近。孔子丁宁告之,使决知此道虽未尝离学而不在于学,其所以识之者,'一以贯之'而已。是曾子之易晓,反不若子贡之难晓。至于近世之学,但夸大曾子'一贯'之说,而子贡之所闻者,殆置而不言,此又余所不能测也。"至谓:"一贯之指,因子贡而粗明,因曾子而大迷。"夫子不尝答子贡一言终身之问,曰其恕乎,以一恕字足以终身,安得谓忠恕非体用兼备之学哉?至"曾子有疾,孟敬子问之"一章,时以曾子亲传孔子之道,死复传之于人,原属过当,而水心以为:"君子所贵乎道者三,而笾豆之事则有司存,尊其所贵,忽其所贱,又与一贯之旨不合。故世以曾子为能传而予以为不能。"夫曾子之遗言,《大戴》十篇及散见于《论语》、《大学》及《礼记》者不少,乃独执此节以为曾子之道,非孔子之道,且曰:"以曾子问礼及《杂记》诸礼与《仪礼》考之,益知其所谓'笾豆之事,则有司存'者,盖曾子之所厌而不讲也。虽然,笾豆,数也,数所以出义也。古称孔子与其徒未尝不习礼,虽逆旅芨舍不忘。贯而为一,孔子之所守也。执精略粗,得末失本,皆其所惧也。"抑若曾子生平惟有此语,竟坐实曾子为弃礼者,不知礼有本有文,容貌、颜色、辞气、笾豆皆礼之文也。动正出,则必有其本矣。其人既近信而远于暴慢鄙倍,已得乎礼之本。则笾豆之事自有司存,固不必亲其事。卫灵问陈子,曰:"俎豆之事,则尝学之矣。军旅之事未之闻也。"曾子岂不知孔子之习礼者,而故反其说以告敬子哉?孔子尝曰我战则克,又称灵以王孙贾治军旅为得人而告灵公,则以军旅未学为言,不欲启其好战之心也。曾子生平问礼致祥,而告敬子则以笾豆司存为言,不欲其逐末之心也。且孔子亦尝告懿子以礼矣,而三家僭礼如故,曾子于此为之详陈度数,则雍彻奚取于三家,亦自有难于尽言者,使之先去其暴慢鄙倍之弊,则退而考之器数节目之间,亦当憬然自得,所谓归而求之有馀师也。水心学从经制入,一偏至此,可谓不善读书。

**十九日(11 月 26 日)**　晴。仲仪来话,秦生亦至。晚,允言因迓其妇来津,匆匆晚饭即去。据云,襄过肥,赓过瘦,均可虑也。

魏文靖答人书云:"多看先儒解说,不如一一从圣经看来。盖不到地头亲自涉历一番,终是见得不真。……来书乃谓只须祖述朱文公诸书,文公诸书读之久矣,正缘不欲于卖花担上看桃李,须树头枝底方见活精神也。"佩纶案,鹤山此说甚壮,非独宋学不宜泥于朱子,即汉学亦不宜泥于许、郑。凡治经莫妙于以经证经,较之专用力于注疏者,自有卓见,又莫妙于即本经反复寻味,自然得其脉络之所在。较之专折衷于众说者,自有真知,不独此也。为文而专主一家,制行而依傍门户,皆为无本。无本而欲其卓然自立,久亦终于无成。故士君子自弱冠以后,当以立志为始,无一事不溯根探源,择善而从,博观约取。凡事自立门面,而不可专守一先生之说以自画。今作古文者,剽窃桐城而不知上溯秦汉;谈汉学者,涉猎《说文》而不知上溯群经;讲宋学者,几于绝响,即有之,亦不过撷拾语录,而不知内治身心;务西学者,左道旁门,实亦据一二译出之书,人云亦云,为趋时捷径,而二三大人先生敝敝焉,举国从之,而究未尝穷西学之所由来,良可慨也。鹤山之语,穷达以之自然,有毅然独立气象。

**二十日(11 月 27 日)**　晴。过晦若。午后,李怡庭及王福取书回。共一百八十五箱,书百八十二箱,三箱杂帖,无佳者。

**二十一日(11 月 28 日)**　阴。得劳玉初书,丁季苹辞奎宅馆,作一纸寄孟虞。

**二十二日(11 月 29 日)**　晴。赞臣、翰香均来。

阅宋本《陆士龙集》,乃项墨林、季沧苇旧(臧)[藏],前无序目,盖已坏捝。宋讳构字阙笔,则南宋本矣。士龙诗文较士衡稍弱,人品则胜其兄。《与兄书》云：“《二祖颂》甚为高伟。云作虽时有一佳语，见兄作又欲成贫俭家。”而其规士衡处，则亦嫌其才多为患，可云深得甘苦矣。其论蔡伯喈，云：“景猷有蔡氏文四十馀卷，小者六七纸，大者数十纸。文章亦足为多，然其可贵者，故复是常所文耳。”所下应阙一字，而宋本连刻，板亦未精。又云：“蔡氏所长惟铭颂耳。铭之善者，亦复数篇，其馀平平耳。兄诗赋自与绝域，不当稍与此校。”既因伯喈《祖德颂》而仿作一颂，又欲以己所作颂比蔡氏，是其心摹手追，乃在中郎。虽讥贬之，实宗仰之也。千秋定论！邑附郿坞，陆附成都，同一披猖。文人末路，均被无识之嗟，亦可惜矣。

二十三日(11月30日)　晴。肯堂来，因其戚熊锦孙馆事。名道鑫，江西廪生。

二十四日(12月1日)　晴。过仲仪略谈。

二十五日(12月2日)　晴。吕庭芷前辈来。盛杏孙交卸关道赴南，黄花农代理。张宜闲孝廉来见。名灿文，问津生徒。

阅《蔡虚斋集》清，有《岳飞班师论》，大意以将在外，君命有所不受。公素好《左氏》，何不执苟利社稷专之之例，而以不得擅留一语自误。记有人驳之，谓诸军已撤，万一失利，进退皆非。自以驳者为老成之见，虚斋则愤激之词也。又有《皋陶执瞽瞍疑》一篇，大旨谓舜为天子，其父必无杀人之事。其说甚正，孟子此节极言执法不当避权贵，不知舜为天子，瞽瞍亦底豫。舜断不致酿成其父杀人之狱，如周世宗之父守礼也。虚斋之学，初主于静，既又主于虚。林俊见素序。江西督学时，与林见素并为宁庶人所嫉，引去，逆瑾干政，起祭酒，而虚斋已殁矣。集凡五卷。余亦未能细读，姑撮其略于此。

二十六日(12月3日)　晴，夜大雾。伯潜寄福橘。秦生来。新孝廉陶喆甡字仲明、高凌雯字叔彤来见。问津生徒。复伯潜书。

买得《大瓢偶笔》抄本。“李后主云：后世书家可得右军之一体。虞[世南]得其美韵而失其俊迈，欧阳[询]得其力而失其温秀，褚[遂良]得其意而失其变化，薛稷得其清而失于窘拘，颜[真卿]得其筋而失于粗鲁,柳[公权]得其骨而失于[生]犷,徐浩得其肉而失于俗,李邕得其气而失于体格,张旭得其法而失于狂。独献之俱得,而失于惊急,无蕴藉态度。[余谓]此评诚有根据,但欧甚秀,褚变化,而张亦可(取)[商],因改其语曰:欧得其力而失其变化,褚得其巧而失其拙,张得其变化而失其收敛。未知有识者又以(予)[余]言为何如也?"鄙人不能书,姑识之以资考证。

**二十七日(12月4日)** 晴。过晦若略话。

**二十八日(12月5日)** 晴。以孙敬轩先生希旦《礼记集解》授两儿。孙约郑、孔及卫《集说》,而间下己意,甚便初学。红庙合龙。张筱传、吴赞臣两观察均来。

阅《鄱阳集》,十二卷,宋彭汝砺撰,乃彭文勤家藏写本。文勤跋云:"《鄱阳先生集》,晁、陈两家不著录。马《考》亦无之。《宋史》本传,著《易义》、《诗义》、《诗文集》凡五十卷,此本标《文集》,仅得诗十二卷,非足本也。近嘉善曹氏辑《宋百家诗存》,所选《鄱阳集》无出此外者。《浙江遗书目录》亦写本十二卷,或流传只此。今饶州诸宗皆祖先生。不审有无家藏本,它日当访之,无则当劝镌之。乾隆癸卯燕九日记。"《四库》所藏亦十二卷本,所云古律复混之病,文勤均已更正于下,间有校注。器资立朝侃直,风节懔然。神宗命中人王中正与李宪主西师,汝砺极言,在廷叹服。因论吕嘉问事,与蔡确异趣。及确为吴处厚所诬,又力争得罪,人以此益贤之。东坡作六祖赞,称与器资往还,集中亦多与僧往还之作。偶耽禅悦,亦北宋文人习气,不足为器资病也。惟其弟汝霖竟附曾布。元祐之祸再兴,汝霖请按绍圣案籍,不必候指名弹击,于是司马温公以下复行贬削,此则小人之尤,殊足为贤兄玷耳。幼弟汝方殉方腊之难。史云汝霖字岩老,汝方字宜老,集中有《寄君时君宜弟诗》,疑即其人。又有《寄叔宜弟诗》,云:"池外墙头花好在,会应留著待君归。"其友于之人谊,亦甚笃也。

**二十九日(12月6日)** 晴。秦生来谈,为余审定藏帖。午后无事。寄正孺书。

三十日(12月7日) 晴。

十一月初一日(12月8日) 晴。折弁回。得廉生复书,言朱处之书以《周礼》、《晋书》及《两汉会要》为最,蔡梦弼《史记》次之,其难得在唐宋元明钞本各集。

初二日(12月9日) 晴。晚过晦若。

《十驾斋养新录》云:"《旧晋书》无刘伶、毕卓传,《新书》始增之。刘遗民、曹缵皆于檀氏《春秋》有传,今《晋书》无其名。"按,《文选》四十七刘伯伦,注引臧荣绪《晋书》曰:"刘伶,字伯伦,沛国人也。志气旷放,以宇宙为狭,著《酒德颂》。为建威参军。卒以寿终。"是臧书有伶传,不知竹汀之说何据?《新晋》可讥议处不少。刘知幾所谓"干、邓[之]所粪除,王、虞[之]所糠秕,持为逸史,用补前传"者,诚为尘黩,在今日则止特其漏略,不嫌其芜杂矣。

初三日(12月10日) 晴。仲仪诊余脉,据云病在中焦。黄秦生来,约楚宝,属致书磁牧拓北齐兰陵武王及高翻孝宣公碑。

初四日(12月11日) 晴。孙大及佐先来。午后,严范孙自都乞假过谈。李怡庭至。晚,杂话求书之法。

阅《归田类稿》,元张养浩撰。《四库》辑《大典》及明本,得杂文、赋、诗五百八十四首,厘为二十四卷。此本则二十八卷,后附文忠碑铭像赞,较明本多一卷,乃朱竹垞先生藏本。写手古拙,其中断裂残阙,悉依原本,殆从元刻影抄者。所据本已非初印,殆明中叶抄本也。苏天爵辑《元文类》仅录养浩文二篇,明叶盛《水东日记》颇以失载《谏灯山疏》为讥,渔洋得其《王友开墓志》,载之《皇华纪闻》。此本则俱有之,殆辑《大典》时所据即是本欤。惜不得《四库》本互校之也。末画像乃泰定初元谢事闲居时所画。鄱阳刘耳赞云:"立朝之言,闲居之迹,懔乎高风,千载一日。"虞道园有《挽希孟》诗,云:"十年七聘不还朝,起为饥民夜驾轺。嘉树百年谁忍伐,生刍一束不能招。西州华屋交游少,北海清尊意气消。欲写济南名士传,泉声山影晚萧萧。"可以想见其生平矣。《和陶诗》虽不得见集中,诗格清苍,卓然一作手也。复检周永年刊本，二十卷，不附《三事忠告》，虽从《四库》本，而廿四卷删并之迹不具，较此本互补，庶为善本。

初五日（**12月12日**）　晴。有蒙古官苏达纳睦求见，因合肥以请见之，乃喀拉沁旗世袭四品塔布囊乌梁海氏，时从其王来津。据云，尝从穆图善因遍游珲春一带，见俄强中弱，岌岌可危，并言四十八盟之弱，深虑为俄所并。苏字子愚，其妻庄邸族人。汤伯述来，欲辞保甲局。据云，方道之颟顸，欲黵饥民以为识别。李守回局，软弱难与共事耳。午后，令佐先、孙大回。李怡庭及寄观阁来。至馆与仲仪话，知其兄文麒以事为府县所窘。晚，过晦若及容民。

初六日（**12月13日**）　晴。吴赞臣来谈。夜，患咳。容民过话久坐。

初七日（**12月14日**）　晴。咳未止，命仆辈捡理书籍，聊以自娱。晚，李怡庭来。夜，范肯堂以近作一册见示。仲彭来馆杂谈。

初八日（**12月15日**）　晴。怡庭回都，寄复蔚廷、廉生两书，均交之。咳止。仲馆来斋中少坐，贻戴文节小品一册。秦生来，以《玄秘塔》与潜儿。

初九日（**12月16日**）　晴。复朱亮生、劳玉初书。午后，伯述来议志事。

初十日（**12月17日**）　晴。花农来此，心扰扰不静，微有衰意。赞臣过谈。寄刘献夫书。

阅宋刘习之学箕《方是闲居士小稿》。习之，崇安人，刘翰之曾孙，子翚之孙，刘玶之子也。方是闲乃其堂名。闲居不仕，自号种春子。《四库》著录者乃景元钞本。此则屏山书院复刻本也。刘淮、赵蕃两序已失去，惟存赵必愿及习之自记与其门人游郴等跋。郴，《四库》作彬，误。《提要》谓：刘淮称其诗摩香山之垒，词拍稼轩之肩。词如《和稼轩金缕曲》，忠孝之气，奕奕纸上。置之《稼轩集》中，不能辨。诗虽则稍快稍粗，与香山又别一格。余不解词，其诗诚有快粗之弊，殆于斯事不深，独爱其《东屯庄监秤六言》，首四句云："读书不执笔注,治生奚用丰财。诗吟一首两首,酒饮三杯五杯。"翛然自足,吾方以读书傲丰财者,自习之视之,斤斤笺注,殆与持筹握算同愚,不禁废然掩卷矣。此本为季沧苇故物,并有檇李项靖药师两章。十二日复检,得景元抄本,补全刘、赵二序。

十一日(12月18日)　晴,午后阴,有雪意而未成。李拚霄来,将以卓异入都引见。潘江代理。寄九弟书。心跳之病亦愈,渐能读书矣。

阅《冯少墟先生集》。先生云:"有经世之学,有出位之学,有暗修之学,有私己之学。以出位为经世,以私己为暗修,此学者之大病。然有经世之学而无出位之学,便是暗修而非以不讲为暗修;有暗修之学而无私己之学,便是经世而非谓讲经世之学者,尽皆出位好名之人。"佩纶按,仲好此说尤烦。约之,但曰暗修、经世之学而已。宋之末派,心性章句,纷如聚讼,而于世务茫然,不知此不能为经世之学,亦不能暗修者也。暗修之学,经史子集皆是经世之具,修己而已。不必聚徒而讲,即讲明之,亦不过二三心知足以入道者足矣。讲即浮夸,即不私己,已出位矣。吾以为与其出位,不如私己也。近日之病,则又患世太不讲学,安于孤陋者既不知所谓暗修,习于贵倨者又不知所谓经世矣。

十二日(12月19日)　晴。仲仪过斋中,复诊止药。

阅《说学斋稿》,有《浸铜要略序》一篇,其略云:德兴张理以国家方更钱币之法,献其先世《浸铜要略》于朝。宰相以其书之有益经费,为复置兴利场。至正十二年三月授理为场官,使董其事。宋盛时,三司度支判官许申能以药化铁成铜,久之工人厌苦之而罢。今书作于绍圣间,其说始备。盖元祐元年,或言取胆泉浸铁,取矿烹铜。其泉三十有二:有五日一举洗者一,有七日一举洗者,有十日一举洗者。政和五年雨多泉溢,所洗浸为最多。理为宋参知政事,忠定公熹之裔。从祖懋及其父逊,均以是书在元武宗朝为场官,未铸而罢。不知理行其术,果有效否? 以泉浸铜,不知仍用药否? 惜原书不可见,而序中不及其药名、洗法也。克虏伯炮厂有炼铁为钢之法,亦秘有一药,仅二三老匠知之,而中国已先有此法,考工失传,致西洋用机巧以擅富强,而我之七陶、八冶鲜有师承,器窳艺拙,官吏一切听之,殊可叹也。稿无刊本,皆从归震川所辑展转传抄。廷尉别有辑本,视归本增多,可宝也。

十三日(12月20日)　晴。与晦若谈。晦若赠《四川通志》一部。余欲储各省《通志》也。心气仍未舒,不能多阅书也。

十四日(12月21日)　晴,亥刻冬至。洪翰香归道班,改委会办水师学堂,过谈。陈介庵来。晚至仲彭处小坐。

十五日(12月22日)　晴。翰香、赞臣均来。是日,廷寄许振祎兼程来京陛见,会勘永定也。晚得蔚廷书。

十六日(12月23日)　沙霾蔽日,天作金色,昼晦至申时始止。吴赞臣来,论永定河事。午后,曹荩臣亦来谈河事,以下口当改冰窖,屡献议,不见纳,意甚怫然。次则榆垡、芦沟桥作遥堤二十馀里,可以遏水溢灌都城之患云。

十七日(12月24日)　晴。花农送菜,八器以饷荩臣,过晦若小坐。

十八日(12月25日)　雪。阅《节孝先生集》。中有论管子两事,可采。摺弁回,得安侄书。合肥出示许仙屏电,会勘永定,意甚谦畏。后复来两电,则颇兴高采烈也。许亦非治水才,孙引之耳。

公尝言贾谊笃好《管子》,几为《管子》所误,何以见之?公曰:管仲诚奇才,所言所行皆适于时宜,其言幼官则非也。贾谊亦一时之豪士,其法于《管子》者,非一且如言色用黄、数用五,殆为幼官所误也。其一则四维,辨驳柳柳州。仲车门人江端礼录,故称为公。

东坡称积诗文怪而放,如玉川子。《提要》谓:似卢仝,而大致依经立训,不失为儒者之言,则非仝之所及也。惟其《复河说》,不究地形,不明水势,欲求九河故道穿之,未免失于迂僻。其《语录》已单行,故《四库》分之,所收乃明嘉靖刘祐重刊宋景定翁蒙正本。此本则宋淳祐间王夬亨所编刻,而元大德中翻本也。

仲车拈"人弃我取,人取我与",以为学者之法,申之曰:"学能知人所不[能]知,为文[能]用人所不能用,斯为善矣。"操论如此,固足取异于流俗,稍不自持,且流于乖僻一路,不足为训。《安定言行录》又载,仲车见安定,安定侍姬问安定曰:"门人问见侍姬否,如何答法?"安定曰:"莫安排。"仲车从此悟入,殊不可解。岂记者过于形容,转失其本意耶?

十九日(12 月 26 日)　雪未止。复蔚廷书。

孝宗在宋,允为高宗干蛊之令子,其志在恢复而迄用无成。论史者至今惜之。然其故由于发之太骤,而持之不坚,不能尽诿诸运数也。《建炎以来朝野杂记》谓:上于张魏公礼貌之隆,群公莫及。符离师败,上眷顿衰。虞雍公乞抚西师,上亲作诗送之,恩礼尤盛。虞公抵汉中,未逾年而殂。以屡趣师期不应,甚衔之。二公皆追谥。夫魏公当隆兴之初,拜命而起,承久和弛备之后,必物色将才,整饬戎备,始能言战。乃上方锐意恢复,浚久在行间,屡经败挫,初不加以慎重,仍以粗心浮气应之,虽半为史浩所挠,实则咎由自取。孝宗既失之于张,中复牵于和议,气已中馁。及授雍公以宣抚,自应久任而责成功,乃临行有"西师出,而朕迟回即朕负卿,朕已动,而卿迟回即卿负朕"之谕,急遽无序,仍欲以浪战制强金,何其浅躁而不谙军事也!雍公之死,安知不因屡趣师期,而西军实未简练,以至忧愤而亡乎?故主战者当快之于始,而持之以坚,斯得之矣。

二十日(12 月 27 日)　晴。得润民师书,论中亭六郎堤事。范肯堂以余评其诗,稍作忠告,赠七律一章。午后,赵菁衫、吴壮孙均有书至。

二十一日(12 月 28 日)　晴。吕定之前辈来谈。午后,答严范孙,久不出门,藉以排闷也。袁启之来。范孙云,永清朱槐之祐三及其弟桎之、楹之,家有藏书,三人均博洽,两孝廉一秀才。

二十二日(12 月 29 日)　晴。黄花农来谈,傅瑶轩同年式芳自博野至,新河掌教,由吏部改知县候选。年六十矣。午后,过晦若小坐,秦生来,复润师书。

阅《勿轩集》,宋熊禾撰。禾初名铄,字去非,号勿轩,又号退斋,建阳人。咸淳十年进士,授宁武州司户参军。宋亡不仕,教授乡里以终。《提要》云:是书《易学图传》二卷、《春秋通义》一卷、《四书标题》一卷、诗文三卷、《补遗》一卷。盖明天顺中旧刻,犹为完帙。惟前列许衡《序》,称"其晚年修《三礼通解》,将脱稿,竟以疾卒"。末署至元十八年,而禾卒于仁宗皇庆元年。自至元讫皇庆,相距三十馀年,依托显然。此本亦八卷,卷一序跋铭约,卷二记,卷三记族谱,卷四文疏上梁文,卷五启札,卷六经籍说祭文吊慰,卷七诗五言,卷八诗七言长短句词,后有附录,则《四库》所收天顺本诗文皆非完帙,亦如张清恪所刊,多所删削矣。倘合两本刊之,可得十二卷,庶勿轩经义、诗文均免散佚耳。嘉荫簃藏此旧写本,末附录亦有阙叶,而转写许序于前,未免佛头著粪也。《养新录》载朱子玄孙渊、洽、潜、济、浚、澄,集中《考亭书院记》公三世孙朱沂充书院山长,既没,四世孙椿袭其职,则朱氏自松之后,五世复从木矣,可备一证。

**二十三日(12 月 30 日)** 晴,夜微雪,旋止。

**二十四日(12 月 31 日)** 晴。复允言书,并以宋本《广韵》寄廉生。夜,得九弟书,肯堂来话。

**二十五日(1894 年 1 月 1 日)** 晴。白赵州、李赞臣同来。九弟电,欲与夏太守献铭字子新,新建人。连姻,其庶女与覃儿同岁也,复电报诺。过晦若。

**二十六日(1 月 2 日)** 阴。洪翰香来。

欲改《定州志》,检吴卓信《汉书・地理志考证》右北平亦甚寥寥,闷甚。

阅《滋溪集》。苏伯修以身任一代文献之寄,既著《元名臣事略集》三十卷,碑版至百有馀篇。此本乃东武刘燕庭所藏,实得之朱笥河者,兹复归于余。伯修研究掌故,其碑志行状足以考证《元史》之疏,而所纪多北人,尤足补《畿辅志乘》之不及,惜无力梓而传之。思剟取姚、虞诸公及兹集碑版,作《元史补》,未知能成否? 伯修长于史例,其《寄欧阳原功三史质疑》,所论极精。辽人之书,今惟存《龙龛手镜》。耶律楚材所进耶律俨《实录》,不知采入《辽史》否? 不可考矣。其论宇文虚中,以讥讪权贵被杀,并无乘金主郊天举事之谋;海陵死后,徒单后亦无被杀之事;宋太宗烛影逊避之狱,绝为可疑,均足资史证也。

　　二十七日(1月3日)　阴。吉云帆观察来。

　　阅《清江三孔集》。彭文勤知圣道斋钞藏本。《提要》作四十卷。《直斋书录解题》称文仲二卷,武仲十七卷,平仲二十一卷,与《四库》本合。而彭钞及小山堂两抄本均止三十卷,平仲共十一卷,岂残佚后十卷耶? 文勤不应不见《四库》本也。经父独取李训,谓其志在安宗社而尊君父,而惜其不谦厚沈默,以致甘露之祸。常父不取陆贽,以其与吴氏弟兄争宠,及与于公异有隙,发其旧恶而擯之,及疑李吉甫以为胸中太浅,不足任天下之重。毅父似阙,故无史论。夫训固可原,而无如进由宦寺;贽亦可议,而无如奏议卓卓,实佐中兴。今欲求立异于史评,而所谅者乃在李训,所摘者乃在宣公,是何异? 处元祐之世,赏蔡京而劾程子耶? 文字虽新,未衷于道也。

　　二十八日(1月4日)　阴。花农来,得三兄书。

　　二十九日(1月5日)　晴。白赵州来辞行。复三兄暨安侄书。午后,赵宇香来,属其访求吾邑先达所著诗文集。过晦若小坐。得廉生书。

　　三十日(1月6日)　晴。折弁回,又得廉生书,安圃寄百合粉来。

　　阅许白云、张光弼、陈夷白三集,皆金氏文瑞楼精抄本,后归法梧门,展转入结一庐。梧门不以藏书名,而所收甚富,盖其时旧本易得,不如今日之难能可贵,且见老辈无不储书,决不如今之名士手一二唐宋人集,便胆大心粗睥睨一切也。

**十二月初一日(1月7日)** 晴。翰香来。林守昌虞来见。颖叔之子。秦生杂话良久,仲彭过我论古今文《尚书》,得廉生所寄隋砖及翼北《穀梁集解纠谬》。

阅《乐静集》,宋李昭玘成季撰。李方赤家抄本,东武刘氏、仁和韩氏传录者,有荣振起之墓铭,其先北平无终人,似可采附《荣毗传》之后也。

成季有《上颜朝奉书》,中有云:"见谕子由先生云,《管子》中有佛书精要处,此亦无可怪,但至理无二,言会于理,便为真际,井巷常谈出于鄙夫鄙妇,有与圣人合者,理不外是故也。鬼谷、韩非之书,推本道德,时近玄旨。二子安足知老子哉?其言适中。尔管氏之时,固未闻有佛。纵有之,亦不为佛。观其书者,喻其理可矣。安在学所问耶?昔人有谈不死者,或从而学之,未及门而其人已死,犹恨其学之不早。或曰自谓不死,而其人已死,乃诬也,奚恨?曰彼虽死,安知其无不死之术?正如管氏未知佛,而其言有似之也。"余按,佛书来自西域,六朝人以己意译之,大抵窃取诸子绪馀,此乃佛窃管,而非管似佛也。子由沈迷于佛老,既以孔、老为一家,复以管、佛为一母,谬哉!

**初二日(1月8日)** 阴。晦若言,伯述约陈建侯修志无成。许庚身卒,徐用仪入枢垣。

**初三日(1月9日)** 晴。阅《默堂集》,宋陈渊撰。渊字知默,官至宗正少卿。龟山高弟,了斋侄孙。《宋·艺文志》作二十六卷。《四库》所收止二十二卷。此本卷数与《提要》同。《提要》谓其《论渊明》不知义,力崇洛学,而于了斋事佛津津推奖,未免牵于私情。余观其《论和战》三疏,有云:"彼之意常欲战,不得已而后言和;我之意常欲和,不得已而后有战。"洞悉南北主臣心曲。又云:"荆州人为关侯家置一祠,室中之语,度非侯之所欲,则必相戒以勿言。"以此证之,则忠义威灵,在宋已然,不始于明也。此足见神之久远矣。度乃默堂之女夫,见集中,即编定其集者。

**初四日(1月10日)** 晴。得鹤巢书。李赞臣来,寄安圃书,交都寓。

阅《龟巢集》，元谢应芳撰。有《学书》一篇，云："训蒙者率以上大人二十五字先之，然所谓三千七十，殆若指孔门弟子而言。第四字乃圣人名讳，理合回避，岂宜（手之口之）[呼之以口]，以渎万世帝王之师乎？其末两（语）[句]之乖刺尤甚！故某不揣狂瞽，尝易之。"云云。上大人为村学究，所秘不意，元末明初已有之。今第四字作孔，想即谢所易欤？集中谢名兰，疑应芳其字，或以字行也。文甚平浅。《提要》称之过矣。

**初五日（1 月 11 日）** 阴。为伯平撰其弟文觳墓铭。过晦若，伯述在焉。容民述吕庭芷以其家藏胡忠简小像砚求题，砚盖有成化二十三年泰州储瓘题。庭芷曾祖幼心先生定为储文懿，然文懿名巏，《明史·文苑传》及《列朝诗传》、《进士题名录》均作巏，盖为伪作无疑。

阅《澹庵集》，三十卷，明钞本，曹倦圃旧藏也。案，《忠简集》百卷，本传。又作七十卷，《志》。《四库》所收仅六卷。乾隆间其裔孙沄刊者，三十二卷，补遗三卷，附录六卷，此卷数较祠堂本尚少，不知遗失残阙，抑胡沄所刊别加衰辑，故较增于旧抄也。余所藏六卷，乃知不足斋抄校本。

澹庵一疏，金人购之千金，为秦太师批抹，至孝宗始修割装潢之。然隆兴知忠简亦徒荣其身，未能用其言也。行幸建康，何以中辍？和议必不许，何以中变？复以携孥举人被劾，且不能久安其位，是孝宗恢复之志，始则失之太锐，而庙算未周，继则失之太馁，而虚文相饰耳。集中《水战论》一篇极精，似欲练吴楚水师，为直捣勃碣之计，特引而不发，借古抒愤。《上张丞相书》谓，今之所以战者，其决出于一定之计，抑出于仓卒而侥幸一时，则足以砭魏公浪战之失者忠简也。惜魏公亦忽置之。

**初六日（1 月 12 日）** 阴。张芸叟云："退之诗，惟《虢园二十一咏》为最工，语不过二十字，而意思含蓄过于数千百言者。至为《石鼓歌》，极其致思，凡累数百言，曾不得鼓之仿佛。岂其注意造作，求以过人与？夫不假琢磨，得之自然者，遂有间耶？由是观之，凡人为文，言约而事该，文省而旨远者为佳。"余谓《虢园》纤馀，《石鼓》卓荦，似难以五绝例长歌，惟歌中如"陋儒编诗不收入，二雅褊迫无委蛇。孔子西行不到秦，掎摭星宿遗羲娥"，未免以气伤理。岂《车攻》之诗不及《石鼓》，文武之雅不如宣王，乃因此微致不满于尼山，过矣。

**初七日（1月13日）** 晴。晦若赠《竹叶亭杂记》。孟孝瞻茂才继坡来见，问津旧生徒也。

刘器之云："《新唐》叙事好简略，其词简，故其事多。郁而不明，此作史之弊也。且文章岂有繁简，必欲多则文冗而不足读，必欲简则僻涩，令人不喜。假令《新唐书》载卓文君事，不过云少尝窃【载】卓氏，如此而已。而班固乃近五百字，且文君之事何补于天下后世哉？然作史之法不得不如是。《唐书》事增于前，文省于旧，病正在此，所以不如两汉。"按器之此说已为欧、宋定论，然叙事终以简明为贵。卓氏之事，史当不载，史公好奇叙之，而班不敢删耳。不载，则文人无行不见，此其所以繁不可删也，亦须相题为之。

**初八日（1月14日）** 晴。子涵有书复之，并复菁衫书，问疾。

阅《佩玉斋类稿》，元杨翮撰。翮字文举，官至太常博士。《提要》作十卷。此本有谦牧堂藏书记，共十三卷，第九卷汉高祖、四皓、张良、项羽及光武论五篇，不应仅论两汉。第十卷题跋三则，后三卷乐歌、启、箴各一篇，虽多三卷，未必足本。大要此类秘抄幸未尽亡，其遗失固已不少矣。道园为其父执，父名刚中。称其文因事明理，不以艰险自窒；尽言伸义，不以旷达自高。虽齿牙馀论，假借后生，要不失先民矩矱也。

**初九日（1月15日）** 晴。答陈介庵，小坐。

**初十日（1月16日）** 晴。龚京卿照瑗来，未之见。近年九卿均为使臣占尽，有宋育仁者，以翰林作参赞，以出使为仕官捷径。此与丁维禔之以夤缘奄寺得试差，仅隔一尘耳，可以观世变也。晚，秦艺林来送小胡芦一枚。

十一日(**1 月 17 日**)　晴。容民来,小坐即去,赠新翻《华山碑》一册。赵烈文覆长垣本。赵辨翁据寿门本,非长垣本,而杨守敬所刻亦入目,疏矣。杨极善作伪。

十二日(**1 月 18 日**)　晴。午后,至仲仪处小坐。陈(价)〔介〕庵闯然入。余遂过晦若略话,而还斋中。孙茶孙来。得九弟书。

十三日(**1 月 19 日**)　晴。花农、永诗、翰香均来。午后,又过仲仪,龚三又请见,拒之。

阅《河南集》,二十七卷,宋尹洙撰。洙久历边塞,未竟其用,卒以贬死。其由渭徙庆,以争水洛城。其贬也,以董士廉挟仇上控。士廉即前城水洛为洙所械系者也。水洛之城,发之者刘沪,主之者郑戬,复勘者鱼周询。力争以为不当城者,上则安抚使韩琦,下则副宪管狄青,而洙言之尤切,卒城虽由周询,而实则参政范仲淹赞之,其言曰:"策应军马由仪、渭二州始到,始到如能进修水洛城,断西贼入秦庭之路,其利甚大,非徒通诸路之势,因以张三军之威者也。"又言:"刘沪、董士廉率四路都部署节制往修水洛城,即非二人擅兴。况沪是沿边有名将佐,累有战功,国家且须爱惜,不可轻弃。士廉京官,亦与将佐一例枷勘,更未合事理。"是师鲁械系沪、士廉,且争水洛不宜城,范公不以为然也。其时谏官欧阳修以仲淹筑大顺城,种世衡筑青涧城,刘沪筑水洛城,沪尤为艰勤。余靖亦请戒救洙、青,并以沪、青既有私隙,宁移青,不可移沪,以失新附之心。是欧、余亦不以洙为然也。然师鲁所持,乃备多力分之说。其所陈分兵输粟生事,召寇四害,深得兵家要领。于士廉反复开谕,集中存《第三书》。不从,始命狄往械系,亦军令宜然。水洛既成,旋就和议,亦无甚益,而师鲁转为士廉所中。其就希文而死,正所谓伯仁由我而死耳。欧作《墓志》,虽自解说,终不及韩忠献《墓表》之直捷,亦所见稍左也。

十四日(**1 月 20 日**)　晴。午后,洪鲁轩来。寄九弟书,为三侄题学名,曰志潭、志浩、志淦,三侄女曰志湄、志泠、志颎。以富阳有董双成宅丹鼎也。得安圃书，有喉左右因外感生两包，闻之，甚闷闷。

**十五日（1 月 21 日）** 晴。花农、翰香、秦生杂至，喧甚，得廉生书。

午后，阅汉碑三两种，心甚静定，近真不耐俗味矣。而为境所困，不能逃世入山，每与闺人谈，辄为郁之。夜，肆估以王怀祖所校补《六书音均表》来售，去年所未得者，今仍归之，我亦可喜也。

**十六日（1 月 22 日）** 有雪意，旋霁。袁启之来。刘兰谷辞行回六安。甲午春间，兰谷因其父挞责，服毒而死，可伤也。省三于适子寡恩如此。

阅《问经堂丛书》，承德孙冯翼所刻。其中多辑逸书，盖与渊如叙族谊，因之洪颐煊、宋翔凤、章学源所辑之本，均为代刊，而附一同校之名耳。章氏《隋书·经籍志考证》仅存史部，馀稿为马氏所购，未及详考，率猎为己有，刊为《玉函山房辑逸书》。倘有力者以此书及《汉学堂丛书》合刊，补其未备，辑其未搜，俾《隋志》补全，实为一部书目精本。严氏《全上古汉魏六朝》亦可参正也。

**十七日（1 月 23 日）** 晴。作安圃书，以来缄有喉左右两包，甚念之也。又复廉生一纸。

**十八日（1 月 24 日）** 晴。延仲仪诊脉，据云心火仍未降。赞臣过谈。

王南陔辑周人经说，仅存四卷，似补辑之不止此数。南陔经学本不甚深，其所著《说文段注订补》及《管子地员考证》均过繁冗。此种以经解冠首，作序自以为谨严，殊属无谓。潘文勤与其经说并刻之《功顺堂丛书》。功顺堂所刻，大抵网罗散佚，亦杂糅无甚惊人者，与滂喜相类。因叹孙渊如、黄荛圃辈刻书之精，惜乎今之有力者，不能如是其详慎也。

**十九日（1 月 25 日）** 阴。复都寓书，并以食物数种寄元孟虞。午后，陈（价）〔介〕庵来。得献夫简，知已服阕，明年三月来津。

仲仪极称章实斋《文史通义》。塞上著《管子》时，曾取其数则入稿，如谓集大成者周公而非孔子，学者不可妄分周、孔，殊有语病。近世遂有以周公之书，全为刘歆伪作者，康祖诒。又有以孔子之学专与周公立异者，不知周公思兼三王，此君相之治术；孔子垂教万世，此师儒之学术，皆集大成而所遇不同，安得谓孔子非集大成乎？谬矣。

二十日(1月26日) 雪。李抟霄来，由都引见归也。谈辇下新闻，付之慨叹。午后，晦若处小坐。是日为朱式如填通判。实收得安小峰侍御书，请以吴祠归陇，西白无书，此子殊不解事。

二十一日(1月27日) 雪霁，夜又雪。洪翰香来，郑觐侯自都门至，留陪仲仪晚饭。

二十二日(1月28日) 大雪。作致伯平书，以改定其弟墓铭，寄之。

二十三日(1月29日) 雪未止。仲仪读《管子》颇有所得，与之略谈。明年思以《读管》写本，付之校勘也。得廉生复书，代致监本《新唐》一种，于是监本廿二史全矣。晚，晦若来，论永定河，时言路交章，此间仍持周馥旧说也。许河帅明正来此，合肥将同往会勘矣。得伯平书，言已交卸道篆，明年将乞病假来津。

永定河遥堤之说，顾用方河督琮创之，为鄂文端所驳。嗣陈文恭畅言其利，未知施行否。而挑淤之策，则裘文达及周公元理会奏设立浚船，乾隆三十五年旧案也。道光间，裁减经费，废之。河患之亟，未始不因乎此。曾文正奏言河内至险滩林立，树木丛生，是其明证。今部议封章均主挑沙之说。夫以七十馀年之老沙，欲以六万金、三千人挑之，定能有济，然老沙固不能去，嫩淤则不可留。永定情形与黄河异。黄河为四渎之一，能自达于海。永定则必入清河以达海。愈来，则河身愈狭，不能改沙，而清河及下游均挂淤矣。然则目前急务止有遥堤一法，而以截滩挑淤为秋泛后逐淤补苴之上策，其效不能即见，而年年实力行之，旧淤渐去，新淤不生，自有无形之益。部议固举重若轻，看事太易，必执挑沙为谬论。并新淤涨滩，而亦听之，则河之病日深。虽筑高于邱山之堤，亦策垣行水而已。

二十四日(1月30日) 晴。复伯平书。倪顺归，得都门书，附安圃一函，十月初七日挛生一女一子，其子息可云蕃盛矣。此子女旋不育，双生一子一女，俗忌之，亦罕成立者。

二十五日(1月31日)　晴。花农来。午后，得高阳书，并惠食物四种，作书复之，亦以食物四种为报与之。五阅月不通笺候矣。高阳颇疑其疏懒，盖与世相忘，故于长安知旧书问自希。每月必有书，惟廉生耳。刘季威来谒，名文虎，仲仪之弟。在丰、润孔大令署中司记室。

二十六日(2月1日)　晴。翰香来。午后，吴修甫秀才至，匆匆而去。前以安小峰来索吴祠，商之安圃，得复电云，问西白为妥。

阅《贞素斋集》，元舒頔撰。官台州路儒学正。明兴，屡召不出。此本乃其裔孔昭所辑。《提要》所称八卷本也。集中有《石印诗序》，曰：邑南七里，潭曰油潭，石曰石印，汩没沙碛，春大雨，乃献奇。頔以为理侯政教之应，且引郡志载，令廉石乃见。崔正言、苏子由、张仲纪以后，复见于理侯，间以告理，士夫合饮。理名答里麻识，字天章，高昌人。复有《石印辨》一篇，则痛诋其诬，并云：理君亦喜其事，拉余往观，至则痴焉。顽精无甚奇者，意欲毁其石，绝其诬，使后人无复疑。一人之见，而先后矛盾如此，殊不可解。此与高隐不仕而欲明功德，同为不伦。《提要》曲原之，无谓也。頔弟远逊，附《北庄[遗]稿》一卷。頔本名迪，字道原。嘉荫簃藏本。

二十七日(2月2日)　晴。赞臣、永诗均来。得皞民书。夜，仲仪解馆，邀觐侯、季威同饮，晦若招余。阅合肥谢慈圣御书折稿。菁衫复书，云疾已小愈。

二十八日(2月3日)　晴。吴乐山来。季士周以陈书玉同年家事来商。书玉已故，为其弟学源谋馆事也。余以北洋人浮于差，劝其谋之谷士。时谷士新得浙抚。书玉名梦麟，浙之会稽人，官编修。

得九弟书，寄志潭所定婚八字来，亲家夏子新太守，献铭。江西新建人，亦旧族也。执柯为张晓帆。

磁州访得兰陵王、孝宣公两碑，以天寒未能精拓也。

二十九日(2月4日)　晴。花农、楚宝均来,得都门书,夜过晦若少坐。

阅《提要》,林希逸《鬳斋集》有《上贾似道启》,极口称誉,以赵普、文彦博比之。王柏《鲁斋集》亦有《寿秋壑诗》,极称其援鄂之功,谀颂备至。二人皆道学。柏至攻孔子手定之经,而于秋壑乃谀附如此。宋季诸儒多不明事理,眼界不高,且讲不到人品也。故讲学以识力为先。

三十日(2月5日)　晴。捡点诗文,仅五十馀首,文十馀篇,一年又虚度矣。惟得书数万卷,书高于屋,债积于山,殊无可乐也。潘大令江来,庚午同年。

校《齐民要术》,竟系之以诗,庶明年得二顷薄田,自耕不馁也。

满眼上商策,胼胝笑荷锄。流亡惊草野,沸郁慨河渠。乞籴钱何贵,屯田谷不储。归【农】耕吾未晚,终夜校农书。

## 光绪二十年甲午(1894)

正月初一日(2月6日)　晴,午后阴。闻元旦万寿恩诏,合肥赏三眼孔雀翎,子经迈由主事赏员外郎。合肥召余及晦若谈,遂过晦若小坐。国朝汉臣赏三眼翎自合肥始,向例必赏宝石顶,四团龙补服,后始得三眼翎。由珊瑚顶得三眼翎,亦自合肥始,此亦一掌故也。和忠壮亦未赏宝石顶,存考。

读《宋史·蔡襄传》:外间传言,以厚陵之立,襄有论议,帝疑之,由三司使乞杭州。《欧阳文忠集》纪之最详,云:慈寿垂帘,尝为中书言:"仁宗既立皇子,追思鄂王。宦官、宫妾,争相荧惑。而近臣亦有异议者。其文字已于炉内焚却。"中书不敢问姓名,外人稍稍言襄。于是,上屡厉色诘责。及乞罢,韩魏公质上,上曰:"内中不见文字。"执政多方辟说,似圣意未解。此最得实。王明清《玉照新志》:以君谟尝按晋江章拱之赃罪,至是讼冤于朝。因撰君谟不立厚陵为皇子疏,售于相篮中,中人得之,遂干英宗,怒。此殆传闻过当之语也。厚陵入宫,时累表辞让。此时有天下而不与,方见圣量。顾斤斤于投杼之言,不能置襄度外。然则前之让,非伪饰欤。襄亦明练者,似既立皇子后,未必敢为此疏,而既动上疑,止能引身而去,故君子于襄无责焉。

**初二日(2月7日)** 晴。除夕作廉生一书,今日合肥谢慈圣福寿松鹤字疏,有差弁入都,即交其赍送,时信局未开市也。

阅《真西山读书记》。其甲编《孔门传授》一卷,可采入余所撰《述学》中。二十七卷、二十八卷。惜其思、孟后,直接荀、扬、董、文中,而于汉儒一概不录,后二十九、三十。即录韩昌黎,而以周、程、邵、张及程、张门人以至朱子,此即梨洲《学案》之椎轮也。余拟移其《春秋名卿事业》在乙集。于前分别《春秋学案》,而以孔门继之,盖胚胎于《史记》,而古今之学术脉络贯通矣,非徒考究学派也。

**初三日(2月8日)** 阴。花农来,秦生亦至,洪翰香率其子慎孙贺,正午后赞臣过谈。

阅姚牧庵年谱。牧庵四十二始娶紫阳先生中女,杨氏次年卒,四十四又娶赵氏。牧庵伯父枢家门鼎盛,不审何以晚娶?先生作《南寺碑》,以碑中用"祝发"及"于佛焉依"句"缁流以祝发,骂僧为秃焉"为未定之辞,竟命赵子昂、元复初别撰其文。张希孟祭先生文有"磨淮西碑"语,然先生集中竟去"祝发"句,实则存其原文,亦是一重公案也。

**初四日(2月9日)** 晴。顾廷一来,以其外舅《凌筱南诗集》求序。名焕。孔少轩大令宪廷求见。其父昭馨,丁卯举人,尝为内子馆师。昭馨人甚谨饬,学亦粹雅。闺人深得其益也。许仙屏河督来津过谈。

阅《皇朝仕学规范》,宋张镃撰。有张叔未跋,云:"此淳熙三年丙申原刻本,系杨铁崖、袁忠澈旧藏,乾隆间武涉令海昌查宣门开所珍贮者。嘉庆中,余从宣翁之子枣庵秀才,以银十饼购得。前缺序,自后缺作文、作诗二类,八卷。余与海盐朱春甫锦及余次儿庆荣从宋椠覆刻本影抄补足，授庆荣珍之。道光二十五年乙巳七月廿四日。"《四库提要》称其可补《宋史》之遗，与朱子《名臣言行录》体例虽殊，同为一代文献之征云。余案，作诗、作文两类，与《馀师录》相似，特《馀师录》较为繁博，此则专取宋人议论而已。

钱明逸久在禁林，不满意出为秦州，居常怏怏不事事。公闻之，语人曰："虽不足意，独不思所部有万千生灵耶？"公初不知何指？语出《名贤遗范录》。以"上收庆历中，与希文、彦国同在两府"语考之，似韩魏公，而此段之前则是王文正。面目不清，亦此书之一病也。

**初五日（2 月 10 日）** 晴。晦若来，午后答仙屏前辈，得献夫书。

阅黄梨洲《周易象数论》。其辨图书论共六篇。其第一篇略云："欧阳子言'《河图洛书》怪妄之尤甚'者。自朱子列之《本义》，家传户诵。今且以欧阳为怪妄矣。后之人徒见图书之说载在圣经，虽明知其穿凿附会，终不敢犯古今之不韪而黜之。魏鹤山则信蒋山之说，以先天图为河图，五行生成数为洛书，而戴九履一者则太乙九宫之数。宋潜溪则信刘歆以八卦为河图，班固《洪范》本文为洛书。皆碍经文而为之变说也。是故欧阳既黜图书，不得不并《系辞》而疑其伪，不伪《系辞》，则'河出图，洛出书'之文驾乎其上，说终莫之能申。则欲明图书之义，亦惟求之经文而已。六经言图书凡四：《顾命》曰'河图在东序'，《论语》曰'河不出图'，《礼运》曰'河出马图'，《易》曰'河出图，洛出书，圣人则之'。圣人作易，象天察地，天垂象见吉凶，仰观于天也。'河出图，洛出书'，俯察于地。谓之图者，山川险易，南北高深，如后世之图经。谓之书者，风土刚柔，户口厄塞，如夏之禹贡，周之职方。谓之河洛者，河洛为天下之中，凡四方所上图书，皆以河洛系其名也。"按，梨洲解图书甚辨，而实未谛当。上古结绳而治，后世圣人易之以书契、八卦。未画之先，安得有所谓图经职方者？周公始营洛邑，未闻羲轩之世以河洛为天下之中而都之，且无以解出图、出书、出字之义。《礼运》明言地出醴泉，山出器车，河出马图，图经与醴泉、器车并举，亦属不类，即康成依《纬书》云《河图》有九篇、《洛书》有六篇，亦《纬书》附会之说，此九篇、六篇是何人所造乎？疑伏羲时河中出一物似图，伏羲因之以画卦；神禹时洛中出一物似书，禹因之以演畴。书乃六书，非一篇之书也。以八卦为《河图》、《洪范》本文为《洛书》，尚是以圣人所推演，为天地自然之文，实则先有《河图》后有卦，先有《洛书》后有《洪范》耳。

**初六日（2 月 11 日）**　晴。致高阳书。

阅周行己《浮沚集》。其《两汉兴亡策》云：西汉兴于韩信之一言，亡于张禹之一言。东汉兴于邳肜之一言，亡于胡广之一言。盖以信决策东向，世祖欲因二郡之众入关，肜廷争故也。余谓两汉亡于张、胡，诚然。禹引《春秋》之事，以固王氏。广于质帝之没，苟合梁冀，罪胡可逭。至谓龙兴由于韩、邳，则持论甚快，恐未尽合。高祖之兴，自由于纳樊哙、张良之谏，封府库，除苛法。光武之兴，自由于纳邓禹之说，延揽英雄，务悦民心，非韩、邳也。

**初七日（2 月 12 日）**　晴。得廉生书。午后，张巽之辞，回都。过晦若，仲仪到馆旋去。

阅《臞轩集》。宋王迈著。所谓敕赐狂生者也。其所上札子，以上欺天下欺君立论，极为激切。中有云：前日之贿赂，惟入权臣之一门。今日之贿赂，或入外戚，或入奄宦，或入近习。旁蹊曲径，不止一途。此较桓灵鬻爵，钱入公家；晋武鬻爵，钱归私室，又下一乘矣。末流之弊，何所不至。良可深慨也。《提要》称其于济王竑事反复规劝，见拳拳忠爱之心，今详阅《大典》辑出遗编，虽阙略不少，而其劲直之气历劫不磨，可谓古之狂直矣。

**初八日（2 月 13 日）**　晴。仙屏赠所刻曾文正、祁文端书及自书格言。得九弟书。

阅《金氏文集》。宋金君卿撰。原十五卷，今仅由《大典》辑存二卷。《提要》据曾子固所作其父温叟《墓铭》称，君卿欲以其所为为天下，慨然有志，则其人亦非碌碌者也。遂极口论之，并以集中有文潞公、韩魏公《生日诗》、《范文正移镇杭州次韵诗》、《和欧阳文忠颍州》

及《芍药》二诗，谓所与游者，皆一代端人。诸疏尤有裨世用。然富路序称，君卿在熙宁中，敕书奖谕，曰：尔使于远方，尽瘁乃事，推我新，今为天下先。则君卿亦附和新法之人，与介甫同乡。金，浮梁人。集中亦有与介甫倡和。《提要》谓可补李注之所不及，顾于富序所述敕书独未拈出，与全书议论相歧，岂徒以新法之罪苛介甫而宽其徒从，抑此《提要》为江西人所撰？意存回护耶？按，总校为彭检讨元珫。君卿字正叔。

君卿又有《易说》，今已佚。其集中叙《传易之家》云："昳于秦，薄蚀于汉，诸家之说棼焉，而圣道微矣。辅嗣特起，斥去异端，天人之道俄焉而明然，犹时若氛翳未能廓然，若将有以待焉尔。"辅（辅）〔嗣〕之《易》正是异端，而以为斥去异端，则其所为《易》说者可想矣。

初九日（2月14日）　晴。尝松鸡，甚美。寄桂林弟一书，并复安小峰侍御吴祠事，须候西白来信。

阅《戴剡源文集》。韩小亭校，云补《蝇虎赋》一篇，实未之补，当检录足之。元戴表元帅初撰。

剡源有一绝，云："毛锥自是今无用，铁砚还知古可穿。不惜日抄三万字，胜储百亩剡中田。"阅之，慨然。余竟日萧闲，竟无抄书之课；插架万卷，而无二顷之田，仍岁依人，殊自哂也。毛锥无用，则古今同喟耳。

初十日（2月15日）　晴。仲仪开学，招赞臣作陪。仙屏辞行，却之，遣人挍刺送别。

阅唐确慎《学案小识》。张武承先生之学，笃守程、朱，深疾阳儒阴释之徒，以闲邪卫道为己任。顾其操论，亦有过当处，以阳明之诋朱子也，峻词以诋阳明。其《读史质疑》至曰：弘治己未，阳明成进士，其年六月孔庙灾，九月建阳书坊灾。阳明之出，孔、朱之厄也。夫阳明即不从朱，未必能厄朱，况厄孔乎？甚至谓：闿献之形，日积于学。士大夫之心术，而天下不可为，而以阳明之术为，尽变天下之学术，尽坏天下之人心，卒以酿乱亡之祸，实为倡乱之首。大声疾呼，同于救焚伐叛，实则深文周内而已。此种叫嚣气质岂是读书人口吻？而确慎以为《质疑》一书与《陆子学术辨》三章，正宜刊本布天下，以警人心而留学脉，殊可笑也。孙芝房以汉学酿粤、捻之乱，同是一种议论。士大夫略涉章句，入仕途后，专趋禄利，泄泄沓沓，积为风气，中外大臣无二三老成练达刚正明果者为之挽回，驯至大乱，不此之责而责诸讲学，岂非迂谬之见哉？武承以阳明为功臣而乱首，没其平宸濠之勋，而坐以阶流寇之罪。如此论史，古人人人可危矣。

十一日（2 月 16 日）　晴。复王廉生、刘献夫书。秦艺林来。

阅《王魏公集》，乃《永乐大典》辑本。《提要》谓：如元绛墓铭，可补史阙。捡《宋史》核之，均具崖略。盖国史不能如私志之详也。惟绛有《文集》四十卷，又有《谳狱集》五十五，事为十三卷，传于家，史未载耳。厚之谄事荆公及其子弟，故安礼曲为粉饰，似亦谀墓之词多，核实之事少。《宋史》删节，未为过简也。《箓竹堂［书目］》尚载《魏公集》，今已无传。《提要》谓其文，视安石规模稍隘，而体格约略相似。然安礼固讥刺新法者，文亦不甚似其兄也。

十二日（2 月 17 日）　晴。寄赵菁衫书并《竹叶亭杂记》二册。劳玉初来久坐，谈不甚畅。

《胡仲子集》，明金华胡翰撰。有《米南宫兰亭跋》，云："米南宫论稧帖毫发无遗，至其所自书，乃纵横若此。盖出入规矩，晚年笔也。南宫尝称，善书者得一笔，已独有四面，故其对帖临仿者与真无辨，而任意挥洒者入妙自得，人鲜及焉。余昔见黄正献公，恨不及以此质之。"按，米以已得四面自诩，然南宫书以得晋法者为佳，其任意挥洒者终有俗韵。观其人出入两党，非能卓然自立者，故得笔四面，正其短处，非胜于古人也。

十三日（2 月 18 日）　晴。《吕陶净德集·杜敏求墓铭》：子美生二子，下江陵，留二子守成都，籍杨子琳之乱，避患奔眉之东山大垭，因家焉。其后族姓蕃衍，为郡大姓。有葬青神者，遂为青神人。按元微之《杜工部墓铭》言子美之孙光业启枢之襄祔事偃师，未尝言其子孙迁眉也。顾净德与杜敏求为友，必亲见其谱牒，似亦不尽出依托。惜言之不详。或宗文一支留眉耳。敏求字趣翁，官至潼川府路提点刑狱，有文集三十卷。七岁尝赋《闵雨诗》，有"农夫苦相问，燮理是何人"。是工部之后，又得一诗人矣。

十四日（2月19日）　晴。花农、觐侯、玉初均来，仲仪病归。

阅《小岘山人集》。秦瀛著。有《彭蠡说》，谓彭蠡即鄱阳，非巢湖。《敷浅原说》，谓庐山即敷浅原，引证甚少，说经考地非其所长也。魏默深年丈据《禹贡》山水泽地记，彭蠡泽在豫章彭泽县北，以为在湖口下游小孤山左右，力辟鄱阳为彭蠡之妄，以为彭蠡无在江南理。《汉志》豫章历陵县南有传阳山，传阳川在南，其文以为敷浅原。《通典》以江州浔阳之蒲唐驿当之，正当大江之尽，又当庐山麓之尽，亦非庐山也。

十五日（2月20日）　晴。阅《碧溪诗话》。宋莆田黄彻撰。论诗以杜为宗，中多理语。如云：《否卦》："包承，小人吉。"说者谓小人在下者包之，小人在上者承之，盖处否宜然。元次山《赋石鱼》诗云："金鱼吾不须，轩冕吾不爱。"此所以能不徇权势而专务爱民。杜老则刚肠嫉恶，宜其孩弄严武，而遭田父泥饮，被肘不悔，所谓不畏强御，不侮矜寡。范文正《淮上遇风》："一棹危于叶，旁观亦损神。他年在平地，无忽险中人。"卒然而作，可想见其兼济加泽之心。均因小见大，虽不免固哉之见，其胸次之高，亦可略见一斑矣。

十六日（2月21日）　晴。至海防公所。检书阅屋，为迁居计。陈觐侯过谈。

阅《刘忠肃集》，武英殿聚珍本。忠肃向用方殷，忽以交结邢章，干宣仁之怒，遂解政柄。刘器之为之作序，极力推崇，而于此节亦难置辨，其言云：公家子弟与章惇之子相识，因入都应举。而公家子弟亦游科场，尝至府第，言者指为交通之迹。邢恕谪官，至京师，以书抵公。公答以手简，云为国自爱，以俟休复。为茹东济所发，以休复为复辟。此固言者之险（很）[狠]，然忠肃之自处亦不得谓不疏也。忠有尝劾章惇。其子稍知大义，不当与公子弟游；公子弟稍知大义，亦不当与章子游。即复邢之疏，身在政地，亦不宜作此语。岂逆揣元祐之局不能持久，不欲开罪于小人耶？然公实改易新法之魁，即周旋若辈何益乎？

十七日（2月22日）　晴。翰香来。午后，秦生过谈，知本甫已还湘中。楚宝以房图相示。陈介庵过谈馆政。

阅《浮溪集》。彦章于越州行在，条具时政，首陈驭将三说，曰示之以法，曰运之以权，曰别之以分。大致谓：诸将已如骄子，恐有萧墙之祸，意欲精择偏裨十馀人，人付兵数千，直隶御前，而不隶诸将。其言当时未即施行，旋有苗傅明受之变。度高宗厌兵，而忌诸将者已深，是以秦桧之策得行也。夫高宗播迁在越，正时危注意将之日，驾驭自有法，必屏武夫，不得预谋，而独与白面书生商国是，势不至覆败。不止其时惟当慎择将帅，忠诚善战者付以关外，而不疑骄悍怯敌者，夺其兵符而不用，庶几足以有为。今浮溪乃为深防固拒之说，意在折骄将之萌，而转以塞忠义之心，失劳臣之用，非应务才也。其谓诸将飞扬跋扈，所至焚掠驱虏甚于敌人，则又足见当日用将之非人耳。

十八日（2月23日）　晴。洪鲁轩来谈。合肥云，孙楫之罢，由讲幄与枢庭立异，然政以贿成。圣人明目达聪，固国家之幸也。

阅《浩然斋杂谈》："李易安绍兴癸亥在行都，有亲联为内命妇者，因端午进帖子。时秦楚材在翰苑，恶之，止，赐金帛而罢。"易安之诬，近俞理初详辨之矣。此亦其遭忌之一端也。夫易安既已霜居，何取以才华自显？楚材之嫉媚固属可鄙，而易安亦嫌不自潜晦矣。虽然如易安之才，不得如班大家、宋学士辈，殊可惜。

十九日（2月24日）　阴。寄廉生书，并合肥书扇一握。李光禄祠落成，合肥属为代拟楹帖，三日中得六联，思路艰涩，可叹。仲仪病愈回馆。

阅《申斋集》，元吉水刘岳申撰。集中有《文丞相传》，与《宋史》互有详略，可资考证。《宋史》："王(绩)[积]翁言：'南人无如天祥者。'世祖遣(绩)[积]翁谕旨，天祥曰：'国亡，吾分一死矣。傥缘宽假，得以黄冠归故乡，他日以方外备顾问，可也。若遽官之，非直亡国之大夫不可与图存，举其平生而尽弃之，将焉用我？'(绩)[积]翁欲合宋官谢昌元等十人请释天祥为道士，留梦炎不可，曰'天祥出，复号召江南，置吾十人于何地！'事遂已。"申斋则曰："上将付以大任，王积翁、谢昌元率以书谕上意，天祥复书曰：'诸君义同鲍叔，而天祥事异管仲。管仲不死，而功名显于天下；天祥不死，而尽弃其平生，遗臭于万年，将焉用之？'积翁知不能屈，犹请释天祥，以为事君者劝。"黄冠之说即有之，亦诡辞求还为号召江南计。今以刘传证之，乃积翁诡词，非信公原书也。其时宋已无可为信，公惟求一死，决不逊词求南还，明甚。申斋复留说，可疑。其正命之故，史以为坐狂言，传以为因参知政事受述丁。吾以为受述丁乃信公知己，胜于积翁。黄冠得请，何如柴市浩歌乎？

　　**二十日(2月25日)**　阴，微雪。赞臣来。夜，武珏生校官过访。

　　阅彭文勤《恩馀堂经进稿》，凡三集，末附策问及读书跋尾各一册。其《山谷刀笔跋》云：此书与集微有异同，不可偏废。以历官编次，尤足考当时出处之迹，与黄晳编诗目入《年谱》同意。尝以苏编年有施注，而黄无编年，欲取任、史三家之注，以晳谱叙次，及同时人倡和附见，都为一编，命曰"黄诗三集补注"，亦有零杂稿本，而忽忽三十年不能成书云。此意与余塞上评黄本正同，惜不得文勤稿本为蓝本，事半功倍也。

　　**二十一日(2月26日)**　晴。花农来，闻上海轮船二十六日来。午后，抟霄、永诗、伯述、鲁轩杂至。

　　得明弘治吕夔刻《王右丞集》，六卷本，即所谓"山中一半雨"本也。惜吕删去《施宅为寺表》。明人每喜更改宋元本面目，大率此类。

　　王琢崖序右丞诗，云："右丞诗句妙九州岛，《楚词后语》独谓其诗萎弱少气骨。丹青妙绝古今，米友仁独云：'王维画见之极多，皆如刻画，不足学。'此二语可谓别开生面者。"岂小米所见非摩诘画真本耶？诗少气骨，则酸咸耆好不同矣。

**二十二日（2月27日）** 晴。楚宝来。午后，约秦生一谈。

阅《亥白诗稿》。儿时即读船山诗，后亡其书，以究心唐人及北宋诸家，不复厝意。后得士礼居《船山诗钞》，非足本也。塞上归来，始复于厂市得之，而《亥白诗》迄未见。其集为寿门所刻，凡八卷，前有王椒畦学浩叙，谓其于韦、孟之外，别辟一径。寿门跋但纪刻诗之始末耳。亥白后船山一年而卒，其后亥白、船山眷属不知是否与寿门同居，诗中亦无明文。船山柩厝元墓，不知归蜀否？诗人例穷，读之怃然。

**二十三日（2月28日）** 阴。秦生来。午后，甘雨香大令泽宣见过。代理丰润，其尊人小沧同知，丁酉拔贡，官浙江钱唐县，升石浦同知，尝与先人同僚也。名鸿。雨香官江苏震泽，洼误来直。汤伯述过，商志例。

阅凌仲子《校礼堂集》。仲子所著《礼经释例》，为说《礼》之宗。集中有《复礼说》三篇，《荀卿颂》一篇，大致以《礼》为圣人之学，而宋儒言理为禅学。与余谓六经皆礼之说，先后同意。其学于《礼经》外，长于史及乐律。

权文公有《酷吏[传]议》，大略谓：《诗》美仲山甫曰："刚亦不吐，柔亦不茹。"故体备健顺，是为全德。得柔之道者为循吏，失刚之理者为酷吏。复为马班列郅都于传首为非。凌氏驳之，谓：酷吏者，武健刚毅，不畏强御。京兆、司隶、长安、洛阳难治之区，非此不足胜任。椎埋沈命、舞文巧诋者，酷吏之过，史氏因而载之，非即以此为酷吏也。《新唐书》始以索元礼、来俊臣等为酷吏，则大乖史法矣。不知酷吏者，申、韩之学也。循吏者，黄、老之学也。传曰："道之以政，齐之以刑，民免而无耻。"酷吏近之。又曰："上失其道，民散久矣，如得其情，则哀矜而勿喜。"循吏近之。是二者或刚或柔，皆未能合乎先王之道，然则循吏非褒之，酷吏非贬之也。残忍惨刻之小人，不足以蒙其称也明矣。案，凌氏之说，辨矣。所谓循吏，黄老之学；酷吏，申、韩之学,亦似是而非。太史公《酷吏传》历引孔、老,然后云:"法命者,治之具,而非制治清浊之源。"是以循吏为儒而兼老之学,不能专以黄、老该之。以晁错引起郅、宁,似乎酷吏近于法家,然史于列传诸人必先详其所学,《酷吏传》无之,不得冒居申、韩。即张汤与赵禹共定律令,然律令与法家有间矣。详在余《读〈史记·老韩列传〉书后》。赞云:"虽惨酷,斯称其位。"而又遍举冯当暴挫一流,以为何足数,斯诚贬中有褒,然此特史迁之例。若班氏则别出张、杜,纯乎贬矣。同一循吏、酷吏,《史》、《汉》例已不同,何责乎宋子京也?

**二十四日(3月1日)**　阴。午后,过陈介庵。

阅管异之《因寄轩文集》。异之有与友人论文书,云:"自周以来,虽善文者亦不能无偏。仆谓与其偏于阴,无宁偏于阳。……取道之原,六经其至极。而论其从入之途,则《公羊》、《国策》、贾谊、太史公皆深得乎阳刚之美者。"阳刚之说,发自惜抱,曾文正主之,然实一偏之论。文自以刚柔交济为妙,气盛自刚多柔少,笔曲自柔多刚少。顾谓六经惟《公羊》为刚,然则《诗》、《书》、三礼皆柔乎? 皆不可学乎?邓嶰筠序其文,云:"望溪学庐陵而兼子固,海峰学庐陵而兼子瞻,惜抱学庐陵而兼子长。"噫! 子长之境,岂桐城所能到? 与震川皆貌似耳。

**二十五日(3月2日)**　晴。寄九弟一书,复仙蘅简。昨日京察,罢尚书乌拉喜崇阿、松森、侍郎景善、志颜,自万、董以后,无此黜陟矣。乌达峰与余在西堂同事,才短而度甚和,台事绝不掣肘,已引疾,未允,遽入察典,惜乎! 见几之不早也。王福乞假回籍。

《南华真经义疏》,彭文勤评本,疏为唐西华法师成玄英撰。《四库》未收,今《古逸丛书》刻之。此尚传抄本也。文勤谓其未得《庄子》用意,然注典处可采。余以作《庄子义诂》,尝细校之,其衍郭注处,支离沾滞,不得晋人清理,不独非郭之功臣,且为庄之罪人。即注典,亦未能精核,并多附会舛误处。文勤自记称,乾隆丙申春南旋舟中评点,嘉庆丁巳秋删益。用功甚细密,且多补改之迹。大致以庄为子夏弟子，非师老聃。所掊击非真圣人，类于坡公所谓实予而文不予者，然说来四通六辟，而一篇之用意不甚贯串，特以己之所见串合之而已。于训诂既略，于义理亦粗。盖随手评点，久而不能割爱。虽两经删改，首尾完具，以视《庄子杂志》，一详考证，一究微言，未能相提并论也。余之《义诂》拟先将文字考定，然后略释其命意之所在，还以周秦诸子互证之，而折衷于六经。此书可略备参证之一耳。

二十六日（3月3日） 晴。午后，抟霄辞，赴省。吴赞臣赴永定，来谈。夜过晦若，得廉生书。

阅《娱雅堂别集》，赵文哲撰。鲍伟评本。《蒲褐山房诗话》：升之论诗，以新城为主，既而于唐宋元明本朝诸大家名家无所不效，亦无所不工，以殉金川难，恤赠光禄寺卿。按，集中有诗话数十则，谓：苏、李规橅不得，陶亦不宜多学，以谢康乐为根柢，玄晖为妙品，应制以颜延之为粉本。唐则五古学右丞与韦、柳，同为正宗，昌黎五古已开宋人门径。学者须相题而施，若以韩、孟之体冒王、韦之题，则成笑柄。本朝唯推渔洋，以愚山学杜而失之质，朱竹垞初年学《选》而或未入微，陈其年全学宋人，皆非正轨。七古推东川、右丞、嘉州，而向往于太白，极之宋人而后已。谓渔洋全学韩、苏，稍嫌清薄，然无可瑕摘，究为初学所当取法。竹垞初学盛唐，晚乃入宋，才气突过渔洋。五律取右丞而以襄阳、嘉州为辅，李逸杜大，句语不无利病。明取空同、大复、昌谷、茂秦而以屈翁山为后劲，仍推渔洋第一。七律不取《黄鹤楼》，以右丞、东川、嘉州为准的，而推重老杜，以为降而为中唐之钱、刘，再降为晚唐之温、李，再降为宋之苏、陆，要无不对而可云律者，渔洋仅取数篇，而推汉槎为精美无瑕，特乏变化。五七绝则兼取中晚，刘禹锡、李益、李商隐、杜牧及宋之苏、陆暨姜白石也。颇有心得处，余近方持分体兼采众长之说，录之以备参考。

二十七日（3月4日） 晴，有风。得安圃书，并廉生一缄。

阅《寇忠愍公诗集》。范雍所编。《提要》云："《石林诗话》有《过襄州留题驿亭》诗，《侍儿小名录[拾遗]》有《和蒨桃》诗，《合璧事类前集》有《春恨》、《春昼》诗，皆集中所无。盖诸诗语浅格卑。雍殆有所持择，非遗漏也。准以风节著，诗乃含思凄婉，绰有晚唐之致。然骨韵特高，终非凡艳所可比。"范序则以其含凄为暮年迁谪流落不归之意，其《咏杜鹃》一首，几于先《咏南行》，而平昔酷爱王右丞、韦苏州。然余读其诗，殊与王、韦不类，《提要》晚唐之评近之。所藏两本，一旧抄，海盐马氏所藏，一听香楼校刊宋本也。

**二十八日(3月5日)**　晴。花农来谈，复伯平书，以伯平连寄两书也。

《梁书·沈约传》："高祖命范云：'明早将休文更来。'云出语约，约曰：'卿必待我。'云许诺，而约先期入，云徘徊寿光阁外，但云'咄咄'。约出，问曰：'何以相处？'约举手向左，云笑曰：'不乖所望。'梁台建，约为散骑常侍、吏部尚书，兼右仆射。高祖受禅，为尚书仆射，又拜约母为建昌国太夫人。奉策之日，右仆射范云等二十馀人咸来致拜。俄迁尚书左仆射，常侍如故。"是云为左仆射，约为右仆射也。《云传》则："梁台建，迁侍中。受禅，迁散骑常侍，吏部尚书。"实以约迁仆射，云代其位，其年东宫建，始迁尚书右仆射，犹领吏部，是约迁左，云始得右也。其后坐违诏用人，免吏部，犹为仆射。天监二年卒。云未尝为左仆射，明甚。二《传》同卷而舛误至此，以《高纪》天监二年正月尚书仆射沈约为左吏部尚书，范云为右，又与《云传》其年东宫建始迁，舛两月。盖约之先期入正，欲卖云而出其上，举手向左，亦是诳云，故始终云在约后。《约传》作左仆射乃蒙上而误衍，是时云方吏部尚书耳。

**二十九日(3月6日)**　阴。秦生来。得九弟两书，并《全上古至隋文》两部。

阅《蒙斋集》。宋袁甫撰。有《时习堂诗》，一章"咏习坎心亨"，二章咏"兑泽讲习"，三章咏"曾子传习"，四章咏"孔子习周公"，五章咏坤六二"不习无不利"。又各取《礼记》一句，一为《王制》"习乡上齿"，二为《射义》"习射于泽"，三为《月令》"鹰乃学习"，四为《玉藻》"习客观玉声",五为《月令》"上丁习舞释菜"。未免失之小巧,且初咏坤后于坎兑,后咏《月令》两见,"鹰乃学习"亦与四句不类尔。谥正肃,絜斋之子,三世均以儒术名。

**二月初一日(3月7日)**　晴。翰香、士周均来。合肥侄李耕娱孝廉过谈。名经钰,癸巳新孝廉,丹岩母弟也。午后,永诗、秦生踵至。得本甫书,寄书笔、菌子。

《宋书·宗室传》:"韫,道怜之孙,义欣之子,人才庸鄙。"按,子勋为乱,韫弃郡归朝,为太宗所宠,不可谓非知几之士。及苍梧被废,道遇彦节。韫问:"今日之事,故当归兄耶?"彦节云:"吾等已让领军矣。"韫捶胸曰:"兄肉中讵有血邪,今年族矣。"道成闻而恶之。是其识远过刘秉,足以取忌于齐高帝。石头之役,韫与卜伯兴谋其夜共攻道成,会秉去,事觉。道成先遣王敬则收之,遂为所害。此实宋宗室之翘异者。沈约断其凡鄙,所证实不过蔡兴宗一事。韫自画图,兴宗指问何人在舆,特是戏语。韫答以(政)〔正〕是我,其人谈嘲不甚灵速,则有之,何足以为庸鄙之证? 在隐侯,在齐时,修《宋史》,任意诬谤宋之君臣,不足深论。李延寿《南史》仍而不改,则几乎以庸鄙为彦文之定评,略其大节不论,而苟举其小疵,此足为信史乎? 余意刘秉、刘韫两传,当与袁粲合叙。而《鲍照传》附于《诸王传》中,亦属不伦。沈书之可议,不止此一事,而钱宫詹乃盛称之,何欤?

**初二日(3月8日)**　晴。得伯潜书。陈墨樵来。午后,永诗复至,仲彭过谈,寄九弟一缄,并草草作安圃复函,交永诗携入都中,觅便寄桂。是日有摺差,附复廉生论志及律书。

子瞻读《范滂传》,而前已有读《范滂传》者。《南史》:"王寂,字子玄,性迅动,好文章。读《范滂传》,未尝不叹悒。"以其官止秘书省,殁才二十一,事遂无称之者。苏诗以采烛珠为凤皇为僧虔事,注家摘其误。《南史》引或说,正谓"僧虔采烛珠为凤皇",伯父弘"称其长者"。注者但见类书耳。如此见注书之难也。采烛珠事,《齐书》但作僧虔,《南史》作僧绰。

初三日(**3月9日**)　阴。花农来。洪公述孝廉自湖北至。<sup>翰香</sup>之弟。得高阳书。蔚廷亦有书至。

阅《学易集》。刘跂撰。忠肃子也。景迂生作跂墓志:"仕至主管成都永宁观。政和末以朝奉郎卒。"较挚附传为详。观其集中,乃有《使辽作》十四首,不知以何官出使。晁《志》亦未及也。有《赵德甫金石录序》,又有《刘成叔金石苑序》,其人盖亦长于金石考证。《提要》谓其诗(作"黄庭坚体")[多似"陈师道体"],《江西宗派图》中不列其名,殆以挚为朔党,门户不同。此说非是。跂与刘贡甫有倡和,既难与涪翁并列为宗,又不能屈居于派,安得江西之耶?

初四日(**3月10日**)　晴。复高阳及伯潜书。吴谊卿书来,以人言辞节幕,为之惘然。夜,与合肥商定迁居事宜。

阅《南阳集》。宋赵湘撰。方回所谓清献家审言也。其诗如《送人南游》云"仆懒嫌书重,驴幽喜骨轻",《自乐》云"洗池秋得月,移菊夜栖萤",《赠省安上人》云"夜讲香飘月,晨斋磬入松"等句均有晚唐风味。《提要》谓:《瀛奎律髓》取其近江西者,殊不尽湘所长。洵然。其文亦有李习之、孙可之遗意,殆穆、柳一流也。<sup>湘字叔灵。</sup>有《迎富文》,正与《送穷[文]》[1]作对。

初五日(**3月11日**)　晴。合肥以海防公所图见示。午后,同楚宝往相宅。晚,赞臣来谈。

初六日(**3月12日**)　晴,有风。午后,至海防公所。得云舫书。

初七日(**3月13日**)　阴。午后,至海防公所。摺弁回,得廉生书,并惠《兰亭》二种。连日以俗事扰扰,未能静坐读书也。

初八日(**3月14日**)　阴,微雨即止。寄九弟书。

《南史·崔祖思传》:宋议封齐高帝为梁公,祖思启曰:"谶云'金刀利刃齐刈之'。今宜称齐,实应天命。"从之。又曰,众议将加九锡,祖思独曰:"君子爱人以德,不宜如此。"帝闻而非之,曰:"祖思远同荀

---

①　整理者按,韩愈作有《送穷文》。

令,岂孤所望也。"由此不复处任职之官,而礼见甚重。垣崇祖受密旨参访朝臣,祖思又曰:"公退让诚节,故宜受之以礼。"崔文仲与崇祖意同。及受禅,文仲、崇祖封侯,祖思加官而已。夫祖思引谶以劝道成,固明著齐当代宋,何至九锡又独异议,忽谄于齐,忽忠于宋,反复不伦,且以本纪考之,齐公九锡之命,同以昇明三年三月甲辰,不应祖思劝作齐公,独阻九锡。而《南史》叙此在道成为齐王后,尤以纪传自相违戾也。《南齐书》无之,殆李采异闻而误至。祖思启陈政事,南齐在建元元年上初即位,《南史》作武帝即位,亦复互异。

**初九日(3月15日)** 阴。花农、楚宝、抟霄均至。

阅《南史·江祏传》:怀然于倚伏之理诚有莫之为,而为者萧鸾不臣,祏劝其以赤志示人。及太史密奏图纬:"一号当得十四年。"自以为根深蒂固,臣主俱荣矣。乃明帝遽崩,受顾命,竟为东昏侯所杀,岂非天道好还哉?尤可异者,明帝欲以刘暄为雍州,暄希内职,投祏,祏以暄相得州便踬为解,上默然,遂用梁武,使非祏为暄地,梁武不得雍州,何以能成篡业?是祏以相开明帝之篡,旋以相暄,开梁武之篡,而祏初不觉也。暄不出镇,旋与祏兄弟受遗辅政,因议废立不协。暄告祏谋,祏祀同日见杀,使暄主雍州,无由同受顾命,祏立遥光,未必两败。是祏留暄之策为暄地,即为暄杀祏地,而祏亦不觉也。岂非天夺其魄,冥冥中报应不爽哉?暄亦旋为东昏所诛。《南史》谓:暄闻祏等戮,眠中大惊,投出户外。问左右:"收至未?"良久意定,还坐,大悲曰:"不念江,行自痛也。"《齐书》无之。案,暄告祏谋,何至惊骇若此,盖恐祏亦发其谋耳。小人同役而不同心,事之有无不足深论,要足为阴谋察察之戒。

**初十日(3月16日)** 晴。赵燧冬自浙来。午后,至公所,与楚宝商定各屋窗廊琐节。得载之书云,南中喧传余主钟山讲席。

《吕净德集》中有《乞降诏举郡守状》,因及郡守之滥,云:王子文前知华州。有百姓过状者,子文闻其人年几、生月日时,为之算命,告云:"尔星辰未佳,必不得理,且休过状。"又因杂职行杖生疏,子文下听亲决一杖示之。今差知怀州。霍唐臣者，知眉州，每公会设食，留数品，折请估直。今差知海州。赵衮者，权荣州事，为子决父，为妇决姑。今知广安军。张尧士者，尧佐同族，好夸族望，辄敢以温成皇后真容示监司。又尝差簿尉分往村镇，贩买诸物，图市易之息。又尝有因病杀牛祭鬼获罪者，尧士云："尔虽有病，何如且服药，休杀牛。《易》曰：'东邻杀牛，不如西邻之禴祭。'"今知彰州。此数公不知罢斥否？阅之，可入笑史。今则滔滔皆是矣。吕论事侃侃，为蜀党中矫然者。其于蜀茶利害，言之尤琐屑详尽。今日以茶、丝为通商大宗，不知榷法较宋时何如？思考户部税例，与吕集一勘证之，大抵欲助边计。先在不扰民，不病商。若今之蜀盐，则尽夺商利归公，度亦不能持久，以利之所在，民必起而争之耳。

十一日（3 月 17 日）　阴。翟梅岩来。去年江南十九名举人。午后，文芸阁自籍入都，畅话。徐镇送隋砖十馀方。

十二日（3 月 18 日）　晴。琴生之母八十，撰一联送之，并致食物，扰扰竟日。潘子俊来。答介庵。

阅张文靖守《毗陵集》，有《章政平刺血上表乞父北还表跋》，云："士之为亲，讼冤者有矣。刺血之词，则未之前闻。故河中使君章公孝爱，天至如此。事虽沮格，而上章之。明年，丞相北归，兹岂偶然也哉？囊封既达御府，后三十余年，复归公家。尤异事也。其子杰出以示余，曰此非止手泽，且遗体也，袭藏巾笥，犹惧遗逸，乃龛石而瘗之先茔之侧，且摹榻以传不朽。念大观间，公牧吴兴时，余为郡掾，受公之知，三复至于出涕云。"案，政平为坡公知贡举所得士，其文章卓然似苏。父为老奸，而能动刘忠肃，且坡公由岭海归来，政平致书，实有为其父文过乞怜意，父之奸不能揜其子之孝，更有此节，其亦可谓干蛊者矣。范忠宣南迁，诸子乞以与温公不合求免，忠宣不可。今政平刺迹，不知子厚知之否？此又见小人一遭患难，无所不至。当日元祐诸公纷纷投（领）[岭]表，人各有子，不知申公此时一动念否乎？

十三日（3 月 19 日）　晴。洪翰香来。午后，郑守焕来见。迁居之说，合肥中悔。

　　阅《蛾术编》，王西庄稿，而迮鹤寿参订者。原本九十五卷，迮删其《说刻》十卷，《说系》三卷。《说刻》见《金石粹编》。《说系》，迮以为宜入家谱，今则无从访佚矣。刻前辈之书，最忌改头换面，而迮君乃颇不满于西庄，以其讥元凯剽窃九峰妄谬为过分，力斥亭林、东原为文人相轻之习，于原书颇多删节，而下附案语。其中正西庄之误固多，而西庄不误，迮转引误者亦复不少。且人心不同，各如其面。西庄驳杜、蔡、顾、戴，迮则讥之，而迮之指摘西庄亦多过当之处，何也？如卷二"南北学尚不同"条，王引陆澄与王俭书，云："王弼注《易》，元学所宗，今若宏儒，郑不可废。"迮云："遍检《澄传》，并无此语，未知从何处拾来？"案，《南史·陆澄传》："与俭书：'王弼注《易》，元学之所宗。今若宏儒，郑注不可废。'"迮但检《南齐》而不检《南史》，乃敢于讥贬西庄，谓其从何处据拾来，真为巨谬！卷七十六王论杜《送孔巢父》诗云："题中并无蔡姓，诗中突出蔡侯，殊无理。别本无之，又太促。"迮云："蔡不过饯行之人，故题中不列，至谓别本无之，则托言也。"案，王洙引别本止十二句，无蔡侯两句，仇注引之，此非僻书。迮竟未寓目而武断，以为托词，以己之孤陋而嗤前辈之虚造，可鄙也。其它类此，姑摘二则，以为臆改前人著作者戒。

　　**十四日(3月20日)**　晴。孙小云来。午后，过晦若，芸阁劝其学佛，借《指月录》观之。假翰香尊人琴西先生所藏宋元本十二种，思付写官。

　　《公羊疏》，《唐志》不载，《崇文总目》始著录，不著撰人名氏，或云徐彦。董迪《广川藏书志》亦称世传徐彦，不知时代，意其在贞元、长庆之后。《提要》因"郯之战"一条，犹及见孙炎《尔雅注》完本，知在宋前；"葬桓王"一条，全袭杨士勋《穀梁疏》，知在贞观以后；中多自设问答，文繁语复，与邱光庭《兼明书》相近，亦唐末之文体，今从迪之说，定为唐人。王西庄《蛾术编》以为北魏徐遵明所作。迮鹤寿驳之。阮氏《校勘记》以其文章似六朝人，不似唐人。王说不为无见。按，《北史》及《魏书》；遵明读《孝经》、《论语》、《毛诗》、《尚书》、《三礼》，于唐迁蚕舍又读《服氏春秋》，于赵世业家手撰《春秋义章》三十卷。是所撰者，《左氏服义》非《公羊》何学。虽传序有"《公羊传》大行于河北"一语，不得据以为遵明作《公羊疏》之证。惟梁祚尤善《公羊》，亦不言其著有义疏，是王说究属武断。《隋书·经籍志》何休有《公羊问答》五卷，《荀爽问魏安平太守徐钦答》二卷，《晋庾翼问王愆期答》亡，是问答乃公羊家法，亦难以兼明书例，遽决为唐末之人。《隋志》有《春秋公羊疏》十二卷，不著撰人姓氏，疑即此书耳。

十五日(3月21日)　晴，是夜月蚀。复吴谊卿书。小云辞回里。介庵、翰香、赞臣先后来。

阅《止堂集》。彭忠肃龟年撰。《宋志》四十七卷。今从《大典》辑出，仅十八卷矣。观其光、宁两朝所上各疏，悱恻之忱，刚劲之气，百世下犹为感动。而光宗竟不过宫。宁宗惑于平原，竟不能容一旧学。屡宋至此，安得振作有为哉？集中有《罢刊时文疏》，云："自古文士多出东南。东南之士不患乏词藻，惟患不笃实。今居东南之地，用东南之人，犹病其不文，可不深究所以然哉！"语甚切至，可谓洞见症结矣。

十六日(3月22日)　阴，微雨。同赞臣至海防公所。刘永诗自都回。吴挚甫及范肯堂来。赵燧冬久谈。夜过晦若。得柳门书。

止堂有《寿张京尹》七绝十首，其三云："四百山河朝帝京，紫岩有志未全伸。知公久抱中原略，日日搜罗度外人。"颇得南轩志量。南轩承魏公之学，以恢复自任，其气象闳大似父而精密过之。其知江陵府，郭杲问缓急有(保)[堡]寨否，应以"此间出门即平原，走襄阳仅六百里，所恃者襄、汉立得定，折冲捍蔽耳。太尉当力任此事，要兵要粮，此当往助。若教贼入肝脾，里人以瓦碎，何守备为。向来刘信叔、张安国皆有缓急移保江北之论，乃大谬也。贼到此地，何以为国守臣，但当握节而死"。郭为悚然。尝与朱子书曰："祈请竟出疆，颠到绊悖，极可忧，某决求去，盖会庆在近，不忍见大使之至也。"当南渡之日，正当以制敌复仇为学问，此即是性，此即是仁。其对孝宗所谓：

"上念祖宗之仇耻,下闵中原之涂炭,惕然于中,而思有振之。此心之发,即天理之所存也。"南轩可谓识时务之俊杰矣！黄梨洲谓:南轩早知持养是本,朱子缺却平日一段涵养工夫,晚年始悟。似轩张轻朱,然亦未得南轩之所以不可及处。

十七日(3月23日)　雨,夜雷,下雹一阵。永诗来谈。李子木观察自山东来。夜,得菁衫书,赞臣过话。

王晞苦辞侍中,曰:"非不爱作热官,思之烂熟耳。"此诚处乱世之法,但少游巩、洛,与卢元明、魏季景结侣同契,往天陵山,有终焉之志。如果知几远引,终身不出,岂不更高? 乃委曲于显祖、昭帝之世,屡被杖胫,究为屈辱。摄政劝进,实为逢恶首谋。既不欲作热官,亦何取预人家事,导以不义也。流连鱼鸟,武成虽嫌其儒缓,而终不见诛,实亦幸免。读《北齐书》,天地变色,无生人之趣。晞颇有黄、老术,故备论之。

十八日(3月24日)　阴,有风。花农来。李襄廷经藩、汪桐门鸣鎏,柳门弟,筱公三婿。均由海道入都过此。

阅赵蕃《乾道淳熙章泉三稿》。蕃字昌父,晚受学于朱子。周益公与先生有州里之旧,先生意有不可,寄诗有"公如在廊庙,我亦遂箪瓢"之句。益公居相位,屡加荐引,竟不受。其品诣可想。刘宰所撰《墓表》,视《宋史》本传为详。朱子《答徐斯远书》云:"昌父志操文词,均非流辈所及。且欲其刊落枝叶,就日用间深察义理之本然,庶几有所据依以造实地,不但为骚人墨客而已。"先生耄矣,犹虞末路之难,命所居曰难斋,可谓好学也已。

十九日(3月25日)　晴。答李、汪,因过晦若略坐,夜阅右丞诗,略有所得。

《攻(愧)〔媿〕集》一百二十卷,武英殿重编本,删去青词、朱表、斋文、疏文之类一百六十七篇。案,传抄本仅存四十馀卷。此本与《宋志》及《直斋书录解题》所载相同,诚为旧帙孤本。中缺七十七卷、七十八卷,而五十六、七十三、七十四亦有缺篇,何以不从《大典》细检,乃云无从校补。殿本例芟青词，然从《大典》辑出者，不存可也。无故就原本芟削，不能增补一篇，而反剃削其旧，当时编纂诸臣亦未免过于画一，不知爱惜旧本，以致失其真面耳。

二十日(3月26日) 晴。至大悲院。午后，洪鲁轩及赞臣来，宗甥尧年自沪至，复柳门及云舫书。

《攻(愧)[媿]题跋》数卷，美不胜收。其跋《乐天集》，云："'周公恐惧流言日，王莽谦恭下士时。若使当年身便死，一生真伪有谁知。'今在《王文公集》中，不知亦香山诗也。"又跋《付官奴乐毅论》，云："《半山集》中有《江邻几邀观三馆书画》诗，或云梅圣俞作，有云：'羲献墨迹十一卷，水玉作轴排疏疏。最奇小楷乐毅论，永和题尾付官奴。'岂承平时此论犹有真迹耶？"此二则可入荆公诗话。

二十一日(3月27日) 晴。宗子戴来。午后，尧甥至。

阅《彭城集》。宋刘攽撰。贡父以不能奉行新法黜。元祐初，孙觉、胡宗愈、苏轼、范百禄交荐之。集六十卷。今《大典》辑本仅四十卷。《提要》称其在北宋诸家轶"三孔"而陵"两宋"，盖兼其兄公非言之。其《重黎绝地天通论》云："重者，治神之官。黎者，治民之官。民神易治，则幽明不相乱，清浊不相惑。是谓天地不相通。"又作《桓公不用伊尹论》云："孟子尝言，伊尹、伯夷、柳下惠三者均圣。桓公时，柳下惠为鲁士师。桓公审能用伊尹，则胡不求展禽而相之意。"极恢诡。王深甫无以难之。不知惠三黜不去，桓虽欲用之，如惠不入齐，何此亦虚词构难，未足以为定评者耳。又有《设常侍郎对》谓："晁错变古乱常，不死则亡。"似刺介甫变法。《书李广传后》，以广自讼杀降，不封为笃厚君子，亦刺当时之开边者。余最喜其《处士论》两篇。上篇谓：处士非明君不出，以挟制高论。诬罔世主者，为纯盗虚名。下篇谓：以处士之风流，而与游侠同衣食求甘美，居处求佚乐，内有声色之奉，外崇名誉以夸人，而曰我高尚不预事，则孰不能为处士。此两作非独两宋士习一笔抹倒，千古儒修宜奉为龟鉴焉。

二十二日(3月28日) 阴。午后永诗来，留宗甥晚饭。

阅《公是集》。亦《大典》辑本。侍读之文,从经术出。朱子谓其气平文缓,比苏公有高古之趣。余略涉其藩,觉篇篇皆可读,尤喜其《仕者世禄论》,"为士之子恒为士,世世有禄,非世世其禄",此足以破世禄之家鲜克由礼为伪古文。又《与春秋讥世卿不相背戾相与为人后论》,解与作求,求为人后,自是背父黩宗,与汉诂之为人后人者迥异。公非序谓其"考百子之杂博,可以折衷六经,极帝王之治功,可以按行今日",非虚誉也。

**二十三日(3月29日)** 晴。过晦若。丹曾自闽至。晚,尧甥辞行。赵宇香有专差赴山东,附寄菁衫书。

公是有《读汉书》一篇,云:"明灯一编书,往古千岁事。值欢辄孤笑,触愤还累欷。四旁寂无声,童仆正熟寐。欢愤虽不同,均非平和气。可怜自戕伐,忽忽老将至。反爱童仆愚,冥然不识字。"又有《读三国志》一首,云:"独夜一卷史,上寻千岁间。咄嗟兴废更,俯仰朝市迁。古人病无闻,愚智矜后先。共乐无穷中,正如朝露然。向观功名际,自以皆万年。迩来令人悲,蚊蚋过目前。安得谢浮俗,高举凌九天。捐书以绝学,寄心(空同)[崆峒]仙。"二诗非不苍老,然第一首作读《国志》,第二首作读《汉书》亦无不可,即作读他史亦无不可。盖制题稍失之率耳。

**二十四日(3月30日)** 晴。姚子让孝廉来。名文枬,上海人。陈文祺自闽至。姚子让,去年欲延课两儿,故不得不一见之。褚季苏校官成允书来,乃廿五年前书院旧友也,赠其尊人《爽斋先生诗集》,二千馀首,可谓富矣。

宋人集中,如《耻堂集》、《南涧甲乙稿》,均有进故事,分日摘进,此即日讲遗意。以此法读史,日摘数事,久而自富,亦可为读书法也。

《耻堂集》,宋高斯得撰。邛州蒲江人,官至参知政事,为留梦炎所构,罢官予祠。宋(居)[亡],隐居苕、霅间而卒。其父稼,端平间知沔州,与元兵战没。可谓忠孝世家矣。《提要》称其始沮于史嵩之,中厄于贾似道,晚挤于留梦炎,不得大行其志。悯时忧国之念,一寄于诗。今读其集，洵然。而其所进故事，或引汉唐，或引本朝先正，均以指陈时事。其取憎于群小，未必不由于此。叔季之世，未尝无人，病在小人乘权沮厄君子，而国事随之，可胜浩歌，独一耻堂哉？

二十五日（3月31日）　晴。介庵来，赠《杜溪集》，宿松朱书著。

耻堂进故事，引哀帝时鲍宣疏云："今朝臣亡，有大儒骨鲠、白首耆艾、魁垒之士，论议通古今、喟然动众心、忧国如饥渴者。"又引顺帝时李固疏："一日朝会，见诸侍中并皆少年，无一宿儒大人可顾问者。"此诚叔季一辙，顾近有貌为大儒如孔光、胡广一流，则又出鲍宣、李固意表矣。噫！少年以外戚嬖幸进，诚不足与谋国，而以伪君子为老成，其弊亦有不可胜言者。知人诚不易欤！

二十六日（4月1日）　晴。保定耿估以元本《文粹》及刘须溪评点《王荆文公集》来售。《文粹》余已有之，王集爱不忍释。

袁燮《絜斋集·跋涪翁帖》，以涪翁"论为人父母，非听狱求盗之谓"为非是，其言曰："狱讼得情，亦盗辄得其急务，与劝学养士等，而抑扬若是，不亦偏乎？先圣言兵食可去，信不可去，岂谓兵食果可缺哉？如是而观，不以辞害意，涪翁之说亦无可议云。"余谓涪翁之意，特本"听讼犹人""荀子不欲"两章而敷衍之耳。以实考之，涪翁亦文人，非吏才，亦非有道大儒，其说本不足据。

二十七日（4月2日）　阴。答介庵。赵四赴大沽来辞，往送之。适在介庵坐，与仲彭共谈一时许而散。秦编修绶章有书，寄湖南闱墨两册，去年副主考也。

袁《又跋涪翁帖》谓："涪翁书大率豪逸放肆，不纯用古人法度。雅意于不俗，有戈戟纵横之状。此帖乃能敛，以就规矩本心之所形也，良可宝云。"余谓涪翁书从褚出，处处均有规矩，以为豪逸放肆，乃皮相也。以为出兰亭，亦皮相也。即此可悟涪翁之书，正当于规矩求之，勿徒赏其纵横。

二十八日（4月3日）　晴，夜雨。盛杏孙由上海回任。午后，何士果、罗与三均由粤来。陈锡纯者，月湖师老友，程忠愍营务处，来谈陆师家事，言世兄养泉甚佳。袁启之亦至。晚容民来辞，赴都门会试。

　　与三以《黎二樵评长吉诗》见赠，今日因晤何士果、陈葆初，话平生师友家事，触绪纷来，意多感喟，乃以《长吉集》自遣。余所藏有王琢崖、陈素村两本，王注事实，陈阐诗旨，黎则专评诗之工拙，合此三本，可以得协律之真际矣。学古人，须采其精华，遗其糟粕，如玉去瑕，如金去砾，守一先生必为疵颣。

　　姚夑湖文夑《昌谷集注·凡例》云："昌谷生二十七岁，然无年谱可考。杜牧之序在太和五年，称贺死后十有五年。自太和五年溯之，贺卒于元和元和十二年丁酉。又自元和十二年溯之，是贺生于建中之二年辛酉。"王琢庵云："长吉之生当在贞元七年辛未，数至元和十二年，恰二十七年。若云生于建中辛酉，则多十年矣。"案，贺之年，《新书》作二十七，《旧书》作二十四。玉溪《小传》与《新书》合。至七岁能辞章，韩昌黎、皇甫持正不信，同往造之，赋《高轩过》，自是有名。以辛未生计之，七岁为丁丑，是年昌黎在董晋幕中，及为张建封朝正京师，贺九岁矣。亦可备一考也。

　　**二十九日（4月4日）**　阴。得允言书，复载之一缄，夜小疾，向明始愈。

　　阅《南涧甲乙稿》。宋韩元吉撰。《宋史》无传，乃韩维玄孙，尹和靖门人而朱子之友也。官至吏部尚书。其子淲仲止亦清介自持，以诗名于宋季。《朱子语类》谓无咎诗做著者尽和平，有中原之旧，无南方啁哳之音云。其集久湮没。兹《大典》辑出。诗赋六卷，词一卷，文十五卷。其《读管子》一篇，余已采入《管子注》中，而择其稍有关系者于左。

　　无咎《举自代四状》："一举吏部员外郎苏峤，议论坚明，操履纯正，名臣之裔，绰有典刑。一举傅自得，元祐曾任中书，傅尧俞之后，靖康首立死节，傅察之子，敏于文词，通于政事。一举郭见义，乃权发遣光化军，器资纯厚，力学能文，累任远地，不事虚名，务以职业自修。

其一则朱子也,其注考云,气质端方,议论通亮,安贫守道,力学能文。"苏、傅均元祐名臣之后,郭见义乃与朱子同有力学能文之考,谅非凡才。

无咎有《答朱子书》云:"尝谓学者要须有得,始能自信。故《易》与《中庸》、《大学》中,皆语其得。孟子又发明自得之说,此犹默识,非口耳之学矣。至于自信,则所谓考诸三王,建诸天地,质诸鬼神,百世俟圣,无所疑惑然后可也。"语殊有味。

朱子力辞召命,谓成命已行,不欲追寝,则请复畀祠官。无咎致书云:"岳祠须自请,朝廷之意虽未可知,亦不应便以岳祠除下。至谓无用于世,非复士大夫流不知元晦平日所学何事,愿深考圣贤用心处,不应如此忿激,取怒于人也。与世推移,盖自有道,要不失己,但人于道不熟,便觉处之费力耳。"似亦深得圣贤出处之道,语气极为和平。

集中有《上贺参政书》:"国家越在东南垂四十年矣。讲和之议兴,与敌结好又二十年矣。果以和为万世策,则自古无倚外敌而可以立国者。如欲自治而款之,则二十年之间不为不久,何尚未发也。越十年生聚,十年教训,二十年之外,吴其为沼。我之大二十年之久,不知何以待敌者? 得毋愧于越欤。议者徒知归咎秦桧,桧死五年矣。国势强弱,视敌若何? 夫讲和之议未大失也。敌虽吾雠,一旦许以还母后,复梓宫,休甲兵,而谓之和,亦何说以拒之? 其所失者,岁人之币,始不当甚厚,以困吾民尔。"案,无咎非主和者。其云敌以梓宫、母后为辞,迫我以不得不和之势,虽为高宗,原亦尚能谅其苦心,特既和之后,泄泄沓沓,遂以为长治久安。此则从来议和之弊,往往如此。

其书又借三国为喻,云:"三国之时,吴、蜀皆欲取魏。然魏卒不可取者,以蜀不能有吴,吴不能有蜀。吴、蜀通,而魏病。今敌据中原,犹魏也,吾兼吴、蜀之势,反不能取魏。何也? 关公取襄阳,魏几移都。今襄阳盖吾有也。刘备取汉中,操始不能与之抗。其后由此出师,关辅响震。今汉中盖吾有也。荆州之地,魏得之制吴、蜀,吴、蜀得之足以制魏。今荆州盖吾有也。”所论形势了然,无如画淮自守者何。

又上自治三策,曰人、曰兵、曰财。其论用人之得失,谓武臣无功,而予以官职,予官而置之闲地。其论招兵之利害,曰西北兵老,召募东南之人与西北子弟,务多不务精。其论聚财之缓急,则尤极言诸军之伪券。余以为与今日弊端悉合。无功得官,今之海军;滥募充数,今之淮湘各军;而伪券之弊,则水陆皆然。以此自强临事,虑不可用也。

集中有《孟子论》,发明性善之旨,曰:言天之道,莫辨乎《易》。欲知人性,盖观《易》之所谓天乎?欲知人性之善,盍观夫天之所谓元乎?元者何谓?太极未判,阴阳未形,于是有理焉。圣人无以表之,故曰元。元者,善之所由出也。人之性有以异于此乎?喜怒爱乐之未形,于是而有理焉。故曰善。善者,出于元者也。惟《易》言之,惟孟子明之,荀况、扬雄其皆未达于易乎?案,赵岐谓孟子长于《诗》、《书》。又篇中言《春秋》,言《礼》,独未言《易》。今以无咎之说推之,《系辞上》云,一阴一阳谓道,继之者善也,成之者性也。孔子《系易》已明,明揭“性善”二字,以示天下后世。孟子得之,拈出以告后学,正是生平学孔真传。此“性善”二字乃是大《易》至精至微之理。赵氏仅谓孟子长于《诗》、《书》,不知孟子实长于《易》、《中庸》,足以证《易》,不知孟子亦足以证《易》。无咎之读书得间矣。

**三十日(4月5日)**　晴。清明设祀,有感横生。午后,仲璋入都过此。得廉生复书,过晦若少谈。

阅《雪山集》。王质撰。质,隆兴间为太学正。上《论和战守疏》,曰:“前日,康伯持陛下以和,和不成。浚持陛下以战,战不验,浚又持陛下以守,守既困思退,又持陛下以和。陛下亦尝深察和战守之事乎?李牧之在雁门,法主于守,守乃所以为战。祖逖之在河南,法主乎战,战乃所以为和。羊祜之在襄阳,法主乎和,和乃所以为守。是和、战、守本殊途而同归者也。”语与李忠定能战而后能和,不啻重规叠矩矣。

质有《张益德庙记》，其言曰："败曹公也，其人为周瑜，户知之。说孙公也，其人为武侯，亦户知之。以舟师济先主也，其人为壮侯，亦户知之。至断桥却敌，以免先主，未有明为高于他功者。微公，先主菹粉矣。武侯、壮侯安在哉？而尚赤壁耶？"又云："先主北向以争天下，中道而失壮侯，实建安二十四年也。东向以争江南，中道而失公实，章武元年也。不二年，无两公。先主身老志凋，而永安之变已矣。天其可知也。武侯上失先主，下失两公。而黄忠之卒，以壮侯死之明年；马超之卒，以公死之明年。异哉，其参会也！汉之羽翼，殄矣！"又有《富池昭勇庙记》，神为甘兴霸，其言曰："吴所以兴，有五人焉。不能退曹公，使曹公顺流而下，吴必亡。其退之者，周瑜也。不能谋关公，使关公卷襄汉而上，吴必亡。其谋之者，吕蒙也。不能却汉先主，使先主顺流而下，吴必亡。其却之者，陆逊也。不能取黄祖，使黄祖据中而主，吴必亡。其取之者，王也，鲁肃也。"又云："汉高帝之兴，韩信坛上之辞也。汉先主之兴，诸葛亮庐中之对也。吴大帝之兴，王所建取武昌并荆州之谋也，周、吕、鲁、陆班也。陈武、凌统、董袭、蒋钦非班也。"两文同一机轴，说来殊如火如荼。桓侯以葛相、关公并提，尤允。兴霸，则稍溢美耳。

**三月初一日(4月6日)**　阴，日有食之。翰香来，始尝时鱼。

姚春木有《樗寮诗话》三卷。其论诗一宗惜抱，无甚卓见。其一则云："洪稚存文长骈俪，于散体非所究心，晚年舟过昆山，感赋二绝云：'人言太仆继南丰，微觉前贤面目同。我读《亭林居士集》，不求工处自能工。'似以矫桐城之流失。然古文一事，正不在书多学富。惜翁论书云：'雄才或避古人锋，真派相传便继踪。太仆文章宗伯字，正如得髓自南宗。'其言自平允也。随园论文，与望溪异趣，而于钱詹事之议方甚有微辞。可以知公论之不可废矣。"此守一先生而暖暖姝姝者也。归、方自是文之一派，必天下人均出于其途，始得谓之古文，所见殊隘陋。惜抱于唐宋八家外，一笔抹倒，直接归、方，一若有统绪相传者,然则茅鹿门竟是古文宗匠定论矣。古文不在书多学富,亦一偏之论。必如考据家之堆垛穿凿,此注疏体而非古文。若无万卷书为之融会,则辞不雅驯,意不精卓,未有不寒俭枯窘者。桐城流弊大率病此。楼大防《红梅诗》:"何人击碎珊瑚树,恼得瑶妃面发红。"极粗犷,而春木以为佳句,其论诗亦不深也。

初二日(4月7日) 阴,有风。复廉生书。赞臣来。夜过仲彭。

明宪宗初政,尚守城法,乃其后有渐失本真者。吾不能不归罪于内嬖也。太监梁芳以谄事万贵妃务为淫巧,日进珍宝,致内帑七窖金顿尽,而帝亦不罪万安,托为戚畹。既以淫药献媚,即继晓亦以秘术,因芳而进。夫孰非万贵妃从中主之? 刑部员外郎林俊疏继晓、梁芳罪状,下锦衣卫狱,拷问经历,张黻救之,亦下狱,怀恩力争,免诛,仍各杖三十,二人直声震天下,而帝之失德,可叹矣。从来内宠干政,未有不以奄寺为耳目者;奄寺乘权,未有不藉金壬为羽翼者。况外戚钩连,妖僧蛊惑,使其主蔽目塞聪。虽有良言,焉能进? 此苦口之药在哉。其时万安纳曩罕弄重贿,别立安抚司,授其子思柄,致木邦诸部扰攘,用兵数十年。而孝宗生已数龄,始能识。父立其子,卒不能芘其母。万妃之罪,上通于天矣。其不乱者,天幸也。英宗宠用王振,以致土木之难,本无所谓诏谋谕教,景泰之废。宪宗而立其子,于忠肃所以不力争者,疑必有见于宪宗之不堪负荷,而然无如景泰之基构更薄耳。观成化秕政,殊慨然于前明衰弱之渐,所由来者远矣。

初三日(4月8日) 晴。过晦若。崔惠人来。洪翰香、陈葆初踵至。

明季开矿之害最为秕政。王锡爵、申时行,均力持之。既而国用大匮,营建两宫,计臣束手。前卫千户仲春复请开矿助工,帝遂俞允,由是自畿辅以至河南、云南,无地不开,中使四出,给以关防,甚至良田美宅,指其下有矿脉。后又增设税使,民不聊生,其弊若此。嘉庆间,钦定《明鉴》,引乾隆御批,以为朘削元气,诚圣谟也。惟以今日时势而论,云南铜矿,商疲峒老,五金之脉,无从采访。而煤为军事命脉，非此则机器、轮船无由运动。不开矿则无以足用，开矿则效甚微，而害亦甚重。虽不至如明之中官四出恣扰，而民间亦不以为然。其故何欤？曰此皆奸商之故也。明之奸商恃中官，今之奸商恃洋人。诚夺其所恃于西北荒僻，后以官帑开矿，未始无利。大抵人居益稠，则矿苗亦即蚀化。开矿不宜在繁丽之区，而当在荒僻之地，西北自甚于东南。即以煤论，山西之煤甲于天下，其明证也。诚能通山西煤铁之路，使机器得入，煤铁得出，则币不外耗，而国且日富日强。此事余在译署尝极论之。惜孝达旋去，不克有成耳。

**初四日(4月9日)** 晴。惠人复来。合肥邀同小酌，谈其家事，鄙吝殊不可耐。午后，介庵来谈，得云舫、范孙书。范孙寄卷摺十馀种。

《系辞》作结绳而为网罟。韩氏于结绳无注，直以网罟释之，上古结绳而治。《正义》引康成注云：事大，大结其绳；事小，小结其绳。不意高密大儒乃为此不根之说。案，后之结绳，即前所谓作结绳书契之法。即从结绳悟入，所谓道始于一也，以一贯三，谓之王。贯即绳也。余意结绳乃算学。《吕览·勿躬》注："结，交也，以绳交互为算，上以观天，下以测地。"《管子》："伏牺造六峜，以迎阴阳。作九九之数，以合天道。"《易稽览图》："天地开辟，五纬各在其方，至伏羲氏乃合。"《坤灵图》："伏牺立九部而民易理。"故至今论天文，必云经纬直度，犹沿上古交绳之名，此其证也。此章九事，圣人发挥制器，尚象之理，以八卦始，以书契终，而以结绳束之，若仅为罔罟而发，则止是一器之用而已。何必重言哉！即以九事言之，自罔罟外，舟楫、耒耜、弧矢，何者能离乎交绳之法，得此则一切后来之中西算术，一以贯之矣。韩氏取名不取象，全失本意，而汉《易》家诸经阙佚，遂致结绳精意千古茫昧，为可惜也。《汉书》但云作罔罟以田渔，取牺牲，故天下号曰庖牺氏，竟特作结绳与八卦，全行抹杀，尤谬。

**初五日(4月10日)** 阴。龚厚庵来，言将设土药税局于宣庄，并云水田芜废，仅存数十顷矣。摺弁刘彬入都，寄廉生书。

洪齮孙《补梁疆域志》第一条"扬州州治"，引《通鉴》：元帝承圣元年,代镇扬州,九月诏以王僧辩为扬州刺史。二年正月,僧辩发建康,陈霸先代镇扬州。九月,诏僧辩还镇建康。以明州治之在建康耳。然此乃元帝以后之制。武帝世,刺史率以诸王兼之。《太祖五王传》:临川王宏。天监元年至十五年,普通元年复,七年三月解州。南平王伟。天监六年迁刺史,未拜,进中权将军。简文纪。通二年。《高祖三王传》:邵陵王纶。大通四年。哀太子大器。大同四年。盖高祖以扬州牧受禅,故为诸王兼官,其中间偶以命诸臣,则不云刺史。天监十七年,临川病免,则以萧景为安右将军,监扬州。普通元年,迁郢州去。按,《武陵王纪传》:天监十三年,扬州刺史。《武纪》:大同三年以前,扬州刺史。《武陵王纪》:复为扬州刺史。纪不详天监之命,而传不详复为扬州,故略之,仍附著于此以备考。

是梁之扬州如宋制,寄治京邑,及元帝都江陵,始正名,以僧辩为刺史,治建康。不当以后定前也。疆域本不当论官制,又辑诸书而少断语,转不详悉矣。始拈一则论之,拟再详考。至汪梅村《南史北史补志》,则撮八书之志而荟萃之,更有抄撮之功,而少疏通之处矣。地理之学,不易也。

**初六日(4月11日)** 晴。惠人来谈。李鸿藻、徐郙、汪鸣銮、杨颐为会试主考。是科无一满人。

阅《明史·扩廓帖木儿传》即王保保:"太祖心敬扩廓。一日,大会诸将,问曰:'天下奇男子谁也?'皆对曰:'常遇春。'太祖笑曰:'遇春虽人杰,吾得而臣之。吾不能臣王保保,其人奇男子也。'"按,保保奔和林后,元太子嗣位,复任以国事。太祖遣徐达、李文忠、冯胜等将十五万众至(领)〔岭〕北,与扩廓遇,大败,死者数万人。刘基以扩廓未可轻。帝思其言,以诸将轻信无谋为戒。是扩廓实能支残元之国脉,折初明之军威。虽卒于洪武八年,实元之孤臣也。其传宜附于元,不当厕于陈友谅、张士诚之后一卷。明史馆殆以《元史》脱遗,故与梁王陈友定合传耳,然亦当名曰"元三臣传"以别之。凌仲子有《扩廓论》,意同。

明之兴,元梁王以云南后亡,卒死于普宁。及明之末,桂王亦以云南后亡,卒为缅甸诱执。何其结穴相似,此理之不可解者。吴三桂则学沐氏不成,流为叛逆,亦可异也。史臣叙蔡子英事于王保保后,谓:"元归塞外,一时从臣必有赋《式微》之章于沙漠之表者,惜其姓字湮没,不得见于人间。"斯真史家卓识,惜当日不考之蒙古诸藩,稍阐潜幽光采耳。

初七日(4月12日) 晴。寄爽秋、琴友书。为惠人了家事也。许仙屏寄王女史采芣《读选楼诗集》二册。高阳书来,乃初五日所寄。

明仁宗享国不长,亦无失德。然观李时勉所疏,有"谅闇中不宜近妃嫔"语,则盛德不无可议。洪熙病久体肥,或亦传闻之讹欤? 不可考矣。李忠文公以此疏,几死于武士之金爪,又几死于指挥之缚斩西市。而仁宗既崩,宣宗复以"皇太子不宜远左右"一语太息,称忠,复官侍从。其遭际,与魏之鲍勋正相反也。时勉忤王振,被枷。有石大用者,上章愿以身代。大用,吾邑人。朴鲁初不为六馆所知,及是名动京师。明年中乡试,官至户部主事。吾邑类多侠士。田畴之后,复得大用,亦可传也。忠文为祭酒,列"格致诚正"四号训励诸生,人以比太祖朝之宋讷,惟其直节重望为士类所依归,故诸生亦多自励于名行。今成均为育才之地,而司成所尚,徒以文字短长为考校,于是浮华竞进,朴学不兴,讽春化秋实两言,深为慨叹。故近日肄业率南士而少北人也。

初八日(4月13日) 晴。惠人辞行。是日,粹玉忌日,闷甚。过介庵、晦若杂谈。

明之贤祭酒,得南陈北李。陈者,陈敬宗也。顾李以忤王振得祸,陈不谒王振,及振贻文锦羊酒,求书《程子四箴》,敬宗亦为书之。虽返币不往见,较之北李,似逊一筹。又有鲁铎者,为司业,以李宾之生日,与祭酒赵永皆其门生,相约以二帕为寿,比检笥亡有,徐曰:乡有馈干鱼者,尽以此往询,诸庖食过半矣,以馀诣东阳。李喜,为烹鱼置酒,留二人饮,极欢。观此则,矫激取异,与瓦器遗公卿者等耳。君子不尚也。

初九日(4月14日)　晴。赞臣来谈,仲仪言两儿学无进境,为之慨然。

忠义之后必显。无锡嵇氏,累世相业,实基于留山先生。先生名永仁,为范忠贞承谟客。先是,留山父中书君与范太傅有旧。留山客浙,忠贞邀之入闽,意不欲行,中书强之,遂与忠贞均为耿藩所幽。忠贞殉节,留山亦自经死。同难者,会稽王幼誉龙光、云间沈天成上章也。及文恭贵刊其遗集,曰"抱犊山房",王、沈诗亦附焉。留山没时,文恭才四岁,母杨氏茹苦抚孤,以至成立云。又有忠贞族弟承谱,亦同殉者,惜事实不传。

初十日(4月15日)　晴。得廉生复书,云买得北魏寇谦之《西岳寺碑》,海内孤本也。刘幼农序班燕臣来见,其父毓敏,丁未贡士,庚戌进士。尝随先人在皖,由徽州送丧到严,尝一见之。甲申年卒,幼农亦三十三矣,尝入邑庠。陈介庵辞行。

《后汉书·杨终传》:"受诏删《太史公书》为十馀[万]言。"《应奉传》注,袁山松书曰:"奉又删《史记》、《汉书》及《汉记》三百六十馀年,自汉兴至其时,凡十七卷,名曰《汉事》。"以马、班之史,而杨终、应奉敢于刊削,岂非妄诞,至于经生亦然。《张霸传》:"霸以樊儵删《严氏春秋》犹多繁辞,减定为二十万言。"《桓荣传》、《子郁传》:"尚书荣受朱普学章句四十万言,浮辞繁长。荣入授显宗,减为二十三万言。郁复删省定成十二万言。"其它谶纬律本删除复重者,不一而足。是西汉治经面目已为东京改换殆尽,不待六朝矣。安知所谓繁辞中无微言大义乎?

十一日(4月16日)　晴。袁启之来,送介庵行,永诗、晦若过谈,陈葆初、潘子静、洪翰香均至,扰扰竟日。

阅孙豹人《溉堂集》。溉堂者,取"谁能烹鱼,溉之釜鬵"意,秦志也。其人豪,其诗亦粗,词近稼轩。陈迦陵序之曰:"李自成乱,孙子结同里少年杀贼,天阴月黑,堕土坑中,追者垂及,属有天幸得不死。

后走广陵,学小贾则倾诸中贾,稍学中贾则又倾诸大贾。三年三致千金。且日出北郭门,鸣筝跕屣之相随属者踵相接也。一日忽自悔恨曰:'丈夫处世,既不能舞马稍,取金斗大,则当读数十卷书耳!何至龌龊学富家为?'于是自秦陇迎妇,蹴居董相祠旁,闭户读书,家渐落矣。"集中有《坿斋记》,大率为谐语。斋之旁,妇养鸡,故曰坿斋耳。噫!士不读书不能明理,而徒读书不能治生,岂唯豹人哉?余以耽书,故书日富,家日贫,才亦日短,欲与古人争一席,而一切世事辄阁置不问,书之中有穷道焉。此诚非计之得也。顾欲如杨恽之治生,则又恐污名触祸。甚矣,世道日非,诚无措手足处耳。

十二日(4月17日)　阴,微雨。伯平来,同至晦若处。

晦若近谈禅理,偶询余。龚定庵抄本集中有《[最录]神不灭论》释,云江艮庭藏。郑鲜之此论四难四答,三千名有奇。宋杨杰序,宋椠本也。因究神不灭之论起于何时。余不甚信释氏说,以为此南北朝一重公案而已。案,桓谭之论形神,虽本老氏,已近禅宗。晋释慧远《沙门不敬王者论》其五篇云,形尽神不灭,以为火之传于薪,犹神之传于形。其后郑鲜之作《神不灭论》,《宋书》、《南史》,鲜之有传,论见《释藏》车五及《弘明集》五。五难五答,一千六百名有奇,不同宋椠。疑宋椠推演之,抑或《释藏》节删之,然五难答与四难答不同,殆定庵误记也。罗含《更生论》、宗炳《明佛论》,均持此说。梁范缜有《神灭论》以难,竟陵子良集僧难之,而不能屈。其后,梁萧琛、曹思文、沈约均有《难神灭论》。曹有《重难神灭论》。梁武帝有《敕答难神灭论》,休文并有《神不灭论》,均见《弘明正续二集》。定庵至以游魂为变,援经以证其说。然终不如子真"人生如花,坠茵落溷"之语为简而妙,即此已括一篇论旨矣。

十三日(4月18日)　晴。谷士擢浙抚,过此晤谈。花农、伯平均来。复褚季苏书。孙慕韩刑部回里,过话。

徐有贞原名珵,以请南迁被呵,乃更名。治张秋有功,擢副都。景帝亦遂忘其为徐珵,独怪用人多决于忠肃。珵属忠肃门下士游说,求国子祭酒。忠肃为进言,帝以其倾危不允。忠肃正人,岂不悟有贞之奸,乃受门下之属托,竟欲处以成均,及其更名诡进,又不直陈其诈,未免君子之过,失于太厚,不可为训。甚矣,小人有才之可畏也。

十四日(4月19日)　雨。答谷士,欲答慕韩,不果。午后,晤晦若,刘幼农来。

《明史·王翱传》:"性颇执。尝有诏举贤良方正、经明行修及山林隐逸士。至者率一部试,翱黜落,百不取一二。性不喜南士。英宗尝言:'北人文雅不及南人,顾质直雄伟,缓急当得力。'翱由是益多引北人。晚年徇中官郭聪属,为都御史李秉所劾,翱自引伏,盖不无小损云。"按,文雅自推南人,质直自推北士。忠肃籍隶盐山,其引北人虽不免乡里之见,但所引既无不职偾事之徒,何得据以为贬?此修史者有南北之见,非忠肃之短也。时至明中叶,隐逸类纯盗虚声,黜落未为大过。《传》称,有中官同事赆珠,忠肃固辞,不得已纳而藏焉。中官死,召其从子还之。其自处清婉如此。何至受郭聪之属托,李秉劾之,翱乃引伏,正其得大体处,未可执此诬之也。修明史多南人,故于忠肃不能不吹毛求疵。前既云在铨部谢绝请谒,后复云受中官属,或其晚年凤德之衰欤?抑即此南士伪儒造言以蔑之也?丘琼山方谓其持论偏激,自是引重秦桧之类,乃讳之,而谓其辨白于忠肃能持正论,皆自相矛盾者耳!

十五日(4月20日)　晴。午后,卫汝贵、孙显寅新放四川川北镇来。夜,仲仪来话。

《晋书·吐谷浑传》与《宋书》、《魏书》、《北史》互证,世次参差。《晋宋书》并云:"碎奚子视连卒,有子二人,长曰视罴,次乌纥提。"《北史》则云:"视连死,弟视罴立。死,弟乌纥提立。"一以为兄弟,一以为父子。乌纥提死,视罴之子树洛干立。《晋书》纪其为乞伏乾归所败,遂降乾归,后屡为乞伏炽磐所破。又保白兰,惭愤发病而卒。有子四人,世子拾虔嗣。《宋书》、《魏书》、《北史》略之,第曰:树洛干死,弟阿豺立。临死召诸子弟告之曰:"先公车骑舍其子虔,以大业属吾,岂敢忘先公之举而私于纬代！其以慕瑨继事。"纬代，其长子；慕瑨，其弟也。前视连、视罴，为父子为兄弟，竟难证明拾虔不嗣，则《北史》言之甚详，而敕撰《晋书》何竟不相参证，各执一词，殊为疏谬！《晋书》视罴称吐谷浑为高祖，若果视连之子，则自吐谷浑、吐延叶、延辟、奚视连至视罴已第六世，不得称为高祖，此亦《晋书》自纳败阙之证。又，吐谷浑据羌氏之地，君臣类多不学，而《晋书》饰以华辞，俨同上国，不知所据何书？今注《晋书》，因撮三书详略异同，详注于《晋书》之下，以备参稽焉。

十六日(4 月 21 日)　晴。谷士辞行，赞臣来。

《明史》卷一百七十七传赞曰："天顺、成化间，六部最称得人。王翱等正直刚方，皆所谓名德老成人也。"顾其所称王翱、李秉、年富，则谓其"任封疆"，王竑则谓其"击奸党、活饥民"，而不及治部，则所称非所论矣。大抵明之中叶，部臣权重，故虽有奄寺干政，而大臣守法持正，故尚可以立国。此数公者，诚为卓卓。乃若王忠肃受中官之属，则李襄敏秉即劾之，年恭定富以陕西治饷无人请，稍有黜置，则王忠肃翱又劾之。虽曰和而不同，犹有畛域门户之见伏于中，未可谓同寅协恭也。姚大章夔于慈懿别葬三上疏固请，侃侃不挠，极为得秩宗之正。顾王忠肃为吏部，专抑南人，而文敏则颇右南人。史臣于翱则曰北人喜之，于夔则曰论荐率能称职，何不曰夔抑北人，南人喜之。此则南人执笔，显为外内之辞，适为有识所笑而已。夫贤不肖随在，皆有此数公遭际升平得以黼黻休明，培养元气，而身名俱泰，即小德出入，不失为贤。若处艰难之会，则即此偏见忮心，亦足以偾事误国耳。

十七日(4 月 22 日)　晴。过仲仪。吴易州焕采来。

明贤相推三杨。南杨文定公得政稍晚，其后孤立于朝。王振用事，后起者以为依违中旨，酿成贼奄之祸。论虽过刻，而贤者不能不受此责备。东西二杨孰愈乎？余曰：以赵王事断之，文贞优于文敏也。陈山于高煦叛后，请乘势袭彰德，荣厉声责士奇挠大计，而文贞卒力持保全之说，深得大体。又文敏尝短文贞，而文贞顾称其长，尤不可及。至王振之张，始欲倾荣。荣适先卒，使易地以处。文贞、文定不能制者,文敏亦不能制也。独惜文贞暮年,子稷以傲(很)[狠]杀人,忧郁至不能起,未免家法不严,然亦耄荒不决,悬车之过耳。

十八日(4月23日) 晴。伯平来。午后,答之。孙小云及佐先自里来津,商定八弟茔旁地,与刘芝评家交易。天气骤暖,殊形烦躁。得劳玉初书,闻月之二十六日大考,自乙亥至今年十九年矣。

梨洲《明儒学案》专为姚江而作,即《宋元学案》亦然,今为谢山改定,则朱、陆之间出主入奴,失其本意矣。梨洲学宗馀姚,故力辨良知为孔孟真传,非释氏本心之说。又辑为浙中、江右、南中、楚中、北方、粤闽王门六派,具详其得失浅深之故,可谓阳明功臣。顾梨洲承坠绪于蕺山,以通姚江之血脉。蕺山称,善学善教无如姚江者。而梨洲曰:"《大学》只说致知如何,先生定要说个致良知,以为学术所关不敢不辨,不知良知即至善,知止即良知。良字以《孟》证,庸非先生强增之也。"同时汤文正公亦为阳明之学。《与稼书先生书》谓,当日桂文襄之流,不过同时忌其功名,今何为者?此足以杜诋主者之口矣。潜庵之言,曰:"文成致良知之说返本归原,门人以虚见承袭,不知所以致之之方。至龙溪四无之说,儒佛藩篱尽撤。"蕺山先生,文成之乡,而与忠宪、端文游,其学以慎独为宗,以静存为要,则姚江、梁溪均可融会贯通而无疑,此真能抉姚江学派之要也。

十九日(4月24日) 晴。至海防公所。午后,赞臣来。夜,仲彭来闲话。

胡文定云:"世事当如行云流水,随所遇而安可也。毋以妄想戕真心,客气伤元气。"吴康斋拈此以自课。余生平亦无他过,惟妄想"客气"二字尚未尽除耳。康斋又云:"人须于贫贱、患难上立得脚住,克治粗暴,使心性纯然,上不怨天,下不尤人。物我两忘,惟知有理而已。"此尤中余之病。不怨不尤,非做不到,然终不能物我两忘也。其故亦在无消遣之法,除读书外,琴棋无所解,止于拈毫饮酒而已。

二十日(4月25日) 晴。寄子涵书,及马夫人七十寿礼。抟霄来。

《明儒学案》谓:许敬庵先生孚远与李孟诚先生材最善。材所至,聚徒讲学,学者称见罗先生。见罗下狱,敬庵拯之。及见罗戍闽,道上仍用督抚威仪。先生时为闽抚,出城迓之,相见劳苦涕泣,已而正色曰:"公蒙恩得出,犹是罪人,当贬损思过,而鼓吹喧耀,此岂待罪之体?"见罗艴然曰:"迂阔!"先生颜色愈和,其交友真至如此。案,梨洲师说以见罗自出手眼,以"止修"二字压倒良知,然亦只是寻将好题目做文章,与题下无与。其论敬庵,则云:深夜与门人弟辈窅然静坐,辄追数平生酒色财气、分数消长以自证。大致右敬庵而祖见罗。然以戍员而用督抚威仪,乡党自好者不为见罗而非贤者欤?则敬庵不必拯之,既交谊切至,则此非细故力争之,不失为诤友,何取默尔而息也。史称:见罗性好讲学,遣部卒供生徒役,又改参将公署为学宫,致参将米万春哗噪,乃归罪副使丁惟宁。而申文定庇之,迁天津善地以去,则其所谓止修者诚未能躬践力行,宜梨洲不甚满之矣。顾孟密之役,以夷攻夷,颇有才,其酷意学文成,而未能以功名始终,则亦正坐多一讲学耳。

二十一日(4 月 26 日) 晴。裴芳伯来。署磁州,名敏中。送到魏孝宣公、高翻、齐兰陵王碑及响堂寺石刻。

阅《明史·耿定向传》:恭简立朝有时望,然时相如华亭、长洲、太仓均不龃龉,则亦善于仕宦。江陵夺情,寓书友人,誉为伊尹,未免太过。其学本于阳明,而殊无真见。《答唐元卿》云:"格物即求仁之别名。"又示诸生:"以夫子出,而单提为仁之宗。阳明出,而单提良知之旨。"良知,智也。与孟子提义,宋儒提礼,皆一贯。所论亦粗妄无足取,盖皮传于讲学者耳,宜其不能胜李卓吾也。

二十二日(4 月 27 日) 晴。吴寄荃孝廉来。名燕绍,望云之弟子。
《明史·王璟传》:给事中高涝劾璟及高铨,铨即涝父,承刘瑾意也。其后,瑾诛,铨复官致仕,而涝以劾父不齿于人。又陈寿本仁者,为给事中,言时政无隐,独不喜劾人,曰:"吾父戒吾勿作刑官,易枉人。言官枉人尤甚,吾不敢妄言也。"夫劾父之为,谬妄不待言矣。守其父之说，虑枉人而不劾一人，则亦矫枉而过。其直不作言官，则可。既任是职，详察深思，求其不枉，可矣。奈何为寒蝉仗马耶？

**二十三日（4 月 28 日）** 晴。容民由都应试回，廷一言允言久疾，（淡）[痰]中见血，家书中未及也。

冯子仁恩擢南京御史，上疏以张孚敬为根本之彗，汪铉为腹心之彗，方献夫门庭之彗。比朝审，汪铉欲拽之西向跪。恩怒叱卒，卒皆靡，诋铉不已。铉推案，欲殴之。恩声愈厉。都御史王廷相、尚书夏言引大体为缓，解长安门，士民观者如堵，叹曰："是御史，非但口如铁，其膝、其胆、其骨皆铁也。"因称"四铁御史"。后以子行可请代父死，得免死，戍边。子仁，阳明弟子也，后赦还，穆宗朝即家拜大理寺丞致仕。"三彗"、"四铁"，甚新颖。《松江华亭志》亦载之。

**二十四日（4 月 29 日）** 晴。得朱式如书，专函讯允言疾。

阅《江郑堂文集》。有《公羊先师考》，以徐彦疏引戴宏序所传授为不然，又驳徐彦谓胡毋生授董氏犹别作条例之说不可信，其言曰："董子书仅成残阙之《繁露》，其说往往与休说不合。《繁露》之言二端十指，亦与条例之三科九指迥异。今之《公羊》乃齐之《公羊》，非赵之《公羊》也。"与余前所说合，郑堂已先发之，助我张目，故余意每思寻绎《繁露》大义，别创条例，以明《公羊》董氏之学，恐力不能胜耳。

**二十五日（4 月 30 日）** 晴。刘献夫观察来。得九弟书。

阅《慈湖遗书》。汲古阁。"《益卦象》有以为雷行风从，相资相益。此说是否？先生曰：见善则迁，有过即改，当如风雷之疾。如此则获益也。舜闻一善言，见一善行，若决江河，沛然莫之能御。以舜之道心精一，故无有沮滞也。"余按，慈湖此解最精透。《乐记》：钟以立号，号以立横，横非正音，君子听钟声，则思武臣。偏矣。磬以立辨，辨以致死，君子听磬声，则思死封疆之臣。死节虽正，而尊言于此益偏矣。又曰：丝声哀，竹声滥，亦非正音。至听竽、笙、箫、管，则思蓄聚之臣。与《大学》反。此条亦细。孔子问《礼》于老聃，恐非庄子所谓老聃者。何以言之，所言绝不类也。岂有与孔子议《礼》如此之详,而又以《礼》为乱之首也。庄子所言,皆痛绝仁义,所论亦有得间处。濂溪《通书》亦有疵,如云:元亨,诚之通。利贞,诚之复。于天下至一之中,忽起通复之说,穿凿为甚。又曰:诚精,故明。神应,故妙。几微,故幽。异哉,裂一道而三之。

慈湖之学,本于陆文安,提"本心"二字作主者。其驳《通书》,即朱、陆辨无极而太极之馀波也。然读书甚有识,固异于绝无心得者。谢山,少之亦偏。

**二十六日(5月1日)** 晴,大风。是日大考翰詹。献夫暨容民、晦若先后来。

《隋书·苏威传》:"时天下大乱,威知帝不可改,意甚患之。属帝问侍臣盗贼事,宇文述曰:'盗贼信少,不足为虞。'威不能诡对,以身隐于殿柱。帝呼问之。威对曰:'臣非职司,不知多少,但患其渐近。'帝曰:'何谓也?'威曰:'他日贼据长白山,今者近在荥阳、汜水。'帝不悦而罢。"此威不讳盗贼矣。后又云:"群盗蜂起,有表奏诣阙者,诋诃使人,令减贼数。故出师攻讨,多不克捷。"既非威之职司,何故令其减数,讳于下而闻于上,何意?窃谓威之丧节在宇文述篡秘后。其先尚非裴蕴、虞世基比,此亦过甚之词。若改驳郡县章奏,即盗贼渐近之说乃饰词耳。一传自相舛异,亦史氏之疏也。

**二十七日(5月2日)** 阴,黄沙竟日。花农、赞臣均来。得都中书。

姚江之学既纷纭同异矣。余亦不甚喜之。窃以为三原之学胜于河东。所著《石渠意见》亦心安理得。其子康僖公承裕暨从游弟子如马伯循理、韩苑洛邦奇,均卓然自立。三传而为椒山,刚大之气,百折不回,不止韩门之联璧,实亦三原之一龙也。河东《读书录》非不缜密,但于于忠肃之狱依违其间,优柔不断,众乃以诸相与[石][1]亨忤,

---

① 整理者按,手稿原为残缺的"徐"字,当作石亨。详见《明儒学案·河东学案》之薛瑄小传。

均下诏狱。河东独苦为得卷怀之道者，真谬论也。三原即不讲学，不失为名臣。河东即讲学，不过一老儒而已。富平杨斛山先生爵亦出韩恭简门，以劾夏言、郭勋及修雷坛下镇抚司，在狱讲学不辍，匣锁，死而复苏。钱绪山狱中先释，告斛山以静中收摄精神。隆庆间，谥忠介。所谓韩门二杨也。斛山以火中呼冤见释。椒山以附入张襄愍案中被祸，足为三原学派生色也。

**二十八日（5月3日）** 晴。答献夫。秦生来。以魏、齐两碑寄廉生。

《明史·吴宽传》："时词臣望重者，宽为最，谢迁次之。迁既入阁，尝为刘健言，欲引宽共政，健固不从。他日又曰：'吴公科第、年齿、闻望皆先于迁，迁实自愧，岂有私于吴公耶？'及迁引退，举宽自代，亦不果用。"谢、刘皆贤者，刘之不欲引吴，必有所见。而史略之，竟不能明，岂以侍武宗东宫不能弼成圣德？虽有《请不间讲读》一疏，而委蛇不去，非难进易退之流，故不引之作相。或以甘盘旧学，不欲如霍光用蔡义耶？未可知也。

**二十九日（5月4日）** 阴，有风。赵燧冬来谈。得仙蘅书。

《陆陈二先生文抄》，蒯德模所刊也。陆世仪，字道威。陈瑚，字言夏。与江士韶、盛敬，世所称"太仓四先生"者。是桴亭《乾卦讲义》：不能充善过恶，存天理去人欲，则不谓之乾，不谓之元亨利贞，不谓之天人合一。而今日之讲易，徒成一番空话，从身体力行立说，可以见其学之践实。确庵《水绘园讲义》云：性善之说，本于子思，实本于孔子《易》。继之者，善也。成之者，性也。善在前，性在后。程子云："善固性也，恶亦不可不谓之性。"似与孟子相左，而其实相合。此就气质论性，即孔子上智下愚不移之说。阳明之说，无善无恶，未免近于空虚寂灭。辨析亦甚分明。两先生皆明末遗老。桴亭绝意科举，确庵辞隐逸之荐，视梨洲所处，尤峻洁矣。桴亭有《感遇》诗，云："思欲披缁衣，寄迹空门端。君臣义已废，弃亲殊未安。俯首混侪俗，流涕伤心肝。"确庵亦有《和陶贫士》诗，云："卓然高义人，汉代传两龚。饿死弃沟壑,苦节惭未同。"想见其卓行孤诣,心不忘明,较之以披缁涸疏者,又进一筹。张清恪公序陆集云:"力矫时趋,黜华崇实,一惟考亭之规矩是遵。"序陈集云:"大中至正,有规矩可寻。"薛、胡诸君子何以加焉? 可以想其德量、学术矣。

**四月初一日(5月5日)**　晴。翰香、秦生均来。沈子眉亦至。阅大考单。不全。第一文芸阁,系奉朱笔应列一等者。周锡恩、费念慈、崔国因、陈鼎新、陈光宇均不准列一二等。闻廉生由三等十八拔置一等第六,曹竹民由三等改二等,未知尚有更动否? 计应考者共二百八人。四等二人,王继香、雷在夏。

阅《明史·徐贞明传》:"京东水田实百世利,事初兴而即为浮议所挠,论者惜之。初议时,吴人伍袁萃谓贞明曰:'民可使由,不可使知。君所言,得无太尽耶?'贞明故。袁萃曰:'北人惧东南漕储派于西北,烦言必起矣。'贞明默然。"已而王之栋遂言水田必不可行,且陈开虏池不便者十二,遂谕令停役如袁萃言。案,贞明之说,在明顺天巡抚张国彦、副使顾养谦行之蓟州永平、丰润、玉田,皆有效;在我朝怡亲王、陈子翙学士行之畿辅,又有效。而至今废罢者,北人不喜稻,且有司奉行故事故也。余尝论之,亦未允行。偶与合肥论及,减北方之差徭,以力役治水,并禁北方之罂粟,以上腴治稻,实为万世之利,非徒益京仓也。海路梗,而我之军备足,水道阔,而敌之骑兵罢,实今日当务之急。合肥心善之,不能从也。噫! 岂唯《潞水客谈》抱空言无补之憾哉!

**初二日(5月6日)**　晴。刘芗林、张筱传来。午后,得袁爽秋书,赠黄山茶、徽墨。

阅《积学斋丛书》,有钱大昭《后汉郡国令长考》。余方创《历代郡国表》,可资考证。

**初三日(5月7日)**　阴。合肥启行,大阅海军。午后,寄荃孝廉来,得九弟书。

阅大考全单。廉生外又有移动,上南两斋在后者均升之。徐致靖父子同考,致靖由三等后移前。三等十名。而其子仁铸则抑之三等一百名后。倒数第五。缪荃孙以三等一名改三等一百廿名。倒数第四。作合肥一纸,交戈什哈,寄小栈,明日阅盛军操也。

初四日(5月8日) 晴。合肥以海署中清寂读书,倦则与闺人闲谈,或至塾中与仲仪杂论经义。得廉生书,赋为徐东甫所屏,在三等末。公阅改三等十八,及张、徐、翁覆阅,改一等六名。事类樊川第五矣。都寓有安圃书。

初五日(5月9日) 晴。陶仲明孝廉喆甡来。寄九弟书。夜阅张南华扇面,惜不谐。

阅《解文毅集》。牧斋云:"学士倚待,辄数万言,未尝起稿。善为狂草,挥洒如雨风,才名倾动海内。俗儒小夫,谰言长语,委巷流传,皆借口学士。今其集存者,出自后人掇拾,往往潦草牵率,不经意匠,遂令蒙谤千古。"西涯亦谓其集真伪相半。《提要》以缙《大庖西封事》有云:"陛下好观韵府杂书,钞辑秽芜。愿集一二儒英,随事类别,勒成一经。"其后修《永乐大典》,缙实为总裁。以功在典籍而论,其著作亦宜存录。今披阅全集,诗非不爽秀,而造语雅俗互陈,境地太浅,实质美而未学者。当由功名早达,以敏速自矜,遂无好学深思之益耳。集为遵化古松段公所刊,惜段无序跋,当考其人。

初六日(5月10日) 阴,生妣忌日。夜感寒,晨起勉力祀事,闷卧竟日。

初七日(5月11日) 雨。陆眉五来。

吾乡志乘寥寂。明世宗母蒋氏之父蒋敩,大兴人,追封玉田伯。此亦宜补入者。蒋氏即圣母章圣皇太后也。按,大礼议固由璁、尊导谀,亦章圣启之。后至通州,闻考孝宗,恚曰:"安得以吾子为他人子!"留不进。所执如此。安能不以孝宗为伯考哉?明代选后妃,多自民间,故嫡、庶之间往往任意径行,不独章圣也。

初八日(5月12日) 晴。夜,仆辈将玻璃掷碎,遗火于淡巴菰上,几炽,为之悚然。

严世蕃之狱,赖徐文贞始得竟。及高新郑当国,所以扼文贞者,无不至用。前知府蔡国熙为监司簿录,其诸子皆编戍,似为分宜报复者。夫君子小人,分在贤奸,不分于祸福。但《明史》称阶子弟亦颇横于乡里,且三殿馀材营万寿宫,阶发其端,子璠董其役,以此璠由主事超擢常少,又予阶一子中书舍人,亦与世蕃之凭藉父荫者无甚分别。其福之来也,由于幸致,即其祸之来也,亦伏于几,微可不慎欤?

初九日(5 月 13 日)　晴。午后答伯平,仲彭来。

邵青门妄改《施注苏诗》,为世诟病久矣。此真本闻在虞山,许无由见也。《凌仲子集》有诗云:"宋漫堂中丞重雕宋本《施注苏诗》,乃青门改窜。原本残蚀断烂,仅十之七。中丞装裱藏箧,自他山所见影写本后,世久不知有真鼎。乾隆癸巳,覃溪师以十六金得之燕市,旧题曰:'注东坡先生诗。'款书:'吴兴施氏、吴郡顾氏。'有毛子晋及宋中丞印,始而知所行者非真也。"王见大以不得见原书题名为憾,得此可喜,未知其行款何如耳。

初十日(5 月 14 日)　晴。是日地震。或云,有朱姓盗火药,积屋炸裂自焚,伤六人,故左近皆震动耳。俊卿、永诗来。午后,抟霄至。寄高阳复书,以十二出榜也。

周草亭先生著《蜀汉书》八十卷、《杜诗详说》二十卷。其集中有《二陆祠议》,极透快。大致谓:二陆父为吴之宗臣,身又尝为吴将。及入晋,为成都将兵向京师而攻惠帝。大节如此,何以祠为? 此实起机、云于地下,百喙无以自解者。西顾瞻、尚,能无愧死耶? 草亭,吴中高士,十八岁讲学,与桐乡张考夫、吴江张佩葱、王寅旭、昆山顾宁人、乌程严颖生均订交。世居松江泖上,名篆字籀书。翁君海村辑其诗文以传。《蜀汉书》已佚,《杜诗集说》存吴溇张氏,今不知存否?

十一日(5 月 15 日)　晴。午后,至永诗处小坐,以允燮之妇归,安一幼女在津种牛痘也。容民来话。

《明史·韩文传》:文,宋宰相琦后。生时,父梦紫衣人抱送文彦博至其家,故名之曰文。卒年八十有六。潞公大年,忠定亦大年,岂真有前身后身之说,抑出于附会耶?潞公入元祐党,而刘瑾榜奸党,姓名刘、谢外,尚书以文为首,亦颇相似,斯亦奇矣。惟潞公转劫竟为魏公裔孙,亦是怪事。其率大臣力争,欲去"八虎"风骨,则更胜于潞公也。

十二日(5月16日)　晴。惠人来,以为张樵野所诳,意甚不平,因慰藉之。士周过署,同话片刻,晚饭后送之乘新裕赴威海。李幼山由金陵入都,送部引见也。

十三日(5月17日)　晴。夜阅《右丞集》,微有所得,偶加评点,既而悔之,于诗事终不敢自信也。复载之书。沈宽甫大令来。尔裕,署丰润令,谷士之戚。

陆桴亭《思辨录》云:"教女子只可使之识字,不可使之知书义。盖识字,则可理家政,治货财,代夫之劳。若书义,则无所用之。古今以来,女子知书义而又(闲)[娴]礼法,如曹大家者有几?不然,徒导淫而已。李易安、朱淑真,使不知书义,未必不为好女子也。"佩纶案,桴亭此论偏谬殊甚。书义岂导淫之具乎?《三百篇》多妇人之词,贞淫各判,未必通书义者皆淫,不通书义者皆贞也。然则,因世有王莽、曹操,而令男子亦不得通书义可乎?三代以后,妇教不修,正坐不令通书义之故,诚令入塾通经,示以礼法,则上以赞其夫,下以教其子弟,其益非浅。桴亭方以儒术化后进,而趋天下之女子不令通书,其亦所见之不广矣。且识字而不通书,则涉览说部,流弊尤多乎!

十四日(5月18日)　晴。午后,方冕甫、陈伯平均来。得高阳书。

阅明刻《王忠文集》。忠文往谕梁王,有降意,会元裔有自立于朔漠者,遣其臣脱脱征粮饷于梁王,觇知梁王欲附中国,乃劫以危言迫王杀袆。袆遂遇害。忠文累代事元,而身已食明之禄,衔命使滇,自当临难不屈,独脱脱以朔漠一使竟能劫制梁王,斩僇明使,亦元季之矫矫者,较定远之斩匈奴尤为正大。明平滇南后,袆无褒恤。至正统时,因义乌县丞刘杰上言,始赠官予谥。开国之规模亦太略矣。

十五日(5月19日)　晴。仲仪来，抟霄亦至。

阅《蔡忠惠集》。其《茶录》两篇，上篇论色，曰："茶贵白，皆指焙茶也。"下篇论器，曰："茶色白，宜黑盏。"所见殊不可解。且云茶匙宜以黄金为之，更杀风景！今明前均作淡绿色，以活火烹之，最宜白盏。故余品茶最不喜宜兴沙壶，谓其能乱茶色也。烹茶亦止宜陶器。端明云"注汤有准，黄金为上"，人间以银铁或瓷，不为之铁，则能变水味，金银亦徒饰观而已。然则端明此《录》因屡承仁宗之问而作，实导上以侈心，于茶之真趣茫然不知。坡诗以"前丁后蔡"并讥，非苛论矣。

十六日(5月20日)　微雨旋止，阴云竟日。邵班卿来，云丁氏承抄文澜阁书，欲向余所藏借抄廿四种。考所藏初无此书，殆传伪也。

顾泾阳讲学东林，而以救李三才，故贻书时相，终为出位之思，其后救三才者，争辛亥京察者，卫国本者，发韩敬科场弊者，请行勘熊廷弼者，抗论张差挺击者，最后争红丸移宫者，忤魏忠贤者，率指目为东林，抨击无虚日，借魏奄毒焰一网去之善类为空，此亦无异东京党锢也。噫！明季齐、楚、浙三党大炽，论世者勿专咎东林也可。

十七日(5月21日)　大风一阵，阴。得柳质卿书，复之，亦为丁氏借书。盖朱氏藏书名海内，惜已有散佚，不知羽化属何人矣。过仲仪，谈馆政。赵宇香书来，收得周氏所著四种。

嘉靖之喜独断，刑法偏颇已甚，尤莫奇于复[河]套之狱。曾襄愍建复[河]套之议，所陈八事，曰定庙谟，立纲纪，审机宜，选将材，任贤能，足刍饷，明赏罚，备长技，自是筹边伟略。帝既令夏言拟旨，优奖铣。铣意出师鸠兵缮塞，初无败衅之事，乃主眷潜移，忽然诟责，既不复套，言、铣罢职足矣，无故逮之杀之，诚不可解。夫明祖取元上都，取其地置开平卫，复于外设东胜卫，自宁夏至偏头二千里声势联络，三卫废而河套遂为敌卫。正德间杨文襄、嘉靖初御史陈豪均议复之。襄愍才足办此，既以庙算同心，即可坐收成效，特因严嵩、仇鸾浸润之潜，无故而加刃劳臣，纵敌长寇，以世宗之果于有为而颠到是非如此，然则其色厉内荏，于军国大计茫然不辨而已。夫张经辈虽杀之过当，犹曰倭患已深也。铣特以开边故，致并夏言就僇，则凡筹边计者孰不以因循粉饰为事，无怪乎明自嘉靖而益弱矣。

十八日（5月22日） 晴。龚厚庵来。复质卿书。

凌仲子有诗云："苦被饥驱不自持，鸡鸣为利日擘擘。年来犹喜佣书暇，抄得昌黎一卷诗。"诗虽直率，想见其劬学之专。仲子家贫业贾，年二十馀始复读书。翁覃溪导之为四书文，竟成进士。有手抄群经，《昌黎集》其一端也。仲子慕江、戴之学，颇非朱子以理学为禅学。其肆经精于士礼，又于声音训诂、九章八线皆造其极。与阮伯元相国至契。顾官止教授，年五十三遽卒而无子，可谓穷矣。

十九日（5月23日） 晴。刘幼农来。

阅赵泋《东山集》，乃赵吉士重刊。虞伯玉《行状》阙二叶，朱竹垞告以沧苇藏书有之，亦未借抄，非佳本也。竹垞《赠天羽》诗云："处士东山卜宅深，百年论定首儒林。属辞最善春秋教，作史无惭高尚心。枣木流传终有待，蟫鱼泯灭试重寻。发扬端藉云孙力，早晚书成报好音。"是书三刻，藉竹垞迫促之力，而卷中加以评点，疑非原本之旧。盖天羽于板本不甚讲求耳。思考抄本一证之，不可卒得。

二十日（5月24日） 晴。陈墨樵下第南归。寄伯潜书。得爽秋书。

元世祖至元间，僧格作相。其后敏珠尔卜丹崔或上言，僧格当国四年，中外诸官鲜有不以贿而得者。其昆弟、故旧、妻族皆授要官美地，唯以欺蔽九重，朘削百姓为事。时僧格已死，因妻弟积赃伏法，仆其辅政碑矣。夫徇私受贿至四年之久，其流毒已如此，况久秉国均乎？余谓私其族姻弊犹显而易防，惟卖官鬻爵则贿多即疏者可亲，赂重则愚者可智，颠到是非，莫甚于此，为政者之深鉴也。

二十一日（5月25日） 晴。何士果、宗子戴下第，过谈。晚邀伯平、觐虞昆仲夜酌。觐虞病，未终席而去。得合肥电，廿三可归。

元武宗奉皇太后燕大安阁。阁有故篋,乃世祖贮裘带者。内侍李邦宁曰:"臣闻圣训曰,藏此以遗子孙,使见吾朴俭,可为华侈之戒。"有宗王在侧,遽曰:"世祖虽神圣,然啬于财。"此宗王不知何人?一言启人主侈心,宜即责谴之。时太后及帝虽深许邦宁之言,而其时土木频兴。太后造寺五台,军人供役至六千五百人,不亦劳费乎?

**二十二日(5月26日)** 晴。士果复来谈家计,无策周之,相对惘然。

州志访董定岩先生事不得,偶阅《桑弢甫集》,有《和定岩丰台》诗,先生迎养太公于署东叠土山,结榭亭,名曰丰台,以丰润有此镇,寄土思也。弢甫时主讲濂溪书院,与定岩交契。尝约之赴丰润,会董丁艰,没于舟次。弢甫送丧,至董阁庄,有《哭定岩》诗,似可略采以补志乘之遗。其《纪程》诗云:"河斜月澹无人见,荒忽魂随楚水流。"为定岩作,则先生实厄于水也。次日,捡《弢甫文集》,得《定岩墓志》,尤可喜。

**二十三日(5月27日)** 有风。酉刻,合肥自渝关归。同惠人、晦若谈。

阅《彝斋集》。《四库提要》谓:子固平生始末,诸书不同。《齐东野语》云终提辖左帑,身后有严陵之命。姚桐寿《乐郊私语》谓"孟坚入元,不乐仕进。从弟孟颓来访,既退,使人濯其坐具"。惟集中有《甲辰岁朝把笔诗》有"四十五番见除夕",以干支逆数之,当生于庆元己未,距宋亡几七十八年。孟颓仕元,孟坚必不能见。《铁网珊瑚》载孟坚《梅竹谱卷》有咸淳丁卯叶隆礼跋,称:"子固晚年工梅竹。予自江右归,将与之是正,而子固死矣。"是孟坚之卒于丁卯以前云。此足证姚说之诞妄。按,集中有《投泉使贾秋壑先生启》,又有《改官谢总使贾秋壑先生启》。《宋史·贾似道传》不载其尝为泉使。淳祐元年,改湖广总领,子固改官当在此时,距甲辰三年,时四十二也。《启》云"蚤岁游昌黎之门,来年被山公之荐",则于秋壑为旧识。至云"摩顶放踵皆被德,天高地厚谕深思",可云极其诣昵。又有《问梅寄秋壑一绝》,末云"地寒先却得春风",亦寓感谢意。集中《贺秋壑总领仍兼泉使》,知泉使在先。是其由运司幕知诸暨,出于秋壑推荐,后以言者疏劾罢归。师宪威权日盛,竟未再起。虽尝比匦乞恩,终能自拔。视子昂身事二姓,固略胜耳。

二十四日(**5月28日**) 晴。惠人来。答晦若。午后,金简臣来,仲彭所延馆师也。名翙运,望江孝廉。

和气致祥,乖气致戾,天道也。宋至徽、钦,危矣。顾禅让之际,两宫嫌隙遂生,浐至青城之祸。元末亦然。外寇蜂起,而奇后为太子日谋内禅,其讨博啰尚欲以重兵拥太子入城,胁帝禅位。使非库库散遣其军,未必无主父沙邱之变也。父不父,子不子。虽有粟,乌得而食诸? 奇后挟高丽之憾,兴兵更置,致遭覆没,为博啰所幽,能以计免,复欲变乱朝纲,更易帝坐,是亦元之祸水也已。

二十五日(**5月29日**) 晴。惠人回都。午后,答燧冬,燧冬复过谈。

阅《姜氏秘史》。明姜清撰。正德辛未进士。靖难之后,建文一朝事迹大抵遗失。是书于故案文集搜辑遗闻,编年纪载,至地道出亡等事,则未尝载及,颇见精核。《提要》。其与《明史》异者,惟燕王来朝行御道不拜,为曾凤韶所劾。《明史稿》以为必无之事,而此书实据《吉安府志》及潘瑄《贴黄册》。《明史》云王艮死节,而是书云艮以建文辛巳九月卒,见其家谱。案,正德距永乐时代较近,其所摭拾止是,则建文朝所建置为成祖君臣芟刈殆尽矣。以建文之仁柔,当成祖之雄猜,即齐、黄削藩之议不起,彼燕人岂遂肯郁郁北边,诚所谓削亦反,不削亦反者。所惜齐、黄之迂不及晁错,而以军师之任寄之耿炳文,并不及周亚夫,故吴楚败而燕遂成耳。永乐之毒过于萧鸾。建文自焚,与后唐末帝燔宫不异,必造作从亡一说,转为永乐宽免。姜氏此录作于正德时,具见人心不死,公论犹存,虽革除年号何益。余尝谓,宋太宗夺德昭之位,虽南渡后孝宗入纂,亦不得为天道好还。成祖以臣叛君,居然享国久长,传祚十馀世,尤理之不可解者。

二十六日(**5月30日**) 晴。阅《宋书》。沈约表云:何承天始撰

《宋书》,止于武帝功臣志,惟《天文》、《律历》。此外,悉委山谦之。孝建初,苏宝生续造元嘉名臣诸传。大明中,徐爰因何、苏所述,勒为一史,起自义熙之初,迄于大明之末。至于臧质、鲁爽、王僧达诸传,又皆孝武所造。永光以来,至于禅让,阙而不录。今谨更创立,云云。按,《梁书·裴子野传》:"曾祖松之,宋元嘉中续修《宋史》,未及成而卒。"《宋书》则云未及撰述。疑约有所攘窃,故浚其文也。揭徯斯曰:"有学问文章知史事,而心术不正者,不可与。"其休文之谓欤?

二十七日(5月31日)　晴。晦若略谈。时微闻朝鲜事,合肥秘不告,晦若亦不肯言,可笑。

阅《明史·熊文灿传》。文灿总理军务,谒所善僧空隐。僧迎谓曰:"公误矣。公自度将兵足制贼死命乎?"曰:"不能。"曰:"诸将有可属大事,不烦指挥而定者乎?"曰:"未知何如也。"曰:"二者既不能当贼,上特以名使公,厚责望,一不效,诛矣。"文灿却立良久,曰:"抚之何如?"僧曰:"吾料公必抚。然流寇非海寇比,公其慎之。"僧殊恢诡,惜熊不深求其故也。噫! 流寇非海寇比,海寇已可虑,况海国为寇乎? 前二者则略如熊之所云矣。

二十八日(6月1日)　晴,晨微雨。阅《王征士集》。彝字常宗,嘉定人,自号妫蜼子。坐太守魏观事,与高青邱同伏法。钱牧斋《小传》谓其得兰溪金文安之传。王行先《砚堂记》称其本陈氏子,欲复本姓,然卒不果。名在"北郭十友"中。此本传刻都穆所刊,仅诗文四卷。尚有刘廷璋、浦杲辑《补遗》及《续补遗》,未之见也。《香祖笔记》谓其歌行学李贺、温庭筠,堕入恶道,馀体亦不能佳。《提要》亦嗤其为杨维桢作《文妖》一篇,诟厉伤雅。而宋牧仲序则称其学有端绪,文不蹈袭云。

二十九日(6月2日)　晴。过晦若谈。吴赞臣自工所来。阅散馆单,留三十九人,馀均改部属知县。陈介庵以二等九名亦改知县,以台谏条陈疏通编检也。午后,至金简臣处小坐。

万承苍《宋书考证》云:访求裴子野《宋略》、鲍衡卿、王琰《宋春秋》,已亡。按,《南齐书·王智深传》尚有智深所撰《宋纪》三十卷,亦不可考矣。《智深传》:约多载孝武、明帝诸鄙渎事,世祖谓约:"孝武事迹不容顿尔。我昔经事明帝,卿可思讳恶之义。"《史通》谓萧武见而勿尤。然齐武犹有此言,视约之挟私扬秽,可末减矣。

三十日(6月3日)  晴。洪孝廉槃来。晤吕庭芷前辈。

《杨文公谈苑》:"周世宗尝为小诗示窦俨。俨言今四方僭伪,主各能为之,若求工则废务,不工则为所窥,世宗遂不复作。"《避暑录话》云:"度当时所作诗必不甚佳,故俨云尔。非世宗英伟,识帝王大略,岂得不以俨言为忤? 又安能即弃去? 信为天下者在此不在彼也。"案,古今谊辟英君未有不娴文墨者,而断不可耽于文墨。若以吟风啸月自矜,规模狭小,转不如起自武功者作为阔大矣。俨真有相臣之识。

五月初一日(6月4日)  晴。海防公所一行,往见伯平。午后,得刘博泉书。九弟书来。

初二日(6月5日)  晴。得廉生书,寄都寓一函,过晦若。刘燕臣来。午后,永诗过谈。

初三日(6月6日)  晴。刘景韩来。午刻,若农侍郎试毕过谈,申初始去。复约晦若同过试院夜话。沈子眉辞行回沪。

初四日(6月7日)  晴。得九弟书。

初五日(6月8日)  晴。醉卧竟日。

初六日(6月9日)  晴。翰香来。得惠人书,行险侥幸,难矣哉。

初七日(6月10日)  晴。摺弁回,得廉生书。

初八日(6月11日)  晴,午后阴,微雨。廉生得南斋。甘雨香大令来。

初九日(6月12日)  雨。合肥因慈圣赐扇,有疏谢,附寄都中书,并得廉生一缄。

班书《自序》以外戚为荣,已可笑。沈约《宋书自序》则尤羞涩矣。

其高祖警、曾祖穆夫均事孙恩。穆夫受恩伪命,沈预告官,警及穆夫被杀。此本晋之罪人,于法应死。其祖林子乃屠预一家老幼,虽曰不共戴天,然仇法非报仇孝子也。约之父璞又久事始兴王浚,为元凶淮南太守。世祖僇之,定是逆党。约讳之,乃云颜竣欲与璞交,不酬其意。世祖时,至谗以奉迎之晚,横罹世难。此逆臣子握笔造史,宜其痛诋宋君臣以快意矣。

初十日(6月13日) 晴。仲璋来,下第后就汪君牧馆。为高阳草会试录前序。

十一日(6月14日) 晴。寄复高阳书。

《南齐书·良(吏)〔政〕传》:裴昭明,松之孙,骃子,官广陵太守,中兴二年卒。其从祖弟颙,升明末,为奉朝请。齐台建,世子裴妃须外戚谱,颙不与,遂分籍。太祖受禅,上表诽谤,挂冠去,伏诛。此自是宋之节士,宜附《松之传》中,而沈约《宋书》没之。考《宋书》在梁武时,颇有改定。约即讳之,于齐代不应讳之于梁初,六朝人不知忠义为何事,直以为诽谤当诛而已。使非萧子显附载《昭明传》中,则其人忠于宋而死,竟至淹寂无传矣。按,《南史·松之传》附昭明子子野事,称沈约所撰《宋书》称"松之已后无闻焉",子野乃撰《宋略》,云"戮淮南太守沈璞,以其不从义师故也"。约徒跣谢之,请两释焉。是休文有私憾于裴氏,并骃之述作、昭明之政事均以无闻了之,何况于颙?虽两释,而裴氏之事仍多湮没,惜哉!李延寿既明著其事,乃复削去《齐书·颙传》,不附《松之传》后,尤为疏舛。嘻!舍旧图新者,生拾青柴,殁耀竹素,而憔悴贞壹之士殉名无名,亦可慨已,余故表而出之。

十二日(6月15日) 晴。午后,陈葆初来。

十三日(6月16日) 晴。陈以培来。过晦若略话。寄子涵书。

十四日(6月17日) 晴,午后大雨。赞臣、翰香过谈。抟霄来。

十五日(6月18日) 晴。仲璋来谈。得清卿书并《湖南志》。

北齐无积累,其享国诚不能久长。然使宫禁中无胡太后之荒淫,后主之谬惑,及陆令萱、穆提婆、高阿那肱辈扇构,怙宠弄权,则亦不至忽亡。如此之速,冯淑妃之罪尤著。乃《北齐书》颇略其事,亦不附《穆后传》中。使非《北史》,则小怜几于湮没。即野史传之,未足征信。李百药之疏也。后主以小怜慧黠,愿得生死一处,故至长安,仍乞之周武。及后主遇害,以赐代王达,小怜不一死以报纬。复潛达妃,几致于死。必至妃兄令其布裙配舂,仍复迁延苟活,何其瞒节,惜命若此。非妃母逼令自杀,则小怜得生,亦必如胡太后之恣行淫秽以俎耳。高氏内乱,宜有此报。当明著之,以为宠嬖妃妾者戒。《北齐书》于《恩倖·高阿那肱传》略及淑妃事,而不详其本末。

十六日(**6月19日**)　晴。晦若来谈。夜,赞臣来。

十七日(**6月20日**)　晴,夜雨。寄廉生及允言书。午后过伯平。

十八日(**6月21日**)　雨,颇凉。是日夏至。连日读《白氏长庆集》。

十九日(**6月22日**)　晴。张筱传来。孙慕韩由扬州回都,留之午饭。赞臣稍论琐事。玉山自永定来,谈伯平事良久。得安圃及廉生书。

二十日(**6月23日**)　晴。过晦若。翰香来。

二十一日(**6月24日**)　晴。刘季威来。复清卿书。

二十二日(**6月25日**)　阴。洪公述来辞行。寄吴壮孙书并三十金。

二十三日(**6月26日**)　大雨如注。晤晦若、容民。

《宋书》阙《到彦之传》,不知何人于此卷《张邵传》增入其子《敷传》。敷自有传,互有详略。张畅复出,前人纠之。敷复出,考证未之及也。《孝武纪》:海陵王休茂举兵反,义成太守薛继考讨斩之。万氏承苍云:“继考乃为休茂尽力之人,何一书之中互相悖谬至此?”《南史》载:“参军尹玄庆起义,讨之,传首建邺。”为得其实。案,《文五王传》:继考初助休茂。及休茂被杀,继考胁刘恭之,作启云立义,自乘驿还都，上以为永嘉王子仁北中郎谘议参军、河南太守，封冠军侯。寻事泄，伏诛。则《纪》所书，乃据实录旧文，非互谬也。万氏读《休茂传》，乃过鹘突耳。

二十四日（6月27日）　阴，晨起，天容如墨，雨脚如绳，午雨止，时作小阵，潮热不可耐。赞臣来。

二十五日（6月28日）　阴。缪小山自都赴鄂，过此。复爽秋书。

二十六日（6月29日）　晴。日本以兵胁朝鲜，欲使为自主之国，不认中属。合肥甚愠，与幕僚集议竟日。余废人也，谋未必合时，殊为愤闷，姑无言预坐而已。沈愿来。得九弟书。廉生亦有复函。

二十七日（6月30日）　雨。晦若、永诗、献夫、启之先后来。昨，琴西都转之次子荷亭大令来见，乃琴生亲家，人甚质实精密，颇有父风，以元本《豫章［罗先生文］集》见示。今日稍暇，乃披玩之，颇佳也。闻朝鲜已服日本，袁世凯解归，中国失此近藩，勃海、鸭渌处处与朝鲜毗连，倭韩合，则我孤，长为边海患矣。

《罗集》乃元曹道振编，至正癸未先生五世孙锓本。凡一十三卷，附录三卷，《外集》一卷，《年谱》一卷，道振有跋，此本以《年谱》别置于前，殆明成化八年张泰重刻本也。既失曹跋，并张泰序去之，以充元本耳。卷一经解，有录无书，故近本并去其目。《遵尧录》八卷，即晦翁《名臣言行录》先河也。

全谢山云："读豫章之书，醇正则有之，精警则未见。所造只在善人、有恒之间。龟山之门，笃实当推横浦，通才当推湍石，多识当推紫微，知礼当推息斋。横浦、紫微不能自拔于佛氏，为朱子所非。豫章亦未脱然，若因弟子并其所出而推之，是门户之见，非公论也。"梨洲以豫章教学者静坐中看喜怒哀乐未发气象，是明道以及延平一条血路，故谢山讥之。其意以延平为邃，朱子为大，豫章若闰运耳。然文质《遵尧录》辨微及议论要语亦有精警处，似不必抑罗扬李，强为轩轾也。

二十八日(7月1日)　阴。杏孙来三次，盖欲窃取余论以迎合合肥，可厌之至。

阅张仲远所刊四姊诗，宛邻先生琦四女皆能诗，长曰缙英，字孟缇，适吴伟卿比部其鉁；次曰纶英，字婉纫，适孙叔献劼；次曰䌌英，字纬青，适章政平；季曰纨英，字若绮，适王季旭曦。婉纫书学北魏，若绮并能为古文，惟缙英偕老伟卿以名翰林改官秋曹差，享闺房之福。纬青早卒，叔季均嫠居，依弟以终。天忌才，尤忌女子之才。此何故耶？若绮女亦能诗，处境似其母，尤酷，不可解也。

二十九日(7月2日)　雨。赞臣来。

阅《西斋集》。集后附《双影记》，托名为徐骑省子黄保仪之侄女。又有《通天台》、《临江关》两种，皆亡国徭哀，疑西斋自谓也。祭酒生平大类骑省，故西斋借骑省之子自悼。泽州相国序其集，谓当魁天下，故以徐适作《琵琶赋》，为状元自嘲耳。西斋名暻，字元朗。

六月初一日(7月3日)　雨。同晦若、容民杂谈竟日。倭韩消息甚恶也。得子涵书。李怡庭自都至。

阅《新旧唐书合钞》。晦若极称《廿一史四谱》。阅之，殊未惬心。按，沈东甫炳震，归安人，世居竹墩，家门极盛，与弟幼牧并膺词科之荐。沈文悫谓当时此科若为东甫开者。乃召试，仍不遇，浩然而归。后钱香树以《合抄》进呈校勘《唐书》，史馆采之。其弟炳巽，绎旍字。著有《补正水经》。幼牧名炳谦，以五法九〔政受知浙督程元章〕。

初二日(7月4日)　雨。献夫来。

房、杜为唐创业元臣，顾子孙均不振，殆以玄武门之故也。当时隐巢相逼，执而废之，亦已足矣。何至诛及其裔，实为淫刑以逞。遗爱既以主故，夺兄封爵，复以谋反伏诛。楚客复为魏王泰潜结朝臣用事者，说泰可为嫡嗣，以兄晦有佐命功免死，废于家。夫楚客能劝晦救淹，而劝泰与承乾构衅，岂非习见晦之处太宗兄弟耶？晦子构亦中年不禄，皆房、杜自遗之殃耳。

初三日（7月5日） 雨。夜过晦若。

光武诸将，余最喜大耿。及曹操将篡，耿纪为操所敬异，独能与太医令吉平、丞相司直韦况等谋起兵诛操。事虽不克，亦足见故家遗俗之盛。所谓与汉兴衰者不独大将军二人、将军九人及列侯、尚主、九卿、刺史之不替也。弇尝与十三将军追贼至潞东及平谷，遂穷追于右北平无终、土垠之间，至浚靡而还。是尝于军功于吾里。设余还乡，当建庙祀之。以《耿传》证之，右北平治不在土垠可知。

初四日（7月6日） 雨。雨中无事，临《乐毅论》一通，快雪堂涿拓也。

余求沈绎旃《水经》不可得，得张三悦匡学《水经释地》，以今地证古地，殊鹘突。即以京东论之，以陈宫山属丰润，而以观鸡属密云，又以土垠属永平城西南，如此之类不一而足。有不胜订正者，可谓无知妄作矣。余尝有此意，欲以《水经》后涉于山川、沟渠者，从史及地志繁征博引为一书，附于《水经》之下，以补《水经》之略，以纠郦注之疏。然身未行万里而半天下，不敢涉笔也。即全校《水经》，亦未尽善尽美耳。

初五日（7月7日） 夜雨。卫达三、吴乐山来，初议师出平壤。达三颇奋勇请行，及闻倭船游弋大同江，丁汝昌不敢出巡，卫亦中沮矣。晚，晦若来话。

宋熙宁四年，高丽始通贡。先是，高丽为辽所阻，不通中国者。四十三年，至是福建转运使罗拯令商人黄贞招接通好。高丽王徽愿备礼朝贡。拯以闻，谓可结以谋辽，乃命拯谕意。徽遂遣其民官侍郎等由登州入贡，复与中国通接。宋欲谋辽，而徒结援于高丽，此空言耳。其时水师未能精练，说见东坡奏议中。沿边布置未密，和之不遑，而欲结外援以图无隙之辽，实为迂论。时新法方盛，张大之以为观听耳。然在今日而论，欲固辽东，非兼护朝鲜不可。朝鲜折而入倭，则勃海失其半，不但辽沈处处可通，彼以师船出没于登旅间，即天津、山东亦无安枕之日矣。然则今之高丽不独视为股肱,直当视为心膂也。其大旨以汉江口及大同江为要隘。唐之平百济自熊津入,平高丽自浿水入,其明证也。海军既如宋之水师,舍而趋平壤,则彼之犯我,由海道逸而且近;我之护朝鲜,由山道劳而且迂,又仅仅以骄蹇之提臣、刻薄之镇将当之,惧不可用也。

初六日(7月8日)　晴。献夫来。得高阳复书。

《志雅堂杂抄》,殊琐碎无足取。所云华亭市上一物,如桶无底,非木非竹,非铁非石。一老商名为海井,究竟是石乎? 竟不能详。此妄谈耳。又纪子昂说以雪糕为画绸绢法胜于面糊,不霉不脱,则直以米粉作糊,岂不省事? 何取改糕为糊乎? 迂琐可笑。又云以小粉作糊,此则近人皆用之矣。间记经史,均极浅陋,无异兔园册子。其人特今之骨董家而已。士大夫得一精抄以为秘本,甚无谓也。所见乃余集刻本,亦有抄本一册。

初七日(7月9日)　晴。晨过伯平,草草一饭。是日俄使来和议无成,合肥甚愤,始决用兵意,然陆军无帅,海军诸将无才,殊可虑也。

《后汉书》:"南单于于漠北遗窦宪古鼎,容五斗,其傍铭曰'仲山甫鼎,其万年子子孙孙永保用',宪乃上之。"安得如此巧合? 鼎非单于伪造,即班孟班妄释以愚宪耳。近日讲钟鼎者,大率类此也。从来识古字而不惑于古器者,莫快于张京兆之辨邠鼎。自东京以来,承莽造谶文、汉兴赤伏之后,古器之作伪者多矣。

初八日(7月10日)　晴。杏孙来,同晦若、容民谈。

初九日(7月11日)　晨起风雨。赞臣、翰香先后来。巳刻,内人患霍乱,吐泄兼作,竟至昏晕,既受夜凉,复因伯夫人忌日在迩思深痛迫也。急延医服药,扰扰竟日。寄九弟书。

初十日(7月12日)　晴。伯夫人二周年,至经堂一行。得安圃及廉生书。

十一日(7月13日)　晴。赞臣来。合肥云,各国以汉城、仁川均商岸,勒令日本撤兵,和局可成。果尔,则东方和战之权西人操之,亦中国之耻也。而译署欣欣,冀可收无事之福。时部拨的饷三百万,上意盖主战云。

十二日(7月14日)　晴。家忌,未见一客。

十三日(7月15日)　晴。复廉生书。夏太守敬颐自广西来。字养泉,覃儿之内兄也。樊州同恭寿字铭叔,举人,介轩之弟。自都来,赴江苏。赞臣来谈,和局变,调兵矣。

十四日(7月16日)　晴。寄安侄书。花农来,三日亢热之至。内人小愈。

十五日(7月17日)　晴,夜有微风。闻都中雷雨,平地水深数尺。晦若约谈,贾制坛来,奉召募八营之札也。翰香、铭叔均至。

十六日(7月18日)　晚雨。赞臣来,族人佩綵至,属回里取儿辈录遗卷。午后,陈景熙约大埔李宝森字谷生,聂镇士成客。来询朝鲜形势,李夸诞不及,陈之确实也。得廉生书,并《律心》一部。爽秋亦有书至。

十七日(7月19日)　雨。四兄忌日。夜,合肥示枢译会疏有和意,时翁、李亦派入集议也。十三日所派,十四日复奏。

十八日(7月20日)　阴,时作急阵。晦若来,复仙蘅书,并属代致《律例根源》。赞臣过谈。

十九日(7月21日)　晴。以爽秋书及琴友所寄各件,由三晋源寄惠人。仲彭来话。

二十日(7月22日)　晴。献夫、翰香、赞臣均来。晦若来询倭韩消息。高阳十七专足来,亦询东事。夜,袁慰廷自朝鲜回。

二十一日(7月23日)　晴。抟霄、慰廷均来。复高阳书。

二十二日(7月24日)　晴。谊卿自苏州至,夜刘秀才燕臣辞行,回东应试。

沈端恪《遗书·励志录》云:"有一前辈,洁己而不求人弊。予曰为小官则可,若居大位须以激扬为先。养恶容奸,正是己之不洁。"佩纶谓此弊居大位者犯之最多。其实不求人弊,即居小官不可。小官不察吏役家丁之弊,必累其名矣。岂独此哉? 居家而不求弊,则不能齐家;求友而不察弊,则必遭损友。要在躬自厚而薄责人,斯可耳。不求人弊而徒务洁己,自了汉耳。

又云,华亭周荆山谓余云:"钱虞山《初学集》,君子之文;《有学集》,小人之文。"此说与佩纶合。端恪又云:"虞山初附东林,故其文可观。迨其败名丧节,则文亦趋下。又见文章不可伪为!"此即余以人品论文品之证也。

又云:"后世多訾议王弇州文字,然弇州气节、才品极高取其扶持椒山一节,已见梗概,非震川所能及。文虽淡洁如震川,而议论不足明道。纪载无关于治乱兴衰之迹,则亦寻常应酬之作耳。其中岂有物哉?"又论震川惟沾沾以《张贞女》一篇为得意,即修《宋史》,亦不能佳。识力均卓绝也!

二十三日(7月25日)　晴。谊卿来谈。午后,启之过话,以慰廷所上条议见示。晚,伯行由南来。

二十四日(7月26日)　晴。陈景熙志先及姜翰卿桂题、程平斋允和来。程由牙山至,询以朝鲜情形。谊卿来谈。午后,闻牙山运兵三船被袭,济远奔回,广乙沈没,操江被掳,高升所载千二百人及洋员汉纳根两营官均没。合肥召谈,慨叹而已。晦若、容民两来。

二十五日(7月27日)　大雨。读《后汉·窦融传》:"融迁大司空,自以非旧臣,一旦入朝,在功臣之右,容貌辞气卑恭已甚,数辞让爵位,因侍中金迁口达至诚。"范史称其"放远权宠",诚可谓智。顾逊位不获,至于策免。旋行卫尉,又复就职。未免为蛇画足。既而兄子林以罪诛,仓皇乞骸归第。而年老,子孙纵诞不法,至于交通轻薄,属托郡县,干乱政事。驯至穆等均免官,家属归故郡,而只身独留京师,岂非多寿多辱哉? 融尝疏言,子性顽钝,不令观天文,见谶记。而穆等所为,又岂稍通经艺者? 此固诸子之不肖,亦融年衰恋位,有以致之,岂若高密教子一经之为善处功名哉? 甚矣,融不得为智!

二十六日(7月28日)　晴,午后雨。谊卿来。花农亦至。

二十七日(7月29日)　雨。闻北路军至义州城外三十里,平壤已失。有商船至烟台,云叶军与日本战,毙其千馀人,我军伤亡止百馀,见进札水原。所传均不确。

二十八日(7月30日)　晴。枯坐竟日。念倭事无人,势将大挫,顾无权可以振之,闷闷而已。岂非天哉?

元征日本,至平壶岛,遇飓风,败舟。《经世大典》云:诸将上言,至日本,欲攻太宰府,暴风破舟,犹欲议战。万户厉德彪、王国佐等不听节制,逃去。本省载馀军至合浦,散遣还里。未几,败卒于闾脱归。言官军八月一日风破舟,五日文虎等各择坚好船坐去,弃士卒十馀万人于山下。众推张百户为主帅,伐木作舟欲还。七日日本人来战,尽死。馀二三万,虏去,尽杀之。蒙古、高丽、汉人,谓新附人为唐人,不杀而奴之。盖行省官议事不和,故皆弃军耳。余谓越海征夷,不悉风色、地势,而遽以海军委之敌,其遇风非不幸也,择将不慎耳。况王磐已谏于前,文虎请回回炮匠又不与,轻敌甚矣。安得不败?

二十九日(7月31日)　晴,夜雨。周郁山来。合肥欲派赴北路,郁山力辞。

英宗处置任守忠事,皆以为韩魏公。《邵氏闻见录》载之甚详。惟李焘《长编》引《文潞公私记》言:"治平元年八月,谏官司马光、吕诲劾入内都知任守忠交斗宫闱,光又疏其十罪,乞斩之。时富弼为枢相,乞行谏官之言。英宗命窜逐之。弼与中书同奏事殿上,韩琦进曰:'陛下登极之时,守忠亦颇有劳,愿少宽之。'弼奋而前曰:'先帝亲授陛下以大器,皇太后协赞有功。而此辈乃自云某有功,某有劳,臣不知此[何]等语,且将置先帝与太后于何地邪?'上韪弼言。于是琦悚然失色,却立数步。"正与邵氏相反。按,守忠交构两宫,实则谮英宗于曹太后前也。魏公能厉声撤帘,顾畏一任守忠而为之乞恩哉?即潞公《私记》非伪托,必弼欲重惩之。而琦仅以蕲州安置,轻轻了之,不慊韩公之意耳。时富【韩】公与魏公已有隙,故两说轩轾若此。

以情度之,守忠谯英宗,英宗左右亦必有进萋菲者,当时能两贬之,方为交尽其道。而韩、欧当日但注意于英宗而忽曹后,犹之元祐间诸臣但注意于宣仁而忽哲宗,皆为未得其平。元祐激为绍述,治平之世幸而未生他衅耳。

**七月初一日(8月1日)**　雨。郁山来。翰香、谊卿、制坛踵至。闻叶军廿六七又捷,共伤亡倭兵二千馀名,我军亦伤亡二百馀。倭倾汉城之兵攻之,未知胜负。水原险要可扼,战守地也。后闻此战乃伪传,叶廿七日已退去矣。可叹。

**初二日(8月2日)**　阴。郁山、慰廷来。闻叶军仍在牙山。

**初三日(8月3日)**　雨。郁山、慰廷、谊卿来。过晦若。遇肯堂,已捐光禄署正。夜,晦若来,慰廷复至。寄廉生书,并银三十两。王升来。

**初四日(8月4日)**　晴。继祖妣靳太淑人忌日。吴乐山闯然入,愿援牙山,不能拒客也。合肥以为大愚。晦若送巽之,电欲慰廷入都,师意不可,以琴生宣付史馆奏交赞臣。闻牙山大挫,所增之江自康营已为倭攻破。

**初五日(8月5日)**　阴。闻叶提督有阵亡之耗,内责海军。合肥以临敌易将为虑,与余议不合。余执不在其位之例,不听即已,亦不力争也。晦若、玉山均来。吕镇本元,字道生。将赴平壤,辞行。得家书,知许鹤巢下世,为之惘然。

**初六日(8月6日)**　晴。先君忌日。伯行来谈,劝余助合肥,不可。读苏诗一册,心绪甚烦。余平生不合时宜,真略似坡公也。

**初七日(8月7日)**　晴。晦若来。陈葆初过谈。

**初八日(8月8日)**　雨。得载之书,将赴鄂。赞臣小坐。周郁生复愿赴平壤,谈片刻。

**初九日(8月9日)**　夜雨。谊卿来。午后,吕道生至。

**初十日(8月10日)**　晴。仲仪入都,陈葆初、陈序东来。倭船犯威海,旋退,此游兵也,不足虑。腿患一疖,甚苦。得廉生书。

十一日（8月11日） 晴，晨大雨。午后，允言来，欲归里。中元祭墓，以铁道阻雨不果。

十二日（8月12日） 晴。献夫、玉山、慰廷、仲璋杂至。坐久，体为之疲，创破，病榻小倚，殊有玄德抚髀之感。曹苌臣过谈，甚壮。得慕韩书，怒甚，复之。

十三日（8月13日） 晴。仲仪辞行，尚力疾见之，延林医治疾。闻聂镇追至金川，中有黄州倭军阻隔，作一纸请合肥令前敌策应。

十四日（8月14日） 晴。谊卿入幕。

十五日（8月15日） 晴。赞臣、翰香均来。得外姑马太夫人讣电。

十六日（8月16日） 晴。允言十二即赴大沽，今日归，留宿儿辈斋中。晦若、容民来。

十七日（8月17日） 雨。闻丁雨亭来见合肥，即去。谊卿、晦若均来。是日以创已，血尽生肌，不能步履，卧写管斋。

十八日（8月18日） 雨，旋止，阴。儿辈入都。允言同行。十六日强起作润师一纸。

十九日（8月19日） 晴。阅《荆公集》两卷。折弁归，得廉生书、慕韩书。觐虞来。

二十日（8月20日） 晴。轮舟回，送至马头，水浅，儿辈明日可到都矣。周臬司、袁道、仲璋、谊卿、晦若先后至。清卿告奋勇，已俞允。叶军亦退至平康，即可抵平壤矣。

二十一日（8月21日） 晴。久卧床褥，无客至亦闷，客来则又厌之。得赵菁衫书。赞臣来。作一纸复慕韩。是日入内斋见合肥少谈。

二十二日（8月22日） 雨。晚，仲彭来久坐，甚乏，饭罢即眠。赞臣书来，云叶已退至江口，距平壤不远矣。

二十三日（8月23日） 晴。赞臣来。得九弟书。孝达有电，询朝鲜事，草草复之。慰廷来谈，出巽之书相示，翁、李均以巽之为谋主,可笑也。强起复载之一缄。

二十四日(8月24日) 晴。晦若来。伯平销假至,已委署保定府矣。午后,伯行来话。

二十五日(8月25日) 晴。伯平来辞行。九弟有书,复之。

二十六日(8月26日) 晴。闻叶志超得总统,可笑之至。相从退回之,文武员弁均请优奖,不知何功也。慰廷来。

二十七日(8月27日) 阴。赞臣来。朱伯平丁艰,以一幛唁之。得儿子书,廿三日到都。

二十八日(8月28日) 晴。献夫暨翰香来。午后,赞臣、谊卿来话。内意欲去丁汝昌,合肥属晦若复疏护之,晦若持稿见示,余不赞一辞也。以考箱寄都。

二十九日(8月29日) 晴。复子涵书,以幛联各一、洋四十元寄奠。

三十日(8月30日) 晴。得两儿书。赞臣、晦若均来。子涵有书至,告急。

元武宗初年,右丞相阿实克布哈旧作阿沙不花。谏曰:"陛下八珍之味不知御,万金之身不知爱,而惟麹蘖是耽,嫔妃是好,是犹两斧伐孤树,未有不颠仆者。"帝大悦。尔时蒙古风气质朴,君臣之际有若家人父子,故其言直率如此。惜帝说而不改,至大之政锡赉太优,泛赏无节,顿失至元、大德规模,而享年亦复不永,为可惜也。仁宗即位,李孟谓陛下御极,物价顿减,方知圣人神化之速。此虽孟之谀词,然亦足见武宗之朝,民气愁悴,百物腾贵矣。

八月初一日(8月31日) 晴。献夫、翰香均来。朔日祀先,跪拜略能成礼矣。谊卿来谈。

初二日(9月1日) 晴。清卿自请办帮海军,得旨申饬。谊卿来谈,相与诧怪而已。闻鹤巢枢眷过此,遣仆以祭筵奠之。余尚未能出门也。明日有摺便,寄廉生及两儿书。

初三日(9月2日) 晴。谊卿、晦若均来。复菁衫书。

初四日(9月3日)　晴。曹荩臣来谈,历诋叶之骄蹇,卫之刻薄,深为东事忧之。谊卿旋至。午后,陈志先通判景熙来,其人心颇深细,颇多中肯语。得两儿书。

初五日(9月4日)　晴。伤风感冒甚重,寄谕儿书。伯行来,马植卿由金陵至。

初六日(9月5日)　晴。伤风略愈。黄秦生来,未得见。两儿托带家言,主考薛允升、徐郙、长萃、杨颐皆无文名者。

初七日(9月6日)　晴。周皋、袁道辞行。盛亦尾至,嚣谈可厌。午后,晦若、谊卿均来。夜,袁又至。

初八日(9月7日)　晴,甚燠。黄秦生来。午后,董少溪牪自乡至,任采访之役。癸巳副贡。

初九日(9月8日)　雨。午后,翰香、赞臣先后至。清卿留防威海。闻汪凤藻有革职之说,形同聋聩,宜哉!

初十日(9月9日)　晴。午后,出门至晦若、谊卿处小坐即返。龚厚庵、董少溪同来,献夫亦坐谈良久。

十一日(9月10日)　晴。闻楚宝被劾,合肥准其奔丧。午后,顾廷一及谊卿来。谊卿眷属至。廷一则接楚宝差也。得两儿书,摺弁九日始回,以道为霖潦所阻耳。

十二日(9月11日)　晴。十一日,阁抄上谕:“御史端良奏请将革员驱令回籍,以免贻误事机等语。革员张佩纶获咎甚重,乃于【事于】发遣释回后,又在李鸿章署中,以干预公事,屡招物议,实属不安本分。著李鸿章即行驱令回籍,毋许逗留,钦此。”合肥颇愠。余谓人言宜恤,君命当遵,拟节后迁居,以息浮议。晦若、谊卿、赞臣均来。属赞臣料理新屋,盖屋尚未成,不能春夏早迁,实由于此,遂为言者所中,可慨也。寄九弟及两儿书。

十三日(9月12日)　晴。翰香及王枫臣来。得九弟书。

十四日(9月13日)　晴,夜雷雨。秦生来,即赴河防局。吴清卿、谊卿同至。孝达赠书三箧。午后,容民、晦若、抟霄来谈。复九弟书。

十五日(**9月14日**) 夜半大雷雨。不见一客。

十六日(**9月15日**) 晴。与合肥言,定于明日出署。孝达电来,云因高阳会议有复用之机,忌者下此毒手。实则非毒手也,求去者三次,非奉特旨,何能遂此怀耶?

十七日(**9月16日**) 晴。辰刻,至合肥斋中小坐,辞行。合肥黯然。余洒然。永诗、容民、晦若相继来,迁居[派]水草堂。

十八日(**9月17日**) 晴。花农来,默坐良久而去,可笑。邵班卿、章仲璋同至。晦若书来,云叶志超十五日专足至安州,电称四面合围,督战三昼夜,不能支。平壤城低而圮,倭架炮百馀俯击,城中人马皆糜烂,又无处汲水,万不能守。韩民竟接济倭兵,援师恐来不及,求先将情形奏明等语。合肥请调宋庆、宋索三十营出防义州,谊卿来云已退至义州,未知确否。

十九日(**9月18日**) 晴,午后阴,晚急雨一阵。两儿归。允褒以回避同来。午后,仲彭至,知以师老无功,合肥褫三眼翎、黄马褂,而平壤失守,水师杀伤相当,致远、经远已沈毁,铭军幸登岸,然我之海军不能成队矣。夜,绕室不能成寐,为大局慨,自笑其愚甚于杞人之忧天也。仲彭去后,曹荩臣过谈,以余被诬,至于下泪,殊可感。

二十日(**9月19日**) 阴。晦若来。

二十一日(**9月20日**) 晴。内人迁居,萍飘絮泊中室家暂聚,亦足乐也。荩臣复来,问津诸生欲递呈相留。余以为不必递。

二十二日(**9月21日**) 晴。仲彭来,知诸军已弃安州,义州亦将不守。作寄桂林书,交允褒。

二十三日(**9月22日**) 晴。遣允褒归。余亦回里。晦若来送,云合肥自请严议。荩臣亦至,云诸生呈已递,合肥方被谗讥,岂能于救过不遑之时兼顾鄙人?余亦不愿再入署,志之以见诸生深意而已。夜,至胥庄。

二十四日(**9月23日**) 晴。回里。

二十五日(**9 月 24 日**)　晴。为甘大令题其尊人甘小苍鸿《孤山补梅双堤柳图》三绝句,岁荒族贫,量加助恤,不能久居。

二十六日(**9 月 25 日**)　晴。自里赴芦台,居刘小闿家,九弟内兄也。小闿母存。

二十七日(**9 月 26 日**)　阴。寄桂林书,交津寓。

二十八日(**9 月 27 日**)　晴。自芦赴滦州缸窑主秦庠家。

二十九日(**9 月 28 日**)　晴。谷甥来。

与坐客论熊廷弼狱。廷弼之冤,徐尔一《讼冤疏》最为悚切。其后大学士韩爌等之议,委婉曲折,亦复动听,然史谓其令汪文言贿内廷四万金祈缓,既而背之,忠贤大恨,誓速斩廷弼。此则冤更甚于传首九边者。观忠贤之党希指趣成其狱,知忠贤藉熊以倾清流,设谋甚毒。廷弼有意气,以取祸,非肯贿赂求缓者。释而背赂,犹虑复逮,安有身在狴犴,忽贿忽背,自速其祸?廷弼有智计,亦断不至愚妄如此。疑忠贤索赇不应,故既杀其身,又诬以家资百万,以破其家,当时清流务攻廷弼,而反授忠贤以柄,悉以受贿坐之。吁!可叹也。熊之罪在轻王化贞,而反与化贞同退,盖度量狭而意气豪,方自以为料事多中,可收效于桑榆,而不知朝廷之上,朋党成群,不论是非,而论同异也。观此,足为叔季处功名之鉴。

九月初一日(**9 月 29 日**)　晴。赵宇香来。

初二日(**9 月 30 日**)　晴。由滦州回芦台。

初三日(**10 月 1 日**)　晴。得家书,知合肥有辨疏。余策其必不准。虽多此一辨,亦稍明余之素行。即允准,余亦断不入署也。并闻翁叔平来津,有责备合肥语,并微露主和之意。东洋非西洋,似无和理。和则朝鲜为日本所并,勃海分其半,北洋无安枕日矣。

初四日(**10 月 2 日**)　晴。由芦出陈家沟,欲至家一转,闻初六至初十伯夫人服阕讽经,遂赴刘园,宿曹苌臣家。

初五日(**10 月 3 日**)　晴。苌臣谈一日。

初六日(**10 月 4 日**)　晴。仍主苌臣家。闻都中有遣王云舫出京,会同曹荩臣办理团练意,遂行。

初七日(10月5日)　晴。仍到芦台。

初八日(10月6日)　晴。由芦台至滦,宿秦氏。

初九日(10月7日)　晴。复廉生书。是日回芦。

初十日(10月8日)　晴,夜有风。午后,由芦放舟。薄暮过七里海,宿淮沽。

十一日(10月9日)　晴。薄暮到派水草堂,内人云:硃批:张佩纶获咎甚重,李鸿章何得再为剖辨,仍令回籍,不准在该督署中居住。摺内云已经回籍,未细观也。

十二日(10月10日)　晴。赞臣来,酌定移居,并托其觅一媪,因倪妪已去也。

十三日(10月11日)　阴。翰香来。

十四日(10月12日)　阴。复买舟,为漫游计。夜半登舟,舟中携杜、苏、王、朱四家集,合之义山,颇不寂(莫)[寞]矣。

十五日(10月13日)　晴。放舟,泊虹桥。

十六日(10月14日)　晴。舟泊淮沽。

十七日(10月15日)　阴。抵芦台。

十八日(10月16日)　晴。抵丰台,不到近十年矣。闻盘山道不可行,怅甚。

十九日(10月17日)　晴。允襄由都至里,适与相值。

二十日(10月18日)　晴。得家书,闺人有疾,遂由胥庄回津。允襄同返。

二十一日(10月19日)　晴。内人患(利)[痢],延医治之,遣王升明日回里。

二十二日(10月20日)　晴。得曹荩臣书。

二十三日(10月21日)　晴。沧儿生日,内人为作汤饼。

二十四日(10月22日)　晴。内人疾渐愈,稍慰闷怀。是夜遣襄回都,耿耿不能成寐。

二十五日(10 月 23 日)　晴。献夫来谈,云九连城恐不能守,合肥一筹莫展,云闻上感瘅疾,忧闷之至。杜诗"独使至尊忧社稷,诸君何以答升平",请为当事诵之。十九日尚召见,二十日未召见。

二十六日(10 月 24 日)　晴。赞臣来谈。得颂民书,又生子,命名毓箕,为琴生庆,九京有知,当不以余为势交也。

二十七日(10 月 25 日)　晴。捡《王子安集》阅之,近人吴县蒋清翊注本。

二十八日(10 月 26 日)　晴。闻倭恒额兵败,宋庆退至天山。九连城又被袭,刘、聂辈均围困,可叹之至。又有倭兵二十至皮子窝,登岸窥大连湾,旅顺亦震,过顺小轮为倭截夺,我兵如此之怯懦,殊可慨也。

二十九日(10 月 27 日)　晴。内人疾愈。

裴行俭以士之致远,先器识而后文艺。勃等虽有文艺,而浮躁浅露,岂享爵禄之器耶?后惟杨至令长。史录之,以为名言。然裴所赏之苏味道模棱两端,王勮坐綦连耀谋逆,与弟勋伏诛。勮亦非令终者,较骆丞事亦相类。夫以苏之模棱责行俭不知人,彼必谓吾论享爵禄与夫非论人品也。如勮及宾王,何以判之?岂职卑无器识,职尊即不令终亦有器识耶?是裴乃势利之谬论。杜陵所谓"尔曹身与名俱灭"者也。读《子安集》,有《上裴侍郎启》,有云:"伏见铨擢之次,每以诗赋为先,诚恐君侯器人于翰墨之间,求材于简牍之际,果未足以采取英秀,斟酌高贤者也。"因上《古君臣赞》十篇。侍郎即行俭,是裴本以文艺取士,殆又不喜王、杨、卢、骆之文,因李敬元语而驳之,四人为裴所抑,坎坷以终。正裴蔽贤之罪,而反以为有知人鉴哉!虽王仍以文字干进,然文有"殊恩屡及,严命频加"语,乃裴索其文而勃始上启,兴无故贡卷者自异乃即以王之说,反而苛勃信口讥评,骄鄙极矣。勃有《周易发挥》、《大唐千岁历》,乃学人而非仅文人;又作《汉书颜注指瑕》,具有史识。徒以《斗鸡》一檄为怕婆汉所逐,归之无命,可矣?

十月初一日(10 月 29 日)　晴。料理行装。

阅《知止斋集》。元和朱绶著。凡诗十二卷,词一卷。绶,道光辛卯举人。其诗董国华叙之,其词戈载叙之,其文吴嘉淦序之,皆道光间吴中名士也。绶诗文均以洁自许,故晚字仲洁。其为人似超然尘表者。但文有仲宣体弱之病,诗亦未能刚健。所作《五人墓》诗,乃微贬五人,持论殊庸腐。《送林文忠》诗尤涉应酬气。小诗与词则楚楚有致。盖吴下囿于归愚之说,能超拔自振者罕矣。

**初二日(10 月 30 日)**　阴。游盘山,以辰初发浦口,三十五里,早饭,又五十里,宿蔡村。

**初三日(10 月 31 日)**　阴。由蔡村三十五里至河西务早饭,行十五里许,由晋庄过渡,本由红庙渡,近日始改渡口。十二里至香河。值香河庙会,各店人满,于南门内住一小店,逼仄之至。

**初四日(11 月 1 日)**　晴。由香河至邦均有两道,由黄庄为下道,由沟口为上道,群以上道为易达,遂径沟口,二十五里,沟口至新集,又二十五里,时已未初,度不能到邦均,自新集至邦均必由桑枝,由桑枝稍折而北,则至段家岭,乃且行且问,十二里至桑枝,日已落矣。遂觅人引导,由马房至渠头,由渠头至岭上,凡三易,人到店已将三鼓矣。不陷于淖者几希,游山韵事而行役之劳如此。

**初五日(11 月 2 日)**　晴,入山后微雨。由(领)[岭]上二十里至邦均早饭,由邦均入山亦二十里,宿天香寺,住持湛纹,距天城下院里许。

**初六日(11 月 3 日)**　晴。登山道险不能步,以两木缚一椅,四人肩之而行,从荦确中取径,捷若猿猱。由寺南过静寄山庄,宫垣半圮,见石佛楼、晾甲石,折而北,至少林寺,行宫已废,后有白塔,又稍东北,至东竺庵。庵西木石甚佳,僧欲售去,惜庵左亦行宫故阯,故无敢购之者。稍憩,西北行,历磴道十八盘,至云罩寺,登舍利塔,望自来峰。隆奇和尚木讷,近有道者,留午斋,以松下菌杂扁豆煮之,殊有野味。观塔顶佛牙舍利,有明万历壬子重修银牌。牌云:壬子八月,贵妃郑氏、顺妃李氏委汉经厂掌坛御马监太监卢永寿、张然重修。乾隆八年、嘉庆十七年,均以雷震发帑修之,乃宫保方恪敏暨温承惠任也八年。牌云:原辟支佛牙一具,舍利六十粒,今仅存四十七粒。二十三年及嘉庆再修,则未及舍利粒数,今仅见五粒矣。又有水晶珠一,不知所来。僧亦数典忘祖矣。出寺而下,南行,立紫盖峰,后望上方寺、悬空石,回望行宫历历如罨,过桃园洞,又南访朴公墓、青沟寺,已鞠为茂草,望古中盘,过天地,稍西历东甘涧西甘涧,过天成寺及莲花池,回宿天香,石松泉之外,柿梨霜叶与松翠相绚,亦壮观也。

初七日(11月4日)　晴。游中盘万松寺,登李卫公舞剑台,庵已圮矣。寺僧訚然,问辛巳之方丈源真、知客、兰坡均已退。院双峰法藏一过,皆残破。下山游天成寺。寺僧雍坡仍辛巳方丈,须已白。湛雯于莲花池相候。过李氏废园,乃李寄云所居。其孙李祐云孙售与雨苍幼云观察,乃寄云少子希杰赎回。顾园林逼仄,已经雨倒塌,即并隔墙康宅屋均买之,不能迁居也,一笑置之。湛雯劝买圆通庵废址,东西五亩,南北七亩,有柿林及梨、杏均二三百株,价止百金,在中盘之下,二盘之上,余未决也。

初八日(11月5日)　晴。游西山白峪寺,乃辽金旧刹,亦无碑可稽。或云山庄可游。余不欲冒禁而止游先师台、望龙亭石及仙人石,至盛化旧址一游,出山右,邦均午饭,是日仍宿新集。

初九日(11月6日)　晴。过香河,程文炳威清军渡河,无店可饭,于回回店小坐而行。过渡,宿河西务。

初十日(11月7日)　晴。蔡村早饭,至杨村为程军占,店借云字营居之,王恒风已为曹克忠调充三营统领,哨官何长吉接充,宿松人也。

十一日(11月8日)　晴,大风。三鼓行,遇风,寒甚。辰刻抵草堂。内人自初五归省未还,晚归,知倭寇大连湾势将不守。

十二日(11月9日)　晴。都下迁徙纷纷,人心涣散。可叹!得允襄书,述润师语甚详。

十三日(11月10日)　晴。赞臣、翰香均来。内人归省,知云楣至督饷械，准专奏，合肥甚称之，高阳所保也，实亦滥好人而已。

十四日(11月11日)　晴。晦若来。

十五日(11月12日)　晴。谊卿来，留之晚饭。

十六日(11月13日)　阴。永诗来，寄润师一书。

十七日(11月14日)　晴。翰香、赞臣同至。

十八日(11月15日)　阴，微雨。仲彭来。闻张荫桓此来为求和计，随员景月汀，宝文靖犹子，丁忧，江苏粮道也。

十九日(11月16日)　晴。莌臣来，言所募津胜军尚未成营。云舫苟碎不甚谐，从来文武共事，往往如此。

二十日(11月17日)　阴。阅邸抄，初六日常熟、高阳及广东巡抚刚毅均入枢府，当有更易政府意。

二十一日(11月18日)　雨。孙茶孙来。

二十二日(11月19日)　雨。夜半，仲彭来。

二十三日(11月20日)　阴。闻额、张出政府，礼、孙犹在，未为澄清，且闻欲用王文韶也，边润师擢闽督云。

二十四日(11月21日)　阴，大风。阅《寒石诗钞》，沈绍姬著，字香严。诗学长庆、剑南。集分体刊，七律类有《朱竹垞陆澹成两太史留饮宿澹成斋头示应制诸作》一首，捡《竹垞集注》，无绍姬行实。集首有傅泽洪序云："香严生长素封，早负成名，不幸遭家多难，奔走四方，今行年七十有六，老病孤穷。"郎星序云："查东山称其填词第一。"周斯盛序云："过宋，与香严相见。"集中有《周屺公访余宋州官署》诗，似在宋州幕中。如黄梨洲、查伊璜，均与之习。《国朝别裁》选其诗九首，云："香严羁迹淮右，垂老不归。浙中诗坛亦罕数其人者，仍于清江于氏得手抄一册，亟采入之。"其生平出处未遑详悉，是归愚亦未得其生平踪迹也。按，集有"杨守知次也参阅"，与归愚同时，不知归愚何以未经考订，拟他日捡《浙江通志》证之。今书簏均封庋，未及开编探讨也。惟集有《庚子三月老病将返钱唐作首邱计》，则其人似还浙中，非没于淮右者。归愚未审，亦未见其刊本全集耳。

二十五日（11月22日）　阴。翰香来，留之午饭。饭后，仲彭过谈。

阅《百一山房诗集》。仁和县孙补山相国著。其孙古云袭伯均所刊。补山谥文靖，与金鐩孙平叔先生同谥。平叔深于小学，其所著《泰云堂集》彬彬大雅，视补山为优。

二十六日（11月23日）　阴。寄袁爽秋书。夜，仲彭来，知旅顺失守。

阅《晚闻居士集》。萧山王宗炎著。汤文端之师，王南陔族兄也。志传多萧山人。

二十七日（11月24日）　阴。赞臣来。夜，仲彭送电抄至，合肥留任，摘顶。

二十八日（11月25日）　阴。曹荩臣来谈。内人归省，闻中枢求和甚急，为唤奈何。夜微感寒，遍体酸痛，梦中作呓语。

二十九日（11月26日）　晴。余生日，感伤身世，为之怃然。赞臣、翰香来谈。

阅《李武曾集》，附李分虎符《香草居集》。

三李齐名，斯年之集，惜不得见。武曾本名法远，分虎本名符远，与兄绳远齐名，后乃更今名。

永年申检讨涵盼常语人曰："闻朱十论诗文，使人愞，未若李十九之可亲也。"朱竹垞撰《武曾状》。曹秋岳赋《春草诗》，和者遍江左，谓人曰："得李生作，庶几老怀一洗乎。"后邮寄四章，定为压卷。高层云撰《分虎墓表》。分虎《春草诗》，佳句如第一首收处云："山中历日无由见，藉尔春草记岁年。"第三首结句："只爱中华风候暖，白羊城外不知春。"均有致。其中如"日照总如金翡翠，烟笼真见碧琉璃"，又"锦似纤时花半落，碧相交处柳三眠"，一嫌板重，一涉纤巧，均无馀意。曹以夺卷，未喻也。

十一月初一日（11月27日）　雪。合肥出阅大沽等处营垒，晡若、荩臣从。

初二日(11月28日)　晴,夜大风。赞臣来,仲彭亦至。

初三日(11月29日)　晴。浮桥冲断,以河将合冻断凌之力也。日来亲友多劝徙居,余以藏书过多,思由海道运至沪上,而郁郁无聊,复不能决,有许男不足定迁之感。

初四日(11月30日)　阴。懿旨以瑾妃、珍妃习尚浮华,时有乞请降为贵人,以示薄惩而肃内政云。至西偏院一览,不成片段。侏儒观一节,张楚宝即此监工一端,料其胸无丘壑。虞世南子作匠,匠亦正不易作耳。

初五日(12月1日)　雪。合肥回津。

初六日(12月2日)　晴。翰香来。晚荩臣过话,此次随节同阅沽唐也,留之晚饭。是日内人归省,因浮桥今午始成耳。

初七日(12月3日)　晴。内人归,言为老人计,请筹款多买枪炮,老人颔之。噫!板屋同仇,闺中弱质,所见如此。而合肥犹冀和议之成,殊可叹也。闻倭由岫岩进,余曰此欲夹攻宋军,宋军退,必扼,盖平是引之入关矣。昔孙文忠守关,初守宁远,后守右屯,筑城大凌河,虽大凌河之役工竣,即为我军所围,宋伟、吴襄不相能,败于长山,城亦被毁,然非今日比也。似宜进厄右屯,兼防宁远,无闭关自守理。合肥亦不能从。

初八日(12月4日)　晴阴相间,颇寒。安侄擢粤东臬司,冀九弟可回避离五羊矣。

初九日(12月5日)　晴,夜大雾。闻岫岩失守,不幸多中,如何如何。张楚宝因诬以盗卖军火,旨饬。南洋拿问,亦不白冤也。

初十日(12月6日)　阴,雾犹未散。闻张樵野将来,和局殆可定矣。为之怃然。

阅查莲坡为仁《盘游日记》。自津过贾家口十八里,至北仓,日午至汉口,入武清道中,望杨村,过大石桥,名星宿桥。又行三十里,薄暮抵崔黄口。二月三日。次日东行十五里,至大口屯,俗名打狗屯。入宝坻界,过双王寺,再东至马家店,十五里至宝坻,由宝坻出北门,十五里至三盆口,沟水入流处。五十里至邦均。《松漠纪闻》作邦军。去以留宝坻一日,为三日程。归则午饭邦军,夕宿马家店,次日四十里至大石屯,大石桥午饭,薄暮抵津,才二日耳。惜游山时未得见此集,迂途劳顿矣。甚矣,地理不熟,即游山亦不可行也,况行军乎?

十一日(12月7日)　阴。阅邸抄,恭邸复入枢府,凡四入矣。内人归省,知和局仍未定,倭人骄甚,而内意决欲成和。闻之,殆为愤惋。晚,荩臣来辞,赴小栈写菁衫挽联,云:"滏水集长留,试从里社论诗,远与拙轩堪并驾;秣陵书未答,欲向墓门(县)[悬]剑,愧非季子负平生。"并作宇香书,唁之。夜自煎茶,甚美。

十二日(12月8日)　阴。晚,翰香来。

十三日(12月9日)　阴。献夫来。怡庭以书若干种交陈谨,颇有一二小品可观者。得爽秋书。约赞臣来谈,同饭,闻张荫桓已回京。

十四日(12月10日)　阴。为洪子彬题其太夫人家传,作书复爽秋,明日交署加封,仍为崔惠人事,可厌之至。夜,忧从中来,耿耿不寐。

十五日(12月11日)　晴。浮桥又开,过凌也,旋合。仲彭、赞臣均来。

阅朱稼翁《六峰阁集》。集四卷,未知为足本否,板已漫漶。《梅里诗话》云六峰阁乃其少壮所作,至老篇章尚未付梨枣,或者竟就蟫蠹耶? 为之怅然。

十六日(12月12日)　阴。得廉生书,寄回《方山静憩图》一合。安侄亦有书,作一纸复之,亦未能畅。

十七日(12月13日)　雪。与内人捡点祭器。

阅《山静居遗稿》。石门方薰撰。《题靖海图诗》有序云:"明嘉靖间,倭寇蔓延,三吴巡按胡宗宪平之,士民颂其功,文衡山为绘图以传。初,倭患棘,总督张经筹画防御,屡杀其势,援寡征兵,议大举。

赵文华劾以养寇疏,方上,大捷王江泾。文华攘其功,经竟论死。余惧,观是图者,知有胡而不知张,有心成之也。"薰可谓有史识矣。

十八日(12月14日) 晴。翰香、仲彭均来。仲彭晚饭后始去。

《明史·汤和传》:洪武间,倭寇上海,帝强和一行。和与方鸣谦俱。鸣谦,国珍从子也,习海事,常访以御倭策。鸣谦曰:"倭海上来,则海上御之耳。请量地远近,置卫所,陆具步兵,水具战舰,则倭不得入,入亦不得傅岸。近海民四丁籍一以为军,戍守之,可无烦客兵也。"帝以为然。和乃度地浙西东,并海设卫所城五十有九,选丁壮三万五千人筑之,尽发州县钱及籍罪人赀给役。役夫往往过望,而民不能无扰,浙人颇苦之。或谓和曰:"民讟矣,奈何?"和曰:"成远算者不恤近怨,任大事者不顾细谨,复有讟者,齿吾剑。"逾年城成。稽军定格,得五万八千七百馀人。明年,闽中城工竣。诏书褒谕。嘉靖间东南倭患,和所筑沿海城戍皆坚致,久且不圯,浙人赖以自保,多歌思之。按,北方倭患如沿海置卫设戍,仿长围平捻法,似亦可行。第在得人经理耳,否则役苦民扰,而工不坚,无益也。

十九日(12月15日) 晴。晚,仲彭复来,云海城十七不守。

二十日(12月16日) 阴。顾廷一来。得安侄书。

二十一日(12月17日) 阴。石聘之来,留之午饭,久谈。陈儿小病,夜五中烦闷,不能成寐。

二十二日(12月18日) 晴。仲彭夫人来,王媪病,遣余媪来替。赞臣至,杂谈。李诚甫来视两儿疾,盖皆患喉蛾,殊闷闷也。辽沈军情又恶。复安侄书,并允言一纸。

二十三日(12月19日) 晴。赞臣来。内人归省。

嘉靖间,郑端简晓总督漕运。大江南北皆患倭,漕舻几阻。晓请发帑金数十万,造战舸,筑城堡,练兵将,积刍粮。中国奸民利倭贿,多与通。通州人顾表者尤桀黠,为倭导。以故营砦皆据要害,尽知官兵虚实。晓悬重赏捕僇之。募盐徒骁悍者为兵,增设泰州海防副使,筑瓜州城,庙湾、麻洋、云梯诸海口皆增兵设堠。遂破倭于通州,连败之如皋、海门,袭之吕泗,围之狼山,斩首九百馀。晓因贼多中国人,言:"武健才谞之徒,困无所逞,甘心作贼。非国家广行网罗,使有出身,恐有如孙[恩]、卢[循]出乎其间,祸滋大矣。洪武时倭寇近海州县。以高皇帝威灵,兼谋臣宿将,筑城练兵,经略数年,犹未乂安。乃招渔丁、蜑户、岛人、盐徒籍为水军至数万人,遣使出海宣布威德。久之,倭始不为患。今江北虽平,而风波出没,倏忽千里。倭恃华人为耳目,华人借倭为爪牙,非详为区画,后患未易弭也。"其言切至。今日读之,犹觉洞中倭情。

二十四日(**12 月 20 日**) 晴。孙表兄及佐轩来,闻倭欲我遣重臣乞和方肯止兵,内意已动。可叹!世诚无人,丁、叶、龚均拿交刑部治罪,丰升河、聂桂林亦拿问矣。夜,曹荩臣有书来,论祁口、埕子口形势。

二十五日(**12 月 21 日**) 阴。闻遣张荫桓、邵友濂赴日本乞和矣。寄都门书,并贺润师一纸。由顾廷一专人往。

客问于余,曰:"和议,子以为然欤?"曰:"身在废锢,不敢言。"客曰:"吾尝闻凌仲子之说矣。其《读〈宋史〉》云:'靖康之(世)[时],不幸用李伯纪之言,东都旋亡。绍兴之(世)[际],幸而不用胡邦衡之言,南渡仅存。'其《金衍庆宫功臣赞》云:'南渡纳币,北面称臣。盖由崎岖兵间,灼见情势,知强弱之不敌,故委曲而图存。论者不察,猥以和为失计。斯皆利害不关【于】心,纪载未经于目,何足责哉?'"余曰唯唯否否。仲子迂儒也。其论金章宗南迁,谓不问吾所以待敌者何如,而以和为可恃,岂蒙古因金不南迁遂不再至?是又以和而迁为得计者,不知平日不修,战备仓卒,而非和不足图存,此谋国者之罪。无战备之和,和何难于持久?又恃迁都为苟安,寇能往奈何?此论发于乾嘉间,可为文之妖矣。

二十六日(**12 月 22 日**) 晴,冬至。晦若、献夫均来。两儿见愈。闻牛庄不守,宋军退田山庄。

二十七日(**12 月 23 日**) 阴。孙小云、佐轩归里。午后,内人入署。

**二十八日**（12月24日）　晴。感寒小病。

阅《杨氏全书》。江阴杨文定公名时撰。文定作直隶学政时，坐主李文贞公作抚。或谗公与巡抚比而招权利，又适有武生惊跸事，遂命出防南河，十年始召。及督滇，李敏达为盐道布政使，恃恩眷，气凌其上。公裁抑之，遂阴间公，至定斩监候，罪虽加恩宽免，留滇七年，清苦绝尘，日或不能举火，至乾隆朝召入。文定，康熙辛未进士也。余前以马江获咎。陈子良谓似林文忠，而文忠微巧。余悚谢不敢当。今客合肥，所以干预公事，受诬亦与文定事微近，诚不能追踪先正万一，而居易俟命。阅前人所遇，不觉爽然于命之理微，岂辛未真有榜运，例应磨蝎临宫耶？

**二十九日**（12月25日）　阴，夜雨。是日病甚，至后河，冰转泮，当雪而雨，皆其异事也。

**三十日**（12月26日）　阴，大风。病愈，两儿侍坐，询以所好，沧嗜汉学已入骨，陈坚云好理学书记。今正所言，已如是，未知信否。姑徇其志，以《明儒学案》授之。

《明史·郑洛传》："三娘子佐俺答主贡市，诸部皆受其约束。及辛爱袭封，年老且病，欲妻三娘子。三娘子不从，率众西走，辛爱自追之，贡市久不至。洛计三娘子别属，则辛爱虽王无益，乃使人语之曰：'夫人能归王，不失恩宠，否则塞上一妇人耳。'三娘子听命。辛爱更名乞庆哈，贡市惟谨。……乞庆哈死，子撦力克当袭。三娘子筑城别居。复谕撦力克曰：'夫人三世归顺，汝能与之匹，则王，不然封别有属。'撦力克尽逐诸妾，复妻三娘子。"洛以宣大总督导一妇人为逆伦失节之事，以保贡市之局，可丑极矣。其后撦力克卒，有洮河之役，卒为言者劾罢。虽石星辨其无重利啖敌之事，然洛之所以不顾礼义而出此下策者，不过为贡市计，卒之贡市化为干戈，其亦可以悟矣。

**十二月初一日**（12月27日）　晴。洪翰香来，以病初愈尚避风，未之见也。得都门复书。

《明史》:黄正宾,歙人。以汪文言狱词连及坐赃千金,遣戍大同。崇祯初元起故官,时魏党徐大化、杨维垣已罢官,犹潜居辇下,交通奄寺,正宾抗疏发其奸,勒二人归田里。帝以疏中有"潜通宦寺"语,令指名。正宾以赵伦、于化龙对。帝以其妄,斥回籍。劾人令回籍,而即以回籍斥之,处分甚妙。遣戍而又回籍者,得此一人。然正宾所坐,视余为胜矣。正宾以赀郎,思树奇节,始以力诋长洲,斥为民。李三才、顾宪成咸与游。三黜而直道事人,不渝初志,自愧弗如也。

初二日(12 月 28 日) 晴,风沙。内人还,余病亦愈,能阅书矣。

初三日(12 月 29 日) 晴。喉微痛。

初四日(12 月 30 日) 阴。献夫来,知刘岘庄派钦差大臣,安维峻以上疏迹涉离间革职遣戍云。

初五日(12 月 31 日) 阴。喉痛。翰香来。

孙高阳疏:"将吏匿关内无能转其畏敌之心,以畏法化其谋利之智以谋敌。"此两语古今通病。文忠,字稚绳。

初六日(1895 年 1 月 1 日) 晴。僮奴张林去,以余欲南行,坚不愿随也。可笑! 今日喉疾愈,惟口尚作渴耳。

初七日(1 月 2 日) 阴。赞臣来。

初八日(1 月 3 日) 晴。寄都门书。

初九日(1 月 4 日) 晴。仲彭来谈。

初十日(1 月 5 日) 晴,夜月色甚佳。得琴友书。

十一日(1 月 6 日) 晴。翰香来,同午饭。

十二日(1 月 7 日) 晴。内侄女暨国煦来,杰侄久不见矣,甚思之。

十三日(1 月 8 日) 晴,有风。孙小云、佐轩弟均至,买祭田百十二亩,午后约秦生来谈。

十四日(1 月 9 日) 晴。得安圃书。

十五日(1 月 10 日) 晴。洪翰香、李赞臣先后来。午后,晦若过谈,知倭人又攻盖平,今日议和之使张荫桓方到津也,盖自有洋务以来,未有仓皇畏葸若此者。

十六日(1月11日)　晴。闻盖平失守,仅嵩武分统杨寿山阵亡云。于是四卫尽失矣。小云、佐轩回里。

十七日(1月12日)　晴。谊卿来谈,所持皆苏人议论。闻毓庆停直,未见明文,不知确否。宋庆议处,章高元、徐邦道均严议,以盖平之败也。闻倭军数百游奕营口,我师仓皇矣。奈何!吴清卿来津,闻左子异以五营驻锦州,并无枪械。刘岘帅尚趑趄于都门,亦无趣之出者。倭饷不支,械亦并不富,而内意急和,堕其术中,外则钦差、督臣及统兵大员无一以御倭自任者,局外杞忧何益哉?

十八日(1月13日)　晴。致莁臣一纸。

十九日(1月14日)　晴。昨夜感寒,洞泄十四次,并作(欧)[呕]吐。

二十日(1月15日)　晴。闷甚,招杰侄来半日。

二十一日(1月16日)　晴,大风。病较愈,以风大,未延医也。

二十二日(1月17日)　晴,风止。稍进饮食,补完桂林书,寄都。闻卫镇廿一弃市。

二十三日(1月18日)　晴。内人归省。秦生来谈,自粥厂回。

偶检《涑水记闻》一则,云:叔礼为余言,王德用在定州。朝廷发兵屯定州几六万,逆旅及民家,喧哗殆满无一人敢暴横者。偶以仓米扰,德用抚之而定。云云。余谓此谬说也。兵至六万,不使之于城外设险列屯,而散居于逆旅民家,即不暴横,为闾阎害甚矣。温公乃信其说而笔之,所见如此,宜其不能经画西夏也。盖宋人之见耳。

偶得明拓《于大猷碑》。大猷,志宁孙,碑作褚河南体。

二十四日(1月19日)　晴。得廉生书、安圃书。闻依[克唐阿]、长[顺]两将军收复海城及析木城。

《序卦传》曰:"穷大者,必失其居,故受之以旅,旅而无所容,故受之以巽。"余境似之。《易》道真有忧患者之言也。

二十五日(1月20日)　晴。午后,仲彭来。

项安世《周易玩辞后序》云:"项公昔忤权臣,摈斥十年,杜门却扫,足迹不出户限。"《直斋解题》亦称其庆元中谪居,杜门潜心,起居不出一室,送迎宾友未尝逾阈。余近似之,而宾友亦不来,尤相宜也。

二十六日(1月21日)　晴。洪翰香、黄秦生均来。盖平之役,宋降二级留任,章、徐均革职留任,罚亦轻矣。闻倭船来图威海,有自容成登岸之说。

二十七日(1月22日)　晴。约赞臣来谈。

二十八日(1月23日)　晴。得曹荩臣书,复之。

二十九日(1月24日)　晴。晚,献夫来,闻王文韶派帮办北洋大臣,上之疑合肥深矣。处此地位,诚亦进退维谷也。夜,伯平、秦生过谈,三鼓始散。

偶得《沈归愚集》,阅之。归愚以诸生困场屋,六十二举鸿博不遇,六十六、七连捷成进士,七十一大考二等第五,一年之中由中允至侍讲学士,盖高宗怜其晚达,骤用之以偿其劬苦也。寿至九十七,晋尚书、宫傅,极诗人之荣遇,诚熙朝人瑞矣。如余之少践清班,中遭坎坷,正归愚累试不第作秀才时。阅之,觉心地益旷然怡然也。

又阅《长文襄年谱》。文襄以平张格尔封二等威勇公,然其在陕甘总督任,以在东抚任失察属负私借养廉办差,发往伊犁,旋由科布多参赞、乌里雅苏台参赞复擢豫抚,再任陕甘,以失察教匪,虽屡获胜仗,旋改授伊犁参赞。其办张格尔也,先赏紫缰,旋以疏纵褫之。先赏双眼花翎,旋改单眼。至元恶就擒,始赏还双眼翎、紫缰,复有红宝石顶、三眼花翎、两团四团龙补服之赐,以至由二等公晋封一等。时文襄已七十一矣。仰见宣宗驭将之微权,恩威不测,而人臣处崇高之境,当扰攘之时,惟当置祸福荣辱于度外,一意图功,塞马得失,不足介意耳。

三十日(1月25日)　晴。晨起,杰侄来,依依有情,顿解烦闷。午后,内人小妹暨仲彭之女均至。内人旋归辞岁。秦生亦至,略话。今年八月以后运否极矣。然藉此出署离局,未始非福,正当敬以承之，静以待之，不宜稍涉愤激忧伤，以负天之玉女也。

以贱直得《俨山集》。明陆深撰。向止有其外集，不意中得此一快。《明史》称："深少与徐祯卿相切磨，为文章有名，工书，仿李邕、赵孟頫。赏鉴博雅，为词臣冠。然颇倨傲，人以此少之。"《提要》以"正、嘉之间，七子之派盛行。而深独以和平典雅为宗，不失故步，可谓有守"。按，集中有《致严介溪阁老书》，有"老妻特念尊夫人不置，又命楫儿托东楼兄转达"，亦间有与介溪倡和之作，较崔铣洹词中有《钤山堂集序》同病。铣序作于嵩作宗伯时，而深书作于嵩大拜后，尤难曲讳。薛蕙于嵩同年，颇相倡酬，及嵩当国，蕙即谢绝往还，削去旧作。边贡以送嵩之作压卷。论者以此优劣之。如文裕之倨傲乃小疵，此嵩则不免白圭之玷耳。题跋中笃好颜书，亦不仅法北海沤波也。

## 光绪二十一年乙未（1895）

**正月初一日（1月26日）** 晴，晚风霾。祀祖迎神，俭不废礼。巳刻仲彭暨杰、燕、熊侄均来，循乡俗共吃水角、茶蛋，水角北风，茶蛋南风也。秦生来。

阅《盘洲集》。洪文惠适撰。有题跋数则，考证温大雅、张平高名字相溷之故，甚详确。且以《南北史》订《唐书·宰相世系》，可为读《唐书》法。忠宣忠义之报，三洪名满天下。顾文惠及弟文安均党汤思退，汤罢相，文惠草制无谴责语，晁公武劾之，文安亦以草制无贬词，汪澈言之，提举太平兴国宫。文学虽优，与文敏奉使辱命，终愧忠宣堂构云。

**初二日（1月27日）** 晴，风止。秦生、赞臣均来。午后，约永诗以与伯平缔儿女姻，托永诗与秦生作冰人也。

盘洲有《重编唐登科记序》，云："《艺文志》著录姚康、崔氏、李奕三家，二十三卷。《会要》载郑氏上宣宗者十三卷。《崇文总目》有乐史修定者四十卷，今多亡矣。予家藏崔氏书，贞元中校书郎赵儆为之序，大抵颛载进士续之者。自元和方列制科，讫周显德乃止。又从毗

陵钱绅氏得一编，起武德，尽大和，颇兼制科，而十遗五六。予尝考
《会要》《续通典》补正之。据唐人集增入策问，及校中秘书，亦得一
编，冠以赵序，与旧所藏略同，而序次又不相类。盖后人损益，俱非崔
旧。世所传《雁塔题名进士》，存者鲜焉。独长庆一年不阙，以证诸
本，皆异。唐去今不三百年，而数家之书矛盾若此。先忠宣还，自朔
庭得昭文馆姚康书，前五卷最详尽，而亡其十一卷。所载高祖、太宗
两朝进秀甲乙，总二百六十三人，证此本乃九人而已。故今所辑一以
姚氏为正，天宝以后则以三本合一，至其后先乖次不可悉辨，为十有
五卷云。"文惠又有《大宋登科记》，自建隆庚申至绍兴庚辰，为二十一
卷。两书均佚。徐星伯有《唐五代登科记》，《畿辅丛书》刻之，不及余
所藏抄本之完备，暇日当详考之。

初三日(1月28日)　晴。午后，晦若、翰香均来。

初四日(1月29日)　晴。晚，曹荩臣自小栈来。

初五日(1月30日)　晴，夜微雪。合肥生日，内人归祝。发肝
眩，十一月廿七、腊月廿三，与此而三矣。

杨忱为人，《涑水记闻》极贬之，而《传家集》有《送杨太祝忱知长
洲县》五律一首，云："三吴佳县首，民物旧熙熙。专用清谈治，知非俗
吏为。林疏丹橘迥，稻熟白芒欹。宜使民无忘，严修太伯祠。"所以期
许之者甚至。忱作《管子》，故余有见，辄录之。

子瞻有《贾生论》，不知温公亦有此论，以贾生为学不纯正，其言
曰："治天下之具，孰先于礼义。安天下之本，孰先于嗣君。贾生以礼
义储嗣列之于后，以为馀事，顾切切以列国、外夷之为虑，皆涕泣之，
可谓悖本末之序，谬缓急之宜，谓之知治体，何哉？"论作于庆历三年，
知非为荆舒发以论贾生。余惟嫌其论淮南诸子过刻，礼义谕教外夷，
内外并重，似不能以此责其不正。宋戒用兵，温公学术宜其不意贾
生也。

初六日(1月31日)　阴，夜大风又雪。请永诗、秦生为媒妁，聘
伯平前辈次女为志沧妇，年十六矣。辰刻礼成，巳刻伯平来谈。

**初七日(2月1日)** 雪止,晴寒。闻威海南岸龙庙觜炮台不守。作安圃及都寓书。仲彭来。

《周书·王思政传》:思政守颍川。齐文襄堰洧水攻之。思政率左右据土山,欲自刎。先是,齐文襄告城中人曰:"有能生致王大将军者,封侯。若有损伤,左右皆从大戮。"都督骆训等因共止之,不得引决。文襄遣赵彦深执手申意。引见文襄,辞气慷慨,无挠屈之容。及齐受禅,以为都官尚书。史臣以为:虽运穷事蹙,城陷身囚,壮志高风,足奋百世。噫!文襄以虚礼夺思政之节,而其督将分禁诸州地牢,数年皆死,思政靦颜苟活,更受齐官,史乃以为壮志高风,然则于禁降蜀亦宜无讥乎?思政之子,《周书》作秉,《北史》作康,并云:康沈毅有度量,为周文所亲信。思政陷后,以因水城陷,非战之罪,增邑三千五百户,以(龙)[康]袭爵太原郡公。弟撰,亦进爵为公。撰弟(刊)[邘],封侯。(刊)[邘]弟恭,恭弟幼,均封伯。康姊封县君。康兄元逊陷,封其子景县侯。《周书》略之。若以康入隋,故《隋书》亦无传也。周不罪思政,已宽于降将之后,剖珪锡爵,如此优隆,而思政反面事仇,初无愧耻。史乃以其家无蓄积极意褒扬,使南董执笔,当不如是。

**初八日(2月2日)** 晴。花农过谈。午后,仲彭又至。得都寓书。

**初九日(2月3日)** 阴。翰香、晦若均来,秦生亦至。闻威海北岸亦失。戴宗骞遁。

《周书》于诸臣列传皆叙及其子孙,而《长孙绍远传》不及其子览,《长孙兕传》不及其子炽晟,岂以《隋书》已成,故略之,抑以长孙氏方贵,故不敢涉笔耶?疑宋本不可得,此本或有遗脱欤?

**初十日(2月4日)** 立春,阴。闻聂提督奉调回直,旋因倭犯摩天岭中止。得荩臣书,言军械略可敷用。

仆辈捆载书籭,偶拈一册,乃僧无住《谷响集》也。有《拟塞上曲》二首,云:"金筘叫月夜将分,万马群嘶彻阵云。戍卒半成边地土,麒麟阁上画将军。　　漠漠黄云关塞秋，边人八月拥貂裘。偶来饮马长城下，沙底泉清见髑髅。"噫！一将功成万骨枯，诚堪浩叹。若今之万骨已枯，而将不成功者尤堪痛恨矣。小人已化虫沙，君子不为猿鹤，将若之何？善住，元时诗僧，多与仇山村倡酬之，作诗惟近体，末有诗馀一卷。《元诗选》以宋子虚寄无住诗"句妙唐风在，心空汉月明"，可以评定其诗。又以其论诗有"典雅始成唐句法，粗豪终有宋人风"，谓可知其格调所由来。余喜其僧诗无蔬笋气，盖得力于武功、"四灵"者。

十一日(2月5日)　晴。得都寓及润师腊月廿五日书。赞臣陪吴少莲来。吴知医，为内人诊脉。午后，献夫来，时已放江西粮道。闻倭拒使臣议和，不日将由长崎言返，所谓自取其辱也。吴名景毓，嘉兴附生。

阅《周书·儒林传》，仅卢诞、卢光、沈重、樊深、熊安生、乐逊六人。沈有《周礼义》、《仪礼义》、《礼记义》、《毛诗义》、《丧服经义》、《周礼仪礼礼记音》、《毛诗音》。樊有《孝经》、《丧服问疑》、《七经异同说》、《义(经)[纲]略论[并](月)[目]录》。熊有《周礼礼记孝经义疏》。乐有《孝经》、《论语》、《毛诗》、《左氏春秋序论》、《春秋序义》，通贾、服说，发杜氏违，列之儒林可也。卢诞虽博学有词采，初无著述。光精于三礼，善阴阳，解钟律，而所撰仅传《道德经章句》，且性崇佛道，至随周太祖所指，独见山上桑门，因而立寺弃儒从释。何足矜式士林，乃褒然居传首。案，其实徒以诞为魏诸王师，光为周高祖师耳。然则师傅即大儒乎？史氏失之。

十二日(2月6日)　晴。仲彭来谈。

袁简斋《[重修]于忠肃庙碑》以谏易储无关轻重，最为直捷痛快。盖英宗本不宜复辟，即沂王本不宜为太子也。昨阅刘凤诰《存悔斋集·题[于]忠肃[公]画像》后谓："《明史》[书]景泰八年正月丁丑，帝舆疾，宿南郊斋宫，己卯群臣请建太子，不听。碑曰正月丁丑景皇帝不豫，公同廷臣上章乞复皇储，未报。公上疏复储，月日不出乎此。

它时宪宗在位,独不许论废立事。盖先年已简及公疏,制追恤,复其子官,可以明其志也。"附录阮文达《题语》,谓邵学士晋涵尝见明景泰间通政司旧册,署某月日于某一本为太子事,惜其年月未能记忆,文字漫抄,谓宪宗于忠肃褒恤有加,实曾见手疏之故。案,邵亲见旧册,何勿录其全文,乃为此闪烁之语,殊为可怪。此岂足以破千古之疑?要之,忠肃之冤,亦不藉有此一疏与否也。

十三日(2月7日)　阴。赞臣陪吴茂才来,诊内人病。翰香亦至。

阅《明史·戚继光传》:继光以都督同知总理蓟州、昌平、保定三镇练兵事。上疏言:"蓟门之兵,虽多亦少。其原有七:营军不习戎事,而好末技,壮者役将门,老弱仅充伍,一也。边塞逶迤,绝鲜邮置,使客络绎,日事将迎,参游为驿使,营垒皆传舍,二也。寇至,则调遣无法,远道赴期,卒毙马僵,三也。守塞之卒约束不明,行伍不整,四也。临阵马军不用马,而用步,五也。家丁盛而军心离,六也。乘障卒不择冲缓,备多力分,七也。七害不除,边备曷修?而又有士卒不练之失六,虽练无益之弊四。何谓不练?夫边所藉惟兵,兵所藉惟将;今恩威号令不足服其心,分数形名不足齐其力,缓急难使,一也。有火器不能用,二也。弃土著不练,三也。诸镇入卫之兵,嫌非统属,漫无纪律,四也。班军民兵数盈四万,人各一心,五也。练兵之要在先练将。今注意武科,多方保举似矣,但此选将之事,非练将之道,六也。何谓虽练无益?今一营之卒,为炮手者常十。不知兵法五兵迭用,当长以卫短,短以救长,一也。三军之士各专其艺,金鼓旗帜,何所不蓄?今皆置不用,二也。弓矢之力不强于寇,而欲藉以制胜,三也。教练之法,自有正门。美观则不实用,实用则不美观,而今悉无其实,四也。臣又闻兵形象水,水因地而制流,兵因地而制胜。蓟之地有三。平原广陌,内地百里以南之形也。半险半易,近边之形也。山谷仄隘,林薄翁翳,边外之形也。寇入平原,利车战。在近边,利马战。在边外,利步战。三者迭用,乃可制胜。今边兵惟习马耳,未娴山战、林战、谷战之道也，惟浙兵能之。愿更予臣浙东杀手、炮手各三千，再募西北壮士，足马军五枝，步军十枝，听臣训练，军中所需，随宜取给。"当国者右戚，遂命继光镇守蓟州、永平、山海诸处。蓟门军容遂为诸边冠。今畿东空虚甚于明时，而明惟防边，今兼防海事，更棘于嘉靖也。

十四日(2月8日)　阴。闻刘公岛失守，海军尽没，于是登旅门户尽为倭据矣。昌胜愤闷，合肥自请罢斥，未知中旨若何？得允言书，眷属拟十九出都。

阅《谭纶传》。纶总督蓟、辽、保定军务。疏言：蓟昌卒不满十万，而老弱居半，分属诸将，散二千里间。敌聚攻，我分守，众寡强弱不侔，故言者亟请练兵。然四难不去，兵终不可练。夫敌之长骑，非募三万人习车战，不足制敌。三万人月饷，岁五十四万。此一难也。燕、赵之士锐气尽于防边，非募吴、越习战卒万二千人杂教之，事必无成。议者以为不可信。此二难也。军事尚严，燕、赵士骄，骤见军法，必大震骇。且去京师近，流言易生，徒令忠智之士掣肘废功，更酿他患。此三难也。我兵素未当敌，战而胜之，彼不心服。能再破，乃终身创，而忌嫉易生；欲再举，祸已先至。此四难也。以今之计，请调蓟镇、真定、大名、井陉及督抚标兵三万，分为三营，而授继光以总理练兵之职。诏悉如所请。纶相度边隘，分蓟镇为十二路，三营：东驻建昌备燕河以东，中驻三屯备马兰、松、太，西驻石匣备曹墙、古石。此疏足与戚并峙，诚防边至论也。纶，字子理，宜黄人。

十五日(2月9日)　阴。廷一、翰香均至。午后，仲彭夫人暨其儿女来。

《戚传》云："诸督抚如谭纶、刘应节、梁梦龙辈咸与善，动无掣肘。"《谭襄敏传》则云："巡抚刘应节异议。"《应节传》中不载所议若何，殆江陵谕解后形迹已化矣。应节官抚时，尝以永平西门抵海口，距天津仅五百里，请募民赴天津领运，同运官出海。部议以漕卒冒险，改发山东、河南粟十万石储天津，令永平官民自运。及代襄敏作督，疏言：以兵二十餘万，复大宁，万年之利。集三十万，分屯列戍，百年之利。不然，则选主、客兵十七万，训练有成，不藉邻镇，亦目前苟安计。勾新军补主兵旧额十一万，与客兵番休，不得已之计。语恢廓而卒不行。较谭、戚则似不切也。应节，字子和，潍县人。观此，则明季之边饷病国耗民为已甚矣。

十六日（2月10日）　晴。鞠耦归省。孙茶孙来。

十七日（2月11日）　阴，微雨。延吴生诊脉。赞臣同来。秦艺林亦至。闻刘公岛未失，船尚存，四远鱼雷艇及六镇全沈矣。遣沧儿回里扫墓。晚，仲彭来。

《周书·贺若敦传》：敦孤军深入湘州，俄而霖雨不已，秋水泛溢，陈人济师，江路遂断，粮援既绝。恐侯瑱等知其粮少，于营内多为土聚，覆之以米，集诸军，若欲给粮者。因召侧近村民，若有访问，令于营外遥见，随即遣之。瑱等闻之，良以为实。相持岁餘，瑱等不能制，借船送敦渡江。晋公护以敦失地无功，除名为民。《北史》亦然。按，敦至湘州，已苦粮绝，嗣未闻周遣援师，而军次湘罗，民废农业，何以能相持岁餘不忧饥溃？然则前所为粮绝，及本传装船设伏，及牵马著船，两事皆敦，谁言以自掩其失地败军之咎耳？卒以此怨望致祸，敦亦不善处败矣。

十八日（2月12日）　阴。小云、佐轩来，为觅王姓叔侄兄弟三人以供驱使，皆近村人也，曰勇，曰勃，曰青儿。

十九日（2月13日）　阴。翰香来谈。佐轩云，永、遵两属能放鸟枪者，可得三万人抬枪。按镇敛之，亦可得数千杆。并有聂姓系南人，占籍于吾邑者，能改抬枪为后膛。如聂之伎，邑中约有三五。人云惟团练不如法，富户承大祲之后，均不愿捐，以练选有名无实也。绅耆均望余任此事。余以此益不敢言归。盖乡图之急，不能不任，而君父之命不敢不遵，诚两难耳。夜，仲彭来，沧儿自里归，遣佐轩、小云回。

二十日（2月14日）　雪，夜大风。署中送寄谕来。合肥赏还翎顶、黄马褂,开复革职留任处分,授为头等全权大臣,与日本议和。王文韶署直督北洋大臣。雪中,内人归省,合肥殊坦然,不以为危。苗开泰来商酌南行事宜。赞臣同吴生来诊,匆匆即去,以病略愈,亦未定方。

单骑见回纥,共传为郭令威望所致,然回纥特为仆固怀恩所诱,本无战志,故得以开诚布公讲信修睦。此不可狃也。其后,吐蕃尚结赞之于唐德宗,即有梨树劫盟之变,其言曰唐之良将李晟、马燧、浑瑊而已。当以计去之,乃入凤翔境内。无所俘掠,以兵二万直抵城下,曰李令公召我来,上亦忌晟功名,会吐蕃离间,张延赏等腾谤于朝,无所不至。至于表请为僧尚结赞,复因马燧求和,上以邢君牙代晟,谓大臣既与吐蕃有怒,不可复之凤翔,而遣浑瑊与吐蕃盟于清水,晟深戒之,以盟所为备不可不严。延赏以我有疑彼之形,则彼亦疑我潜之上,召瑊戒以推诚待虏,勿自为猜贰。及盟,骆元光伏兵营西,韩游瑰亦遣五百骑伏于其侧,吐蕃伏精骑数万于坛西,游骑贯穿唐军,出入无禁。瑊入幕,易礼服。虏伐鼓三声,大噪而至,杀宋奉朝等于幕中。瑊偶得他骑遁去。是役也,晟知其诈,柳浑书生亦知其诈,而张延赏辈以忌晟故不信其言,致浑侍中几濒于死,辱国甚矣。戎狄犲狼,夫岂信誓可结乎?至金之于宋,要宰相即宰相,要亲王即亲王,时金师已迫汴都,而徽、钦暗主,何桌辈皆庸臣,固无足论。甚矣,使事之不宜忽也。

二十一日(2月15日) 阴。刘献夫、顾廷一、洪翰香均来。连日狂风,冰未能遽解,殊闷人也。闻丁汝昌、刘步蟾均死,刘公岛已不守。夜,赞臣馈肴四器,来话行事,殊有别意。

二十二日(2月16日) 阴。晦若来谈,将随合肥入都也。吴西白寄柳堂《携雪集》。

二十三日(2月17日) 阴,大风。赞臣、翰香来。闻合肥二十五日入都。

二十四日(2月18日) 晴。献夫来。是日内人归省,送行殊难为怀,夜半始归。陈序东自遵化至。

**二十五日(2月19日)**　大风沙,晴。晦若来话别,与之同行至浦口,送合肥,少谈而返,归寓已戌正矣。

**二十六日(2月20日)**　晴。得伯平书。仲彭来。闻九弟患口偏,作电询之。

**二十七日(2月21日)**　阴。延吴少莲来为内人诊脉,午间赞臣同至,夜少莲自来。

**二十八日(2月22日)**　雪。翰香为约少莲同行,献夫来谈,午后少莲来诊。

**二十九日(2月23日)**　雪。少莲又来诊。得九弟除夕前一日书,云各病均愈,惟患口偏,尚未肯辞差也。

**三十日(2月24日)**　晴。赞臣来,夜仲彭过谈,示合肥电,知倭欲甚奢,各国助劝不能用力,请帮办不允。闻济宁以下无水,闷甚。

**二月初一日(2月25日)**　晴。寄都门书,附安圃一缄、吴西白一缄。少莲来。

**初二日(2月26日)**　晴。探闻由济至浦,以筑坝,故无水,非改道,即须陆行,殊难决计,何命之穷也。赞臣、秦生均来。连日虽不废书,而心绪纷如,殊无所得。

**初三日(2月27日)**　阴,夜雪。少莲来,以道口水程迂远告。夜,仲彭至,示合肥书,知长春违和,尚未得见也。

薛史久湮,乾隆间自《永乐大典》辑出,又补以《元龟》、《通鉴》诸书,首尾略具。《提要》谓其"文虽不及欧阳,而事迹较备",余谓欧如公羊,薛如左氏。盖欧惟重书法,往往因文略事,周臣仅王朴、郑仁诲、扈载三人,未免太拘,既不敢录韩通,而王溥、范质辈又仕宋室,是以所取太隘,一朝文治武功竟不得其要领。薛史则复失之杂,与王朴同传者杨凝式、萧愿、卢损、王仁裕、裴羽、段希尧、司徒诩、边蔚、王敏及居正父仁谦,凡十人,孰足与朴相提并论者?居正欲尊其父,拟文伯以自重,可也。何至猥杂若此？殆馆臣以意次第之矣。尝思五代各辟,惟周世宗英毅有为,父事契丹之右氏固不足道,即赵之太祖、太宗合为一人,亦不足望其项背,乃陈桥谋变,既以显德七年没其嗣君,改元之号,而受禅之后,曾不闻如南唐之于义祖,隆世宗以别祀之礼,可为凉薄。拟辑世宗一朝为本纪,而以其时将相为传,以存其南北征讨之略,足以上掩李、刘诸辟,下扫隆、平两朝。冯道云:"陛下能如唐太宗否？"噫！无太宗之福与寿,天厄之也。至于才,则庶几矣。

初四日(2 月 28 日) 阴。石聘之、王枫臣来。午后,仲彭夫人过商行事。河有解冻意,尚虑有风。

初五日(3 月 1 日) 晴,夜大风。翰香午来,秦生夜至,皆闲话也。

初六日(3 月 2 日) 阴,有风。夜,李抟霄来。

初七日(3 月 3 日) 晴。苗开泰带护队来见。

初八日(3 月 4 日) 晴。翰香来。

初九日(3 月 5 日) 晴。赞臣来话。

初十日(3 月 6 日) 晴。合肥约至浦口一见,仲彭陪往,午后襆被宿浦口。

十一日(3 月 7 日) 晴。巳刻合肥至浦口相见,午后归。赞臣来,晦若亦至,翰香送行。

十二日(3 月 8 日) 晴。内人归省,河冰已泮,而杨柳青一带尚未全开,闷甚。晚,聂提督士成来,赞臣为介。连日书箧衣笥,均陆续发交招商栈房。

十三日(3 月 9 日) 晴。仲彭来送行。

十四日(3 月 10 日) 雪。闻宋军大败。伯行自南来,随合肥赴倭者。

十五日(3 月 11 日) 晴。河水全解。小轮及各船均备,可以行矣。内人归省。赞臣、翰香、廷一至。崔琴友自南来。得允言书,知容舫夫人及侄孙等均抵清江浦,将寄居扬州,以待安圃。

十六日(3月12日)　雪。献夫来送。午后，仲彭至寓，共登舟，与仲彭夫人之舟同泊署左马头。仲彭夜话，三鼓始散去。赞臣送至舟中。与儿辈同宿。

十七日(3月13日)　晨阴，午后雪甚大。辰刻放舟，午刻至杨柳青，逆风作雪。赞臣返，仲彭夫人舟渗漏不能行，遂泊，伟郎留余舟中。是日行四十里。得晦若书，云送合肥行后，避居山寺月馀。晦若本从赴东洋，忽尔变计，殆入都为芸阁诸君所动也。

十八日(3月14日)　风雪。因仲夫人易舟，仍泊杨柳青，河又合冰。

十九日(3月15日)　大风，午后晴。夜，仲彭来，以洋学生麦信坚至，因伟郎患(炸颊)[痄腮]，恐是外证也。闻合肥已于巳刻出洋。

二十日(3月16日)　晴，有风。冰尚未解。午刻，仲彭回津。仲夫人来内人舟，余因遍历黄十田、仲彭处馆师，名礼耕，戊子孝廉，霍山人。吴少莲各舟，薄暮始返。

二十一日(3月17日)　晴。小三、小二均感冒。午后至少莲处略谈。河仍未泮。仲彭遣邹琳送水、菜来，有书复之。

二十二日(3月18日)　晴。晨起，冰犹皑皑。午后，南来二百馀船，共榷之，冻解。德州运械舟与轮舟争道，武弁温如瑛竟喝令劣勇陈学义、王振兴持刀斫人，水勇受伤，慈航管驾许复昌出，始解。使民舟遭之，则忍气吞声而去耳。官差之横如此，可叹也。由鲇鱼觜开行，至小沙窝，去杨柳青十八里矣。觜距青三里，仅行十五里也。伟侯病渐愈，其弟妹则霍然也。

二十三日(3月19日)　晴。寅正鼓轮二十二里，独流出天津界二十里，至静海县小泊，延少莲为伟郎诊，时已午正，及买药、菜至，已未初矣。复行五十里，泊唐官屯，共行九十二里，以风逆，两轮各挈三舟也。沿途无所见。惟距静海廿五里之陈官屯，以及东钓台、张官屯、高官屯一带稍有果木，然麦畦犹冻，柳岸不春，殊不足以扩眼界耳。

二十四日(3月20日)　阴晴相间。寅正鼓轮，十八里柳河，里许至马场,出静海界,四十里至青县,又四十里至兴济,明废县也,宋之范桥镇,大观初置县。西初,维舟、少莲来,为伟郎诊。是日风仍逆,共行九十八里。夜,将舆夫小舟撤去。德州王佑修遣使来候。

二十五日(3月21日)　晴。晨起展轮,十里至觉楼,出青入沧,四里吴家觜,四里花园,五里刘家院,五里大圈,一里献城,六里至皇庙,一里沧州,时已午矣。以伟郎延吴少莲及麦作之信坚诊治,稍稽数刻,复行二十七里,泊留佛寺,州六里至问流,八里张家崖,四里脚店,九里至寺。共行六十三里。遣人回津取药,并命王廷栋由砖河遵陆在德州为小住计,以伟郎外证难即痊可也。

二十六日(3月22日)　晴,大逆风。留佛寺,行九里,至砖河,十二里白杨桥,六里冯家口,出沧州界。此村河东属南皮,河西属交河。又六里剑屯,八里小薛家窝,四里大薛家窝,距南皮县十五里,又四里至尹家圈。风大不能行,小泊片刻。余舟房舱见水,扰扰良久,盖相随无经事健仆也。薄暮复行八里,泊齐家埝。圈、埝皆属交河,以河东无村落也。竭一日之力,仅行五十七里,可笑。

二十七日(3月23日)　晴,风仍逆。自齐家埝五里至迎流,十九里至泊头镇,交河之新桥驿也。河西属交河,河东仍属南皮。八里至朱家圈,四里迎河口,莽改南皮为迎河亭是也。八里下口,十里油坊,十里东光。小泊,延医定方,入市买菜,复行十五里,至十五里口泊,共行七十九里。

二十八日(3月24日)　晴。微明驶行廿五里至连镇,僧邸歼李开芳于此。入吴桥界,所谓连窝驿也。又十五里,至上十五里口,又五里范家圈,出吴桥界,河东德州,河西景州,二十里至安陵小泊。《水经》大河,故渎经蓚县,故城东又北径安陵县西,郦注以为安陵乡是也。唐武德四年置县,旋废,属德州,今为景州界。延麦生为小三诊视。风势转西北,急放舟,十二里至华家口,十八里至桑园,即柘园镇也。出乡,入齐,十八里至高公场,为德州属。是日共行一百十三里。从此避地他邦,不知何日言旋乡国,为之忱然久之。

二十九日(3 月 25 日)　雨。晨起,伟郎疡决。由高公场开行,十八里老君堂,十八里白草洼,十五里小闸,三里至德州,方午刻也。苗开泰于河干借一屋,略葺之,拟明日登陆晤转运局委员大名县陈忠俨,字孟威,勾山后人,与芰声同年同宗,为其族侄。粮道恩叔涵煮、知州王筱珊佑修来,均使人却之。恩乃西台旧僚,王则庚午同谱也。王榜名灿修,安徽英山人,丁丑进士。闻议停战不行,清卿撤去帮办,来京听候部议。

三月初一日(3 月 26 日)　晴。孟威为借德成粮店暂憩。居在北仓,故典肆也。店为游击李大勇所设。嵩武备部,运局帮办。午后,孟威来商定,由山路行,遣各舟回津。作仲彭、赞臣两书,交慈航。

初二日(3 月 27 日)　晴。王筱珊同年、恩叔涵粮储先后至。叔涵颇讲求书籍,久坐长谈,颇能理麈尾。王则老吏耳。晚,李得名送药来,云大沽北唐已有倭船游奕,为胁和计。石山站不守。清卿不知下落,所部均溃散矣。

初三日(3 月 28 日)　晴。孟威来,料理陆行。

初四日(3 月 29 日)　晴。辰初由德州行至黄河崖午饭,由涯至曲陆店宿,共行五十里。由德州绕东关约十里,名五十,殆六十里而近。临发,得仲彭电,廿八日倭阴遣刺客以枪伤仪叟左颊,几蹈来歆、费祎之辙,闻之愤恨。顾仪续电云,虽伤不碍,仍议停战,津眷如未行可缓云云。何其晦豫如此!

初五日(3 月 30 日)　晴。辰正二刻,行二十五里,在平原县东关午饭,又十八里,宿平原二十里铺。据路程单,曲陆至平原三十里,至铺廿里,此五十里甚近。今日仍走半站,以鞠耦昨(欧)[呕]吐,不敢远程,由曲陆至此均平原界,代理县宝坻王之榦乃王阁学祖培同族。

初六日(3 月 31 日)　晴。晨起,得赞臣书,由陈孟威寄来,内附庚世兄一缄。赞臣又有电,知王福已抵上海,可喜。孟威书云,傅相如夫人已由津南来。辰正三刻起行,二十五里,李家砦小驻茶坐,又三十里,宿禹城桥,桥距县西仅四里。知县海州杨学渊,字海峰。专人回德州，与巡捕倪芳帖，因合肥师衣箱事。店甚敞洁。澎湖不守，清卿改降调为革留，即赴湘任云。

初七日(4月1日)　阴，申刻微雨一阵，旋止。辰正启行，四时过禹城县，又十一里曰戚家桥，又十里曰蒙庄，又二十五里曰晏城，此非正道，以泥淖改途耳。志以为平仲采邑，今为马驿。店甚僻狭，草草午饭。或传湘军三营过境，欲宿晏城。余以为不必虑，遂复行二十五里，宿齐河县，店皆为湘军所占，知县王祝萱大令为借督扬书院作寓。祝萱名敬勋，晓林侍郎之少子也。是日共行七十里。作复仲彭电及一书，遣王国柱赴济南，交李子木观察寄都。

初八日(4月2日)　晴。出东门，渡河行长堤，历玉符水丰齐镇，至杜家庙，距县仅廿五里，而新筑长堤宛延曲折，昔由南径行，今由东转而西南，约卅五里，过一山，询之土人，名曰峨眉山，疑即玉符山，见于《水经》者。《方舆纪要》云，一名方山，丰齐为汉茌县，唐天宝改曰丰齐，元和十五年并入长清，五代时置丰齐驿，梁敬翔《编年录》驿在济州东南三十里，即此镇北二里，即祝阿故城，云庙距镇亦三里许，过河皆长清境，途遇黄本富所募富字营，颇横。

初九日(4月3日)　晴，颇暖。辰正二刻行，二十五里，实二十里。至开山早饭，又二里曰炒米店，又十三里曰崮山驿，均剩破店，又十五里，历青崖崮，至张夏县丞驻，共行五十五里，实四十四里。山道以八为十也。张夏在长清东南五十里，青崖隔马诸山环之，所经溪涧即南沙，河道杂沙石，荦确难行，幸旅店尚洁耳。王弁回，李子木不在济南，密电无寄处，作孟威书，由德达都，两儿同宿一店。

初十日(4月4日)　晴。辰正启行，十里石店，五里土门，五里青杨树一名杨庄，五里金庄，五里玉陵关，有桥，五里小湾德土人曰万德，五里大湾德，午饭。十里长城，所谓齐有长城，巨防足以为固也。《日知录》有考，非《管子》所云长城。五里皮条店，皆买马鞭者，五里垫台，共行六十里，皆长清界。按，《方舆纪要》：长城在平阴，而泰安有长城岭，盖齐所以备楚者。城东至海，西至济州，济州关则长清界也。

**十一日(4月5日)**　晴。辰正二刻,五里界首,十里新庄,望见泰山,早饭,五里鹤(领)[岭],九里大华(领)[岭]土人名大佛寺,十五里泰安,又三里宿南关,偶行店后菜圃乃孔玉双前辈别业,园叟往告,夜玉双来谈,十二年不见矣,共行四十七里。未至大华(领)[岭],历泰安二十里,铺距泰安五里,有御碑楼。十二年中,两遇岱宗而不得一游。玉双云,岱宗可游之地。玉双,可谈之人。何不勾留数日?殊愧斯言。出新庄,即见泰山,距府城尚四十里。

**十二日(4月6日)**　阴,有风。辰初二刻,过玉双,未起,居麟趾街。即还,登车,五里归庄,五里十里河,五里红庙,十里邱家店,垣墙甚高,十里于吕二庄,渡汶河,又渡一小河,至崔庄午饭,店破烂矣。十二里越一(领)[岭],至池家庄,过小泰山,即新甫,十里化马湾,十里王法岭,十里官桥,或曰板桥,又有一小桥,曰吕家桥。十一里黄(领)[岭],八里羊刘,共行一百二里,到店已薄暮矣。沿途层峦叠嶂,则徂徕、龟山在望,到眼皆古迹也。羊刘亦作羊流。

**十三日(4月7日)**　晴。巳初起行,八里官路庄,十里福邱,五里四槐树,五里崖头,五里翟庄,午饭,十里葛沟桥,过漆河,又过西周河,十五里至新泰县,宿西门外盐店。仲彭夫人宿城内平阳书院。知县徐子怡庚午北榜同年,与容舫同出黄觐虞房。出郊十里相迓,到店久谈,投刺答之。至书院一行,返寓。

借《县志》阅之,凌杂无法。羊流为羊叔子故里,祖墓存焉。卢绲为之立祠。余不满羊太傅,且太傅未归葬,故疑而未记。西周入小汶,又有李公祠在羊流,为明万历间知县江南如皋人以振荒筑城,民为建祠,县署有灵槐书院,因孙明复为平阳人,其实即以泰山名之为得实。

**十四日(4月8日)**　晴。巳初行,子怡来送,十二里沈家庄,六里敖阳,即敖山之阳,本宿处店亦甚狭,五里沟子,三里官庄,四里常卢,午饭,皆小店,有欠伸打头之叹,五里五里桥,十里西诸佛(领)[岭],五里东诸佛(领)[岭],以儒者之邦而(领)[岭]以佛名,必非其初起矣。五里茶棚,宿蒙阴东关,距茶棚又五里,共行六十里。凡历九(领)[岭]八河,水不没踝,而山路崎岖,车烦马(殆)[怠],知县濮贤恪乃清士太守子,以海防捐补缺。龟蒙、凫绎均在望中,惜地主无雅人,不能策杖一游耳。

十五日(4月9日)　晴。命儿辈在关祠拈香,与少莲均寓祠中也。眷寓盐店,与祠相邻。辰初三刻行,过五里保,三里曰保德,五里公家城,本镰处,一里小沙河,四里青山埠,三里明义桥,五里北桃墟,即《春秋》之桃邱也。午饭,店甚陋,一里朱家店,七里蒋沟桥,四里三家店,二里交界墩,四里界牌,五里朝仙桥,四里丁旺庄,三里垛庄,共行六十二里,或云七十里,虚数也。垛庄有店,亦洁净,为山道之冠,以兵差骆驿,额裕如方伯亦至,乃假刘氏宅作馆。主人刘曰棷,字桂生,候选道,而家居者三子,伯臣升厚、仲山昆厚、叔德景厚。桂生四十三,有二孙矣。饶于赀,屋甚敞大,殊有闲适之乐。其九世祖翰明,字翊之,崇祯拔贡,入国朝守大名,摄备兵。其屋则曾祖家音所创也。得伯平、孟威书,自桃墟以下,皆沂水界。知孙锡元,字会一,癸酉举人,丁丑庶常,散馆,佛桌司尔国春之子。家音,嘉庆初人。

十六日(4月10日)　雨,晚晴。雨中微兼雹,幸不伤麦。束装待发,先马已行,忽油云作雨,乃解鞍弛辔,仍寓刘宅。午后,雨益甚,幸申酉间放晴,遂循刘氏花圃展眺,聊以遣闷。行滕所携书已随大车至青驼镇,灯下枯坐而已。

十七日(4月11日)　晴。巳初,行八里泉桥,七里回生庄,十里双堠,午饭,道甚泞,兼山路磊确,十里艾峪湖。《左》隐六年公会齐侯于艾州,西有艾山,此即艾山之溪水也。五里徐崖,五里青驼寺宿。《纪要》云,穆公城在州西北九十里,相传鲁穆公所筑,东有九女墩,南有青驼镇是也。有东大寺,即青驼寺矣。镇属沂州。兰山知县朱钟琪,浙人。馀所历皆沂水及费孙界也。

十八日(4月12日)　雨。辰正三刻行,时春阴阴密,出镇二里许,过长桥,青驼寺有碑记,又三里曰小河,又五里曰磨石浦,至浦则微雨洒途,八里徐公店,七里大峪墩,欲就崖午饭,店甚狭秽,与内人瀹茗茅檐下，复冒雨行三里关墩，五里沙台峪，五里大山峪，七里半城，共行四十五里，宿至宿所，雨益甚，破灶冷房，殊不可耐。山东道因兵差，故不市酒食，较余乙酉过此时尤萧条矣。

十九日（4月13日）　晴。昨夜将半，雨止。辰正二刻，三里秦家庄，三里大桥，六里枣沟头，七里鄂庄，有小店，三里北齐房，三里南齐房，俗传武侯故里，《纪要》中立城，或谓之诸葛城，相传武侯居此，以《蜀志》证之，知其诬妄，殆武侯先世旧居，旧志以为即《春秋》隐七年之中邱。按，邱有期音，是以讹期为齐欤？十二里七德庄，涉枋水，水在州北二里，出费孙，大崮峒，东南流入州境，合于沂水，二水潆洄，谓之两河口，志以为即祊田，恐未必然。二里至沂州，入城，出宿南关。共行四十五里，实止三十九里。署府李馨，署县朱钟琪。自北门至南关，约五六里，故俗以为四十五里耳。

二十日（4月14日）　晴。辰正三刻起程，二里南坛，八里十里堡，十里中坛，五里孙家庄，七里刘家沙沟，五里唐家沙沟，三里白家沙沟，四里王家沙沟，渡沂水，一里李家庄，共行四十五里，宿自中坛。问路，或云止二十里，有堤甚高，一路果木甚繁也。明日令大车按站先发，眷属仍缓辔徐行。李家庄属兰山，而《郯城志》云，何无忌握节亭在焉，今亦无可考矣。

二十一日（4月15日）　阴，微雨一阵，旋霁。辰正二刻雨作，姑策骑而行，五里界牌，七里华埠，八里沙墩，二里刘家庄，三里石桥，十里马庄，十里大埠界牌，雨止，至埠则日色瞳瞳矣。午饭后，行十五里至倾盖桥，即郯城十里铺，相传孔子遇程子处，有倾盖亭在圣祠内。闻郯城更有问官亭。郯子朝鲁而孔子问之，乃建亭于郯县，殊失之附会矣。铺店太少，假王氏屋三间。主人王济民惠卿、治民叔均、治民虞琴，与其侄之栋幹臣、叔均之子之枡寿臣均在庠。三民之父宗且，壬戌举人，八九。此均列胶序，可云盛矣。家有田十二顷，兄弟四房，男女丁口六七十人，而不异爨，尤足敬也。桥跨白马河，河亦入沂水。

二十二日（4月16日）　晴。辰正三刻行，秀才夫妇均来送行，赠以房资,不受。五里万里口,五里郯城北,五里黄亭,三里北店子,二里南店,七里曹村,四里黄家楼,四里重兴集,午饭,店甚陋,三里三家店,三里王家砦,二里前庄科,一里后庄,二里前店子,一里后店子,六里红花埠,共行五十二里。一路梨白柳青,桃红榆翠,春色极为绚烂。曹村有郯子墓,志云沭水堤历本县至埠,然沿途初未见水也。红花埠,《寰宇记》:梁天监二年僮县人张高等凿渠引沭水溉田二百馀顷,俗名红花水,埠得名以此。僮县废城,在沭阳。晚,清江淮军转运局专勇送仲彭电,兼得赞臣书。

二十三日(4月17日) 晴。巳初二刻始行,出埠,三里入江南宿迁界小解庄,一里水口,沭水口也。五里张家庄,六里凌家庄,五里新安镇,五里小马庄,一里中马庄,一里大马庄,一里苏家营,二里唐家店,午饭,五里坡石桥,六里龙田沟,一里柳泉庄,六里李庄,五里七里涧,过司吾山,宿司吾镇。宿迁,古钟吾国。《纪要》:宿迁有司吾城,在县东北,梁普通五年魏东海太守韦敬欧以司吾城来降是也。今有司吾乡,又云峒峿镇,在峒峿山下,五代汉乾祐初成德钦败之于峒峿镇,或曰即故司吾县,又云峒峿山在县北七十里,忽作司吾,忽作峒峿,镇在北,而城在西北宛溪地,皆杂钞州县志而成,未能画一,往往如此,遽以地理专门许之,未敢附和也。

二十四日(4月18日) 晴。辰正三刻行,四里桥北镇,六里下马牌,五里小湖子,五里章山村,人方趁墟,颇杂遝,大率所市皆生葱老菜而已。十五里小店子,午饭,店诚小矣,十七里景龙头,四里车路口,四里顺河集。宿迁典史张沅辰,山阴人,字翰云,尝为华亭典史。别二十馀年,闻余至,出郊来谒,与之久谈,年已六十一,颇有见到语。据云,与徐州教授王亦曾联婚。王字鹤琴,庶常,散馆,以广西令改教,长于算学,翰云之子祖培从之游。王,甲戌庶常,吴县人也。

二十五日(4月19日) 晴。辰正三刻起行,六里文昌阁,十四里王家庄,五里罗家店,十八里崔家庄,二里朱家庄,五里仰化集,未初一刻到,行五十里,离集三四里,过一小河,乃白洋河也。夏令水大通舟，今有土坝可行车。

二十六日(**4月20日**)　晴。巳初行，九里曰九里冈，入桃源界。三里紫庄，十三里崔镇。黄河尝决于此，明万历六年潘季驯筑滚水石坝于崔镇一带，今为运河堤，河壖种麦，一水如带。镇仅数十家，店甚小，颇洁，主人杨姓。下舆啜茗，余食鸡子，内人仅稍以藕粉充饥耳。五里云家渡，十七里姜家桥一名刘家庄，八里众兴，初欲由此改水路下浦，而马头仅小舟，不便，遂中辍。先是大车按站前发，至是苗诚泰由浦来迎。得赞臣书，知顾廷一已于初九日逝世，殊出意外。

二十七日(**4月21日**)　晴。辰初二刻行，四十里三槐树，假吴氏废宅午饭，野菜遍地，荒凉中却有旷敞之趣。三十二里至西坝，颇繁庶。驿道本由渔沟至浦，八十里而遥，改道七十馀里而近，西坝则归总邑矣。八里至清江浦，寓周澂之学海河丞宅，玉山之子也。淮军转运局王赞斋河丞飞翘来，知合肥有廿三画押回华之说。

二十八日(**4月22日**)　晴。至河干阅船，周澂之来，谢子受同年观察淮扬，过谈，假小轮为拖船计，以水浅船大也。

二十九日(**4月23日**)　阴。巳正上船，共满江红四只，适合肥莫姬及小女亦同日至浦，已觅一南湾子同行，复由谢子受同年借凌风、乘风两小轮及一鱼雷艇拖带，其送冯萃亭提督之两轮曰普济、永安者，经香涛电饬漕帅谕示，竟不愿行，可云横惰，因轮舟扰扰，今日竟未能行也。仲彭夫人乘向长茂船，黄麦乘向善盛，余乘向登云，儿辈乘曾纪祥船。

三十日(**4月24日**)　晴。黎明放舟，十五里板闸，潘季驯经理运河，创此堤，今为淮安关。王赞斋及都司徐献廷来送，十里湖嘴，射阳湖口也。出清河界，五里至淮安府，二十里二浦，二十里平桥，十里泾河，出山阳界，十里黄浦，二十里宝应县，二十里刘家保，十里洼淀，十里氾水，即氾光湖之口也。黄浦至界首驿八十里，有东西两堤，西堤滨湖为旧堤，东为新堤，所谓弘济河也。二十里至高邮之界首驿泊舟，买石炭，共行一百七十里，风逆水顺，天尚未暮。是日舟中略理书箧，与内人共读坡诗，稍释行役之劳矣。